HISTOIRE SECRÈTE DU MOSSAD

Édition exclusivement réservée aux adhérents du Club
LE GRAND LIVRE DU MOIS
15, rue des Sablons
75116 Paris

Titre original : *Gideon's Spies*

ISBN 2-286-02045-0
Dépôt légal : mars 2006
Imprimé en France par Sagim-Canale

Gordon Thomas

HISTOIRE SECRÈTE DU MOSSAD

DE 1951 À NOS JOURS

Traduit de l'anglais
par Hubert Tézenas, et Mickey Gaboriaud
à partir du chapitre 18

LE GRAND LIVRE DU MOIS

I

De l'autre côté du miroir

Dans la chambre d'un appartement du 4e arrondissement de Paris, proche du centre Georges-Pompidou, le téléphone de chevet était équipé d'un voyant rouge qui, en s'allumant, déclenchait un appareil d'enregistrement sophistiqué. Ce système avait été installé par l'un des *yahalomin* – les experts du Mossad chargés de la communication avec les agents en mission –, qui avait fait spécialement le voyage de Tel-Aviv afin d'éviter que des voisins un tantinet suspicieux ne s'inquiètent d'entendre sonner le téléphone à des heures indues.

La planque parisienne, à l'instar de toutes les autres, était protégée par une porte blindée et par des vitres impénétrables aux appareils de surveillance électronique, comme à la Maison-Blanche. Le Mossad contrôlait des dizaines d'appartements de ce genre – achetés ou loués – dans toutes les grandes villes du monde. La plupart restaient inoccupés pendant de longues périodes, toujours prêts à servir pour les besoins d'une mission spécifique.

L'appartement du 4e arrondissement servait justement de base opérationnelle à une mission depuis juin 1997, date de l'arrivée à Paris de « M. Maurice ». Maurice parlait couramment le français, quoique avec un léger accent d'Europe centrale. Année après année, ses voisins avaient vu défiler dans l'immeuble un certain nombre de gens comme lui : des hommes, et parfois des femmes, qui débarquaient sans préavis, passaient là quelques semaines ou quelques mois, et finissaient par disparaître aussi soudainement qu'ils étaient venus. Comme ses prédécesseurs, Maurice avait poliment esquivé toutes les questions portant sur sa personne ou sur son travail.

Maurice était un *katsa* – un agent opérationnel du Mossad.

Son physique était tellement banal que certains disaient de lui qu'il serait passé inaperçu dans une rue déserte. Il avait été recruté à ce qui était encore l'âge d'or du Mossad, c'est-à-dire avant que la légende ne commence à s'effriter. Son potentiel avait été repéré pendant son service militaire : à la fin de ses classes, il avait été affecté au service de renseignement de l'aviation israélienne. Son don pour les langues (il parlait le français, l'anglais et l'allemand) se combinait à d'autres qualités intéressantes : il excellait à combler les lacunes d'un dossier et à transformer les suppositions en faits. Il se méfiait des hypothèses. Enfin et surtout, c'était un manipulateur-né : il savait persuader par le raisonnement, par la flatterie et, s'il le fallait, par la menace.

Sorti de l'école du Mossad en 1982, il avait déjà opéré en Europe, en Afrique du Sud et en Extrême-Orient. D'ordinaire, il se faisait passer pour un homme d'affaires, un journaliste indépendant ou un représentant de commerce. Il avait déjà endossé un certain nombre de patronymes et de « légendes » fournis par les archivistes du Mossad. Pour cette mission à Paris, il incarnait M. Maurice, un énième businessman.

Au gré de ses affectations à l'étranger, il avait eu vent des purges successives qui avaient parfois secoué l'« Institut » par l'intermédiaire de rumeurs faisant état de brusques disgrâces, de carrières anéanties et de bouleversements au sommet de la pyramide. Mais rien ne semblait y faire : chaque nouveau directeur général avait beau débarquer avec une liste différente de réformes et de priorités, aucun n'avait réussi à endiguer la démoralisation croissante des agents du Mossad.

Ce désenchantement s'était encore aggravé avec la nomination de Benyamin Netanyahou au poste de Premier ministre d'Israël. Accrédité d'une compétence reconnue en matière de renseignement, cet homme aurait normalement dû savoir de l'intérieur comment les choses fonctionnaient – savoir quand il devait écouter et jusqu'où il pouvait aller. Et pourtant, d'entrée de jeu, Netanyahou avait sidéré les vieux briscards des services secrets israéliens en voulant se mêler de la procédure opérationnelle.

Dans un premier temps, ils avaient mis son attitude sur le compte d'un zèle de novice assez compréhensible : sans doute avait-il besoin de prouver qu'il était capable d'ouvrir tous les placards afin de vérifier qu'ils ne recelaient aucun cadavre. Mais l'affaire n'avait pas tardé à prendre des proportions alarmantes : dans le sillage du Premier ministre, sa femme Sara avait à son tour émis le vœu de regarder de l'autre côté du miroir sans tain du renseignement israélien. Elle avait même invité des officiers supérieurs du Mossad chez elle pour les bombarder de questions en invoquant à titre d'exemple Hillary Clinton et son intérêt affiché pour la CIA.

Les corridors impersonnels du quartier général du Mossad à Tel-Aviv s'étaient aussitôt mis à bruire de murmures indignés. Sara Netanyahou avait osé exiger de lire les psycho-profils des grands de ce monde que son mari et elle s'apprêtaient à inviter ou à aller voir ! Les frasques sexuelles du président Clinton semblaient l'intéresser beaucoup. Elle avait aussi demandé à voir les dossiers de tous les ambassadeurs d'Israël chez qui son époux et elle devaient être appelés à séjourner durant leurs voyages officiels ; elle tenait notamment à être informée de l'état de propreté des cuisines et de la fréquence du changement des draps dans les suites ministérielles.

Plus que perplexes, les responsables du Mossad avaient dû expliquer à la première dame que la collecte d'informations de cet ordre ne faisait pas partie de leurs attributions.

Plusieurs vétérans du service avaient été mis au placard en se voyant confier des opérations qui n'accouchaient que de montagnes de paperasses inutiles. Ayant rapidement compris que leur carrière était terminée, ils avaient rendu leur tablier et tâchaient dorénavant d'occuper leurs interminables loisirs à lire – essentiellement des livres d'histoire – en se résignant à admettre qu'ils faisaient dorénavant partie du passé, eux aussi.

Vu l'ambiance générale, Maurice était plutôt soulagé de quitter Tel-Aviv et de retrouver le terrain.

Sa nouvelle mission parisienne semblait lui fournir une chance de prouver une fois de plus qu'il était un agent méthodique, plein de ressources et capable d'obtenir ce qu'on attendait de lui. Pour une fois, sa tâche était relativement aisée car elle n'impliquait pas de réel danger physique – tout au plus le risque d'un discret embarras au cas où les autorités françaises, l'ayant démasqué, décideraient de le reconduire à la frontière. L'ambassadeur d'Israël était prévenu de la présence de Maurice à Paris mais n'en connaissait pas la raison. C'était là une précaution opérationnelle classique : en cas d'anicroche, le représentant de l'État juif pourrait toujours plaider l'ignorance.

Maurice s'était vu confier une « approche froide », ce qui, dans le langage sibyllin du Mossad, signifiait qu'il avait pour mission de recruter un informateur non juif. Et après deux mois d'un labeur de fourmi, il pensait être sur le point de réussir.

Sa cible s'appelait Henri Paul : chef adjoint de la sécurité de l'hôtel *Ritz*, l'homme servait aussi, à l'occasion, de chauffeur de luxe pour célébrités.

Parmi celles-ci, on aurait pu citer Jonathan Aitken, ministre du dernier gouvernement conservateur britannique. Jusqu'à une époque récente, Aitken avait exercé de hautes responsabilités de coordination en matière de vente d'armes, ce qui lui avait permis de se constituer un épais carnet d'adresses au Proche-Orient. Cet état de fait incita le magazine télévisé britannique *World in Action* et le journal anglais *The Guardian* à publier des informations dommageables sur les liens d'Aitken avec des personnages troubles que n'aurait pas dû normalement fréquenter un ministre de Sa Majesté. Aitken intenta un procès en diffamation. La question de savoir qui avait payé sa note lors d'un séjour au *Ritz*, où il avait rencontré des contacts arabes, occupa très vite une place centrale dans les débats. Devant la cour, Aitken déclara sous serment que sa femme avait réglé l'addition.

Or, par l'intermédiaire d'une source indépendante, le Mossad informa les représentants de la Défense que Mme Aitken ne se trouvait pas à Paris au moment des faits. L'argumentation d'Aitken s'effondra alors comme un château de cartes. Le Mossad, qui depuis longtemps considérait les activités du ministre comme une menace pour Israël, venait de remporter une bataille importante. En 1999, au terme d'un long procès criminel à Londres, Aitken devait être jugé coupable de parjure et condamné à une peine d'emprisonnement. À l'époque, sa femme l'avait quitté, et cet homme, qui avait arpenté les allées du pouvoir pendant de longues années, se retrouvait brusquement confronté à un avenir sombre.

Il devait s'attirer quelques mots de compréhension, sinon de sympathie, d'une source assez improbable : Ari Ben Menashe (lire notamment le chapitre 8). Celui-ci avait fait l'expérience de l'inconfort des prisons new-yorkaises après sa disgrâce, lui qui avait été un temps conseiller du Premier ministre Yitzhak Shamir pour les affaires de renseignement. Cette position avait conféré à Ben Menashe un point de vue rare sur la façon d'opérer du Mossad et des autres services secrets israéliens. Il vit en Aitken « un homme victime de sa certitude qu'il pouvait berner tout le monde. Il y est d'ailleurs parvenu pendant des années. Mais son erreur a été de sous-estimer le Mossad. Ces gens-là ne font pas de quartier. »

À la différence de Jonathan Aitken, dont les perspectives après sa sortie de prison ne semblent pas enthousiasmantes, Ben Menashe connut un redressement spectaculaire. En 1999, il est aux commandes d'une florissante entreprise privée de collecte d'informations à Montréal, au Canada. Sa société compte parmi sa clientèle plusieurs pays d'Afrique et d'Europe. Des multinationales ont également fait appel à ses services, ayant obtenu l'assurance que leur anonymat serait préservé.

L'équipe de Ben Menashe comprend plusieurs ex-membres des services secrets canadiens, ainsi que des agents ayant travaillé pour des organisations de même profil en Israël et en Europe. Sa société offre un large éventail de prestations économiques, industrielles ou de protection. Ses agents connaissent les réseaux des marchands d'armes et les règles de base de la négociation avec les terroristes. Il n'y a pas une ville au monde où ils n'aient leurs contacts, souvent tissés par Ben Menashe du temps où lui-même était un acteur de poids sur la scène de l'espionnage israélien. Ses collaborateurs et lui se tiennent constamment informés de l'évolution des alliances politiques, aussi mouvantes soient-elles, et ils sont souvent en mesure de prévoir quel gouvernement du tiers-monde va tomber – et quel autre va le remplacer. Petite et dense, l'entreprise de Ben Menashe s'inspire sur bien des plans du modèle du Mossad ; comme son patron l'a lui-même admis, ses membres « se déplacent comme des voleurs dans la nuit. Dans notre métier, c'est ce qu'il faut. » Et cela rapporte gros.

Fort de sa citoyenneté toute neuve, Ben Menashe se retrouve donc une fois de plus à collaborer avec « les princes et les rois de ce monde... et des célébrités, qui consacrent une partie de leur fortune à s'assurer une protection accrue. Pour tous ces gens, savoir c'est pouvoir, et une partie de mon boulot consiste donc à leur fournir des informations essentielles. »

Chaque fois qu'il descend à Londres, le Savoy le traite comme un hôte de marque. À Paris, c'est le *Ritz* qui l'accueille avec déférence.

Dans ces conditions, il n'allait pas falloir longtemps à Ben Menashe pour découvrir que l'hôtel parisien restait un lieu de rencontre pour les négociants en armes proche-orientaux et leurs contacts européens. Il lui suffit pour cela de consulter ses collègues du Mossad. De leur bouche même, il apprit ainsi combien l'hôtel jouait à présent un rôle important dans la stratégie d'ensemble du service. Ben Menashe, un récupérateur d'informations né – « j'ai appris depuis longtemps à ne rien jeter de ce que j'apprends » – décida donc d'observer la façon dont les choses tourneraient. Une décision qui allait en fin de compte l'impliquer directement dans le destin de Diana – la princesse de Galles – et de son amant, Dodi al-Fayed, playboy et fils de l'ultrariche propriétaire du *Ritz*, Mohammed al-Fayed.

Le Mossad avait donc décidé de recruter un informateur permanent au *Ritz*. Ses analystes s'étaient d'abord procuré l'organigramme de l'hôtel en pénétrant dans son système informatique. Au sommet de la hiérarchie, personne ne semblait susceptible de se laisser suborner. Quant aux responsables de second ordre, ils n'entretenaient pas suffisamment de contacts avec la clientèle pour être utiles. Henri Paul, lui, avait accès aux moindres recoins du palace, son passe-partout lui permettait d'ouvrir le coffre de n'importe quel client ; personne ne se serait étonné de voir le chef adjoint de la sécurité réclamer le double de la note d'un visiteur ou un relevé téléphonique pour obtenir le détail des appels passés par tel ou tel marchand de canons ; Henri Paul n'aurait pas davantage de difficultés pour savoir quelle *call-girl* avait été discrètement engagée par un fournisseur, en vue d'amadouer l'un de ses clients. Et, dans son rôle intermittent de chauffeur, Henri Paul bénéficiait également d'une position unique pour saisir au vol les propos de ses hôtes, observer leurs attitudes, noter leurs allées et venues, et relever l'identité des personnes qu'ils fréquentaient.

Il fallut ensuite établir le psycho-profil de la cible de l'approche froide. Pendant plusieurs semaines, un *katsa* résident du Mossad à Paris récolta des informations sur sa personnalité. En se faisant notamment passer pour un agent d'assurances et pour un télévendeur, il apprit que Paul était célibataire, qu'on ne lui connaissait aucune liaison stable, qu'il habitait un modeste appartement et qu'il conduisait une Mini noire, mais qu'il adorait la vitesse et qu'il était partiellement propriétaire d'une moto de course. Le personnel de l'hôtel mentionna aussi sans trop de difficulté un net penchant pour la bouteille. Enfin, Henri Paul semblait bénéficier de temps à autre des services d'une poule de luxe habituée de l'établissement.

Ces divers renseignements furent ensuite évalués par un psychologue du Mossad, qui conclut à l'existence d'une vulnérabilité inhérente à la personnalité d'Henri Paul. Il ajouta qu'une pression progressivement augmentée, associée à la promesse d'une récompense financière substantielle, constituait sans doute le meilleur moyen de le recruter. Ce genre d'opération demandait un certain temps, ainsi qu'une bonne dose de patience et d'habileté. Plutôt que de continuer à mobiliser son résident de Paris, le Mossad décida de dépêcher Maurice sur place.

Comme dans toutes les missions de ce type, celui-ci respecta un schéma directeur qui avait fait ses preuves depuis longtemps. Pour commencer, plusieurs visites discrètes lui permirent de se familiariser avec le Ritz et ses alentours. Il eut tôt fait d'identifier la silhouette massive d'Henri Paul, solide gaillard caractérisé par une légère tendance à bomber le torse – sans doute une façon de prouver qu'il n'avait besoin de l'approbation de personne.

Maurice observa attentivement les curieuses relations que Paul entretenait avec les paparazzi agglutinés en permanence devant le Ritz pour mitrailler les prestigieux clients de l'établissement. De temps à autre, Henri Paul apparaissait au-dehors pour leur ordonner de débarrasser le plancher. Dociles, ils enfourchaient leurs motos et faisaient le tour du pâté de maisons pour reprendre leur faction quelques minutes plus tard. Henri Paul jaillissait parfois de l'entrée de service située à l'arrière de l'hôtel, rue Cambon, pour lancer aux photographes des plaisanteries amicales.

Par ailleurs, Maurice repéra plus d'une fois Henri Paul en train de boire un pot avec des paparazzi dans un bar voisin du *Ritz*, qu'il fréquentait avec d'autres membres du personnel, après son service.

Dans ses rapports adressés à Tel-Aviv, Maurice ne manqua pas de signaler la capacité de Paul à absorber des quantités considérables d'alcool, tout en faisant illusion. Il confirma aussi que Paul semblait jouir de la confiance totale de la direction, ce qui le rendait d'autant plus apte à tenir un rôle d'informateur.

À un moment donné de sa surveillance, Maurice s'aperçut que Paul trahissait cette confiance : il recevait de l'argent des paparazzi contre des informations sur les allées et venues des clients célèbres, ce qui permettait aux photographes d'être toujours en position idéale pour obtenir de bons clichés.

L'échange avait lieu soit dans un bar, soit dans l'étroite rue Cambon, à proximité de l'entrée de service.

Vers la mi-août, ces transactions se focalisèrent sur l'arrivée prochaine au Ritz de Diana, princesse de Galles, et de son nouvel amant Dodi al-Fayed, fils du propriétaire de l'hôtel. Le couple devait occuper la somptueuse suite impériale.

Le personnel du Ritz avait reçu des consignes strictes concernant l'arrivée de Diana : discrétion absolue, sous peine de sanctions assorties d'un licenciement immédiat. Malgré tout, Paul continua de jouer avec le feu en fournissant des informations à plusieurs paparazzi sur la visite de la princesse, toujours contre une somme d'argent.

Maurice remarqua aussi qu'Henri Paul avait tendance à accroître sa consommation d'alcool et saisit au vol plusieurs remarques amères du petit personnel sur son caractère de plus en plus irascible. Tout récemment, Paul avait renvoyé une fille d'étage surprise en train de dérober un savon dans une chambre. Selon plusieurs employés, Paul prenait aussi des médicaments, peut-être pour atténuer ses sautes d'humeur. En tout cas, chacun s'accordait à dire qu'il devenait imprévisible : souriant à tel moment, il pouvait entrer dans une rage noire à la seconde suivante pour un motif parfaitement futile. Maurice jugea que le moment était venu de pousser son pion.

Le contact inaugural fut établi au Harry's Bar, rue Daunou. Quand Paul entra dans la salle, Maurice s'y trouvait déjà, en train de siroter un cocktail. Le *katsa* engagea habilement la conversation, et le chef adjoint de la sécurité accepta son invitation à boire un verre quand Maurice lui expliqua que des amis à lui étaient récemment descendus au Ritz. Il ajouta qu'ils avaient été surpris par le nombre de riches Arabes parmi la clientèle.

Le résultat de cette remarque dépassa sans doute ses espérances. Paul s'empressa de répliquer que la plupart des Arabes étaient grossiers, arrogants, et qu'ils exigeaient de voir le personnel accourir au moindre claquement de doigts. Les pires de tous, précisa-t-il, étaient les Saoudiens. Maurice répondit qu'il avait entendu dire que les clients juifs étaient à peu près aussi difficiles à vivre. Paul se récria et affirma que les Juifs étaient de très bons clients.

La soirée s'acheva sur cette note prometteuse. Une invitation à dîner fut fixée à quelques soirs de là, dans un restaurant proche de l'hôtel.

Lors du dîner en question, Henri Paul confirma à Maurice la plupart des informations que celui-ci avait déjà glanées par lui-même. Le chef adjoint de la sécurité du Ritz lui parla longuement de sa passion pour les voitures de course et les avions légers. Hélas ! son salaire ne lui permettait que trop rarement de s'adonner à ces coûteux passe-temps.

Ici, peut-être, Maurice commença à lui mettre la pression.

Ensuite, les deux hommes nouèrent une relation qui trouva vite son rythme de croisière : Maurice plaçait ses lignes, et Paul s'empressait de mordre à chaque hameçon. Une fois son poisson solidement ferré, il ne resta plus au *katsa* qu'à le sortir de l'eau, grâce aux techniques du Mossad.

À un moment donné, sans doute Maurice laissa-t-il germer dans l'esprit de son ami l'idée qu'il pouvait lui venir en aide, par exemple en mentionnant qu'il travaillait pour une société désireuse de réactualiser sa banque de données et prête à payer un bon prix ceux qui l'y aideraient. C'était une des ouvertures favorites des recruteurs du Mossad dans les situations d'approche froide. Ensuite, il ajouterait que nombre de clients du Ritz détenaient des informations susceptibles d'intéresser cette société.

Il est possible que Paul, gêné par le tour nouveau de leur conversation, ait alors regimbé. Et que Maurice soit directement passé au stade suivant, en remarquant que, bien sûr, il pouvait comprendre les réticences de son ami, mais qu'elles le surprenaient quand même un peu : tout le monde savait que Paul touchait de l'argent pour tuyauter les paparazzi. Dans ces conditions, pourquoi laisser passer cette chance de toucher un pactole ?

Avec le recul, Ari Ben Menashe devait déclarer que l'opération, jusqu'à ce stade, s'était développée de façon classique. « À ma connaissance personnelle, il n'y a pas de meilleur agent que Maurice (le nom de code utilisé par le *katsa* dans le cadre de cette mission particulière) pour ce type de travail. L'approche froide requiert une vraie finesse. Au premier geste trop vif, le poisson lâche l'hameçon. Si en revanche l'agent fait trop traîner les choses, le soupçon ne tarde pas à faire naître la peur. Le recrutement est un art, et la psychologie d'un Européen comme Henri Paul n'a rien à voir avec celle d'un Arabe de Cisjordanie ou de la bande de Gaza. »

L'habileté de Maurice à formuler sa proposition tout en faisant sentir à Henri Paul qu'il en savait long à son sujet se manifesta probablement sous la forme d'un savant dosage de sympathie et d'insistance – pimenté d'une touche de menace sous-jacente.

Sans avoir besoin de poser la question, Paul comprit peut-être à cet instant précis que son interlocuteur était un agent secret, ou du moins un espion recruteur.

Cela expliquerait la façon dont il réagit alors, selon une source autorisée de la communauté israélienne du renseignement :

« Henri Paul est allé droit au but : lui demandait-on d'espionner ? Et si oui, combien lui offrait-on ? Directement, sans tourner autour du pot. Combien ? Et pour qui ? Maurice, à ce stade, a dû faire un choix. A-t-il révélé qu'il roulait pour le Mossad ? Il n'existe pas de procédure standard en la matière. Chaque cible est différente. Mais Henri Paul avait bel et bien mordu à l'hameçon. »

Si ce qui précède est vrai, Maurice expliqua sans doute dans la foulée à Paul ce qu'il attendait de lui : qu'il fournisse des informations sur les clients de l'hôtel, peut-être même qu'il place des micros dans leurs chambres et qu'il surveille leurs visites. Une brève discussion sur les modalités de paiement dut s'ensuivre, assortie d'une offre d'ouverture de compte dans une banque suisse – ou d'un versement en espèces. Maurice fit certainement tout son possible pour donner à Paul l'impression que ce genre de détail ne posait aucun problème. À ce stade, il se peut qu'il lui ait révélé qu'il s'agissait d'espionner pour le Mossad. Cela n'aurait rien eu d'anormal, ce terme d'une approche froide réussie.

Paul fut probablement effrayé par la gravité de ce qu'on lui demandait de faire. Ce n'était pas une question de loyauté envers ses patrons. Comme la plupart des employés de l'hôtel, il restait pour le salaire, relativement élevé, et surtout pour les pourboires. Mais Paul, de manière assez compréhensible, dut craindre de se retrouver en prison si on le surprenait à espionner la clientèle.

Que devait-il faire ? Alerter la police ? Elle savait peut-être déjà qu'il faisait l'objet d'une approche. D'un autre côté, s'il rejetait l'offre de Maurice, la direction de l'hôtel découvrirait vite qu'il avait trahi le plus précieux service offert par le *Ritz* à sa clientèle – la confidentialité – en communiquant des informations aux paparazzi. Il risquait d'être renvoyé, voire poursuivi.

Pour Henri Paul, en ces derniers jours du mois d'août 1997, l'impasse paraissait totale. Il se mit à boire davantage, à prendre des cachets à la chaîne et à harceler de plus belle le personnel. Il dormait de moins en moins. C'était un homme au bord du gouffre.

Maurice ne relâcha pas sa pression. Il allait souvent dans le bar où Paul allait noyer son angoisse après son service. La seule présence du *katsa*, dans de telles conditions, suffisait à rappeler au chef adjoint de la sécurité ce qu'on exigeait de lui. Maurice continua de fréquenter assidûment le *Ritz*, buvant un apéritif au bar de l'hôtel, déjeunant au restaurant, prenant le café dans l'un des salons. Il semblait coller comme une ombre aux pas d'Henri Paul. Cette présence constante ne pouvait qu'accentuer le fardeau qui pesait sur ses épaules et lui rappeler sans cesse qu'il était pris au piège.

Cette pression fut évidemment multipliée par l'annonce de l'arrivée de la princesse Diana et de Dodi al-Fayed : Paul avait été personnellement chargé de leur sécurité, avec pour consigne spécifique de maintenir les paparazzi à distance. Dans le même temps, les photographes l'appelaient sans cesse sur son portable en essayant de lui soutirer des informations sur cette illustre visite ; il se voyait offrir des sommes toujours plus importantes en échange de menus détails sur les faits et gestes de Diana. La tentation constituait une pression supplémentaire. Sa vie n'était plus qu'un carrousel de pressions.

Même s'il arrivait à peu près à le dissimuler, Henri Paul était en train de perdre pied sur le plan mental. Il se dopait à la fois aux antidépresseurs, aux somnifères et aux excitants. Ce cocktail détonant ne peut qu'avoir affecté sa capacité à prendre des décisions.

Plus tard, Ben Menashe devait déclarer que s'il avait dirigé l'opération, il aurait « choisi ce moment-là pour jeter l'éponge. Henri Paul était peut-être capable de dissimuler ses problèmes à la plupart des gens, mais pour un agent aussi expérimenté que Maurice, formidablement entraîné à faire justement ce genre d'observations, l'évidence de son mal-être sautait forcément aux yeux. Presque certainement, Maurice a dû dire à son patron de Tel-Aviv, Danny Yatom, qu'il valait mieux… tout arrêter. Mais pour des raisons connues du seul Yatom, cela n'a pas été fait. Yatom était assis dans son fauteuil depuis un an à peine. Il voulait se faire un nom. La vanité, comme l'arrogance, est un des grands pièges du métier d'espion. Yatom ne manquait ni de l'une ni de l'autre, et ce n'est pas trop grave en soi – tant que cela ne brouille pas la réalité. Et la réalité exigeait que le Mossad se retire du jeu. »

Il ne le fit pas. L'envie de Yatom de placer un homme à lui au cœur même du *Ritz* l'emporta sur le reste. Cependant, d'autres événements, que personne n'aurait pu prévoir, étaient sur le point d'atteindre leur point culminant.

Le dimanche 31 août 1997 à 1 h 58 du matin, le voyant rouge du téléphone de chevet de Maurice se mit à clignoter, ce qui le réveilla et déclencha l'appareil enregistreur. L'appel émanait d'un fonctionnaire de la Gendarmerie nationale française, recruté en tant qu'informateur par les services secrets israéliens des années auparavant : un *mabuah*, c'est-à-dire un collaborateur non juif. Dans la hiérarchie des contacts parisiens de Maurice, il figurait certainement en bas de l'échelle.

N'empêche. Il était porteur d'une nouvelle qui stupéfia le *katsa* : un accident de voiture s'était produit moins d'une heure plus tôt dans le tunnel de l'Alma, quand une Mercedes roulant à très grande vitesse avait percuté un pilier de béton armé.

Les morts, au nombre de trois, n'étaient autres que la princesse Diana, mère du futur roi d'Angleterre ; Dodi al-Fayed, fils de Mohammed al-Fayed, le propriétaire égyptien des magasins Harrod's et du *Ritz* ; et le chauffeur de la Mercedes, Henri Paul. Quant au garde du corps, il était grièvement blessé.

Quelques heures après l'accident, Maurice s'envola pour Tel-Aviv, laissant dans son sillage une série de questions sans réponse.

Sa tentative de recrutement d'Henri Paul avait-elle joué un rôle dans l'accident ? Le chauffeur pouvait-il avoir précipité sa Mercedes contre le treizième pilier du tunnel de l'Alma parce qu'il se sentait incapable d'échapper aux griffes du Mossad ? À moins qu'il n'ait perdu le contrôle de son véhicule à cause du taux élevé d'alcool et de médicaments constaté dans son sang ? Quand il avait quitté le *Ritz* avec ses trois passagers, son esprit était-il habité par les insoutenables pressions dont il était l'objet ? Plutôt que le responsable d'une tragédie, ne devait-il pas être davantage considéré comme la victime d'une impitoyable manipulation ourdie par un service secret, célèbre pour son absence de scrupules ?

Ces questions devaient longtemps continuer à hanter l'esprit de Mohammed al-Fayed. En février 1998, le milliardaire déclara :

« Ce n'était pas un accident. J'en suis convaincu au plus profond de mon cœur. La vérité ne doit pas rester cachée. »

Cinq mois plus tard, la chaîne de télévision britannique ITV diffusa un documentaire affirmant qu'Henri Paul avait partie liée avec les services français. C'était inexact. Le reportage laissa aussi entendre qu'une centrale secrète non nommée était impliquée dans l'accident ; selon certaines insinuations, elle serait passée à l'acte parce que l'*establishment* britannique craignait les « conséquences politiques » de l'amour de Diana pour l'Égyptien Dodi.

À ce jour, les liens entre le Mossad et Henri Paul demeurent un mystère bien gardé, selon le vœu de la centrale israélienne. Le Mossad estime n'avoir de comptes à rendre à personne au-delà des frontières d'Israël. Et très peu de gens, hors des services secrets israéliens, ont une idée du rôle joué par le Mossad dans la triste fin de la femme la plus célèbre du monde.

Mohammed al-Fayed, poussé dans ses retranchements par ce qu'il considérait comme une campagne de dénigrement des médias anglais, a accusé par la suite un service de renseignement non spécifié de s'en être pris à Diana et à Dodi. En juillet 1998, deux journalistes du magazine *Time* ont publié un livre suggérant qu'Henri Paul avait peut-être eu des liens avec les services français. Mais ni al-Fayed ni les journalistes n'ont réussi à prouver de manière concluante qu'Henri Paul était un espion ou même un informateur – et ni l'un ni les autres n'ont jamais évoqué ses rapports possibles avec le Mossad.

En juillet 1998, Mohammed al-Fayed a cependant énuméré un certain nombre de questions dans une lettre adressée aux membres du Parlement britannique, en enjoignant aux élus de les soumettre aux Communes. Il y faisait notamment allusion à une « force déterminée à étouffer les réponses que je recherche ». Sa démarche fut interprétée comme la réaction excessive d'un père aveuglé par le chagrin et tirant à vue sur tout ce qui bougeait. Les questions de Mohammed al-Fayed méritent néanmoins d'être reprises ici, non tant pour l'éclairage qu'elles jettent sur le rôle joué par le Mossad dans les dernières semaines de vie d'Henri Paul, mais plutôt parce qu'elles montrent à quel point la tragédie de l'Alma a pris au fil des semaines un élan propre – et que seule la vérité pourra faire retomber un jour.

Dans sa lettre ouverte, al-Fayed parlait d'un « complot » visant à éliminer Diana et son fils, et tentait par l'accumulation de ses questions de relier toutes sortes d'événements disparates :

« Pourquoi a-t-il fallu une heure quarante pour conduire la princesse à l'hôpital ? Pourquoi certains photographes n'ont-ils pas restitué les photos prises sur place ? Pourquoi y a-t-il eu un cambriolage cette nuit-là au domicile londonien d'un des paparazzi ? Pourquoi les caméras de télévision en circuit fermé de ce quartier de Paris n'ont-elles pas produit une seule image ? Pourquoi les caméras de contrôle de la circulation n'étaient-elles pas branchées ? Pourquoi le théâtre de l'accident, au lieu d'être isolé, a-t-il été rouvert à la circulation au bout de quelques heures ? Pourquoi, parmi les paparazzi massés à l'extérieur du *Ritz*, y en avait-il un dont l'équipement était celui d'un photographe d'actualités ? Et qui sont les deux hommes non identifiés qui, après s'être mêlés à la foule des badauds, se sont retrouvés plus tard au bar du *Ritz* ? Ils ont passé commande en anglais, sans cesser d'observer et d'écouter ce qui se passait, avec une attention soutenue. »

Le Mossad ne s'est jamais intéressé à la liaison entre Diana et Dodi. Son unique souci consistait à recruter Henri Paul pour en faire un informateur. Quant au mystérieux photographe d'actualités, disons simplement que par le passé plus d'un agent du Mossad s'est fait passer pour un journaliste. Peut-être était-ce Maurice en train de faire le guet à l'extérieur de l'hôtel. Les deux inconnus du bar pourraient eux aussi avoir été liés au Mossad. Si c'était vrai, les accusations de Mohammed al-Fayed en seraient indubitablement renforcées.

En 1999, la conviction de Mohammed al-Fayed qu'il s'agissait d'un « complot » se durcit encore, au point qu'il en vint à parler d'une « authentique conspiration criminelle ». Selon lui, elle avait été concoctée par le MI-5, le MI-6 et les services français, pendant que le Mossad « tirait les ficelles à l'arrière-plan ». À tous ceux qui voulaient bien l'écouter – et leur nombre allait sans cesse diminuant – il citait l'exemple d'un directeur de journal londonien et d'un proche de Diana qui auraient eu tous deux « des liens directs » avec les services secrets britanniques.

Les raisons qui avaient poussé ces services à s'impliquer dans la « conspiration » étaient claires comme de l'eau de roche dans l'esprit de Mohammed. « Il a été décidé au plus haut niveau de l'establishment qu'il ne fallait pas laisser Diana épouser un Musulman. Si tel avait été le cas, le futur roi d'Angleterre – le prince William – aurait eu un Arabe comme beau-père, et un autre comme grand-père. Certains craignaient aussi que j'apporte assez d'argent à Diana pour qu'elle se pose en rivale directe de la reine d'Angleterre. L'establishment était prêt à tout pour faire cesser la relation de mon fils avec la seule qu'il ait jamais vraiment aimée. »

Aucun fait concret ne devait jamais être avancé pour soutenir une allégation qui, si elle se vérifiait, précipiterait sûrement la fin de la famille royale anglaise et ouvrirait peut-être la voie à une crise de confiance capable de faire tomber le gouvernement.

Cependant, al-Fayed autorisa son porte-parole, Laurie Meyer, ancien présentateur d'une des chaînes de télévision de Rupert Murdoch, à déclarer aux médias : « Mohammed a l'intime conviction que Di et Dodi ont été assassinés par les agents de la Couronne et que d'autres services sont profondément impliqués dans le crime. Il estime en outre que le racisme est profondément enraciné au cœur de l'establishment. »

Pour confirmer la thèse de ce meurtre ignoble, al-Fayed fit aussi appel aux services d'un ancien responsable de Scotland Yard, John MacNamara. Au début 1999, cet investigateur chevronné, à la voix suave, se mit à sillonner le monde en quête d'indices. À Genève, il rencontra un ancien officier du MI-6, Richard Tomlinson, qui lui mentionna un document lu par lui au quartier-général du MI-6, sur la rive de la Tamise.

Selon Tomlinson, ce document décrivait « un plan d'assassinat du président serbe Slobodan Milosevic – plan qui comportait de troublantes similitudes avec la façon dont Lady Di et Dodi avaient trouvé la mort. Le document précisait que « l'accident » devait avoir lieu dans un tunnel, où les chances de blessure mortelle sont plus élevées. Il recommandait l'utilisation d'un rayon laser de forte puissance, susceptible d'aveugler temporairement le chauffeur du véhicule cible. »

Malgré tous ses efforts ultérieurs, MacNamara fut incapable de trouver la moindre preuve corroborant les affirmations de Tomlinson – et ses efforts pour retrouver le document du MI-6 devaient rester totalement vains.

La nouvelle arriva ensuite, confirmée du bout des lèvres, que la National Security Agency américaine disposait d'un dossier de mille cinquante pages sur le couple. Al-Fayed se lança immédiatement dans une intense bataille judiciaire à Washington pour obtenir l'accès à ces documents. « Plus il rencontre de résistance, plus sa détermination s'accroît », expliqua le fidèle Meyer, tout en paraissant ne pas nourrir trop d'illusions lui-même. « Il est probable qu'il faudra des années pour nous frayer un chemin dans le système. »

J'ai moi-même découvert que Diana et Dodi étaient tous deux sous la surveillance d'ECHELON, un des systèmes d'interception les plus sensibles et les plus confidentiels de la NSA. Ce réseau électronique global affiche des capacités proprement stupéfiantes. Il permet de coupler des satellites à une batterie d'ordinateurs à haute vitesse. Le système permet à la NSA et à ceux avec qui elle veut bien partager ses informations – les services secrets britanniques, par exemple – d'intercepter et de décoder virtuellement toutes les communications électroniques du monde – et ce en temps réel. En traquant les mots-clés dont on l'a nourri, ECHELON est capable d'identifier et d'isoler tous les messages susceptibles d'intéresser ses utilisateurs.

Suite à son divorce, Diana avait lancé une campagne d'opinion pour l'interdiction des mines anti-personnel. À force d'obstination et de visibilité, elle conquit rapidement un soutien qui ne fut pas vu d'un très bon œil par l'administration Clinton, Londres et les autres capitales européennes. On la considérait comme une trouble-fête – une personne qui ne savait pas de quoi elle parlait.

« La réalité, c'est que l'industrie des mines anti-personnel emploie des milliers de personnes. Personne ne voulait les voir exploser – mais on ne voulait pas davantage que tous ces gens se retrouvent au chômage uniquement parce que Diana s'était mis cette idée en tête », devait m'expliquer une source de Washington qui, de manière assez compréhensible, a tenu à ce que son nom ne soit pas cité.

À son entrée dans la vie de Diana, Dodi était tombé automatiquement dans le collimateur d'ECHELON. Sans que l'un ou l'autre des amants en eût conscience, chacune de leurs conversations, aussi intime fût-elle, était discrètement enregistrée par les satellites d'ECHELON.

En 1997, le nom de Mohammed al-Fayed vint élargir le cercle initial des personnes surveillées. Si l'on excepte sa proche famille, il est fort possible que les techniciens d'ECHELON aient été les premiers informés de son espoir de voir son fils épouser une princesse royale – et aussi de son intention d'annoncer leurs fiançailles le soir même de l'accident, ainsi qu'il devait le confier par la suite.

Il y a dans le dossier de la NSA beaucoup d'autres éléments qui pourraient causer des surprises – et fournir la preuve, par la propre voix de Diana, de ce qu'elle avait bel et bien l'intention d'épouser Dodi.

Je n'ai été informé du rôle d'ECHELON que très peu de temps avant la parution de la première édition de ce livre, en mars 1999. C'est alors que j'ai senti à quel point la mort de son fils et celle de Diana continuaient de hanter Mohammed al-Fayed. Le fait d'être confronté à une douleur aussi incontrôlable, à sa rage et à sa foi aveugle dans la thèse de la conspiration devait être pour moi une expérience plus que troublante.

Par un après-midi de mars, j'ai été reçu par Mohammed al-Fayed dans un salon particulier au cinquième étage du siège social des magasins Harrod's. Ses gardes du corps étaient postés à l'entrée. Al-Fayed m'expliqua que tous étaient d'anciens soldats du SAS. « Ils sont totalement dévoués à ma protection. Je les paie bien. Ils font le nécessaire pour que je reste en vie. J'ai été très souvent menacé. Ma voiture est blindée. »

Ces révélations, annoncées d'une voix basse et crispée, furent faites dès mon entrée dans le salon. Je ne savais pas trop si je devais les prendre comme un avertissement – ou une façon de me faire comprendre que je pouvais répondre sans crainte à toutes ses questions.

Il ne perdit pas de temps pour me faire savoir ce qu'il voulait connaître : les noms de tous mes contacts au Mossad. « Vous, vous me donnez leurs noms. Eux me donneront les informations que je cherche. De mon côté, je vous donnerai un million de livres, dans la monnaie de votre choix. Vous n'aurez pas à payer d'impôts dessus. Je m'occupe de tout. »

On m'avait prévenu qu'al-Fayed n'avait pas entièrement perdu ses manières de marchand de tapis. Pendant les vingt minutes suivantes, il se livra à une diatribe à laquelle je n'étais absolument pas préparé. Il s'en prit à la reine, au prince Philip et à d'autres personnages connus qu'il appela « les putains et les maquereaux de l'establishment ». Il réserva son plus amer venin aux agents des services secrets, traités de « tueurs ».

Saisissant mon livre, qu'il avait copieusement annoté en marge, il enchaîna : « Les gens du Mossad peuvent m'apprendre la vérité. Amenez-les moi, et je ferai de vous un homme heureux. » Avant que j'aie pu ouvrir la bouche, il s'attaqua à Henri Paul : « J'avais confiance en lui, j'avais *vraiment* confiance. J'aurais fait n'importe quoi pour lui. Parce que Dodi l'aimait bien. Mon fils, comme moi, était d'un naturel trop confiant. C'est en partie pour cela que Diana l'aimait, qu'elle voulait faire de lui son mari et le père de ses enfants. Mais eux, ils ne voulaient pas de ça. La reine et son mari, leurs laquais, l'horrible frère de Diana, le comte Spencer… personne n'en voulait. Personne ne voulait d'un riche Arabe dans la famille. Seulement, ce qu'ils ne voyaient pas, c'est que Dodi était un vrai gentleman. Ils l'ont sali de son vivant. Ils continuent de le salir maintenant qu'il est mort. Et pourtant, ce dont Diana avait le plus besoin, elle me l'a dit elle-même, c'était de quelqu'un à qui se fier après tout ce qu'elle avait enduré… »

Ces mots ne traduisent ni la virulence de sa tirade, ni les injures dont il l'émailla, ni les gesticulations frénétiques, ni l'effroyable tourment qui lui déformait les traits. Mohammed al-Fayed était un homme qui souffrait. Je ne pus que continuer à l'écouter tandis qu'il se délestait de son fardeau :

« Saviez-vous que Diana était presque sûrement enceinte… peut-être de huit semaines… et que Dodi, mon fils, était le père de son enfant ? Saviez-vous qu'à l'hôtpital, après sa mort, on lui a retiré de nombreux organes – et que ce n'était plus qu'une momie quand elle est rentrée à Londres ? Saviez-vous que lorsque nous nous sommes vus pour la dernière fois, elle m'a redit qu'elle adorait Dodi et qu'ils étaient heureux ensemble ? »

Je répondis que je ne savais rien de tout cela. Pendant un très long moment, Mohammed al-Fayed resta assis, les larmes aux yeux, perdu dans un lugubre monde intérieur. Puis il murmura :

« Je veux que vous me disiez qui peut m'aider à retrouver ceux qui ont organisé la mort de mon fils et de Diana. »

J'expliquai alors que j'avais deux noms en tête. L'un était Victor Ostrovsky (lire notamment le chapitre 10). L'autre, Ari Ben Menashe.

« Trouvez-les. Amenez-les moi », m'ordonna Mohammed al-Fayed, avec l'autorité retrouvée d'un pharaon antique.

Il me fallut une semaine pour localiser les deux hommes. Ostrovsky vivait en Arizona ; il n'accepta de me parler que par le truchement d'un journaliste travaillant pour un magazine d'actualités arabe. Pour finir, Ostrovsky devait avoir une brève discussion avec John MacNamara qui ne déboucha sur rien.

Ari Ben Menashe venait de rentrer d'Afrique quand je le retrouvai à Montréal. Je lui relatai mon entretien avec al-Fayed. Ben Menashe me dit ensuite : « Ce qu'il affirme n'est pas complètement absurde. J'en sais déjà à peu près autant de mon côté. La présence des services secrets autour de Diana et de Dodi était indiscutablement très forte lors de leur ultime journée à Paris. »

Il accepta de rencontrer Mohammed al-Fayed à Londres la semaine suivante – début avril.

Ben Menashe me fit ensuite de cet entretien un récit qui fait écho à tout ce que Mohammed al-Fayed avait déjà pu me dire. Cet homme raffiné, d'une courtoisie impossible à prendre en défaut, fut à son tour franchement choqué par la violence des termes employés par al-Fayed pour attaquer la famille royale. Quoi qu'il en soit, il consentit à mener un petit supplément d'enquête à Tel-Aviv pour voir à quel point le Mossad serait disposé à enrichir les informations déjà publiées dans l'édition originale de ce livre.

Dix jours plus tard, ayant retrouvé al-Fayed dans son salon du siège de Harrod's, je lui déclarai qu'un certain nombre de services secrets « pourraient bien avoir des comptes à rendre ». Ben Menashe ajouta qu'il serait heureux de mettre son équipe sur cette affaire et proposa des honoraires de 750 000 dollars par an, plus les frais.

Entre-temps, et sans Ben Menashe, j'avais continué d'enquêter sur le rôle joué par ECHELON au cours des derniers jours d'existence de Diana et de Dodi. Je découvris grâce à mes sources de Washington et d'ailleurs que le couple avait continué d'être sous étroite surveillance pendant sa semaine de croisière au large de la Sardaigne sur le Jonikal, le yacht de soixante mètres de Mohammed al-Fayed. ECHELON avait aussi suivi pas à pas la meute de paparazzi qui les traquait constamment à bord de vedettes, à moto, ou en voiture. Par moments, le Jonikal réussissait à les semer. Mais les ordinateurs d'ECHELON avaient enregistré l'exaspération de Diana face à ce harcèlement de tous les instants. Interceptées par ECHELON, ses conversations avec Dodi ou avec son garde du corps, Trevor Rees-Jones, trahissaient toutes une tension croissante. Jusqu'au vendredi soir, le 28 août 1997, où elle finit par déclarer à Dodi qu'elle souhaitait se rendre à Paris « le plus tôt possible ».

En quelques heures, toutes les dispositions furent prises. Un avion Gulfstream-IV se posa sur un aérodrome privé de Sardaigne le lendemain. Tomas Muzzu, un vieux chauffeur sarde qui transportait depuis de longues années ses célébrités d'un bout à l'autre de l'île, fut chargé de conduire le couple à l'aéroport.

Le récit qu'il fit ensuite de leur conversation pendant le trajet en voiture est une confirmation éclatante des éléments déjà fournis par le satellite d'ECHELON :

« Ils parlaient en anglais, en se disant des mots très tendres. De temps en temps, Dodi, qui connaissait bien l'italien, s'adressait à moi. Après, il repassait à l'anglais. Je ne maîtrise pas bien cette langue, mais ils m'ont fait l'impression d'un couple très amoureux en train de tirer des plans sur la comète. »

D'après mes sources, les enregistrements d'ECHELON concernés montrent les deux amants en train d'évoquer leur mariage et leur avenir commun. Dodi rassurait continuellement Diana : il lui promettait de préserver leur intimité en s'assurant les services de l'équipe de protection rapprochée de son père.

Le jet privé quitta la Sardaigne après que le pilote eut passé un appel d'urgence au centre de contrôle du trafic européen de Bruxelles pour solliciter un créneau de décollage prioritaire.

Au cours des deux heures de vol qui devaient les mener au Bourget, à quinze kilomètres de Paris, les occupants de l'appareil furent dûment espionnés par ECHELON, et la conversation de Di et Dodi se trouva une fois de plus aspirée par un satellite pour ensuite redescendre vers les ordinateurs de Fort Meade, dans le Maryland.

Bien que mon informateur fût dans l'impossibilité de m'en fournir la « preuve concrète », il était « personnellement » convaincu que des « extraits significatifs » de cette conversation furent transmis au GCHQ britannique. « À partir de là, les informations pouvaient remonter jusqu'au sommet de la pyramide. À ce stade, tout ce que disait Diana et toutes les décisions qu'elle prenait pouvaient être d'un intérêt crucial pour certaines personnes ou certaines autorités. »

Lorsque j'expliquai tout cela à Ari Ben Menashe, sa réaction me parut à la fois gratifiante et frustrante : « Vous êtes tout prêt du but. Mais je ne peux pas vous dire à quelle distance exacte. » La position de Ben Menashe était facile à comprendre. Il espérait décrocher un contrat très lucratif auprès de Mohammed al-Fayed. Toute information devait lui profiter d'abord et en premier lieu.

Au bout du compte, la proposition de contrat n'aboutit pas. Al-Fayed exigea de voir quelles « preuves » Ben Menashe était à même de lui fournir avant de sortir son carnet de chèques.

Ben Menashe, plus habitué à traiter avec des gouvernements qu'avec un « homme qui se comporte comme un marchand de souk » essuya ensuite « un certain nombre de coups de fil plus ou moins hystériques de MacNamara qui voulait à tout prix que je lui montre ces documents. C'était plutôt surprenant de la part d'un type censé avoir acquis l'expérience du fonctionnement des services secrets lors de son passage à Scotland Yard. J'ai dû lui faire comprendre que le Mossad n'avait pas l'habitude de communiquer ses documents sous la pression. Il a fallu que je lui explique par le menu, comme à un novice, deux ou trois vérités de base du monde de l'espionnage. »

Confronté à l'échec, al-Fayed refusa de garder le silence. Son infortuné porte-parole, Laurie Meyer, se retrouva à croiser de nouveau le fer avec des médias qui, avec une insistance croissante, contestaient la thèse al-Fayed sur un « complot de l'establishment pour assassiner mon fils et sa future femme ».

Observant les débats à distance, Ari Ben Menashe me fit part de son sentiment qu'al-Fayed « était son pire ennemi. D'après mes recherches préliminaires, qui ne lui ont pas coûté un centime, il était clair que la famille royale en tant que telle n'était responsable de rien. Il se peut tout à fait qu'en privé, ses membres n'aient pas souhaité voir Diana épouser Dodi. Mais de là à dire qu'ils ont fomenté la mort du couple, il y a un monde. Cela dit, j'ai mis en évidence un certain nombre d'indices matériels attestant la présence de certains services spéciaux autour de la date de leur mort. Il reste plusieurs questions sérieuses à poser – et à élucider. Mais al-Fayed n'obtiendra jamais rien s'il continue à se comporter ainsi. Fondamentalement, je dirai qu'il ne comprend pas la mentalité de ceux qu'il cherche à convaincre. Pire encore, il est entouré de laquais béni-oui-oui qui ne lui disent que ce qu'il veut bien entendre. »

Voilà où nous en sommes à l'heure où j'écris ces lignes. Ben Menashe est-il en mesure de produire des indices capables de confirmer la thèse du complot de Mohammed al-Fayed ? Diana était-elle vraiment enceinte au moment de sa mort ? Al-Fayed s'était-il laissé aveugler par son chagrin et son indignation au point d'être prêt à gauchir les faits pour les faire entrer dans le carcan de sa thèse ?

Les décennies à venir reviendront sans doute très amplement sur ces questions. Mais il se peut qu'il ne leur trouve jamais de réponse assez complète pour satisfaire Mohammed al-Fayed ou tous ceux qui voient en lui un homme dangereusement égaré, prêt à dilapider d'énormes sommes pour mettre au jour une vérité que tous ceux qui sont directement impliqués dans cette affaire pourraient – je dis bien pourraient – avoir intérêt à maintenir sous clé.

Certains confrères de Maurice voient dans la tentative de recrutement d'Henri Paul un signe supplémentaire du fait que plus personne ne contrôle le Mossad. Celui-ci tend désormais à se lancer dans des opérations téméraires sans tenir compte des conséquences potentielles à long terme pour lui-même, pour Israël, pour la paix au Proche-Orient, et, en dernière instance, pour les relations entre l'État hébreu et son plus vieil et plus fidèle allié, les États-Unis d'Amérique. À en croire plusieurs officiers supérieurs du Mossad, la situation se serait encore dégradée depuis que Benyamin Netanyahou est devenu Premier ministre en 1996.

« L'opinion considère aujourd'hui les agents du Mossad comme des voyous travestis en patriotes, m'a confié un jour un vétéran du renseignement israélien. C'est mauvais pour nous et notre moral ; cela finira par déteindre sur les relations du Mossad avec les autres services secrets. »

Selon un autre officier expérimenté :

« Netanyahou se comporte comme s'il était le roi Arthur et comme si le Mossad était sa Table ronde personnelle ; il lui faut une nouvelle aventure chaque jour, histoire de maintenir occupés les preux chevaliers. Voilà pourquoi rien ne va plus au Mossad. Il faut tirer le signal d'alarme avant qu'il soit trop tard. »

La première leçon qu'il m'ait été donné d'apprendre en un quart de siècle d'étude des services secrets, c'est que la supercherie et la désinformation sont leur fonds de commerce, au même titre que la subversion, la corruption, le chantage et, quelquefois, l'assassinat. Leurs agents sont formés à mentir, et à trahir leurs plus proches amis. Ils symbolisent le parfait contre-pied du dicton selon lequel « un gentleman n'ouvre pas le courrier d'autrui ».

J'ai d'abord été confronté à cette attitude en m'intéressant aux grands scandales de la guerre froide : le pillage par Klaus Fuchs des secrets atomiques de l'Amérique, puis l'infiltration du MI-5 et du MI-6 britanniques par les agents doubles Guy Burgess, Donald Maclean et Kim Philby. Chacun de ces hommes avait pris la duplicité pour devise. J'ai aussi été parmi les premiers à découvrir l'obsession de la manipulation mentale qui a fait un temps fureur à la CIA, obsession que l'Agence a bien été forcée d'admettre dix ans après la parution de mon livre, *Journey into Madness*. La dénégation est un art occulte que tous les services secrets ont depuis longtemps porté à la perfection.

Dans mes diverses tentatives d'approche de la vérité, j'ai beaucoup été aidé par deux professionnels du renseignement : Joachim Kraner, mon regretté beau-père, qui dirigea le réseau du MI-6 à Dresde après la Seconde Guerre mondiale, et Bill Buckley, qui fut chef d'antenne de la CIA à Beyrouth. Physiquement, les deux hommes n'étaient pas sans ressemblance : grands, minces, en parfaite forme physique, dotés d'un menton hardi qui leur donnait l'air d'être toujours prêts à faire face aux difficultés. Leurs yeux révélaient peu de chose ; si on ne faisait pas partie de la solution, on faisait forcément partie du problème. Intellectuellement supérieurs à la moyenne, ils n'hésitaient pas à porter sur les organisations pour lesquelles ils travaillaient un regard critique et souvent corrosif.

Tous deux me rappelaient sans cesse qu'on peut apprendre une foule de choses à partir de ce que Bill nommait des « murmures saisis dans la friture » : un meurtre mystérieux dans une impasse anonyme ; l'étrange silence collectif qui suit parfois la découverte d'un agent ou le démantèlement d'un réseau ; une opération secrète qui d'un seul coup paraît réduire à néant des années d'efforts politiques ; une bribe d'information apparemment anodine qui vient soudain compléter un puzzle ultra-secret. Et Joachim d'ajouter :

« Quelques mots lâchés par inadvertance donnent parfois un gros coup de projecteur sur une réalité invisible. »

Tous deux n'étaient pas peu fiers d'exercer ce qu'ils qualifiaient de « second plus vieux métier du monde ». Non contents de m'offrir leur amitié, ils m'ont aussi convaincu que le renseignement offre une clé indispensable à la compréhension des relations internationales, de la politique étrangère, de la diplomatie – et bien sûr du terrorisme. Grâce à eux, j'ai pu nouer des contacts avec un certain nombre de services de renseignement militaires et civils : le BND en Allemagne, la DGSE en France, la CIA aux États-Unis, ainsi que les services canadiens et britanniques.

Joachim est mort après avoir pris sa retraite ; Bill a été assassiné par les fondamentalistes islamiques qui l'avaient kidnappé à Beyrouth lors de la grande crise libanaise des otages occidentaux.

J'ai eu également l'occasion de rencontrer des membres de la communauté du renseignement en Israël qui ont beaucoup éclairé ma lanterne sur le passé de Mehmet Ali Agça, le jeune fanatique turc qui a failli assassiner le pape Jean-Paul II en mai 1981 sur la place Saint-Pierre de Rome. Ces contacts ont été favorisés par Simon Wiesenthal, le célèbre chasseur de nazis, qui a aussi été une « source » irremplaçable pour le Mossad pendant plus de quarante ans. Du fait de sa célébrité et de son prestige, de nombreuses portes continuent de s'ouvrir devant lui, notamment à Washington.

C'est d'ailleurs dans cette capitale qu'en mars 1986 j'ai eu l'occasion de peaufiner ma connaissance des relations tortueuses qui unissent les services de renseignement américains à leurs homologues israéliens. Je me trouvais sur place pour interviewer William Casey, le directeur de la CIA, dans le cadre de mes recherches pour mon livre *Journey into Madness.*

Casey donnait l'impression d'être trop grand pour son costume, pourtant taillé sur mesure. Quand nous nous assîmes dans un club de Washington, son visage prognathe était livide, et le pourtour de ses yeux injecté de sang ; après cinq ans à la tête de la CIA, il semblait sur le point d'expirer.

Tout en sirotant un Perrier, il me réitéra les conditions de notre entretien. Pas de notes, aucun enregistrement, et ses propos devraient rester anonymes. Il me tendit ensuite une feuille de papier libre sur laquelle était dactylographiée une biographie sommaire. Casey était né à New York le 13 mars 1913 ; il avait obtenu un diplôme de droit à l'université St John en 1937. Nommé officier de réserve de la marine américaine en 1943, il fut muté quelques mois plus tard à l'Office of Strategic Services – l'OSS, ancêtre de la CIA. En 1944, il devint chef de la branche Renseignement spécial de l'OSS pour l'Europe. Bien plus tard, il fut nommé président de la Security and Exchange Commission (1971-1973) puis, en succession rapide, sous-secrétaire d'État aux

Affaires économiques (1973-1974), président de l'Export-Import Bank (1974-1976) et membre du Conseil présidentiel pour le renseignement étranger (1976-1977). En 1980, il devint directeur de la campagne de Ronald Reagan. Un an plus tard, le 28 janvier 1981, en le nommant directeur de la CIA, le Président fit de lui le treizième homme à occuper le fauteuil suprême de l'espionnage américain.

Comme je lui faisais remarquer qu'il semblait avoir occupé des postes de confiance dans une grande diversité de registres, Casey but une gorgée d'eau gazeuse et grogna qu'il ne souhaitait pas « aborder le côté personnel des choses ».

Il rempocha sa feuille et attendit, l'œil acéré, ma première question : que pouvait-il me dire à propos de Bill Buckley, enlevé presque deux ans plus tôt – le vendredi 16 mars 1984 – à Beyrouth et exécuté par la suite ? Je souhaitais en savoir un peu plus sur les efforts déployés par la CIA pour tenter de lui sauver la vie. J'avais déjà passé un certain temps au Proche-Orient, y compris en Israël, afin de reconstituer le puzzle.

– Avez-vous posé la question à Admoni ou à l'un de ses gars ? m'interrompit Casey.

Nahum Admoni avait pris la tête du Mossad en 1982. Dans le circuit des cocktails de l'ambassade américaine à Tel-Aviv, il avait assez mauvaise réputation. Casey me le décrivit comme « un Juif de Gdansk qui n'aurait pas hésité à disputer un concours de pisse en hauteur en pleine averse ». J'étais toutefois sûr d'une chose : Admoni était né à Jérusalem en 1929, dans une famille d'immigrants polonais de la classe moyenne. Formé au lycée de Rehavia, il avait manifesté des talents linguistiques précoces qui lui avaient permis d'obtenir ses galons de lieutenant dans le renseignement militaire pendant la guerre d'Indépendance, en 1948.

– Admoni est capable de s'écouter parler dans une demi-douzaine de langues, précisa Casey.

Plus tard, il avait étudié les relations internationales à l'université de Berkeley avant d'enseigner cette même matière à l'école du Mossad, dans la banlieue de Tel-Aviv. Il avait aussi opéré comme agent secret en Éthiopie, à Paris et à Washington, où il avait tissé des liens étroits avec les deux prédécesseurs de Casey, Richard Helms et William Colby. Ces affectations successives avaient contribué à faire d'Admoni un bureaucrate du renseignement à la voix suave qui, en prenant la tête du Mossad, avait « décidé de le piloter comme un navire étanche ». Toujours selon Casey : « Plutôt grégaire, il a l'œil aussi vif en matière de femmes qu'en matière de sécurité d'Israël. »

Au total, le portrait tracé par Casey était celui d'un agent qui, selon sa propre expression, « avait gravi tous les échelons grâce à son aptitude à éviter de marcher sur les pieds de ses supérieurs ». Il conclut sa description en marmonnant :

– Personne ne peut vous surprendre autant qu'un type que vous croyez bien disposé à votre égard. Quand nous avons enfin compris qu'Admoni ne lèverait pas le petit doigt pour lui, Bill Buckley était mort. Vous vous rappelez ce qui se passait là-bas à l'époque ? Près de mille Palestiniens s'étaient fait massacrer à Sabra et à Chatila, ces deux camps de réfugiés de Beyrouth, par les phalanges chrétiennes libanaises. Mais les Juifs, qui les soutenaient, se sont retrouvés eux aussi dans un rôle de persécuteurs, en une sorte de négatif de la Bible. Il faut dire qu'Admoni s'entendait comme cul et chemise avec cette crapule de Gemayel.

Béchir Gemayel, à la tête des phalangistes, allait ensuite devenir président du Liban.

– Nous aussi, enchaîna Casey, on appuyait Gemayel, mais je n'ai jamais fait confiance à ce voyou. Admoni a collaboré avec lui pendant tout le temps que Buckley a été torturé. Comme on n'avait aucune idée de l'endroit où Bill était détenu, on a demandé à Admoni de le retrouver pour nous. « Aucun problème », a-t-il répondu. On a attendu, attendu, attendu... On a envoyé nos meilleurs hommes à Tel-Aviv pour épauler le Mossad. On lui a dit je ne sais combien de fois que l'argent n'était pas un problème. Et Admoni continuait de dire « D'accord, mais oui, bien sûr ».

Momentanément perdu dans ses souvenirs, Casey reprit une gorgée de Perrier. Les phrases suivantes furent proférées sur un ton étrangement monocorde, comme si elles sortaient de la bouche d'un juré lisant son verdict.

– Là-dessus, Admoni nous fait parvenir un rapport comme quoi l'OLP était derrière l'enlèvement. On savait que les Israéliens étaient toujours prêts à accuser Yasser Arafat, et dans un premier temps nos gars n'y ont pas cru. Mais Admoni a su se montrer convaincant. Il a monté un dossier apparemment solide. Quand on a enfin compris qu'Arafat n'était pour rien dans cette affaire, c'était fini depuis longtemps pour Bill Buckley. Ce qu'on ignorait encore, c'est que le Mossad avait joué un vilain double jeu en armant le Hezbollah contre les chrétiens tout en équipant parallèlement les phalanges pour casser du Palestinien.

Aussi partielle fût-elle, la vision de Casey – selon laquelle le Mossad avait exprès laissé mourir Bill Buckley dans l'espoir que l'OLP serait montrée du doigt (et que les efforts déployés par Arafat pour conquérir la sympathie de Washington seraient réduits à néant) – me laissait entrevoir un tableau plutôt sombre des relations entre deux services secrets pourtant censés être dans les meilleurs termes.

Casey venait de lever un coin de voile sur un aspect inédit des relations entre les États-Unis et Israël : on était loin de la fameuse solidarité américano-juive, notamment financière, qui avait fait de l'État hébreu une superpuissance régionale par crainte de l'ennemi arabe.

Avant de partir, Casey livra une ultime réflexion :

– Chaque pays produit les services secrets dont il a besoin. Si l'Amérique s'appuie surtout sur la technologie, c'est parce que nous cherchons plus à démasquer qu'à tirer les ficelles. Les Israéliens pensent autrement. Le Mossad, en particulier, considère que ses activités sont indispensables à la survie de son pays.

Cette attitude a longtemps contribué à maintenir le Mossad loin des regards indiscrets. Mais au cours des deux années de recherches qu'a exigées ce livre, une série de bavures – et parfois de scandales – l'a placé sous le double feu des projecteurs et de la conscience publique israélienne. Des questions ont été formulées et, si les réponses sont rarement venues de manière spontanée, des fêlures de plus en plus visibles ont fini par lézarder l'armure protectrice que le Mossad s'était forgée contre le monde extérieur.

J'ai interviewé plus d'une centaine de personnes : soit des agents secrets (israéliens et autres), soit des personnes indirectement liées à des services de renseignement. Ces interviews se sont étalées sur plus de deux ans et demi. La plupart des personnages clés du Mossad ont accepté d'être enregistrés. Mes bandes contiennent vingt-quatre heures d'entretien, et leur transcription représente quelque cinq mille huit cents pages. J'ai aussi une quinzaine de carnets remplis de notes prises sur le vif. Cette documentation trouvera sa place, comme celle de mes précédents ouvrages, au sein du département de recherches d'une bibliothèque universitaire. La plupart ont insisté pour que je privilégie les événements récents, le passé ne devant servir qu'à illustrer l'évolution du rôle du Mossad à la frontière – souvent trouble – de l'espionnage et du renseignement pur. Certaines n'avaient jamais été interviewées ; il m'est plus d'une fois arrivé de ne pas réussir à leur soutirer une explication satisfaisante de leurs actes. Mais la majorité de mes interlocuteurs ont fait preuve d'une surprenante franchise, même si tous n'ont pas voulu être nommément identifiés. Pour ce qui est des agents du Mossad encore en exercice, la loi israélienne leur interdit purement et simplement d'accepter que leurs noms soient publiés. Certaines sources non israéliennes ont elles aussi exigé, et obtenu, la garantie de l'anonymat.

Un certain nombre de mes sources émanent des « blancs » qui émaillent les organigrammes du Mossad : certains continuent de prendre leur anonymat très au sérieux, et ont préféré n'être désignés dans ces pages que par un pseudonyme ou un prénom. La validité de leur témoignage n'en est pas diminuée pour autant. Leur désir de rompre le silence a sans doute des raisons diverses : besoin de se ménager une place dans l'histoire de leur pays ; envie de justifier leurs actes ; penchant pour l'anecdote, commun à nombre de personnes vieillissantes ; et peut-être aussi désir d'expiation. Les mêmes raisons valent évidemment pour ceux qui ont accepté d'être identifiés.

Peut-être faut-il néanmoins chercher leur motivation première dans une peur viscérale – et éminemment sincère – de voir se dégrader une organisation qu'eux-mêmes ont servie avec tant de fierté. Peut-être estiment-ils que le seul moyen de sauver le Mossad consiste à témoigner de ce qu'il a accompli dans le passé et de ce qu'il accomplit encore aujourd'hui. Mais d'abord, pour avoir la moindre chance de rendre compte de ces deux aspects, il est impératif de savoir comment et pourquoi il fut créé.

II

Préhistoire

Depuis l'aube, les fidèles affluaient au pied de la muraille la plus sacrée du monde, ultime relique du second Temple d'Hérode : le Mur des lamentations. Jeunes et vieux, maigres et gras, chauves et barbus, tous étaient arrivés en se frayant un chemin à travers les ruelles de l'antique cité.

Des employés de bureau côtoyaient des bergers descendus des montagnes ; de jeunes garçons ayant récemment fêté leur *bar-mitsvah* marchaient fièrement près d'hommes parvenus au crépuscule de leur vie. Des maîtres d'écoles religieuses accompagnaient des commerçants qui avaient fait le voyage depuis Haïfa, Tel-Aviv et les villages côtiers de la mer de Galilée.

Tous vêtus de noir, ils serraient contre leur cœur un livre de prières et, debout au pied du Mur, récitaient des extraits des Écritures.

Ainsi priaient les Juifs depuis la nuit des temps. Mais ce vendredi – jour de Shabbath – de septembre 1929 avait quelque chose de différent. Les rabbins avaient invité les fidèles à s'unir aussi nombreux que possible dans un acte de prière publique afin de montrer leur volonté de défendre leur droit à l'existence. Il s'agissait non seulement de réaffirmer leur foi, mais aussi de faire la preuve éclatante de la vigueur du sionisme – et de rappeler à la population arabe, largement majoritaire en Palestine, qu'ils ne se laisseraient pas assujettir.

Depuis des mois, des rumeurs faisaient état de la colère croissante de la population musulmane face à ce qu'elle considérait comme l'expansion sioniste. Cette colère était née dans le sillage de la Déclaration Balfour de 1917, qui préconisait l'établissement en Palestine d'un foyer national juif. Aux yeux des Arabes, dont les ancêtres vivaient en

Terre sainte depuis l'époque du Prophète, c'était un formidable affront. La terre qu'ils avaient cultivée pendant tant de siècles allait être revendiquée, peut-être même confisquée par les sionistes et par leurs protecteurs britanniques, débarqués à la fin de la Grande Guerre pour mettre la Palestine sous mandat. Les Britanniques avaient gouverné cette colonie comme toutes les autres, en s'efforçant de plaire aux deux camps. La recette les avait menés au désastre : les tensions entre Juifs et Arabes n'avaient cessé d'augmenter au fil des ans. De nombreuses et sanglantes escarmouches s'étaient déjà produites, le plus souvent autour des lieux où les Juifs voulaient bâtir leurs synagogues et leurs écoles religieuses. Ils étaient notamment décidés à exercer coûte que coûte leur « droit de prière » au pied du Mur des lamentations de Jérusalem. Il y allait de l'essence de leur foi.

À midi, l'heure du Shema, ils étaient près d'un millier à lire à haute voix les Écritures devant la haute muraille de pierre blonde.

Soudain, une pluie de projectiles – pierres, tessons de bouteille, boîtes de conserve remplies de gravats – s'abattit sur eux. L'assaut venait d'être lancé par des activistes arabes depuis divers points stratégiques situés autour du Mur. Une première salve de coups de feu crépita, vomie par les fusils des tireurs d'élite musulmans. Miraculeusement, personne ne fut tué, mais ce jour-là on ramassa les blessés par dizaines.

Le soir même, les chefs du Yishouv – la communauté juive de Palestine – se réunirent. Ils reconnurent qu'un élément vital avait fait défaut à leur manifestation pourtant planifiée avec soin : la connaissance préalable de l'attaque arabe.

L'un des participants s'exprima au nom de tous :

« Reportons-nous aux Écritures. Depuis le roi David, la survie de notre peuple s'est toujours fondée sur la grande qualité de ses renseignements. »

Ainsi venait d'être formulé, entre café turc et confiseries orientales, le principe fondateur d'une organisation qui, un jour, allait devenir la plus redoutable centrale d'espionnage du monde moderne : le Mossad. Toutefois, sa création effective ne devait intervenir qu'un quart de siècle plus tard. En cette douce soirée de septembre 1929, les chefs du Yishouv se bornèrent à décider de mettre de côté autant d'argent que possible – et à prier tous leurs coreligionnaires de faire de même – afin de suborner des Arabes assez bien disposés envers les Juifs pour les avertir des agressions à venir.

Par ailleurs, il fallait que les Juifs puissent continuer d'exercer leur droit de prière au pied du Mur. Au lieu de dépendre des Britanniques pour leur protection, ils seraient dorénavant défendus par la Haganah – la milice juive, récemment créée. En quelques mois, une combinaison de renseignements et de dissuasion due à la présence de la milice mit un terme aux attaques arabes. Un calme relatif fut restauré pour cinq ans.

Dans le même temps, les Juifs s'appliquèrent à étendre en secret leur réseau d'espions. Celui-ci n'avait ni nom ni chef. Les Arabes étaient recrutés sur la base de l'improvisation : colporteurs arpentant le quartier arabe de Jérusalem, petits cireurs de chaussures habitués à offrir leurs services aux officiers mandataires, mais aussi étudiants du prestigieux collège arabe de Rouda, professeurs, hommes d'affaires… Chaque Juif était incité à recruter un espion arabe et à partager ensuite avec ses frères les informations recueillies. Lentement mais sûrement, le Yishouv en vint à récolter des renseignements importants non seulement sur les Arabes, mais aussi sur les Britanniques.

En 1933, l'arrivée au pouvoir de Hitler marqua le début de l'exode des Juifs allemands vers la Palestine. En 1936, plus de trois cent mille d'entre eux entreprirent un long périple à travers l'Europe ; beaucoup atteignirent la Terre sainte dans un état de dénuement total. Le Yishouv se chargea de leur trouver nourriture et logement. En quelques mois, les Juifs en vinrent à représenter un tiers de la population. Les Arabes réagirent comme naguère : du haut de cent minarets, les muezzins appelèrent leurs fidèles à rejeter les sionistes à la mer.

De chaque *mafafeth* – lieu de conseil des dignitaires arabes – s'élevèrent les mêmes protestations rageuses : « Ne laissons pas les Juifs nous dépouiller de notre terre, ni les Britanniques leur fournir des armes et les entraîner. »

Les Juifs se défendirent en clamant que l'inverse était aussi vrai : les Britanniques incitaient discrètement les Arabes à leur reprendre par la force des terrains achetés en toute légalité.

Les colons européens s'entêtèrent à essayer d'apaiser les deux camps. Ils échouèrent. En 1936, les escarmouches successives dégénérèrent en un soulèvement arabe à grande échelle, à la fois contre les Britanniques et contre les Juifs. La révolte fut férocement réprimée. Mais les Juifs comprirent à cette occasion que, tôt ou tard, les Arabes se soulèveraient de nouveau, et avec une furie décuplée.

Des Juifs affluèrent des quatre coins du pays pour s'engager dans la Haganah. Ils allaient progressivement former le noyau d'une redoutable armée secrète : physiquement endurcis, excellents tireurs, et aussi rusés que les renards du Néguev.

Le réseau d'informateurs arabes fut étendu. Un département politique fut créé au sein de la Haganah pour semer la discorde par la désinformation. Ce fut là que des hommes appelés à devenir des figures mythiques de l'espionnage israélien allaient apprendre les rudiments de leur art avant le début de la Seconde Guerre mondiale. La Haganah – le mot signifie « défense » en hébreu – devint très vite la milice la mieux informée de la Terre sainte.

La Seconde Guerre ne fit rien pour arranger la situation en Palestine. Les Juifs comme les Arabes sentirent qu'un avenir sombre les guettait en cas de victoire des nazis. Les premiers témoignages de l'horreur des camps de la mort européens avaient atteint le Yishouv.

David Ben Gourion et Yitzhak Rabin figuraient tous deux au nombre des participants d'une réunion historique tenue à Haïfa en 1942. Un consensus s'en dégagea très vite : il fallait accueillir les rescapés de la Shoah dans leur patrie spirituelle, Eretz Israël (la Terre d'Israël). Personne n'était encore capable d'estimer leur nombre, mais chacun savait que l'arrivée d'une masse de réfugiés attiserait le feu de la révolte arabe. Cette fois, les Britanniques prendraient ouvertement parti contre les Juifs. Le gouvernement de Sa Majesté avait maintes fois déclaré qu'il refuserait d'accueillir les survivants de la Shoah en Palestine après la défaite de Hitler, sous prétexte qu'une telle mesure provoquerait un grave déséquilibre démographique. La position de Ben Gourion – qui considérait comme une priorité absolue le renforcement du réseau de renseignements de la Haganah – fut entérinée par les autres participants de la réunion. De nouveaux informateurs devaient être recrutés sans tarder. Une unité de contre-espionnage serait également constituée pour démasquer les Juifs collaborant avec les Britanniques et les « Juifs communistes et dissidents ». Le commandement de cette nouvelle unité, Rigul Hegdi, fut secrètement confié à un ancien de la Légion étrangère française qui se faisait passer pour un représentant de commerce.

Rigul Hegdi recensa les femmes juives qui frayaient avec les officiers britanniques, les commerçants qui négociaient avec eux et les patrons de bars qui leur servaient à boire. En pleine nuit, les « traîtres » comparaissaient devant des cours martiales improvisées par la Haganah. Les coupables étaient soit roués de coups, soit sommairement exécutés dans les monts de Judée, d'une balle dans la nuque : le caractère expéditif de cette méthode n'était pas sans augurer de la férocité du futur Mossad.

En 1945, la Haganah s'enrichit d'une unité chargée de l'approvisionnement militaire. Bientôt, des quantités d'armes italiennes et allemandes saisies en Afrique du Nord après la défaite de Rommel furent importées clandestinement en Palestine par des soldats juifs servant dans les unités alliées du Sinaï égyptien. Elles arrivaient à bord de camions ou à dos de chameau avant d'être cachées dans des grottes du désert où Jésus-Christ, deux mille ans plus tôt, avait été tenté par le diable. L'une de ces caches se trouvait à deux pas de l'endroit où les manuscrits de la mer Morte devaient ensuite être découverts.

Après la défaite du Japon en août 1945, des Juifs ayant travaillé dans des centrales militaires alliées de renseignement apportèrent leur savoir-faire à la Haganah. Tous les éléments étaient en place pour l'accomplissement du grand dessein de Ben Gourion : la « guerre pour notre indépendance ».

Le détonateur de cette guerre, Ben Gourion le savait, devait être la *bricha* – l'opération sans précédent qui consistait à rapatrier en Terre sainte les survivants de la Shoah. Ceux-ci débarquèrent d'abord par centaines, puis par milliers, puis par dizaines de milliers. À leur arrivée, beaucoup portaient encore leur uniforme des camps de concentration et l'infâme numéro tatoué sur leur bras par les nazis. Venus des Balkans par la route et en train, ils avaient ensuite traversé la Méditerranée jusqu'à la côte d'Israël. Toutes les embarcations disponibles avaient été achetées ou louées par des organisations juives américaines, souvent à des prix exorbitants. Vapeurs, caboteurs, barges de débarquement récupérées en Normandie, péniches, tout ce qui pouvait flotter fut réquisitionné. Le monde n'avait pas connu d'évacuation d'une telle ampleur depuis Dunkerque en 1940.

Parmi les soldats britanniques chargés de les refouler sur les plages de Haïfa et de Tel-Aviv, on comptait justement un certain nombre de rescapés de Dunkerque. Ils étaient là pour exécuter les ordres de leur gouvernement, qui avait décidé de rejeter à la mer les survivants de la Shoah. Il y eut des affrontements sordides, mais aussi maintes circonstances où les soldats anglais, s'étant souvenus de la façon dont eux-mêmes avaient de peu échappé au massacre sur la côte française, préférèrent détourner le regard pendant qu'un nouvel afflux de réfugiés pataugeait vers la plage.

Ben Gourion estima bientôt que ces gestes de compassion ne suffisaient pas. Le temps était venu pour le mandat britannique de disparaître, ce qui ne pouvait être obtenu que par la force. En 1946, après avoir opéré l'unification des mouvements clandestins juifs, il donna l'ordre de lancer une guérilla dirigée à la fois contre les Britanniques et les Arabes.

Tous les chefs juifs savaient qu'il s'agissait d'un jeu dangereux : à combattre sur deux fronts, ils risquaient d'épuiser rapidement leurs ressources. Or les conséquences d'un échec auraient été dévastatrices. Ben Gourion décréta donc que tous les coups seraient dorénavant permis. Le catalogue d'atrocités commises de part et d'autre s'étoffa très vite en une surenchère effrayante. Des Juifs étaient abattus au moindre soupçon de contact avec la Haganah. Des soldats britanniques étaient régulièrement assassinés, et leurs casernes détruites. Des villages arabes entiers furent incendiés. Une cruauté médiévale prit possession des esprits dans les deux camps.

Pour la Haganah, l'espionnage était crucial, notamment pour faire croire aux Britanniques et aux Arabes, grâce à une habile désinformation, qu'elle disposait d'effectifs supérieurs à ce qu'ils étaient en réalité. Du coup, les miliciens juifs paraissaient aussi insaisissables que des feux follets. Le moral commença à s'effriter au sein des forces du mandat.

Croyant entrevoir une ouverture, les États-Unis tentèrent au printemps 1946 de mettre au point un accord forçant la Grande-Bretagne à accueillir en Palestine cent mille rescapés de la Shoah. La proposition fut rejetée, et les combats se poursuivirent. Enfin, en février 1947, la Grande-Bretagne consentit à se retirer de Palestine au mois de mai 1948. À partir de cette date, il reviendrait aux Nations unies de traiter les problèmes de ce qui allait bientôt devenir l'État d'Israël.

Persuadés qu'un conflit ouvert avec les Arabes restait inévitable pour garantir la survie de la nouvelle nation, Ben Gourion et ses lieutenants comprirent qu'ils devraient continuer à s'appuyer sur des services de renseignement supérieurs à ceux de l'adversaire. Ceux-ci glanaient des informations vitales auprès des autorités arabes, qu'elles soient militaires ou morales. Des espions juifs au Caire et à Amman réussirent notamment à mettre la main sur les plans d'offensive des forces armées égyptiennes et jordaniennes. Dès le début de ce qui allait être baptisé la guerre d'Indépendance, les Israéliens remportèrent d'impressionnants succès militaires. Mais il apparut clairement à Ben Gourion, avant même la fin de la bataille, que la victoire finale ne pourrait se consolider que grâce à une nette séparation entre objectifs militaires et politiques. Or, quand les armes se turent, en 1949, cette séparation n'était pas bien établie. Cela provoqua un violent débat au sein des services secrets israéliens sur le rôle qu'ils devraient jouer en temps de paix.

Plutôt que de couper court à la polémique avec son autorité habituelle, Ben Gourion, devenu Premier ministre d'Israël, décida de créer cinq départements secrets pour opérer soit sur le territoire national, soit à l'étranger. Les services d'espionnage prirent pour modèles leurs homologues britanniques et français, lesquels acceptèrent volontiers de coopérer avec les Israéliens. Des contacts furent aussi établis à Washington avec l'Office of Strategic Services par le biais du directeur du contre-espionnage de l'OSS en Italie, James Jesus Angleton. Les liens de celui-ci avec les espions d'Israël allaient jouer un rôle crucial dans la collaboration interservices qui serait mise en place entre les deux pays.

Cependant, et malgré des débuts prometteurs, le rêve de Ben Gourion (un système de renseignements intégré fonctionnant en pleine harmonie) allait mourir dans l'œuf, victime des difficultés d'une nation qui se cherchait encore une identité cohérente. Ministres et officiers jouaient perpétuellement des coudes pour conquérir le pouvoir et les postes clés. À tous les niveaux, des heurts se produisaient sans cesse. Qui était le mieux à même de coordonner une stratégie d'ensemble en matière de renseignement ? de recruter des espions ? Qui devait avoir le premier accès aux informations recueillies ? Qui se chargerait de les évaluer pour les transmettre aux dirigeants politiques du pays ?

Nulle part la concurrence n'était plus âpre qu'entre le ministre des Affaires étrangères et celui de la Défense, tous deux revendiquant le droit d'espionner à l'étranger. À l'époque jeune agent opérationnel, Isser Harel avait le sentiment que ses collègues « paraient le métier du renseignement d'une aura romanesque et aventureuse » : « Ils croyaient tout connaître (...) et s'imaginaient pouvoir ressembler un jour à des espions internationaux purement fictifs, vivant à la fois dans la gloire et dans une pénombre bien commode, à la frontière de la légalité et du crime. »

Pendant ce temps, des innocents continuaient de tomber, victimes des bombes et des embuscades des terroristes arabes. Les armées de Syrie, d'Égypte, de Jordanie et du Liban restaient menaçantes. Derrière elles, des millions d'autres Arabes étaient tout prêts à déclarer le *djihad*, la guerre sainte. Aucune nation sur terre n'avait jamais vu le jour dans un environnement aussi hostile qu'Israël.

Il y avait quelque chose de quasi messianique dans la façon dont le peuple juif comptait sur la protection de Ben Gourion, comme il avait jadis compté sur celle des rois et des prophètes d'Israël. Le Premier ministre avait beau savoir qu'il n'était pas un prophète – tout au plus un ex-combattant des rues ayant réussi à remporter la guerre d'Indépendance contre un ennemi arabe doté de forces vingt fois supérieures –, son peuple n'avait pas connu de triomphe comparable depuis que David avait vaincu Goliath et mis en déroute les Philistins.

Cependant, l'ennemi était toujours là. Il avait même gagné en intelligence et en férocité. Il frappait chaque nuit, tuant sans merci avant de se fondre dans les ténèbres.

Pendant quatre longues années, les rivalités, altercations et manœuvres en coulisse furent le lot commun de toutes les réunions présidées par Ben Gourion pour tenter de résoudre les épineux problèmes d'organisation de la communauté du renseignement. Un plan ingénieux du ministère des Affaires étrangères visant à utiliser un diplomate français comme espion au Caire fut torpillé par le ministère de la Défense, qui exigea qu'un homme à lui se charge de cette mission. L'officier désigné, lequel n'avait pas de réelle expérience en matière d'espionnage, fut arrêté au bout de quelques semaines seulement par les agents de la sécurité égyptienne. On découvrit aussi que des espions israéliens opérant en Europe fricotaient au marché noir pour financer leurs activités en raison de l'insuffisance chronique des budgets officiels. Une tentative pour manipuler des Druzes modérés, au Liban, échoua après que des services israéliens rivaux se furent copieusement chamaillés sur l'usage qu'il fallait faire d'un tel levier. Une suspicion mutuelle menaçait tous les plans, si bien conçus fussent-ils. L'ambition personnelle florissait partout.

Les puissants du moment – le ministre israélien des Affaires étrangères, le chef d'état-major des armées, les ambassadeurs – se démenaient pour établir la suprématie de leur service sur les autres. L'un d'eux exigeait que la priorité soit accordée à la collecte de renseignements économiques et politiques. Un autre trouvait que l'espionnage devait se concentrer sur la force militaire des ennemis potentiels. L'ambassadeur d'Israël à Paris affirmait que l'espionnage devait être dirigé comme la Résistance française l'avait été pendant la guerre. Son homologue de Washington demandait que ses espions bénéficient d'une couverture diplomatique et soient « associés aux tâches quotidiennes de l'ambassade afin de les placer au-dessus de tout soupçon ». Le représentant israélien à Bucarest souhaitait que ses hommes s'inspirent des méthodes du KGB – et fassent preuve de la même cruauté. Celui de Buenos Aires voulait que les agents secrets s'intéressent à l'aide apportée par l'Église catholique aux nazis émigrés en Argentine. Ben Gourion prêtait patiemment l'oreille à chaque proposition.

Finalement, le 2 mars 1951, il convoqua dans son bureau les chefs des cinq agences secrètes du pays. Il leur annonça de but en blanc qu'il avait décidé de regrouper toutes les activités d'espionnage d'Israël à l'étranger sous la responsabilité d'un nouveau service, baptisé *Ha Mossad le Teum*, l'« Institut de coordination ». Le Mossad disposerait d'un budget initial de 20 000 livres israéliennes, dont 5000 seraient allouées à des « missions spéciales, mais seulement après mon approbation », précisa-t-il, et recruterait son personnel dans les services de renseignement existants.

« Sur les plans administratif et politique », le service serait placé sous la tutelle du ministère des Affaires étrangères. Toutefois, il compterait dans ses rangs des officiers supérieurs représentant les autres organisations de renseignement israéliennes : le Shin Beth (service de sécurité intérieure), l'Aman (renseignements militaires), ainsi que le service de l'aviation et celui de la marine. Ces officiers de liaison auraient pour fonction de maintenir le Mossad informé des exigences spécifiques de leurs « clients ». En cas de litige sur telle ou telle requête, le dossier remonterait jusqu'au bureau du Premier ministre.

Pour finir, Ben Gourion résuma la situation avec son franc-parler habituel :

« Vous remettrez au Mossad votre liste de commissions, et il se chargera d'aller faire les courses. Vous n'aurez pas à vous soucier de savoir où il se sera fourni et combien il aura payé. »

Ben Gourion se faisait fort de contrôler seul le nouveau service. Dans une note au premier directeur général du Mossad, Reuven Shiloah, le Premier ministre s'empressa de mettre les points sur les i : « Le Mossad opérera sous mes ordres, il suivra mes instructions et il me rendra constamment compte de ses activités. »

Les règles fondamentales étaient fixées. Des années après qu'une poignée de Juifs réunis un soir de septembre à Jérusalem eurent convenu de l'importance vitale du renseignement face aux futures attaques arabes, leurs descendants venaient de se doter d'un bras invisible qui allait devenir plus redoutable que n'importe quel autre service secret au monde.

La naissance du Mossad – comme celle d'Israël – fut loin d'être indolore. Le service reprit notamment le contrôle d'un important réseau d'espionnage en Irak qui fonctionnait depuis quelques années sous la houlette du département politique de la Défense israélienne. La fonction première de ce réseau consistait à infiltrer les échelons supérieurs de l'armée irakienne et à mettre en place une filière d'émigration clandestine afin d'évacuer les Juifs irakiens et de les ramener en Israël.

En mai 1951, neuf semaines seulement après que Ben Gourion eut signé l'ordonnance créant le Mossad, le réseau fut démantelé par la sécurité irakienne à Bagdad. Deux agents israéliens furent arrêtés, ainsi que des dizaines de Juifs irakiens et des Arabes qui avaient été soudoyés pour participer à la filière. Celle-ci avait des ramifications dans plusieurs autres pays du Proche-Orient. Vingt-huit personnes furent accusées d'espionnage. Les deux espions furent condamnés à mort, dix-sept complices furent condamnés à la prison perpétuelle, et on libéra les autres « à titre d'exemple, pour montrer la magnanimité de la justice irakienne ».

Les deux agents du Mossad sortirent ultérieurement de la prison irakienne où ils avaient été torturés, en échange d'une somme substantielle, déposée sur un compte suisse du ministère irakien de l'Intérieur.

Un autre désastre survint peu après. L'espion attitré du département politique à Rome, Theodore Gross, travaillait à présent pour le Mossad. En janvier 1952, Isser Harel, alors patron du Shin Beth, le service de sécurité intérieure, eut entre les mains une « preuve incontestable » de la trahison de Gross, devenu agent double pour le compte des Égyptiens. Harel s'envola pour Rome, où il persuada Gross de rentrer avec lui à Tel-Aviv, après lui avoir fait miroiter un poste de haut rang au Shin Beth. Gross fut jugé en secret, déclaré coupable et condamné à quinze ans d'emprisonnement. Il devait mourir sans avoir recouvré la liberté.

Découragé, presque anéanti, Reuven Shiloah démissionna à la suite de cette affaire. Il fut remplacé par Harel, qui allait rester à la tête du Mossad pendant onze ans, record inégalé à ce jour.

Il est peu probable que les officiers supérieurs qui l'accueillirent au siège du Mossad, en ce matin de septembre 1952, aient été impressionnés par le physique de leur nouveau patron. Isser Harel mesurait à peine un mètre cinquante, avait d'immenses oreilles décollées et parlait l'hébreu avec un fort accent d'Europe centrale. Sa famille avait émigré de Lettonie en 1930. Ses vêtements étaient perpétuellement froissés, comme s'il dormait avec.

Ses premiers mots pour son état-major furent les suivants :

« Le passé est le passé. Il n'y aura plus d'erreurs. Nous allons travailler ensemble. On ne parlera plus à personne, sauf entre nous. »

Le jour même, il donna à ses collaborateurs un premier aperçu de ce qu'il voulait dire. Après le déjeuner, il fit venir son chauffeur. Quand celui-ci s'enquit de leur destination, il s'entendit répondre qu'elle était secrète ; Harel lui donna congé et s'installa lui-même au volant de son auto. Il revint peu après avec une boîte de pâtisseries pour son équipe. Le message était passé. Dorénavant, lui seul aurait le droit de poser des questions.

Ce geste décisif lui permit de conquérir d'emblée la sympathie d'un état-major plutôt découragé. Harel s'appliqua à insuffler à ses collaborateurs une énergie nouvelle en leur donnant l'exemple. Il se rendit en secret dans plusieurs pays arabes hostiles pour restructurer personnellement les réseaux du Mossad. Il prit l'habitude de recevoir lui-même les candidats désireux de travailler pour le service. Il recherchait de préférence ceux qui, comme lui, avaient une expérience du kibboutz.

« Ces gens-là connaissent l'ennemi, expliqua-t-il à un adjoint qui l'interrogeait sur cette tendance. Les kibboutzniks vivent près des Arabes. Ils ont appris à penser non seulement comme eux, mais aussi plus vite. »

La patience de Harel était aussi légendaire que ses colères ; sa loyauté envers ses collaborateurs ne tarda pas à atteindre une égale renommée. Tout élément extérieur à son cercle de proches était regardé d'un œil soupçonneux, comme un « opportuniste sans scrupule ». Il ne voulait rien avoir à faire avec des gens qu'il considérait comme « des bigots travestis en nationalistes, surtout les religieux ». Il afficha un dédain grandissant envers les Juifs orthodoxes.

Or un certain nombre d'entre eux siégeaient au gouvernement de Ben Gourion ; très vite, ils se mirent à haïr Harel et à rechercher des moyens de s'en débarrasser. Mais l'habile chef du Mossad prit soin de rester proche d'un autre kibboutznik de marque : le Premier ministre en personne.

Il faut dire que les états de service d'Isser Harel jouaient en sa faveur. Ses agents contribuaient au succès des accrochages survenus dans le Sinaï entre l'armée israélienne et les Égyptiens. Ses espions en place dans les capitales arabes lui fournissaient un flot régulier d'informations précieuses. Harel frappa un grand coup en se rendant à Washington en 1954 pour y rencontrer Allen Dulles, qui venait de prendre la direction de la CIA. Le petit Israélien offrit au maître espion américain une dague sur laquelle était gravée une citation biblique : « Jamais le gardien d'Israël ne dort ni ne somnole. »

« Comptez sur moi pour garder l'œil ouvert avec vous », lui répondit Dulles.

Cet échange d'amabilités permit d'instaurer d'emblée un climat de complicité entre le Mossad et la CIA. Dulles fit le nécessaire pour fournir au Mossad l'équipement moderne indispensable : appareils sophistiqués d'écoute et de surveillance, caméras téléguidées, ainsi que toute une panoplie de gadgets dont Harel avoua qu'il ignorait jusque-là l'existence. Les deux hommes mirent aussi en place un « téléphone rouge » pour se parler directement et à l'abri des tables d'écoute en cas d'urgence. Ce canal de communication, qui court-circuitait la voie diplomatique habituelle, fut ouvert au grand dam du Département d'État américain et du ministère des Affaires étrangères israélien. Inutile de dire qu'il ne fit rien pour rehausser la popularité d'Isser Harel dans les cercles diplomatiques.

En 1961, le chef du Mossad supervisa une opération destinée à faire venir en Israël des milliers de Juifs marocains. Un an plus tard, on retrouvait l'infatigable Harel dans le sud du Soudan, où il soutenait les rebelles pro-israéliens contre le régime en place. La même année, il aida le roi d'Éthiopie, Haïlé Sélassié, vieil allié de l'État juif, à échapper à un coup d'État.

Mais, au pays, les Juifs orthodoxes du cabinet Ben Gourion grognaient de plus en plus : selon eux, Isser Harel était devenu de plus en plus autocratique et de plus en plus indifférent à leur sensibilité religieuse. Ils l'accusaient de ne rendre aucun compte à qui que ce soit, et même de briguer en secret la plus haute charge politique du pays. Les antennes politiques de Ben Gourion se dressèrent, et ses relations avec le chef du Mossad se refroidirent. Alors qu'à l'origine il avait virtuellement donné carte blanche à Isser Harel, il exigea soudain d'être informé des moindres détails de chaque nouvelle opération. Harel souffrit qu'on lui tienne ainsi la bride mais ne protesta pas. La campagne de rumeurs s'intensifia.

En février 1962, les critiques se concentrèrent sur une affaire dont le principal protagoniste était un garçon de huit ans, Yosele Schumacher. Deux ans plus tôt, l'enfant avait été enlevé à ses parents par une secte juive ultra-orthodoxe.

Son grand-père maternel, Nahman Shtarkes, était membre de la secte Neturei Karta, les « gardiens des murs de Jérusalem ». Il était fortement soupçonné de complicité dans l'enlèvement. La police avait déjà organisé en vain une gigantesque battue pour retrouver le petit Yosele. Nahman fut brièvement incarcéré pour avoir refusé de coopérer avec les enquêteurs. Les Juifs orthodoxes en firent aussitôt un martyr : des milliers d'entre eux défilèrent avec des banderoles comparant Ben Gourion aux nazis pour avoir ainsi osé emprisonner un vieillard. Nahman fut finalement libéré « pour raisons de santé ». Les protestations n'en continuèrent pas moins.

Les conseillers politiques de Ben Gourion l'avertirent que cette affaire risquait de lui faire perdre les prochaines élections. Pire encore, dans l'hypothèse d'une nouvelle guerre contre les Arabes, certains groupes orthodoxes risquaient d'être tentés de soutenir l'ennemi. À bout de ressources, le Premier ministre convoqua Harel et chargea le Mossad de retrouver l'enfant. Harel objecta que ce n'était pas une mission pour son service. Selon ses propres termes :

« La température, brusquement, a dégringolé de plusieurs degrés. Il m'a expliqué que c'était un ordre. J'ai répondu qu'il me fallait au moins lire le dossier de police. Le Premier ministre m'a accordé une heure pour le faire. »

Le dossier était épais, mais sa lecture toucha une corde sensible au fond du cœur d'Isser Harel : après tout, les parents de cet enfant avaient le droit de l'élever sans se soumettre aux pressions d'une foi extrémiste.

Yosele, fils d'Arthur et d'Ida Schumacher, était né en mars 1953. Par suite de difficultés financières, il avait été envoyé chez son grand-père à Jérusalem. Il s'était ainsi retrouvé dans une enclave religieuse radicale, à l'écart du reste de la ville. Son grand-père l'avait initié aux rites de sa secte. Quand les parents de Yosele lui rendaient visite, Nahman leur reprochait leur laxisme avec indignation.

Le vieil homme appartenait à une génération à qui la ferveur religieuse avait permis de survivre à la Shoah. Sa fille et son gendre estimaient, eux, que leur premier devoir consistait à se tailler une place dans la jeune nation. Du coup, la prière passait parfois au second plan.

Lassés des tirades constantes de Nahman, les parents de Yosele finirent par déclarer qu'ils voulaient récupérer leur fils. Nahman s'y opposa, considérant que ce départ interromprait sa préparation à une vie de piété. Les relations entre les deux générations s'envenimèrent. Et, lors de leur visite suivante à Jérusalem, les parents constatèrent que Yosele avait disparu.

Les Juifs orthodoxes comme les libéraux s'emparèrent de l'incident pour donner sa pleine mesure à un débat qui continuait de diviser profondément la nation : la meilleure illustration en était le Parti travailliste de Ben Gourion, lequel ne parvenait à se maintenir au pouvoir qu'au prix d'alliances de circonstances avec les diverses factions religieuses de la Knesset. Ces groupes avaient ainsi obtenu un certain nombre d'assouplissements dans la réglementation religieuse mais ils réclamaient toujours plus. Les Juifs libéraux exigeaient que Yosele soit rendu à ses parents.

Après avoir lu le dossier, Harel promit à Ben Gourion de mobiliser le Mossad. Il chargea une équipe de quarante hommes de localiser l'enfant. La plupart d'entre eux étaient opposés à une mission qu'ils considéraient hors de leur sphère de compétence. Harel fit taire les critiques en quelques phrases :

« Même s'il nous contraint à opérer hors de notre champ d'action habituel, ce dossier est extrêmement important. Il est important à cause de son arrière-plan social et religieux. Il est important parce que le prestige et l'autorité du gouvernement sont menacés. Il est important en raison de ses enjeux humains. »

Il ne fallut que quelques semaines à l'équipe d'Isser Harel pour s'apercevoir qu'on venait de lui confier une mission aux dimensions tentaculaires.

Un agent du Mossad, futur patron du Shin Beth, se laissa pousser des boucles d'ultra-orthodoxe et tenta d'infiltrer la secte. En vain. Un autre reçut l'ordre de surveiller une école talmudique. Il fut repéré quelques jours plus tard. Un troisième tenta d'infiltrer un groupe de pèlerins hassidiques en route vers Jérusalem pour enterrer un parent. Il fut rapidement démasqué après s'être trompé dans la récitation de ses prières.

Ces échecs ne firent que renforcer la détermination d'Isser Harel. Il déclara être sûr que l'enfant ne se trouvait plus en Israël, mais quelque part en Europe, ou encore plus loin. Il installa un quartier général de campagne dans une planque du Mossad à Paris. De là, il expédia des agents dans toutes les communautés ultra-orthodoxes d'Italie, d'Autriche, de France et de Grande-Bretagne. Face à l'absence de résultat, il les envoya ensuite en Amérique du Sud et aux États-Unis.

Les recherches se poursuivirent, émaillées d'épisodes assez saugrenus. Dix agents du Mossad participèrent à l'office un samedi matin dans une synagogue de la banlieue londonienne, à Hendon. Les fidèles indignés appelèrent la police pour arrêter les « imposteurs religieux » après une rixe au cours de laquelle plusieurs barbes postiches furent arrachées. Les agents furent discrètement relâchés sur intervention de l'ambassadeur d'Israël auprès des autorités locales. Un vénérable rabbin orthodoxe fut invité à Paris sous prétexte qu'une riche famille souhaitait le voir officier lors d'une circoncision. Il fut accueilli à l'aéroport par deux hommes vêtus et coiffés de noir dans le meilleur style ultra-orthodoxe, qui étaient en réalité des agents du Mossad. Le rapport qu'ils envoyèrent à leur hiérarchie ne manquait pas d'humour noir :

« Le rabbin a été conduit dans un bordel de Pigalle sans avoir le moindre soupçon quant à la nature de l'endroit. Deux prostituées payées par nos soins sont entrées dans la pièce et se sont jetées à son cou. Nous avons pris des photos au Polaroid, et nous les lui avons montrées en menaçant de les faire parvenir à sa congrégation s'il ne nous avouait pas séance tenante où se trouvait l'enfant. Mais il a fini par nous convaincre qu'il n'en savait rien, et nous avons détruit les photos devant lui. »

Un autre rabbin, Shai Freyer, devait jouer un rôle dans les incursions toujours plus approfondies d'Isser Harel parmi les orthodoxes. Il fut intercepté par des agents du Mossad alors qu'il se rendait de Paris à Genève. Après un interrogatoire serré, les agents acquirent la conviction que ce n'était qu'une fausse piste de plus. Harel ordonna néanmoins que Freyer soit gardé dans une planque du Mossad en Suisse jusqu'à la fin de l'enquête. Il craignait que le rabbin n'alerte l'ensemble de la communauté orthodoxe.

Une autre piste prometteuse se matérialisa peu après. Madeleine Frei, issue d'une famille aristocratique française, était une ancienne héroïne de la Résistance. Elle avait sauvé un grand nombre d'enfants juifs de la déportation. Après la guerre, elle s'était convertie au judaïsme.

L'enquête révéla qu'elle venait régulièrement en Israël, où elle fréquentait des membres de la secte Neturei Karta, et qu'elle avait rencontré le grand-père de Yosele à plusieurs reprises. Or sa dernière visite correspondait à l'époque approximative de l'enlèvement. Ensuite, elle n'était plus retournée en Terre sainte.

En août 1962, des agents du Mossad la localisèrent en banlieue parisienne. Dès qu'ils se furent présentés, elle les congédia avec brusquerie. L'un d'eux prévint Isser Harel.

Harel alla personnellement expliquer à Madeleine le « grand préjudice » subi par le père et la mère de Yosele. Ils avaient le droit moral d'élever leur fils comme bon leur semblait. Aucun parent ne pouvait se voir dénier ce droit. Madeleine soutint qu'elle ne savait rien. Harel constata que ses hommes étaient enclins à la croire.

Il demanda à voir son passeport. Sous la photo de Madeleine figurait celle de sa fille. Il demanda à un agent de lui fournir un portrait de Yosele. Les deux visages étaient quasiment identiques. Harel téléphona aussitôt à Tel-Aviv. Quelques heures plus tard :

« Je savais tout ce que j'avais besoin de savoir sur Madeleine, des plus petits détails de sa vie amoureuse pendant ses études à sa décision de rallier le mouvement orthodoxe juif après avoir renoncé au christianisme. Je suis revenu la trouver et je lui ai déclaré, comme si j'en avais la preuve formelle, qu'elle avait teint les cheveux du petit Yosele pour le faire sortir d'Israël. Elle a nié en bloc. J'ai ajouté qu'elle devait comprendre que l'avenir du pays qu'elle aimait par-dessus tout était en grand danger, et que dans les rues de Jérusalem ses frères d'adoption se lançaient des pierres. Elle refusait toujours d'admettre quoi que ce soit. Je lui ai dit que cet enfant avait une mère, qui l'aimait autant qu'elle-même avait aimé les petits Juifs qu'elle avait sauvés pendant la guerre. »

L'allusion fit mouche. D'une seule traite, Madeleine lui avoua comment elle avait fait le voyage par mer jusqu'à Haïfa, en touriste. Sur le navire, elle s'était liée d'amitié avec une famille d'immigrants qui avait une fille de l'âge de Yosele. Elle avait débarqué à Haïfa en tenant la fillette par la main, et l'officier d'immigration l'avait enregistrée comme étant sa fille. Une semaine plus tard, au nez et à la barbe de la police israélienne, Madeleine s'envolait pour Zurich avec l'enfant, qu'elle avait réussi à persuader de s'habiller en petite fille et de se laisser teindre les cheveux.

Pendant quelque temps, Yosele avait ensuite été hébergé dans une école orthodoxe de Suisse, où enseignait le rabbin Shai Freyer. Ensuite, Madeleine s'était envolée avec lui pour New York, où elle l'avait placé dans une famille de la secte Neturei Karta. Harel n'avait qu'une dernière question à lui poser :

– Pouvez-vous me donner le nom et l'adresse de ces gens ?

Madeleine hésita longuement avant de répondre :

– Vous trouverez Yosele au 126, Penn Street, à Brooklyn, New York. On l'appelle maintenant Yankale Gertner.

Pour la première fois depuis le début de l'entretien, Harel ébaucha un sourire.

– Merci, Madeleine. Et toutes mes félicitations. Je suis tenté de vous offrir un poste au Mossad. Votre talent pourrait rendre d'immenses services à Israël.

Son interlocutrice refusa énergiquement.

Des agents du Mossad s'envolèrent vers New York. Ils y étaient attendus par une équipe du FBI spécialement envoyée par l'attorney général, Robert Kennedy, sur requête de Ben Gourion. Ils se rendirent au 126, Penn Street. Mme Gertner leur ouvrit la porte de l'appartement. Les agents se ruèrent à l'intérieur. Ils trouvèrent son mari en train de prier. À son côté, un petit garçon au teint blême, coiffé d'une calotte ; de longues boucles brunes lui encadraient le visage.

– Bonjour, Yosele, dit doucement un agent du Mossad. Nous sommes ici pour te ramener chez toi.

Huit mois s'étaient écoulés depuis le début des recherches. Près d'un million de dollars avaient été engloutis dans l'opération.

Le retour de l'enfant sain et sauf ne fit rien pour apaiser les dissensions religieuses au sein du pays. Les gouvernements successifs n'avaient pas fini de vaciller sous les coups de boutoir des petits groupes ultra-orthodoxes régulièrement élus à la Knesset.

Malgré son succès final, Isser Harel se retrouva dans le collimateur d'un redoutable rival : le général Meir Amit, nouveau patron de l'Aman. De même qu'Isser Harel s'en était ouvertement pris à son prédécesseur pour le supplanter, il devint la cible des accusations d'Amit à propos du sauvetage de Yosele.

Meir Amit, grand chef de guerre, s'était peu à peu rapproché de Ben Gourion dans les sables mouvants du paysage politique d'Israël. Il expliqua de long en large au Premier ministre qu'Harel avait « dilapidé des ressources précieuses », et que l'opération dans son ensemble prouvait que le Mossad avait besoin d'être régénéré. Oubliant un peu vite qu'il avait lui-même obligé Harel à monter l'opération, Ben Gourion se rangea à son avis. Le 25 mars 1963, affaibli par un bombardement verbal en règle, qui durait depuis plusieurs semaines, Isser Harel démissionna. Il avait cinquante ans. Ses hommes avaient les larmes aux yeux quand, après leur avoir serré la main, il quitta le siège du Mossad. Son départ marquait la fin d'une époque.

Quelques heures plus tard, un grand homme sec, au profil de faucon, franchit le seuil d'un pas décidé : Meir Amit venait de prendre les commandes de l'Institut. Personne n'eut besoin d'un dessin pour deviner que des changements radicaux étaient en marche.

Quinze minutes après s'être installé derrière son bureau, le nouveau chef du Mossad convoqua ses chefs de département. Ils restèrent alignés debout devant lui pendant qu'il les transperçait un à un du regard. Ensuite seulement il parla, de cette voix cassante qui avait lancé d'innombrables offensives sur le champ de bataille.

Il ne serait plus question de retrouver des enfants enlevés. Il n'y aurait plus d'interférence politique. Amit se faisait fort de protéger des attaques extérieures chacun de ses collaborateurs, mais rien ne pourrait les sauver s'ils décevaient sa confiance. Il était décidé à se battre pour obtenir davantage de crédits de la Défense. Mais ce n'était pas une raison pour négliger l'arme absolue, celle qu'il plaçait loin au-dessus de toutes les autres : l'*humint* – le renseignement par l'humain, autrement dit l'espionnage, qui devait impérativement rester la force première du Mossad.

L'équipe se retrouva soudain dirigée par un homme qui, plutôt que comme une mosaïque d'opérations ponctuelles, considérait l'espionnage comme une activité dont les fruits se récoltaient à long terme. L'acquisition d'une technologie militaire digne de ce nom, dans cette optique, était un objectif prioritaire.

Peu après la prise de pouvoir d'Amit, un homme qui se présenta sous le nom de « Salman » se rendit à l'ambassade d'Israël à Paris avec une proposition stupéfiante. Moyennant un million de dollars en espèces, il se prétendait en mesure de livrer aux Israéliens un exemplaire de l'avion de chasse le plus mystérieux de son époque : le Mig-21 russe. Salman conclut son offre de singulière façon :

« Envoyez quelqu'un à Bagdad. Il n'aura qu'à appeler ce numéro et demander Joseph. Et n'oubliez pas de préparer le million de dollars. »

Le diplomate rapporta l'entretien à un espion résident de l'ambassade, rescapé de la purge consécutive à la nomination d'Amit. Le *katsa* expédia un rapport à Tel-Aviv, avec le numéro de téléphone communiqué par Salman.

Pendant plusieurs jours, Meir Amit pesa le pour et le contre. Salman pouvait être un farfelu ou un agent double recruté par les Irakiens pour piéger un agent du Mossad. Le risque était réel de voir démasquer ses agents résidents en Irak. Mais la perspective de mettre la main sur un Mig-21 était irrésistible.

Son rayon d'action, son plafond, sa vitesse, son armement et son temps de rotation avaient fait de lui le fer de lance des Arabes sur toute la ligne de front. Les responsables de l'aviation israélienne auraient volontiers payé des millions de dollars pour jeter un coup d'œil sur ses plans. Ainsi que Meir Amit lui-même devait le confier :

« J'y pensais en allant me coucher. J'y pensais en me réveillant. J'y pensais sous ma douche et au dîner. J'y pensais chaque fois que j'avais un moment de liberté. Accompagner les progrès de l'armement de pointe ennemi est une priorité pour n'importe quel service de renseignement. Et s'emparer d'un avion de ce genre est presque impossible. »

La première étape consista à envoyer un agent à Bagdad. Meir Amit lui choisit un nom aussi britannique que son passeport : George Bacon. (« Personne ne s'imaginera qu'un Juif puisse porter un nom pareil. »)

Bacon partirait pour Bagdad en tant que directeur des ventes d'une entreprise londonienne spécialisée dans la fabrication d'appareils de radiographie hospitaliers.

Il débarqua à Bagdad à bord d'un avion d'Iraqi Airways avec plusieurs caisses d'échantillons, et se montra digne de sa couverture en réussissant à vendre plusieurs appareils à des hôpitaux. Au début de sa deuxième semaine de séjour, Bacon téléphona au numéro fourni par Salman.

« J'ai appelé d'un téléphone payant, dans le hall de l'hôtel : le risque d'écoute était moindre que dans ma chambre. Quelqu'un a décroché à la première sonnerie. Il m'a demandé en farsi qui était à l'appareil. J'ai répondu en anglais, en m'excusant vaguement, comme si j'avais fait un mauvais numéro. La voix m'a demandé – cette fois en anglais – qui j'étais. J'ai répondu que j'étais un ami de Joseph. Connaissait-il quelqu'un de ce nom ? Il m'a prié d'attendre. Je me suis dit qu'on essayait peut-être de repérer l'origine de l'appel, que c'était peut-être un piège. Là-dessus, un homme très courtois s'est fait entendre au bout du fil ; il m'a dit qu'il s'appelait Joseph et qu'il était ravi de mon appel. Il m'a demandé si je connaissais Paris. C'est le contact ! me suis-je dit. »

Bacon accepta de rencontrer Joseph dans un café de Bagdad à midi, le lendemain. À l'heure dite, un homme s'approcha de lui en souriant : Joseph. Son visage était creusé de rides profondes, ses cheveux avaient la couleur de la neige. Mais laissons plutôt l'agent secret restituer l'atmosphère assez irréelle de ce moment :

« Joseph m'a dit qu'il était heureux de me retrouver, comme si j'étais un proche perdu de vue depuis des années. Il s'est mis à me parler de la pluie et du beau temps, puis de la détérioration du service dans les cafés de Bagdad. Je me suis demandé ce que je faisais là, à écouter ces radotages de vieillard au beau milieu d'un pays hostile dont la police secrète m'abattrait à la moindre occasion. Ensuite, je me suis raisonné : quels que soient ses liens avec le Salman de Paris, Joseph n'était sûrement pas un agent du contre-espionnage irakien. Cette réflexion m'a calmé. Je lui ai dit que mes amis étaient très intéressés par la marchandise mentionnée par son ami. Il m'a répondu : “Salman est mon neveu, il vit à Paris. Il est serveur. Tous les bons serveurs sont partis.” Ensuite, il s'est penché au-dessus de la table avant d'ajouter : “Vous êtes ici pour le Mig ? Je peux vous l'avoir. Mais ça vous coûtera un million de dollars.” Comme ça ! »

Bacon sentit alors que Joseph était un personnage plus intéressant qu'il n'y paraissait. Il émanait de lui une singulière assurance. Mais quand il voulut le questionner, le vieil homme secoua la tête.

– Pas ici. On pourrait nous écouter.

Ils convinrent de se retrouver le lendemain sur un banc public, au bord de l'Euphrate. Cette nuit-là, Bacon eut du mal à trouver le sommeil à force de se demander si, après tout, il n'était pas en train de se faire piéger, soit par les services spéciaux irakiens, soit par une bande d'escrocs extrêmement rusés.

Le rendez-vous du lendemain lui en apprit un peu plus sur le passé de Joseph et ses motivations.

Joseph était issu d'une famille juive irakienne pauvre. Enfant, il était devenu domestique d'une riche famille maronite de Bagdad. Au bout de trente ans de bons et loyaux services, il avait été renvoyé comme un malpropre après avoir été accusé à tort de voler de la nourriture. À cinquante ans, il s'était retrouvé à la rue. Trop âgé pour se voir proposer un travail, il vivotait depuis lors d'une modeste retraite. Le désir lui était venu de renouer avec ses racines judaïques. Il avait confié son souhait à sa sœur, une veuve nommée Manu et dont le fils Munir était pilote de chasse dans l'aviation irakienne. Manu lui avait confié qu'elle aussi rêvait d'émigrer vers Israël. Mais comment faire ? En Irak, il suffisait de mentionner ce genre d'intention pour se retrouver aussitôt en prison. Et laisser derrière soi un seul membre de sa famille revenait à permettre aux autorités d'exercer sur lui une vengeance cruelle, voire fatale. D'ailleurs, où trouver l'argent ? Manu avait ajouté en soupirant que l'émigration était un impossible rêve.

L'idée avait cependant fait son chemin dans l'esprit de Joseph. Plusieurs fois, au dîner, Munir lui rapporta les propos de son chef d'escadrille, selon qui les Israéliens auraient payé une fortune pour jeter ne serait-ce qu'un coup d'œil sur son Mig.

– Peut-être même un million de dollars, Oncle Joseph, aimait à ajouter son neveu.

La somme s'était fixée dans la mémoire de Joseph. Elle lui permettrait de soudoyer des officiels pour organiser une fuite collective : toute la famille pourrait quitter l'Irak d'un seul coup. Plus il y pensait, plus l'idée lui paraissait réalisable. Munir adorait sa mère ; il aurait fait n'importe quoi pour elle, même passer à l'ennemi contre un million de dollars. Joseph n'aurait même pas besoin d'organiser lui-même l'évacuation des siens : les agents israéliens s'en chargeraient. Tout le monde savait qu'ils excellaient dans ce domaine. C'était d'ailleurs pour cela qu'il avait envoyé Salman à l'ambassade de Paris.

– Et maintenant, mon ami, vous voilà ! conclut Joseph, radieux, en regardant l'agent.

– Et Munir ? Est-il au courant ?

– Bien sûr. Il est d'accord pour déserter. Mais il veut la moitié de la somme tout de suite, et le solde juste avant le départ.

Bacon resta bouche bée. Tout, dans ce qu'il venait d'entendre, lui semblait à la fois plausible et réalisable. Mais d'abord, il devait faire son rapport à Meir Amit.

À son retour à Tel-Aviv, le chef du Mossad lui consacra tout un après-midi. Bacon lui expliqua tous les rouages du plan de Joseph.

– Où veut-il être payé ? demanda enfin Amit.

– Dans une banque suisse. Un de ses cousins a besoin d'un traitement médical urgent qui n'existe pas à Bagdad. Les autorités irakiennes l'autoriseront sans problème à se rendre en Suisse. Il faudra que la somme soit sur le compte à son arrivée.

– Votre Joseph m'a l'air d'être une fine mouche. Une fois que l'argent aura été déposé sur le compte, on ne le reverra plus. Qu'est-ce qui vous incite à lui faire confiance ?

– Je lui fais confiance parce que nous n'avons pas le choix.

Meir Amit autorisa le dépôt d'un demi-million de dollars à l'agence centrale du Crédit suisse à Genève. Le pari était risqué, pas seulement sur le plan financier. Il savait qu'il ne resterait pas à la tête du Mossad si Joseph se révélait l'habile escroc que certains de ses collaborateurs croyaient deviner.

Le moment était venu d'informer Ben Gourion et son chef d'état-major, Yitzhak Rabin. Les deux hommes donnèrent leur feu vert. Meir Amit se garda bien de leur préciser qu'il avait pris l'initiative de retirer d'Irak tous les agents du Mossad :

« En cas d'échec, je tenais à ce que ma tête soit la seule à se retrouver sur le billot. J'ai monté cinq équipes. La première était chargée de la communication entre Bagdad et moi. Sa consigne était de ne rompre le silence qu'en cas de crise grave. Autrement, je ne voulais entendre parler d'elle sous aucun prétexte. La deuxième devait se rendre à Bagdad sans que personne soit au courant : ni Bacon, ni les gars de la première équipe, vraiment personne. Elle avait pour mission d'exfiltrer Bacon en cas de pépin – et aussi Joseph, si possible. La troisième équipe devait garder la famille à l'œil. La quatrième devait entrer en contact avec les Kurdes censés collaborer à la phase finale de l'évacuation. Ils étaient armés par Israël. Et la cinquième devait assurer la liaison avec Washington et les Turcs. Pour quitter l'Irak, le Mig allait devoir traverser l'espace aérien turc avant de se poser chez nous. Les Américains, qui ont des bases dans le nord de la Turquie, devaient pousser les Turcs à coopérer en leur racontant que ce Mig était destiné aux États-Unis. J'avais été informé que les Irakiens, redoutant la défection d'un de leurs pilotes, ne remplissaient qu'à moitié les réservoirs des Mig. On ne pouvait pas y faire grand-chose. »

Il restait plus d'une difficulté à résoudre. Joseph avait décidé qu'outre sa famille proche, de lointains cousins devaient eux aussi se voir offrir une chance de fuir le régime irakien. Au total, il voulait que quarante-trois personnes soient évacuées par la voie des airs.

Meir Amit accepta. Il se retrouva aussitôt confronté à un nouveau problème. De Bagdad, Bacon lui envoya un message codé pour le prévenir que Munir avait des états d'âme. Selon le chef du Mossad :

« J'ai tout de suite compris. Munir était avant tout un Irakien. L'Irak avait été bon pour lui. Trahir son pays au profit d'Israël ne lui plaisait pas. Nous représentions l'ennemi. Toute sa vie, on lui avait enfoncé cela dans le crâne. J'ai décidé que le seul moyen était de lui faire croire que le Mig irait chez les Américains. J'ai pris un avion pour Washington et j'ai rencontré Richard Helms, le directeur de la CIA. Il m'a écouté et il a accepté de m'aider sans hésiter. Il s'est toujours montré compréhensif. Il a fait le nécessaire pour que l'attaché militaire américain à Bagdad rencontre Munir. L'attaché lui a expliqué que l'avion serait directement remis aux Américains. Il l'a bien baratiné sur la nécessité pour l'Amérique de rattraper son retard sur les Russes. Munir a fini par le croire. »

L'opération fut lancée. Le cousin de Joseph reçut son autorisation de sortie et s'envola pour Genève, d'où il envoya une carte postale disant : « Les installations hospitalières sont excellentes. Je suis assuré d'une guérison totale. » C'était le signal attendu : le second dépôt de 500 000 dollars avait été effectué.

Rassuré, Joseph annonça à Bacon que tous ses parents étaient prêts. La veille de l'ultime mission de Munir, Joseph les mena en convoi vers la fraîcheur des montagnes. Les barrages de l'armée irakienne ne firent aucune objection : de nombreux habitants de la capitale migraient chaque été vers le nord pour fuir la fournaise de Bagdad. Postés dans les contreforts de la montagne, des Kurdes reçurent la famille de Joseph avec l'équipe de liaison israélienne. Ils la conduisirent jusqu'au cœur du massif, où attendaient des hélicoptères de l'armée turque. Volant en rase-mottes sous le seuil de détection des radars, les appareils franchirent la frontière sans encombre.

Un agent israélien téléphona à Munir pour le prévenir que sa sœur avait accouché d'une petite fille et que tout s'était bien passé. C'était un nouveau message codé : l'évacuation était achevée.

Le lendemain matin, 15 août 1966, au lever du soleil, Munir décolla pour une mission de routine. Dès qu'il se fut éloigné de la base, il augmenta au maximum la puissance des réacteurs de son Mig et atteignit la frontière turque avant que les autres pilotes de la base n'aient reçu l'ordre de l'abattre. Escorté par des Phantom de l'US Air Force, il se posa sur une base turque, ravitailla et redécolla. Un autre message – en clair, cette fois – fit grésiller ses écouteurs :

– Votre famille est en lieu sûr et vous rejoindra bientôt.

Une heure plus tard, le Mig se posait sur une base militaire du nord d'Israël.

Le Mossad venait de s'adjuger un rôle de premier plan sur la scène mondiale de l'espionnage. Dans le petit monde du renseignement israélien, on allait désormais diviser l'histoire du service en deux ères distinctes : l'« avant Amit » et l'« après Meir ».

III

Les inscriptions de Glilot

Après être sorti de l'autoroute au nord de Tel-Aviv, Meir Amit garda une vitesse un peu supérieure à la limite autorisée. Enfreindre discrètement la législation faisait partie intégrante de son existence depuis le jour où, moins de trente-cinq ans plus tôt, il avait planifié le détournement d'un chasseur irakien.

Il mettait son refus de respecter les lois en vigueur sur le compte de ses origines galiléennes : « Là-bas, disait-il, on est tous têtus. » Il était né dans la cité du roi Hérode, Tibériade, tout près de la mer de Galilée, et il avait passé le plus clair de sa jeunesse dans un kibboutz. Il y avait beau temps que les dernières traces de son accent régional avaient été effacées par sa mère, professeur de diction. Elle avait également insufflé à son fils le goût de l'indépendance, l'intolérance face à la sottise, et un mépris à peine masqué pour les citadins. Plus important que tout, elle avait toujours stimulé ses facultés d'analyse et d'association d'idées.

Au cours de sa longue carrière, Meir Amit avait fait un usage abondant de ces qualités afin de percer à jour les intentions de l'ennemi. Plus d'une fois, quand il fallait agir à tout prix, la rouerie avait été le pivot de sa conduite. Ses détracteurs du monde du renseignement israélien s'étaient souvent inquiétés de ce qu'ils appelaient ses « sautes d'imagination ». Amit n'avait qu'un argument à leur opposer : « Rappelez-vous le Mig volé aux Irakiens. »

En ce matin de mars 1997, tandis qu'il s'éloignait de Tel-Aviv, Meir Amit était officiellement à la retraite. Mais personne, dans le milieu de l'espionnage, n'y croyait vraiment : ses connaissances étaient trop vastes et trop précieuses pour être mises au placard.

Il était rentré la veille de Hô Chi Minh-Ville, où il avait rendu visite à d'anciens officiers de renseignement vietcongs. Ils avaient échangé leurs expériences et s'étaient trouvés sans peine un terrain commun, car Israéliens comme Vietnamiens avaient réussi à vaincre un ennemi largement supérieur en nombre : les Arabes pour les uns, les Américains pour les autres. Meir Amit avait auparavant effectué plusieurs autres voyages dans des lieux où ses manœuvres clandestines avaient naguère semé le chaos : Amman, Le Caire, Moscou. Personne n'aurait osé l'interroger sur le but réel de ces visites, de même qu'au cours des cinq ans où il avait dirigé le Mossad (1963-1968) personne n'aurait osé contester ses sources ou ses méthodes.

Pendant cette période, il avait élevé l'*humint* – le renseignement par l'humain – au niveau d'un art. Aucun autre service secret n'aurait pu rivaliser avec le sien en matière de collecte d'informations. Il avait essaimé de plus en plus de taupes dans tous les pays arabes, à travers l'Europe, en Afrique, aux États-Unis et jusqu'en Amérique du Sud. Ses *katsas* – des hommes et des femmes dont le sang-froid et la détermination n'auraient pu être inventés par aucun romancier – avaient infiltré la Mukhabarat (le contre-espionnage jordanien, considéré comme le meilleur service de sécurité arabe) et le renseignement militaire syrien (le plus implacable).

Peu après son accession au poste de directeur général du Mossad, Meir Amit fit circuler dans le service une note volée par l'un de ses agents sur le bureau de Yasser Arafat :

« Le Mossad possède un dossier sur chacun de nous. Il connaît nos noms et nos adresses. Ce dossier comporte deux photos – l'une où nous apparaissons tête nue, l'autre avec le keffieh. Les espions du Mossad n'ont donc aucune difficulté à nous repérer partout, même en civil. »

Pour attiser la paranoïa de ses ennemis, Amit avait recruté un nombre sans précédent d'informateurs arabes. Il partait d'un principe simple, tiré des lois de la probabilité : plus les indicateurs seraient nombreux, plus leurs chances seraient grandes de lui fournir des informations utiles. Un certain nombre d'Arabes ainsi « retournés » avaient causé la perte de membres de l'OLP en donnant leurs caches d'armes, leurs planques et leurs emplois du temps. Pour chaque terroriste abattu par le Mossad, Meir Amit versait à l'informateur une prime d'un dollar.

À l'approche de la guerre des Six Jours, en 1967, il se trouvait au moins un *katsa* ou un informateur du Mossad dans toutes les bases aériennes et dans tous les quartiers généraux militaires égyptiens. On n'en comptait pas moins de trois au QG du haut commandement au Caire – trois officiers d'état-major retournés par Meir Amit. La façon dont il s'y était pris devait rester un secret bien gardé :

« Mieux vaut rester discret sur certains sujets. »

Chaque informateur et chaque agent s'étaient vu adresser les mêmes instructions : en dehors du « tableau d'ensemble », Amit exigeait des « détails infimes. Quelle distance un pilote doit-il parcourir entre ses quartiers et le mess pour prendre ses repas ? Combien de temps tel officier d'état-major reste-t-il coincé chaque jour dans les fameux embouteillages du Caire ? Tel planificateur a-t-il une maîtresse ? ». Lui seul savait comment des informations aussi hétéroclites seraient ensuite utilisées.

L'un de ses *katsas* avait réussi à se faire embaucher comme serveur au mess des officiers d'une base de chasseurs de première ligne. Chaque semaine, il alimentait Tel-Aviv en détails précieux sur l'entretien des appareils et le mode de vie des pilotes et mécaniciens. Leurs penchants en matière d'alcool et de sexe faisaient partie des informations secrètement transmises par radio.

Récemment fondé, le LAP – Loh Amma Psichologit, le département de guerre psychologique du Mossad – travaillait vingt-quatre heures sur vingt-quatre à concocter des dossiers sur les pilotes égyptiens, les équipes au sol et les officiers d'état-major : quelles étaient leurs qualités opérationnelles, avaient-ils atteint leur grade par leur compétence ou par leurs relations, avaient-ils un problème d'alcool, fréquentaient-ils les bordels, lesquels préféraient les garçons, etc., toutes ces questions étaient minutieusement étudiées.

Jusque tard dans la nuit, Meir Amit épluchait ces dossiers, traquant les hommes les plus vulnérables au chantage, et donc susceptibles de travailler pour Israël.

« Ce n'était pas une tâche très plaisante, mais il faut savoir que l'espionnage est souvent un sale boulot. »

Des familles de militaires égyptiens reçurent alors des lettres anonymes postées au Caire et truffées de détails plus qu'explicites sur les habitudes intimes d'un fils ou d'un mari adoré. Des informateurs envoyaient à Tel-Aviv de nouveaux renseignements sur les tiraillements familiaux qui s'ensuivaient, poussant parfois tel ou tel aviateur à prendre un congé maladie. Plusieurs officiers d'état-major reçurent aussi des coups de fil anonymes à propos de la vie privée d'un collègue. Un instituteur fut contacté par une femme à la voix onctueuse qui lui expliqua que si tel de ses élèves avait de mauvais résultats scolaires, c'était parce que son père – un officier – voyait un amant en cachette ; peu après, l'officier en question se brûla la cervelle. Cette campagne de harcèlement causa des dissensions considérables dans l'armée égyptienne, à la grande satisfaction de Meir Amit.

Au début de 1967, il lui apparut clairement, au vu des indices récoltés par son réseau égyptien, que le président Gamal Abdel Nasser se préparait à entrer en guerre contre Israël. Une nouvelle moisson d'informateurs fut recrutée par tous les moyens, ce qui permit au Mossad d'en savoir au moins autant que l'état-major cairote sur l'aviation égyptienne et son commandement militaire.

Dans les premiers jours du mois de mai 1967, Meir Amit indiqua même aux responsables de l'aviation israélienne à quelle heure précise de la journée ils auraient intérêt à lancer leur raid éclair sur les bases égyptiennes. Les analystes du Mossad lui avaient préparé un descriptif détaillé de la vie quotidienne dans les bases ennemies.

Entre 7 h 30 et 7 h 45 du matin, les unités de surveillance radar atteignaient leur niveau de vulnérabilité maximale. Pendant ce quart d'heure, alors que l'équipe de nuit était fatiguée à la fin de sa longue faction, la relève n'était pas encore très vigilante – d'autant que ses membres étaient souvent retardés par la lenteur du service au mess. Quant aux pilotes, ils prenaient leur petit déjeuner entre 7 h 15 et 7 h 45. Ensuite, ils retournaient à leurs quartiers pour enfiler leur combinaison de vol. L'opération prenait en moyenne dix minutes. La plupart perdaient quelques minutes supplémentaires aux toilettes avant de rejoindre les hangars. Ils s'y présentaient vers 8 heures, début officiel de leur journée de service. À ce moment-là, les équipes au sol avaient déjà entrepris de sortir les appareils des hangars pour les ravitailler et les armer. Pendant un quart d'heure environ, le tarmac était encombré de camions-citernes et de véhicules transporteurs de munitions.

Un descriptif tout aussi minutieux avait été établi concernant les habitudes des officiers d'état-major du haut commandement. L'officier cairote mettait en moyenne trente minutes pour aller de sa maison de banlieue à son lieu de travail. Les planificateurs stratégiques n'étaient donc pas assis à leur bureau avant 8 h 15. Ils passaient généralement dix minutes de plus à s'installer en sirotant un café et en papotant avec leurs collègues. L'officier d'état-major ne commençait donc à se pencher sérieusement sur le contrôle du trafic nocturne des bases de chasseurs que vers 8 h 30.

Meir Amit expliqua aux chefs de l'aviation israélienne que leurs cibles devraient être frappées entre 8 h et 8 h 30. Trente minutes seraient largement suffisantes pour les anéantir : le haut commandement du Caire serait privé d'une bonne partie de son personnel qualifié pour diriger la riposte.

Le 5 juin 1967, les forces aériennes israéliennes frappèrent à 8 h 01 avec une efficacité mortelle, bombardant et mitraillant à outrance après avoir frôlé les sommets du Sinaï. En quelques secondes, le ciel s'embrasa, teinté de rouge et de noir par les flammes et la fumée qui montaient des camions-citernes en feu et des avions détruits par l'explosion de leurs armements.

Pendant ce temps, à Tel-Aviv, planté devant la fenêtre de son bureau, Meir Amit scrutait l'horizon au sud, conscient que le travail de ses analystes avait pratiquement décidé à lui seul de l'issue de la bataille. Cet épisode devait rester l'un des meilleurs exemples de l'extraordinaire compétence de ce chef hors pair – encore plus remarquable si l'on tient compte des effectifs réduits du Mossad.

Depuis son arrivée, Meir Amit avait résisté à plus d'une tentative pour faire du Mossad un modèle réduit de la CIA ou du KGB. À eux seuls, ces deux services tentaculaires employaient des centaines de milliers d'analystes, de scientifiques, de stratèges et de planificateurs chargés de soutenir leurs espions de terrain. Les Irakiens et les Iraniens disposaient d'un nombre estimé de dix mille agents opérationnels ; la DGI cubaine en avait près de mille.

Mais, d'après Amit, le personnel permanent total du Mossad ne dépassait guère les douze cents personnes. Il était donc indispensable que chacun fasse preuve de qualités multiples : un scientifique devait être capable d'opérer aussi sur le terrain si la nécessité s'en faisait sentir ; un *katsa* devait pouvoir utiliser ses qualités de terrain pour former d'autres agents.

Pour tous ces hommes, Amit était le *memuneh*, terme qu'on pourrait traduire par « le premier parmi les égaux ». Ce titre lui garantissait un accès illimité au Premier ministre et lui permettait de présenter chaque année un budget au gouvernement israélien.

Avant même la guerre des Six Jours, Amit avait restauré la capacité du Mossad à inspirer une terreur mortelle aux ennemis d'Israël en infiltrant leurs rangs, en pillant leurs secrets, et en les éliminant avec une glaçante efficacité. Sous sa direction, le Mossad acquit rapidement une dimension mythique.

L'essentiel de ce succès provenait des règles qu'il avait lui-même édictées concernant le choix des *katsas*, ces agents de terrain qui, en ultime analyse, étaient les piliers du Mossad. Mieux que personne, il était capable de percer à nu les motivations profondes et complexes de ces hommes qui, au terme d'une sélection impitoyable, venaient serrer la main du *memuneh* – geste qui équivalait à une promesse d'obéissance aveugle.

En ce matin de mars 1997, même si beaucoup de choses avaient changé depuis au Mossad, les principes de recrutement de Meir Amit restaient en vigueur :

« Aucun *katsa* ne sera accepté au Mossad s'il est motivé au premier chef par l'appât du gain. Les sionistes trop zélés n'auront pas davantage leur place dans cette maison. Le fanatisme empêche de discerner clairement les objectifs d'une mission. Notre métier requiert un jugement clair, calme et lucide. Les gens cherchent à entrer au Mossad pour toutes sortes de raisons. D'abord le prestige. Et aussi le goût de l'aventure. D'autres s'imaginent qu'ils pourront ainsi élever leur statut social ; ce sont des petits qui ont envie de grandir. Quelques-uns s'imaginent que le Mossad leur conférera des pouvoirs secrets. Aucune de ces motivations ne devra être considérée comme valable. »

« Et toujours, toujours, vous devrez faire le nécessaire pour que votre agent sente qu'il peut compter sur votre soutien total. Que vous veillerez sur sa famille quoi qu'il arrive, que vous ferez tout pour que ses enfants s'épanouissent. En même temps, il faudra le protéger, lui aussi. Si sa femme soupçonne qu'il a une maîtresse, il faudra la rassurer. Et s'il en a bel et bien une, n'allez surtout pas le lui dire. Si elle tend à perdre les pédales, remettez-la sur les bons rails. Sans en parler à son mari, bien sûr. Rien ne doit le distraire. Le travail d'un bon chef de réseau consiste à traiter ses hommes comme une famille. À leur faire sentir qu'il sera toujours disponible pour eux, jour et nuit. C'est ainsi qu'on s'assure leur loyauté, qu'on obtient qu'un *katsa* fasse ce qu'on veut. Car en définitive, c'est la seule chose qui compte. »

Chaque *katsa* passait par trois années d'entraînement intensif, pendant lesquelles il était notamment soumis à des interrogatoires d'une rare violence. Il – ou elle – finissait toujours par exceller au maniement de l'arme favorite des espions du Mossad. Le pistolet Beretta calibre 22.

Les premiers *katsas* à opérer hors du monde arabe furent envoyés aux États-Unis, en Grande-Bretagne, en France et en Allemagne. Aux États-Unis, il y eut très vite des *katsas* résidents à New York et à Washington. Celui de New York avait pour tâche complémentaire d'infiltrer les missions diplomatiques de l'ONU et les divers groupes ethniques de la mégapole. Celui de Washington avait la responsabilité additionnelle de « contrôler » la Maison-Blanche.

Les autres *katsas* intervenaient de façon ponctuelle dans telle ou telle zone de tension et revenaient au pays une fois leur mission accomplie.

Meir Amit étendit considérablement les activités du Mossad en lui adjoignant un département Collecte – chargé du renseignement à l'étranger – et un département Action politique et liaison, censé travailler en coopération étroite avec les services « amis », essentiellement la CIA et le MI-6 britannique. Le département Recherches fut subdivisé en quinze « bureaux », chacun consacré à un État arabe. Par ailleurs, les États-Unis, le Canada, l'Amérique latine, la Grande-Bretagne, l'Europe et l'Union soviétique eurent chacun droit à un bureau propre. Cette infrastructure était appelée à s'appliquer ultérieurement à la Chine, à l'Afrique du Sud et au Vatican. Mais, à la base, le Mossad restait une petite organisation.

Pas un jour ne s'écoulait sans qu'arrive une moisson de nouvelles fraîches envoyées par les antennes à l'étranger, dont l'écho se répercutait ensuite dans les interminables couloirs d'une tour grise du boulevard du Roi-Saül. Selon Meir Amit :

– Dans la mesure où elles permettaient à nos hommes de se sentir toujours un peu plus forts, ces rumeurs ne pouvaient pas faire de mal. D'autant que, grâce à elles, nos ennemis nous craignaient toujours un peu plus.

Les *katsas* du Mossad constituaient une force de frappe efficace, extrêmement habile et toujours prête à répondre au feu par le feu. Ils étaient capables de fomenter des troubles pour favoriser un climat de défiance mutuelle entre États arabes, de faire circuler une contre-propagande pernicieuse, et de recruter des informateurs en mettant en pratique une des devises favorites de Meir Amit : « Diviser pour régner. » À chacune de leurs missions, ces hommes et ces femmes élevaient encore un peu plus haut la barre de leur compétence ; ils évoluaient comme des voleurs dans la nuit, laissant derrière eux un sillage de mort et de destruction. Personne n'était à l'abri.

Une fois leur mission terminée, ils se présentaient au rapport dans le bureau de Meir Amit, donnant sur le boulevard qui doit son nom à l'illustre roi guerrier de la Bible. Depuis ce bureau, Amit dirigea personnellement les activités de deux espions dont la bravoure devait rester à jamais inégalée dans les annales du Mossad. Chaque fois qu'il parlait d'eux, sa voix devenait hésitante, et un sourire rare naissait sur ses lèvres.

Eli Cohen était né à Alexandrie, en Égypte, le 16 décembre 1924. Comme ses parents, c'était un orthodoxe fervent. En décembre 1956, il fit partie des Juifs expulsés d'Égypte après la crise de Suez. Il arriva à Haïfa et se sentit étranger dans son nouveau pays. En 1957, il fut recruté par le contre-espionnage militaire israélien, où son travail d'analyste ne tarda pas à le lasser. Il se renseigna sur la filière d'entrée au Mossad, mais sa candidature fut rejetée.

« Notre refus l'a profondément blessé, me raconta Meir Amit. Il a quitté l'armée et s'est marié avec une Irakienne nommée Nadia. »

Pendant deux ans, Cohen mena une vie paisible d'employé de bureau dans un cabinet d'assurances de Tel-Aviv. Sans qu'il s'en doute, son dossier finit par refaire surface au Mossad lors d'un examen des « candidatures rejetées ». Meir Amit cherchait en effet un « type particulier d'agent pour une mission très spéciale ». N'en ayant trouvé aucun qui lui convienne dans ses fichiers d'active, il s'était mis à éplucher les dossiers « refusés ». Cohen lui parut offrir la meilleure possibilité. Il fut discrètement mis sous surveillance. Les rapports hebdomadaires du bureau de recrutement du Mossad firent état de sa routine monotone et de son amour pour sa femme et ses enfants. Eli Cohen travaillait dur, comprenait vite, faisait preuve d'efficacité sous la pression. Finalement, il fut averti que le Mossad le jugeait « apte au service ».

Eli suivit alors une formation intensive de six mois à l'école du Mossad. Des experts en sabotage lui montrèrent comment confectionner des explosifs et des bombes à retardement à partir des ingrédients les plus rudimentaires. Il apprit à se battre à mains nues, se transforma en tireur d'élite et en cambrioleur accompli. Il découvrit les mystères de l'encryptage et du décryptage, le fonctionnement d'un émetteur radio, commença à se servir d'encres sympathiques et à cacher des messages. Ses qualités suscitaient fréquemment l'admiration de ses instructeurs. Sa mémoire prodigieuse lui venait de sa jeunesse, où il avait appris par cœur des pans entiers de la Torah. Le compte rendu final le déclara apte aux fonctions de *katsa*. Néanmoins, Meir Amit hésitait encore.

« Je me suis demandé cent fois si Eli était vraiment capable de faire ce que j'attendais de lui. Bien entendu, je lui manifestais toujours en apparence une entière confiance. Je ne voulais surtout pas qu'il s'aperçoive qu'au cours de sa mission il serait sans cesse sur le fil du rasoir. Puis je me suis dit que les meilleurs cerveaux du Mossad lui avaient communiqué tout leur savoir, et j'ai décidé de tenter le coup. »

Meir Amit passa des semaines à peaufiner une biographie toute neuve pour son poulain. Les deux hommes se retrouvaient autour d'une table, étudiant des plans et des photos de Buenos Aires jusqu'à ce que le nouveau nom – Kamil Amin Taabes – et le nouveau passé d'Eli lui collent complètement à la peau. Le patron du Mossad devait plus tard se déclarer impressionné par la vitesse à laquelle Eli avait assimilé le jargon d'un spécialiste des échanges commerciaux avec la Syrie.

« Il a rapidement mémorisé tout ce dont il avait besoin : la différence entre les factures et les bordereaux d'envoi, les contrats et les garanties, etc. Eli était un vrai caméléon. Sous mes yeux, Eli Cohen a disparu pour laisser la place à Taabes, ce Syrien installé en Argentine et qui n'avait jamais renoncé à son vieux rêve de retourner à Damas. Chaque jour, Eli prenait un peu plus d'assurance et devenait un peu plus impatient de prouver qu'il réussirait à jouer son rôle. On aurait dit un champion olympique de marathon, prêt à démarrer à fond dès le départ de la course, mais sa course à lui était censée durer des années. Nous avons fait de notre mieux pour lui apprendre à rythmer sa nouvelle vie. Le reste était de son ressort. Nous le savions tous. Son départ s'est fait sans cérémonie ni roulements de tambour. Il a quitté Israël en catimini, comme tous les espions. »

Dans la capitale syrienne, Cohen se fit rapidement une place au soleil dans le monde des affaires et un cercle d'amis haut placés, parmi lesquels figurait Maazi Zahreddin, le neveu du président.

Vantard de nature, Zahreddin était très fier de la soi-disant invincibilité des Syriens. Cohen le caressa dans le sens du poil. En un temps record, il obtint que son nouvel ami lui fasse faire une visite guidée des fortifications syriennes dans le Golan. Il vit de ses propres yeux les bunkers de béton qui abritaient les canons à longue portée fournis par la Russie. Il eut même l'autorisation de les prendre en photo. Quelques heures après l'arrivée de deux cents chars russes T-54 en Syrie, Cohen avait déjà prévenu Tel-Aviv. Il se procura par ailleurs un plan complet de la stratégie syrienne destinée à couper le nord d'Israël : une information inestimable.

Tout en continuant à conforter Meir Amit dans sa conviction qu'un bon agent de terrain valait largement une division d'infanterie, Cohen devint peu à peu imprudent. Par exemple, il avait toujours adoré le football. Le lendemain d'une nouvelle défaite à domicile de l'équipe d'Israël, il enfreignit la règle la plus élémentaire des transmissions secrètes en envoyant à son contact le message suivant : « Il serait temps que nous apprenions à gagner aussi sur les terrains de foot. »

D'autres messages aussi peu autorisés suivirent : « Souhaitez un bon anniversaire à ma femme », puis « Bon anniversaire à ma fille ».

En privé, Meir Amit ne cachait pas sa colère. Mais il imaginait assez les pressions constantes subies par son agent pour espérer que l'attitude de Cohen n'était « qu'une de ces aberrations temporaires qu'on remarque par moments chez les meilleurs ».

« Je tâchais de me mettre à sa place. Était-il en train de désespérer ? Essayait-il de le montrer en baissant sa garde ? J'avais récrit toute son histoire. Il me fallait tenir compte de cent facteurs à la fois. Mais au final, un seul comptait vraiment : Eli était-il encore apte à remplir sa mission ? »

Meir Amit décida que la réponse était oui.

Un soir de janvier 1965, Eli Cohen se trouvait dans sa chambre de Damas, se préparant à établir un nouveau contact radio. Au moment où il mettait en marche son émetteur, des agents du contre-espionnage syrien firent irruption dans l'appartement. Ses émissions avaient été détectées par une unité mobile d'interception, de conception soviétique, l'une des plus sophistiquées du monde à l'époque.

Sous la menace, on l'obligea à envoyer un message au Mossad. Les Syriens ne remarquèrent pas l'imperceptible changement de ton et de débit de sa transmission. À Tel-Aviv, Meir Amit comprit aussitôt qu'Eli Cohen avait été capturé. Deux jours plus tard, la Syrie confirmait l'information.

« J'ai eu l'impression de perdre un parent proche. Dans ces cas-là, on se pose toujours les mêmes questions : est-ce qu'on n'aurait pas pu le sauver ? Comment a-t-il été repéré ? A-t-il commis une imprudence ? A-t-il été trahi par un proche ? Était-il déjà grillé depuis un moment sans s'en apercevoir ? Souhaitait-il inconsciemment être découvert ? Cela arrive quelquefois. Ou était-ce seulement un coup de malchance ? On se pose des questions, et on continue de s'en poser longtemps. La réponse n'est jamais acquise. Mais s'interroger peut aussi être un moyen de surmonter la crise. »

À aucun moment les Syriens ne réussirent à faire parler Eli Cohen malgré les diverses séances de torture qu'il endura avant d'être condamné à mort.

Meir Amit consacrait à présent presque tout son temps à tenter de lui sauver la vie. Pendant que Nadia Cohen lançait une campagne mondiale en défense de son mari – elle contacta ainsi le pape, la reine d'Angleterre, plusieurs présidents et Premiers ministres –, Amit s'affairait dans l'ombre. Il se rendit en Europe pour s'entretenir avec les chefs des services secrets français et allemands, qui ne pouvaient rien pour lui. Il établit des contacts informels avec l'Union soviétique. Il se battit jusqu'au 18 mai 1965, date à laquelle, peu après 2 heures du matin, un convoi quitta la prison d'El Maza à Damas. Eli Cohen se trouvait à bord d'un des véhicules.

À son côté se tenait Nissim Andabo, le grand rabbin de Syrie, âgé de quatre-vingts ans. Bouleversé, le religieux pleurait à chaudes larmes. Cohen l'apaisa. Le convoi s'arrêta sur la place El Marga, en plein centre de Damas. Eli récita le Viddouï, l'équivalent judaïque de la confession. « Seigneur tout-puissant, pardonne-moi mes péchés et mes transgressions. »

À 3 h 35 du matin, sous le regard de milliers de Syriens et sous le faisceau des projecteurs de la télévision nationale, Eli gravit les marches du gibet.

À Tel-Aviv, après avoir assisté en direct à la mort de son mari, Nadia Cohen tenta de se suicider. Elle fut conduite à l'hôpital, on put lui sauver la vie.

Le lendemain, lors d'une brève cérémonie organisée dans son bureau, Meir Amit rendit hommage à son espion mort en mission. Dès que la cérémonie eut pris fin, il se concentra sur un autre de ses meilleurs agents.

Wolfgang Lotz, un Juif allemand, était arrivé en Palestine peu après l'élection de Hitler. En 1963, Meir Amit le sélectionna parmi une liste de candidats pour une mission d'espionnage en Égypte. Pendant que Lotz suivait le même entraînement rigoureux que Cohen, Meir Amit, une fois de plus, réfléchit soigneusement à la couverture la mieux appropriée pour son espion. Il décida d'en faire un réfugié d'Allemagne de l'Est ayant servi dans l'Afrika Korps pendant la Seconde Guerre mondiale et revenu en Égypte pour devenir professeur d'équitation et ouvrir un manège. Ce métier lui donnerait facilement accès à la haute bourgeoisie cairote, très fortement structurée autour du milieu des cavaliers.

Lotz eut tôt fait de conquérir un cercle de clients prestigieux qui incluaient notamment le vice-directeur du renseignement militaire égyptien et le chef de la sécurité du canal de Suez. À l'instar de Cohen, il réussit à persuader ses nouveaux et puissants amis de lui montrer les formidables défenses égyptiennes, avec notamment leurs batteries de lance-missiles dans le Sinaï et en lisière du Néguev. Lotz se procura par ailleurs la liste complète des scientifiques nazis vivant au Caire et travaillant dans le cadre du programme balistique égyptien. Ceux-ci devaient être ensuite systématiquement exécutés par les agents du Mossad.

Après deux ans de double jeu, Lotz fut arrêté et condamné. Les Égyptiens, sentant qu'il était bien trop précieux pour être simplement exécuté, le gardèrent en vie dans la perspective d'un futur échange contre des prisonniers égyptiens capturés par Israël en cas de guerre. Une fois de plus, Meir Amit se démena comme un beau diable pour obtenir sa libération.

Il écrivit au président égyptien, Gamal Abdel Nasser, et lui proposa en échange de Lotz et de sa femme le renvoi en Égypte de tous les prisonniers de guerre retenus dans les geôles israéliennes. Nasser refusa. Amit opta alors pour la pression psychologique.

« J'ai fait savoir aux prisonniers égyptiens que si on les gardait, c'était uniquement parce que Nasser avait refusé de nous restituer deux Israéliens. Dans la foulée, on leur a permis d'écrire à leurs proches. Inutile de vous dire que leurs lettres se faisaient l'écho de leur amertume. »

Meir Amit reprit contact avec Nasser en disant que l'État hébreu était prêt à lui abandonner publiquement le mérite de la libération des prisonniers et ne dirait pas un mot sur le retour de Lotz et de sa femme. Nasser ne voulut toujours rien entendre. Amit décida alors de mettre le dossier entre les mains du commandant des Nations unies responsable du maintien de la paix dans le Sinaï. Celui-ci s'envola pour Le Caire et obtint peu après l'assurance que Lotz et sa femme seraient libérés « à une date ultérieure ».

Meir Amit n'eut aucune peine à comprendre ce langage codé.

« Un mois plus tard, Lotz et sa femme quittaient Le Caire pour Genève dans le plus grand secret. Quelques heures après, ils faisaient leur entrée dans mon bureau. »

Meir Amit comprit très tôt que ses *katsas* avaient besoin de soutien sur le terrain de leurs missions. Ce fut la raison pour laquelle il développa le réseau des *sayanim*, collaborateurs volontaires juifs. Chaque *sayan* illustrait à sa façon la cohésion historique des communautés juives du monde. Indépendamment de sa nationalité et de son amour pour son pays, le *sayan* acceptait en dernière instance une allégeance encore plus primordiale – et presque mystique – envers Israël. Par là même, il s'engageait à protéger Israël de ses ennemis.

Les *sayanim* remplissaient d'innombrables fonctions. Un *sayan* travaillant dans une agence de location de véhicules pouvait fournir à un *katsa* une auto sans exiger les justificatifs habituels. Un *sayan* banquier pouvait débloquer des fonds à toute heure. Un *sayan* médecin pouvait intervenir – pour extraire une balle, par exemple – sans en informer les autorités. Les *sayanim* n'étaient rétribués qu'à hauteur du remboursement de leurs frais.

Ils recueillaient aussi des données techniques et toutes sortes de renseignements dits « publics » : rumeur grappillée lors d'un cocktail, analyse entendue à la radio, article de presse, anecdote racontée au cours d'un dîner. Toutes ces bribes d'informations fournissaient des pistes précieuses aux *katsas*. Sans ses *sayanim*, le Mossad n'aurait pu opérer.

Sur ce plan, le legs de Meir Amit devait être préservé, et même largement étendu. En 1998, par exemple, on recensait plus de quatre mille *sayanim* en Grande-Bretagne et presque quatre fois plus aux États-Unis. Alors que Meir Amit disposait d'un budget extrêmement réduit, le Mossad dépensait désormais des millions de dollars par mois pour entretenir son « capital » humain aux quatre coins du monde : remboursement des frais des *sayanim*, location de planques, fourniture de moyens logistiques et financement de dépenses opérationnelles. Parmi les autres héritages d'Amit, signalons le *Naka*, le code utilisé pour la rédaction des rapports secrets du Mossad. L'expression *daglighli*, « lumière du jour », par exemple, représente le signal d'alerte maximal ; le *kidon* est un tueur du Mossad, le *neviot* un spécialiste de la surveillance, le *bodel* un messager, le *slick* une cache à documents ; les *teuds* sont des faux papiers, les *yahalomin* sont les membres de l'unité de communication spéciale avec les *katsas*, les *safanim* appartiennent à l'unité qui surveille l'OLP, et ainsi de suite.

En ce matin de mars 1997, alors qu'il avait rendez-vous avec son passé, Meir Amit était conscient que beaucoup de choses avaient changé à l'Institut. Pressé par les exigences politiques – et surtout celles du Premier ministre Benyamin Netanyahou –, le service s'était dangereusement isolé des services secrets étrangers qu'il s'était tant appliqué à courtiser en son temps. Une chose était de vivre en respectant le credo « Israël d'abord, enfin, et toujours ». Être « surpris en train de fouiller dans les poches de ses amis » (le mot clé était évidemment « surpris », s'empressait de préciser Amit avec une ébauche de sourire) en était une autre.

À titre d'exemple, citons la présence accrue du Mossad aux États-Unis en matière d'espionnage économique, scientifique et technologique. Des membres d'une unité spéciale baptisée Al – le mot signifie « au-dessus » en hébreu – venaient d'être repérés en train de rôder dans la Silicon Valley et sur la 128, près de Boston, en quête de secrets liés à la haute technologie. Dans un rapport à la commission de renseignement du Sénat, la CIA venait d'épingler Israël comme l'un des six pays étrangers ayant déployé un « effort gouvernemental orchestré et clandestin pour s'emparer de secrets économiques américains ».

Le patron des services allemands de sécurité intérieure, la Bundesamt für Verfassungschutz, avait récemment prévenu sa hiérarchie que le Mossad restait une menace prioritaire en matière de détournement de secrets informatiques. Un avertissement similaire avait été diffusé par la DGSE française quand un agent du Mossad avait été repéré à Creil, dans les parages du centre d'étude de l'imagerie satellite. Israël tentait depuis longtemps de hausser sa capacité spatiale au niveau de sa technologie nucléaire. Le MI-5, contre-espionnage britannique, jugea bon d'alerter le nouveau Premier ministre Tony Blair sur les efforts du Mossad au Royaume-Uni pour se procurer des données scientifiques et militaires sensibles.

Meir Amit ne voyait pas d'objection, en soi, à ces tentatives d'espionnage, mais il leur reprochait d'avoir été menées sans planification et au mépris des conséquences pour la crédibilité d'Israël.

La même critique aurait pu s'appliquer à la façon dont les psychologues du LAP menaient désormais leurs campagnes de désinformation. Du temps de Meir Amit, le département de guerre psychologique s'était bâti un réseau mondial de contacts dans les médias, dont il usait avec une extrême habileté. Par exemple, un attentat terroriste en Europe donnait vite lieu à des « fuites » dans la presse, suffisamment étayées pour engendrer des articles allant dans le sens souhaité par le Mossad. Le LAP concoctait également des fausses informations que les attachés de presse des ambassades israéliennes communiquaient à tel journaliste lors d'un cocktail ou d'un dîner chaque fois qu'il fallait qu'un « secret » soit divulgué ou qu'une réputation soit ternie.

Mais si le principe de la désinformation restait immuable, il existait désormais une différence : le choix de la cible ou de la victime. Il semblait à Meir Amit que la décision était trop souvent soumise à des exigences purement politiques : détourner l'attention de telle manœuvre diplomatique projetée par Israël au Proche-Orient, ou reconquérir une sympathie vacillante, notamment aux États-Unis.

Par exemple, quand le vol 800 de la TWA s'écrasa au large de Long Island le 17 juillet 1996, entraînant la mort de 230 personnes, le LAP se lança dans une vigoureuse campagne de désinformation pour suggérer qu'il s'agissait d'un attentat ourdi par l'Iran ou l'Irak – deux bêtes noires d'Israël. Cent articles se firent immédiatement l'écho de cette fiction. Près d'un an plus tard, après avoir consacré 500 000 dollars et dix mille heures à vérifier ces allégations, l'enquêteur principal du FBI, James K. Kallstrom, devait finalement écarter l'hypothèse d'un acte terroriste. En privé, il déclara à des collègues :

« S'il existait un moyen de clouer au pilori ces fumiers de Tel-Aviv, qui nous ont fait perdre tant de temps, je n'hésiterais pas. Ils nous ont obligés à démentir une par une toutes les fausses infos qu'ils ont semées dans les médias. »

Le LAP s'illustra également après l'explosion d'une bombe au village olympique d'Atlanta. À en croire une rumeur qui se répandit dans le monde comme une traînée de poudre, « tout indiquait » que l'engin avait été fabriqué par un terroriste formé chez les poseurs de bombes de la Bekaa, au Liban. L'histoire fit boule de neige – et le LAP réussit à décupler la peur du terrorisme arabe au sein d'une opinion américaine bouleversée. Le seul suspect à être inquiété fut un malheureux employé du service de sécurité des Jeux – un homme qui n'avait pas l'ombre d'un lien avec le terrorisme international. Une fois qu'il eut été disculpé, d'ailleurs, la rumeur se dissipa.

Meir Amit concevait parfaitement qu'il faille rappeler à l'opinion l'existence du terrorisme arabe. Mais ce genre d'avertissement « avait besoin d'être consistant, j'ai toujours insisté là-dessus », me dit-il en ponctuant sa phrase d'un haussement d'épaules un peu agacé. Amit avait depuis longtemps appris à dissimuler ses sentiments et à se montrer avare de détails.

Dans son esprit, le Mossad avait entamé sa spirale descendante depuis l'assassinat du Premier ministre Yitzhak Rabin en novembre 1995, lors d'un meeting pour la paix à Tel-Aviv. Peu de temps avant qu'il soit abattu par un Juif extrémiste – signe du malaise croissant de la société civile israélienne –, le directeur général du Mossad, Shabtai Shavit, avait prévenu l'entourage de Rabin de la possibilité d'un attentat. Selon un proche, cet avertissement avait été jugé trop vague « pour sous-entendre une menace réelle ».

Du temps de Meir Amit, le Mossad n'était toujours pas habilité à opérer sur le sol israélien, de même que la CIA aux États-Unis. Cependant, en dépit des critiques, Amit aimait à répéter que le destin du Mossad et celui d'Israël étaient liés. Sous sa houlette, l'écho des exploits du service s'était répercuté de par le monde. Son succès était avant tout imputable à la loyauté de ses membres, qualité apparemment révolue. Les agents continuaient certes à faire leur travail – si sale et si dangereux puisse-t-il être – mais ils se demandaient sans cesse s'ils n'auraient pas des comptes à rendre un jour à un homme politique invisible, tirant les ficelles à l'arrière-plan. La crainte de ces interférences pourrait expliquer la paranoïa ambiante : la crainte permanente que l'État d'Israël cesse d'être une démocratie à part entière.

Au bord de la route qui relie Tel-Aviv à la station balnéaire de Herzliyya se dresse un imposant complexe de béton hérissé d'antennes. Il s'agit de l'école du Mossad. Sa fonction est l'une des premières choses qu'apprennent les nouveaux diplomates et espions des représentations étrangères dès leur arrivée à Tel-Aviv. Et cependant, il reste interdit aux médias israéliens de révéler son existence, sous peine de poursuites. En 1996, un violent débat a agité la communauté des services secrets concernant la riposte qu'il convenait d'adopter lorsqu'un journal de Tel-Aviv eut publié noir sur blanc le nom du directeur général du Mossad, Danny Yatom. Certains parlèrent de jeter en prison le journaliste et son rédacteur en chef. Heureusement, rien de tel ne s'est produit, le Mossad s'étant aperçu à temps que le nom de Yatom figurait déjà dans la presse du monde entier.

Amit n'en restait pas moins opposé à ce genre de publicité :

« Donner le nom d'un directeur en activité est très grave. L'espionnage est une activité secrète souvent désagréable. Peu importe ce qu'un espion a fait, il faut le protéger. On peut le traiter aussi durement qu'on l'estime nécessaire au sein du service, mais pour le monde extérieur, il faut qu'il reste intouchable, et même inconnu. »

En son temps, Meir Amit était désigné sous le nom de code « Ram ». Ce mot avait une connotation biblique agréable aux oreilles d'un gamin élevé dans le plus pur esprit des pionniers juifs, en un temps où la Palestine arabe était en révolte à la fois contre le mandat britannique et contre les Juifs. Il avait toujours soumis son corps à des exercices rigoureux. Plutôt frêle de nature, Meir Amit avait puisé sa force dans la conviction que ce pays était le sien : Eretz Israël, la Terre d'Israël. Et peu lui importait que le reste du monde ait continué de l'appeler Palestine jusqu'à 1947, quand les Nations unies proposèrent sa partition.

La naissance de l'État hébreu fut suivie de près par son quasi-anéantissement : les Arabes entendaient récupérer leur terre. Six mille Juifs trouvèrent la mort pendant la guerre d'Indépendance et nul ne saurait dire au juste combien d'Arabes y laissèrent la vie. En tout cas, la vision de tous ces corps tombés précipita la prise de conscience de Meir Amit. De même, l'arrivée en masse des survivants de la Shoah, marqués dans leur chair par un hideux tatouage bleu. « Cette vision suffisait à me rappeler l'immensité de la dépravation humaine. » Dans la bouche d'un autre, ces mots auraient pu sonner creux, mais Meir Amit savait leur donner force et dignité.

Sa carrière militaire fut d'emblée celle d'un soldat promis aux plus hautes destinées : commandant de compagnie en 1948 pendant la guerre d'Indépendance, il prit au bout de deux ans la tête d'une brigade sous les ordres de Moshe Dayan. Cinq ans plus tard, il fut promu chef des opérations de l'armée, autrement dit numéro deux des forces israéliennes. Un accident, en raison d'un défaut d'ouverture de son parachute, mit un terme prématuré à sa carrière militaire. Le gouvernement israélien finança ses études commerciales à l'université de Columbia. De retour en Israël, il se retrouva au chômage.

Moshe Dayan lui proposa alors la direction du service de renseignement militaires. En dépit d'une forte opposition, due à son inexpérience en matière d'espionnage, on accepta sa candidature.

« Je ne possédais qu'un atout : ayant combattu sur le terrain, je connaissais l'importance vitale du renseignement pour la vie des soldats. »

Le 25 mars 1963, il prenait la succession d'Isser Harel à la tête du Mossad. Il remporta des succès si nombreux que nous les résumerons sous forme de liste. C'est Meir Amit qui a instauré la politique d'exécution systématique des ennemis du Mossad. C'est lui qui a établi une relation secrète avec le KGB alors que des millions de Juifs étaient persécutés à l'Est, qui a accentué le rôle des femmes et l'usage de l'appât sexuel dans l'espionnage, et qui a approuvé l'infiltration du palais du roi Hussein avant que le souverain hachémite ne devienne un instrument de la CIA dans le monde arabe.

Ses techniques sont toujours en usage. En revanche, personne en dehors du Mossad ne saura jamais comment il les a mises au point. Crispant les mâchoires, il se contente de répéter :

« C'est un secret. Mon secret. »

Quand il a senti que son service avait besoin d'un nouveau patron, il s'est retiré sans faire de vagues, après avoir convoqué ses collaborateurs pour leur signaler une dernière fois que s'ils s'apercevaient qu'être juifs et travailler pour le Mossad leur posait des problèmes éthiques, ils devaient démissionner sur-le-champ. Ensuite, après une ultime séance de poignées de main, il prit congé.

Par la suite, chacun de ses successeurs à la tête de l'Institut alla prendre le café dans son bureau de la rue Jabotinsky, à Ramat Gan, banlieue résidentielle de Tel-Aviv. Ces jours-là, la porte de son bureau restait close et son téléphone sonnait constamment occupé.

« Comme disait toujours ma mère, une confiance trahie est un ami perdu, m'expliqua-t-il en anglais, avec un petit sourire en coin. »

Hormis sa famille proche – une tribu d'enfants, de petits-enfants, de cousins, de parents et d'amis de toutes générations –, peu de gens connaissent réellement Meir Amit. D'ailleurs, il ne supporterait pas qu'il en soit autrement.

En ce matin de mars 1997, derrière son volant, Meir Amit paraissait à peine soixante ans, c'est-à-dire quinze ans de moins que son âge réel. Son physique s'était certes empâté : on devinait même une certaine corpulence sous son veston bleu de bonne coupe. Mais quand il engagea son auto sur une avenue bordée d'eucalyptus, son regard restait aussi acéré et impénétrable qu'autrefois.

Combien de fois avait-il déjà effectué ce trajet ? Lui-même n'aurait su le dire. Mais chaque visite lui rappelait la même vérité :

« La survie, pour un Juif, implique toujours de se défendre jusqu'à la mort. »

La même détermination se lisait sur les visages des soldats qui attendaient un camion sous les frondaisons, à l'extérieur de la caserne de Glilot, au nord de Tel-Aviv. Il y avait dans leur attitude une assurance presque insolente : ces jeunes appelés du service militaire semblaient convaincus d'appartenir à la meilleure armée du monde.

Peu d'entre eux reconnurent Amit. À leurs yeux, il n'était qu'un vieillard de plus venu se recueillir avec tant d'autres devant le monument aux morts. Israël est le pays des monuments aux morts – on en dénombre plus de 1 500 – dédiés aux parachutistes, aux pilotes, aux tankistes et aux fantassins tombés pendant cinq guerres conventionnelles et près de cinquante ans d'escarmouches et d'opérations antiguérilla. Pourtant, dans ce pays qui depuis l'occupation romaine vénère ses combattants comme nul autre, il n'existe aucun autre monument comparable à celui que Meir Amit a contribué à créer ici, à Glilot.

Bâti dans l'enceinte de la caserne, il se compose de plusieurs bâtiments de béton et d'un labyrinthe de grès dont le tracé sinueux évoque les circonvolutions d'un cerveau humain. C'est Meir Amit lui-même qui a choisi cette forme parce que « l'espionnage est une affaire d'intelligence et non de muscles roulant sous une peau bronzée ».

À ce jour, le mémorial de Glilot rend hommage à 557 hommes et femmes des services secrets israéliens – dont 71 agents du Mossad – tombés aux quatre coins du monde : dans le désert irakien, les montagnes d'Iran, les jungles de l'Amérique centrale et latine, la brousse africaine, les ruelles d'Europe. Chacun, à sa façon, a tâché d'appliquer la devise première du Mossad : « Par la ruse tu lutteras. »

Meir Amit a connu personnellement bon nombre d'entre eux. Il en a envoyé plus d'un à la mort, dans le cadre de missions qui, il le concède volontiers, se situaient au-delà « du seuil de risque acceptable » : « C'est aussi malheureux qu'inévitable. Nous sommes sans cesse obligés de mettre la mort d'une personne en balance avec la sécurité de la nation. Il en a toujours été ainsi. »

Sur le grès lisse, on ne distingue que des noms gravés, accompagnés d'une date de décès. Aucun indice n'est donné quant aux circonstances. Pendaison publique ? Assassinat à l'arme blanche au fond d'une ruelle obscure ? Ultime soulagement après des mois de torture et d'emprisonnement ? Le visiteur ne le saura jamais. Meir Amit lui-même, dans certains cas, ne peut que se livrer à des conjectures qu'il gardera pour lui-même.

Le monument en forme de cerveau n'est qu'une partie du mémorial. L'un des bâtiments de béton accueille la salle des archives, où se trouvent les biographies des agents tombés. Le passé et les antécédents de chacun y sont répertoriés ; les circonstances de leur dernière mission secrète, jamais. La mémoire de chaque agent est honorée à une date anniversaire dans une petite synagogue.

Derrière cette synagogue s'ouvre un amphithéâtre où, à l'occasion de la journée du Renseignement, les familles se rassemblent afin de prier pour leurs défunts. Quelquefois, Meir Amit se charge lui-même de les recevoir. Il leur fait ensuite visiter le musée du mémorial, qui regroupe toutes sortes d'objets : un émetteur camouflé dans le socle d'un fer à repasser ; un micro caché dans une cafetière ; un flacon de parfum rempli d'encre sympathique ; la bande magnétique où est enregistrée la conversation décisive entre le roi Hussein de Jordanie et le président égyptien Nasser qui préluda à la guerre des Six Jours.

Meir Amit n'a pas son pareil pour ériger en mythe l'histoire des hommes qui ont utilisé ces divers gadgets. Il vous montrera sans hésitation le déguisement porté par l'espion Ya'a Boqa'i lorsqu'il s'introduisit en Jordanie avant d'être capturé et exécuté à Amman en 1949, ou le poste de radio à galène qu'ont utilisé Max Binnet et Moshe Marzuk pour diriger le plus formidable réseau d'espions israéliens jamais implanté en Égypte, avant de connaître une mort lente dans une geôle du Caire.

Pour Meir Amit, tous ces héros sont « mes gédéonites ». Gédéon, l'un des grands Juges de l'Ancien Testament, réussit à sauver son clan des griffes des Madianites, pourtant supérieurs en nombre, grâce au judicieux usage qu'il sut faire – aidé, il est vrai, par le Seigneur – de l'espionnage.

Le moment arriva pour Amit de se rendre au labyrinthe, accompagné par le conservateur du musée. Ils s'arrêtèrent un instant devant chaque nom gravé, avec un imperceptible hochement de tête. Puis il n'y eut plus de mort à saluer : rien que la pierre couleur sable, encore vierge dans l'attente des noms et des dates à venir.

L'espace d'un moment, Meir Amit parut perdu dans sa rêverie. En hébreu, l'ancien directeur général du Mossad glissa au conservateur :

– Quoi qu'il arrive, il faudra faire en sorte que ce lieu continue d'exister.

Sans transition, Meir Amit ajouta qu'à Damas une seule image ornait le mur du bureau du président Assad : une photo du site de la victoire du sultan Saladin sur les Croisés en 1187, qui permit la reconquête de Jérusalem par les Arabes.

Pour Meir Amit, que le président syrien ait choisi cette image avait « une signification précise pour Israël » :

« Il nous voit comme nous voyait Saladin, c'est-à-dire comme un peuple à écraser. Nombreux sont ceux qui partagent cette opinion. Certains se disent même nos amis. Nous devons prendre spécialement garde à ceux-là… »

Il s'interrompit, prit congé du conservateur et repartit à pied vers sa voiture, comme s'il en avait déjà trop dit – comme si les quelques phrases qu'il venait de lâcher risquaient d'intensifier les murmures qui circulaient au sein des services secrets israéliens. Une nouvelle crise était en effet sur le point d'ébranler la fragile alliance entre le Mossad et les services secrets américains : une crise dont les conséquences risquaient d'être catastrophiques pour Israël.

Parmi les noms impliqués dans le scandale en gestation, figurait celui d'un des agents les plus pittoresques et les plus implacables qui aient servi sous les ordres de Meir Amit : un homme qui s'était d'ores et déjà ménagé une place dans l'histoire en kidnappant Adolf Eichmann mais qui continuait à jouer avec le feu.

IV

L'espion au masque de fer

Les résidents de la banlieue cossue d'Afeka, au nord de Tel-Aviv, étaient habitués à voir Rafael « Rafi » Eitan, un vieux bonhomme courtaud, myope et presque totalement sourd de l'oreille droite depuis la guerre d'Indépendance, rentrer chez lui avec sous le bras de vieux tuyaux de plomberie, des chaînes de vélo rouillées et autres épaves métalliques. Après avoir enfilé un bleu de travail et s'être couvert le visage d'un masque de soudeur, il transformait au chalumeau ces rebuts en sculptures surréalistes.

Certains voisins se demandaient si ce n'était pas là un moyen d'échapper à son passé. Ils savaient qu'il avait tué plus d'une fois au nom de son pays, non pas au champ d'honneur, mais à l'occasion de secrètes escarmouches – partie intégrante de l'interminable guerre clandestine entre Israël et ses ennemis. Aucun voisin n'aurait su dire exactement combien d'hommes Rafi Eitan avait tués, parfois de ses grosses pattes nues. Ainsi qu'il le disait :

« Chaque fois que j'ai dû tuer quelqu'un, j'ai éprouvé le besoin de le regarder dans les yeux. Dans le blanc des yeux. Ensuite, je me sentais calme et concentré. Je ne pensais plus qu'à ce que j'avais à faire, et je le faisais. C'est tout. »

Il accompagnait ces propos du sourire amical qu'affectionnent certains caractères forts quand ils recherchent l'approbation des plus faibles.

Rafi Eitan avait été, pendant près d'un quart de siècle, le sous-directeur des opérations du Mossad. Passer sa vie derrière un bureau à lire des rapports pendant que d'autres se chargeaient du sale boulot à sa place n'avait jamais été son style. Il ne manquait aucune occasion de se rendre sur le terrain, de courir le monde, animé par un principe philosophique des plus lapidaires : « Quand on ne fait pas partie de la solution, c'est qu'on fait partie du problème. »

Personne ne pouvait rivaliser avec lui en matière de détermination, de sang-froid, de ruse, de capacité d'improvisation, de talent à démonter le plan adverse le mieux conçu et d'entêtement à traquer sa proie. Ces belles qualités s'étaient conjuguées dans une opération qui lui avait apporté la gloire : l'enlèvement d'Adolf Eichmann, l'un des grands ordonnateurs de la monstrueuse « solution finale » si chère à Hitler.

Pour ses voisins de la rue Shay, Rafi Eitan était une figure de légende : il avait vengé leurs parents morts et rappelé au monde qu'aucun nazi ne serait jamais en lieu sûr. Ils ne se lassaient pas de l'inviter chez eux pour l'entendre raconter cette opération d'une audace inégalée. Trônant au milieu d'un salon cossu, Rafi Eitan croisait les bras, inclinait sur le côté sa tête oblongue et, l'espace d'un moment, gardait le silence, laissant à son auditoire le temps de se transporter vers l'époque pas si lointaine où, envers et contre tous, Israël avait vu le jour. Ensuite, d'une voix de stentor – une vraie voix d'acteur, capable de jouer tous les rôles –, il relatait à ses amis, sans rien omettre, comment l'idée lui était venue de capturer Adolf Eichmann. Il commençait par planter le décor.

Après la Seconde Guerre mondiale, la chasse aux criminels de guerre nazis fut lancée par des survivants de la Shoah qui s'étaient auto-intitulés les Nokmin, c'est-à-dire les Vengeurs. Ils ne se donnaient pas la peine d'organiser de procès : les nazis retrouvés étaient exécutés sommairement. Rafi Eitan ne connaissait pas un seul cas où ils se soient trompés de cible. Officiellement, Israël ne s'intéressait pas à la poursuite des criminels de guerre. C'était une question de priorités. En tant que nation, l'État hébreu s'accrochait à sa survie, encerclé qu'il était par des États arabes hostiles. Chaque chose en son temps. Le pays était au bord de la banqueroute. On ne possédait pas assez d'argent dans les caisses pour conjurer les spectres du passé.

En 1957, toutefois, une nouvelle inouïe parvint au Mossad : on venait de repérer Eichmann en Argentine. Rafi Eitan, étoile montante du service en raison de ses nombreuses missions contre les Arabes, fut désigné pour capturer l'ancien nazi et le ramener au pays, où l'on organiserait son procès.

On lui expliqua les aspects positifs de cette aventure. D'abord, il s'agissait d'un acte de justice pour son peuple. Ensuite, cela rappellerait au monde l'horreur des camps de la mort et la nécessité de s'assurer qu'on ne verrait plus jamais cela. Enfin, le Mossad se retrouverait propulsé au premier rang des services secrets. Aucune autre agence n'aurait tenté une telle opération. Les risques étaient énormes. Eitan allait devoir opérer à des milliers de kilomètres de ses bases, sous une fausse identité, sans pouvoir bénéficier d'aucun appui, et dans un environnement hostile. L'Argentine était en effet un havre de paix pour les nazis. Les agents du Mossad risquaient d'échouer en prison ou au cimetière.

Pendant deux longues années, Rafi Eitan se contenta d'attendre patiemment la confirmation de l'information initiale : oui, l'homme qui vivait désormais dans une banlieue bourgeoise de Buenos Aires sous le nom de Ricardo Klement était bel et bien Adolf Eichmann.

Quand on lui donna le feu vert, Rafi Eitan devint « froid comme la glace ». Il avait déjà réfléchi à tous les écueils possibles. Les répercussions politiques, diplomatiques et personnelles d'une telle opération allaient être immenses. Il s'était aussi demandé ce qui se passerait si la police argentine s'interposait au moment du rapt.

« J'avais décidé d'étrangler Eichmann de mes propres mains. En cas d'arrestation, je me serais défendu devant le tribunal en invoquant la loi du talion. »

El Al, la compagnie aérienne nationale, avait spécialement affrété, sur les fonds secrets du Mossad, un avion Britannia pour le long voyage vers l'Argentine. Toujours selon Rafi Eitan :

« Nous avons envoyé quelqu'un en Angleterre. Il a payé, et nous avons obtenu l'avion. Officiellement, le vol était censé transporter une délégation israélienne pour le 150e anniversaire de l'indépendance argentine. Aucun des délégués ne savait pourquoi nous faisions le voyage avec eux. Ils ignoraient aussi que nous avions fait installer une cellule à l'arrière pour y enfermer Eichmann au retour. »

Rafi Eitan et ses hommes arrivèrent à Buenos Aires le 1er mai 1960. Ils s'installèrent dans l'une des sept planques louées à leur intention par un éclaireur du Mossad. L'une d'elles – un appartement – avait reçu le nom de code de *Maoz,* ce qui signifie « place forte ». Elle devait servir de base opérationnelle avant le rapt. Une autre planque, baptisée *Tira* ou « palais », devait servir de geôle provisoire à Eichmann après l'enlèvement. On ne l'utiliserait qu'au cas où l'on déplacerait le criminel nazi pour échapper à la police. On loua une douzaine de voitures pour l'opération.

Lorsque tout fut bien en place, la tension de Rafi Eitan céda la place à une froide détermination. Ses derniers doutes s'étaient envolés. La perspective du passage à l'acte s'était déjà substituée à l'angoisse de l'attente. Pendant trois jours, son équipe et lui surveillèrent discrètement la façon dont Adolf Eichmann, qui jadis ne circulait qu'en limousine Mercedes avec chauffeur, descendait chaque jour d'un autobus au coin de la rue Garibaldi, dans sa banlieue, aussi ponctuel et précis que lorsqu'il signait autrefois ses ordres d'internement dans les camps de la mort.

Le 10 mai 1960 au soir, Eitan choisit d'effectuer le kidnapping proprement dit avec un chauffeur et deux hommes chargés de maîtriser Eichmann dès qu'il se trouverait dans la voiture. L'un d'eux avait reçu un entraînement spécial pour neutraliser un homme en pleine rue. Quant à Rafi Eitan, il était censé rester assis à droite du chauffeur, « prêt à donner un coup de main en cas de besoin ».

L'opération fut fixée au lendemain. Le 11 mai à 20 heures, l'auto du Mossad s'engagea dans la rue Garibaldi.

Il ne régnait aucune tension dans la voiture. Tout le monde était bien au-delà de ce genre d'émotion. Personne ne pipait mot : il n'y avait plus rien à dire. Rafi Eitan consulta brièvement sa montre : 20 h 03. L'auto remonta, puis redescendit la rue. Des bus arrivèrent et repartirent. À 20 h 05, nouveau bus. Ils repérèrent Eichmann à son bord. Toujours selon Rafi Eitan :

« Il semblait un peu fatigué, sans doute comme il l'était jadis en fin de journée après avoir envoyé un nouveau train de mes frères vers les camps de la mort. La rue était déserte. Derrière moi, j'ai entendu notre spécialiste du kidnapping entrouvrir sa portière. On a roulé jusqu'à la hauteur d'Eichmann. Il marchait vite, en homme pressé de rentrer chez lui pour dîner. Dans mon dos, le spécialiste respirait régulièrement, comme on le lui avait appris à l'entraînement. L'opération était planifiée pour durer douze secondes. Notre gars devait jaillir de l'arrière, saisir Eichmann par le cou, le pousser vers la voiture. Sortir, maîtriser la cible, revenir. »

La voiture arriva à la hauteur d'Eichmann. Le nazi se retourna à demi, décocha un regard surpris à l'agent qui jaillissait de l'auto. Soudain, celui-ci marcha sur son lacet défait, trébucha et manqua tomber la tête la première. L'espace d'une fraction de seconde, Rafi Eitan resta trop abasourdi pour réagir. Il avait traversé la moitié du globe pour capturer cet homme, et Eichmann était sur le point de leur échapper à cause d'un lacet mal attaché ! Le nazi pressa le pas. Rafi Eitan bondit hors de la voiture.

« Je l'ai attrapé par le cou avec une telle force que j'ai vu ses yeux s'écarquiller. Si j'avais serré un peu plus fort, je l'aurais tué. Mon agent s'était relevé, il me tenait la portière ouverte. J'ai propulsé Eichmann sur la banquette arrière. Mon agent s'est engouffré à l'intérieur, en s'asseyant à moitié sur Eichmann. Le tout n'a pas duré cinq secondes. »

Revenu sur son siège avant, Rafi Eitan sentit le souffle aigre d'Eichmann qui se débattait pour inhaler un peu d'air. Le nazi se calma peu à peu. Il réussit même à demander à ses ravisseurs ce qu'ils voulaient.

Personne ne daigna lui répondre. En silence, les agents du Mossad rejoignirent leur planque, située à cinq kilomètres. Là, Rafi Eitan fit signe à Eichmann de se déshabiller entièrement. Il compara ensuite ses mensurations à celles d'un vieux dossier anthropométrique nazi. Comme il fallait s'y attendre, Eichmann avait réussi à effacer son tatouage SS. Mais ses autres mensurations correspondaient toutes à celles du dossier – tour de tête, distance du poignet au coude, du genou à la cheville. Rafi Eitan fit ligoter Eichmann sur un lit. Pendant dix heures, l'ancien criminel nazi resta dans un silence complet. Rafi Eitan voulait « susciter un sentiment de désespoir ».

« Juste avant l'aube, le moral d'Eichmann tomba au plus bas. Je lui ai demandé son nom. Il a décliné une identité espagnole. J'ai dit non, non, ce n'est pas ça, je parle de votre nom allemand. Il m'a donné le pseudonyme allemand qui lui avait permis de quitter l'Allemagne. Encore une fois, j'ai dit non, votre vrai nom, votre nom de SS. Il s'est raidi sur le lit en me toisant et a lâché d'une voix forte : “Je m'appelle Adolf Eichmann.” Je ne lui ai pas posé d'autre question. Je n'avais plus besoin de rien. »

Pendant sept jours, Eichmann et ses ravisseurs restèrent enfermés dans l'appartement. Personne ne lui parlait. Il mangeait, se lavait, allait aux toilettes dans un silence mortel.

« Garder le silence était plus qu'une nécessité opérationnelle. Nous ne voulions surtout pas montrer à Eichmann à quel point nous étions nerveux. Ça lui aurait redonné de l'espoir. Et l'espoir rend dangereux les hommes brisés. Je voulais qu'il se sente aussi impuissant que les miens quand il les avait envoyés par trains entiers vers les camps d'extermination. »

Le moyen choisi pour transporter le prisonnier de la planque à l'avion d'El Al, qui attendait la délégation israélienne sur un aéroport militaire, ne manquait pas d'humour noir. Pour commencer, Eichmann fut revêtu d'un uniforme d'El Al que Rafi Eitan avait apporté d'Israël. Ensuite, on le força à boire une bouteille entière de whisky, ce qui le plongea dans un état de torpeur éthylique.

Eitan et ses hommes endossèrent leurs uniformes d'El Al et s'aspergèrent copieusement de whisky. Après avoir coiffé Eichmann d'une casquette de steward, ils le couchèrent sur la banquette arrière de la voiture. Ensuite le commando partit vers la base militaire où les attendait le Britannia, moteurs grondants.

À l'entrée de la base, des soldats argentins arrêtèrent l'auto. Derrière, Eichmann ronflait bruyamment. D'après Rafi Eitan :

« La bagnole empestait comme une distillerie. À ce moment-là, on a tous mérité notre Oscar du Mossad. On a joué les Juifs incapables de tenir la gnôle argentine. Les soldats se marraient tellement que c'est tout juste s'ils ont adressé un regard à Eichmann. »

Le 21 mai 1960 à minuit, le Britannia décolla, avec à son bord Adolf Eichmann, qui ronflait toujours dans sa cellule spéciale.

Au terme d'un procès fleuve, Eichmann fut déclaré coupable de crimes contre l'humanité. Le jour de son exécution, le 31 mai 1962, Rafi Eitan se trouvait dans la cellule d'exécution de la prison de Ramla :

« Eichmann m'a regardé, et il m'a dit : "Ton tour viendra, Juif." Je lui ai répondu : "Pas aujourd'hui, Adolf, pas aujourd'hui !" La minute suivante, la trappe s'est ouverte sous ses pieds. Eichmann a fait entendre un drôle de petit gargouillis. J'ai senti l'odeur de ses intestins qui se vidaient, puis j'ai entendu le claquement sec de la corde qui se tendait. C'est un bruit qui m'a paru agréable. »

Un four spécial avait été construit pour l'incinération du corps. Quelques heures plus tard, les cendres du condamné furent dispersées en mer. Ben Gourion tenait à ce qu'il ne subsiste aucune trace de lui, afin de dissuader les nostalgiques du nazisme d'en faire un martyr. Israël voulait l'effacer de la face de la terre. Le four fut démantelé. Ce soir-là, Rafi Eitan resta longtemps sur le rivage à contempler les vagues, l'esprit en paix. « Avec le sentiment du devoir accompli. Un sentiment très gratifiant. »

En tant que sous-directeur des opérations du Mossad, Rafi Eitan continua d'arpenter l'Europe, de sa démarche chaloupée, afin d'exécuter des terroristes arabes. Il utilisa à cet effet des bombes télécommandées ou un pistolet Beretta – l'arme favorite du Mossad. Chaque fois que le silence était une nécessité absolue, il tuait, sans hésiter, de ses propres mains. Rafi Eitan assassinait sans états d'âme.

De retour chez lui, il passait des heures dans son atelier à ciel ouvert, cerné d'un tourbillon d'étincelles, absorbé par son dernier ouvrage artistique. Et il repartait peu après, pour un nouveau voyage qui comportait souvent plusieurs étapes. Pour chaque mission, il endossait une nouvelle identité, prise dans l'inépuisable réserve du Mossad : passeports falsifiés ou volés.

Entre deux exécutions, Eitan excellait aussi à recruter de nouveaux *sayanim*. Sa technique favorite faisait appel à l'amour des Juifs pour leur patrie :

« Je leur expliquais que notre peuple avait passé deux mille ans à rêver. Que pendant deux mille ans d'exil nous autres Juifs, nous avons prié pour que vienne le jour de la délivrance. Que dans nos chants, dans notre prose et dans nos cœurs, nous avons toujours maintenu ce rêve en vie – et que ce rêve lui aussi nous a maintenus en vie. Et qu'aujourd'hui, enfin, il est devenu réalité. Et j'ajoutais : pour que cette réalité se prolonge, nous avons besoin de gens comme vous. »

Dans les grands cafés parisiens, dans les meilleurs restaurants de Rhénanie, à Madrid, à Bruxelles et à Londres, il réitérait son émouvante tirade. Souvent, sa vision romantique de la judéité lui permettait de recruter un nouveau *sayan*. Face aux hésitants, il mêlait adroitement son histoire personnelle au panorama politique, multipliant les anecdotes piquantes sur ses années dans la Haganah, Ben Gourion et les autres dirigeants israéliens. Les dernières résistances ne tardaient pas à tomber.

Il finit ainsi par se retrouver à la tête de plus de cent hommes et femmes – avocats, dentistes, instituteurs, médecins, tailleurs, commerçants, secrétaires, femmes au foyer – prêts à exécuter ses ordres d'un bout à l'autre de l'Europe. Il chérissait particulièrement les Juifs allemands qui avaient osé regagner le pays de la Shoah après la guerre. Eitan les appelait ses « espions survivants ».

Toujours sur la ligne de front, Rafi Eitan prenait grand soin de maintenir ses distances vis-à-vis des politicailleries qui continuaient d'empoisonner la vie des services secrets israéliens. Il était naturellement au fait de ce qui se tramait – dont les dernières manœuvres de l'Aman et du Shin Beth pour se débarrasser de la tutelle du Mossad. Il savait tout des cabales et des rapports envoyés au Premier ministre. Mais sous la direction de Meir Amit, le Mossad ne devait jamais vaciller, résistant à toutes les tentatives pour saper sa suprématie.

Malheureusement, Meir Amit dut un jour céder sa place : son pas martial ne résonnerait plus dans les corridors du QG, et l'on n'y verrait plus son regard perçant, ni l'ébauche de sourire qui paraissait toujours se retirer avant même d'avoir atteint ses lèvres. Après son départ, plusieurs officiers essayèrent de convaincre Rafi Eitan de les laisser défendre sa candidature en coulisse, en lui expliquant qu'il disposait des compétences requises et de la loyauté de ses troupes. Mais avant que Rafi Eitan ait eu le temps de se décider, le poste suprême échut à un protégé du Parti travailliste, le pâle et solennel Zvi Zamir. Rafi Eitan rendit son tablier. Personnellement, il n'avait rien contre le nouveau directeur. Il sentait simplement que le Mossad cesserait d'être un lieu où il se sentirait à l'aise. Sous Meir Amit, il avait eu la chance d'opérer comme un électron libre, exempt de toute entrave. Or quelque chose lui disait que Zamir se contenterait d'agir « conformément au manuel ».

« Ce n'était pas un boulot pour moi. »

Rafi Eitan créa donc un cabinet de consultant pour offrir ses talents aux entreprises souhaitant réorganiser leur sécurité ou à de riches personnalités désireuses de former leurs gardes du corps contre la menace terroriste. Mais l'affaire périclita. Au bout d'un an, Rafi Eitan fit savoir qu'il était prêt à regagner le giron du renseignement israélien.

Quand Yitzhak Rabin devint Premier ministre, en 1974, il nomma l'énergique Yitzhak Hofi à la tête du Mossad et plaça le service sous la tutelle du « faucon » Ariel Sharon, son conseiller pour les affaires de sécurité. Sharon s'empressa de choisir Rafi Eitan comme assistant. Hofi se retrouva donc en étroite liaison avec un homme qui partageait ses méthodes, pour le moins expéditives, en matière d'espionnage.

Trois ans plus tard, à l'occasion d'un remaniement gouvernemental, un nouveau Premier ministre, Menahem Begin, fit de Rafi Eitan son conseiller personnel pour la lutte antiterroriste. La première initiative d'Eitan consista à organiser l'élimination méthodique des Palestiniens de Septembre noir, responsables du massacre de onze athlètes israéliens pendant les jeux Olympiques de Munich, en 1972. Quant aux exécutants, ils étaient déjà morts, liquidés les uns après les autres par le Mossad.

Le premier fut abattu dans le hall de son immeuble à Rome, par onze balles tirées à bout portant – une par athlète. Lorsque le deuxième répondit à un coup de téléphone dans son appartement parisien, sa tête fut arrachée par une minuscule charge explosive dissimulée dans le récepteur et déclenchée à distance. Un troisième dormait dans une chambre d'hôtel à Nicosie quand il fut pulvérisé par une explosion de même nature. Afin de répandre la panique parmi les derniers survivants de Septembre noir, des *sayanim* du Mossad s'arrangèrent pour que leur nécrologie soit publiée dans les journaux arabes locaux et que fleurs et messages de condoléances soient envoyés à leurs familles avant l'exécution de chacun d'eux.

Rafi Eitan s'appliqua ensuite à éliminer leur chef, Ali Hassan Salameh, connu dans le monde arabe sous l'appellation de « Prince rouge ». Après Munich, Salameh s'était sans cesse déplacé d'une capitale arabe à l'autre, distillant ses conseils stratégiques à diverses organisations terroristes. De temps en temps, alors que les hommes de Rafi Eitan étaient sur le point de frapper, le Prince rouge disparaissait sans crier gare. Il finit cependant par s'implanter dans la communauté terroriste de Beyrouth. Rafi Eitan connaissait bien la ville mais estima que le moment était venu de se rafraîchir la mémoire. Sous l'identité d'un homme d'affaires grec, il se rendit sur place. Il ne lui fallut que quelques jours pour retrouver la trace de Salameh.

Rafi Eitan revint à Tel-Aviv et concocta son plan. Trois agents du Mossad pouvant se faire passer pour des Arabes s'infiltrèrent au Liban. L'un d'eux loua une voiture. Le deuxième fixa un certain nombre de charges explosives dans le châssis, le toit et les portières. Le troisième gara l'auto sur le chemin qu'empruntait le Prince rouge chaque matin pour se rendre à son bureau. Grâce aux informations fournies par Eitan, la voiture piégée fut réglée pour exploser au moment précis du passage de Salameh. Le Prince rouge fut déchiqueté.

Eitan avait montré une fois de plus qu'il était un agent de premier plan. Mais le Premier ministre Menahem Begin le jugea trop précieux pour le laisser continuer à s'exposer personnellement dans ce genre d'aventures. Il ordonna à son conseiller de rester cantonné dans son bureau et de garder profil bas. John Le Carré s'est inspiré de Rafi Eitan pour créer le personnage du chasseur de terroristes dans son roman *La Petite Fille au tambour*.

Toutefois, servir de modèle à l'imagination d'un romancier ne suffisait pas à apaiser sa soif d'activité. Il aspirait à se trouver au cœur de l'action, et non pas vissé sur un siège ou bloqué dans une succession de réunions. Il recommença à harceler le Premier ministre.

Après une certaine hésitation – Rafi Eitan étant un excellent conseiller pour la lutte antiterroriste –, Begin lui confia l'un des postes les plus sensibles des services secrets, où il allait déployer ses facultés intellectuelles et son goût inné pour l'action. Eitan fut nommé directeur du bureau pour les relations scientifiques, plus connu sous son acronyme hébraïque : le Lakam.

Créé en 1960, le Lakam était l'unité de renseignement du ministère de la Défense chargée de recueillir des informations scientifiques « par toutes les voies possibles ». En pratique, cela revenait à dérober des données ou à soudoyer des personnes pour les obtenir. D'emblée, le Lakam s'attira l'hostilité du Mossad, qui voyait en lui un concurrent indésirable. Isser Harel et Meir Amit tentèrent de le supprimer ou de l'absorber. Mais Shimon Peres, le vice-ministre de la Défense, avait toujours soutenu que son ministère avait besoin de son propre service de renseignement. Lentement mais sûrement, le Lakam développa ses activités et ouvrit des bureaux à New York, Washington, Boston et Los Angeles : autant de centres clés en matière de haute technologie. Chaque semaine, conscientes que le FBI les tenait à l'œil, ses équipes de correspondants envoyaient consciencieusement des piles de revues techniques en Israël.

Cette surveillance discrète s'accrut après 1968, quand l'un des ingénieurs du Mirage III-C, le nouveau chasseur français, se vit accusé d'avoir dérobé plus de deux cent mille dessins de l'appareil. Il fut condamné à quatre ans et demi de prison après avoir remis au Lakam des données suffisantes pour construire une réplique du Mirage III. Depuis, le Lakam n'avait guère connu de succès.

Pour Rafi Eitan, le rappel du « coup » du Mirage fut décisif. Une telle réussite pouvait en amener d'autres. Il accepta donc de prendre les rênes d'un Lakam virtuellement moribond, avec l'ambition d'en faire un service destiné à marquer le monde de l'espionnage.

Dans les bureaux exigus, au bord d'un bras de mer à Tel-Aviv, il expliqua à sa nouvelle équipe, impressionnée de passer sous la direction d'une figure aussi légendaire, que la totalité de ses connaissances en matière scientifique aurait pu tenir dans une éprouvette – et encore, avec de la marge. Cependant, s'empressa-t-il d'ajouter, il apprenait vite.

Il s'immergea donc dans l'univers scientifique, en quête d'objectifs. Il quittait sa maison avant l'aube et n'y revenait souvent qu'à minuit, les bras chargés de dossiers qu'il compulsait jusqu'au petit matin ; il ne lui restait ensuite que peu de temps pour se détendre en sculptant le métal. En revanche, il renoua le contact avec son ancien service, le Mossad, lequel avait à présent un nouveau *memuneh* : Nahum Admoni. Tout comme Eitan, Admoni se méfiait beaucoup des intentions américaines au Proche-Orient. En apparence, Washington continuait de soutenir Israël, et la CIA avait maintenu le canal de communication établi entre Isser Harel et Allen Dulles. Mais Admoni se plaignait des Américains, qui ne lui fournissaient que des informations mineures, selon lui.

Le chef du Mossad s'inquiétait aussi des rapports envoyés par ses *katsas* et autres *sayanim* de Washington. Ces rapports évoquaient des réunions discrètes entre les hauts responsables du Département d'État et des leaders arabes proches de Yasser Arafat : on voulait obliger Israël à admettre les exigences palestiniennes. Admoni expliqua à Rafi Eitan qu'il ne pouvait plus considérer les États-Unis comme un « allié fiable par gros temps ».

Par ailleurs, un incident, le plus humiliant depuis la guerre du Viêtnam, devait amener les Américains à douter d'eux-mêmes.

En août 1983, des agents du Mossad découvrirent qu'une attaque se tramait contre les forces américaines stationnées à Beyrouth sous l'égide de l'ONU. Ils avaient repéré un camion Mercedes contenant probablement une demi-tonne d'explosifs. Selon les accords officieux liant les deux pays, le Mossad aurait dû transmettre aussitôt l'information à la CIA. Mais lors d'une réunion au QG du boulevard du Roi-Saül, l'état-major du Mossad reçut l'ordre suivant : « Faisons le nécessaire pour que nos hommes surveillent le camion. Quant aux Yankees, on n'est pas là-bas pour les protéger. Ils peuvent très bien s'en charger eux-mêmes. Il n'est pas question de trop en faire pour eux, ça reviendrait à chier sur notre propre paillasson. »

Le 23 octobre 1983, sous l'œil attentif des agents du Mossad, le camion piégé fut lancé à grande vitesse contre le QG du huitième bataillon de marines, non loin de l'aéroport de Beyrouth. Deux cent quarante et un soldats américains trouvèrent la mort dans l'explosion.

À en croire un ancien agent israélien, Victor Ostrovsky, la réaction au sommet du Mossad fut pour le moins laconique :

« Ils ont voulu fourrer leur nez dans le merdier libanais. Ils en paient le prix. »

Cette attitude encouragea Rafi Eitan à considérer les États-Unis comme une cible potentielle. La communauté scientifique de ce pays était de loin la plus développée au monde, et sa technologie militaire n'avait pas d'équivalent. Pour le Lakam, obtenir quelques tuyaux aurait déjà représenté une avancée fabuleuse. Le premier obstacle à contourner était aussi le plus délicat : il s'agissait de trouver un informateur suffisamment bien placé.

En se fondant sur la liste de *sayanim* américains qu'il avait contribué à étoffer du temps où il travaillait pour le Mossad, Eitan fit savoir autour de lui qu'il était intéressé par toute personne munie d'un bon bagage scientifique, résidant aux États-Unis et connue pour ses opinions pro-israéliennes. Pendant plusieurs mois, il n'obtint aucun résultat.

Mais, en avril 1984, le colonel Aviem Sella, un officier de l'aviation israélienne en congé sabbatique pour étudier l'informatique à l'université de New York, se retrouva invité à une soirée organisée par un riche gynécologue juif dans l'Upper East Side de Manhattan. Sella jouissait d'une certaine célébrité dans la communauté juive locale : trois ans plus tôt, il commandait l'escadrille qui avait détruit le réacteur nucléaire irakien.

Au cours de la soirée, il fit la connaissance d'un jeune homme au sourire timide, qui semblait mal à l'aise au milieu de cet aréopage de médecins, d'avocats et de banquiers. Il déclara s'appeler Jonathan Pollard ; il n'était venu que pour rencontrer Sella. Embarrassé par ce soudain déploiement d'admiration, Sella échangea quelques mots polis avec lui et s'apprêtait à le quitter quand Pollard lui fit deux révélations : non seulement il était un fervent sioniste, mais il travaillait en outre pour le renseignement naval américain. Il ne fallut que peu de temps à l'astucieux Sella pour apprendre que Pollard était employé à l'ATAC, le très confidentiel Anti-Terrorist Alert Center de la marine américaine installé à Suitland, dans l'État du Maryland. Ses fonctions incluaient l'analyse des documents classés « secret défense » concernant toutes les organisations terroristes du monde. C'était un poste si crucial que son certificat d'habilitation lui donnait accès au plus haut niveau de secret des services de renseignement américains.

Sella n'en crut pas ses oreilles : Pollard entreprit de lui fournir des détails précis sur des affaires où les services américains avaient refusé de coopérer avec leurs homologues israéliens. Le pilote en vint même à se demander si Pollard n'était pas envoyé par le FBI pour le piéger.

Et cependant quelque chose, dans le ton de Pollard, sonnait juste. Ce soir-là, Sella téléphona à son agent traitant du service de renseignement de l'aviation, à Tel-Aviv. Celui-ci lui passa le chef d'état-major de l'aviation israélienne. Sella reçut l'ordre d'approfondir sa relation avec Pollard.

Les deux hommes se revirent : au bord de la patinoire du Rockefeller Plaza, puis dans un café de la Quarante-Huitième Rue, et à Central Park. Chaque fois, Pollard apportait à Sella des documents ultrasecrets de grande valeur pour étayer ses affirmations. Sella expédiait le tout à Tel-Aviv, très excité à l'idée de participer à une importante opération d'espionnage. Il éprouva donc une stupeur assez compréhensible en apprenant que le Mossad connaissait déjà Jonathan Pollard. Deux ans plus tôt, celui-ci avait même proposé ses services d'espion à l'Institut, qui l'avait jugé « instable ». Un *katsa* du Mossad à New York le lui décrivit par ailleurs comme « solitaire (...) et doté d'une vision irréaliste d'Israël ».

Peu enclin à renoncer à son rôle dans une opération qui promettait d'être autrement palpitante que ses interminables leçons d'informatique, Sella chercha un moyen de creuser le filon. À New York, il avait fait la connaissance de l'attaché scientifique du consulat israélien, Yosef Yagur. Yagur supervisait pour Rafi Eitan les opérations du Lakam aux États-Unis.

Sella invita Yagur à dîner avec Pollard. Pendant le repas, Pollard répéta que l'État hébreu était sevré d'informations qui auraient pu lui permettre de mieux se défendre contre les terroristes arabes parce que les États-Unis tenaient à préserver leurs bonnes relations avec les producteurs de pétrole du Proche-Orient.

Ce soir-là, par le biais d'une ligne protégée du consulat, Yagur téléphona à Rafi Eitan. L'aube approchait à Tel-Aviv, mais son chef était encore au travail. Quand Eitan raccrocha, il faisait jour. Mais son regard exultait : il tenait enfin son informateur.

Pendant les trois mois suivants, Yagur et Sella cultivèrent assidûment l'amitié de Pollard et de sa future femme, Anne Henderson. Ils les invitèrent dans des restaurants chics, assistèrent à des revues de Broadway et à des avant-premières de cinéma. Pollard continuait de leur transmettre des documents cruciaux. Rafi Eitan ne pouvait que se réjouir de la qualité des informations obtenues. Au bout d'un moment, il décida qu'il était temps de faire la connaissance de sa nouvelle source.

En novembre 1984, Sella et Yagur offrirent à Pollard et à Anne Henderson un voyage à Paris, tous frais payés. Yagur expliqua à Pollard que ce séjour était une « modeste récompense par rapport au bien que vous faites à Israël ». Ils voyagèrent en première classe et furent accueillis à l'aéroport par un chauffeur qui les mena à l'hôtel Bristol. Rafi Eitan les y attendait.

À la fin de la soirée, Eitan avait pris toutes les dispositions nécessaires pour que Pollard continue plus efficacement. Il ne serait plus question de rendez-vous amicaux et décontractés. Sella sortirait de scène. Yagur le remplacerait comme agent traitant officiel de Jonathan Pollard. On instaura un système approprié de remise de documents. Dorénavant, Pollard les apporterait à l'appartement d'Irit Erb, une petite secrétaire de l'ambassade d'Israël à Washington. On installerait dans sa cuisine un photocopieur à grande vitesse afin de dupliquer le tout. Les visites de Pollard à Irit Erb alterneraient avec ses passages dans plusieurs laveries automobiles. Pendant que la voiture de Pollard disparaîtrait entre les rouleaux savonneux, il remettrait discrètement sa moisson de documents à Yagur, dont l'auto subissait dans le même temps un toilettage identique. Un photocopieur portable, relié à la batterie, serait installé sous le tableau de bord. L'appartement d'Irit Erb et les laveries étaient proches de l'aéroport de Washington, ce qui faciliterait les navettes de Yagur entre la capitale fédérale et New York. Dès son retour au consulat, il enverrait par télécopie protégée sa dernière livraison à Tel-Aviv.

Rafi Eitan rentra en Israël pour récolter les fruits de son nouveau système. Ceux-ci dépassèrent vite ses espérances les plus folles : il ne tarda pas à avoir entre les mains les détails des dernières livraisons d'armes de la Russie à la Syrie et à d'autres nations arabes, avec la localisation précise des missiles SS-21 et SA-5, ainsi que des cartes et des photos satellites des arsenaux irakiens, syriens et iraniens – usines d'armes chimiques et biologiques comprises.

Ces informations lui offrirent une excellente vision d'ensemble des méthodes d'espionnage américaines, non seulement au Proche-Orient, mais aussi en Afrique du Sud. Pollard avait notamment fourni aux Israéliens un rapport de la CIA exposant la structure complète de son réseau d'espions dans ce pays. Un autre document expliquait en détail comment l'Afrique du Sud avait fait exploser un premier engin atomique le 14 septembre 1979, dans le sud de l'océan Indien. Le gouvernement sud-africain avait toujours nié ses capacités nucléaires. Rafi Eitan s'arrangea pour que le Mossad communique à Pretoria des copies de tous les documents américains concernant l'Afrique du Sud, ce qui provoqua le démantèlement immédiat du réseau de la CIA. Douze agents durent quitter le pays en catastrophe.

Pendant les onze mois suivants, Jonathan Pollard continua de détourner allégrement les renseignements les plus importants recueillis par les centrales secrètes américaines. Plus de mille documents « top secret » furent ainsi transmis à Israël, où Rafi Eitan les dévorait personnellement avant de les faire suivre au Mossad. Ces données permirent à Nahum Admoni de conseiller le gouvernement de coalition de Shimon Peres sur la meilleure façon de réagir à la politique américaine au Proche-Orient, tâche naguère impossible. Selon un sténographe des réunions ministérielles du dimanche matin à Jérusalem :

« Quand on écoutait Admoni, on avait presque l'impression d'être assis avec le président américain dans le bureau Ovale. Non seulement on était tout de suite informés de la dernière idée surgie à Washington sur toutes les affaires nous concernant de près ou de loin, mais on avait encore le temps de réfléchir avant de prendre une décision. »

Pollard finit par devenir un élément crucial de la politique israélienne et de la prise de décisions stratégiques. Rafi Eitan autorisa pour son informateur l'émission d'un passeport israélien au nom de Danny Cohen, ainsi qu'une rémunération mensuelle importante. En échange, il lui demanda de fournir des détails supplémentaires sur les activités d'espionnage électronique de la NSA (National Security Agency) en Israël et sur les méthodes d'écoute utilisées contre l'ambassade à Washington et les autres missions diplomatiques de l'État juif aux États-Unis.

Avant d'avoir pu lui fournir ces informations, Pollard fut arrêté le 21 novembre 1985 devant l'ambassade d'Israël à Washington. Quelques heures plus tard, Yagur, Sella et la secrétaire Irit Erb s'envolaient de New York sur un vol El Al à destination de Tel-Aviv, avant que le FBI n'ait eu le temps de leur demander des explications. Arrivés en Israël, ils se fondirent sans peine dans la communauté d'espions du pays, plus que reconnaissante. Pollard fut condamné à la perpétuité, sa femme à cinq ans d'emprisonnement.

Mais en 1999, Pollard allait enfin savourer le fruit des infatigables efforts consentis par le lobby juif en vue de sa libération. La Conférence des organisations juives majeures, un consortium de plus de cinquante groupements, avait lancé une intense campagne pour le faire libérer, alléguant qu'il n'avait pas commis de haute trahison contre les États-Unis « parce qu'Israël était à l'époque et reste aujourd'hui un allié proche ». Tout aussi influentes, des organisations juives religieuses – comme l'Union réformée des congrégations américano-hébraïques et l'Union orthodoxe – lui apportèrent leur soutien. Le professeur de droit de Harvard, Alan M. Dershowitz, qui avait été l'avocat de Pollard, déclara qu'il n'y avait rien dans le dossier pour montrer que l'espion avait effectivement compromis « la capacité de collecte de renseignements de la nation » ou « divulgué des données sur la collecte de renseignements à l'échelle mondiale. »

Inquiet de ce qu'il percevait comme une habile opération de relations publiques orchestrées depuis Israël, le monde des services secrets américains prit une initiative inhabituelle. Plusieurs de ses membres sortirent de l'ombre et s'aventurèrent dans le domaine public afin d'établir la trahison de Pollard. C'était une décision à la fois hardie et dangereuse. Non seulement elle obligeait à mettre en lumière des informations sensibles, mais elle allait mobiliser encore davantage un lobby juif toujours plus puissant. On savait les dégâts qu'il avait causés à d'autres adversaires dans le climat hystérique de Washington. Une réputation pouvait être très facilement ternie autour d'un verre dans une ambassade, entre deux actes d'une pièce jouée au Kennedy Center, ou encore pendant un dîner feutré à Georgetown.

Les agents secrets craignaient que Clinton – « dans une de ses crises de donquichottisme », selon l'expression d'un officier de la CIA – ne libère Pollard avant la fin de son mandat pour contraindre Israël à entrer dans un accord de paix et offrir au président un ultime succès de politique étrangère. Le directeur de la CIA de l'époque où j'écris ces lignes, Georges Tenet, alla jusqu'à dire à Clinton : « La libération de Pollard va démoraliser les services secrets ». Clinton aurait simplement répondu : « Nous verrons, nous verrons. »

À Tel-Aviv, Rafi Eitan a suivi de près l'évolution coup par coup de la partie, en répétant à ses hommes : « Lorsque Jonathan arrivera enfin en Israël, je serai heureux de prendre un café avec lui. » En attendant, Eitan continuait de se frotter les mains, ravi du succès d'une autre opération montée par ses soins à l'encontre des États-Unis, opération qui avait fait d'Israël la première puissance nucléaire du Proche-Orient.

V

Le glaive atomique de Gédéon

En 1945, dans l'obscurité d'un cinéma de Tel-Aviv, Rafi Eitan avait assisté à l'avènement de l'ère nucléaire dans le ciel d'Hiroshima. Pendant que, autour de lui, de jeunes soldats applaudissaient en sifflant les images d'actualité qui montraient la cité japonaise en ruine, deux questions lui vinrent à l'esprit. L'État d'Israël posséderait-il un jour une arme similaire ? Et qu'adviendrait-il si ses voisins arabes se la procuraient avant ?

Régulièrement, au fil des ans, ces interrogations avaient resurgi. Si l'Égypte avait disposé de l'arme nucléaire au moment de l'expédition de Suez, Nasser serait sorti vainqueur du conflit ; il n'y aurait eu ni guerre des Six Jours ni guerre du Kippour. La Terre sainte aurait été transformée en désert irradié. À l'inverse, un Israël doté de l'arme atomique serait devenu invincible.

En ce temps-là, pour un agent dont la tâche essentielle consistait à liquider des terroristes, les spéculations stratégiques de ce type n'avaient qu'un intérêt théorique, la réponse n'étant pas de son ressort. Cependant, quand Eitan prit la tête du Lakam, il en vint à se poser la question : ne pouvait-il aider son pays à se constituer un bouclier atomique ?

À force de lire tard dans la nuit, soutenu par les quarante gélules de vitamine qu'il avalait quotidiennement, il constata à quel point les politiciens et les savants d'Israël semblaient divisés sur la question nucléaire. Ses dossiers mentionnaient des échanges aigres-doux au Conseil des ministres, et des arguments scientifiques empreints d'amertume, généralement interrompus par la voix tonitruante de Ben Gourion, résolu à juguler les angoisses, les protestations et les débats de fond.

Les choses avaient commencé à se gâter en 1956, quand la France avait vendu à Israël un réacteur de 24 mégawatts. Ben Gourion avait annoncé qu'il servirait à alimenter une « station de pompage » destinée à transformer le désert en « paradis agricole par la désalinisation de quatre milliards de litres d'eau de mer chaque année ». Cette déclaration provoqua la démission de six des sept membres de la Commission de l'énergie atomique israélienne, persuadés que le réacteur servirait en fait les desseins d'un « aventurisme politique qui liguera le monde entier contre nous ». Ils furent soutenus par les principaux militaires du pays. Yigal Allon, héros de la guerre d'Indépendance, condamna fermement l'« option nucléaire ». Yitzhak Rabin, futur chef d'état-major des armées, se montra tout aussi véhément dans sa désapprobation. Même Ariel Sharon, qui était déjà un va-t-en-guerre, s'opposa à un arsenal nucléaire :

« Nous avons la meilleure armée conventionnelle de la région. »

Sourd à ce concert de protestations, Ben Gourion ordonna l'installation de la pile atomique dans le désert du Néguev, près de Dimona, ville pionnière balayée par les sables. Ancienne étape de la route des caravanes entre Le Caire et Jérusalem, Dimona avait depuis longtemps sombré dans l'oubli. Rares étaient les cartes qui localisaient son emplacement, au sud de Tel-Aviv. À partir de la décision de Ben Gourion, aucun cartographe ne pourrait plus mentionner le site des premiers pas d'Israël dans l'ère nucléaire.

Le dôme argenté de Dimona – sous lequel était enfoui le réacteur – s'élevait au-dessus de la fournaise du désert. Kirya le Mehekar Gariny (nom hébreu de la centrale) employait plus de 2 500 scientifiques et techniciens au sein du complexe industriel le plus puissamment fortifié de la planète. La mer de sable qui encerclait des palissades de haute sécurité était constamment surveillée. Les pilotes étaient prévenus : on abattrait tout appareil s'aventurant à l'intérieur de la zone d'exclusion, de huit kilomètres de rayon. Les ingénieurs avaient conçu une installation à vingt-cinq mètres sous terre pour abriter le réacteur au cœur d'un gigantesque laboratoire souterrain, le Makhon-2. Ce laboratoire s'articulait autour d'un système de séparation-retraitement exporté de France sous la dénomination officielle de « machinerie textile ».

En lui-même, le réacteur de Dimona ne suffisait pas à fournir à Israël une bombe atomique. Il fallait pour cela de la matière fissile, autrement dit de l'uranium enrichi ou du plutonium. Or les quelques puissances nucléaires déjà existantes avaient signé un accord les engageant à ne jamais fournir un seul gramme de matière fissile à d'autres pays. Si imposant fût-il, le réacteur de Dimona resterait purement décoratif tant qu'on ne l'aurait pas alimenté en matière fissile.

Trois mois après l'installation du réacteur, une petite entreprise de retraitement de matériaux radioactifs ouvrit ses portes dans une ancienne aciérie reconvertie après la Seconde Guerre mondiale. Elle se trouvait à Apollo, une petite ville de Pennsylvanie. L'entreprise fut baptisée Nuclear Materials and Equipment Corporation Numec. Son directeur général était le Dr Salman Shapiro.

Figurant sur le listing informatisé du Lakam, qui recensait les Juifs américains les plus influents de la communauté scientifique, Shapiro était également présent sur celui des plus généreux bailleurs de fonds d'Israël. Rafi Eitan crut y voir le début d'une solution au problème de l'approvisionnement de Dimona. Il ordonna une enquête approfondie sur le passé de Shapiro et de son personnel. Cette enquête fut confiée au *katsa* résident de Washington.

Eitan se concentra quant à lui sur une affaire dont le cœur semblait s'être déplacé depuis les sables brûlants de Dimona jusqu'à la fraîcheur des couloirs de la Maison-Blanche.

Parmi les données transmises par le *katsa* de Washington se trouvait la photocopie d'une lettre envoyée le 20 février 1962 à Shapiro par la Commission de l'énergie atomique américaine. On avertissait l'industriel : « Tout manquement [de son entreprise] aux règles de sécurité est passible des sanctions prévues par la loi, en particulier l'Atomic Energy Act de 1954 et la législation sur l'espionnage. »

Cette menace ne fit que confirmer l'impression de Rafi Eitan : il tenait sans doute là un moyen de se frayer un chemin au sein de l'industrie nucléaire américaine. Apparemment, Numec était une entreprise plutôt défaillante dans le domaine de la sécurité, assez laxiste dans la gestion de ses stocks et mal dirigée, selon les chiens de garde de l'Amérique nucléaire. Cette accumulation de déficiences faisait d'elle une cible idéale.

Fils d'un rabbin orthodoxe, Salman Shapiro avait déjà gravi beaucoup d'échelons grâce à son intelligence. À l'université John Hopkins, il avait obtenu son doctorat de chimie à l'âge de vingt-huit ans. Sa force de travail avait très tôt fait de lui un membre éminent du laboratoire de recherche et de développement nucléaire de la société Westinghouse, sous contrat avec l'US Navy pour la construction de réacteurs de sous-marins. L'enquête sur son passé personnel révéla que plusieurs membres de sa famille avaient été victimes de la Shoah et que Shapiro, « avec sa discrétion coutumière », avait versé plusieurs millions de dollars à l'institut Technion de Haïfa, spécialisé dans l'enseignement des sciences et de l'ingénierie.

En 1957, Shapiro quitta Westinghouse et fonda Numec. Il réunit pour cela vingt-cinq actionnaires, tous ouvertement pro-israéliens. Shapiro se retrouva alors à la tête d'une petite entreprise immergée dans un environnement ultra-agressif, aux méthodes souvent troubles. Numec réussit néanmoins à décrocher un certain nombre de contrats de retraitement d'uranium enrichi, processus qui s'accompagnait généralement de la perte d'un pourcentage variable de matière première. Rafi Eitan apprit avec intérêt qu'il était virtuellement impossible de quantifier par avance ou de dater ces pertes, révélation qui l'enchanta.

Il continua de s'intéresser aux délicates relations entre Israël et les États-Unis, encore compliquées par le désir de l'État hébreu de rallier le club nucléaire. Ce désir s'était même renforcé après le voyage de Ben Gourion à Washington en 1960. Lors d'une série d'entretiens avec des officiels du Département d'État, le Premier ministre s'entendit déclarer sans ambages que ce ne serait pas une bonne chose, car on risquait d'affecter l'équilibre des forces au Proche-Orient. En février 1961, le président John Kennedy lui écrivit pour exiger que la centrale de Dimona soit régulièrement inspectée par l'AIEA – l'Agence internationale de l'énergie atomique.

Alarmé, Ben Gourion s'envola pour New York afin de s'entretenir avec Kennedy à l'hôtel Waldorf-Astoria. Le dirigeant israélien se déclara « très inquiet » de ce qu'il considérait comme une « pression américaine ». Mais Kennedy resta de marbre : l'inspection devait avoir lieu.

Ben Gourion céda avec autant de bonne grâce que possible. Il rentra au pays convaincu « qu'un catholique à la Maison-Blanche, ce n'est décidément pas une bonne chose pour Israël ». Le Premier ministre fit ensuite appel au seul homme en qui il eût confiance à Washington : Abraham Feinberg, un sioniste convaincu, favorable aux aspirations nucléaires d'Israël.

Ce New-Yorkais d'origine était par ailleurs le plus important mécène juif du Parti démocrate. Feinberg ne s'en cachait pas, s'il versait des millions de dollars au parti de Kennedy, c'était pour inviter les démocrates à défendre la cause d'Israël au Congrès. Il avait également recueilli des sommes considérables pour financer secrètement la construction de Dimona. L'argent arrivait sous forme de chèques de caisse à la Banque d'Israël de Tel-Aviv, ce qui permettait d'éviter de rendre des comptes aux autorités chargées du contrôle des changes. Ben Gourion dit à Feinberg : « Ouvrez les yeux de ce garçon. Il est temps qu'il comprenne les réalités de la vie. »

La méthode favorite de Feinberg était la pression politique directe, style qui avait exaspéré Kennedy du temps où il était candidat à la Maison-Blanche. À l'époque, Feinberg lui avait déclaré de but en blanc :

« Nous sommes prêts à régler vos notes si vous nous laissez superviser votre politique au Proche-Orient. »

Kennedy s'était contenté de promettre d'« accorder à Israël toutes les concessions possibles ». Feinberg avait consenti à lui verser une contribution de campagne de 500 000 dollars, « pour commencer ».

Cette fois encore, il n'y alla pas par quatre chemins : si le président Kennedy continuait d'exiger l'inspection de Dimona, il « ne faudrait plus qu'il compte sur le soutien financier des Juifs aux prochaines élections ». Un allié inattendu vint à sa rescousse : le secrétaire d'État de Kennedy, Robert McNamara, déclara au Président qu'il comprenait « qu'Israël ait envie d'avoir la bombe atomique ».

Mais Kennedy ne voulut rien entendre, et Ben Gourion dut admettre le principe d'une tournée d'inspection. À la dernière minute, le président américain fit deux importantes concessions. En échange de l'accès à Dimona, les États-Unis vendraient à l'État hébreu des missiles sol-air Hawk – les engins de défense antiaérienne les plus perfectionnés. Par ailleurs, l'inspection ne serait pas effectuée par des techniciens de l'AIEA, mais par une équipe strictement américaine, dont la visite serait programmée plusieurs semaines à l'avance.

Rafi Eitan, toujours plongé dans ses lectures, apprécia particulièrement le passage où les Israéliens grugeaient les inspecteurs américains.

Un faux centre de contrôle fut construit juste au-dessus du vrai à Dimona, pour faire croire qu'il s'agissait bien d'un réacteur visant à transformer le Néguev en un vert pâturage. La partie du complexe alimentée en eau lourde venue de France et de Norvège fut déclarée inaccessible aux inspecteurs « pour des raisons de sécurité ». Il aurait suffi aux techniciens d'un simple coup d'œil à la contenance des cuves pour comprendre.

À l'arrivée des Américains, les Israéliens constatèrent avec soulagement qu'aucun ne parlait hébreu, ce qui réduisait encore leurs chances de découvrir les véritables objectifs de Dimona.

Rafi Eitan en savait désormais assez pour entrer en scène.

Accéder à l'usine Numec fut relativement aisé. L'ambassade d'Israël à Washington demanda à la Commission de l'énergie atomique la permission « pour un groupe de savants de visiter le complexe afin de mieux comprendre les inquiétudes manifestées par vos inspecteurs en matière de retraitement des déchets nucléaires ». Cette autorisation fut accordée, même si le FBI prit dans le même temps la précaution de mettre en place une surveillance à grande échelle afin de découvrir si oui ou non Shapiro travaillait pour les services secrets israéliens.

Tel n'était pas le cas – ni alors ni plus tard. Rafi Eitan devait toujours considérer Shapiro comme un authentique patriote, un sioniste sincère qui croyait au droit d'Israël à se défendre. Non seulement il était issu d'une famille aisée, mais sa fortune s'était encore accrue grâce aux bénéfices dégagés par Numec. À la différence de Jonathan Pollard, Shapiro n'était pas un traître : son amour de l'Amérique était patent. Rafi Eitan sentit qu'en ce qui le concernait, une tentative de recrutement avait toutes les chances de se révéler négative. Mieux valait donc laisser Shapiro en dehors de l'opération qu'il méditait.

Il fallait cependant jouer d'audace. Pour en apprendre un peu plus sur Numec, Rafi Eitan envoya deux agents du Lakam en éclaireurs à Apollo : Ayraham Hermoni, « conseiller scientifique » à l'ambassade d'Israël à Washington, et Jeryham Kafkafi, un *katsa* résident aux États-Unis qui se faisait passer pour un journaliste scientifique indépendant.

Les deux agents visitèrent l'usine de retraitement, mais on leur interdit de prendre des photos : Shapiro leur expliqua que ce serait enfreindre la réglementation de la Commission. Tous deux trouvèrent leur hôte plutôt accueillant, mais Hermoni le décrivit comme un « type à côté de ses pompes ».

Rafi Eitan décida de se rendre sur place. Il réunit une équipe d'« inspecteurs » comprenant deux scientifiques de Dimona spécialisés dans le retraitement des déchets radioactifs, un « directeur du département d'électronique de l'université de Tel-Aviv » (il n'existait aucun poste semblable sur le campus : l'homme était en réalité un agent de sécurité du Lakam dont la vraie mission consistait à trouver un moyen de voler de la matière fissile à l'usine Numec), et encore une fois Hermoni, qui devrait indiquer aux agents l'emplacement des zones vulnérables repérées lors de sa précédente visite. Rafi Eitan résolut de se présenter sous son vrai nom, avec le titre de « conseiller scientifique auprès du Premier ministre d'Israël ».

Les divers délégués ayant été approuvés par l'ambassade américaine à Tel-Aviv, on leur délivra des visas en bonne et due forme. Rafi Eitan avait averti ses hommes qu'ils devraient s'attendre à une étroite surveillance de la part du FBI dès leur atterrissage à New York. Curieusement, son regard pourtant exercé n'en repéra pas un seul à leur arrivée.

La visite des Israéliens à Apollo coïncida avec le retour de Shapiro ; celui-ci venait d'achever une nouvelle tournée des campus américains pour demander à des scientifiques « bien disposés » à l'égard d'Israël de se rendre en Terre sainte en vue de « résoudre des problèmes techniques et scientifiques ». Il était prêt à couvrir leurs frais et à les dédommager en cas de perte de salaire.

Le séjour de Rafi Eitan et de son équipe à Apollo fut sinistre. Ils louèrent des chambres dans un motel voisin et passèrent le plus clair de leur temps à l'usine, afin d'assimiler les subtilités de la conversion en uranium enrichi à partir de l'hexafluorure d'uranium gazeux. Shapiro leur dit que les règles de la Commission de l'énergie atomique obligeaient Numec à payer une amende de 10 dollars par gramme d'uranium enrichi perdu en cours de retraitement.

Rafi Eitan et les siens quittèrent Apollo aussi discrètement qu'ils y étaient arrivés.

La suite ne peut qu'être déduite des rapports du FBI. Ceux-ci laissent entrevoir de sérieux doutes quant à ce que savait Salman Shapiro sur les raisons de la visite d'Eitan. Un de ces rapports signale par exemple qu'un mois après le départ des Israéliens Numec signa un contrat de partenariat avec le gouvernement de Tel-Aviv pour développer « la pasteurisation d'aliments et la stérilisation d'échantillons médicaux par irradiation ».

Un autre rapport du FBI se plaint de l'« avertissement collé sur les conteneurs et faisant état de matériaux radioactifs dangereux » : « À cause de cette étiquette, personne ne veut les ouvrir pour les examiner, et on refuse de nous laisser le faire. »

La raison de ce refus doit être cherchée à l'ambassade d'Israël à Washington. L'ambassade avait fait comprendre au Département d'État qu'à la moindre tentative d'ouverture d'un des conteneurs ceux-ci seraient aussitôt placés sous bordereau diplomatique. Le Département d'État appela ensuite le Département de la Justice pour lui exposer les conséquences d'une violation de l'immunité diplomatique. Les agents du FBI se trouvèrent donc réduits à regarder défiler les conteneurs juste avant leur embarquement à bord d'un avion-cargo d'El Al sur l'aéroport d'Idleward.

En dépit de tous ses efforts, le chef d'antenne de la CIA à Tel-Aviv, John Hadden, s'avoua incapable de « confirmer » que les conteneurs étaient bien destinés à Dimona. Le FBI enregistra neuf expéditions du même type dans les six mois qui suivirent la visite d'Eitan. Les agents fédéraux remarquèrent que tous les conteneurs arrivaient au crépuscule et s'envolaient avant l'aube, qu'ils étaient revêtus de plomb, matériau indispensable au transport de l'uranium enrichi, et que chaque conteneur était marqué au pochoir d'une adresse en hébreu spécifiant que leur destination finale était Haïfa. En plusieurs occasions, les agents repérèrent des « tuyaux de poêle » – autrement dit des conteneurs d'uranium enrichi – stockés dans des caissons d'acier sur le quai d'embarquement de l'usine Numec. Chaque tuyau de poêle portait un numéro indiquant qu'il provenait de la zone de haute sécurité de l'entreprise. Mais, là encore, le FBI ne pouvait rien faire. Un rapport de l'époque évoque la « pression politique du Département d'État pour éviter tout incident diplomatique ».

Dix mois plus tard, les expéditions cessèrent brutalement. Le FBI supposa qu'une quantité suffisante de matière fissile était arrivée à Dimona. Interrogé, Shapiro nia avoir fourni à Israël les ingrédients nécessaires à la fabrication d'une bombe atomique. Le FBI n'en soutint pas moins que l'examen des livres de la compagnie montrait un déficit de matière fissile recyclée. Shapiro affirma que la « raison la plus logique » de cette perte d'uranium était son « infiltration dans le sol » ou son « évaporation dans l'air ». En tout, le déficit représentait une cinquantaine de kilos. Shapiro ne fut jamais accusé du moindre délit.

Les années suivantes devaient soulager Rafi Eitan du poids de sa responsabilité : à partir de l'effondrement du bloc soviétique, il allait devenir facile de dérober de la matière fissile. Il suffira d'évoquer un incident survenu à l'aéroport Cheremetievo de Moscou le 10 août 1994 pour en fournir l'illustration éclatante.

Ce jour-là, à 0 h 45, le Colombien Justiano Torres, vêtu d'un austère costume gris d'homme d'affaires acheté pour l'occasion, se présenta en retard à l'embarquement du vol 3369 de la Lufthansa pour Munich. Malgré son physique assez imposant, il transpirait légèrement sous le poids de sa valise Delsey noire flambant neuve. Il sortit de sa poche de veste un billet de première classe et sourit à l'hôtesse d'accueil. Ce sourire fut enregistré par une caméra camouflée derrière le comptoir.

D'autres caméras l'avaient filmé au cours des derniers mois. Elles avaient permis d'immortaliser sur bande vidéo ses rencontres successives avec un savant russe au chômage, Igor Tashanka : leurs rendez-vous dans les monts Staline ; leurs excursions à bord d'un bateau de plaisance sur la Moskova ; leurs excellents dîners dans des restaurants contrôlés par la mafia russe ; et, pour finir, le contact ultime, où Tashanka avait remis une valise à Torres en échange d'une enveloppe contenant 5 000 dollars. Torres avait tout lieu de croire qu'il venait de conclure l'affaire du siècle : la valise de Tashanka contenait de la matière fissile.

Justiano Torres travaillait comme coursier pour des narcos colombiens qui avaient décidé d'étendre leurs activités à une substance encore plus dangereuse que la cocaïne. La valise contenait, dans plusieurs cylindres hermétiquement scellés, les deux cents grammes de plutonium 239 que Tashanka venait de lui vendre. Leur valeur marchande frisait les 50 millions de dollars. Le plutonium était tellement toxique que la moindre exposition à une dose infinitésimale était mortelle. La valise de Tashanka contenait de quoi fabriquer une petite bombe atomique.

Pour Uri Saguy, ancien chef du renseignement militaire israélien, cette perspective représentait le « cauchemar de tout individu sensé » :

« Imaginez un groupe terroriste ayant entre les mains suffisamment de matière fissile pour anéantir Tel-Aviv ou n'importe quelle autre capitale. Dans l'espionnage actuel, tout ce qui touche au nucléaire figure en tête de la liste des priorités. »

Le milieu du renseignement israélien savait depuis longtemps que les terroristes étaient théoriquement capables de fabriquer une bombe atomique grossière. Un étudiant en physique américain des années 1970 avait mené à son terme et décrit chaque phase du processus. À l'époque, la publication de son travail avait suscité la consternation au sein du Mossad.

Les scénarios catastrophes étaient à l'ordre du jour. Une bombe A pouvait parfaitement arriver en pièces détachées à bord d'un cargo, ou être introduite en contrebande et assemblée en Israël. Les terroristes n'auraient plus qu'à menacer de la faire exploser si d'inacceptables exigences n'étaient pas satisfaites. Le gouvernement saurait-il résister à un tel chantage ? Les analystes du Mossad décidèrent qu'il n'était pas question de céder. Leur conclusion se fondait sur une compréhension intime de l'état d'esprit des terroristes modernes : dans les années 1970, les groupes les plus extrémistes auraient hésité à faire exploser une bombe atomique en raison du prix politique d'une telle initiative. Ils auraient été mis au ban des nations qui les avaient discrètement soutenus jusque-là.

L'anéantissement du communisme ravivait les inquiétudes du Mossad. Un foyer de nouvelles craintes était apparu et personne ne pouvait dire avec certitude ce que réservait l'évolution politique de la Russie. Déjà, le Mossad savait que des missiles Scud avaient été exportés vers plusieurs pays du Proche-Orient moyennant espèces sonnantes et trébuchantes. Des techniciens soviétiques avaient aidé l'Algérie à construire un réacteur nucléaire. La Russie disposait d'un stock considérable d'armes biologiques, dont un bacille de la superpeste capable de tuer des millions de gens. Qu'adviendrait-il si une partie – même infime – de cet arsenal tombait aux mains de terroristes ? Un seul flacon du bacille en question pouvait décimer la population de Tel-Aviv. Mais surtout, on redoutait au Mossad que la Russie en vienne à brader son arsenal nucléaire. Pour Uri Saguy, il s'agissait d'une menace « que personne n'avait le droit d'ignorer ».

Les psychologues du Mossad tentèrent d'établir le profil des scientifiques russes les plus susceptibles de vendre des produits dangereux. Ils examinèrent leurs motivations : l'appât du gain figurait en bonne place, mais d'autres pouvaient aussi être mus par des mobiles idéologiques parfois complexes. En outre, la liste des arsenaux soviétiques d'où pouvaient sortir illégalement des matières dangereuses était effroyablement longue. Le directeur général du Mossad, Shabtai Shavit, envoya deux *katsas* à Moscou afin qu'ils infiltrent la communauté scientifique russe.

L'un d'eux était une femme. Née de parents juifs à Beyrouth, Lila était diplômée de physique de l'université hébraïque de Jérusalem et travaillait au département renseignement scientifique du Mossad. C'était elle qui, depuis le début, surveillait les rencontres de Torres avec Tashanka.

Lila et son collègue avaient opéré en étroite liaison avec les agents résidents du Mossad en Allemagne et ailleurs. Son enquête l'avait entraînée jusqu'en Colombie, puis ramenée au Proche-Orient. D'autres *katsas* avaient été mobilisés au Caire, à Damas et à Bagdad. Diverses pistes étaient apparues. La Bosnie semblait un point de passage plausible pour acheminer le plutonium 239 vers sa destination ultime : l'Irak. Mais, une fois encore, établir l'implication directe du régime de Saddam Hussein n'était pas une mince affaire.

Voilà pourquoi Torres fut autorisé à embarquer sur un vol de ligne régulière avec son terrifiant bagage. Cette décision avait été soigneusement pesée par les patrons des services secrets russes et allemands. Ils avaient conclu que le risque d'explosion était « infinitésimal ». Leurs gouvernements respectifs leur avaient permis de laisser voyager Torres dans l'espoir qu'il les mènerait au client final de la transaction. Les services israéliens n'avaient pas été consultés. Il s'agissait officiellement d'une opération germano-russe. Dans le passé, le Mossad avait plus d'une fois joué un rôle de partenaire de l'ombre, en laissant d'autres services s'arroger tout le mérite d'une opération réussie.

En ce matin d'août, surplombant la porte d'embarquement de l'aéroport, Lila savait que son rôle était terminé. Un agent du Mossad – nom de code Adler – était déjà en place dans le hall de l'hôtel Excelsior, au centre de Munich, où Torres devait effectuer sa livraison. Un autre agent – Mort – attendait à l'aéroport de Munich l'arrivée du vol 3369.

Un troisième agent – Ib – était assis deux rangs derrière Torres quand l'avion décolla pour un vol de trois heures. Le vice-ministre russe de l'énergie atomique, Viktor Sidorenko, avait pris place à l'autre bout de la cabine. La protection de l'arsenal nucléaire de son pays figurait au nombre de ses responsabilités. La Russie détenait 130 tonnes de plutonium à usage militaire : de quoi fabriquer seize mille bombes atomiques deux fois plus puissantes que celle d'Hiroshima.

Sidorenko avait lu plusieurs rapports faisant état de contrôles de sécurité inopérants. On évoquait également la dégradation du niveau général de moralité du personnel dans les centaines d'instituts et centres de recherche manipulant des substances fissiles. Quelques mois auparavant, l'employé d'une centrale nucléaire avait été arrêté alors qu'il transportait des boulettes d'uranium enrichi dans un sachet de plastique. Peu après, plus de cinq kilos d'uranium avaient été dérobés par des ouvriers dans une autre centrale près de Minsk et cachés au domicile de l'un d'eux. Les coupables avaient été démasqués après avoir échangé un kilo du précieux élément contre vingt bouteilles de vodka. Sidorenko se rendait justement en Allemagne pour assurer le gouvernement du chancelier Helmut Kohl que de tels incidents ne se reproduiraient plus. Les Allemands menaçaient en effet son pays de sanctions sévères.

À 17 h 45, le vol 3369 atterrit ponctuellement sur la piste de l'aéroport Franz Josef Strauss de Munich et se dirigea au ralenti jusqu'au terminal C. Le ministre Sidorenko fut le premier passager autorisé à débarquer. Il monta dans une voiture réservée et on le conduisit vers une zone de haute sécurité. Là, on l'informa que Tashanka venait d'être arrêté à Moscou.

Torres se présenta ensuite dans le hall d'arrivée de l'aérogare. La présence de policiers allemands fortement armés ne le surprit pas, Munich appréciant les déploiements de sécurité depuis le massacre des athlètes israéliens aux Jeux de 1972. Torres passa un coup de fil à l'hôtel Excelsior, plus précisément à la chambre 23. L'homme qui lui répondit – Javier Arratibel – était un Espagnol que son passeport décrivait comme un « industriel ». En réalité, il était membre du réseau de trafic de plutonium. À son tour, il téléphona immédiatement à un homme qu'il ne connaissait que par un surnom : Julio-O.

Ces deux appels furent dûment enregistrés par les services secrets allemands. Quand Torres se posta à côté du tapis roulant pour récupérer son bagage, il était épié depuis un bureau voisin par l'un des directeurs de la police de Munich, Wolfgang Stoephasios, et un responsable des services secrets allemands.

Torres reprit sa valise et se dirigea vers la sortie « rien à déclarer ». Ib et Mort lui emboîtèrent le pas. N'étant pas habilités à l'arrêter, ils ne pouvaient rien faire. Stoephasios sortit de son bureau. C'était le signal de l'intervention.

En quelques secondes, Torres fut ceinturé et dépossédé de sa valise, que l'on transporta dans une pièce aveugle. À l'intérieur attendaient des artificiers et un homme en blouse blanche équipé d'un compteur Geiger. Les artificiers se servirent d'un appareil à rayons X portatif pour s'assurer que la valise n'était pas piégée. Quant au compteur Geiger, il n'indiqua aucune fuite de matière radioactive. On ouvrit la valise. À l'intérieur, soigneusement enveloppés de plastique, reposaient les cylindres de plutonium 239. Ils furent retirés, placés dans un caisson blindé et acheminés vers un fourgon qui attendait non loin de là pour les transporter vers un laboratoire nucléaire allemand.

À l'hôtel Excelsior, Arratibel fut arrêté. Mais le maillon suivant, Julio-O, réussit à passer la frontière hongroise. La police locale promit de le rechercher, mais à Munich personne n'y crut vraiment. La Hongrie offrait aux trafiquants russes un de leurs meilleurs points de passage vers l'Ouest.

Les agents du Mossad avertirent leur hiérarchie de ce qui s'était passé.

À Tel-Aviv, le directeur, Shabtai Shavit, accueillit ce dénouement comme une infime victoire dans la guerre contre le terrorisme nucléaire. Mais il ne fut pas le seul à se demander combien d'autres valises étaient déjà passées entre les mailles du filet – et combien de temps il faudrait attendre avant que soit lancé un effroyable chantage à l'attentat nucléaire.

À quelques kilomètres de l'endroit où Shavit envisageait ces graves questions, Rafi Eitan, l'homme qui avait conçu et organisé ce que le FBI et la CIA considéraient comme un vol de matières fissiles à l'usine d'Apollo, continuait à meubler ses loisirs en sculptant des rebuts métalliques. En apparence, il était en paix avec le monde. Les opérations Pollard et Shapiro semblaient s'être effacées de sa mémoire. Quand on insistait, il répondait qu'il avait oublié les prénoms de l'un et de l'autre. Le Lakam avait officiellement fermé ses portes. À en croire Rafi Eitan, son travail actuel était désormais différent : il occupait le poste de directeur d'une petite compagnie maritime de La Havane, où il avait également des intérêts dans une société productrice de pesticides agricoles. Il se vantait d'entretenir des relations amicales avec Fidel Castro, « ce qui ne doit pas tellement plaire aux Américains ». Il n'avait plus remis les pieds aux États-Unis depuis sa visite à l'usine Numec. Il prétendait n'en avoir plus envie, et craignait sans doute qu'on ne lui pose « tout un tas de questions » sur Jonathan Pollard et sur les conséquences exactes de son séjour à Apollo.

Mais, en avril 1997, le nom de Rafi Eitan devait refaire surface dans une nouvelle affaire, concernant celle-là une taupe du Mossad à Washington, connue du FBI sous le nom de code « Méga ».

Un contact bien placé avait appris à Eitan que le FBI s'intéressait depuis peu au rôle joué par « Méga » dans l'affaire Pollard. Avait-il été à la source de certaines des informations ultrasecrètes transmises par Pollard ? Le FBI avait récemment interrogé Pollard dans sa prison, et celui-ci avait reconnu que son certificat d'habilitation n'aurait pas suffi à lui donner accès à certains documents réclamés par Yagur, son officier traitant israélien. Le FBI savait que la lecture de ces documents dépendait d'un mot de passe et que ce mot de passe changeait très fréquemment – presque chaque jour. Pourtant, Yagur avait apparemment toujours été en mesure de le communiquer à Pollard quelques heures seulement après sa mise en service. Était-ce « Méga » qui le lui fournissait ? « Méga » était-il le second espion résident israélien à Washington, dont le FBI soupçonnait depuis longtemps l'existence ? Et quels étaient ses liens exacts avec Rafi Eitan ?

Telles étaient les dangereuses questions qui hantaient désormais la capitale américaine et risquaient d'anéantir les bonnes relations entre les États-Unis et Israël.

Identifié par le FBI comme le montreur de marionnettes dissimulé derrière l'affaire Pollard, Rafi Eitan s'était résigné : il avait fait son temps dans les services secrets israéliens. Il aspirait à finir ses jours sans courir de risque plus grave que celui de se brûler légèrement avec son chalumeau de sculpteur.

D'instinct, il sentit que non seulement les récents événements de Washington représentaient une menace pour sa personne – un commando de la CIA pouvait parfaitement le kidnapper pendant l'un de ses voyages entre Israël et Cuba et le ramener aux États-Unis pour le cuisiner à loisir – mais que la découverte de l'existence de « Méga » risquait de faire réfléchir les membres du Va'adat Rashei Hesherytin, le Comité des chefs de service. Leur fonction essentielle consistait à coordonner l'ensemble des activités israéliennes d'espionnage et de sécurité, tant sur le territoire national qu'à l'étranger.

Eux-mêmes n'avaient aucune idée de l'identité de « Méga ». Tout ce qu'on leur avait dit, c'était qu'il s'agissait d'un personnage haut placé de l'administration Clinton. Si l'actuel Président l'avait hérité ou non de l'administration Bush, c'était un secret jalousement gardé. Seul le *memuneh* savait depuis combien de temps « Méga » était en place.

Les membres du Comité savaient en revanche que la division de contre-espionnage du FBI croyait que le manque de réaction de l'administration face au Mossad était dû au lobby juif à Washington. Une fois de plus, ce lobby risquait d'étouffer l'incendie déclenché par la découverte de « Méga ». Le 16 février 1997, la NSA avait en effet communiqué au FBI le rapport d'écoute d'une conversation enregistrée tard dans la nuit à l'ambassade d'Israël, entre un officier de renseignement du Mossad identifié comme « Dov » et son supérieur à Tel-Aviv, dont le nom n'avait pas été cité pendant la communication.

Dov demandait à son supérieur un « conseil » : devait-il ou non « aller trouver "Méga" » pour en obtenir la copie d'une lettre signée Warren Christopher, alors ministre des Affaires étrangères, et personnellement adressée au président de l'OLP Yasser Arafat ? Cette lettre résumait un ensemble d'assurances données à Arafat par Christopher le 16 janvier à propos du retrait des troupes israéliennes de la ville d'Hébron. La voix de Tel-Aviv donna pour instruction à Dov d'« oublier » la lettre. « On ne fait pas appel à "Méga" pour ce genre de chose. »

Cette brève conversation fournit au FBI un premier indice sur l'importance de « Méga ». Son nom de code n'était jamais apparu dans les constants rapports d'écoute de l'ambassade d'Israël et de ses diplomates. Grâce à ses ordinateurs dernier cri, le FBI réussit à restreindre le champ de ses recherches : la taupe était soit un membre du Conseil national de sécurité – qui siège à la Maison-Blanche et donne son avis au Président sur les questions liées à la défense et au renseignement –, soit quelqu'un ayant directement accès à l'un des membres les plus influents de ce Conseil. Celui-ci se compose essentiellement du vice-président des États-Unis et des secrétaires d'État et de la Défense. Le directeur de la CIA et le président de l'état-major interarmées y jouent un rôle consultatif. Quant au personnel permanent, il est dirigé par le conseiller du Président à la sécurité nationale.

La façon dont l'ambassade israélienne apprit que son système de communications avec Tel-Aviv avait été percé devait rester un mystère aussi bien gardé que l'identité de « Méga ». Comme toutes les missions diplomatiques israéliennes, l'ambassade de Washington bénéficiait en permanence des dernières nouveautés en matière de codage et de brouillage : une partie non négligeable de cet équipement avait d'ailleurs été conçue d'après les plans volés aux Américains.

Le 27 février 1997, à Tel-Aviv, par une plaisante matinée de printemps, les membres du Comité des chefs de service remontèrent en voiture la large avenue Rehov Shaul Hamaleku jusqu'à un portail aménagé dans un mur d'enceinte aveugle, surmonté de fil de fer barbelé et gardé par des hommes en armes. On ne devinait au-delà que quelques toits dominés par une grosse tour de béton, visible des quatre coins de Tel-Aviv. D'affreux bouquets d'antennes électroniques bourgeonnaient à diverses hauteurs de l'édifice. Cette tour est le pivot du quartier général de la Défense. Le complexe est connu sous le nom de *Kirya*, mot qui ne signifie rien d'autre que « l'endroit ».

Vers 11 heures du matin, les chefs des principaux services secrets sortirent leurs cartes magnétiques pour pénétrer dans un bâtiment construit non loin de la tour centrale. Comme dans la plupart des bureaux administratifs israéliens, la salle de conférence dans laquelle ils prirent place arborait un aspect plutôt minable.

La réunion était présidée par Danny Yatom, récemment nommé patron du Mossad par le Premier ministre Benyamin Netanyahou. Yatom, partisan de la ligne dure, se trouvait sur la même longueur d'onde que Netanyahou. Selon les rumeurs de Tel-Aviv, le nouveau chef du Mossad avait servi de « nounou » au Premier ministre quand sa vie privée plutôt haute en couleur avait menacé sa carrière politique. Les hommes assis autour de la table de conférence en cèdre massif écoutèrent Yatom tandis que celui-ci leur exposait la stratégie à suivre au cas où la « situation » apparue concernant « Méga » dégénérerait en crise ouverte.

Israël commencerait par protester, le statut diplomatique de son ambassade de Washington ayant été violé par la mise sur écoute de ses communications – accusation qui ne manquerait pas d'embarrasser l'administration Clinton. Ensuite, les *sayanim* liés aux médias américains recevraient l'instruction de répandre diverses rumeurs selon lesquelles « Méga » serait par exemple le fruit d'un décodage erroné de l'argot hébreu *Elga*, mot qui depuis longtemps désignait la CIA au Mossad. Par ailleurs, le préfixe « Méga » était le début d'un nom de code bien connu des services de renseignement américains, « Mégawatt », utilisé jusqu'à une époque récente pour indiquer les renseignements partagés avec le Mossad. Pour faire bonne mesure, les *sayanim* ajouteraient qu'un autre mot du même ordre, « Kilowatt », avait longtemps été utilisé pour désigner des renseignements échangés entre les deux services sur la question du terrorisme.

Mais en attendant, conclut Yatom, la sagesse dictait de ne rien faire.

En mars 1997, ayant reçu des informations du *katsa* de Washington, Yatom passa à l'attaque. Il envoya sur place une équipe de *yahalomin* afin de confirmer les renseignements fournis par le *katsa* : le président Clinton avait de fréquentes conversations téléphoniques, à très forte connotation sexuelle, avec une ancienne stagiaire de la Maison-Blanche, Monica Lewinsky. Il l'appelait depuis le bureau Ovale, à son appartement du Watergate. Comme la Maison-Blanche était totalement protégée par son système électronique, les *yahalomin* concentrèrent leurs efforts sur le domicile de la jeune femme. Ayant intercepté des propos plus qu'explicites entre le Président et Monica Lewinsky, ils transmirent les enregistrements à Tel-Aviv par la valise diplomatique.

Le 27 mars, Clinton invita Monica à le rejoindre dans le bureau Ovale et lui révéla que, croyait-il, une ambassade étrangère enregistrait leurs conversations. Il ne lui donna aucun détail mais, peu après, leur liaison s'achevait.

À Tel-Aviv, les stratèges du Mossad se demandaient quel profit tirer de ces embarrassants documents. Les conversations entre Clinton et Monica présentaient matière à chantage, encore que personne ne songeât à faire chanter le président des États-Unis. En revanche, ces enregistrements pouvaient constituer une arme de défense si jamais Israël se retrouvait en mauvaise posture au Proche-Orient, et plus ou moins privé du soutien de Clinton.

De l'avis général, le FBI avait sans doute connaissance de ces échanges verbaux entre le Président et l'ancienne stagiaire. D'aucuns conseillèrent à Yatom de signaler au FBI, par le canal officieux, que le Mossad était au courant. Ainsi pourrait-on, d'une manière assez peu subtile, dissuader le FBI de poursuivre son enquête sur « Méga ». Mais d'autres prêchèrent la patience : de toute façon, ces informations étaient explosives, et elles le resteraient. Inutile, donc, de se presser. Ce fut ce point de vue qui prévalut, en définitive.

Au mois de septembre 1998, lorsqu'on publia le rapport Starr, Yatom n'était plus aux affaires. Le rapport Starr mentionnait que Clinton, en mars 1997, avait averti Monica que son téléphone avait été mis sur écoute par une ambassade. Starr n'interrogea pas la jeune femme sur ce sujet lors de son témoignage devant le grand jury.

En tout état de cause, le FBI ne pouvait que constater son impuissance à démasquer « Méga ».

Six mois plus tard, le 5 mars 1998, le New York Post publiait à la une les révélations contenues dans l'édition originale du présent livre. L'article commençait ainsi : « Israël a fait chanter le président Clinton grâce à des enregistrements illicites de ses torrides conversations avec Monica Lewinsky – une nouvelle bombe en puissance pour le préseident. Le prix payé par Clinton pour acheter le silence des espions du Mossad a été l'arrêt des poursuites du FBI à l'encontre d'une taupe israélienne de premier ordre. »

En quelques heures, cette distorsion complète des faits exposés dans mon livre (que j'avais soigneusement vérifiés auprès de mes sources en Israël et qu'Ari Ben Menashe, ancien conseiller pour les affaires de renseignement du gouvernement israélien, était en mesure de confirmer), fut reprise par des milliers de journaux aux quatre coins du monde.

Le point essentiel de mon exposé – le fait que le procureur indépendant Kenneth Starr n'avait pas poussé jusqu'au bout sa demande de destitution du président Clinton – n'apparaissait nulle part. Starr avait pourtant bien noté dans son rapport que, le 29 mars 1997, « il (Clinton) lui a dit (à Lewinsky) qu'il soupçonnait une ambassade étrangère (il n'a pas précisé laquelle) d'avoir mis ses téléphones sur table d'écoute. Si quelqu'un l'interrogeait un jour sur leur badinage sexuel téléphonique, elle devrait répondre qu'ils savaient que leurs appels étaient constamment surveillés, et que ce badinage n'était qu'un simulacre. »

Les propos du président semblaient fortement indiquer qu'il était conscient d'être devenu la cible potentielle d'un chantage. En appelant Lewinsky sur une ligne du réseau téléphonique public – rien ne suggère qu'il ait tenté de faire sécuriser le téléphone personnel de Monica – le président s'était en effet exposé à être écouté lui-même par des oreilles indiscrètes étrangères et, plus encore, par les puissants aspirateurs d'ondes de la National Security Agency. Dans la mesure où tout président en exercice recevait régulièrement les rapports de la NSA, Clinton devait aussi savoir que ses appels chez Monica risquaient un jour ou l'autre d'atterrir dans le moulin à rumeurs de la capitale fédérale.

On peut se faire une idée de la panique que suscitèrent mes révélations à la Maison-Blanche en lisant les réponses faites aux journalistes lors d'un point de presse par les porte-paroles du Bureau ovale, Barry Toiv et David Leavy. Leurs réponses trahissent une sorte d'enlisement que la transcription officielle de la Maison-Blanche n'a pas réussi à éliminer.

QUESTION : Pourquoi le président aurait-il dit à Miss Lewinsky qu'il craignait que leurs conversations téléphoniques soient enregistrées ?

TOIV : Eh bien, vous savez, au-delà du témoignage présidentiel sur ce dossier, nous ne nous sommes jamais vraiment aventurés à commenter des points précis, et nous n'allons pas commencer maintenant.

Q : En découvrant ceci, le président a-t-il manifesté de l'inquiétude, a-t-il été choqué ? Quelle a été sa réaction, monsieur Toiv ?

TOIV : Pour être honnête, je n'ai pas été informé de la façon dont le président a réagi à ce livre.

Q : Mais pourquoi avoir tenu ce genre de propos à Monica Lewinsky ? Pourquoi l'a-t-il avertie ?

TOIV : J'ai refusé de répondre à cette question. (Rires) Désolé.

Q : Je sais que vous n'y avez pas répondu, mais elle reste posée, vraiment.

TOIV : Eh bien, encore une fois, nous n'avons pas l'intention de commenter des points spécifiques au-delà du témoignage fourni par le président lui-même.

Q : Je ne comprends pas pourquoi vous estimez légitime de ne pas commenter l'allégation selon laquelle le président des États-Unis aurait mentionné la possibilité pour un gouvernement étranger d'écouter ses conversations. Ni de quel droit vous vous contentez d'un « sans commentaire » pour toute réponse.

TOIV : Il y a déjà eu des questions sur divers commentaires et témoignages. Nous ne sommes jamais allés au-delà du témoignage du président quand il s'agissait de les discuter, et nous n'allons pas commencé maintenant.

Q : Vous avez dit vous-même qu'il est peu probable que ce soit une affaire sexuelle. Il s'agit de la sécurité nationale des États-Unis, et du président qui aurait évoqué un gouvernement étranger écoutant ses conversations. Et vous vous contentez de répondre : « Désolé, nous n'avons pas de commentaire à faire » ?

TOIV : Je n'irai pas au-delà de ce qui a déjà été déclaré lors de la déposition du président.

Q : Mais vous ne niez pas. Vous ne niez pas.

LEAVY : Il est évident que nous n'avons pas la moindre information sur la présence d'une taupe à la Maison-Blanche. Mais la tradition veut depuis longtemps, lorsqu'on parle sur cette estrade, qu'on renvoie les journalistes aux autorités compétentes pour mener ce type d'investigation.

Q : Y a-t-il eu une quelconque tentative par le président d'intervenir dans une enquête destinée à démasquer une taupe ?

LEAVY : Non. Cette allégation n'a aucun fondement.

Q : Elle en a pourtant un. Il y a un témoignage sous serment de Lewinsky attribuant au président un commentaire sur une ambassade étrangère qui écouterait…

LEAVY : Barry vient de répondre à cette question, me semble-t-il.

Q : Sa réponse est qu'il ne tient pas à commenter ce point. Ce n'est pas vraiment une réponse. Sauf votre respect.

LEAVY : Laissez-moi dire deux choses.

TOIV : Je n'irai pas au-delà de ce que j'ai déjà dit.

LEAVY : Bien entendu, il n'est pas question que j'ajoute quoi que ce soit à la réponse de Barry. Mais laissez-moi juste expliquer ceci : nous prenons toutes les précautions nécessaires pour que les communications du président soient sécurisées. Les allégations de ce livre n'ont absolument aucun fondement.

Q : Vous tenez cette certitude de la CIA ou du FBI, ou est-ce juste un réflexe automatique ?

LEAVY : Considérez que je me réfère à une source autorisée.

Q : Je comprends bien que vous faites le nécessaire pour que les communications du président soient sécurisées. Cependant, s'il décroche son téléphone pour appeler une citoyenne ordinaire à deux heures et demie du matin chez elle, est-il possible d'affirmer que le téléphone de cette personne ne pourrait pas être sur écoute ? Votre système de sécurité peut-il éviter ce genre de risque ?

LEAVY : Il y a dans ce livre des allégations très grave, et ce que je dis,

c'est que cette allégation est dénuée de fondement. Nous allons devoir en rester là.

Aucun journal sérieux ne fit ensuite la moindre tentative pour approfondir un peu plus ces réponses singulièrement révélatrices.

Il semble que le Mossad n'ait pas été la seule organisation à avoir enregistré le badinage téléphonique du président et de Monica. Jon Kyl, sénateur républicain de l'Arizona et membre de la commission d'enquête sur le renseignement, déclara à un journal local, The Arizona Republic, : « Un service de renseignement américain a enregistré les conversations téléphoniques entre le président Clinton et Miss Lewinsky. Il y a diverses agences du gouvernement dont le travail est justement d'enregistrer certaines choses pour certaines raisons, et c'était une de ces agences. »

Kyl refusa toutefois de nommer la ou les agences concernées : « C'est un point dans le détail duquel je ne peux absolument pas entrer. » Sur ses sources, il dit simplement : « Étant donné leur nature même, elles sont crédibles. Disons que ce sont des gens qui, à une certaine période, ont été employés par le gouvernement fédéral. » Il compara ensuite l'existence de ces bandes aux preuves « concrètes » du scandale du Watergate.

Ces allégations plutôt explosives d'un politicien respecté n'ont jamais été approfondies sur la place publique.

Selon une source bien informée, Rafi Eitan reçut alors un coup de téléphone de Yatom le priant de rester à distance des États-Unis pour le moment.

Rafi Eitan n'eut pas besoin qu'on lui explique combien il serait regrettable qu'il soit victime à son tour du procédé qui l'avait rendu célèbre – à savoir l'enlèvement d'Adolf Eichmann. Pire encore, il risquait d'être exécuté selon l'une des méthodes qui avaient fait sa réputation de tueur impitoyable.

VI

Les vengeurs

Par un étouffant après-midi de la mi-octobre 1995, un technicien de l'Avtahat Peylut Medinit – l'APM, division de sécurité intérieure du Mossad – se servit de son détecteur portatif pour passer au peigne fin un appartement de la rue Pinsker, dans le centre de la capitale israélienne, en quête d'éventuels micros. L'appartement était l'une des nombreuses planques du Mossad à Tel-Aviv, et la présence du technicien un indice de l'importance de la réunion qui allait s'y dérouler. Après avoir constaté que l'endroit était propre, l'homme quitta les lieux.

Le mobilier paraissait sorti d'une brocante : rien n'allait avec rien. Quelques photos touristiques médiocrement encadrées ornaient les cloisons. Chaque pièce disposait d'une ligne de téléphone spécifique et confidentielle. La cuisine, au lieu des appareils ménagers classiques, accueillait un ordinateur équipé d'un modem, un broyeur de documents, un télécopieur et, à la place du four, un coffre-fort.

D'ordinaire, les planques servaient d'hébergement aux novices du Mossad qui s'entraînaient à espionner dans les rues, apprenant à filer et à semer, à créer une boîte aux lettres clandestine, à s'échanger des documents glissés entre les pages d'un journal, etc. Jour et nuit, ils répétaient les mêmes gestes sous l'œil attentif de leurs instructeurs. Leur formation se poursuivait aussi à l'intérieur des planques : on leur montrait comment renseigner un *katsa* en partance pour l'étranger, écrire des messages à l'encre spéciale ou se servir d'un ordinateur pour générer des informations devant ensuite être transmises à très haut débit sur telle ou telle fréquence.

Au cours de leur longue initiation on leur apprenait à établir des relations fructueuses avec des personnes extérieures au milieu. Yaakov

Cohen, après avoir opéré vingt-cinq ans comme *katsa* aux quatre coins du monde, dans le plus grand secret, reste persuadé que les leçons de base ont été une des clés de son succès :

« N'importe qui pouvait se transformer en instrument. J'avais le droit de mentir, parce que la vérité ne faisait pas partie de ma relation avec les gens. Une seule chose comptait : me servir d'eux au profit d'Israël. Je me suis toujours contenté de respecter ce principe : agir au mieux pour le Mossad et pour Israël. »

Ceux qui avaient du mal à vivre en accord avec ce credo se retrouvaient rapidement sur la touche. Selon David Kimche, l'un des grands espions du Mossad :

« C'est toujours la même histoire : beaucoup d'appelés pour peu d'élus. En ce sens, nous sommes assez proches de l'Église catholique. Ceux qui restent chez nous tissent entre eux des liens qui dureront jusqu'à la fin de leurs jours. "Aide-moi et je t'aiderai", telle pourrait être notre devise. Dans l'espionnage, on apprend très vite à remettre sa vie entre les mains d'autrui. Il n'existe aucun acte de confiance supérieur à celui-là entre deux êtres humains. »

Après son passage dans une planque du Mossad, quand un jeune homme – ou une jeune femme – était déclaré apte au service, cette philosophie était définitivement gravée dans son esprit. Il intégrait alors la grande famille des *katsas* et se voyait confier une série de missions. Connus sous le nom de « sauteurs » parce qu'ils commençaient par de brèves missions à l'étranger, les jeunes *katsas* avaient rebaptisé leurs planques des « sautoirs », image qui provoquait des froncements de sourcils chez leurs supérieurs.

Enfin, les planques étaient utilisées comme lieu de rendez-vous pour recevoir un informateur ou interroger un contact doté d'un potentiel suffisant pour être recruté en tant que « taupe ». La seule indication du nombre actuel de ces informateurs a été donnée par un ancien agent subalterne du Mossad, Victor Ostrovsky, qui a écrit en 1991 : « Ils sont environ 35 000 dans le monde : 20 000 opérationnels et 15 000 dormants. Les informateurs arabes sont appelés "noirs", les autres sont "blancs". Les "agents d'alerte" sont des informateurs stratégiques chargés de surveiller les préparatifs de guerre. Cela peut être tel médecin d'un hôpital syrien remarquant l'arrivée d'un gros stock de médicaments inhabituels, ou tel employé portuaire constatant un regain d'activité autour des navires de guerre. »

Certains informateurs de cette catégorie avaient reçu leurs premières instructions dans une planque semblable à celle de la rue Pinsker. C'était là que devaient se réunir des responsables des services secrets israéliens afin de planifier, avec la pleine approbation du Premier ministre Yitzhak Rabin, un assassinat de grande envergure.

Depuis trois ans qu'il occupait son poste, Rabin s'était rendu de plus en plus souvent à des funérailles de victimes d'attentats. Chaque cérémonie avait été pour lui « un deuil ressenti au fond de mon cœur ». Dans ces circonstances, les paroles du prophète Ezéchiel ne manquaient jamais de lui revenir en mémoire : « L'ennemi saura que je suis le Seigneur quand j'abattrai sur lui ma vengeance. »

Ce n'était pas la première fois que Rabin entendait se venger. Il avait participé à plus d'une opération de représailles, la plus remarquable ayant débouché sur l'assassinat en Tunisie du lieutenant de Yasser Arafat, Khalil al-Wazir, plus connu dans le monde arabe et les fichiers de l'ordinateur Honeywell du Mossad sous le nom d'Abou Djihad. Rabin était ministre de la Défense quand la décision de l'éliminer avait été prise dans ce même appartement de la rue Pinsker en 1988.

Pendant deux mois, des espions du Mossad se livrèrent à une surveillance exhaustive de la villa d'Abou Djihad à Sidi Bou Saïd, près de Tunis. Voies d'accès, points d'entrée, type et hauteur des clôtures, fenêtres, portes, serrures, défenses, trajet des gardes du corps… Tout fut mesuré, contrôlé, vérifié et revérifié.

Ils épièrent la femme d'Abou Djihad quand elle jouait avec ses enfants, la suivirent pendant qu'elle faisait ses courses ou se rendait chez le coiffeur. Ils interceptèrent les coups de téléphone de son mari, placèrent des micros dans la chambre du couple, enregistrèrent les soupirs pendant l'amour. Ils calculèrent la distance entre les pièces, étudièrent les allées et venues des voisins, notèrent les marques, couleurs et numéros de plaques de tous les véhicules qui fréquentaient la propriété.

La règle fondamentale d'un assassinat, édictée par Meir Amit des années plus tôt, leur revenait constamment à l'esprit : « Pensez comme la cible, et ne cessez de vous identifier à elle qu'au moment d'appuyer sur la détente. »

Satisfaite, l'équipe regagna Tel-Aviv. Pendant un mois, les agents préparèrent leur macabre mission autour d'une planque du Mossad, proche de Haïfa, qui ressemblait à la villa de la cible. À compter de l'instant où ils franchiraient le seuil de la maison d'Abou Djihad, ils n'auraient que vingt-deux secondes pour le liquider.

Le 16 avril 1988, ordre fut donné de lancer l'opération.

Cette nuit-là, plusieurs Boeing 707 israéliens décollèrent d'une base militaire au sud de Tel-Aviv. L'un d'eux transportait Yitzhak Rabin et des officiers de haut rang. Leur appareil était en contact radio permanent avec l'équipe de tueurs déjà en position et commandée par un agent désigné par le nom de code « Sword » (épée). Le second avion était bourré d'appareils d'interception et de brouillage. Deux autres 707 avaient été mobilisés pour le ravitaillement de la formation. Très loin au-dessus de la villa, les Boeing se mirent à tourner en cercles, écoutant ce qui se passait au sol sur une fréquence spéciale. Peu après minuit, le 17 avril, l'état-major volant apprit ainsi qu'Abou Djihad était rentré chez lui dans la Mercedes offerte par Yasser Arafat en guise de cadeau de mariage.

Depuis son poste de guet, proche de la villa, Sword murmura dans son micro mains libres qu'il entendait Abou Djihad monter l'escalier, entrer dans sa chambre, murmurer quelques mots à sa femme, se rendre sur la pointe des pieds dans la chambre voisine pour embrasser son fils endormi, puis rejoindre son bureau au rez-de-chaussée. Les détails de son compte rendu furent enregistrés par un avion de guerre électronique – l'équivalent israélien de l'avion AWAC américain – puis relayés jusqu'au poste de commandement volant de Rabin. À 0 h 17, celui-ci donna son feu vert.

À l'extérieur de la villa, le chauffeur d'Abou Djihad somnolait dans sa Mercedes. L'un des équipiers de Sword se glissa jusqu'à l'auto, pressa le canon d'un Beretta à silencieux contre sa tempe et actionna la détente. Le chauffeur s'écroula sur la banquette avant.

Ensuite, Sword et un autre membre du commando placèrent une charge explosive au pied du lourd portail de fer de la villa. Ce tout nouveau type de plastic, dit « silencieux », arracha les battants avec un bruit dérisoire. À l'intérieur, deux gardes du corps restèrent paralysés dans le vestibule, trop abasourdis pour esquisser une réaction. Ils furent abattus par des armes munies de silencieux.

Sword fit irruption dans le bureau, où Abou Djihad était en train de regarder une cassette vidéo de l'OLP. Au moment où le chef terroriste se levait, Sword l'atteignit de deux balles à la poitrine. Le Palestinien s'affaissa lourdement. L'agent s'approcha et lui logea deux autres projectiles dans le visage.

En quittant la pièce, il faillit heurter la femme d'Abou Djihad. Elle serrait son enfant dans ses bras.

– Rentrez dans votre chambre, lui ordonna-t-il en arabe.

Ses hommes et lui s'évanouirent dans la nuit. Entre l'instant où ils étaient entrés dans la villa et leur départ, il s'était écoulé très exactement treize secondes – neuf de moins que leur record à l'entraînement.

Pour la première fois, un assassinat ourdi par Israël fut critiqué publiquement à l'intérieur même du pays.

« Ce n'est pas en liquidant des gens qu'on fera avancer le processus de paix », devait notamment déclarer le ministre Ezer Weitzmann.

Les exécutions n'en continuèrent pas moins.

Deux mois plus tard, la police sud-africaine se vit contrainte de dévoiler un secret qu'Israël aurait voulu ne jamais divulguer : le Mossad venait d'exécuter un homme d'affaires de Johannesburg, Alan Kidger. Ce dernier avait fourni à l'Iran et à l'Irak des équipements de haute technologie susceptibles de contribuer à la fabrication d'armements biochimiques. On l'avait retrouvé les bras et les jambes coupés. L'enquêteur responsable de la police de Johannesburg, le colonel Charles Landman, déclara que cet assassinat était un « message limpide adressé par le gouvernement israélien via le Mossad ».

Six semaines avant l'exécution d'Abou Djihad, le Mossad avait joué un rôle important dans un autre assassinat controversé : celui de trois membres de l'IRA, abattus un dimanche après-midi à

Gibraltar par un commando du SAS – le Special Air Service britannique.

Depuis quelques années, plusieurs agents du SAS avaient été secrètement invités à Tel-Aviv par Rafi Eitan pour voir de leurs yeux comment le Mossad se débarrassait des terroristes arabes dans les rues de Beyrouth ou dans la plaine de la Bekaa.

Quatre mois avant la fusillade de Gibraltar, des agents de la centrale israélienne avaient entrepris de surveiller une femme et deux hommes – Mairead Farrell, Sean Savage et Daniel McCann –, qu'ils soupçonnaient de s'apprêter une fois de plus à « faire le plein d'armes arabes pour le compte de l'IRA ».

L'intérêt du Mossad pour les activités de l'IRA remontait au temps où le gouvernement Thatcher avait, dans le plus grand secret, invité Rafi Eitan à Belfast pour qu'il explique aux officiers des forces de sécurité britanniques les liens de plus en plus étroits entre les terroristes irlandais et le Hezbollah.

« Je suis arrivé un jour de pluie, devait me raconter Eitan. Il a plu pendant toute la durée de mon séjour en Ulster. J'ai dit aux Britanniques ce qu'on savait. Ensuite, je suis parti en province, jusqu'à la frontière de la République d'Irlande. J'ai fait attention à ne pas la franchir. Imaginez les protestations du gouvernement de l'Eire s'il m'avait coincé ! Avant de repartir, j'ai pris mes dispositions pour que des gars du SAS viennent en Israël afin d'observer nos méthodes de lutte antiterroriste. »

Depuis lors, une relation de travail étroite s'était instaurée entre le SAS et le Mossad. Des officiers supérieurs du service israélien se rendaient régulièrement au quartier général du SAS, à Hereford, pour préparer les forces spéciales aux opérations du Proche-Orient. Une fois au moins, une équipe d'agents du Mossad et du SAS suivit plusieurs responsables de l'IRA, de Belfast à Beyrouth, et les photographia en compagnie de dirigeants du Hezbollah.

En octobre 1987, des hommes du Mossad étudièrent la progression du cargo *Eksund*, qui traversait la Méditerranée avec à son bord 120 tonnes d'armes – dont des missiles sol-air, des lance-roquettes, des mitrailleuses, des explosifs et des détonateurs. Le tout avait été acheté à Beyrouth par les contacts de l'IRA. L'*Eksund* devait être ensuite intercepté par les autorités françaises.

Incapable de s'entendre avec les responsables de la sécurité de l'Irlande – un officier du Mossad estime que c'était dû à l'opposition d'Israël au rôle d'arbitre de la paix que jouait l'Eire au Liban –, le service israélien passa par l'intermédiaire du SAS britannique pour avertir Dublin de l'arrivée imminente d'autres livraisons d'armes en provenance du Proche-Orient.

Les agents du Mossad qui avaient suivi le commando de l'IRA jusqu'en Espagne arrivèrent vite à la conclusion que les trois activistes n'avaient fait le voyage ni pour rencontrer des trafiquants arabes, ni pour établir des contacts avec l'ETA, l'organisation indépendantiste basque. Quoi qu'il en soit, ils décidèrent de maintenir leur surveillance, à l'exemple de leurs homologues espagnols, qui eux aussi avaient pris en filature le trio irlandais.

Dans un premier temps, les Espagnols témoignèrent aux Israéliens une certaine froideur. Ils considéraient cette opération comme la leur. Après tout, c'était la première fois qu'ils collaboraient de façon sérieuse avec le MI-5 et le SAS sur la question irlandaise. De manière compréhensible, ils voulaient récolter les bénéfices d'un succès obtenu sur leur territoire. Le Mossad s'empressa de leur faire comprendre qu'il ne souhaitait que les aider. Soulagés, les Espagnols finirent par accepter la coopération israélienne.

Quand ils perdirent la trace de Mairead Farrell, ce fut un *katsa* qui la retrouva. Il apprit qu'elle avait loué une seconde auto, une Fiesta blanche, qu'elle avait ensuite laissée, avec à son bord 64 kilos de Semtex et 32 kilos d'explosifs divers, dans un parking souterrain de Marbella.

Cette station balnéaire en vogue n'était pas seulement l'un des refuges favoris de notables arabes désireux de fuir l'écrasante chaleur du désert pour mieux rêver au jour béni où Israël serait enfin rayé de la carte. Marbella était surtout très proche de l'opulente marina de Puerto Banus, où les milliardaires du pétrole avaient coutume de jeter l'ancre de leurs yachts. Le Mossad craignait depuis longtemps que certains de ces yachts ne profitent de leurs fréquentes navettes pour apporter des explosifs et des armes aux terroristes arabes. Il se pouvait par ailleurs que la voiture piégée de Mairead Farrell ait été garée là pour être embarquée à bord d'un paquebot de croisière en partance vers la Terre sainte.

Les agents du Mossad maintinrent donc l'Irlandaise sous surveillance. Un jour, ils la virent s'installer au volant de sa première Fiesta – celle qui lui avait permis quelques semaines plus tôt de traverser l'Espagne – avec ses deux acolytes, McCann et Savage. Le commando de l'IRA prit la direction du sud, suivi par deux espions israéliens. Dix minutes après avoir quitté Marbella, Farrell passa sans ralentir devant la bretelle d'accès à la marina de Puerto Banus et poursuivit le long de la côte.

Grâce à sa radio réglée sur la fréquence de la police, un *katsa* prévint les autorités espagnoles que le trio de l'IRA se dirigeait vers Gibraltar. La police locale alerta les agents britanniques. L'équipe du SAS se mit en embuscade. Quelques heures plus tard, Farrell, McCann et Savage étaient sommairement abattus, sans avoir eu la moindre chance de se constituer prisonniers.

La semaine suivante, Stephen Lander, l'officier du MI-5 responsable de l'opération (et futur directeur général du service), téléphona à Admoni pour remercier le Mossad de sa coopération.

En cette soirée du mois d'octobre 1995, dans la planque de la rue Pinsker, tout était prêt pour accueillir la réunion au sommet.

La cible n'était autre que Fathi Shkaki, le chef religieux du Djihad islamique. Le Mossad était arrivé à la conclusion que son organisation était responsable de la mort d'une vingtaine de passagers israéliens, dans un car détruit en janvier précédent par deux kamikazes près de la petite ville de Beit Lid.

Dix mille attentats s'étaient produits en un quart de siècle, faisant plus de quatre cents morts et mille blessés chez les Israéliens. Bon nombre de terroristes avaient ensuite été traqués et abattus. Le *katsa* Yaakov Cohen, qui exerça sa part de la besogne, parle de ces « ruelles anonymes où le poignard est souvent plus efficace qu'une arme à feu et où il faut tuer pour ne pas être tué ».

Dans cet univers sans pitié, Shkaki faisait figure d'idole. C'était lui qui avait personnellement promis aux tueurs de Beit Lid que leur acte suicidaire obtiendrait le pardon, en dépit de la loi islamique. Pour en arriver là, il avait épluché le Coran jusqu'à en tirer des extrapolations. En exploitant les failles psychologiques de très jeunes hommes privés de repères, il les avait conditionnés mentalement, à l'image des pilotes japonais de la Seconde Guerre mondiale, de manière qu'ils se précipitent vers leur propre mort dans un élan de transe religieuse. Après l'attentat, Shkaki avait fait paraître leurs nécrologies dans le journal du Djihad et fait l'éloge de leur sacrifice lors de la prière du vendredi, en garantissant à leurs familles et à leurs enfants qu'ils venaient de gagner leur place au paradis.

Dans les rues misérables sur lesquelles Shkaki exerçait son influence, les familles mettaient un point d'honneur à lui fournir un fils à sacrifier. Le courage des kamikazes morts était rappelé chaque jour par le chant des muezzins. Dans la fraîche pénombre des mosquées du Sud-Liban, l'hommage rendu à leurs mémoires semblait les maintenir en vie.

Une fois choisies ses recrues et ses cibles, Shkaki confiait les jeunes volontaires à ses artificiers : de véritables spécialistes, capables de déterminer d'après la photo d'une cible la quantité d'explosif à employer. Comme les alchimistes d'antan, ils se fiaient surtout à leur expérience et à leur instinct, et leur langage était émaillé de mots hermétiques, empreints d'une résonance macabre : « oxydation », « désensibilisation », « pâte à modeler », « abaissement du point de congélation »… Ainsi s'exprimaient les poseurs de bombes. Reprenant à son compte une phrase autrefois prononcée par un ennemi, Shkaki aimait à leur répéter :

« Nous combattons, donc nous existons. »

En ce soir d'octobre où son sort se jouait dans une planque du Mossad, Shkaki se trouvait chez lui, à Damas, avec sa femme Fathia. Son appartement, décoré de tentures et de tapis précieux offerts par les ayatollahs iraniens, tranchait sur la misère des camps de réfugiés où il était adulé. Une photographie dans un cadre d'or montrait Shkaki en compagnie de Muammar Kadhafi – cadeau du président libyen.

Le service à café venait du président syrien. Les vêtements de Shkaki étaient à l'antithèse des humbles robes qu'il endossait pour ses croisades parmi les masses indigentes du Sud-Liban. Chez lui, il ne s'habillait que des plus fines étoffes londoniennes, et ses pieds étaient chaussés d'élégants souliers sur mesure achetés à Rome, bien différents des sandales de bazar qu'il portait en public.

En dégustant un couscous, Shkaki expliquait à sa femme qu'il ne courrait aucun danger lors de son prochain voyage en Libye, destiné à obtenir des fonds supplémentaires de Kadhafi. Il comptait revenir avec un million de dollars – somme qu'il avait récemment réclamée par fax au maître de Tripoli. Comme d'habitude, l'argent transiterait par une banque libyenne de La Valette, capitale de la République de Malte. Shkaki avait prévu une escale d'un peu moins d'une journée sur l'île avant de prendre un vol pour Damas.

En apprenant qu'il s'arrêterait à Malte, ses deux fils lui demandèrent de leur acheter une demi-douzaine de chemises dans une boutique où Shkaki avait déjà eu l'occasion de faire ses emplettes.

Comme devait le raconter plus tard Fathia Shkaki :

« Mon mari était persuadé que si les Israéliens avaient voulu tenter quelque chose contre lui, ils l'auraient déjà fait. Les Juifs ne perdaient jamais de temps pour laver les affronts. Mais il pensait qu'en ce qui le concernait, ils ne voulaient rien faire qui puisse froisser la Syrie. »

Trois mois auparavant, la conviction de Shkaki aurait fidèlement traduit l'état d'esprit qui régnait à Tel-Aviv. Au début de l'été 1995, Rabin avait même écarté un plan du Mossad visant à détruire à la roquette l'appartement du leader religieux, situé dans la banlieue ouest de Damas. Uri Saguy, qui dirigeait l'Aman et était alors en réalité le patron de l'espionnage israélien (son autorité s'étendait jusqu'au Mossad), avait en effet expliqué ceci à Rabin : « Le vent tourne à Damas, même si Assad, en surface, reste notre ennemi. La seule façon de vaincre ses réticences, c'est de le surprendre. Et pour cela, il faut renoncer au Golan – y renoncer complètement. Évacuons tous les Juifs de la région. C'est un prix très lourd à payer. Mais c'est aussi le seul moyen de s'assurer une paix durable. »

Rabin avait suivi son conseil. Il savait ce que le Golan représentait pour Uri Saguy. Celui-ci avait passé le plus clair de sa carrière militaire à se battre pour ce plateau aride. Il y avait été blessé à quatre reprises. Et malgré cela, il était prêt à faire une croix sur cette partie de sa vie pour voir Israël accéder à la paix.

Le Premier ministre avait donc reporté le plan d'assassinat de Shkaki afin de laisser au chef de l'Aman une chance de réaliser son rêve de paix.

Tout s'était hélas effondré dans la fournaise de l'été, et Rabin, peu après s'être vu remettre le prix Nobel de la paix, décida d'ordonner l'exécution de Shkaki.

Shabtai Shavit, pour sa dernière opération en tant que chef du Mossad, envoya à Damas un « agent noir » – c'est-à-dire arabe. L'homme devait réactiver la surveillance électronique du domicile du leader du Djihad islamique, à l'aide d'un matériel américain assez performant pour pénétrer son système de communications, de fabrication russe.

Grâce aux interceptions, les détails de son prochain voyage en Libye via Malte furent vite transmis à Tel-Aviv.

En cette soirée d'octobre 1995, les patrons des trois principaux services secrets israéliens fendirent la foule compacte qui arpentait les trottoirs de la rue Pinsker. Chacun approuvait les conditions d'exécution des ennemis d'Israël telles qu'elles avaient été définies par Meir Amit :

« Il n'est pas question d'assassiner des responsables politiques. Ceux-là doivent être affrontés politiquement. Il n'est pas non plus question de tuer la famille d'un terroriste. Si ses membres s'interposent, en revanche, c'est une autre affaire. Chaque exécution doit être sanctionnée par le Premier ministre en exercice, et tout doit se dérouler dans les règles. La prise de décision doit faire l'objet d'un procès-verbal. En bonne et due forme. Nos interventions ne doivent surtout pas être assimilées à des meurtres commandités par l'État, mais à la sanction judiciaire suprême. Nous sommes des bourreaux, et rien d'autre. »

Depuis l'élimination des neuf terroristes de Septembre noir responsables du massacre des athlètes israéliens aux Jeux de Munich, tous les assassinats organisés par le Mossad avaient à peu près respecté ces conditions.

Le premier à entrer dans l'appartement fut Shabtai Shavit. Certains collaborateurs indélicats disaient de lui qu'il ressemblait à un réceptionniste d'hôtel bas de gamme – mêmes vêtements trop justes, même poignée de main glissante. À son poste depuis trois ans, il donnait l'impression de ne pas savoir combien de temps il y resterait.

Arriva ensuite le général de brigade Doran Tamir, premier officier de la Défense en matière de renseignement. Souple et vigoureux, il dégageait une impression d'autorité naturelle.

Pour finir, Uri Saguy s'avança dans la planque avec la superbe d'un dieu guerrier en route vers le firmament de la gloire. D'une voix douce et ironique, il continuait à susciter la controverse en soutenant qu'en dépit de ses récentes manifestations d'agressivité, la Syrie était disposée à négocier la paix.

Les relations entre les trois hommes se caractérisaient, selon l'expression de Shavit, par une « prudence cordiale ».

« Nous étions difficilement comparables, devait m'expliquer Uri Saguy. En tant que directeur de l'Aman, j'étais au-dessus des deux autres. Il y avait une rivalité entre nous, mais tant que nous poursuivions les mêmes objectifs, tout se passait bien. »

Pendant deux heures, ils passèrent en revue le plan d'exécution de Fathi Shkaki. Il s'agissait cette fois d'un acte de pure vengeance, d'une application du principe biblique de l'« œil pour œil » dont beaucoup d'Israéliens se plaisaient à penser qu'il justifiait ce genre de représailles. Mais il arrivait aussi au Mossad de tuer quelqu'un suite à son refus de mettre ses compétences au service d'Israël. Dans ce cas, plutôt que de risquer que les compétences en question ne tombent un jour aux mains de l'ennemi, leur détenteur était impitoyablement éliminé.

Tel avait été le sort du Dr Gerald Bull, scientifique canadien et expert mondial numéro un de la balistique. Israël avait tenté sans succès, à plusieurs reprises, d'acheter sa coopération. Mais chaque fois, Bull avait refusé en manifestant clairement son antipathie pour l'État hébreu.

Pour finir, il avait accepté de fournir à Saddam Hussein un supercanon capable d'atteindre Israël depuis l'Irak avec des charges nucléaires, chimiques ou bactériologiques. L'engin, long de 148 mètres, réunissait 32 tonnes de tubes d'acier fournis par des firmes britanniques. Fin 1989, un prototype fut testé à Mossoul, dans le nord de l'Irak. Saddam Hussein ordonna ensuite la construction de trois exemplaires du canon, pour un coût total de 20 millions de dollars, dans le cadre d'un projet baptisé « Babylone ». Nommé consultant, Bull se vit offrir un million de dollars.

Bull avait fondé une société, la SRC – Space Research Corporation –, basée à Bruxelles. De la capitale belge, une liste détaillée de composants de haute technologie fut envoyée à divers fournisseurs européens, dont vingt en Grande-Bretagne.

Le 17 février 1990, un *katsa* se procura à Bruxelles le double d'une liasse de documents définissant les objectifs techniques du projet Babylone : le supercanon servirait à lancer des missiles balistiques de moyenne portée. Le cœur du système était formé par des missiles Scud groupés par huit et capables de frapper des objectifs à 2 500 kilomètres de distance. Ainsi, outre les principales villes d'Israël, bon nombre d'agglomérations européennes seraient dans le rayon d'action du supercanon. Bull estimait même possible, à terme, de fabriquer un lance-missiles capable d'atteindre Londres depuis Bagdad.

Le directeur général du Mossad, Nahum Admoni, demanda à être reçu séance tenante par le Premier ministre Yitzhak Shamir. Ancien combattant de l'Indépendance (il s'était férocement opposé aux Britanniques pendant les dernières années du mandat), Shamir était un dirigeant politique apprécié du Mossad. Il n'hésitait jamais longtemps à détruire les ennemis d'Israël quand la situation était critique et que le reste avait échoué. Dans les années 1960, quand des anciens experts en fusées nazis avaient aidé l'Égypte à fabriquer des missiles de longue portée capables d'atteindre Israël depuis la rive ouest du Sinaï, Shamir avait été sollicité par le Mossad en raison de sa compétence en matière d'assassinats planifiés, maintes fois prouvée pendant le mandat. Il avait alors chargé plusieurs ex-membres de son groupe clandestin de se rendre en Égypte pour exécuter les savants allemands. Certains d'entre eux allaient ensuite compter parmi les tout premiers *kidons* (tueurs) du Mossad.

Shamir ne fut pas long à lire le dossier Bull. Fidèles à leurs habitudes, les analystes du Mossad avaient réalisé un travail exhaustif en retraçant la carrière du savant depuis l'époque où, âgé de vingt-deux ans à peine, il avait obtenu son doctorat de physique, avant d'être engagé au sein de l'Établissement de recherche et de développement d'armements du Canada. Il avait connu différents conflits avec ses supérieurs, ce qui allait lui inspirer une haine viscérale des bureaucrates. Suite à ces incidents, il était devenu consultant privé – autrement dit « artilleur à gages », selon le commentaire non exempt d'humour noir de l'auteur du dossier.

Sa réputation de concepteur de canons fut établie en 1976, quand il inventa un obusier de calibre 45, capable d'expédier ses projectiles à quarante kilomètres. À l'époque, la seule arme comparable, à l'OTAN, affichait une portée maximale de vingt-sept kilomètres. Une fois encore, Bull devait être écœuré par l'attitude des fonctionnaires gouvernementaux : l'OTAN renonça en effet à lui acheter son canon parce que les principaux manufacturiers d'armes européens s'étaient regroupés en un puissant lobby. Bull finit par le vendre à l'Afrique du Sud.

Il se rendit ensuite en Chine, où il aida l'armée à développer ses fusées. Il perfectionna les Silkworm en augmentant leur rayon d'action et leur charge utile. La Chine en vendit ensuite des fournées entières à Saddam Hussein. Dans un premier temps, l'Irak les utilisa dans sa longue guerre contre l'Iran. Mais à la fin de ce conflit, il restait une quantité suffisante de Silkworm dans les arsenaux irakiens pour que les analystes du Mossad estiment qu'ils risquaient d'être braqués sur Israël.

Pendant ce temps, le projet Babylone suivait son cours. On testa un prototype amélioré de supercanon. Des opposants au régime de Saddam Hussein, recrutés par le Mossad en Irak, signalèrent que les têtes de missiles Scud avaient été modifiées pour recevoir des charges chimiques et biologiques.

L'après-midi du 20 mars 1990, dans le bureau du Premier ministre, Yitzhak Shamir décida avec Nahum Admoni que Gerald Bull devait mourir.

Deux jours après cette décision, deux *kidons* débarquèrent à Bruxelles. Ils furent accueillis par le *katsa* résident qui avait surveillé jusque-là les activités de Bull.

Le 22 mars à 18 h 45, les trois hommes explorèrent dans une voiture de location la rue où habitait Bull. Chaque *kidon* portait sous sa veste un pistolet rangé dans un holster.

Vingt minutes plus tard, Bull, âgé de soixante et un ans, commit l'erreur d'ouvrir lui-même la porte de son luxueux appartement après leur coup de sonnette. Cinq balles de 7,65 tirées par les deux *kidons* lui transpercèrent la tête et le cou. Bull s'effondra, tué sur le coup. Plus tard, son fils Michael devait affirmer à plusieurs reprises que le savant avait été informé des intentions du Mossad. Il fut incapable de dire d'où était venu cet avertissement et pourquoi son père l'avait ignoré.

Dès que les *kidons* revinrent au pays, le LAP alimenta les médias en rumeurs laissant entendre que Gerald Bull était mort pour avoir voulu mettre un terme à sa collaboration avec Saddam Hussein.

Cinq ans plus tard, la tactique utilisée pour éliminer Bull – qu'Israël considérait comme un terroriste au même titre que Fathi Shkaki – allait être employée sur ordre d'un autre Premier ministre, Yitzhak Rabin.

Le 24 octobre 1995, deux hommes proches de la trentaine – noms de code Gil et Ran – quittèrent Tel-Aviv à bord de deux vols distincts. Ran atterrit à Athènes, Gil à Rome. Dans leur aéroport d'arrivée, chacun se vit remettre un passeport britannique tout neuf par un *sayan* local. Ils rallièrent Malte par un autre avion en fin d'après-midi et prirent séparément une chambre à l'hôtel Diplomat, sur le port de La Valette.

Ce soir-là, on livra à Ran une moto de location. Il expliqua au réceptionniste qu'il comptait s'en servir pour visiter l'île.

Personne à l'hôtel ne devait se rappeler avoir vu les deux hommes s'adresser la parole. Chacun semblait passer le plus clair de son temps dans sa chambre. Quand un groom fit remarquer à Gil que sa valise était très lourde, il répondit avec un clin d'œil qu'elle contenait des lingots d'or.

Le même soir, un cargo qui avait appareillé la veille de Haïfa à destination de l'Italie prévint par radio les autorités portuaires maltaises qu'une panne mécanique allait l'obliger à rester mouillé au large de l'île en attendant que la réparation soit effectuée. À son bord se trouvaient Shabtai Shavit et une équipe de techniciens en communications du Mossad. Le contact radio fut rapidement établi avec Gil, dont la valise contenait un petit émetteur ultrapuissant.

Il était impératif d'actionner les fermoirs de la valise dans le sens inverse des aiguilles d'une montre pour désactiver les deux mini-charges explosives placées dans le couvercle, afin d'éviter toute tentative d'effraction. Une antenne rhomboïdale – quatre cents mètres de fibre optique – avait été roulée au plus serré pour former un disque de dix-huit centimètres de diamètre, relié à quatre condensateurs nichés dans les coins de la Samsonite. Pendant la nuit, Gil reçut plusieurs messages en provenance du navire.

Fathi Shkaki était arrivé dans la journée sur le ferry Tripoli-La Valette, escorté par des gardes du corps libyens qui étaient restés à bord. Avant de débarquer, il s'était rasé la barbe. Il se présenta à l'immigration maltaise sous le nom d'Ibrahim Dawish et montra un passeport libyen. Ayant pris une chambre à l'hôtel Diplomat, il s'attabla dans un bar du front de mer, où il sirota d'innombrables cafés tout en dégustant des pâtisseries arabes. Il passa aussi plusieurs coups de téléphone.

Le lendemain matin, alors que Shkaki s'en retournait à pied vers la passerelle d'embarquement, avec les chemises promises à ses fils, deux hommes à moto freinèrent à sa hauteur. L'un d'eux lui tira six balles à bout portant, en pleine tête. Shkaki mourut sur le coup. Les motards démarrèrent en trombe et ne furent jamais retrouvés. Une heure plus tard, un bateau de pêche quitta le port de La Valette et s'immobilisa bord à bord avec le cargo. Peu après, le capitaine du cargo informa les autorités portuaires que son problème de moteur était provisoirement résolu, mais qu'il allait devoir rentrer à Haïfa pour y subir une révision complète.

En Iran, patrie spirituelle de Shkaki, les mollahs décrétèrent une journée de deuil national. À Tel-Aviv, interrogé à propos de l'affaire, le Premier ministre Yitzhak Rabin répondit :

« Je ne peux pas dire que cette nouvelle m'attriste beaucoup. »

Quelques jours plus tard, le 4 novembre 1995, Rabin était à son tour assassiné lors d'une manifestation pacifiste à Tel-Aviv, à deux pas de la planque du Mossad où l'ordre d'assassiner Shkaki avait été transmis aux chefs des services secrets. Il tomba sous les balles d'un jeune Juif fanatique, Yigal Amir, qui d'une certaine façon avait fait preuve du caractère implacable que le Premier ministre admirait chez les espions du Mossad.

Yitzhak Rabin, faucon devenu colombe, avait fini par comprendre que la seule chance de la paix au Proche-Orient était, ainsi qu'il le disait en déformant une citation de la Bible, de « transformer nos épées en socs de charrue et cultiver la terre avec nos voisins arabes ». Il fut victime d'un des siens parce qu'il refusait d'admettre la capacité de ses adversaires juifs à agir avec la même cruauté que ses ennemis arabes, alors que les deux camps étaient aussi déterminés l'un que l'autre à anéantir sa vision de l'avenir.

En 1998, les *kidons* du Mossad sont au nombre de quarante-huit, dont six femmes. Tous ont entre vingt et trente ans, et ils affichent une forme physique étincelante. Ils vivent et travaillent à bonne distance du QG du Mossad, dans le périmètre d'une base militaire du Néguev. L'endroit peut facilement reproduire un bâtiment, voire une rue où une exécution doit avoir lieu. Ils s'y entraînent également à fuir en auto et à franchir toutes sortes d'obstacles.

Parmi leurs instructeurs, on rencontre d'anciens agents de terrain qui leur apprennent à se servir de toute une panoplie d'armes. Ils leur montrent comment dissimuler des charges explosives, administrer une injection mortelle en pleine foule et donner à un assassinat les apparences d'un accident. Les *kidons* visionnent des films sur les grands assassinats du passé – celui du président Kennedy, par exemple – et mémorisent les visages et les éléments biographiques de dizaines de cibles potentielles stockées dans leurs ordinateurs. Ils étudient quartier par quartier les plans des grandes villes du monde, ainsi que leur infrastructure routière, portuaire et aéroportuaire.

Par groupes de quatre, les futurs commandos se rendent régulièrement à l'étranger pour se familiariser avec Londres, Paris, Francfort et autres métropoles européennes. Ils ont droit à des voyages occasionnels à New York, Los Angeles et Toronto. Pendant ces excursions touristiques, ils sont toujours accompagnés de leurs instructeurs, dont le rôle est d'évaluer leur capacité à organiser une opération sans attirer l'attention. Les cibles sont choisies parmi des *sayanim* locaux, à qui l'on dit simplement qu'ils vont participer à un exercice de sécurité visant à améliorer la protection d'une synagogue ou d'une banque. Les volontaires juifs se retrouvent ainsi brutalement ceinturés dans une rue déserte et plaqués sur la banquette arrière d'une auto, quand ils ne sont pas menacés d'une arme chez eux en pleine nuit.

Les *kidons* prennent ces exercices d'autant plus au sérieux que personne au Mossad n'a oublié ce qu'on appelle encore le « fiasco de Lillehammer ».

En juin 1973, en pleine chasse à l'homme après le massacre des athlètes israéliens à Munich, le Mossad avait appris que le « Prince rouge », Ali Hassan Salameh, grand ordonnateur de l'opération terroriste, travaillait à présent comme serveur dans un café de la petite ville norvégienne de Lillehammer.

Le directeur des opérations de l'époque, Michael Harari, réunit aussitôt un commando qui n'était pas formé de *kidons*, ceux-ci se trouvant disséminés de par le monde, à traquer les autres terroristes de Munich. L'équipe de Harari ne connaissait guère le travail de terrain, et il commit l'erreur de penser que son passé personnel de *katsa* en Europe suffirait à compenser cette carence. Son équipe incluait, entre autres, deux femmes, Sylvia Rafael et Marianne Gladnikoff, et un Algérien, Kemal Bename, ancien courrier de Septembre noir « retourné » par Harari.

Dès son commencement, l'opération prit mauvaise tournure. L'arrivée d'une douzaine d'étrangers à Lillehammer, où pas un seul meurtre n'avait été commis en quarante ans, ne manqua pas d'attirer l'attention des autorités. La police locale décida de surveiller les Israéliens. Ses agents étaient donc aux premières loges quand Harari et son équipe abattirent un serveur marocain nommé Ahmed Bouchiki, qui n'avait aucun lien avec le terrorisme et ne ressemblait même pas à Salameh.

Harari et quelques membres de l'équipe parvinrent à s'enfuir. Mais six agents du Mossad furent capturés, dont les deux femmes.

Ils fournirent des aveux complets, révélant pour la première fois les méthodes d'assassinat du Mossad et toute une série de détails embarrassants sur les activités clandestines des espions juifs. De même que leurs collègues de sexe masculin, les femmes furent accusées de meurtre au second degré et condamnées à cinq ans de prison.

De retour en Israël, Harari fut aussitôt limogé. L'ensemble du réseau clandestin du Mossad en Europe – planques, boîtes aux lettres et téléphones – dut être abandonné en catastrophe.

Six ans devaient s'écouler avant qu'Ali Hassan Salameh trouve finalement la mort dans un guet-apens conçu et dirigé par Rafi Eitan, qui devait déclarer :

« Lillehammer était l'exemple parfait d'un mauvais boulot exécuté par les mauvaises personnes. Ce désastre n'aurait jamais dû arriver, et ne doit plus jamais se reproduire. »

Il se reproduisit néanmoins.

Le 31 juillet 1997, vingt-quatre heures après que deux kamikazes du Hamas eurent tué quinze personnes et fait cent cinquante-sept blessés sur un marché de Jérusalem, Danny Yatom, patron du Mossad, assista à une réunion houleuse présidée par le Premier ministre Benyamin Netanyahou. Celui-ci sortait d'une conférence de presse pendant laquelle il avait promis qu'il ne prendrait pas le moindre repos tant que les organisateurs de cet ignoble attentat n'auraient pas été mis hors d'état de nuire.

En public, Netanyahou était apparu calme et résolu, presque professoral. Le Hamas n'échapperait pas au châtiment, mais la forme que devrait prendre ce châtiment n'avait pas à être discutée en public. On croyait revoir le « Bibi » Netanyahou qui, pendant la guerre du Golfe, avait analysé si finement la stratégie de Saddam Hussein et les réactions israéliennes sur CNN.

En cette journée de forte chaleur, dès qu'il eut tourné le dos aux caméras pour se retrouver face à Yatom, à quelques autres patrons du renseignement et à ses proches conseillers politiques, Netanyahou donna une image très différente, à des années-lumière de la froideur analytique dont il venait de faire étalage. Dans la salle de réunion bondée attenante à son bureau, il s'interrompit plus d'une fois pour vociférer :

– J'aurai la peau de ces fumiers du Hamas, même si je dois y laisser mon fauteuil !

Selon un témoin de la scène, il aurait même ajouté :

– À vous de me dire comment on va s'y prendre ! Je ne veux pas voir une ligne dans les journaux sur « la vengeance de Bibi » ! Il faut que ça reste une stricte affaire de justice !

L'ordre du jour était fixé.

Rompu aux sautes d'humeur du Premier ministre, Yatom était resté silencieux en bout de table pendant que Netanyahou continuait à tempêter :

– Je les veux ! Et je les veux morts ! Je me fiche complètement des moyens employés. Il faut que ce soit fait. Et le plus tôt sera le mieux !

La tension grimpa d'un cran quand Netanyahou exigea que Yatom lui présente une liste des dirigeants du Hamas et de leur localisation actuelle. Aucun Premier ministre n'avait jusque-là exigé de se voir communiquer des détails opérationnels sensibles à un stade aussi précoce. Plus d'une personne présente dans la salle sentit que « Bibi » cherchait à leur faire comprendre qu'il n'hésiterait pas à « mettre la main à la pâte ».

L'obligation faite au Mossad d'opérer en étroite liaison avec Netanyahou avait toutes les chances d'accentuer le malaise de certains officiers. L'ayant peut-être pressenti, Yatom déclara au Premier ministre qu'il lui fournirait cette liste plus tard. Il ajouta que pour l'heure il valait mieux se concentrer sur le « côté pratique des choses ». Localiser un chef du Hamas revenait à « chercher un rat dans les égouts de Beyrouth ».

Ce fut alors que Netanyahou explosa. Il ne voulait pas d'excuses, mais de l'action. Et il voulait qu'elle démarre « ici et maintenant ».

Plusieurs hauts responsables des services secrets quittèrent la réunion avec l'impression que Bibi avait franchi la frontière entre le champ des décisions politiques et celui des procédures opérationnelles. Tout le monde dans la salle avait compris que Netanyahou avait désespérément besoin d'un coup d'éclat pour convaincre l'opinion publique que son attitude d'intransigeance face au terrorisme n'était pas une façade. En outre, il allait depuis quelque temps d'un scandale à l'autre et ne réussissait à s'en tirer qu'en laissant des proches porter le chapeau à sa place. Sa popularité était au creux de la vague. Sa vie privée s'étalait dans la presse. Il avait un besoin urgent de montrer pourquoi il s'était retrouvé aux commandes. Livrer la tête d'un chef du Hamas lui fournirait une excellente échappatoire.

Selon un membre éminent des services secrets israéliens, qui traduisait l'opinion d'un certain nombre de ses confrères :

« Nous étions tous d'accord pour reconnaître qu'il faut couper la tête du serpent pour le tuer, mais... il y avait un problème de chronologie. Tout ce baratin de Bibi sur la nécessité d'agir tout de suite était une pure connerie. Une opération de cette nature requiert une planification minutieuse. Netanyahou exigeait des résultats immédiats, comme dans les jeux vidéo ou dans ces vieux films d'action qu'il adore. Malheureusement, la réalité ne fonctionne pas comme ça. »

Yatom lança une enquête approfondie dans tous les pays arabes et envoya des *katsas* à Gaza et en Cisjordanie pour recueillir des informations sur les mystérieux hommes de l'ombre qui pilotaient le Hamas. En août 1997, il dut aller plusieurs fois dans le bureau du Premier ministre pour lui rendre compte de ses progrès. Il n'y en avait pas. Les services secrets israéliens bruissaient des rumeurs sur la façon dont le Premier ministre, après avoir exigé de Yatom qu'il mobilise encore plus d'agents sur le terrain, lui avait laissé entendre que si des résultats n'arrivaient pas très vite, il serait contraint de prendre d'« autres mesures ». Si Netanyahou espérait menacer le chef du Mossad, ce fut un échec. Yatom répondit simplement qu'il faisait tout ce qui était en son pouvoir. L'implication sous-jacente était claire : si le Premier ministre voulait le mettre à la porte, c'était son droit le plus strict. Mais à l'occasion du débat public qui ne manquerait pas de s'ensuivre, le rôle de Netanyahou risquait lui aussi d'être mis en question. Le Premier ministre n'en continua pas moins de réclamer la tête d'un dirigeant du Hamas – et le plus vite possible.

Au mois de septembre 1997, Netanyahou prit l'habitude de convoquer Yatom à n'importe quelle heure du jour ou de la nuit pour s'enquérir de ses progrès. Poussé dans ses retranchements, le chef du Mossad finit par s'incliner. Il mobilisa pour l'opération ses *katsas* en poste un peu partout. D'après l'un d'eux :

« Yatom poussait ses pions au gré des caprices de Bibi. Yatom est un dur à cuire. Mais pour ce qui est de rouler des mécaniques, il ne faisait pas le poids face à Bibi, qui lui parlait à présent de la rapidité avec laquelle son frère et d'autres avaient mis sur pied le raid sur Entebbé. La comparaison n'avait aucune raison d'être, mais c'était du Bibi tout craché : n'importe quel argument est bon à prendre du moment qu'il va dans son sens. »

Le 9 septembre, la nouvelle parvint à Tel-Aviv que le Hamas avait de nouveau frappé, blessant grièvement deux gardes du corps de l'attaché culturel de l'ambassade israélienne récemment ouverte à Amman, la capitale de la Jordanie.

Trois jours plus tard, juste avant Shabbath, Netanyahou « invita » Yatom à déjeuner à son domicile de Jérusalem. Les deux hommes prirent place devant un bol de soupe, une salade et un plat de poisson arrosé de bière et d'eau minérale. Le Premier ministre aborda d'emblée l'attentat d'Amman. Comment les tueurs du Hamas avaient-ils pu s'approcher de l'attaché ? Pourquoi n'y avait-il eu aucun renseignement préalable ? Quelles mesures de sécurité avait donc prises l'antenne locale du Mossad ?

Yatom interrompit Netanyahou au milieu de sa tirade : à Amman, un chef du Hamas, Khalid Meshal, dirigeait le bureau politique de l'organisation à partir de son bureau. Depuis plusieurs semaines, Meshal se trouvait en tournée dans les pays arabes, mais l'antenne d'Amman venait de signaler son retour.

– Alors allez-y, descendez-le ! s'écria Bibi, soudain galvanisé. C'est ce qu'il faut faire ! Envoyez des gars à Amman pour lui régler son compte !

Aiguillonné par six semaines de pressions ininterrompues de la part d'un Premier ministre qui semblait de moins en moins conscient du caractère politiquement ultra-sensible des opérations d'espionnage, le chef du Mossad décida de lui donner une leçon. Le regard étincelant derrière ses lunettes, il déclara qu'organiser un attentat à Amman anéantirait les bonnes relations avec la Jordanie que le prédécesseur de Netanyahou, Yitzhak Rabin, avait laborieusement réussi à établir avec le roi Hussein. En outre, tuer Meshal sur le territoire jordanien mettrait en péril les activités du Mossad dans un pays par où transitait un flot précieux d'informations sur la Syrie, l'Irak et les extrémistes palestiniens. Yatom suggéra qu'il serait préférable d'attendre que le terroriste ait quitté Amman pour s'en prendre à lui.

– Des excuses ! Voilà tout ce que vous êtes capable de me fournir ! Des excuses ! aurait alors hurlé Netanyahou. Moi, je veux des actes ! Maintenant ! Le peuple veut des actes ! C'est bientôt Rosh ha-Shanah ! Ce sera mon cadeau de Nouvel An !

À dater de ce jour, il fut entendu que toute initiative de Yatom devait être approuvée par Benyamin Netanyahou. Aucun Premier ministre israélien ne s'était autant impliqué dans un projet d'assassinat.

Khalid Meshal, âgé de quarante et un ans, était un homme d'aspect vigoureux, à la barbe fournie. Il vivait près du palais du roi Hussein et avait tout d'un homme « bien sous tous rapports », bon mari et bon père pour ses sept enfants. Cultivé, excellent orateur, il avait su rester dans la pénombre du mouvement fondamentaliste islamique. Mais toutes les données réunies par l'antenne du Mossad à Amman indiquaient que Meshal était l'instigateur des attentats suicides contre des civils israéliens.

De nombreux détails de ses allées et venues furent transmis à Tel-Aviv, ainsi qu'une photographie prise à la sauvette par le chef d'antenne du Mossad. Celui-ci joignit à l'un de ses envois un plaidoyer personnel : il suppliait Yatom d'essayer encore une fois de convaincre Netanyahou de renoncer à une action violente qui se situerait à Amman. Une initiative de ce genre réduirait à néant deux ans d'un difficile travail de contre-espionnage effectué avec la coopération des Jordaniens.

Netanyahou rejeta sa requête en affirmant qu'il ne pouvait tolérer ce genre de défaitisme.

Pendant ce temps, un commando de huit *kidons* se préparait en secret : deux d'entre eux devaient se charger de l'assassinat proprement dit, prévu en plein jour ; les autres leur fourniraient assistance et soutien logistique, avec notamment une voiture pour s'échapper. Toute l'équipe reviendrait en Israël par la route. Elle franchirait la frontière sur le pont Allenby, près de Jérusalem.

L'arme était assez inhabituelle : non pas un pistolet, mais un aérosol rempli de gaz neurotoxique. C'était la première fois qu'un *kidon* utiliserait cette méthode, depuis longtemps portée à la quasi-perfection par le KGB et autres services secrets du bloc soviétique. Des scientifiques russes récemment émigrés en Israël avaient fourni au Mossad toute une variété de gaz mortels, dont le tabun, le sarin et le soman, tous condamnés par les conventions internationales. Ces substances provoquaient une mort soit instantanée, soit très lente ; mais dans tous les cas, les victimes souffraient d'une défaillance viscérale qui s'accompagnait d'une douleur si effroyable que la mort arrivait comme un soulagement. Telle était la fin qu'on avait choisie pour le terroriste du Hamas.

Le 24 septembre 1997, les *kidons* de l'équipe de soutien arrivèrent à Amman, en provenance d'Athènes, de Rome et de Paris, où ils avaient passé quelques jours en transit. Certains disposaient de passeports français et italiens, mais non pas les deux tueurs, munis de passeports canadiens aux noms de Barry Beads et Sean Kendall. Ceux-ci expliquèrent au personnel de l'hôtel Intercontinental, dès leur arrivée, qu'ils se trouvaient à Amman pour faire du tourisme. Les autres s'installèrent à l'ambassade israélienne, non loin de là.

Beads et Kendall les rejoignirent le lendemain. Les deux hommes examinèrent encore une fois leur aérosol. Personne ne savait au juste quel gaz il contenait. Il pouvait provoquer à peu près n'importe quelle réaction avant la mort – d'une hallucination à un infarctus. Leur chef d'antenne les mit au courant des derniers faits et gestes de Meshal.

Ce même chef d'antenne se trouvait à Londres, en septembre 1978, quand un transfuge bulgare, Georgi Markov, avait été tué par un produit neurotoxique. Un passant anonyme l'avait piqué à la cuisse de la pointe de son parapluie. Markov était mort, dans d'atroces souffrances, d'une intoxication au ricin. Le meurtrier, un agent du KGB, n'avait jamais été retrouvé.

Sur cette note optimiste, Beads et Kendall s'en revinrent à leur hôtel peu avant minuit. Chacun commanda pour le matin suivant un petit déjeuner composé de café, de jus d'orange et de viennoiseries. Le lendemain matin, à 9 heures, Beads se présenta à la réception et signa le contrat de location d'une première auto, une Toyota bleue. La seconde, une Hyundai verte, fut livrée peu après à Kendall. Celui-ci déclara à un employé de la réception que « son ami » et lui allaient explorer le sud du pays.

À 10 heures, Meshal partit pour son bureau, conduit par son chauffeur ; sur la banquette arrière prirent place trois de ses enfants, un garçon et deux filles. Beads les suivit à distance respectable dans sa Toyota. Les autres agents israéliens, également motorisés, n'étaient pas loin.

À son entrée dans le quartier des Jardins, le chauffeur de Meshal signala à son patron qu'ils étaient filés. Meshal décrocha aussitôt son radio-téléphone pour indiquer la marque et le numéro de plaque d'immatriculation de la voiture de Beads à la police d'Amman.

Au moment où la Toyota les dépassait, les enfants de Meshal lancèrent de grands saluts à Beads, comme ils s'étaient amusés à le faire avec les autres automobilistes. Beads les ignora. Peu après, la Hyundai verte de Kendall doubla à son tour la voiture du terroriste et les deux véhicules se fondirent dans la circulation.

Un instant plus tard, un officier du commissariat central d'Amman rappela Meshal pour lui dire que l'auto qu'il avait signalée avait été louée par un touriste canadien. Meshal se détendit pendant que ses enfants continuaient à saluer, le nez collé à la vitre. Chaque matin, ils accompagnaient leur père à son bureau avant de se faire déposer à l'école par le chauffeur.

Peu avant 10 h 30, le chauffeur s'engagea dans la rue Wasfi al-Tal, où Kendall et Beads attendaient parmi la foule rassemblée devant les bureaux du Hamas. Leur présence n'avait rien d'extraordinaire car des touristes se pressaient souvent devant le siège de l'organisation, curieux d'en savoir plus sur ses revendications.

Meshal embrassa rapidement ses trois enfants avant de mettre pied à terre. Beads s'avança vers lui le bras en avant, comme pour lui serrer la main. Kendall, à son côté, se mit à fouiller dans un sac en plastique.

– Monsieur Meshal ? lança Beads avec un sourire engageant.

Une hésitation passa dans le regard de Meshal. Au même instant, Kendall sortit l'aérosol et tenta d'en asperger l'oreille gauche du dirigeant du Hamas.

Celui-ci recula, stupéfait, en portant par réflexe une main à son oreille.

Kendall fit une seconde tentative pour vaporiser son poison. Autour d'eux, la foule était déjà en train de se remettre de sa surprise, et des bras se tendirent pour empoigner les deux agents israéliens.

– Filons ! s'écria Beads en hébreu.

Talonné par Kendall, il fonça vers sa voiture, garée plus haut dans la rue. Le chauffeur de Meshal, qui avait assisté à la scène, s'élança en marche arrière afin de percuter la Toyota.

Le terroriste se mit à tituber et à geindre. Quelqu'un le rattrapa juste avant qu'il s'effondre. On réclamait une ambulance.

Beads regagna sa voiture. Kendall se coucha près de lui, la main toujours crispée sur l'aérosol. D'un coup de volant, Beads réussit à esquiver l'auto du chauffeur, puis il écrasa l'accélérateur.

Plusieurs voitures se lancèrent à ses trousses. L'une d'elles disposait d'un téléphone portable, et son chauffeur prévint la police afin que l'on verrouille le quartier.

La voiture de l'équipe israélienne de soutien était arrivée à son tour sur les lieux de l'attentat. Elle freina net et quelqu'un fit signe à Beads de le rejoindre. Au moment où les deux *kidons* bondissaient hors de la Toyota, un autre véhicule leur barra le passage. Des hommes armés en jaillirent. Ils obligèrent Beads et Kendall à se coucher par terre à plat ventre. La police se précipita à son tour. Comprenant qu'il n'y avait plus rien à faire, les autres membres du commando s'éclipsèrent ; ils réussirent à regagner leur hôtel sans se faire repérer.

Beads et Kendall eurent moins de chance. On les conduisit au commissariat central d'Amman, où ils montrèrent leurs passeports canadiens et prétendirent être les innocentes victimes d'un « épouvantable complot ». L'arrivée de Samih Batihi, le redoutable chef du contre-espionnage jordanien, mit fin à leur navrante comédie. Il leur annonça qu'il savait qui ils étaient: il venait d'avoir au téléphone le chef d'antenne du Mossad.

« Il a tout de suite vidé son sac, devait ultérieurement raconter Batihi. Il m'a avoué que ces hommes étaient les siens et qu'Israël allait négocier directement avec le roi. »

Samih Batihi fit enfermer les agents dans deux cellules séparées et ordonna qu'il ne leur soit fait aucun mal.

Entre-temps, Meshal avait été conduit à l'unité de soins intensifs d'un hôpital d'Amman. Il se plaignait de « bourdonnements » persistants dans l'oreille gauche, d'une « sensation de vibration, comme si un courant électrique [lui] traversait tout le corps », et de difficultés croissantes à s'oxygéner.

Les médecins le placèrent sous assistance respiratoire.

La nouvelle du fiasco parvint à Yatom lorsque son chef de poste à Amman lui téléphona de l'ambassade d'Israël. Les deux hommes, selon un témoin, étaient « fous de rage ».

Quand Yatom contacta à son tour le cabinet de Netanyahou, le Premier ministre avait déjà reçu un appel du roi Hussein, grâce au téléphone rouge qui reliait les deux dirigeants en cas de crise. Un agent secret israélien raconta ceci plus tard:

« Hussein n'a posé que deux questions à Bibi. À quoi jouait-il? Et possédait-il un antidote à cet agent neurotoxique? »

Le roi déclara qu'il se sentait comme un homme dont la fille vient d'être violentée par son meilleur ami. Si Netanyahou s'imaginait pouvoir tout nier en bloc, il valait mieux qu'il comprenne que ses agents étaient passés aux aveux face à une caméra vidéo et que la cassette était déjà en route vers Washington, où elle serait visionnée sans délai par Madeleine Albright, le secrétaire d'État américain. Netanyahou resta un long moment prostré près de son téléphone, « pâle comme un vulgaire voleur pris la main dans le sac ».

Il offrit de s'envoler sur-le-champ pour Amman afin d'« exposer la situation » au roi. Hussein lui répondit qu'il était inutile de perdre son temps. Toujours selon l'agent secret :

« On aurait pu entendre craquer la glace côté jordanien. Bibi n'a même pas protesté quand Hussein a dit qu'il allait exiger la libération de Cheikh Ahmed Yassine [un leader du Hamas détenu en Israël depuis un certain temps], de même que celle d'un certain nombre d'autres prisonniers palestiniens. L'appel, qui n'a duré que quelques minutes, a sans doute constitué le pire moment de la vie politique de Bibi. »

Moins d'une heure plus tard, l'antidote fut envoyé par avion à Amman et administré à Meshal. Celui-ci montra vite des signes d'amélioration et, quelques jours plus tard, il était assez fringant pour donner une conférence de presse lors de laquelle il ne manqua pas de brocarder copieusement le Mossad. Le chef d'antenne à Amman et Samih Batihi tinrent un bref conciliabule auquel Yatom participa par téléphone. Le *memuneh* jura ses grands dieux que son service n'organiserait plus jamais de tentative d'assassinat sur le territoire jordanien. Le lendemain, Madeleine Albright passa deux coups de fil à Netanyahou. Elle lui fit clairement comprendre ce qu'elle pensait de l'incident, dans un langage semble-t-il à peu près aussi énergique que celui du roi Hussein.

En découvrant la façon dont des passeports de son pays avaient été utilisés, le gouvernement canadien rappela son ambassadeur en Israël – à deux doigts d'une rupture complète des relations diplomatiques.

Quand les détails de l'opération furent rendus publics, Netanyahou essuya un tel tir de barrage, de la presse nationale et internationale, que plus d'un responsable politique, à sa place, aurait démissionné.

Une semaine plus tard, Cheikh Yassine fut libéré et accueilli en héros à Gaza. Au même moment, Kendall et Beads rentraient en Israël – naturellement sans leurs passeports canadiens. Ceux-ci furent remis à l'ambassade canadienne à Amman et placés « sous clé ».

Les deux *katsas* ne réintégrèrent jamais l'unité des *kidons* : on les assigna à des tâches bureaucratiques au siège du Mossad. Selon un agent des services secrets israéliens :

« Il y a des chances pour qu'ils soient maintenant chargés de la surveillance des toilettes. »

Yatom laissa des plumes dans l'aventure. Son état-major lui reprocha de ne pas avoir su tenir tête à Netanyahou. Le moral de ses troupes dégringola encore de plusieurs échelons. Du bureau du Premier ministre, la rumeur ne tarda pas à se répandre : « Le départ de Yatom n'est qu'une question de temps. »

Le *memuneh* tenta d'endiguer ce qu'un officier supérieur du Mossad devait décrire comme « un raz-de-marée de critiques menaçant de nous submerger ». Il se réfugia dans ce qu'il appelait sa « pose prussienne » et tenta de museler son équipe, ce qui engendra des confrontations et des menaces de démission.

En février 1998, Yatom démissionna, dans une ultime tentative pour couper court à ce qu'il considérait comme une « quasi-mutinerie ». Benyamin Netanyahou s'abstint de lui envoyer la traditionnelle lettre de remerciements du Premier ministre pour services rendus.

Yatom quitta ses fonctions dès les premiers remous soulevés par le meurtre du Premier ministre Yitzhak Rabin. Un journaliste d'investigation israélien, Barry Chamish, entreprit de son propre chef de collecter des rapports médicaux et balistiques et un certain nombre de témoignages oculaires – des gardes du corps de Rabin, de sa veuve, des chirurgiens et des infirmières de l'hôpital, ainsi que de plusieurs membres des services secrets israéliens qu'il eut l'occasion d'interroger. L'essentiel de ces éléments devait être présenté aux juges à huis-clos.

En 1999, Chamish, à ses risques et périls, décida de diffuser ses découvertes sur Internet. Celles-ci rappellent étrangement les doutes soulevés par la thèse du tueur isolé après l'assassinat de John Kennedy en 1963. Les conclusions – fortement charpentées – de Chamish sont, à tout le moins, intrigantes : « La théorie du tueur isolé, admise par la commission Shamgar du gouvernement israélien sur l'assassinat de Rabin, masque ce qui aurait dû être une tentative manquée d'assassinat destinée à raviver la popularité vacillante de Rabin auprès de l'électorat. Yigal Amir avait accepté de jouer le rôle du tueur sur consigne de son agent traitant des services secrets israéliens. »

« Amir a tiré une balle à blanc. Et il n'a tiré qu'une balle, pas les trois annoncées. Les tests balistiques du laboratoire de la police effectués sur une douille recueillie sur les lieux de crime ne correspondent pas aux caractéristiques de l'arme d'Amir. Personne n'a vu saigner Rabin. Ensuite, nouveau mystère : comment l'auto de Rabin a-t-elle pu se perdre pendant huit à douze minutes au cours de son trajet vers l'hôpital, qui aurait dû durer quarante-cinq secondes dans les rues désertes où la circulation avait été interrompue par la police en vue du meeting pour la paix auquel participait le Premier ministre ? »

L'allégation la plus explosive de Chamish – comme les autres, elle n'a pas encore été réfutée par le moindre officiel israélien – est la suivante : « Au cours de ce très étrange trajet vers l'hôpital, effectué par un chauffeur plein d'expérience, Rabin a été atteint par deux balles réelles, jaillies de l'arme de poing de son propre garde du corps, Yoram Rubin. Cette arme a disparu à l'hôpital et n'a jamais pu être retrouvée. Après l'intervention, les deux balles extraites du corps du Premier ministre sont restées introuvables pendant onze heures d'affilée. Par la suite, Rubin s'est suicidé. »

Chamish a interrogé les trois chirurgiens de garde qui avaient lutté pour maintenir Rabin en vie. Le journaliste devait évoquer avec eux le témoignage des officiers de police présents au moment de l'entrée en scène d'Amir. Tous avaient affirmé qu'au moment d'être poussé dans sa voiture, Yitzhak Rabin n'arborait aucune blessure apparente. Or, les chirurgiens se montrèrent catégoriques. À son arrivée à l'hôpital, le Premier ministre portait les marques évidentes d'une hémorragie pectorale massive et d'une blessure grave à la base de la nuque. Les chirurgiens affirmèrent en outre qu'il n'existait aucune sorte de blessure par balle qui, après avoir permis à Rabin de quitter les lieux de l'attentat sans le moindre saignement, aurait pu le faire apparaître dans un tel état à son arrivée à l'hôpital.

La commission Shamgar devait conclure à l'absence de preuves quant à l'existence de ces blessures massives. Par la suite, les médecins refusèrent de revenir sur ce point.

Hormis l'enquête de Chamish, il existe des témoignages sous serment pour soutenir sa thèse selon laquelle « il s'est passé quelque chose de profond qui relève de la conspiration ».

Lors de la lecture de l'acte d'accusation, Amir déclara à la cour : « Si je dis la vérité, tout le système s'effondre. J'en sais assez pour anéantir ce pays. »

Selon le témoignage d'un agent du Shin Beth posté près d'Amir juste après l'agression : « J'ai entendu un policier crier aux gens de ne pas s'affoler, ce n'était qu'un tir à blanc. » Ce témoignage a été délivré à huis-clos.

Leah Rabin a déclaré lors de la même audience que son mari n'était pas tombé et qu'il n'avait même pas chancelé, bien qu'ayant été atteint par une balle à bout portant. « Il est resté debout, et il avait l'air d'aller très bien. » Elle insista aussi sur le fait qu'on l'avait empêchée de voir son mari pendant une heure après son arrivée à l'hôpital. Et selon Chamish, un officier de haut rang des services de renseignement lui aurait déclaré qu'elle ne devait « pas s'inquiéter, parce que tout ça n'[était] qu'une mise en scène ».

Depuis lors, la veuve du Premier ministre a invariablement refusé de faire le moindre commentaire en public sur cet aspect – ou un autre – de l'assassinat de son mari.

Chamish est persuadé qu'on l'a réduite au silence par la menace, exactement comme les dix-sept infirmières de l'hôpital où Rabin fut admis ce soir-là. « Le plan était diabolique et brillant. On a persuadé Rabin de se laisser tirer dessus à blanc pour retrouver sa popularité. C'est pourquoi il ne portait pas de gilet pare-balles. Amir a été trié sur le volet et s'est vu offrir le proverbial quart d'heure de célébrité. Il n'était qu'un jouet entre les mains de son agent traitant. Ce dont il ne pouvait pas se douter par avance, c'était de la façon dont ils allaient ensuite se servir de son simulacre d'attentat pour assassiner Rabin dans sa voiture sur le chemin de l'hôpital. »

Barry Chamish ne correspond pas du tout à l'image type du « maniaque de la conspiration ». Il est généralement prudent dans ce qu'il écrit et il étaie ses affirmations par des témoignages concordants.

Il ne s'est pas précipité pour accuser ou juger, et il donne l'impression qu'il y a encore beaucoup de choses qu'il pourrait révéler mais ne veut pas dire – du moins pas tout de suite. Une chose est sûre, il se distingue de ses confrères de la génération actuelle des journalistes israéliens : c'est un homme qui suit son propre chemin, n'est affilié à personne et, plus important que tout le reste, jouit d'une large confiance.

S'il a diffusé tous les éléments obtenus jusqu'ici sur Internet, c'est en partie pour se protéger, et en partie parce qu'il veut voir éclater la vérité. Il est aussi assez réaliste pour admettre que celle-ci ne sera probablement jamais suffisamment mise en lumière pour déboucher sur une révision du procès.

VII

Un gentleman espion

Par un matin pluvieux du printemps 1997, David Kimche tâchait d'expliquer à ses jardiniers arabes la façon dont il voulait voir réarrangé son jardin de la banlieue de Tel-Aviv. Ses manières pleines de retenue, sa voix doucereuse auraient sans doute mieux convenu à un campus britannique qu'au dialogue avec des travailleurs manuels, et son allure générale évoquait un descendant de plusieurs générations d'administrateurs coloniaux. Né en Angleterre dans une famille juive de la moyenne bourgeoisie, Kimche avait des manières parfaites qui accentuaient encore son image d'Anglais type. Son costume sur mesure mettait en valeur une silhouette préservée par des exercices réguliers et une diététique rigoureuse. Kimche paraissait vingt ans de moins que sa presque soixantaine, et il avait conservé quelque chose de juvénile. Alors qu'il conseillait les jardiniers, chacun de ses gestes – sa façon de chasser une mèche de son front, ses longues pauses et ses regards pensifs – semblait résulter d'une vie de méditation dans le silence recueilli d'une très ancienne université.

En réalité, David Kimche était ce que Meir Amit appelait « une des centrales intellectuelles » qui avaient rendu possibles de nombreuses opérations du Mossad. Sa capacité de raisonnement s'accompagnait d'un sang-froid stupéfiant et d'une profonde capacité à surprendre les meilleurs espions ennemis par des initiatives imprévisibles – qualité qui lui avait valu de conquérir le respect des plus blasés parmi ses collègues. En revanche, son côté intellectuel en avait rebuté plus d'un. Kimche était trop éthéré, trop abstrait pour les esprits pragmatiques. Beaucoup avaient l'impression, comme Rafi Eitan, qu'il suffisait « qu'on dise bonjour à David pour que son cerveau se mette à analyser si ce "jour" était vraiment "bon" ».

Au Mossad, Kimche était en général considéré comme un gentleman espion, doté de la ruse d'un chat de gouttière. Son immersion dans le monde des services secrets eut lieu peu après sa brillante sortie de l'université d'Oxford, avec une mention très bien en sciences sociales. Quelques mois plus tard, il fut recruté par le Mossad – sous la direction de Meir Amit –, qui cherchait à enrichir son effectif de quelques têtes pensantes capables de faire pendant à des hommes de terrain comme Rafi Eitan.

Comment, où et par qui Kimche fut exactement engagé, voilà qui reste un mystère soigneusement gardé par l'intéressé. Les moulins à rumeurs des services secrets israéliens ont émis plusieurs scénarios : il se serait laissé convaincre au cours d'un dîner par un éditeur juif londonien qui était aussi un *sayan* de longue date, par un rabbin dans une synagogue de Golders Green, ou encore par un parent éloigné.

Une chose est sûre : quand, un matin de printemps au début des années 1960, Kimche fit pour la première fois son entrée dans la tour du Mossad à Tel-Aviv, il venait d'être recruté au département Planification et stratégie. D'un côté, il vit une agence de la Banque d'Israël, de l'autre des bureaux et un café. Hésitant sur la direction à prendre, Kimche fit halte au milieu du hall. Comme il était loin du majestueux vestibule de la CIA dont il avait lu la description ! À Langley, l'Agence clamait fièrement son existence par une plaque incrustée dans le dallage de marbre : une étoile à seize branches inscrite dans un bouclier que dominait un profil d'aigle, le tout accompagné des mots « Central Intelligence Agency of the United States of America ». Une citation de saint Jean sur la vérité libératrice figurait sur un mur. Un peu plus loin, une batterie d'ascenseurs était surveillée par des gardes armés.

Mais ici, boulevard du Roi-Saül, ce hall d'aspect plutôt minable n'accueillait guère que des employés de banque assis derrière leur guichet et des consommateurs assis sur les chaises du café. Aucune de ces personnes ne ressemblait de près ou de loin à l'image que Kimche se faisait d'un espion. Dans le coin opposé, une porte dénuée de toute inscription s'ouvrit soudain sur un personnage familier : l'agent consulaire de l'ambassade israélienne à Londres qui lui avait fourni son document de voyage. En invitant le néophyte à le rejoindre de l'autre côté de la porte, il lui expliqua que son statut diplomatique était une couverture destinée à dissimuler son véritable travail : celui d'un *katsa* résidant en Grande-Bretagne. Sur le seuil, il remit à Kimche un jeu de deux clés et lui expliqua que dorénavant il devrait s'en servir pour accéder au QG. L'une d'elles ouvrait la porte qu'ils venaient de franchir, la seconde commandait les ascenseurs reliant les huit étages du Mossad. Le QG était un « immeuble dans l'immeuble », parfaitement autonome, que ce soit en matière d'électricité, d'eau ou de sanitaires.

Le Mossad s'y était installé peu après la fin de l'affaire de Suez, en 1956.

Cette année-là, en octobre, les forces britanniques, françaises et israéliennes avaient lancé une offensive commune sur l'Égypte en vue de reconquérir le canal de Suez, qui venait d'être nationalisé par le président Nasser. L'invasion portait le sceau de la fameuse « diplomatie de la canonnière » qui pendant longtemps avait prévalu dans la région. Les États-Unis n'étaient pratiquement pas au courant d'une initiative qui constituait le dernier soubresaut de la domination franco-britannique sur le Proche-Orient. Washington exerça ensuite de fortes pressions diplomatiques pour faire cesser les combats, de peur que l'Union soviétique ne se laisse entraîner dans le conflit au côté de l'Égypte, ce qui aurait déclenché un conflit entre les deux superpuissances. Quand les armes se turent sur les deux rives du canal, la Grande-Bretagne et la France s'aperçurent à leur grand dam qu'elles avaient été supplantées par les États-Unis en tant que puissance étrangère dominante au Proche-Orient. Israël insista cependant pour conserver les territoires conquis dans le désert du Sinaï. Richard Helms, futur directeur de la CIA, s'envola pour Tel-Aviv et fut reçu au siège du Mossad par des officiers supérieurs qui lui donnèrent l'impression d'être une « bande de réactionnaires tout fiers de montrer leurs nouvelles installations ».

En entrant dans une cabine d'ascenseur, le guide de Kimche lui expliqua que le premier étage du QG hébergeait le centre d'écoutes et de communications. Le suivant était réservé au personnel subalterne. Au-dessus, on trouvait les analystes, les planificateurs et les agents opérationnels, puis le département Recherche et développement, qui occupait à lui seul un étage entier. Le niveau ultime était réservé au directeur général et à son état-major.

Kimche se vit offrir une place parmi les planificateurs et stratèges. Son bureau comportait, comme tous les autres, une table de bois bon marché, une armoire métallique à tiroirs et à clé unique, un combiné téléphonique noir et un annuaire interne sur lequel était écrit « ne pas déplacer ». Une vague moquette parachevait la décoration. Les murs peints en vert olive offraient une belle vue panoramique sur la ville. Après treize ans d'existence, le quartier général du Mossad montrait déjà quelques signes de vétusté : la peinture s'écaillait sur les murs et la moquette réclamait d'être remplacée.

Mais en dépit de ces menus défauts, David Kimche sentit qu'il arrivait à un moment palpitant : Meir Amit était sur le point d'être remplacé par Rafi Eitan et consorts.

Kimche en vint vite à connaître les bizarreries de caractère de ses collègues. Tel analyste faisait systématiquement précéder ses conclusions d'un : « C'est une manœuvre européenne classique, digne de Clausewitz à plus d'un titre » ; son chef de département signalait le début d'une réflexion en bourrant sa pipe de tabac noirâtre – et quand un filet de fumée blanche s'en échappait, cela signifiait qu'il avait pris sa décision ; tel stratège avait l'habitude de terminer ses interventions en déclarant que l'espionnage était une école de formation permanente en ce qui concernait les faiblesses humaines. Tous ces gens, qui méritaient largement leur salaire, accueillirent avec empressement l'enthousiasme juvénile de Kimche et son habileté à résoudre les problèmes, d'autant que le nouveau venu semblait avoir compris d'emblée que déjouer les manœuvres de l'ennemi était au moins aussi important que de faire aboutir celles du Mossad.

On lui confia une partie du suivi de ce qui se passait au Maroc, où un nombre substantiel de Juifs vivaient encore sous le régime autoritaire du roi Hassan II. Afin de leur faciliter l'existence, Meir Amit avait instauré une « relation de travail » avec les redoutables services de sécurité du monarque. Il s'était découvert un intérêt commun avec eux :

l'envie de renverser Nasser, dont la haine pour Israël n'avait d'égale que son aversion à l'égard du roi marocain. Nasser voyait en Hassan II un obstacle à son ambition de fonder une puissante coalition arabe s'étendant du canal de Suez à la côte atlantique de l'Afrique du Nord. La menace qu'aurait représentée pour Israël une telle coalition avait incité Meir Amit à former les agents spéciaux du roi à des techniques de contre-espionnage et d'interrogatoire qui n'étaient pas très loin de la torture tout court.

Une opposition réduite mais déterminée avait survécu au Maroc, dirigée par Mehdi Ben Barka. Kimche eut l'occasion de retracer en détail la carrière de cet homme : ancien précepteur du roi, il avait été président de l'Assemblée nationale marocaine, un Parlement consultatif à peu près privé de pouvoir, qui se contentait d'approuver les décrets toujours plus dictatoriaux de Hassan II contre son peuple. Au fil du temps, Ben Barka s'était imposé comme la seule vraie figure d'opposition au monarque. À plusieurs reprises, la police royale avait failli le capturer. En fin de compte, sentant que son arrestation n'était qu'une question de temps, l'ancien enseignant charismatique s'était enfui en Europe, d'où il continuait à ourdir la chute du roi du Maroc.

Par deux fois, son mouvement de résistance fut près de réussir un attentat à la bombe contre le monarque. Fou de rage, Hassan le fit condamner à mort par contumace. Ben Barka riposta en ordonnant de nouveaux attentats contre le roi.

En mai 1965, Hassan II pria le Mossad de l'aider à résoudre le problème Ben Barka. L'examen de la requête échut à David Kimche. Le même mois, Kimche se rendit à Londres en utilisant son vrai passeport britannique. Officiellement, il se trouvait en vacances. Il s'agissait en réalité de mettre la touche finale à son plan. Muni d'un second passeport britannique, parfaitement imité, et d'un visa marocain, Kimche se rendit ensuite à Rome. Il y passa une journée en touriste, le temps de s'assurer qu'il n'était pas suivi, et repartit pour le Maroc.

Il fut accueilli à l'aéroport de Rabat par Mohammed Oufkir, le redoutable ministre de l'Intérieur. Ce même soir, autour d'un dîner agrémenté par la présence de quelques-unes des meilleures danseuses du ventre, Oufkir expliqua à son hôte qu'Hassan II voulait la tête de Ben Barka. Il ajouta même, ce qui témoignait d'un certain sens de l'humour et d'une vision particulière de l'histoire juive :

– Si je ne m'abuse, votre Salomé a elle aussi réclamé au roi Hérode la tête d'un agitateur notoire, non ?

Force fut à Kimche d'admettre la justesse de la remarque, mais il ajouta aussitôt qu'une décision aussi lourde n'était pas de son ressort. Oufkir allait devoir l'accompagner en Israël.

Le lendemain, les deux hommes s'envolèrent pour Rome, d'où ils gagnèrent Tel-Aviv. Meir Amit les retrouva dans une planque. Il se montra courtois mais prudent. Il confia ensuite à Kimche qu'il n'était « pas emballé par l'idée de se charger du sale boulot d'Oufkir » et insista pour que leur participation « se limite aux travaux d'approche ».

Sans en avertir Meir Amit, Oufkir avait déjà conclu un accord avec une faction au sein du service de contre-espionnage français – le SDECE – pour assassiner Ben Barka si on pouvait attirer celui-ci hors de sa villa genevoise et le persuader de se rendre en France. Toujours réticent, Meir Amit insista pour que le Premier ministre Lévi Eshkol autorise personnellement la participation du Mossad. Le feu vert fut bientôt accordé.

Le Mossad s'attela donc à la tâche. Un *katsa* né au Maroc se déplaça à Genève et infiltra l'entourage de Ben Barka. Au bout de quelques mois, il réussit à lancer l'idée qu'il était en contact avec un riche sympathisant français désireux de voir une véritable démocratie implantée au Maroc. Cette fiction était l'œuvre de Kimche. Le 26 octobre 1965, on apprit que Ben Barka irait à Paris.

Le centre de communications du Mossad envoya un message codé à Oufkir, au Maroc. Le lendemain, le ministre et une équipe d'agents partirent pour Paris. Le même soir, il fut reçu par son contact au SDECE. Inquiet d'avoir été exclu de cette réunion, l'espion du Mossad qui avait accompagné Ben Barka jusqu'à la capitale française appela Kimche sur une ligne protégée pour solliciter de nouvelles instructions. Kimche en référa à Meir Amit. Les deux hommes sentirent, ainsi que ce dernier devait le dire plus tard, « qu'il se préparait quelque chose de vilain et qu'on avait intérêt à rester à l'écart ».

Le lendemain soir, une camionnette de surveillance du SDECE était stationnée devant un restaurant du boulevard Saint-Germain, quand Ben Barka y pénétra pour dîner, persuadé qu'il allait rencontrer son mécène. Après une heure de vaine attente, il sortit du restaurant. Au moment où il posait le pied sur le trottoir, il fut empoigné par deux agents du SDECE, poussé à l'intérieur de la camionnette et conduit à Fontenay-le-Vicomte, dans une villa appartenant à un truand en relation avec le SDECE. Toute la nuit, Oufkir supervisa la séance de torture, et à l'aube Ben Barka fut exécuté. Oufkir photographia son cadavre avant qu'on l'ensevelisse dans le jardin de la villa. Le ministre repartit ensuite au Maroc avec la pellicule, pour la montrer au roi.

Quand on exhuma le cadavre de Ben Barka, le scandale résonna jusqu'au palais de l'Élysée. Charles de Gaulle ordonna une enquête approfondie qui déboucha sur une purge massive du SDECE. Le directeur du service, soucieux de ménager ses bonnes relations internationales, s'efforça de maintenir le nom du Mossad à l'écart du tollé médiatique. Mais de Gaulle, qui ne portait pas Israël dans son cœur, était fermement convaincu de la participation des espions israéliens. Il déclara à des proches que cette opération était marquée du « sceau de Tel-Aviv ». À l'en croire, seuls les Israéliens pouvaient manifester un tel mépris envers les lois internationales. Les bonnes relations entre Israël et la France, consolidées lors de l'opération de Suez en 1956, n'étaient plus qu'un souvenir. De Gaulle ordonna la suspension de toutes les livraisons d'armes à l'État hébreu, ainsi que toute coopération en matière de renseignement. Meir Amit n'était pas près d'oublier la « volée de bois vert venue de Paris ».

« Meir Amit a fait face avec un courage héroïque, devait déclarer David Kimche. Il aurait pu essayer de nous faire porter le chapeau, à moi comme à d'autres. Au lieu de cela, il a insisté pour assumer l'entière responsabilité de l'opération. C'était un vrai patron. »

Le gouvernement Eshkol, échaudé par la réaction de Paris, prit ses distances vis-à-vis du chef du Mossad. D'autres critiques se firent entendre, venues d'une source plus inattendue. En effet, plus Meir Amit répétait que le rôle du Mossad avait été « marginal » et limité à « la fourniture de quelques passeports et la location de voitures », plus son prédécesseur Isser Harel affirmait que l'affaire Ben Barka n'aurait jamais eu lieu de son temps. Meir Amit finit par avertir le Premier ministre que ce tir de barrage risquait de les faire sombrer tous les deux. Eshkol réagit en créant une commission d'enquête, présidée par le ministre des Affaires étrangères Golda Meir. La commission parvint à la conclusion que Meir Amit devait démissionner, mais le chef du Mossad refusa de s'exécuter tant qu'Eshkol n'aurait pas fait de même. Chacun décida de camper sur ses positions. Meir Amit dut attendre un an avant de se convaincre que la mort de Ben Barka ne risquait plus de lui empoisonner la vie. Mais le boulet était passé très près.

Quant à Kimche, il avait déjà d'autres motifs d'inquiétude. Dans le plus grand secret, les Palestiniens avaient entraîné une unité d'élite à exploiter une défaillance des procédures de sécurité internationales, et le Mossad n'y avait jamais pensé : il s'agissait de détourner un avion en vol. Une fois assuré le contrôle d'un appareil, on pouvait dérouter celui-ci vers un pays arabe ami. Là, les passagers étaient retenus en otages contre le versement d'une rançon, ou contre la libération de prisonniers arabes détenus en Israël. À cela s'ajoutait un bonus non négligeable : la publicité mondiale engrangée par l'OLP sans bourse délier.

C'est ainsi qu'en juillet 1968 un vol d'El Al au départ de Rome fut détourné vers l'Algérie. Le Mossad resta pantois devant l'audace de l'opération. Une équipe de *katsas* partit pour l'Algérie pendant que Kimche et d'autres planificateurs s'attelaient vingt-quatre heures sur vingt-quatre à élaborer une stratégie. Mais toute tentative pour prendre d'assaut l'appareil était vouée à l'échec, en raison des innombrables journalistes réunis sur le tarmac. Kimche suggéra de gagner du temps, pensant que la patience des médias s'essoufflerait, ce qui permettrait aux *katsas* de passer à l'action. Mais les pirates avaient anticipé ce choix : ils jurèrent de mettre à exécution leurs terribles menaces au cas où leurs revendications – la libération de prisonniers palestiniens détenus dans les prisons israéliennes – ne seraient pas satisfaites. Le gouvernement algérien les soutenait. Kimche sentit qu'il n'y avait rien à faire. Il fut de ceux qui recommandèrent que les terroristes emprisonnés soient échangés contre les passagers, tout en restant pleinement conscient des conséquences d'un tel choix :

« Cela ouvrirait la porte à d'autres détournements et renforcerait la position de l'OLP, soudain placée sous les feux de l'actualité mondiale. Israël se retrouverait sur la défensive, de même que les gouvernements européens, qui ne connaissaient pas mieux la réponse à la piraterie aérienne. Pourtant, que pouvions-nous faire, sinon attendre avec résignation le prochain acte de piraterie ? »

Et en effet, ces détournements ne tardèrent pas à survenir, chacun mieux préparé que les précédents. En peu de temps, une douzaine d'avions de ligne furent ainsi déroutés par des pirates qui n'étaient pas seulement devenus experts dans l'art de dissimuler leurs armes et d'introduire des explosifs à bord : ils savaient désormais piloter un gros appareil, ou du moins en maîtrisaient les principales commandes. Dans le désert libyen, ils s'entraînaient même à échanger des coups de feu dans l'espace confiné d'un cockpit depuis qu'El Al avait placé des gardes armés sur ses vols – l'une des premières mesures prônées par Kimche. Il avait aussi prédit que les pirates choisiraient les pays où ils atterriraient en fonction de leur législation, de manière à pouvoir plus facilement, en cas de capture, obtenir leur libération par la négociation ou la menace.

Kimche savait que le Mossad avait un besoin urgent d'un événement qui lui permettrait de reprendre l'ascendant sur les pirates de l'air. Il lui fallait mériter une fois encore sa renommée, fondée sur l'intelligence et la détermination. De même que les pirates utilisaient habilement la publicité qui leur était faite par la presse, Kimche rêvait d'une opération dont le dénouement vaudrait à Israël l'approbation universelle, comme l'enlèvement d'Eichmann : autrement dit, un événement spectaculaire, une forte prise de risques et une conclusion inespérée. Ces trois éléments devaient se combiner pour remettre le Mossad en haut de l'affiche.

Le 27 juin 1976, un avion d'Air France reliant Paris à Tel-Aviv fut détourné peu après son escale à l'aéroport d'Athènes, réputé pour sa sécurité déficiente. Les pirates, membres de la faction extrémiste du

FPLP de Wadi Haddad, exprimèrent une triple revendication : la libération de quarante Palestiniens emprisonnés en Israël, d'une douzaine d'autres détenus en Europe et de deux terroristes allemands arrêtés au Kenya alors qu'ils s'apprêtaient à abattre un avion d'El Al au moyen d'un Sam-7 peu après son décollage de l'aéroport de Nairobi.

Après une escale à Casablanca et un refus d'autorisation d'atterrir à Khartoum, l'avion se posa à Entebbé, en Ouganda. Là, les pirates annoncèrent qu'ils le feraient sauter avec ses passagers si leurs exigences n'étaient pas satisfaites. L'ultimatum fut fixé au 30 juin.

À Tel-Aviv, au fil de réunions ministérielles à huis-clos, l'image publique du refus de négocier avec les terroristes ne tarda pas à vaciller. Plusieurs ministres se montrèrent favorables à la libération des prisonniers de l'OLP. Le Premier ministre Rabin brandit un rapport du Shin Beth pour prouver l'existence d'un précédent en matière d'élargissement de condamnés. Le chef d'état-major Mordechai Gur dit qu'il ne pouvait recommander une action militaire en raison du manque de renseignements en provenance d'Entebbé. Tandis que ces délibérations angoissées traînaient en longueur, la nouvelle tomba que les passagers juifs avaient été séparés des autres, ces derniers ayant été libérés et volant déjà vers Paris.

C'était l'ouverture qu'attendait le Mossad. Sentant que son heure de gloire était arrivée, Yitzhak Hofi, le nouveau directeur général du service, plaida avec force en faveur d'une opération de sauvetage et dépoussiéra le plan mis au point par Rafi Eitan pour capturer Eichmann. Il existait certaines similarités : Eitan et ses hommes avaient opéré loin de leur pays, dans un environnement hostile. Ils avaient improvisé en utilisant constamment une bonne dose de *hutzpah* – le fameux culot juif. On pouvait appliquer cette recette. En nage, la voix rauque à force de parler, Hofi promena un regard circulaire sur les membres du cabinet.

– En laissant mourir les nôtres, nous ouvririons les portes à un nouveau massacre. Aucun Juif ne serait plus jamais en sécurité nulle part. D'outre-tombe, Hitler aurait remporté l'ultime bataille !

– D'accord, lâcha Rabin. On tente le coup.

Tous les stratèges et planificateurs du Mossad, comme Kimche, furent aussitôt mobilisés. Le premier pas consista à ouvrir un canal de communication sûr entre Tel-Aviv et Nairobi. Hofi avait pris soin d'entretenir les liens inaugurés par Meir Amit entre le Mossad et la sécurité kenyane. Cette précaution porta des fruits immédiats : une demi-douzaine de *katsas* descendirent sur Nairobi et furent installés dans une planque des services secrets kenyans qui devait servir de tête de pont. Dans le même temps, Kimche rencontra un autre obstacle. La mission de sauvetage devait également faire étape à Nairobi pour ravitailler. Par téléphone, il obtint assez vite l'accord des Kenyans « pour raisons humanitaires ».

Restait encore à résoudre le formidable problème de l'intervention à Entebbe proprement dite. L'OLP avait fait de l'aéroport sa base opérationnelle en Ouganda ; c'était d'Entebbe que partaient toutes ses actions contre le régime raciste et pro-israélien de l'Afrique du Sud. Idi Amin Dada, le dictateur local, avait même offert à l'OLP la résidence de l'ambassadeur d'Israël en guise de quartier général après la rupture des relations diplomatiques avec Jérusalem en 1972.

Kimche le savait bien : il était capital de savoir si l'OLP était toujours présente dans le pays. Très expérimentés, les guérilleros palestiniens risquaient d'offrir une résistance redoutable, d'autant que les membres du commando israélien ne pourraient rester au sol plus de quelques minutes s'ils ne voulaient pas s'exposer à une violente contre-attaque. Kimche chargea deux *katsas* de Nairobi de traverser secrètement le lac Victoria par bateau. Ils débarquèrent près d'Entebbe et constatèrent avec soulagement que le QG de l'OLP était vide : les Palestiniens avaient récemment déménagé en Angola.

Alors intervint le coup de chance qui favorise si souvent les audacieux : un agent des services secrets kenyans, qui avait accompagné les *katsas* dans leur mission de reconnaissance, reconnut un parent de sa femme parmi les hommes chargés de surveiller les otages. Il réussit à le persuader de l'aider à s'introduire clandestinement dans l'aéroport, ce qui lui permit de constater que les otages étaient tous vivants mais que leurs quinze geôliers semblaient à cran. L'information fut aussitôt transmise par radio à Tel-Aviv.

Entre-temps, deux autres *katsas*, tous deux pilotes, louèrent un Cessna et décollèrent de Nairobi, officiellement afin de photographier le lac Victoria pour un dépliant touristique. Leur appareil passa au-dessus de l'aéroport d'Entebbe, ce qui permit à l'un d'eux de réaliser de bonnes images de la piste et des bâtiments. Le film partit pour Tel-Aviv. Kimche imagina alors une ruse destinée à confondre les pirates.

Lors des conversations entamées avec le palais présidentiel d'Idi Amin Dada, les négociateurs officiels d'Israël laissèrent entendre que leur gouvernement était prêt à accepter les conditions des pirates. Un diplomate européen fut manipulé pour ajouter de la crédibilité à leurs dires ; on l'appela « confidentiellement » à la rescousse pour négocier les termes d'un accord acceptable par les pirates. Comme l'expliqua Kimche à l'émissaire :

« Il s'agit de trouver un accord qui ne soit ni trop humiliant pour Israël ni impossible pour les terroristes. »

Fort de ces consignes, le diplomate s'empressa de partir pour l'aéroport. Il en était encore à choisir les mots justes quand l'opération Coup de Tonnerre atteignit son stade ultime.

Un Boeing 707 banalisé des forces de défense israéliennes, devant servir d'infirmerie volante, se posa à Nairobi, piloté par des hommes qui connaissaient l'aéroport d'Entebbe. Entre-temps, six *katsas* du Mossad avaient pris position tout autour. Chacun portait un émetteur-récepteur radio à haute fréquence et un nouveau type d'appareil électronique destiné à brouiller les radars de la tour de contrôle. On ne l'avait jamais utilisé en situation de combat réel. Profitant de la nuit, cinquante parachutistes israéliens se faufilèrent hors de l'avion-hôpital et rejoignirent aussi vite que possible les berges du lac Victoria. Après avoir gonflé des canots pneumatiques, ils pagayèrent jusqu'à la côte ougandaise et se placèrent autour de l'aéroport d'Entebbe. À Tel-Aviv, le raid de sauvetage avait été minuté. À l'heure H, une escadrille d'Hercules C-130 survola la mer Rouge puis mit le cap au sud, ravitailla à Nairobi et ensuite, au ras de la cime des arbres, plongea sur l'aéroport d'Entebbe.

Le nouveau système de brouillage fonctionna à la perfection. Les autorités de l'aéroport essayaient encore de comprendre ce qui arrivait à leurs radars quand les trois transporteurs Hercules et l'avion-hôpital atterrirent sur la piste. Un essaim de soldats en tenue camouflée fit irruption peu après dans le bâtiment où les otages étaient retenus. Il n'y avait plus là que des Israéliens. Les autres nationalités avaient été relâchées par Idi Amin Dada, qui savourait son heure de gloire en se rengorgeant devant les caméras du monde entier. Les parachutistes postés en soutien n'eurent même pas besoin d'entrer en action. Ils repartirent en canot sur le lac Victoria. À Nairobi, ils furent récupérés par un autre transporteur israélien et ramenés au pays.

En l'espace de cinq minutes – deux de moins que le temps imparti –, les otages furent libérés, et les terroristes abattus, de même que seize soldats ougandais. Le commando israélien perdit un officier dans l'opération, le lieutenant-colonel Yonatan Netanyahou – frère aîné du futur Premier ministre. Celui-ci devait déclarer plus tard que son intransigeance à l'égard des terroristes était liée à la mort de Yonatan. Trois otages périrent également.

Le souhait de David Kimche était plus qu'exaucé : la riposte du Mossad aux pirates de l'air s'étalait à la une de tous les journaux de la planète. Plus encore que le rapt d'Adolf Eichmann, le raid sur Entebbe allait dorénavant servir de carte de visite au Mossad.

De plus en plus, Kimche se trouva impliqué dans le combat du Mossad contre l'OLP. Cette lutte à couteaux tirés se livrait au-delà des frontières d'Israël, sur le pavé des villes européennes. Kimche était l'un des stratèges chargés de préparer le terrain pour les *kidons*. Les tueurs du Mossad frappaient à Paris, à Munich, à Chypre, à Athènes. Kimche restait à distance des cadavres : il se trouvait à peu près dans le rôle du pilote de bombardier qui ne voit pas les ravages causés par son passage. Ces assassinats contribuèrent à répandre au sein du service un sentiment d'invincibilité : l'exceptionnelle qualité des informations fournies par les stratèges du Mossad permettait aux *kidons* de garder une longueur d'avance sur l'ennemi.

Un matin, en arrivant à son bureau, Kimche trouva ses collègues en état de choc. L'un de leurs meilleurs *katsas* venait d'être assassiné à Madrid par un tueur de l'OLP. Le *katsa* avait malencontreusement tenté de l'approcher dans l'espoir d'infiltrer son groupe.

Personne ne prit le temps de se lamenter. Les cerveaux disponibles furent mobilisés pour répondre au feu par le feu. Selon Kimche, l'époque était telle que « nous n'attendions aucune pitié de nos ennemis et n'en éprouvions pas davantage ».

Leurs efforts incessants finirent par permettre aux agents du Mossad de trouver de nouveaux moyens d'approcher le sommet de l'OLP ; ils en vinrent même à en savoir assez long sur les rouages internes de l'organisation pour s'en prendre directement à ses dirigeants. Toujours d'après Kimche :

« Il faut bien couper la tête du serpent pour que cessent les frétillements de sa queue. »

Ce fut alors que Yasser Arafat devint le numéro un sur la liste noire des *kidons*.

En 1973, une menace encore plus dangereuse frappa l'esprit de Kimche : le spectre d'une nouvelle guerre contre Israël déclenchée par les Arabes à l'initiative de l'Égypte. Mais la voix du Mossad resta trop longtemps isolée au sein des services secrets israéliens. Les inquiétudes croissantes de Kimche, reprises en écho par ses supérieurs, furent balayées d'un revers de main par l'Aman. Les militaires firent remarquer que l'Égypte venait d'expulser ses vingt mille conseillers militaires soviétiques, ce qui ne pouvait que prouver les intentions pacifiques du président Anouar el-Sadate.

Pourtant Kimche n'était pas convaincu. À force de lire les informations qui atterrissaient chaque jour sur son bureau, il était de plus en plus sûr que Sadate allait frapper à titre préventif pour la simple raison qu'il continuait de formuler des demandes inacceptables pour Israël. L'Égypte exigeait en effet la restitution des territoires occupés et la création d'un État palestinien à l'intérieur même d'Israël. Kimche restait persuadé que l'OLP poursuivrait sa campagne de terreur jusqu'à ce qu'Israël se retrouve à genoux – et même si ces formidables concessions lui étaient accordées.

L'inquiétude de Kimche s'aggrava encore quand Sadate remplaça son ministre de la Guerre par un faucon notoire, dont la première mesure fut de renforcer les défenses égyptiennes le long du canal de

Suez. Les chefs militaires égyptiens effectuaient aussi des visites de plus en plus fréquentes dans les capitales arabes pour obtenir du soutien. Sadate venait de conclure un nouvel accord d'achat d'armements avec Moscou.

Ces présages n'étaient que trop significatifs aux yeux de Kimche, pour qui « la question n'était plus de savoir si la guerre éclaterait, mais plutôt à quelle date ».

Or les responsables de l'Aman persistaient à négliger les avertissements du Mossad. Ils déclarèrent aux chefs d'état-major de Tsahal qu'en cas de conflit imminent il y aurait « au moins une période d'alerte de cinq jours » – délai largement suffisant pour que l'aviation israélienne réitère sa fabuleuse performance de la guerre des Six Jours.

Kimche objecta que les Arabes avaient sûrement tiré la leçon de leurs échecs passés. On lui reprocha de faire partie d'un « Mossad obnubilé par la guerre », accusation qui seyait fort mal à un homme habitué à peser soigneusement ses mots. Il dut se contenter de continuer à surveiller les préparatifs égyptiens et d'essayer de déterminer la date probable de l'attaque.

La fournaise de l'été 1973 à Tel-Aviv céda la place à un mois de septembre radouci. Les derniers rapports des *katsas* du Mossad en mission sur l'autre rive du Sinaï montraient que les préparatifs égyptiens avaient encore gagné en ampleur. Le génie militaire mettait la touche finale à la construction de ponts devant permettre à l'infanterie et aux blindés de franchir le canal de Suez. Quand le Mossad eut persuadé le ministre des Affaires étrangères israélien de soulever la question de ces préparatifs au siège des Nations unies, le représentant égyptien rétorqua placidement :

– Ce sont de simples manœuvres de routine.

Pour Kimche, cette déclaration se caractérisait par le « même type de crédibilité » que celle de l'ambassadeur nippon à Washington, la veille de Pearl Harbor.

Et pourtant, l'explication égyptienne fut acceptée par l'Aman. C'était d'autant plus incroyable pour Kimche qu'au début du mois d'octobre les signes d'un orage imminent s'étaient multipliés : la Libye avait nationalisé les compagnies pétrolières étrangères et, dans les pays producteurs de pétrole du Golfe, on parlait de couper entièrement à l'Occident le robinet d'or noir.

Cependant, les stratèges de l'Aman continuaient de se fourvoyer. Quand des chasseurs de l'aviation israélienne furent attaqués par une formation de Mig au-dessus de la Syrie – les pilotes juifs ne l'emportèrent que grâce à leur connaissance du Mig –, la destruction de douze appareils syriens fut interprétée par l'Aman comme une preuve que si les Arabes attaquaient ils seraient de nouveau battus à plate couture.

Dans la nuit du 5 au 6 octobre, le Mossad comprit qu'il ne s'agissait plus que d'une question d'heures : ses *katsas* et autres informateurs en Égypte indiquaient que le haut commandement égyptien était en état d'alerte rouge. Un tel signe ne pouvait plus être ignoré.

À 6 heures du matin, le directeur du Mossad, Zvi Zamir, contacta les responsables du renseignement militaire au ministère de la Défense. Le bâtiment était pratiquement désert : c'était le jour de Kippour, la plus importante des fêtes juives, où même les non-religieux observent le repos. Tous les services publics restaient fermés, radio d'État comprise (la radio avait toujours été le principal moyen de mobilisation des réservistes en cas d'urgence nationale).

Finalement, grâce aux preuves apportées par le Mossad, l'alerte fut déclenchée sur tout le territoire d'Israël juste avant qu'une attaque en tenaille – lancée conjointement par la Syrie au nord et l'Égypte au sud – ne déferle sur le pays.

La guerre éclata à 13 h 55 heure locale, pendant que le Conseil des ministres israélien était réuni en session extraordinaire – et alors que les stratèges de l'Aman venaient de lui garantir que les hostilités ne commenceraient qu'à 18 heures, estimation qui relevait de la devinette pure et simple.

Jamais, au cours de leur histoire, les services secrets israéliens n'avaient essuyé un échec aussi patent. La masse de preuves fournies par David Kimche et les autres avait été totalement ignorée par l'Aman.

Après la guerre, Israël ayant une fois de plus réussi à arracher la victoire, les échelons supérieurs de l'Aman subirent une purge massive. Le

Mossad retrouva son hégémonie sur les services secrets, même s'il se produisit dans ses rangs un changement de poids : Zamir se retrouva écarté de son poste de *memuneh* au motif qu'il n'avait pas su se montrer assez convaincant face à ses homologues de l'Aman. Son fauteuil échut à Yitzhak Hofi.

Kimche accueillit l'arrivée de ce nouveau patron avec des sentiments mêlés. D'une certaine façon, Hofi était issu du même moule que Meir Amit : même port raide, même expérience avérée du champ de bataille, mêmes manières incisives et même incapacité totale à supporter la sottise. Mais Hofi pouvait aussi manifester une brusquerie à la limite de la grossièreté, et la tension entre Kimche et lui remontait au temps où ils étaient tous deux instructeurs de jeunes recrues au centre d'entraînement du Mossad. Avec sa mentalité de kibboutznik, Hofi s'était irrité de l'intellectualisme de Kimche et de son accent distingué quand il s'adressait aux étudiants. Or Kimche n'était pas un officier expérimenté parmi d'autres ; c'était aussi l'adjoint de Hofi, car il avait été promu vice-directeur du Mossad peu avant le départ de Zamir. Hofi et Kimche savaient tous deux qu'ils allaient devoir mettre de côté leurs divergences personnelles pour assurer un fonctionnement efficace du service.

Kimche hérita d'une des tâches les plus délicates de l'Institut : le suivi du « compte libanais ». La guerre civile qui faisait rage dans ce pays avait éclaté deux ans après celle du Kippour, et quand Kimche hérita du « compte », les chrétiens libanais livraient une bataille perdue d'avance. De même que Salman, des années plus tôt, avait posé les premiers jalons de la négociation qui déboucherait sur le détournement d'un Mig irakien, de même, en septembre 1975, un émissaire des chrétiens libanais avait frappé à la même porte pour supplier Israël de les armer afin d'éviter l'anéantissement. La requête atterrit peu de temps après sur le bureau de Kimche. Il vit là une occasion pour le Mossad de se frayer un chemin dans la « jungle libanaise ».

Il expliqua à Hofi qu'il serait politiquement cohérent de « soutenir partiellement » les chrétiens contre les musulmans qui souhaitaient détruire Israël. On fournirait aux chrétiens une quantité suffisante d'armes pour affronter les musulmans, mais pas assez pour qu'ils puissent menacer l'État juif. Le Mossad entreprit donc d'acheminer des armes vers le Liban. Ensuite, Kimche envoya des agents auprès du commandement chrétien, officiellement pour optimiser l'emploi des armes israéliennes. En réalité, ces agents devaient fournir à Kimche un flot continu de renseignements grâce auxquels il accompagna au jour le jour l'évolution de la guerre civile. Le Mossad put notamment lancer nombre d'attaques contre des bastions de l'OLP au Sud-Liban.

Mais les relations du Mossad avec ces alliés se gâtèrent en janvier 1976 quand des chefs chrétiens invitèrent l'armée syrienne à les aider face au Hezbollah pro-iranien. Ce groupe était en effet perçu comme une dangereuse menace envers Damas. En quelques jours, des milliers de soldats syriens envahirent le Liban, tout près de la frontière israélienne. Les chrétiens comprirent trop tard qu'ils avaient commis, selon l'expression de Kimche, « la même erreur que le Petit Chaperon rouge avec le loup ».

Une fois de plus, les chrétiens du Liban se tournèrent vers le Mossad. Kimche prit alors conscience de l'insuffisance de son réseau d'approvisionnement en armes. Il était temps de changer d'échelle. Des dizaines de chars, des missiles antichars et autres armements lourds furent envoyés aux chrétiens. Peu après, la guerre civile libanaise échappa à tout contrôle.

Kimche profita du chaos ambiant pour lancer sa propre guérilla contre la bête noire d'Israël : l'OLP. Cette guérilla s'étendit bientôt aux Chiites libanais. Le Liban eut tôt fait de devenir un champ de manœuvres où le Mossad cherchait sans cesse à se perfectionner, en matière non seulement d'élimination mais aussi de guerre psychologique. Ce fut le début d'une époque bénie pour les hommes de terrain, de plus en plus inaccessibles aux consignes du boulevard du Roi-Saül.

À l'intérieur de la tour, en revanche, les relations entre Kimche et Hofi n'en finissaient pas de se dégrader. Les rumeurs évoquaient de violents désaccords de fond. Hofi avait peur, disait-on, que Kimche ne cherche à l'évincer ; de son côté, Kimche estimait que sa contribution n'était pas appréciée à sa juste valeur. Mais aujourd'hui encore, il refuse d'aborder ce sujet, si ce n'est pour lâcher qu'il ne faudra pas compter sur lui pour « asseoir la respectabilité d'une rumeur en la commentant ».

Par un matin de printemps 1980, David Kimche utilisa comme chaque jour sa carte magnétique – qui avait fini par remplacer les deux clés d'antan – pour accéder au QG du Mossad. En arrivant dans son bureau, il apprit que Hofi souhaitait le voir séance tenante. Il arpenta à grands pas le corridor menant au bureau directorial, frappa, entra et referma la porte derrière lui.

Ce qui se passa ensuite fait dorénavant partie de la légende du Mossad : il y eut, paraît-il, des éclats de voix de plus en plus vifs, ainsi qu'une escalade d'accusations et de contre-accusations. L'affrontement dura vingt longues minutes. Puis Kimche ressortit, les traits fermés. Sa carrière au Mossad était terminée. Mais non pas ses activités secrètes pour le compte d'Israël : elles allaient simplement migrer vers un théâtre familier, les États-Unis. Il ne s'agirait pas pour Kimche de voler des matières fissiles, mais de participer à un étrange marchandage qui se transformerait en scandale sous le nom d'Irangate.

Après une période de réflexion, David Kimche accepta le poste de directeur général du ministère des Affaires étrangères. Ce poste convenait à ses capacités d'analyse. Il lui offrait en outre une belle occasion de déployer ses talents sur la scène internationale, loin du Liban.

Aux États-Unis, le feuilleton du Watergate avait depuis longtemps débouché sur son inéluctable dénouement, laissant la CIA empêtrée dans une ère de soupçons sans équivalent depuis la mort du président Kennedy. Un nombre sans cesse croissant de révélations avait mis en lumière les pratiques douteuses de l'Agence pendant les années Nixon.

Kimche étudia les moindres facettes de ce drame politique en cherchant à tirer les « enseignements d'une débâcle qui n'aurait jamais dû avoir lieu, et dont la vérité première était que Nixon n'aurait jamais dû garder ces bandes : sans elles, il serait probablement resté président ».

Plus près de son pays, ce qui se passait en Iran le préoccupait aussi beaucoup. Quand Khomeiny et ses ayatollahs parvinrent au pouvoir, Kimche éprouva un choc en constatant à quel point la CIA et le Département d'État avaient échoué à évaluer correctement la situation.

Or il y avait à présent un nouveau locataire à la Maison-Blanche, Ronald Reagan, et celui-ci avait promis à la CIA une aube nouvelle. L'Agence, ainsi que Kimche l'apprit de ses contacts à Washington, était vouée à devenir la « botte secrète » du Président en matière de politique étrangère. William Casey était à sa tête. D'instinct, Kimche sentit que cet homme n'était pas un ami d'Israël mais plutôt un interlocuteur susceptible d'être abusé si le besoin s'en faisait sentir.

Pendant deux ans, Kimche suivit de près les opérations de la CIA en Afghanistan et en Amérique centrale. Beaucoup d'entre elles le frappèrent par leur aspect « ingénu d'espionnage à la papa, mêlé d'un goût assez sinistre pour la boucherie ».

Ensuite, une fois de plus, le regard du gentleman espion fut attiré vers l'Iran – et vers ce qui se passait à Beyrouth.

Quelques mois après que Kimche eut pris ses fonctions au ministère des Affaires étrangères, Israël avait commencé à vendre des armes à l'Iran, avec la bénédiction tacite des États-Unis. On souhaitait ainsi affaiblir le régime de Bagdad, en vertu de la bonne vieille tactique consistant à prendre l'ennemi entre deux feux.

Trois ans plus tard, deux événements graves remirent en cause cette belle entente. Il y eut d'abord la mort de 241 marines dans l'explosion d'un camion piégé à Beyrouth et les soupçons américains : le Mossad avait eu vent de l'attentat, et d'autre part les services secrets iraniens avaient participé à sa préparation. On exigea qu'Israël cesse d'armer Téhéran. Ces pressions s'accrurent encore à la suite du kidnapping et du décès de William Buckley, le chef de poste de la CIA à Beyrouth. En succession rapide, sept autres Américains furent ensuite pris en otages par des groupes fondamentalistes soutenus par les Iraniens.

Pour l'administration Reagan, arrivée au pouvoir grâce à un discours énergique contre le terrorisme, la présence de ces concitoyens prisonniers dans les ruines de Beyrouth exigeait une réaction efficace. Mais une opération de représailles classique était exclue : le bombardement de Téhéran, défendu dans un premier temps par Reagan, fut rejeté par ses aides les plus radicaux. De même, selon les chefs de la Force

Delta (l'unité de lutte antiterroriste), un raid de sauvetage avait toutes les chances d'échouer.

Alors eut lieu une conversation entre le Président et Robert McFarlane, ancien marine devenu conseiller pour la sécurité nationale. Selon Kimche, McFarlane lui aurait rapporté l'entretien comme suit :

– Monsieur le Président, de quoi les Iraniens ont-ils besoin par-dessus tout ?

– À vous de me le dire, Bob.

– D'armes pour affronter l'Irak.

– Alors, donnez-leur des armes. Et en échange, qu'ils nous rendent nos otages.

Reagan et McFarlane – contre l'avis de Casey et de la plupart des autres responsables des services secrets américains – partirent d'un raisonnement simpliste : en armant l'Iran, ils n'inciteraient pas seulement les mollahs à faire pression pour que les terroristes de Beyrouth libèrent les otages américains, ils contribueraient aussi à améliorer les relations de l'administration Reagan avec Téhéran, avec en prime un affaiblissement de la position de Moscou en Iran. Tels furent les prémices de l'Irangate.

Le colonel Oliver North, du corps des marines, eut à superviser l'opération. North et McFarlane décidèrent de tenir la CIA à l'écart de leur plan. Tous deux étaient des hommes d'action, ce qui les avait bien servis au Viêt-nam, et d'après ce qu'ils en avaient entendu dire, les Israéliens eux aussi aimaient aller droit au but. Selon North, « le temps était venu de ramener Israël au bercail ». Sans doute la perspective de visiter la Terre sainte joua-t-elle aussi : North, en chrétien pratiquant, se félicitait de marcher sur les traces de Jésus-Christ.

Le nouveau Premier ministre israélien, Yitzhak Shamir, estima qu'un seul homme était capable de répondre à la demande d'aide américaine, tout en protégeant les intérêts d'Israël. Le 3 juillet 1983, David Kimche prit donc un avion pour rencontrer McFarlane à la Maison-Blanche. Il déclara à son vis-à-vis que l'échange armes contre otages pouvait fonctionner et demanda si la CIA serait « activement impliquée » dans l'opération. On lui fit savoir que non.

À son tour, McFarlane demanda à Kimche jusqu'à quel point le Mossad serait concerné.

– Après tout, ajouta-t-il, toutes vos activités secrètes à l'étranger passent par lui, non ?

Kimche lui expliqua que Yitzhak Rabin, alors ministre de la Défense, voulait exclure le Mossad de l'accord et lui en confier l'entière responsabilité. McFarlane répondit que cela lui convenait. Kimche se garda de préciser que le nouveau patron du Mossad, Nahum Admoni, partageait les craintes de Casey, selon qui l'accord armes contre otages était truffé d'inconnues.

McFarlane se rendit à l'hôpital naval de Bethesda, où Ronald Reagan se remettait d'une opération du côlon. Le Président ne lui posa qu'une question : Kimche pouvait-il leur garantir qu'Israël garderait le secret sur la transaction ? La moindre fuite risquait de nuire gravement aux bonnes relations américaines avec des États arabes modérés qui déjà s'inquiétaient du radicalisme croissant de Téhéran. Selon Kimche, McFarlane assura le Président qu'Israël « fermerait toutes les écoutilles ». L'opération fut lancée. Kimche repartit en Israël. Deux semaines plus tard, il revenait à Washington. À l'occasion d'un dîner, il présenta son plan à McFarlane. Selon Kimche, la conversation se déroula ainsi :

– J'ai deux nouvelles pour vous, annonça-t-il à McFarlane. Voulez-vous d'abord la bonne ou la mauvaise ?

– La bonne.

– Nous allons leur livrer les armes à votre place. En utilisant le canal habituel.

McFarlane opina. Grâce à la méthode Kimche, les États-Unis n'établiraient aucun contact direct avec l'Iran, ce qui ne compromettrait pas l'attitude belliqueuse de l'administration Reagan. L'embargo militaire américain contre l'Iran serait officiellement maintenu, et la libération des otages ne serait pas associée à une sordide vente d'armes.

– Et la mauvaise ? s'enquit ensuite McFarlane.

Kimche expliqua que ses contacts en Iran n'étaient pas certains à cent pour cent que les mollahs réussiraient à obtenir la libération des otages de Beyrouth.

– Les extrémistes du Liban sont en passe d'échapper au contrôle de Téhéran, ajouta-t-il.

Si McFarlane fut déçu, il ne le montra pas. Le lendemain, le secrétaire d'État George Shultz déclara à Reagan, dans le bureau Ovale, que les risques étaient trop importants. Que se passerait-il si les Iraniens empochaient les armes et décidaient dans la foulée de révéler l'existence de l'accord pour embarrasser le « Grand Satan », ainsi que les mollahs désignaient les États-Unis ? Cela ne risquait-il pas de pousser un peu plus l'Irak dans les bras de l'Union soviétique ? Et que deviendraient les otages ? Leur situation risquait d'empirer. Toute la matinée, les discussions se prolongèrent. À l'heure du déjeuner, Reagan était visiblement fatigué. Sa décision, quand elle tomba, fut soudaine. Le Président allait faire passer une proposition disant que les États-Unis remplaceraient toutes les armes vendues par Israël à l'Iran. Une fois de plus, Kimche rentra au pays avec le feu vert. Shamir insista cependant pour que des précautions soient prises, afin qu'il garde toujours la « possibilité de nier tout lien avec l'affaire en cas de problème ».

En guise de fusibles, Kimche engagea une distribution de personnages hauts en couleur : Adnan Khashoggi, le pétromilliardaire saoudien, célèbre pour son caviar à la louche et ses cover-girls ; Manacher Thorbanifer, ancien agent de la redoutable Savak – la police secrète du Shah d'Iran –, qui malgré les déboires de son ex-employeur n'avait pas perdu l'habitude de se comporter en espion et donnait ses rendez-vous en pleine nuit ; et aussi le non moins mystérieux Yakov Nimrodi, ancien agent de l'Aman et ex-attaché militaire d'Israël en Iran du temps du Shah. Nimrodi était flanqué d'Al Schwimmer, le taciturne fondateur d'Israel Aircraft Industries.

Khashoggi proposa un montage. Il formerait un consortium destiné à indemniser les États-Unis au cas où l'Iran ne respecterait pas ses engagements – de même qu'il indemniserait l'Iran si les armes n'étaient pas conformes à l'accord. En échange, le consortium prélèverait une commission de dix pour cent sur la vente de toutes les armes achetées grâce aux fonds fournis par les États-Unis. Il jouerait aussi le rôle de fusible en laissant la possibilité de nier aux Iraniens et aux Américains en cas d'imprévu. Il était bien entendu que ce consortium échapperait à tout contrôle politique et serait d'abord et exclusivement mû par la recherche du profit.

À la fin du mois d'août 1985, la première cargaison d'armes en provenance d'Israël atterrit à Téhéran. Le 14 septembre, un premier otage américain, le révérend Benjamin Weir, fut libéré à Beyrouth. Tandis que le rythme des livraisons se précipitait, un nouveau contingent de personnages troubles rallia le consortium – notamment Miles Copeland, ancien officier de la CIA qui, la veille de la chute du Shah, avait eu la riche idée d'envoyer ses agents dans les souks de Téhéran pour distribuer des billets de 100 dollars aux volontaires acceptant encore de crier : « Longue vie au Shah ! » D'autres lui emboîtèrent le pas, comme cet ancien officier du SAS reconverti en directeur de société à Londres, proche du Mossad. Pendant ce temps, les politiciens d'Israël et de Washington n'avaient qu'à détourner pudiquement le regard. Une seule chose importait : l'opération fonctionnait au nez et à la barbe d'une opinion mondiale qui ne se doutait de rien.

En tout, l'Iran allait ainsi recevoir 128 chars américains, 200 000 Katioucha saisies au Sud-Liban, 10 000 tonnes d'obus de tous calibres, 3 000 missiles air-air, 4 000 fusils et près de 50 millions de cartouches.

Depuis la base aérienne de Marama, dans l'Arizona, plus de 4 000 missiles Tow furent envoyés au Guatemala, d'où ils devaient entreprendre un long périple à destination de Tel-Aviv. 8 000 missiles sol-air Sam-7 furent embarqués en Pologne et en Bulgarie, ainsi que 100 000 pistolets-mitrailleurs AK-47. La Chine mit la main à la pâte en fournissant des centaines de missiles mer-mer Silkworm, des blindés légers et des véhicules amphibies. La Suède vendit des obus d'artillerie de 105 mm, la Belgique des missiles air-air.

Les armes étaient livrées avec des certificats de transport citant Israël comme destinataire. Selon des militaires du Néguev, le consortium s'arrangea pour affréter des avions à destination de l'Iran, en prélevant sur chaque cargaison des « droits de manutention » que l'Iran se chargeait de verser sur des comptes suisses. La somme finale devait atteindre

7 millions de dollars. Israël ne reçut aucune contrepartie financière. L'État hébreu se contentait de voir l'Iran augmenter sa capacité de résistance aux forces irakiennes. Pour David Kimche, l'opération armes contre otages était un excellent exemple du bien-fondé de la politique du « diviser pour régner » dont il était l'ardent partisan.

Pourtant, ce qui avait commencé comme une « opération douce » menaçait d'échapper à tout contrôle. Ainsi qu'il devait le reconnaître lui-même :

« Ce consortium a fini par concentrer trop de pouvoirs entre les mauvaises mains. »

En participant à sa création, il avait une nouvelle fois apporté sa pierre à la realpolitik israélienne : si l'État hébreu avait accepté d'aider les États-Unis, c'était parce qu'il se savait incapable de survivre sans le soutien de Washington dans bien d'autres domaines. C'était aussi une façon de démontrer qu'Israël était capable de garder un secret tout en jouant un rôle clé sur la scène mondiale.

Mais plus l'opération armes contre otages se prolongeait, plus Kimche sentait qu'elle risquait d'être révélée au grand jour. En décembre 1985, il annonça aux membres du consortium qu'il ne pouvait plus se permettre de rester impliqué dans ses activités. Il se réfugia derrière le plus éculé des prétextes : il était débordé de travail au ministère des Affaires étrangères.

Le consortium le remercia de son aide, lui offrit un excellent dîner d'adieu dans un hôtel de Tel-Aviv et lui apprit qu'il allait être remplacé en tant que maillon israélien par Amiran Nir, le conseiller de Shimon Peres pour la lutte antiterroriste. Mais là, expliqua plus tard Kimche, le consortium s'engageait sur la voie de l'autodestruction. Car si quelqu'un était capable de faire dérailler toute l'opération, c'était bien Nir. Ancien journaliste, Amiran Nir avait une tendance alarmante à considérer l'espionnage comme un reflet de l'univers des films de James Bond. Il partageait d'ailleurs cette faiblesse avec certains agents du Mossad, qui s'étaient imaginés que les journalistes pouvaient les aider.

En avril 1999, David Kimche devait prouver une fois de plus qu'il n'avait rien perdu de sa capacité à lire la situation politique du Proche-

Orient. Yasser Arafat, homme qu'il avait jadis cherché à faire abattre, « parce que c'était l'ennemi de mon sang, et parce que j'étais certain que sa disparition serait une grande victoire pour Israël », était devenu, à son sens, « le meilleur espoir de paix à long terme d'Israël. M. Arafat ne correspond toujours pas à l'idée que je me fais du voisin idéal, mais c'est le seul responsable palestinien capable de faire des concessions à Israël tout en conservant le pouvoir chez lui et le soutien de son peuple. »

Kimche estimait avoir trouvé une sorte de terrain d'entente avec Arafat. Le chef de l'OLP en était enfin venu à reconnaître ce que lui-même avait pressenti un quart de siècle plus tôt, à savoir « l'authentique menace représentée par le fondamentalisme religieux à l'aube du nouveau millénaire ».

Depuis son petit bureau, donnant sur un jardin qu'il avait vu grandir, Kimche était désormais en mesure de prononcer un jugement pondéré : « Je ne peux pas pardonner à mon vieil ennemi d'avoir cautionné l'assassinat de mes compatriotes. Mais je serais également impardonnable de refuser à Arafat – et aux Israéliens – une chance de mettre enfin, et une bonne fois pour toutes, un terme à la boucherie. »

VIII

Ora et le monstre

Le gigantesque hall du Palestine-Meridian Hotel de Bagdad était aussi animé que d'habitude en ce dernier vendredi d'avril 1988, et l'ambiance générale était au beau fixe. L'Irak venait de remporter une bataille décisive contre l'Iran dans le golfe de Bassora, et tout le monde s'accordait à penser que la guerre allait enfin s'achever après sept ans de carnage.

Le mérite de la victoire irakienne revenait en partie aux étrangers installés dans le salon avec leurs vestes de bonne coupe, leurs pantalons aux plis effilés comme des lames de rasoir et leurs éternels sourires de professionnels de la vente. Ils étaient marchands d'armes et se trouvaient là pour fourguer leurs derniers modèles, même s'ils utilisaient rarement des termes aussi crus, préférant des expressions abstraites comme « interface optimisée », « systèmes de contrôle » ou « potentiel de croissance ». À eux tous, ces marchands représentaient la fine fleur de l'industrie de l'armement européenne, soviétique, américaine et chinoise. Leur langue commune était l'anglais, qu'ils parlaient avec une impressionnante variété d'accents.

Leurs hôtes irakiens n'avaient aucun besoin d'interprètes pour comprendre qu'ils étaient là pour leur proposer un catalogue de bombes, torpilles, mines et autres engins de mort. Les brochures passant de main en main montraient des hélicoptères aux noms d'armes de bande dessinée, Sea Knight, Sea Stallion, Chinook. L'un d'eux, *Big Mother*, était capable de transporter un pont mobile ; un autre, *The Incredible Machine*, d'embarquer un peloton de fantassins. Les brochures exhibaient des mitrailleuses susceptibles de vomir deux mille cartouches à la minute ou d'atteindre une cible mouvante dans l'obscurité grâce à un système de visée assisté par ordinateur.

Leurs hôtes irakiens maniaient quant à eux un jargon ésotérique que les vendeurs comprenaient à demi-mot : « vingt le jour J » et « trente moitié-moitié moins un » signifiaient soit 20 millions de dollars à la livraison, soit trente millions payables pour moitié d'avance, le solde étant réglable la veille de l'embarquement des armes. Tous les règlements s'effectuaient en dollars américains, la monnaie préférée de ce monde hermétique.

Ces vendeurs de bazar militaire et ces clients réunis autour de plateaux de thé à la menthe se rencontraient sous l'œil toujours attentif d'agents de la Da'lrat al-Mukhabarat al-Amah, la police politique irakienne – contrôlée par Sabba'a, le redoutable demi-frère de Saddam Hussein.

Certains marchands se trouvaient déjà dans le même salon, en des circonstances très différentes, sept ans plus tôt, quand leurs hôtes encore hébétés leur avaient appris qu'Israël, ennemi encore plus honni que l'Iran, venait de porter un coup terrible à leur machine de guerre.

Depuis la création de l'État hébreu, Israël et l'Irak étaient officiellement en guerre. Israël se fiait à ses forces armées pour remporter n'importe quel conflit conventionnel. Mais, en 1977, le Mossad avait découvert que le gouvernement français, après avoir fourni à Israël l'essentiel de sa capacité nucléaire, avait également vendu à l'Irak un réacteur atomique et « l'assistance technique » qui allait avec. On avait construit une centrale à al-Tuweitha, au nord de Bagdad.

L'aviation israélienne entreprit de planifier la destruction du site avant qu'il ne devienne « chaud » – c'est-à-dire avant l'insertion de barres d'uranium dans le réacteur. Agir ensuite aurait provoqué des dégâts humains et écologiques trop énormes : Bagdad et une bonne partie de l'Irak auraient été transformés en no man's land radioactif, ce qui aurait valu à Israël une condamnation universelle.

Pour ces raisons, Yitzhak Hofi, chef du Mossad à l'époque, s'opposa à l'idée d'un raid. D'après lui, une frappe aérienne entraînerait de toute façon de lourdes pertes parmi les techniciens français et isolerait l'État hébreu des pays européens qu'il voulait persuader de ses bonnes intentions. Un bombardement du réacteur aurait également pour effet de réduire à néant les manœuvres diplomatiques en vue d'amener l'Égypte à un traité de paix.

Hofi dirigeait un service divisé. Parmi ses chefs de département, plusieurs pensaient qu'il fallait détruire sans tarder le réacteur irakien. Saddam Hussein était un ennemi impitoyable. Dès qu'il disposerait de l'arme nucléaire, il n'hésiterait pas à s'en servir contre Israël. Et depuis quand l'État juif se souciait-il à ce point des Européens ? Seule l'Amérique avait de l'importance, et l'on laissait entendre, à Washington, que la destruction du réacteur ne vaudrait à Israël qu'une petite tape sur la main.

Hofi tenta d'imposer une autre tactique. Il demanda aux États-Unis d'exercer une intense pression diplomatique sur la France afin d'empêcher l'exportation du réacteur. Washington se heurta à un refus catégorique de Paris. Israël opta alors pour une action plus directe. Hofi chargea une équipe de sept *katsas* d'opérer un raid contre le complexe français de La Seyne-sur-Mer, près de Toulon, où le cœur du réacteur irakien était en cours de montage. La destruction fut ensuite revendiquée par un groupe d'écologistes français dont personne n'avait entendu parler.

Tandis que les Français se mettaient en devoir de construire un autre réacteur, les Irakiens envoyèrent à Paris Yahya al-Meshad, membre de la Commission irakienne à l'énergie atomique, afin d'organiser le transfert du combustible nucléaire vers Bagdad. Hofi lança une équipe de *kidons* à ses trousses. Tandis que leurs collègues patrouillaient dans les rues voisines, deux d'entre eux utilisèrent un passe-partout pour s'introduire dans la chambre d'hôtel d'al-Meshad. Ils lui tranchèrent la gorge et le poignardèrent en plein cœur. La pièce fut ensuite mise sens dessus dessous afin de simuler un cambriolage. Une prostituée à l'œuvre dans une chambre voisine déclara à la police qu'elle avait loué ses charmes au scientifique quelques heures avant sa mort. Plus tard, alors qu'elle s'occupait d'un autre client, elle avait entendu un « bruit bizarre » dans la chambre d'al-Meshad. Quelques heures seulement après sa déposition, elle devait être renversée par un automobiliste qui prit la fuite après l'avoir tuée sur le coup. Le chauffard ne fut jamais retrouvé. Les *kidons* repartirent pour Tel-Aviv.

En dépit de ce nouveau coup d'arrêt, l'Irak, toujours aidé par la France, redoubla d'efforts pour accéder au rang de puissance nucléaire. À Tel-Aviv, l'aviation israélienne poursuivait ses préparatifs pendant que les divers responsables du renseignement se heurtaient aux sempiternelles objections de Hofi. Le chef du Mossad rencontra une opposition inattendue : son adjoint, Nahum Admoni, affirma que si la destruction du réacteur n'était pas essentielle, elle pouvait néanmoins servir de « leçon aux autres Arabes nourrissant les mêmes desseins ».

En octobre 1980, le débat revint sur la table à chaque réunion du Conseil des ministres présidée par Menahem Begin. Les mêmes arguments étaient sans cesse rabâchés. De plus en plus, Hofi se sentait isolé. Il n'en continua pas moins de résister, jusqu'à publier ses prises de position dans la presse, tout en sachant qu'il écrivait là sa nécrologie professionnelle. Admoni cachait de moins en moins son mépris pour son supérieur. Les deux hommes, jadis amis proches, entrèrent en conflit. Cependant, il fallut encore six mois d'affrontement larvé entre le chef du Mossad et ses principaux adjoints avant que l'état-major israélien approuve l'attaque, le 15 mars 1981.

Le raid en lui-même fut un chef-d'œuvre tactique. Huit chasseurs-bombardiers F-16, escortés par six chasseurs F-15, traversèrent la Jordanie au ras des dunes avant de fondre sur l'Irak. Ils atteignirent leur cible à l'heure prévue, 17 h 34 heure locale, soit quelques minutes après le départ des techniciens français qui supervisaient la construction. Il y eut neuf morts. La centrale fut anéantie. L'escadrille revint sans la moindre perte. L'ère Hofi s'achevait. Admoni le remplaça.

En ce matin d'avril 1988, dans leur hôtel de Bagdad, les marchands de canons qui, sept ans plus tôt, avaient versé avec leurs hôtes quelques larmes de crocodile à la suite du raid israélien – avant de sauter sur l'occasion pour vendre à l'Irak des systèmes de détection radar améliorés – auraient sans doute été surpris d'apprendre que, dans le même salon, un agent du Mossad était en train de relever leurs noms et ceux des produits qu'ils proposaient.

Un peu plus tôt, ce vendredi-là, les négociations avaient été interrompues par l'arrivée à l'hôtel de Sabba'a al-Takriti, le directeur de la police secrète irakienne, accompagné de sa garde prétorienne. Le demi-frère de Saddam Hussein s'était dirigé vers l'ascenseur pour rejoindre une suite en terrasse, où l'attendait une grande et belle prostituée venue de Paris pour son plaisir – une passe à haut risque, mais extrêmement bien rémunérée. Certaines des filles qui l'avaient précédée avaient purement et simplement disparu de la circulation après la visite de Sabba'a.

Le patron de la sécurité irakienne s'en fut au milieu de l'après-midi. Peu après, un grand jeune homme vêtu d'un pantalon de toile et d'une veste de coton bleu sortit d'une suite proche de celle de la courtisane. Assez séduisant, dans un genre un peu efféminé, il donnait une grande impression de vulnérabilité. Secoué de tics nerveux, il passait son temps à se lisser la moustache et à se masser les joues.

Il s'appelait Farzad Bazoft. Sur sa fiche de renseignements de l'hôtel – dont une copie avait été adressée à la police politique de Sabba'a –, Bazoft s'était présenté comme le correspondant étranger de l'*Observer*, le grand journal britannique du dimanche. Cette description n'était pas tout à fait exacte : seuls les salariés en mission pouvaient s'intituler « correspondants étrangers », alors que Bazoft n'était qu'un pigiste qui, l'année précédente, avait publié dans l'*Observer* plusieurs papiers sur le Proche-Orient. Il avait confié à d'autres journalistes présents à Bagdad qu'il se faisait toujours passer pour le principal correspondant de l'*Observer* quand il séjournait dans des villes comme Bagdad. Cela lui permettait d'obtenir une meilleure chambre d'hôtel. Cette inoffensive entorse à la réalité était généralement mise sur le compte de sa candeur juvénile.

Ce que ne savaient pas ses confrères, c'était que la personnalité de Bazoft comportait une face cachée. Il eût été dangereux de découvrir la véritable raison de sa présence. Car Bazoft espionnait pour le Mossad.

Il avait été recruté à Londres, après son arrivée de Téhéran, trois ans plus tôt. En Iran, ses opinions de plus en plus ouvertement opposées au régime khomeyniste lui avaient valu de sérieux ennuis. Comme tant d'autres Orientaux avant lui, Bazoft trouva Londres étrange et les Anglais bizarrement réservés. Il tâcha de se faire une place dans la communauté iranienne en exil et, pendant un temps, sa connaissance de la structure politique de Téhéran fit de lui un invité de choix dans les dîners. Mais la fréquentation de ces cercles familiers, toujours les mêmes, ne tarda pas à lasser ce jeune homme ambitieux et impatient.

Bazoft se mit en quête d'émotions plus fortes. Il établit le contact avec l'ennemi de son pays, l'Irak. Au milieu des années 1980, un grand nombre d'Irakiens évoluaient à Londres, où ils étaient les bienvenus. La Grande-Bretagne considérait l'Irak non seulement comme un bon client pour ses produits industriels, mais aussi comme une nation apparemment capable, sous l'égide de Saddam Hussein, de mater le périlleux fondamentalisme du régime de Khomeyni.

Bazoft se retrouva bientôt dans les dîners irakiens. Ses nouveaux hôtes paraissaient plus décontractés et plus enclins à lui « confier leurs petits secrets » que ses compatriotes. De leur côté, les Irakiens appréciaient les manières raffinées de Bazoft et son stock inépuisable de plaisanteries sur les ayatollahs de Téhéran.

Lors d'une soirée, il fit la connaissance d'un homme d'affaires irakien, Abou al-Hibid. Celui-ci laissa Bazoft – comme souvent un peu pompette à la fin de la soirée – évoquer son rêve de devenir journaliste et son admiration sans bornes pour Bob Woodward et Carl Bernstein, les « tombeurs » du président Nixon dans l'affaire du Watergate. Il confia à Abou al-Hibid qu'il mourrait heureux s'il pouvait obtenir le même résultat avec l'ayatollah Khomeiny. Pour le moment, il se contentait d'écrire des piges pour une feuille de chou iranienne, adressée aux exilés en Grande-Bretagne.

« Abou al-Hibid » était en réalité le pseudonyme d'un *katsa* né en Irak. Dans un rapport à Tel-Aviv, il fit allusion à Bazoft, à son travail et à ses aspirations. Il n'y avait rien d'anormal à cela : des centaines de noms étaient ainsi cités chaque semaine dans les rapports d'agents, afin d'enrichir la banque de données du Mossad.

Nahum Admoni, le *memuneh*, désirait développer ses contacts en Irak. Le *katsa* reçut donc l'ordre de cultiver l'amitié de Bazoft. Au fil des dîners, Bazoft se plaignit à al-Hibid que son rédacteur en chef ne sache pas exploiter pleinement son potentiel. Son nouvel ami lui suggéra de se frayer une place dans la presse britannique. Il y avait forcément du travail pour un jeune journaliste doté d'une aussi fine connaissance de l'Iran. Al-Hibid ajouta que la BBC pouvait lui fournir une bonne rampe de lancement.

La BBC abritait déjà plusieurs *sayanim*, qui avaient pour double tâche de se renseigner sur les émissions concernant Israël et de surveiller les membres du service arabophone de la chaîne publique. L'un d'eux joua-t-il un rôle direct dans l'embauche de Bazoft par la BBC ? On ne le saura probablement jamais, mais une chose est sûre : peu de temps après avoir revu al-Hibid, Bazoft fut chargé par la BBC d'une mission d'enquête. Il s'en acquitta de façon satisfaisante. D'autres enquêtes suivirent. Les chefs de service de la radio-télévision nationale lui faisaient confiance en ce qui concernait l'analyse des intrigues politiques de Téhéran.

À Tel-Aviv, Admoni jugea opportun d'avancer un nouveau pion. Alors que les révélations sur l'Irangate gagnaient en ampleur aux États-Unis, le patron du Mossad attira volontairement l'attention des médias sur le rôle de Yakov Nimrodi, ancien de l'Aman. Membre du consortium créé par David Kimche, Nimrodi s'était servi de son expérience des services secrets pour maintenir le Mossad à l'écart de l'opération. Roublard et beau parleur, l'homme avait notamment inspiré ce commentaire au secrétaire d'État américain George Shultz, dans les premiers mois de l'accord armes contre otages :

« Les objectifs d'Israël ne sont pas les mêmes que les nôtres, et une collaboration avec les services israéliens à propos de l'Iran me paraît risquée. »

Quand Kimche se retira du consortium, Nimrodi y resta encore quelque temps. Ensuite, ayant constaté que les vagues en provenance de Washington étaient de plus en plus hautes et de plus en plus menaçantes pour Israël, il avait décidé de se faire oublier. Admoni, qui se souvenait de la façon dont Nimrodi avait traité le Mossad, ne l'entendait pas de cette oreille : afin de le mettre dans l'embarras, il décida de donner à la carrière de Bazoft un coup de pouce qui pouvait se révéler utile au Mossad.

Al-Hibid transmit à Bazoft assez de détails sur le rôle de Nimrodi pour que celui-ci propose un long article à l'*Observer*. Le texte contenait plusieurs références à « un mystérieux Israélien, un certain Nimrodi, apparemment mêlé à l'Irangate ». Bazoft devint bientôt un collaborateur régulier de l'*Observer*. Pour finir, on lui attribua un bureau, belle récompense pour un pigiste. Cela voulait notamment dire qu'il n'aurait plus à payer ses factures de téléphone pour ses enquêtes et qu'on lui rembourserait ses notes de frais. Mais Bazoft continuait d'être rémunéré au feuillet. Insatisfait, il continua à chercher d'autres sujets et à jouer des coudes pour obtenir une place dans les voyages de presse au Proche-Orient. Quand il voyageait, tous frais payés, il pouvait gonfler ses notes pour se faire rembourser au-delà de ce qu'il avait dépensé. Le manque d'argent était chez lui un problème chronique qu'il prenait soin de dissimuler à ses amis de l'*Observer*. Personne ne soupçonnait à la rédaction que ce reporter enthousiaste, qui passait des heures au téléphone à s'entretenir en farsi avec ses contacts, avait été condamné pour vol. Bazoft avait purgé dix-huit mois de prison pour avoir cambriolé le siège d'une entreprise de bâtiment. Au moment d'annoncer la sentence, le juge avait précisé que Bazoft serait expulsé de Grande-Bretagne à sa levée d'écrou. Bazoft avait interjeté appel en faisant valoir qu'il risquait d'être exécuté à son retour en Iran. Son appel fut rejeté, mais il se vit accorder l'« autorisation exceptionnelle » de rester indéfiniment en Grande-Bretagne. À ce jour, les raisons de cette mesure d'indulgence pour le moins inhabituelle sont toujours enfermées à double tour dans un placard du ministère de l'Intérieur.

Le Mossad, ayant repéré le potentiel de Bazoft, avait-il mis en branle l'un de ses *sayanim* de Whitehall pour régler le problème ? La question reste posée. Cette possibilité, en tout cas, ne peut être écartée.

Après sa libération, Bazoft fut victime de plusieurs accès de dépression, qu'il traita par l'homéopathie. Son passé avait été découvert par le résident du Mossad. Un député conservateur du Parlement, Rupert Alison, expert en services secrets, devait déclarer plus tard que la personnalité fragile de Bazoft en faisait une cible de choix pour l'Institut.

Un an après leur rencontre, al-Hibid avait donc réussi à recruter Bazoft. Nous ne savons ni où ni comment cela se produisit. Il se peut que l'argent ait constitué un argument de poids pour séduire Bazoft, toujours à court de trésorerie. En outre, pour un esprit romanesque, la perspective de réaliser un vieux rêve en marchant sur les traces de cet autre correspondant étranger qu'il admirait tant, Kim Philby – qui avait jadis travaillé pour l'*Observer* et espionné pour le compte de l'Union soviétique –, peut avoir joué un rôle.

Ce qui est certain, c'est que Bazoft commença à se tailler une réputation dans la presse : ses lacunes stylistiques étaient largement compensées par la solidité de ses informations. Tout ce qu'il dénichait en Iran était aussitôt communiqué au *katsa* de Londres. Parallèlement à ses articles pour l'*Observer*, Bazoft se vit confier diverses missions par la chaîne de télévision ITN et le groupe Mirror. À l'époque, le rédacteur en chef du service étranger du *Daily Mirror* s'appelait Nicholas Davies. Avec son style baroudeur, Davies semblait tout droit sorti de *Scoop*, le célèbre roman d'Evelyn Waugh. Doté d'un réel talent pour récolter les rumeurs, il affichait une stupéfiante endurance à l'alcool et ne lésinait jamais pour payer sa tournée. Son accent du nord de l'Angleterre était presque effacé : d'après ses confrères, il avait passé d'innombrables heures à perfectionner le débit susurré qui était désormais le sien. Les femmes étaient fascinées par son élégance nonchalante et par son assurance quand il commandait un dîner ou choisissait une bonne bouteille. Elles adoraient écouter cet homme qui avait tout vu et tout vécu, surtout quand il évoquait des pays lointains qui semblaient faire partie de son jardin personnel. Tard le soir, quand il avait bu un verre de trop, ses récits avaient tendance à devenir de plus en plus romancés.

Personne ne se douta jamais – ni ses collègues du *Mirror*, ni son vaste cercle d'amis, ni même sa femme Janet, une actrice d'origine australienne qui avait été la vedette de *Dr Who*, une série de la BBC – qu'il avait été recruté par Nahum Admoni.

Davies répétait à qui voulait l'entendre que, même au cas où il serait « approché », il refuserait toujours de travailler pour le Mossad et que s'il était présent dans le salon d'un grand hôtel de Bagdad, c'était exclusivement pour couvrir les activités des marchands d'armes. Interrogé par la suite, il résolut d'oublier sa conversation avec Bazoft dans ce salon :

« J'imagine qu'on a évoqué la situation. »

Il refusa d'ajouter quoi que ce soit.

Les deux hommes étaient arrivés en Irak avec un petit groupe d'autres journalistes (parmi lesquels l'auteur de ce livre, en mission pour la British Press Association). Pendant le vol en provenance de Londres, Davies avait régalé l'assistance avec une série d'histoires croustillantes sur Robert Maxwell, qui venait de racheter le groupe Mirror. Selon lui, Maxwell était un « monstre sexuel doté d'un appétit particulièrement vorace en matière de petites secrétaires ». Il laissa entendre qu'il était proche du grand patron, précisant :

– Bob est un type infernal, mais j'en sais trop long pour qu'il puisse me sacquer.

L'affirmation de Davies fut mise par ses auditeurs sur le compte de son penchant naturel pour l'hyperbole.

Durant ce vol, Farzad Bazoft resta quasi muet. À l'aéroport de Bagdad, ses compétences linguistiques facilitèrent le contact du groupe avec les « accompagnateurs » irakiens chargés de nous escorter. D'un murmure de conspirateur, Davies nous glissa qu'ils appartenaient en réalité à la police politique.

– Mais ces abrutis ne reconnaîtraient pas un espion si on le leur montrait du doigt, ajouta-t-il, prophétique.

À l'hôtel, le représentant du *Mirror* informa ses compagnons de voyage qu'il n'était là que parce qu'il s'ennuyait « à Londres comme un rat mort ». Mais il précisa qu'il n'avait pas l'intention de suivre l'itinéraire officiel, qui incluait une visite au champ de bataille de Bassora, que l'armée irakienne tenait à exhiber après sa victoire contre les forces iraniennes. Dans la foulée, Bazoft décréta qu'il ne pensait pas que cette excursion puisse intéresser son journal.

Après avoir passé quelques heures dans le salon à observer les allées et venues des marchands de canons et à parler plusieurs fois avec Davies, Farzad Bazoft dîna seul au bar de l'hôtel. Il déclina l'invitation d'un groupe de journalistes londoniens, sous prétexte qu'il devait réfléchir à son planning.

Au cours du repas, il fut appelé au téléphone. Il revint quelques minutes plus tard, méditatif. Bien qu'ayant déjà commandé un dessert, il quitta sa table en ignorant les plaisanteries des journalistes affirmant que ce départ précipité sentait le rendez-vous galant.

Quand il reparut, le lendemain, il semblait encore plus tendu. Il déclara entre autres à Kim Fletcher, un pigiste travaillant pour le *Daily Mail*: « Pour vous autres, c'est facile: vous êtes nés et vous avez grandi en Grande-Bretagne. Mais moi, je suis iranien. Ça change tout. » Fletcher n'était pas le seul parmi les journalistes anglais à se demander si Bazoft n'était pas de nouveau « en train de flipper à cause de son passé ».

Il passa le plus clair de la journée à faire les cent pas soit dans le salon, soit dans sa suite. À deux reprises, il quitta brièvement l'hôtel. Au salon, il s'entretint plusieurs fois avec Nicholas Davies, qui raconta plus tard que Bazoft était « comme n'importe quel journaliste en reportage, à se demander s'il réussirait à obtenir ce qu'il voulait ». Le correspondant du *Daily Mirror* déclara quant à lui qu'il n'écrirait aucun article: « Je ne vois rien ici qui puisse intéresser Captain Bob. »

Tard dans l'après-midi, Bazoft quitta de nouveau l'hôtel. Comme d'habitude, un agent irakien lui emboîta le pas. Mais lorsque Bazoft revint, il était seul. Des journalistes l'entendirent glisser à Davies qu'il n'avait pas l'intention de se laisser suivre « comme une chienne en chaleur ».

Le rire de Davies ne fit pas grand-chose pour améliorer son humeur. Il se retrancha une fois de plus dans sa suite. À son retour au salon, il dit aux journalistes présents qu'il ne rentrerait pas à Londres avec eux. « Il s'est passé quelque chose », ajouta-t-il sur ce ton mystérieux qu'il utilisait parfois.

« Il aurait vraiment fallu un bon papier pour me faire rester là-bas plus longtemps », devait commenter Fletcher.

Quelques heures plus tard, Bazoft quitta l'hôtel. Ses compagnons ne devaient plus le revoir avant sa réapparition sur une bande vidéo, divulguée dans le monde entier par le régime irakien, sept semaines après son arrestation : face à la caméra, il avouait être un espion du Mossad.

Bazoft avait été chargé par le Mossad d'une opération qui aurait hérissé le poil de plus d'un *katsa*. Il avait pour consigne de découvrir l'état d'avancement des plans de Gerald Bull à propos du supercanon. Le seul fait qu'on l'ait choisi pour une telle mission indiquait la manière dont ceux qui le téléguidaient étaient prêts à le manipuler. Le Mossad avait fait le nécessaire pour que Bazoft, en cas de capture, ait l'air de travailler pour l'entreprise londonienne DSL – Defence Systems Limited. Au moment de son arrestation, à proximité d'un des champs de tir d'essai du supercanon, les agents irakiens découvrirent en sa possession des notes précisant qu'il avait effectué depuis son hôtel plusieurs appels au siège de DSL. Interrogés, les dirigeants de l'entreprise déclarèrent qu'ils ne le connaissaient pas et n'avaient rien à voir avec le Mossad.

Sur la bande vidéo, le regard de Bazoft paraissait parfois se brouiller ; ensuite, il se mettait à cligner rapidement des yeux et à les déplacer dans tous les sens ; à l'arrière-plan, on ne voyait qu'un rideau orné de torsades. Le prisonnier semblait impuissant et résigné.

Les psychologues du Mossad étudièrent la bande image par image. À leur sens, le processus de désintégration psychologique de Bazoft avait suivi les mêmes étapes que lorsqu'on arrachait une confession à un terroriste. D'abord, Bazoft semblait être passé par une phase d'incrédulité – un refus instinctif d'admettre la réalité de ce qui lui arrivait. Ensuite, il devait avoir pris conscience de cette réalité d'une façon bouleversante et effroyablement destructrice. Parvenu à ce stade, le journaliste pouvait avoir éprouvé deux émotions : soit une terreur paralysante, soit un besoin irrépressible de parler. C'était sans doute à ce stade qu'il avait reconnu devant la caméra qu'il travaillait pour le Mossad.

Son ton monocorde suggérait qu'il avait éprouvé au cours de sa captivité des accès successifs de dépression exogène, conséquence de l'arrachement brutal à un décor et à un rythme de vie familiers. Sans doute l'avait-on privé de sommeil pour l'empêcher de récupérer. Ce devait être à ce moment-là que sa culpabilité avait atteint son pouvoir d'autodestruction maximal – et que le désespoir l'avait submergé. Comme le prisonnier du *Procès* de Kafka, il avait dû se sentir « idiot » et se reprocher la façon dont il avait mis d'autres personnes en danger.

Son regard tendait aussi à suggérer qu'il avait été drogué. Mais les analystes du Mossad ne purent déterminer quel type de produit on lui avait administré.

Nahum Admoni savait qu'à la suite d'aveux aussi complets un seul dénouement était possible : l'exécution de Bazoft. Le maître espion ordonna à ses spécialistes du LAP de lancer séance tenante une campagne de désinformation afin d'esquiver les questions gênantes sur les rapports de Bazoft avec le Mossad.

Plusieurs parlementaires de Grande-Bretagne reprochèrent publiquement à l'*Observer* d'avoir envoyé Bazoft en Irak. Dans le même temps, des journalistes complaisants furent nourris en rumeurs affirmant que Saddam Hussein avait personnellement et intégralement assisté aux vidéocassettes de l'interrogatoire. Était-ce vrai ? En tout cas, c'était surtout un prétexte pour rappeler au monde que la torture et le meurtre étaient les outils quotidiens de la politique d'État en Irak. En fin de compte, Bazoft fut pendu à Bagdad en mars 1990. On rapporta que ses derniers mots sur le gibet furent :

« Je ne suis pas un espion israélien. »

À Londres, Nicholas Davies apprit l'exécution par une dépêche de l'agence Reuter, arrivée au service étranger du *Daily Mirror*. Selon les consignes en matière d'informations clés venues du Proche-Orient, il porta lui-même cette dépêche dans le bureau de Robert Maxwell.

Depuis 1974, le magnat de la presse était le plus puissant *sayan* de Grande-Bretagne. Comme Davies le raconta plus tard, « Bob lut la dépêche sans faire de commentaire ». En revanche, et « en toute honnêteté », lui-même jura être incapable de se rappeler quel sentiment il avait éprouvé en apprenant la mort de Bazoft.

À Tel-Aviv, Ari Ben Menashe – sans doute l'un des personnages les plus pittoresques à avoir frayé dans le milieu de l'espionnage israélien – fut probablement parmi les premiers à lire la nouvelle de l'exécution. Jusque-là, il ignorait l'existence de Bazoft. Mais cela ne l'empêcha pas de déplorer qu'« un type bien se soit une fois de plus trouvé au mauvais endroit au mauvais moment ». C'est précisément ce genre de sentimentalisme qui empêcha toujours Ben Menashe, un homme au charme sombre et à l'esprit vif, d'accéder au plus haut rang des services secrets israéliens. Et pourtant, pendant dix ans (1977-1987), il occupa un poste très sensible au département des relations extérieures (ERD) de la Défense – l'un des services les plus puissants et les plus mystérieux de l'espionnage juif.

L'ERD avait été créé en 1974 par le Premier ministre Yitzhak Rabin. Après avoir médité sur les raisons pour lesquelles l'État hébreu avait été pris de court par l'offensive égypto-syrienne de la guerre du Kippour, il avait décidé que la seule façon d'éviter un nouvel échec de ses services secrets consistait à charger un chien de garde de surveiller les autres centrales de renseignement tout en conduisant ses propres opérations.

Quatre branches opérèrent sous le parapluie de l'ERD. La plus importante était le SIM, chargé de fournir une « assistance spéciale » à un nombre toujours croissant de « mouvements de libération » en Iran, en Irak et, dans une moindre mesure, en Syrie et en Arabie Saoudite. La deuxième, le RESH, serait chargée des relations avec les services secrets amis, au premier rang desquels figurait le South African Bureau of State Security. Le Mossad disposait déjà d'une unité similaire, le TEVEL, qui entretenait notamment des liens étroits avec les services secrets sud-africains. En raison d'inévitables chevauchements, les relations entre le RESH et le TEVEL devaient être souvent tendues par la suite.

La troisième branche de l'ERD – la liaison étrangère – visait à coordonner les attachés militaires israéliens et le personnel de la Défense en poste à l'étranger. Ce département devait aussi garder l'œil sur les attachés militaires étrangers en Israël. Il y avait là une source de conflits supplémentaires, cette fois avec le Shin Beth, qui jusqu'alors avait eu l'exclusivité de ce type d'activité. La quatrième branche de l'ERD fut baptisée « Intelligence 12 ». Trait d'union théorique avec le Mossad, cette unité eut des relations houleuses avec les locataires du dernier étage du boulevard du Roi-Saül. Ceux-ci éprouvèrent l'impression que l'ERD avait pour fonction de les amputer d'une partie de leur pouvoir.

Ben Menashe fut rattaché au RESH, avec une responsabilité particulière pour le « compte » iranien. Il arriva au moment où Israël allait perdre son plus puissant allié dans la région. Depuis plus d'un quart de siècle, en effet, le Shah d'Iran avait œuvré en coulisse pour persuader les voisins arabes d'Israël de faire taire leur hostilité à l'égard de l'État juif. Il avait obtenu sur ce plan des progrès réels, mais limités – notamment avec le roi Hussein de Jordanie –, quand lui-même avait été renversé par la révolution fondamentaliste en février 1979. Khomeiny s'empressa d'offrir à l'OLP l'ancien siège de l'ambassade israélienne à Téhéran. Tout aussi vite, Israël aida les Kurdes à organiser leur résistance contre le nouveau régime. Dans le même temps, l'État hébreu continua de vendre des armes à Téhéran, contre l'Irak. La politique du « diviser pour régner » prônée par Kimche et d'autres au Mossad fonctionnait à plein régime.

Ben Menashe se retrouva bientôt impliqué dans le grand dessein de David Kimche : l'accord armes contre otages conclu avec l'Iran. Les deux hommes se rendirent de concert à Washington, et Ben Menashe devait affirmer plus tard avoir arpenté de long en large la Maison-Blanche, rencontré le président Reagan et appelé par leurs prénoms ses plus proches conseillers.

Plein de charme et relativement désinvolte, Ben Menashe devint vite un personnage populaire dans les cocktails de l'espionnage israélien, où les poids lourds de la politique échangeaient des informations avec les chefs de réseau pour un bénéfice mutuel. Rares étaient les conteurs aussi doués que Ben Menashe. À l'époque où Kimche commençait à mettre en place l'opération armes contre otages, il fut nommé par le Premier ministre Yitzhak Shamir « consultant personnel » pour les affaires d'espionnage – après avoir juré qu'il savait « où étaient enterrés tous les cadavres ». Kimche estima que ces qualités faisaient de Ben Menashe l'homme idéal pour travailler avec un agent secret qu'il admirait plus que les autres : Rafi Eitan. Avec l'approbation du Premier ministre, Ben Menashe fut déchargé de ses autres devoirs pour collaborer avec Eitan. Les deux hommes se rendirent ensemble à New York en mars 1981. Selon Ben Menashe, leur objectif était simple :

« Nos amis de Téhéran avaient désespérément besoin de matériel électronique sophistiqué pour leur aviation et leur défense au sol. Et bien entendu, Israël ne demandait pas mieux que de les soutenir dans leur combat contre l'Irak. »

Voyageant sous passeport britannique – l'une des nationalités favorites du Mossad –, ils fondèrent une société dans le quartier des affaires de New York. Ils recrutèrent rapidement près de cinquante courtiers qu'ils chargèrent de passer au crible le complexe militaro-industriel américain, en quête du matériel le plus approprié. Ultérieurement, toutes les cargaisons d'armes devaient être accompagnées de certificats attestant qu'on les destinait à Israël. Selon Ben Menashe, toujours :

« On remplissait des piles de formulaires qu'on envoyait discrètement à Tel-Aviv, histoire de les garder sous la main au cas où quelqu'un se donnerait la peine de vérifier ce qui se passait. »

Le matériel était expédié à Tel-Aviv. Là, sans même passer par les douanes, il était directement transféré dans les soutes d'un appareil de la Guinness Peat et s'envolait pour Téhéran. Le choix de cette compagnie irlandaise de bonne réputation s'était imposé naturellement. L'idée de faire appel à des pilotes irlandais venait de Rafi Eitan. Il n'avait pas oublié les qualités de ce qu'il appelait son « Irish Connection » :

« En affaires, les Irlandais respectent les règles. Et la seule règle qui compte, c'est de payer à temps. »

Au fur et à mesure que grossissait le volume d'affaires de la société new-yorkaise, il fallut mettre en place une holding pour gérer les milliards de dollars brassés dans l'achat et la vente d'armes. Le nom de cette société était Ora – mot qui signifie « lumière » en hébreu.

En mars 1983, Rafi Eitan ordonna à Ben Menashe d'engager Nicholas Davies au sein d'Ora. Le vieil espion avait certainement entendu parler du journaliste au Mossad – et le Mossad devait avoir eu vent de son existence par Bazoft, auteur de plusieurs piges pour le responsable du service étranger du *Daily Mirror*. Vers la fin du même mois, Ben Menashe et Davies se rencontrèrent dans un salon de l'hôtel Churchill, à Londres. Quand ils se séparèrent, Ben Menashe avait la conviction que Davies était « notre homme ». Le lendemain, ils déjeunèrent au domicile de Davies. Sa femme Janet était présente. Ben Menashe eut l'impression que Davies, si décontracté et beau parleur fût-il, avait peur de la perdre.

« C'était bon pour nous. Ça le rendait vulnérable. »

Le rôle de Davies en tant que consultant d'Ora fut défini lors d'une réunion à l'hôtel Dan Acadia, sur le front de mer de Tel-Aviv. Comme devait l'expliquer Ben Menashe :

« Nous sommes convenus qu'il deviendrait notre intermédiaire à Londres pour l'acheminement des armes, et aussi notre représentant sur un certain nombre de marchés : iranien et autres. Son adresse personnelle figurerait dorénavant sur le papier à en-tête d'Ora. Par ailleurs, pendant la journée, nos contacts iraniens devraient l'appeler sur sa ligne directe de bureau, au 822 35 30. »

En retour, Davies recevrait des commissions compatibles avec son nouveau rôle de pivot de l'opération armes contre otages. Au total, il devait encaisser un million et demi de dollars sur divers comptes bancaires aux îles Caïman, en Belgique et au Luxembourg. Une partie de l'argent allait lui servir à régler son divorce : Janet reçut de lui une somme forfaitaire de 50 000 dollars. Par ailleurs, Davies épongea ses dettes bancaires et s'offrit une maison sur quatre niveaux où allait s'établir le quartier général d'Ora Europe, alors que son numéro de téléphone – le 231 00 15 – devenait le nouveau code de référence pour les marchands d'armes qui faisaient maintenant partie intégrante de sa vie. Toujours en tant que chef du service étranger du *Mirror*, Davies effectua un certain nombre de voyages aux États-Unis, en Europe, en Iran et en Irak.

Ben Menashe devait plus tard remarquer :

« Pendant ses voyages, Davies se présentait comme un émissaire d'Ora. Il convenait d'une réunion, généralement le week-end, sautait dans un avion pour rejoindre la ville du rendez-vous et enregistrait la commande et les modalités de paiement. »

En 1987, l'ayatollah iranien Ali Akbar Hashemi Rafsanjani reçut un câble d'Ora portant sur la vente à l'Iran de 4 000 missiles Tow au prix de 13 800 dollars pièce. Le câble concluait en précisant : « Nicholas

Davies est mandaté par Ora Limited ; à ce titre, il a pleine autorité pour signer les contrats. »

Le champagne coulait à flots pour Ari Ben Menashe, pour Nicholas Davies, et surtout pour un puissant personnage dont l'ombre toujours plus envahissante se profilait à l'arrière-plan : Robert Maxwell.

IX

Sexe, mensonges et bakchichs

La situation semblait meilleure encore pour Ari Ben Menashe en ce matin de la fin mars 1985, alors qu'il avait pris place à bord du premier vol Tel-Aviv-Londres de la British Airways. Il savoura son petit déjeuner *cacher* en se disant que la vie était belle. Non seulement il se faisait un « paquet d'argent », mais il avait beaucoup appris de David Kimche, dans l'univers byzantin du trafic d'armes. Au passage, il avait aussi affiné sa compréhension de l'interaction permanente entre les politiciens et les patrons des services secrets.

Pour Ben Menashe, « comparé à mes ex-collègues, le trafiquant d'armes moyen était un enfant de chœur ». Il avait identifié la cause du problème : c'était un effet secondaire de l'aventure libanaise, d'où l'État hébreu s'était finalement retiré, meurtri et démoralisé. Pressés de redorer leur blason, les politiques avaient donné carte blanche aux espions pour livrer une guerre impitoyable à l'OLP, responsable selon eux de tous les maux d'Israël. S'ensuivit une série d'opérations plus que douteuses où de simples suspects – voire leurs proches – furent torturés, quand ils n'étaient pas sommairement abattus. Yitzhak Hofi, ancien chef du Mossad, comparut devant une commission d'enquête gouvernementale, instaurée sous la pression de l'opinion publique. Elle conclut que les espions avaient systématiquement menti sur leurs méthodes souvent plus que brutales. La commission recommanda que des « procédures correctes » soient dorénavant respectées.

Ben Menashe savait que les tortures avaient continué : « Il valait mieux rester à l'écart de ces horribles détails. » Il considérait ses nouvelles activités – la vente d'armes destinées à massacrer un maximum d'Irakiens – comme « différentes ». La situation des otages de Beyrouth, pourtant à l'origine de l'opération, ne semblait pas le concerner. Seul comptait l'argent qu'il gagnait au passage. Même après le départ de Kimche, Ben Menashe resta persuadé que le manège enchanté sur lequel il avait pris place ne s'arrêterait que quand il le déciderait – et qu'il en descendrait milliardaire. D'après ses comptes, le chiffre d'affaires d'Ora représentait désormais des « centaines de millions » de dollars, dont l'essentiel transitait par la banlieue de Londres : plus précisément, la maison d'où Nicholas Davies dirigeait à présent les opérations internationales d'Ora.

Ben Menashe savait que Davies était lui aussi en train d'amasser une fortune, bien supérieure à son salaire annuel de 65 000 livres en tant que chef du service étranger du *Daily Mirror* (sa commission d'Ora s'élevait environ au même montant tous les mois). Mais Ben Menashe ne s'indignait pas de voir le journaliste prélever « sa part de gâteau » : « Il y en avait pour tout le monde. C'était encore le bon temps. »

Robert Maxwell faisait servir le champagne par magnums entiers à ses amis dans son grand bureau, au faîte de l'immeuble du *Mirror*. À l'arrivée de son vol British Airways, Ben Menashe devait justement y être conduit dans une limousine avec chauffeur envoyée par Maxwell : signe supplémentaire, dans l'esprit de l'Israélien, de la valeur que lui accordait désormais le magnat. La même voiture devait aussi prendre à son bord Nahum Admoni, directeur général du Mossad, qui atterrirait une heure plus tard dans un avion d'El Al. Ben Menashe patienta à l'aéroport de Heathrow en récapitulant ce qu'il savait de la façon dont le puissant patron était devenu le *sayan* numéro un du Mossad.

Maxwell avait offert ses services à Israël au terme d'un entretien à Jérusalem avec Shimon Peres en 1984 ; celui-ci venait de former son gouvernement de coalition. Un proche de Peres devait décrire l'entrevue comme suit : « La rencontre de l'ego et de la mégalomanie. Peres, à son habitude, se montra hautain et autocratique, Maxwell continua d'enfoncer le clou, en martelant des phrases comme "Les millions vont pleuvoir sur Israël" et "Je vais relancer votre économie". On aurait dit un candidat aux élections. Il était emphatique, il coupait la parole, il esquivait les questions, il racontait des blagues égrillardes. Et Peres restait là à l'écouter avec son sourire d'Esquimau. »

Assuré que Maxwell avait développé au fil des ans de précieux contacts en Europe de l'Est, Peres lui arrangea un rendez-vous avec Admoni. La rencontre eut lieu dans la suite présidentielle de l'hôtel King David de Jérusalem, où Maxwell était descendu. Maxwell et Admoni trouvèrent d'emblée un terrain d'entente dans leurs origines européennes communes : Maxwell était né en Tchécoslovaquie (ce qui devait d'ailleurs conduire Peres à lâcher l'une de ses rares plaisanteries : « C'est bien le seul Tchèque qui ne soit pas sans provision »). Les deux hommes étaient animés par une égale ferveur sioniste et par la même certitude que la survie d'Israël était une question de droit divin. Ils partageaient en outre une passion pour la bonne chère et les bons vins.

Admoni fut séduit par l'analyse de Maxwell, selon lequel les États-Unis comme l'Union soviétique avaient pour objectif la domination de la planète, mais par le biais d'approches différentes. La Russie avait incorporé l'anarchie mondiale à sa stratégie, alors que Washington raisonnait en termes d'« amis » et d'« ennemis » plutôt que de nations opposées par des intérêts idéologiques conflictuels. Maxwell lui donna des informations intéressantes : les contacts secrets de la CIA avec ses homologues chinois suscitaient un certain malaise au Département d'État, où l'on craignait que ces relations n'en viennent à peser sur la diplomatie du gouvernement.

Puis le magnat esquissa le portrait de deux personnages passionnants aux yeux d'Admoni. Il raconta qu'après avoir rencontré Ronald Reagan, il était arrivé à la conclusion que le président américain, sous ses dehors d'éternel optimiste, dissimulait un politique aguerri. Son défaut le plus dangereux était une tendance à la simplification – surtout en ce qui concernait le Proche-Orient, où ses efforts de réflexion, si intenses soient-ils, ne lui permettaient jamais de dépasser son jugement initial, lui-même proféré à l'emporte-pièce.

Par ailleurs, Maxwell avait croisé William Casey, le directeur de la CIA, qu'il considérait comme un homme aux vues étroites et n'aimant guère Israël. Casey dirigeait une agence qui n'était plus tellement au fait du jeu politique international. Nulle part, selon Maxwell, ce défaut ne s'était manifesté de façon plus évidente qu'au Proche-Orient ; Casey se méprenait sur les intentions arabes. Or cette impression coïncidait avec celle de Nahum Admoni. Après leur rendez-vous, les deux hommes montèrent ensemble dans la voiture banalisée d'Admoni pour rejoindre le QG du Mossad, où le patron de presse eut droit à un tour du propriétaire.

Ils étaient ensuite convenus de se revoir à Londres en ce 15 mars 1985.

Après avoir accueilli Admoni et Ben Menashe dans son bureau de High Holborn, Maxwell annonça à ses hôtes qu'un quatrième larron allait se joindre à eux pour savourer avec eux les beignets, le saumon fumé et le café qu'il exigeait toujours quand il était dans la place.

Sur ce, tel un prestidigitateur sortant un lapin blanc de son chapeau, il fit entrer Viktor Chebrikov, le vice-président du KGB – l'un des plus puissants maîtres espions de la planète. En un brillant euphémisme, Ben Menashe devait reconnaître plus tard :

« La présence d'un chef du KGB dans le bureau d'un magnat britannique pouvait paraître assez irréelle. Mais à l'époque, le président Gorbatchev était en excellents termes avec Mme Thatcher, et il était donc acceptable pour Chebrikov de se trouver en Grande-Bretagne. »

La Dame de fer, bien que fervente adepte du libre-échange, aurait cependant jugé douteux l'ordre du jour de cette réunion. Bien carrés dans leurs fauteuils de cuir chez Maxwell, Admoni et Ben Menashe ouvrirent les débats. Ils cherchèrent à savoir si, au cas où des « sommes en devises très substantielles » (les bénéfices réalisés par Ora sur les ventes d'armes américaines à l'Iran) seraient confiées à des établissements bancaires soviétiques, Chebrikov garantissait que l'argent serait en sûreté.

Chebrikov s'enquit du montant des sommes envisagées.

– Environ 450 millions de dollars, répondit Ben Menashe. Et autant à venir par la suite. Un milliard de dollars au total, peut-être plus.

Chebrikov glissa un coup d'œil à Maxwell, comme pour vérifier qu'il avait bien entendu.

– C'est la *perestroïka*, non ? lança le magnat avec entrain.

Pour Ben Menashe, l'extrême simplicité de la transaction présentait un avantage supplémentaire. Cela éviterait qu'une cohorte d'intermédiaires prélève au passage des commissions.

– Juste Maxwell et Chebrikov, à cause du pouvoir de ce dernier. Sa participation était l'assurance que les Soviétiques ne feraient pas main basse sur l'argent. On décida que les quatre cent cinquante premiers millions de dollars seraient transférés du Crédit suisse à la Banque de Budapest, en Hongrie. Celle-ci se chargerait ensuite de répartir l'argent entre plusieurs institutions du bloc soviétique.

Une commission fixe de 8 millions de dollars reviendrait à Robert Maxwell pour ses bons offices. Une série de poignées de main scella l'accord. Maxwell porta un toast au futur capitalisme russe, et ses invités retournèrent en hélicoptère privé à l'aéroport de Heathrow, où chacun prit son vol de retour.

À l'exception de Nicholas Davies, aucun journaliste du *Daily Mirror* ne se rendit compte du scoop monumental qui venait de lui passer sous le nez. Une autre information d'ampleur similaire devait par la suite leur échapper, lorsque Maxwell se servit de leurs compétences professionnelles pour défendre Israël.

Dès le début de ses relations avec le Mossad, il fut évident que Maxwell constituait un atout trop précieux pour qu'on l'implique dans les opérations de renseignement. Selon un membre encore actif des services secrets israéliens :

« Robert Maxwell était devenu le Monsieur Bons-Offices du Mossad. Toutes les portes s'ouvraient devant lui. L'influence de son groupe était telle que présidents et Premiers ministres étaient toujours prêts à le recevoir. Vu ce qu'il représentait, ils lui parlaient comme à un homme d'État, sans jamais se demander jusqu'où iraient leurs propos. Une bonne part de ce que Maxwell apprenait ainsi ne dépassait pas le stade du potin, mais, sans aucun doute, il glanait des informations de première importance. Maxwell savait poser les questions. On ne lui a pas enseigné de méthode particulière, on lui fournissait simplement des lignes directrices sur les domaines à explorer. »

Le 14 septembre 1986, Robert Maxwell appela Nahum Admoni sur sa ligne directe pour lui annoncer une nouvelle stupéfiante. Un journaliste colombien indépendant, Oscar Guerrero, venait de contacter la rédaction d'un de ses journaux, le *Sunday Mirror*, pour lui proposer un scoop sensationnel : il comptait déchirer le voile sur la vraie destination de la centrale de Dimona. Guerrero prétendait agir au nom d'un ex-technicien de la centrale. Pendant son service, ce technicien aurait secrètement accumulé des photos et des documents prouvant qu'Israël était devenu une puissance nucléaire de premier plan et possédait une centaine d'armes atomiques.

Comme tous les appels téléphoniques passés et reçus par le chef du Mossad, celui-ci fut automatiquement enregistré. L'agent secret israélien cité plus haut devait ensuite affirmer que la bande contenait l'échange suivant :

ADMONI : Comment s'appelle ce technicien ?

MAXWELL : Vanunu. Mordechai Vanunu.

ADMONI : Où est-il ?

MAXWELL : À Sydney, en Australie, je crois.

ADMONI : Je vous rappelle.

Le coup de fil suivant du *memuneh* fut pour le Premier ministre Shimon Peres, qui ordonna de prendre toutes les dispositions pour « contrôler la situation ». Par ces quelques mots, Peres donna implicitement le feu vert à une opération qui allait une fois de plus démontrer l'impitoyable efficacité du Mossad.

L'équipe d'Admoni confirma bientôt que Vanunu avait travaillé à Dimona de février 1977 à novembre 1986. Il avait été affecté au laboratoire Makhon-2, la plus secrète des dix unités de la centrale. Vu de l'extérieur, le bâtiment de béton aveugle ressemblait à un vulgaire entrepôt, mais ses murs étaient assez épais pour empêcher la pénétration des plus puissantes caméras satellites. À l'intérieur de cette structure conçue comme un bunker, une succession de faux murs menait aux ascenseurs ; ceux-ci descendaient sur six niveaux jusqu'au cœur du complexe, où étaient fabriquées les armes nucléaires.

Vanunu disposait d'un accès à tous les recoins de Makhon-2. Grâce à son passe spécial – numéro 520 – et à la signature apposée au bas d'un document officiel, personne ne lui posait de question quand il se présentait pour remplir ses fonctions de *menahil* – contrôleur de l'équipe de nuit.

Admoni apprit avec stupeur que Vanunu avait photographié l'intérieur de Makhon-2 des mois durant : panneaux de contrôle, caissons antiradiations, équipement servant à la production des bombes, etc. D'après certains indices, il avait d'abord caché les pellicules dans son armoire de vestiaire avant de les faire sortir en cachette du périmètre le mieux surveillé d'Israël.

Admoni exigea de savoir comment Vanunu avait pu réussir tout cela – et peut-être plus encore. Et s'il avait déjà communiqué ses informations à la CIA ? aux Russes ? aux Britanniques ou aux Chinois ? Les dommages seraient incalculables. Le gouvernement d'Israël serait traité de menteur par le monde entier – un menteur doté d'un formidable pouvoir de destruction. Qui était ce Vanunu ? Et pour qui roulait-il ?

Mordechai Vanunu, Juif marocain, était né le 13 octobre 1954 à Marrakech, où ses parents tenaient une modeste boutique. En 1963, quand le vieil antisémitisme des Marocains dégénéra comme souvent en une explosion de violence, la famille émigra en Israël et s'installa à Beersheva, dans le Néguev.

L'adolescence de Vanunu se déroula sans heurt. Comme tous les jeunes de son âge, il fit son service militaire dans l'armée israélienne. Il était déjà affligé d'une calvitie naissante qui le vieillissait. Il atteignit le grade de sergent dans une unité de déminage stationnée sur le plateau du Golan. Après sa démobilisation, il entra à l'université de Tel-Aviv. Ayant échoué dans deux matières à la fin de sa première année de physique, il quitta le campus.

À l'été 1976, il répondit à une offre d'emploi pour un poste de technicien novice à Dimona. Après un entretien avec l'officier chargé de la sécurité de la centrale, il fut admis en stage et suivit une formation intensive de physique, chimie, mathématiques et anglais. Ayant obtenu des résultats suffisants, il fut finalement recruté comme technicien en février 1977.

Vanunu fut licencié en novembre 1986, son dossier de sécurité ayant mentionné des « convictions pro-arabes et gauchistes ». Sac au dos, il quitta Israël pour l'Australie ; il arriva à Sydney en mai de l'année suivante. Au cours de son périple, en suivant une route fréquentée en

Extrême-Orient par les jeunes Israéliens, Vanunu avait renoncé au judaïsme pour devenir chrétien. Une douzaine de sources distinctes fournirent à Admoni le portrait d'ensemble d'un jeune homme au physique quelconque, le type même du solitaire : il ne s'était fait aucun ami à Dimona ; il n'avait pas de liaison connue ; il passait son temps chez lui à feuilleter des livres de philosophie et de politique. Les psychologues du Mossad confirmèrent que ce genre d'individu pouvait faire preuve de témérité et d'idéalisme. En un mot, Vanunu était dangereusement imprévisible.

En Australie, il fit la connaissance d'Oscar Guerrero, pigiste colombien travaillant à Sydney, à une époque où il aidait à repeindre une église. Le journaliste raconta à ses amis du quartier de King Cross une histoire insolite : il leur affirma être en cheville avec un savant nucléaire israélien de premier plan, qui s'apprêtait à dévoiler le détail des plans stratégiques nucléaires d'Israël. Il ajouta que son ami, traqué par les tueurs du Mossad, se terrait dans une maison de la banlieue de Sydney pendant que lui-même se chargeait de négocier en son nom ce qu'il appelait la « vente du scoop du siècle ».

Vanunu s'irrita des absurdes élucubrations de son nouvel ami. Pacifiste convaincu, il souhaitait que son histoire soit publiée dans un journal sérieux afin d'alerter le monde sur la menace que représentait Israël. Or Guerrero avait déjà contacté le bureau madrilène du *Sunday Times* ; l'hebdomadaire britannique envoya à Sydney un journaliste pour interviewer Vanunu.

Les exagérations de Guerrero apparurent vite sous le feu continu des questions du reporter. Le Colombien sentit qu'il était en train de perdre le contrôle de Vanunu. Ses craintes redoublèrent quand le journaliste du *Sunday Times* lui annonça qu'il comptait emmener le technicien à Londres, où ses dires feraient l'objet d'une investigation plus approfondie. Le journal projetait de confronter Vanunu à l'un des plus grands spécialistes nucléaires de la Grande-Bretagne.

Assailli de doutes, Guerrero regarda Vanunu et son nouveau protecteur s'embarquer à bord d'un avion pour Londres. Sentant qu'il avait besoin de conseils pour reprendre la situation en main, il se tourna vers un ancien membre de l'Australian Security and Intelligence Service (ASIS). Guerrero lui expliqua qu'on venait de lui souffler un scoop capable de faire trembler la planète médiatique et décrivit par le menu ce que Vanunu avait sorti de Dimona : soixante photos prises à l'intérieur du laboratoire Makhon-2, ainsi que des plans, des dessins et des notes. Le tout révélait sans l'ombre d'un doute qu'Israël était devenu la sixième puissance nucléaire du monde.

Une fois de plus, la malchance desservit le Colombien. Il avait frappé à la mauvaise porte. L'ex-agent s'empressa de répéter à son ancien employeur ce que lui avait confié Guerrero. Or des liens étroits existaient entre l'ASIS et le Mossad, qui fournissait régulièrement aux Australiens des informations sur les allées et venues des terroristes arabes entre le Proche-Orient et le Pacifique. L'ASIS signala au *katsa* de l'ambassade israélienne à Canberra l'appel de son ancien agent. L'information parvint aussitôt à Admoni, dans la foulée d'une autre nouvelle inquiétante. Pendant son voyage vers l'Australie, Vanunu avait fait étape au Népal, où il s'était rendu à l'ambassade soviétique de Katmandou. Avait-il communiqué ses photos à Moscou ?

Il fallut trois jours à un *sayan* de l'entourage du roi du Népal pour vérifier que Vanunu avait seulement cherché à se renseigner sur les conditions d'obtention d'un visa touristique pour l'Union soviétique. Il en était ressorti avec une pile de brochures et n'avait pas donné suite.

Dans les heures qui suivirent le départ de Vanunu pour Londres, Guerrero s'efforça de lui couper l'herbe sous le pied en transmettant des doubles de certains de ses documents à deux journaux australiens. Ceux-ci les refusèrent, persuadés qu'il s'agissait de faux.

Désespéré, Guerrero s'envola à son tour pour Londres, où il se lança à la poursuite de Vanunu et du journaliste. Incapable de les retrouver, il finit par porter ses doubles au *Sunday Mirror*, en y joignant une photo de Vanunu prise en Australie. Fort de ces informations, quelques heures suffirent à Nicholas Davies pour localiser les deux hommes. Il s'empressa de prévenir Maxwell, qui téléphona à Admoni. Le même jour, quand Admoni rappela Maxwell, une nouvelle mauvaise surprise l'attendait. Le *Sunday Times* prenait l'histoire de Vanunu très au sérieux.

Il devenait urgent de savoir très précisément ce que l'ex-technicien avait photographié afin de pouvoir organiser la riposte. Selon les informations de Canberra, Guerrero était mû par l'appât du gain. Si Vanunu avait les mêmes motivations, il devait être possible de lancer une campagne de désinformation pour montrer que le *Sunday Times* avait été abusé par deux escrocs.

Une fois de plus, on fit appel aux services de l'inévitable Ari Ben Menashe. Admoni lui ordonna de se rendre à Londres afin de se procurer les doubles apportés par Guerrero au *Sunday Mirror*. Ainsi que Ben Menashe devait par la suite le raconter à Seymour Hersch, journaliste d'investigation américain :

« Nicholas Davies a réussi à convaincre Guerrero d'accepter de rencontrer un journaliste américain « chaud » – moi, en l'occurrence. Pendant notre entretien, Guerrero, qui espérait sans doute décrocher une nouvelle vente, a étalé devant moi des photos prises par Vanunu. Je n'avais aucune idée de leur valeur, mais il fallait qu'elles soient examinées par des spécialistes israéliens. Je lui ai dit qu'il m'en fallait des copies. Il s'est cabré. J'ai expliqué qu'il fallait bien que je sache si elles valaient le coup avant de payer, et j'ai ajouté que Nick pourrait se porter garant. »

Guerrero finit par remettre plusieurs clichés à Ben Menashe. Ils furent immédiatement envoyés à Tel-Aviv.

Leur arrivée ne fit qu'accentuer la consternation ambiante. Plusieurs officiels de Dimona reconnurent sans peine le Makhon-2 sur les photos. L'une d'elles montrait la salle où étaient fabriquées les mines nucléaires devant être enterrées dans le Golan, à la frontière syrienne. Il n'était plus question de contester la crédibilité de Vanunu. N'importe quel physicien nucléaire aurait identifié en un clin d'œil la fonction d'une installation de ce type.

Le Premier ministre Shimon Peres forma une cellule de crise. Plusieurs chefs de département du Mossad prônèrent l'envoi à Londres d'une équipe de *kidons* pour débusquer Vanunu et l'éliminer. Admoni rejeta l'idée. Le *Sunday Times* n'aurait jamais assez de place dans ses colonnes pour publier la totalité des informations de Vanunu (un livre entier n'y aurait peut-être pas suffi). En revanche, dès que le journal en aurait fini avec le technicien, il était probable qu'il serait longuement interrogé par le MI-6 et la CIA, ce qui poserait à Israël des problèmes épineux. La priorité absolue consistait à découvrir comment Vanunu avait mené ses activités d'espion à Dimona et s'il avait travaillé seul ou avec quelqu'un d'autre. Et avec qui, le cas échéant. Admoni souhaitait attirer Vanunu hors de sa cachette. Il serait ainsi plus facile de l'interroger. Et, s'il devait être éliminé, ce ne serait pas la première fois que le Mossad supprimerait un gêneur à Londres. Dans sa chasse aux responsables du massacre des Jeux de Munich, l'Institut avait liquidé un agent de Septembre noir par le biais d'un « accident » de la circulation, soigneusement mis en scène alors que l'homme rentrait à son hôtel de Bloomsbury.

À Londres, le *Sunday Times*, ayant compris qu'Israël ferait tout son possible pour discréditer Vanunu, s'était arrangé pour le confronter au Dr Frank Barnaby, un physicien nucléaire aux références irréprochables qui avait naguère travaillé à la centrale militaire britannique d'Aldermaston. Il conclut à l'authenticité des photos, des documents et du compte rendu du technicien.

Le *Sunday Times* prit ensuite une initiative imprudente. Son journaliste porta à l'ambassade d'Israël à Londres un résumé de ce que Vanunu lui avait révélé, ainsi que des photocopies de son passeport, de ses photos et du commentaire de Barnaby. L'idée était d'obtenir des aveux du gouvernement israélien. Mais le représentant de l'ambassade se contenta de balayer les documents d'un revers de main, en disant qu'ils n'avaient « aucune espèce de lien avec la réalité ».

À Tel-Aviv, ces photocopies achevèrent de démoraliser les Israéliens. Selon Ben Menashe :

« Le loup était dans la bergerie. J'étais encore à Londres quand Davies m'a prévenu que Maxwell désirait me voir. Nous nous sommes rencontrés dans le même bureau que le jour où j'avais accepté de lui verser une commission de 8 millions de dollars. Maxwell m'a clairement fait comprendre qu'il savait ce qu'il fallait faire à propos de Vanunu. Il a ajouté qu'il en avait déjà touché un mot à mon patron de Tel-Aviv. »

Cet appel de Maxwell permit en effet à Admoni de sentir qu'il tenait le moyen d'attirer Vanunu à découvert.

Le numéro suivant du *Sunday Mirror* publia une grande photo de Mordechai Vanunu, accompagnée d'un article qui le tournait en dérision – lui et le Colombien Oscar Guerrero, copieusement traité de menteur et d'escroc – et réduisait ses accusations à un sordide canular. L'article avait été dicté par Maxwell, qui avait également supervisé le positionnement du portrait de Vanunu. La salve inaugurale d'une campagne de désinformation orchestrée par le LAP venait d'être tirée.

La lecture de l'article affola Vanunu au point de lui faire déclarer à ses anges gardiens du *Sunday Times* qu'il entendait disparaître : « Je veux que personne ne sache où je suis. »

Terrorisé, le technicien se terrait alors dans un hôtel choisi par ses protecteurs, le Mountbatten, près de Shaftesbury Avenue, dans le centre de Londres.

Après la parution du *Sunday Mirror*, tous les *sayanim* de Londres se mobilisèrent pour retrouver Vanunu. Des dizaines de volontaires juifs reçurent des listes d'hôtels et de pensions à contacter. À chaque appel, ils donnaient une description verbale de Vanunu d'après la photo publiée dans le *Sunday Mirror*, en se faisant passer pour un parent désireux de savoir s'il était descendu dans l'établissement.

Le mercredi 25 septembre, Admoni apprit qu'on avait localisé Vanunu. Il était temps de passer à l'étape suivante.

Les rapports entre l'espionnage et l'appât sexuel sont vieux comme l'espionnage lui-même. Dans le Livre de Josué, la prostituée Rahab arrache les deux espions de Josué à la police du roi de Jéricho. Il s'agit du premier témoignage écrit d'une conjonction entre les deux plus vieux métiers du monde. L'une des dignes héritières de Rahab fut sans doute Mata Hari, l'aventurière néerlandaise qui espionna pour les Allemands pendant la Première Guerre mondiale avant d'être exécutée par les Français. Le Mossad connaissait depuis toujours la valeur de l'appât sexuel. Selon Meir Amit :

« C'est une arme efficace. Une femme a des qualités qu'un homme ne possède pas. Elle sait écouter. Les confidences sur l'oreiller arrivent naturellement. L'histoire du renseignement moderne est truffée de récits de femmes ayant usé de leurs charmes pour le bénéfice de leur pays. Prétendre qu'Israël ne l'a pas fait serait stupide. Mais nos femmes sont des volontaires courageuses et conscientes des risques qu'elles courent. Ce travail demande un type de bravoure très spécial. Il ne s'agit pas tant de coucher avec un homme que de l'induire à croire que vous accepterez s'il vous fait certaines confidences. Mais cela ne suffit pas à décrire le centième des qualités qu'il faut mobiliser pour en arriver à ce résultat. »

Nahum Admoni choisit lui-même l'agent le plus capable de mener à bien cette mission.

Cheryl Ben Tov était *bat leveyha* – grade inférieur à celui de *katsa*. Née dans une riche famille juive d'Orlando, en Floride, elle avait vu le mariage de ses parents se déliter jusqu'à un divorce douloureux et contesté. Elle se réfugia dans l'étude de la religion, ce qui la mena à passer trois mois dans un kibboutz israélien. Là, brusquement immergée dans l'histoire juive et la langue hébraïque, elle résolut de rester en Israël. À l'âge de dix-huit ans, elle tomba amoureuse d'un *sabra* – un Juif né en Israël –, Ofer Ben Tov. Ofer travaillait comme analyste pour l'Aman. Un an plus tard, ils se mariaient.

Parmi les invités à la noce se trouvaient plusieurs dignitaires des services secrets israéliens, dont un membre de la Melukha, le bureau de recrutement du Mossad. Pendant la fête, il posa à Cheryl le type de questions auxquelles toute jeune mariée peut s'attendre. Allait-elle continuer à travailler ? Pensait-elle fonder rapidement une famille ? Prise dans le tourbillon d'enthousiasme de la fête, Cheryl lui répondit qu'elle rêvait de servir sa patrie d'adoption, qui lui avait tant apporté. Elle décrivit même Israël comme sa « famille ». Un mois après son retour de lune de miel, elle reçut un coup de téléphone de l'officier en question ; il lui expliqua qu'il avait beaucoup réfléchi à leur conversation et qu'il connaissait peut-être un moyen de l'aider à réaliser son rêve.

Ils prirent rendez-vous dans un café du centre de Tel-Aviv. L'officier désarçonna Cheryl en retraçant avec une incroyable précision son parcours scolaire, l'histoire de sa famille et sa rencontre avec son mari. Ayant peut-être senti un début de mouvement de recul, il s'empressa d'ajouter que toutes ces informations figuraient dans le dossier de son mari à l'Aman.

L'officier recruteur savait que les relations avec une recrue potentielle étaient ambiguës : certains les comparent à celles d'un sorcier initiant un néophyte aux mystères d'une secte, avec ses symboles, ses incantations et ses rites. Après avoir révélé à Cheryl le nom du service pour lequel il agissait, l'agent passa au plat de résistance. Le Mossad était toujours à l'affût de jeunes gens désireux de servir leur pays. Au mariage, la jeune femme avait comparé Israël à une seconde famille. Eh bien, le Mossad n'était rien d'autre : une fois qu'on y était admis, on faisait partie de la famille, qui vous protégeait et vous nourrissait. En échange, chacun devait la servir chaque fois qu'elle en avait besoin. Était-elle intéressée ?

Cheryl hocha la tête. L'homme lui expliqua qu'elle devait se soumettre à des tests préliminaires. Pendant les trois mois suivants, elle subit un certain nombre d'examens écrits et oraux dans plusieurs planques de la région de Tel-Aviv. Son QI élevé – plus de 140 –, ses origines américaines et son niveau socioculturel faisaient d'elle une recrue nettement supérieure à la moyenne.

On lui annonça enfin qu'elle était apte à suivre une formation d'agent.

Auparavant, elle avait eu un nouvel entretien avec son recruteur. Il lui expliqua qu'elle se trouvait au seuil d'un monde où elle n'aurait plus le droit de partager ce qu'elle vivait avec personne, même son mari. Dans cet état d'extrême isolement, elle risquait d'être tentée de se laisser aller à de dangereuses confidences. Mais elle ne devait plus jamais se confier à personne, hormis à ses collègues de l'Institut. On allait lui apprendre à mentir, à utiliser des méthodes qui paraissaient violer les règles les plus élémentaires de la décence et de l'honneur ; elle devrait se plier à des comportements radicalement nouveaux. Elle jugerait sans doute fort déplaisantes certaines des tâches qu'on lui demanderait d'accomplir, mais elle devrait toujours les réévaluer dans le seul contexte de sa mission.

Le recruteur se pencha au-dessus de la table et lui murmura qu'il était encore temps de faire machine arrière. Personne ne lui en voudrait et en aucun cas elle ne devrait considérer son recul comme un échec.

Cheryl répondit sans hésiter qu'elle était prête à aller de l'avant.

Pendant deux ans, elle plongea dans un monde qui, jusque-là, ne lui avait paru exister qu'au cinéma. Elle apprit à dégainer sans se lever de sa chaise, à mémoriser une longue liste de noms à mesure qu'ils défilaient sur un écran lumineux, toujours plus vite. On lui montra comment cacher son Beretta sous ses vêtements, contre sa hanche, en confectionnant une ouverture invisible dans sa jupe ou sa robe pour y avoir accès.

De temps à autre, une recrue de sa promotion disparaissait du centre d'entraînement ; ces départs ne faisaient l'objet d'aucun commentaire. On l'envoya participer à des missions d'entraînement – s'introduire dans une chambre d'hôtel, dérober des documents dans un bureau. Ses performances étaient minutieusement analysées par ses instructeurs. On la tirait du lit au milieu de la nuit pour lui imposer des exercices impromptus : racoler un touriste dans une discothèque, puis le planter à la porte de son hôtel. Chacun de ses gestes était épié dans les moindres détails.

On lui posa des questions très indiscrètes sur sa vie sexuelle. Combien d'hommes avait-elle connus avant son mari ? Serait-elle prête à coucher avec un inconnu si sa mission l'exigeait ? Elle répondit toujours avec une absolue sincérité : son mari avait été son premier amant, mais, si le succès d'une mission en dépendait, elle était capable d'aller au lit avec un homme. Il ne serait pas question de plaisir, uniquement de travail. Elle apprit donc à utiliser son charme pour forcer, séduire – et dominer. Elle se révéla très efficace dans ce domaine.

On lui apprit à tuer en logeant toutes les balles de son chargeur en plein centre de la cible. On lui expliqua les diverses sectes de l'islam et la façon de créer des *mishlashim* – boîtes aux lettres mortes. Elle passa une journée entière à apprendre la meilleure façon de dissimuler un microfilm à l'intérieur d'une enveloppe. Et une autre à se transformer en glissant du coton à l'intérieur de ses joues pour altérer la forme générale de son visage. Elle apprit à voler une voiture, à feindre l'ivresse, à mener les hommes par le bout du nez.

Un jour, on la convoqua au bureau du responsable du centre d'entraînement. Il l'étudia de haut en bas, comme un officier le jour de la revue. Et pour finir, il lui annonça qu'elle était reçue.

Cheryl Ben Tov fut nommée *bat leveyha* au Kaisrut, le département du Mossad chargé de la liaison avec les ambassades israéliennes. Son rôle consista dans un premier temps à fournir une couverture – en se faisant passer pour leur petite amie ou même leur « épouse » – à des *katsas* en mission. Elle opéra ainsi dans un certain nombre de villes européennes sans coucher avec un seul de ses « amants » ou « maris ».

Admoni tint à l'informer personnellement de l'importance de sa nouvelle mission : Vanunu ayant été repéré, elle devrait le séduire pour l'attirer hors de Grande-Bretagne. Cette fois, elle se ferait passer pour une touriste américaine voyageant seule en Europe après un douloureux divorce. Pour ajouter à la crédibilité de son histoire, elle devrait emprunter des détails de la séparation de ses propres parents. Par la suite, elle devrait faire allusion à sa « sœur » qui vivait prétendument à Rome. L'objectif ultime de sa mission était d'attirer Vanunu dans la capitale italienne.

Le mardi 23 septembre 1986, Cheryl Ben Tov rejoignit une équipe de neuf *katsas* stationnés à Londres. Ils étaient commandés par le directeur des opérations du Mossad, Beni Zeevi, un homme à la mine grave, dont les dents jaunies trahissaient le fumeur invétéré.

Les *katsas* étaient descendus dans plusieurs hôtels situés entre Oxford Street et le Strand. Deux d'entre eux avaient pris une chambre au Regent Palace. Cheryl Ben Tov s'installa sous le nom de Cindy Johnson dans la chambre 320 du Strand Palace. Zeevi avait pris au Mountbatten Hotel une chambre toute proche de celle de Vanunu – la 105.

Il remarqua le changement d'humeur du technicien. De plus en plus, Vanunu manifestait des signes de tension. Londres était un environnement difficile pour quelqu'un qui avait grandi dans une petite ville comme Beersheva. Et en dépit des efforts de ses compagnons, il se sentait seul et avait de plus en plus besoin d'une compagnie féminine. Les psychologues du Mossad avaient naturellement envisagé cette possibilité.

Le mercredi 24 septembre, Vanunu insista beaucoup pour que ses protecteurs du *Sunday Times* l'autorisent à sortir seul. Ils y consentirent à contrecœur. L'un des journalistes le suivit toutefois discrètement dans

Leicester Square. Là, il le vit engager la conversation avec une jeune femme. L'hebdomadaire devait ensuite en donner la description suivante : « Probablement juive, âgée de vingt et quelques années, un mètre soixante-dix, assez ronde, cheveux blonds décolorés, des lèvres épaisses, portant un chapeau marron, un ensemble pantalon de tweed brun et des chaussures à talons hauts. »

Au bout de quelques minutes, le dialogue prit fin. De retour à son hôtel, Vanunu confirma à ses anges gardiens qu'il avait rencontré une « Américaine nommée Cindy ». Il leur fit part de sa détermination à la revoir. Les gens du *Sunday Times* s'en inquiétèrent. L'un d'eux fit remarquer que la présence de Cindy à Leicester Square était peut-être trop belle pour être une simple coïncidence. Vanunu balaya ces objections. Ce qu'il savait de Cindy avait suffi à lui donner envie de la revoir – non à Londres, mais dans l'appartement romain de sa « sœur ».

Beni Zeevi et quatre autres *katsas* s'embarquèrent à bord du même vol pour Rome que Cheryl et Vanunu. Le couple prit un taxi pour gagner un appartement en ville.

Trois *katsas* les attendaient à l'intérieur de l'appartement. Ils maîtrisèrent Vanunu et lui injectèrent un produit paralysant. Tard dans la soirée, une ambulance arriva devant l'immeuble, et l'on chargea Vanunu sur une civière. Un *katsa* à la mine soucieuse expliqua aux voisins qu'un de ses cousins avait eu un malaise. Dès que Cheryl monta elle aussi dans l'ambulance, celle-ci démarra en trombe.

Le véhicule quitta Rome à vive allure et longea la côte en direction du sud. Une vedette attendait Vanunu. Le prisonnier fut transféré à bord, et la vedette s'élança vers un cargo. Vanunu fut de nouveau transféré. Beni Zeevi et Cheryl l'accompagnèrent. Trois nuits plus tard, le cargo jetait l'ancre dans le port de Haïfa.

Vanunu subit un interrogatoire musclé, dirigé par Nahum Admoni. S'ensuivit un procès expéditif qui déboucha sur une condamnation à perpétuité, assortie d'une mise au secret. Cheryl Ben Tov se retira dans l'ombre.

Pendant plus de onze ans, Mordechai Vanunu devait rester à l'isolement dans une cellule où les autorités entendaient le garder jusqu'aux premières années du XXIe siècle. Ses conditions de vie étaient dures : une alimentation médiocre, et une heure d'exercice par jour. Il passait son temps à prier et à lire. Soumis à une forte pression internationale, le gouvernement israélien consentit enfin, en mars 1998, à assouplir sa détention. Cependant, il compte toujours parmi les cas litigieux défendus par Amnesty International, et le *Sunday Times* rappelle régulièrement sa triste situation. Vanunu n'a jamais touché d'argent en échange du scoop mondial qu'il a livré au journal. En 1998 on accepta donc de le sortir de son isolement mais, en dépit des démarches répétées de ses avocats, il semblait qu'il avait peu de chances d'être libéré de son vivant.

Dix ans plus tard, tout juste un peu plus ronde, Cheryl reparut à Orlando ; officiellement, elle était en vacances à Disneyworld avec ses deux filles.

Interrogée en avril 1997 par un journaliste du *Sunday Times*, elle n'a pas nié son rôle dans le kidnapping de Vanunu. Sa seule crainte était que toute cette publicité « nuise » à sa « position » aux États-Unis.

Le sort se montra moins clément pour Ari Ben Menashe. Lui qui avait vu tant de « types bien » passer à la trappe, victimes des incessantes manipulations des services secrets israéliens, il n'aurait jamais cru que son tour viendrait.

En 1989, il fut arrêté à New York et accusé d'avoir conspiré « avec d'autres » pour violer la loi sur le contrôle des exportations d'armements en tentant de vendre des avions militaires C-130 à l'Iran. À l'origine, les appareils avaient été vendus à Israël.

Lors des audiences préliminaires, le gouvernement israélien déclara n'avoir « aucune connaissance » de Ben Menashe. Celui-ci produisit alors une liasse de lettres de ses patrons. Israël argua qu'il s'agissait de faux. Ben Menashe réussit à prouver à la cour que tel n'était pas le cas. L'État hébreu tenta ensuite de présenter Ben Menashe comme un « traducteur subalterne » employé « dans la mouvance » du monde du renseignement israélien. Ben Menashe objecta que la vente d'avions dont on l'accusait avait reçu l'aval des gouvernements israélien et américain. Il parla de « centaines de millions de dollars de ventes d'armes autorisées vers l'Iran ».

À Tel-Aviv, ce fut de nouveau la panique. Rafi Eitan et David Kimche furent questionnés sur ce que Ben Menashe savait et sur les dégâts que pouvaient causer ses révélations. Leurs réponses ne furent guère rassurantes. Rafi Eitan déclara qu'Ari Ben Menashe était sûrement en mesure de tout révéler sur le réseau américano-israélien de vente d'armes à l'Iran – réseau dont les ramifications s'étaient étendues partout au fil du temps, jusqu'en Amérique centrale et latine, à Londres, en Australie et en Afrique, sans parler de l'Europe.

Alors qu'il attendait son procès dans sa cellule new-yorkaise du Métropolitan Correction Center, Ben Menashe reçut la visite de plusieurs avocats du gouvernement israélien. Ils lui proposèrent un marché : qu'il plaide coupable, et il se verrait proposer un arrangement financier plus que généreux qui le mettrait à l'abri du besoin après sa libération. Mais Ben Menashe préférait raconter la vérité. Il avait commencé à parler quand brusquement, en novembre 1990, un jury fédéral leva les chefs d'accusation retenus contre lui.

Certains agents israéliens estiment que Ben Menashe a eu de la chance ; selon un officier du Mossad, dans ses efforts pour recouvrer la liberté, il se serait mis à « tirer dans tous les sens » en s'en prenant notamment à ses anciens amis. Kimche déclara plus tard :

« Tout ce que nous voulions, c'était qu'il disparaisse de notre vue. Il s'était mis en tête de nous nuire et de nuire à son pays. Cet homme était – et est toujours – une menace. »

Israël n'avait pas prévu la forme que prendrait la vengeance de Ben Menashe. L'ancien espion écrivit un livre, *Profits of War*, dont il espérait faire une bombe comparable aux articles de Woodward et Bernstein à l'époque du Watergate. Son intention était claire : « Rattraper les terribles erreurs des années 1980 et contribuer à écarter du pouvoir ceux qui en furent les responsables. »

À Tel-Aviv, les réunions d'urgence se succédèrent. On envisagea d'acheter le manuscrit à prix d'or pour l'enfermer dans un tiroir. Mais quelqu'un rappela que Ben Menashe avait déjà refusé une très forte somme – on parlait d'un million de dollars – pour tenir sa langue ; il était peu probable qu'il ait changé d'avis entre-temps. On demanda aux *sayanim* du milieu de l'édition new-yorkaise d'user de tous les moyens pour empêcher la parution de l'ouvrage. Ils n'obtinrent guère de succès, même si le manuscrit fut refusé par plusieurs éditeurs importants avant d'être publié chez Sheridan Square Press, une petite maison new-yorkaise.

Ben Menashe devait lui-même présenter son livre :

« L'histoire d'une cabale – ou comment une poignée de responsables de services secrets ont déterminé la politique de leur gouvernement en organisant en secret d'énormes transactions sans en rendre compte à l'opinion, abusant du pouvoir et de la confiance publique, mentant, manipulant les médias et trompant leur monde. Enfin, et par-dessus tout, c'est l'histoire d'une guerre – d'une guerre dirigée non par des généraux, mais par des hommes confortablement installés dans leurs bureaux climatisés et indifférents à la souffrance humaine. »

Certains jugèrent ce livre comme un acte de contrition parfaitement indigne. D'autres préférèrent y voir une version romancée d'événements réels, Ari Ben Menashe s'étant naturellement adjugé le beau rôle.

À Londres, comme il l'avait déjà souvent fait par le passé, Robert Maxwell se retrancha derrière la législation en menaçant de porter plainte contre quiconque oserait reproduire les allégations de Ben Menashe le concernant. Aucun éditeur britannique n'eut le courage de défier le magnat ; aucun journal n'osa demander à ses reporters de corroborer les accusations du livre.

Robert Maxwell, comme naguère Ben Menashe, restait convaincu d'être invincible, pour une raison toute simple : il volait pour le compte du Mossad. Et plus il volait, plus il était persuadé de lui être devenu indispensable.

Comme Ben Menashe l'avait dit un jour, Maxwell aimait à répéter lors de ses visites en Israël que lui aussi savait où étaient les cadavres. Ce genre d'affirmation ne risquait pas de passer inaperçue au Mossad.

X

Une liaison dangereuse

Robert Maxwell – celui-là même qui avait mis à la porte un de ses journalistes coupable d'avoir gonflé ses notes de frais – détournait secrètement les fonds de pension de son personnel pour aider ses amis du Mossad. Ce pillage éhonté reflétait bien la détermination croissante des services secrets israéliens à se lancer dans des aventures à haut risque.

Maxwell organisa personnellement le vol par le biais d'une cascade de manipulations financières dont le machiavélisme, des années plus tard, devait laisser pantois les enquêteurs du fisc. Car le magnat avait donné au détournement massif de fonds une nouvelle dimension en transférant l'argent par centaines de milliers de dollars vers un compte spécial du Mossad à la Banque d'Israël de Tel-Aviv. Parfois, les fonds étaient blanchis en transitant par un compte que détenait l'ambassade israélienne à la Barclays Bank de Londres. Parmi les autres établissements financiers utilisés par Maxwell, on pourrait citer le Crédit suisse de Genève – à partir duquel Ben Menashe vira 450 millions de dollars d'ORA vers l'Est avec la complicité du magnat. Parfois, les fonds faisaient le tour du monde, atterrissant à la Chemical Bank de New York, à la First National Bank australienne, ou dans des banques de Hong Kong et de Tokyo. Seul Robert Maxwell connaissait l'origine de cet argent et où celui-ci se trouvait à tel moment de son périple. Cynique en diable, il ne se gênait pas pour demander à ses journalistes de vilipender « les criminels en col blanc ».

Victor Ostrovsky, un Israélien né au Canada qui avait été officier subalterne du Mossad de 1984 à 1986, fut le premier à dévoiler le pot-aux-roses :

« Le Mossad finançait nombre d'opérations en Europe grâce aux sommes détournées par Maxwell sur les fonds de pension de ses salariés. Ils ont mis la main sur ce pactole quasiment dès que Maxwell a racheté le Mirror Newspaper Group grâce à des capitaux avancés par le Mossad – et aux conseils éclairés des analystes financiers de ce service. Le plus grave, hormis le détournement lui-même, c'est que n'importe quel journaliste du groupe de Maxwell, sitôt qu'il se rendait au Proche-Orient, était automatiquement soupçonné d'espionner pour le compte d'Israël, sa peau ne valant guère plus qu'un gibier de potence. »

Durant ses visites en Israël, Maxwell était fêté comme un chef d'État et, invité d'honneur régulier des banquets du gouvernement, il était toujours somptueusement logé. Mais le Mossad avait néanmoins pris quelques précautions au cas où son illustre bienfaiteur serait soudain devenu moins prodigue. Ayant découvert le vigoureux appétit sexuel de Maxwell et son goût prononcé pour la fellation sans doute lié à sa masse physique considérable, le Mossad s'arrangeait pour qu'à chacun de ses séjours en Israël le magnat bénéficie des soins d'une prostituée rémunérée par le service à des fins de chantage. Cela permit accessoirement au service d'espionnage de réunir assez vite une intéressante vidéothèque montrant Maxwell dans des situations plutôt embarrassantes, une caméra ayant été camouflée dans sa suite habituelle.

Les accusations d'Ostrovsky furent publiées dans deux livres qui donnent aujourd'hui encore de l'urticaire aux agents secrets israéliens. *Mossad : un agent des services secrets parle* et *Other Side of Deception* ont levé un important coin du voile sur les énigmes internes du Mossad. Ostrovsky y décrivait les méthodes opérationnelles du service et nommait de nombreux agents encore en activité ; il se peut qu'il en ait compromis certains au fil de ses révélations vengeresses, persuadé qu'il était d'avoir été plus qu'injustement traité lors de son éviction du Mossad.

Ironiquement, le gouvernement israélien ignora le conseil de Maxwell, selon lequel il valait mieux ne pas réagir aux déclarations d'Ostrovsky. Lors d'une réunion à Tel-Aviv avec le Premier ministre Yitzhak Shamir, le magnat invoqua en exemple ce qui s'était passé quand le gouvernement Thatcher avait tenté d'empêcher la publication du livre d'un ancien agent du MI-5, Peter Wright, dont le *Spycatcher* contenait des détails tout aussi gênants sur les services secrets britanniques. Le gouvernement anglais avait finalement été débouté par un tribunal d'Australie, où la maison-mère de l'éditeur de Wright avait son siège. *Spycatcher* obtint un succès mondial, et les autorités britanniques se couvrirent de ridicule.

Un sort similaire guettait le gouvernement israélien. Pressé par des ex-membres et des agents actifs du Mossad – Meir Amit et Isser Harel, en particulier, exigèrent avec une grande véhémence qu'Ostrovsky soit poursuivi –, Shamir ordonna à son ministre de la Justice d'intenter une action pour interdire le premier livre de l'ancien *katsa.*

Cet incident caressait aussi dans le sens du poil le violent anti-américanisme de Shamir, qui s'ancrait dans la conviction profonde que les États-Unis étaient partiellement responsables de la Shoah. Selon certains, Shamir pensait en effet que le président Roosevelt aurait pu arriver à un « arrangement » – un des termes favoris de Shamir – avec Hitler pour remplacer la Grande-Bretagne par le IIIe Reich comme puissance dominante au Moyen-Orient. En échange, Hitler aurait permis aux Juifs d'Europe d'émigrer vers la Palestine, et la Shoah aurait été évitée.

Aussi absurde qu'elle fût, cette théorie teintait d'une sorte de haine permanente la vision qu'avait Shamir des États-Unis. C'est ainsi qu'il autorisa personnellement, « en un geste de bonne volonté » (encore une de ses chères expressions), que soit transmise à l'Union soviétique une partie des cinq cent mille pages de documents secrets qu'avait dérobés Jonathan Pollard. Ces documents incluaient des renseignements américains très récents concernant les défenses anti-aériennes soviétiques, ainsi que le rapport annuel de la CIA sur la capacité militaire de la Russie. Un autre dossier regroupait des photos satellites, des retranscriptions de communications interceptées, des observations radar et des rapports d'espions de la CIA en Union soviétique. Le successeur de Begin espérait améliorer de cette manière les relations d'Israël avec Moscou. Quand Nahum Admoni fit remarquer à Shamir que ces informations allaient certainement permettre au contre-espionnage soviétique de démasquer les agents concernés, le Premier ministre, dit-on, se contenta de hausser les épaules.

Lors de son entretien avec Maxwell à propos de l'affaire Ostrovsky, Shamir réitéra ce qu'il avait déjà confié à d'autres : qu'il ferait n'importe quoi pour réduire l'influence américaine dans le monde, et qu'il était convaincu que Washington avait encouragé Ostrovsky à publier son livre à titre de représailles.

Shamir demanda au magnat de mobiliser sa force de frappe médiatique pour saper la crédibilité de l'ancien espion. Maxwell lui fit remarquer que le Mossad aurait dû mieux se renseigner sur le passé d'Ostrovsky avant de l'engager.

Toujours est-il qu'Ostrovsky fut la cible d'une importante campagne de dénigrement dans le groupe Mirror, et aussi dans *Maariv*, le grand journal du soir de Tel-Aviv racheté par Maxwell, où il fut abondamment traité de mythomane, de calomniateur et de faux ami d'Israël. Or, pour avoir épluché ses deux livres, les membres haut placés des services secrets israéliens savaient que l'essentiel de ses allégations était véridique.

Le tribunal de New York n'admit pas que la sécurité nationale d'Israël était menacée par les révélations d'Ostrovsky, dont le premier livre devint un best-seller.

Bien qu'ayant divulgué publiquement les liens de Robert Maxwell avec le Mossad, Ostrovsky était loin d'avoir mis au jour toute l'histoire. Celle-ci s'enracinait profondément dans les activités d'un vieil ami de Shamir, le très diligent Rafi Eitan.

Les deux hommes se connaissaient depuis les années 1950, époque où ils avaient tous deux servi au sein du Mossad et fait preuve d'une égale détermination pour ménager à Israël sa place dans le concert des nations.

Trente ans plus tard, en 1986, Shamir n'hésita pas à prendre la défense d'Eitan au beau milieu de la vague de critiques essuyée par celui-ci dans le sillage de l'affaire Pollard, alors qu'on l'accusait d'être le « chef d'un groupe d'agents renégats ayant agi sans autorisation ».

Ce mensonge était une tentative désespérée de la part du gouvernement israélien de prendre ses distances vis-à-vis d'un épisode dont certains services secrets internationaux avaient tiré un fantastique profit, notamment en Union soviétique et en Afrique du Sud. Avec la pleine complicité d'Israël, ces deux pays avaient obtenu d'inestimables informations concernant les activités d'espionnage du gouvernement américain sur leur sol.

Bien qu'au même moment son rôle dans le scandale de l'Irangate fût en train d'apparaître au grand jour, Rafi Eitan accusa le coup. Pourtant blessé et furieux de la façon dont ses pairs le laissaient seul en première ligne, le vieux maître espion gardait en public un silence stoïque ; mais aux amis qu'il régalait naguère dans son salon du récit de la capture d'Adolf Eichmann, il tenait un autre discours, sur la façon dont son pays occultait sa propre histoire.

Les gens étaient de moins en moins nombreux à sonner à sa porte de la rue Shay ou à venir admirer ses sculptures de métal. Désormais, il restait seul pendant de longues heures à brandir son chalumeau, l'esprit envahi de colère, mais aussi fourmillant d'idées pour « revenir dans la partie » et se faire « un paquet d'argent ». Sa décision de continuer à aider Israël malgré les reproches qui pleuvaient sur lui se fondait sur un raisonnement d'une simplicité touchante :

« Le patriotisme n'est plus un mot à la mode. Moi, je suis un patriote. Je crois en Israël. À tort ou à raison, je me battrai contre tous ceux qui menacent mon pays ou mon peuple. »

Cette conception avait été à l'origine d'un plan esquissé en secret à l'apogée de sa participation à l'Irangate. Comme c'était souvent le cas avec les projets de Rafi, l'idée originelle avait été émise par quelqu'un d'autre. Cette opération lui valut de ne plus être seulement connu pour la capture d'Adolf Eichmann, mais aussi pour son étroite collaboration avec Robert Maxwell.

En 1967, l'expert en communications William Hamilton revint aux États-Unis d'un séjour au Viêt-nam, où il avait mis au point un réseau d'interception électronique pour épier les déplacements des troupes du Viêt-cong à travers la jungle. Hamilton se vit rapidement offrir un poste à la National Security Agency (NSA), où sa première tâche consista à créer un dictionnaire informatisé vietnamien-anglais, qui devait se révéler fort utile pour traduire les messages ennemis et mener des interrogatoires.

À cette époque, la révolution des communications électroniques – la technologie par satellite et les microcircuits – était en passe de bouleverser les métiers du renseignement en assurant un cryptage plus rapide et plus sûr ainsi que de meilleures images, le tout étant ensuite retransmis à une vitesse sans cesse croissante. Les ordinateurs étaient de plus en plus petits et de plus en plus rapides ; des capteurs de plus en plus performants étaient capables d'écouter simultanément des milliers de conversations ; les analyseurs de spectres permettaient de séparer, à partir d'une masse de plusieurs milliards de points photographiques, ceux qui présentaient un quelconque intérêt ; grâce aux puces électroniques, on pouvait à présent entendre le moindre murmure à cent mètres, et grâce aux instruments d'optique à infrarouge, on était en mesure de voir dans le noir complet.

L'émergence de ce nouveau système nerveux artificiel à base de fibres optiques profita aussi au renseignement opérationnel : la capacité d'amasser et de croiser des informations à une échelle totalement inaccessible aux facultés humaines offrait un nouvel outil de surveillance des groupes terroristes. Ce progrès se manifesta dans un premier temps avec le *Facial-Analysis Comparison and Elimination System* (FACES), un programme informatique voué à révolutionner l'identification photographique des personnes. Établi sur quarante-neuf critères de reconnaissance, chacun échelonné de 1 à 4, FACES était capable d'opérer 15 millions de choix binaires (oui/non) par seconde. La mise en réseau de plusieurs ordinateurs permettait d'obtenir 40 millions de choix binaires par seconde, une performance proprement stupéfiante à l'époque. La taille des ordinateurs avait elle aussi commencé à diminuer, même si leur capacité de mémoire ne représentait guère plus de l'équivalent en information d'un livre de cinq cents pages.

Toujours à la NSA, Hamilton pressentit les possibilités de ce marché en perpétuelle expansion et décida d'inventer un logiciel capable de pénétrer les banques de données d'autres systèmes informatiques. Appliqué au contre-espionnage, ce logiciel permettrait à son détenteur d'infiltrer la plupart des autres systèmes à l'insu de leurs utilisateurs habituels. En bon patriote, Hamilton décida que son premier client serait le gouvernement des États-Unis.

Au moment où la NASA venait d'offrir au pays une position de suprématie incontestée en matière de technologie spatiale, William Hamilton était à peu près sûr d'obtenir un résultat aussi spectaculaire pour le renseignement américain. Encouragé par la NSA, l'inventeur se mit à travailler d'arrache-pied – seize heures par jour et sept jours sur sept – à la conception de son logiciel. Obsédé par ses recherches et secret de nature, Hamilton était la quintessence même du chercheur.

Trois ans plus tard, Hamilton était à deux doigts de l'invention de l'outil de surveillance ultime – un logiciel capable de suivre à la trace les mouvements d'un nombre incalculable de personnes dans le monde entier. L'avertissement lancé par le président Reagan aux terroristes (« Vous pouvez toujours courir, mais vous ne pouvez plus vous cacher ») était sur le point de devenir réalité.

Hamilton démissionna de la NSA et racheta une petite banque de données, Inslaw, qui avait pour vocation déclarée d'étudier toutes les actions judiciaires entamées afin de découvrir des liens éventuels entre les plaignants, les témoins, leurs familles et même leurs avocats – bref, toute personne impliquée dans un procès ou susceptible de l'être. Hamilton rebaptisa *Promis* le système informatique qu'il utilisait et entreprit de le perfectionner. En 1981, il put envisager de déposer un brevet pour *Promis* et de faire d'Inslaw une petite entreprise très rentable. L'avenir semblait sourire à Hamilton.

Mais la NSA protesta, arguant qu'il s'était servi des moyens mis à sa disposition par l'agence pour développer son programme. Hamilton rejeta l'accusation, mais offrit de prêter *Promis* au Département de la Justice à condition de percevoir des droits à chaque utilisation du programme. Ce marché en soi n'avait rien de remarquable : comme tous les autres ministères, la Justice avait déjà des centaines de prestataires de services sous contrat. À l'insu de Hamilton, cependant, elle envoya une copie de *Promis* à la NSA pour une « évaluation ».

Les raisons de cette décision ne furent jamais clairement élucidées. Hamilton avait déjà prouvé au département intéressé que *Promis* était capable de tenir ses promesses – c'est-à-dire de surveiller électroniquement la vie des personnes d'une façon qui n'avait jamais été possible auparavant. Pour la Justice – et surtout pour le FBI, son bras armé –, *Promis* représentait un formidable outil dans la lutte contre le blanchiment d'argent mafieux et autres activités criminelles. Du jour au lendemain, le combat de la DEA contre les barons de la drogue colombiens pouvait être révolutionné. Pour la CIA, *Promis* pouvait se révéler aussi redoutable que le plus perfectionné des satellites espions. Les possibilités du logiciel semblaient illimitées.

Entre-temps, un de ces étonnants personnages que le monde des « affaires » internationales engendre régulièrement avait eu vent de *Promis*. Earl Brian avait été secrétaire à la Santé de l'État de Californie sous le gouvernement de Ronald Reagan. Essentiellement parce que Brian parlait le farsi, Reagan l'avait prié de concevoir un système de protection médicale pour le gouvernement iranien. Il s'agissait là d'une de ces idées donquichottesques dont raffolait le futur président des États-Unis : selon lui, la mise au point d'une version locale du *Medicare* américain renverrait à l'Iran et à toute la région une image positive de l'Amérique. En témoigne cette phrase mémorable qu'il aurait adressée à Brian :

« Si *Medicare* a marché en Californie, il peut marcher n'importe où. »

Au cours de ses visites successives à Téhéran, Brian attira l'attention de Rafi Eitan, qui était à l'époque l'un des piliers du futur accord armes contre otages. Eitan invita l'Américain en Israël. Les deux hommes éprouvèrent immédiatement une vive sympathie l'un pour l'autre. Brian était fasciné par la capture d'Eichmann, tandis que Rafi Eitan l'était tout autant par la description faite par Brian de la trépidante vie californienne.

Eitan s'aperçut bientôt que Brian n'arriverait pas à élargir son cercle de relations en Iran et sentait que le projet de Reagan était « le machin le plus délirant dont [il ait] entendu parler depuis longtemps ». Au fil des ans, les deux hommes restèrent néanmoins en contact. Rafi Eitan trouva même le temps d'envoyer à Brian une carte postale d'Apollo (en

Pennsylvanie) au moment de sa visite de l'usine Numec. « Un excellent endroit à éviter », précisait-il au verso. Brian, de son côté, maintint Eitan informé des progrès de *Promis*.

En 1990, Brian atterrit à Tel-Aviv. Sa pâleur n'était pas seulement due à la fatigue d'un long vol ; elle exprimait la colère qui l'avait submergé quand il avait découvert que le Département de la Justice utilisait une version pirate de *Promis* pour surveiller entre autres les filières de blanchiment d'argent sale.

L'instinct de Rafi Eitan lui souffla que son ami n'aurait pu arriver à meilleur moment. Une fois de plus, un conflit opposait le Mossad et les autres services secrets israéliens. La cause en était un nouveau soulèvement arabe : l'Intifada. *Promis* pouvait se révéler une arme redoutable pour lutter contrer « la guerre des pierres ».

La révolte, qui s'était étendue avec une soudaineté remarquable, frappa les Israéliens de stupeur tandis qu'elle galvanisait les Palestiniens de Cisjordanie et de la bande de Gaza. À chaque riposte de l'armée israélienne, à chaque coup de feu tiré, à chaque maison détruite par Tsahal, le mouvement insurrectionnel gagnait en ampleur. L'opinion internationale en conçut même une certaine indulgence pour le geste d'un jeune Arabe qui franchit en deltaplane les lignes de défense pourtant sophistiquées de la frontière israélo-libanaise et atterrit aux abords de Kiryat Shmoneh en octobre 1987. En quelques minutes, le kamikaze réussit à tuer six soldats israéliens lourdement armés et à en blesser sept autres avant d'être abattu à son tour.

L'incident resta gravé dans les consciences palestiniennes. Au sein des services secrets israéliens, on cherchait rageusement à désigner un coupable. Le Shin Beth accusa l'Aman ; les deux services s'en prirent de concert au Mossad, incapable selon eux de détecter le moindre signe avant-coureur d'une opération de ce type au Liban. Mais le pire était encore à venir. Six dangereux terroristes s'évadèrent peu après d'une prison de haute sécurité de Gaza. Le Mossad en rejeta la responsabilité sur le Shin Beth. Ce dernier riposta en disant que l'évasion avait été orchestrée hors du pays – et relevait donc de la seule compétence du Mossad.

Presque chaque jour, des soldats ou des civils israéliens tombaient dans les rues de Jérusalem, de Tel-Aviv ou de Haïfa. Dans un effort désespéré pour rétablir l'ordre, le ministre de la Défense Yitzhak Rabin décréta la mise en œuvre d'une répression implacable qui fut suivie de peu d'effets.

Secoués de querelles intestines, les services secrets israéliens étaient incapables de décider d'une ligne de conduite coordonnée pour affronter la résistance massive des Arabes, menée à une échelle inégalée depuis la guerre d'Indépendance. Les critiques des Nations unies, suscitées par les preuves de plus en plus nombreuses, sur les écrans de télévision du monde entier, de la brutalité des méthodes de répression de Tsahal, ne tardèrent pas à constituer un handicap supplémentaire. Pour la première fois, les grandes chaînes américaines, généralement bien disposées envers l'État juif, montrèrent des images qui, en matière de violence, n'avaient pas grand-chose à envier à celles de la place Tien Anmen. Deux soldats israéliens furent filmés frappant avec une pierre le bras d'un très jeune Palestinien ; une patrouille de Tsahal fut surprise par une équipe de journalistes en train de rosser une femme enceinte ; on vit des enfants d'Hébron recevoir une pluie de coups de crosse après avoir lancé des pavés.

L'Intifada donna naissance à un comité directeur unifié du soulèvement. Dans chaque communauté arabe on placarda des affiches aux instructions précises : comment organiser des grèves, fermer les commerces, boycotter les produits israéliens, et refuser d'obéir à l'administration civile. On aurait dit une émanation de la Résistance française pendant les dernières semaines de l'occupation allemande.

Soucieux de rétablir la primauté du Mossad sur les autres services secrets de son pays, Nahum Admoni passa à l'offensive. Le 14 février 1988, un commando de *kidons* fut envoyé sur le port chypriote de Limassol pour fixer une puissante charge explosive sous le châssis d'une Golf appartenant à un des dirigeants de l'Intifada, Mohammed Tamimi. Celui-ci, flanqué de deux officiers supérieurs de l'OLP, venait de rencontrer des représentants libyens qui leur avaient remis plus d'un million de dollars destinés à financer l'Intifada. Ils furent tués sur le coup par l'explosion, qui fit trembler tout le port.

Le lendemain, le Mossad frappa de nouveau, cette fois en fixant une mine magnétique sur la coque du *Soi Phayne*, un paquebot que l'OLP venait d'acheter en vue d'un exercice de relations publiques. Avec à son bord des représentants de la presse mondiale, le navire devait mettre le cap sur Haïfa en guise de symbole du droit au retour des Palestiniens dans leur patrie… et en une référence ironique à l'*Exodus* et aux autres bateaux juifs qui, quarante ans plus tôt, avaient défié la marine britannique pour ramener les survivants de la Shoah en Israël au nom d'un autre « droit au retour ». Le *Soi Phayne* fut coulé.

Ces opérations n'entamèrent nullement la détermination arabe. À chaque coin de rue, des actes de guérilla réussissaient sans cesse à surprendre les Israéliens, dont la seule réaction semblait être une répression toujours plus violente. Sous les yeux de l'opinion mondiale, non seulement Israël ne réussit pas à museler l'Intifada, mais il perdit aussi la bataille de la propagande. La presse internationale évoquait le combat de David contre Goliath – en attribuant cette fois à Tsahal le mauvais rôle, celui du géant philistin.

Yasser Arafat, de son côté, vit dans l'Intifada une belle occasion de reprendre le contrôle de ses troupes. Il entreprit d'expliquer, d'une voix vibrante d'indignation, sur toutes les chaînes de radio et de télévision de la planète, que les récents événements étaient la conséquence directe de la confiscation des terres palestiniennes. Il profitait naturellement de chacune de ses interventions pour exhorter tous les Arabes à se rallier à sa cause. Un jour, il débarquait au Koweit pour demander au Hamas, organisation terroriste soutenue par l'Iran, de lui apporter son savoir-faire meurtrier en matière de guérilla. Le lendemain, on le retrouvait au Liban en réunion avec les chefs du Djihad islamique. Arafat était en train de réussir ce qui, peu de temps auparavant, semblait encore être impossible : unir les Arabes de toutes obédiences au nom d'un objectif commun. Pour eux tous, il était devenu « Monsieur Palestine » ou « le Président ».

Le Mossad ne voyait vraiment pas clair dans la stratégie d'Arafat, qui voletait sans cesse d'une capitale arabe à l'autre, et n'arrivait jamais à prévoir sa prochaine destination, ni la nature de sa prochaine alliance.

Rafi Eitan expliqua tout cela – et bien davantage – à son ami Earl Brian. À son tour, Brian lui décrivit le fonctionnement de *Promis*, signalant les progrès à accomplir selon lui pour optimiser la vitesse du programme. Mais Rafi Eitan sentit d'emblée que *Promis* pourrait être fort utile contre l'Intifada. Il suffirait de connecter le système aux ordinateurs des dix-sept bureaux de l'OLP à travers le monde pour suivre les faits et gestes d'Arafat. C'est ainsi que Rafi Eitan délaissa ses sculptures métalliques pour tenter d'explorer le monde nouveau dont *Promis* semblait ouvrir les portes.

Grâce à ce logiciel, par exemple, il ne serait plus nécessaire de compter seulement sur l'intelligence humaine pour percer à jour les intentions d'un terroriste. Il deviendrait possible de prévoir exactement où et quand il frapperait.

S'il réussissait à s'imposer comme le maître d'œuvre d'une révolution technologique de cet ordre, Eitan redeviendrait sans aucun doute un personnage central des services secrets israéliens. Cependant, les blessures infligées par ses anciens frères d'armes n'étaient pas toutes cicatrisées. Eitan avait été mis sur la touche avec une retraite plus que modeste. Il vieillissait, et ses premiers devoirs étaient envers sa famille, qu'il avait été forcé de négliger pendant de trop longues années. Certes *Promis* lui offrait une occasion unique de rattraper le temps perdu : s'il savait s'y prendre, l'exploitation du logiciel pouvait même faire sa fortune. Toutefois, en dépit de son intelligence, Rafi Eitan n'avait rien d'un génie de l'informatique, et ses compétences dans ce domaine ne dépassaient pas la mise en route d'un modem. Mais au cours de ses années au Lakam, il avait côtoyé quelques-uns des meilleurs experts en la matière.

Après le retour d'Earl Brian aux États-Unis, Eitan réunit donc une équipe restreinte d'anciens programmeurs du Lakam. Ensemble, ils décomposèrent *Promis* et réarrangèrent ses différents composants avant d'y adjoindre un certain nombre d'éléments de leur cru. Plus personne ne pourrait désormais revendiquer la propriété du nouveau logiciel. Rafi Eitan décida néanmoins de conserver son nom d'origine, dans lequel il voyait « un bon outil de marketing ».

Sans avoir besoin d'être initiés à l'informatique au-delà de quelques commandes de base, les agents secrets allaient pouvoir traiter une masse de renseignements et d'évaluations bien plus considérable que par le passé. *Promis*, utilisable sans peine d'un ordinateur portable, était capable de déterminer, parmi une myriade de configurations, la plus logique de toutes. Le programme permettait aussi de faire l'économie de fastidieux raisonnements déductifs puisqu'il éliminait d'emblée les pistes superflues et corrélait des données à une vitesse et selon une échelle inaccessibles au cerveau humain.

Néanmoins, avant de pouvoir commercialiser le nouveau *Promis*, Rafi Eitan devait encore y adjoindre un élément supplémentaire, dont il fit part à Ari Ben Menashe. D'après ce dernier, le vieux maître espion fit appel à lui pour incorporer une « trappe » dans le logiciel, c'est-à-dire une puce destinée à informer en permanence Eitan, à l'insu de tous ses futurs utilisateurs, de la nature des informations requises.

Ben Menashe connaissait un informaticien capable de créer un composant indétectable aux outils les plus sophistiqués, qui dirigeait une petite entreprise de recherche et de développement dans le nord de la Californie. Comme Ben Menashe et lui avaient usé ensemble leurs fonds de culotte à l'école, il consentit à mettre la puce au point pour 5 000 dollars – un vrai prix d'ami, devait reconnaître Ben Menashe. Il restait encore à tester le système.

La Jordanie fut sélectionnée comme site d'essai – non seulement à cause de sa frontière commune avec Israël, mais aussi parce qu'elle servait de refuge aux chefs de l'Intifada. Depuis le royaume hachémite, ceux-ci ordonnaient aux émeutiers arabes de Cisjordanie et de Gaza de lancer de nouvelles attaques contre Israël. Après chaque atrocité commise, les hommes de main de l'OLP passaient sans difficulté en Jordanie, souvent avec la complicité de l'armée du roi Hussein.

Bien avant l'Intifada, la Jordanie faisait déjà fonction de laboratoire pour le Mossad en matière d'espionnage électronique. Dans les années 1970, les techniciens israéliens avaient entre autres pénétré le système informatique qu'IBM avait vendu au service de renseignement militaires du royaume hachémite. Les informations obtenues par ce biais avaient enrichi celles fournies par un *katsa* secrètement placé par Rafi Eitan à l'intérieur même du palais. *Promis* semblait devoir offrir davantage encore.

Vendre directement le logiciel à la Jordanie était exclu, parce qu'il n'existait pas encore de relations commerciales officielles entre les deux pays. Hadron, la société d'Earl Brian, se chargea donc de la transaction. Quand les informaticiens américains vinrent installer *Promis* sur un ordinateur du QG militaire d'Amman, ils constatèrent que les Jordaniens disposaient déjà d'un logiciel français permettant de surveiller les faits et gestes des dirigeants de l'OLP. *Promis* fut secrètement connecté sur ce système. À Tel-Aviv, Rafi Eitan eut tôt fait de découvrir à quels chefs de l'OLP les Jordaniens s'intéressaient le plus.

Il fallut ensuite assurer la promotion de *Promis* grâce à un gros coup de publicité. Yasser Arafat fut choisi à titre d'exemple. Le président de l'OLP était célèbre pour sa méfiance légendaire et son souci de sa sécurité personnelle ; il modifiait constamment son emploi du temps, ne dormait jamais deux nuits d'affilée dans le même lit, bouleversait ses horaires de repas au dernier moment.

Le détail de ses déplacements était néanmoins consigné dans un ordinateur réputé inviolable de l'OLP, que *Promis* était capable d'infiltrer pour découvrir sous quels pseudonymes et sous quels faux passeports Arafat avait prévu de voyager. Le logiciel pouvait aussi se procurer ses relevés de téléphone et la liste de tous les numéros qu'il avait appelés, procéder à des recoupements afin de dresser un « tableau » complet des communications du patron de l'OLP.

En voyage, Arafat informait toujours les responsables de la police locale de son arrivée, afin que soient prises des mesures pour sa protection rapprochée. *Promis* pouvait se procurer le détail de ces précautions en piratant les ordinateurs des polices en question. Yasser Arafat ne pourrait plus passer inaperçu.

Rafi Eitan se rendit compte alors que ni Earl Brian ni Hadron n'avaient les moyens de commercialiser *Promis* à l'échelle mondiale. Cette mission requérait un homme aux relations internationales exceptionnelles, à l'énergie illimitée et aux talents de négociateur avérés. Or

Eitan ne connaissait qu'un seul homme qui satisfît à ces trois exigences : Robert Maxwell.

Maxwell ne fut pas long à se laisser convaincre et, avec l'enthousiasme éruptif qui le caractérisait dès qu'une bonne affaire se profilait à l'horizon, il déclara qu'il possédait justement une société informatique capable de vendre *Promis*. La Degem Computers Limited avait son siège à Tel-Aviv et jouait déjà un certain rôle dans les activités du Mossad, Maxwell ayant en effet autorisé plusieurs espions à se faire passer pour des employés de Degem et à opérer à partir des filiales de la société en Amérique centrale et en Amérique du Sud. Le magnat vit dans la démarche d'Eitan une occasion non seulement de réaliser de juteux profits, mais aussi d'accroître encore son importance pour le Mossad – et, en dernière instance, pour Israël.

Depuis quelque temps, lors de ses visites en Terre sainte, Robert Maxwell affichait cependant un comportement troublant. Il conseilla notamment à Admoni de faire appel à des médiums pour lire dans les pensées des ennemis du Mossad, lui suggéra des noms de cibles à éliminer, émit le vœu de rencontrer des *kidons* et de visiter les camps où ils s'entraînaient. Toutes ces requêtes furent poliment mais fermement rejetées par le patron du Mossad. Au sein du service, on commençait à se poser des questions sur le *sayan* numéro un de l'Institut. Son attitude reflétait-elle uniquement les lubies d'un mégalomane désœuvré ou était-elle annonciatrice de difficultés nouvelles ? Maxwell, en dépit de tout ce qu'il avait réalisé pour Israël, n'était-il pas en train de devenir instable sur le plan mental au point de poser un vrai problème ?

En tout cas, le patron de presse se révéla un brillant VRP pour *Promis*. Le Mossad fut le premier service à obtenir le programme, et celui-ci lui fit la preuve de son utilité dans sa lutte quotidienne contre l'Intifada. La plupart des dirigeants du soulèvement quittèrent d'ailleurs la Jordanie pour se réfugier en Europe après l'assassinat – par des *kidons* – de plusieurs d'entre eux.

Le Mossad obtint un premier succès spectaculaire peu après qu'un responsable de l'Intifada basé à Rome eut appelé un numéro de téléphone de Beyrouth, numéro que les ordinateurs israéliens avaient déjà répertorié comme appartenant à un artificier connu. Le « Romain » fixa rendez-vous à Athènes à cet artificier. Grâce à *Promis*, le Mossad passa au peigne fin toutes les agences de voyage de Rome et de Beyrouth afin de connaître les dates de voyage respectives des deux hommes. À Beyrouth, une autre recherche révéla que le poseur de bombes avait demandé à ses fournisseurs habituels de suspendre les livraisons à son domicile pendant quelque temps. L'intervention de *Promis* sur un ordinateur de l'antenne libanaise de l'OLP permit en outre de constater que l'artificier avait changé de vol au dernier moment. Cette précaution ne suffit pas à le sauver : il fut tué par l'explosion d'une voiture piégée tandis qu'il faisait route vers l'aéroport de Beyrouth. Peu après, le responsable de l'Intifada à Rome fut renversé et tué par un chauffard, qui prit la fuite et ne fut pas retrouvé.

Parallèlement, le Mossad utilisait *Promis* pour explorer un certain nombre de centrales de renseignement. Au Guatemala, il mit ainsi au jour les liens étroits entre les services de sécurité du pays, les grands narco-trafiquants et leurs contacts aux États-Unis. Cela permit aux Israéliens de transmettre une liste de noms à la DEA et au FBI.

En Afrique du Sud, un *katsa* de l'ambassade israélienne se servit de *Promis* pour remonter la filière d'une organisation révolutionnaire clandestine proche des groupes terroristes du Moyen-Orient. À Washington, les agents du Mossad à l'ambassade israélienne piratèrent les systèmes de communications d'autres représentations diplomatiques et d'agences gouvernementales américaines. Ils procédèrent de même à Londres et dans d'autres capitales européennes. Le système fournissait partout de précieuses informations. En 1989, *Promis* fut vendu à la Grande-Bretagne, à l'Australie, à la Corée du Sud et au Canada pour un montant total supérieur à 500 millions de dollars. Ce chiffre aurait pu être plus important si la CIA n'avait pas parallèlement vendu sa propre version du système à divers services secrets. En Grande-Bretagne, *Promis* fut utilisé par le MI-5 en Irlande du Nord afin de suivre les mouvements de chefs terroristes et de responsables politiques comme Gerry Adams.

Maxwell réussit également à vendre le système à l'UB, le service de renseignement polonais. En échange, selon Ben Menashe, les agents de Varsovie permirent au Mossad de mettre la main sur un Mig-29 russe. L'opération n'était pas sans rappeler le vol du Mig irakien : contre un million de dollars déposé sur un compte de la Citibank de New York, le général polonais responsable de l'antenne de l'UB à Gdansk fit le nécessaire pour que l'appareil soit déclaré hors d'état de voler – alors qu'il sortait à peine de l'usine. Le chasseur fut démonté, rangé dans une série de conteneurs estampillés « Machines agricoles » et expédié à Tel-Aviv. Là, l'aviation israélienne le remonta et le testa exhaustivement en vol, ce qui permit ensuite à ses pilotes d'affronter victorieusement les Mig-29 syriens.

Il fallut des semaines pour que Moscou découvre le vol à l'occasion d'un inventaire de routine du matériel d'aviation alloué aux États membres du Pacte de Varsovie. Une véhémente protestation fut alors adressée à Israël – renforcée par la menace d'une suspension de l'émigration des Juifs d'Union soviétique. Le gouvernement israélien, sachant que son aviation avait déjà percé les moindres secrets du Mig, se répandit en excuses pour le « zèle inapproprié d'officiers ayant agi sans autorisation » et se hâta de restituer l'appareil. Entre-temps, le général polonais avait rejoint son pactole de l'autre côté de l'Atlantique, Washington ayant accepté de lui fournir une nouvelle identité à condition que l'US Air Force soit elle aussi autorisée à étudier le Mig.

Sur ces entrefaites, Robert Maxwell s'envola pour Moscou. Officiellement, il y allait pour interviewer Mikhail Gorbatchev. En réalité, il comptait vendre *Promis* au KGB. La « trappe » conçue par l'ami de Ben Menashe devait offrir à Israël un point de vue unique sur les activités du renseignement militaire soviétique – ce qui allait faire du Mossad un des services les mieux renseignés du monde en matière d'intentions russes.

De la capitale soviétique, Maxwell se rendit à Tel-Aviv. Comme d'habitude, il y fut reçu comme un potentat, dispensé de toutes les formalités de douane et accueilli par un représentant officiel du ministère des Affaires étrangères.

Maxwell le traita comme il traitait d'ordinaire son personnel – en insistant pour que l'officiel porte ses bagages et s'asseye à côté du chauffeur du véhicule mis à sa disposition. Maxwell exigea aussi de savoir où était son escorte de policiers motorisés, et, quand il apprit qu'il n'y en aurait pas, menaça de téléphoner au Premier ministre pour faire limoger le fonctionnaire. À chaque feu rouge, il le houspilla de plus belle, et continua sur le même ton jusqu'à son hôtel. Sa *call-girl* favorite l'attendait dans sa suite, mais il l'envoya paître : il avait plus urgent à faire.

Car à Londres son empire de presse connaissait en effet de graves soucis financiers. Sans une injection de capitaux rapide et substantielle, il allait devoir déposer le bilan. Or, à la City où il avait toujours réussi à se renflouer, on rechignait dorénavant à lui avancer des fonds. Les financiers coriaces qui avaient récemment eu affaire à lui avaient deviné derrière ses manières bravaches de rouleur de mécaniques un homme aux abois, sur le point de perdre le flair qui naguère les avait poussés à tant lui pardonner. À l'époque, il lui suffisait de se mettre en colère et de les menacer pour que les banquiers courbent l'échine et cèdent docilement à ses exigences. Mais les temps avaient changé. Tant à la Bank of England que dans les autres institutions financières londoniennes, on murmurait que Maxwell n'était plus un bon cheval.

Ces rumeurs étaient en partie fondées sur des rapports confidentiels en provenance d'Israël, selon lesquels Maxwell subissait des pressions de plus en plus fortes des investisseurs israéliens qui l'avaient aidé au départ à s'emparer du groupe Mirror : la date limite de remboursement de leurs prêts était dépassée depuis belle lurette. Afin de se débarrasser de ses créanciers, Maxwell leur promettait des bénéfices plus importants en échange d'un surcroît de patience. Mais les Israéliens ne se satisfaisaient plus de ces belles assurances : ils voulaient leur argent tout de suite. Telle était la raison de la présence du magnat à Tel-Aviv : les caresser dans le sens du poil pour leur soutirer un sursis. Cela dit, les auspices n'étaient pas très bons. Pendant le vol, il avait reçu plusieurs coups de fil agressifs de ses créanciers, lesquels menaçaient de faire appel aux instances de réglementation de la City.

Maxwell avait un autre motif d'inquiétude. Il avait détourné une partie des bénéfices d'Ora que ses partenaires l'avaient chargé de placer dans les banques du bloc soviétique pour tenter d'assainir les comptes du groupe Mirror. Maxwell avait de plus déjà volé les fonds de pension de ses employés, et ne pouvait guère compter sur ce qui restait du trésor d'Ora. D'ailleurs, une fois que ce détournement-là serait découvert, il se retrouverait face à des hommes extrêmement durs en affaires, dont Rafi Eitan. Et Maxwell en savait assez sur l'ancien officier du Mossad pour se douter que la confrontation risquait de ne pas être très agréable.

Claquemuré dans sa suite, Maxwell s'efforça d'élaborer une stratégie. Sa part des bénéfices de la commercialisation de *Promis* via Degem ne suffirait pas à endiguer la crise, pas plus que les bénéfices de *Maariv*, le quotidien israélien refondu d'après le modèle de son *Daily Mirror*. Mais il lui restait tout de même une possibilité : la Cytex Corporation, une entreprise de Tel-Aviv qui produisait du matériel d'imprimerie ultramoderne et dont il était propriétaire. Si la Cytex pouvait être vendue rapidement, l'argent récupéré permettrait de résoudre une partie de ses problèmes.

Maxwell convoqua donc à son hôtel le patron de Cytex, qui n'était autre que le fils du Premier ministre Yitzhak Shamir. Shamir était porteur de mauvaises nouvelles : il ne fallait pas envisager de s'en débarrasser vite. Cytex faisait face à une concurrence croissante. Ce n'était certainement pas le moment de mettre l'entreprise en vente – sans parler des techniciens de pointe qui se retrouveraient sans travail à un moment où Israël connaissait les affres du chômage.

Voyant son dernier espoir s'envoler, Maxwell piqua une colère terrible, commettant ainsi une erreur tactique grossière : le fils de Shamir s'empressa d'informer son père que Maxwell avait de sérieux ennuis financiers. Le Premier ministre, parfaitement au fait des liens du magnat avec le Mossad, informa à son tour Nahum Admoni, qui convoqua une réunion d'état-major.

Ainsi qu'on devait l'apprendre plus tard, plusieurs options furent envisagées lors de cette réunion.

D'abord, le Mossad pouvait demander au Premier ministre d'user de sa vaste influence auprès des investisseurs israéliens pour leur demander non seulement d'attendre un peu plus, mais aussi de mobiliser leurs ressources et leurs relations d'affaires pour sauver Maxwell. Ce choix fut rejeté : Maxwell avait réussi à froisser Shamir avec son attitude cavalière. De l'avis de tous, d'un instinct de conservation légendaire, le Premier ministre aurait tôt fait de prendre ses distances vis-à-vis de l'encombrant magnat.

Il y avait une autre possibilité : le Mossad pouvait contacter ses *sayanim* haut placés de la City et les inciter à soutenir un plan de sauvetage collectif. En même temps, les journalistes britanniques bien disposés à l'égard du Mossad pourraient être invités à écrire des articles favorables à Maxwell.

Là encore, la suggestion fut rejetée. Les rapports qu'Admoni recevait régulièrement de Londres suggéraient que la plupart des *sayanim* accueilleraient favorablement la chute de Maxwell et que très peu de journalistes, en dehors du groupe Mirror, étaient prêts à écrire des articles louangeurs sur un homme qui depuis tant d'années passait son temps à les menacer de ses foudres juridiques.

En définitive, pour le Mossad, la meilleure solution consistait à rompre tout lien avec Maxwell. Elle comportait pourtant un gros risque : Maxwell, vu son imprévisibilité manifeste, était tout à fait capable de lancer ses journaux contre le service. Et au regard de la quantité d'informations qu'il détenait, ce genre de réaction ne pouvait avoir que de fort fâcheuses conséquences.

Sur cette note sombre, les responsables décidèrent qu'Admoni allait recevoir Maxwell et lui rappeler ses devoirs envers le Mossad et l'État juif. Le soir même, les deux hommes dînèrent ensemble dans la suite du magnat. Rien ne filtra de leur conversation. Quelques heures plus tard, Robert Maxwell quittait Tel-Aviv dans son jet privé. On ne devait plus le revoir vivant en Israël.

De retour à Londres, et contre toute attente, Maxwell donna un temps l'impression d'avoir réussi à remettre à flot son groupe de presse. Tel un derviche tourneur, il sautait sans relâche d'une réunion à l'autre en quête d'appuis financiers. De temps à autre, il téléphonait au Mossad pour s'entretenir avec Admoni, en se présentant toujours à la secrétaire du directeur général comme « le petit Tchèque » (un sobriquet remontant à l'époque de son recrutement par le Mossad). À ce jour, la teneur des conversations entre les deux hommes reste un secret bien gardé.

Un indice allait cependant être fourni un peu plus tard par Victor Ostrovsky. Selon lui, Maxwell insistait pour être remboursé des énormes sommes qu'il avait détournées des fonds de pension du Mirror au profit du Mossad. Il voulait aussi que le Mossad fasse le nécessaire afin que la taupe Mordechai Vanunu soit libérée et remise entre ses mains. Maxwell pourrait alors l'emmener à Londres et l'interviewer lui-même pour le *Daily Mirror*. L'article, une sorte d'« acte de contrition » de Vanunu, serait rédigé de manière à mettre en valeur la magnanimité d'Israël. Avec l'outrecuidance qui le caractérisait, Maxwell ajoutait que cet article permettrait de faire décoller du même coup les ventes du *Mirror* et de lui rouvrir les portes de la City.

Ostrovsky n'est pas le seul à penser que c'est ce plan pour le moins hardi qui poussa finalement le Mossad à décider que Robert Maxwell était devenu incontrôlable – et dangereux.

Le 30 septembre 1991, des indices supplémentaires de son comportement erratique apparurent lors d'un nouveau coup de fil à Admoni. Cette fois, Maxwell ne prit même pas la peine de déguiser sa menace. Ses finances étaient une fois de plus en crise, et il faisait l'objet d'une investigation croisée du Parlement et des médias britanniques – trop longtemps muselés par son bataillon de ténors du barreau. Maxwell déclara qu'à moins que le Mossad ne lui rende immédiatement la totalité des sommes dues, il n'était pas sûr de pouvoir taire la rencontre d'Admoni avec Vladimir Kryuchkov, l'ex-patron du KGB qui se morfondait dans une prison moscovite en attendant d'être jugé pour sa tentative avortée de coup d'État contre Mikhail Gorbatchev. Cette entrevue sur le yacht de Maxwell en mer Adriatique, peu avant le putsch, avait apparemment été un élément clé du complot.

Le Mossad avait promis ce jour-là à Kryuchkov qu'Israël userait de toute son influence auprès des États-Unis et des principaux pays européens pour les pousser à reconnaître au plus tôt le nouveau régime de Moscou. En échange, Kryuchkov ferait en sorte que tous les Juifs d'Union soviétique soient libérés et autorisés à migrer vers Israël. La divulgation d'une nouvelle de ce genre risquait de nuire très gravement à la crédibilité de l'État juif auprès du pouvoir russe existant et des Américains.

Ce fut à ce moment, selon les termes de Victor Ostrovsky, que « l'aile droite du Mossad, réunie en petit comité au QG, décida d'éliminer Maxwell ».

Si l'affirmation d'Ostrovsky est exacte – et elle n'a jamais été formellement démentie par Israël –, il paraît impensable que ce « petit comité » ait pu agir sans disposer d'une autorisation au plus haut niveau, et peut-être même sans le feu vert tacite du Premier ministre Yitzhak Shamir, qui en son temps n'avait pas hésité à tuer lui aussi des ennemis du Mossad.

L'urgence du problème fut forcément accrue par la parution d'un livre du grand reporter américain Seymour M. Hersh, *The Samson Option: Israel, America and the Bomb*, qui retraçait l'entrée d'Israël au sein du club des puissances nucléaires. L'annonce de sa publication prit le Mossad au dépourvu et plusieurs exemplaires de l'ouvrage furent envoyés en catastrophe à Tel-Aviv. Sans doute aurait-il mieux valu répondre à cet ouvrage fort bien documenté par le silence : la douloureuse confrontation avec l'éditeur d'Ostrovsky (qui était d'ailleurs aussi celui de Hersh) avait fourni une bonne leçon en la matière. Mais un problème subsistait cependant : Hersh avait mis en évidence de nouveaux liens entre Maxwell et le Mossad, notamment à propos de la façon dont le groupe Mirror avait couvert l'affaire Vanunu et les troubles relations entre Nicholas Davies, la société Ora et Ari Ben Menashe. Comme il fallait s'y attendre, Maxwell se retrancha derrière une batterie d'avocats et porta plainte contre Hersh et ses éditeurs londoniens. Seulement, pour une fois, son adversaire était à sa mesure : Hersh, lauréat du prix Pulitzer, refusa de se laisser intimider. Au Parlement, de nouvelles questions surgirent sur les connexions entre Maxwell et le Mossad. On les remit au goût du jour : le magnat en savait-il long sur les opérations du Mossad en Grande-Bretagne ? Pour Victor Ostrovsky, « le plancher avait pris feu sous les semelles de Maxwell ».

Ainsi qu'Ostrovsky devait l'affirmer par la suite, le plan du Mossad pour éliminer Maxwell dépendait entièrement de sa capacité à l'attirer hors de sa tanière en un lieu où les services secrets pouvaient frapper. En ce sens, il n'était pas sans rappeler le complot qui avait débouché sur l'assassinat de Mehdi Ben Barka à Paris.

Le 29 octobre 1991, Maxwell reçut un coup de téléphone d'un *katsa* de l'ambassade israélienne à Madrid qui l'invita à se rendre en Espagne le lendemain ; toujours selon Ostrovsky, « son correspondant lui promit qu'un arrangement allait être trouvé, et qu'il n'y avait donc plus aucune raison de s'affoler ». Maxwell reçut pour consigne de prendre un avion en direction de Gibraltar, puis d'embarquer à bord de son yacht, le *Lady Ghislaine*, et d'ordonner à son capitaine de cingler vers les îles Canaries, où il devrait « attendre un message ».

Robert Maxwell commit l'erreur d'accepter.

Le 30 octobre, quatre Israéliens arrivèrent sur le port marocain de Rabat, se présentèrent comme des touristes amateurs de pêche au gros, louèrent un bateau capable d'affronter l'océan et mirent le cap sur les îles Canaries.

Le 31 octobre, après que le yacht de Maxwell eut jeté l'ancre dans le port de Santa Cruz de Tenerife, le magnat dîna seul à l'hôtel Mency. À la fin du repas, un homme le rejoignit brièvement. Nous ne savons ni qui il était, ni ce qu'il avait à lui dire : la réponse à ces questions relève toujours de l'énigme des derniers jours de la vie de Robert Maxwell. Peu après, le magnat regagna son yacht et ordonna au capitaine de lever l'ancre. Pendant trente-six heures, le *Lady Ghislaine* navigua entre les îles de l'archipel, restant toujours à distance de la côte et changeant fréquemment de vitesse. Maxwell expliqua au capitaine qu'il hésitait encore sur leur destination. Jamais l'équipage ne l'avait vu faire preuve d'une telle indécision.

Dans ce qui fut présenté comme une « exclusivité mondiale » intitulée « Comment et pourquoi Robert Maxwell a été assassiné », le magazine britannique *Business Age* affirma que deux tueurs à gages avaient grimpé à bord du *Lady Ghislaine* après être venus en canot pneumatique d'une vedette à moteur immobilisée non loin de là. Ils trouvèrent le magnat sur le pont arrière. Ils le maîtrisèrent sans lui laisser le temps d'appeler à l'aide. « Un des assassins injecta une bulle d'air dans la veine jugulaire de Maxwell. Il ne lui fallut que quelques secondes pour mourir. »

Le magazine précisait que le cadavre fut jeté par-dessus bord et que les deux hommes regagnèrent ensuite leur yacht. Maxwell ne fut retrouvé que seize heures plus tard – le séjour dans l'eau étant plus que suffisant pour faire disparaître une simple trace de piqûre.

Une chose est sûre : dans la nuit du 4 au 5 novembre, l'épineux problème que posait Maxwell au Mossad fut englouti dans les froides profondeurs de l'Atlantique. L'enquête de police et l'autopsie réalisées par les Espagnols devaient laisser plusieurs questions sans réponse. Pourquoi seulement deux des onze hommes d'équipage étaient-ils réveillés à l'heure des faits, alors que cinq d'entre eux auraient dû être de quart ? À qui s'adressaient les fax envoyés par Maxwell au cours des dernières heures de sa vie ? Où étaient passés les originaux ? Pourquoi l'équipage avait-il mis si longtemps à s'apercevoir que son patron n'était plus à bord ? Pourquoi avait-il ensuite attendu plus d'une heure pour donner l'alerte ? Le mystère plane toujours.

Trois médecins légistes espagnols furent désignés pour pratiquer l'autopsie. Ils demandèrent à ce que les organes vitaux et leurs tissus soient envoyés à Madrid pour faire l'objet d'examens approfondis. Mais avant que leurs consignes aient pu être mises à exécution, la famille Maxwell intervint pour ordonner que le corps du magnat soit embaumé et rapatrié aussitôt par avion en Israël, où il devait être enterré. Étrangement, les autorités espagnoles ne s'y opposèrent pas.

Qui donc avait pu persuader la famille de réagir avec un tel empressement ?

Le 10 novembre 1991, les funérailles de Maxwell se tinrent au mont des Oliviers de Jérusalem – lieu de repos éternel des plus illustres héros du peuple. L'événement, qui ressemblait à s'y méprendre à des obsèques nationales, fut rehaussé par la présence du gouvernement israélien et des principaux dirigeants de l'opposition. Pas moins de six chefs en activité ou en retraite des services secrets israéliens assistèrent à l'éloge du Premier ministre Shamir qui déclara :

« Il aura fait davantage pour Israël que nous n'avons le droit de le dire aujourd'hui. »

Parmi l'assemblée réunie pour l'occasion se trouvait aussi un homme vêtu d'un costume noir et d'une chemise assortie à col romain blanc. Né dans une famille chrétienne du Liban, ce personnage fluet – un mètre cinquante pour cinquante kilos à peine – n'était cependant pas un prêtre ordinaire. Le père Ibrahim représentait la secrétairerie d'État du Vatican.

Sa discrète présence aux funérailles de Robert Maxwell ne visait pas tant à rendre hommage au passage sur cette terre du flamboyant patron de presse qu'à reconnaître les liens secrets qui ne cessaient de se tisser entre le Saint-Siège et Israël. Elle symbolisait parfaitement un des adages favoris de Meir Amit, selon lequel la coopération, en matière de renseignement, ne devait se heurter à aucune limite.

XI

Alliances profanes

Depuis toujours, les Premiers ministres successifs d'Israël étaient fascinés par le concept de la papauté – avec son chef spirituel doublé d'un dirigeant politique élu à vie et n'ayant aucun compte à rendre à quelque instance judiciaire ou législative que ce soit. S'appuyant sur une structure pyramidale et monarchique, le pape exerçait en effet une influence unique sur les grandes tendances économiques, politiques et idéologiques des catholiques et sur le reste du monde. Ainsi que David Ben Gourion l'avait un jour marmonné :

« Oubliez l'absurde cliché de Staline s'enquérant du nombre de divisions du pape – et imaginez plutôt vers combien de personnes il peut se tourner pour demander de l'aide. »

Le Mossad, pour sa part, s'émerveillait surtout de l'opacité totale du Vatican, une mécanique parfaitement huilée dont le secret caractérisait les moindres rouages. Parfois, il fallait attendre des mois avant que les premiers indices ne transpirent de la participation du pape à telle ou telle initiative diplomatique, et, même alors, les faits émergeaient rarement dans leur intégralité. Tous les chefs du Mossad s'étaient interrogés sur la façon de soulever ce voile, mais les diverses tentatives ébauchées tant par le gouvernement d'Israël que par ses services secrets pour établir de bonnes relations avec le Vatican avaient toujours été poliment rejetées.

La vérité était qu'au secrétairerie d'État du Saint-Siège – l'équivalent d'un ministère des Affaires étrangères – existait un assez fort courant anti-israélien. Les *monsignori* en soutane se référaient invariablement à la Cisjordanie et à la bande de Gaza comme à des « territoires occupés », et au plateau du Golan comme à un territoire syrien

« annexé ». Lorsqu'ils quittaient en voiture leur minuscule cité-État pour s'en aller dîner chez quelque riche Arabe de la via Condotti ou de la piazza Navona, ils écoutaient sans frémir leurs hôtes évoquer leur rêve de rayer Israël de la face du monde.

Les prêtres toutefois se forçaient à tenir leur langue, persuadés qu'ils étaient que l'État juif avait disséminé des espions partout pour les surveiller, les écouter, et peut-être même les enregistrer et les photographier. À chaque nouveau venu à la secrétairerie, on conseillait vivement de garder à l'esprit qu'il risquait d'être « espionné ou approché, surtout par des agents travaillant pour les pays que le Vatican refuse de reconnaître au plan diplomatique », Israël figurant en tête de la liste de ces pays. Jusqu'à son élection en 1978, le pape Jean-Paul II affirma d'ailleurs que l'État hébreu y resterait ; ce ne fut qu'après des années de pontificat qu'il décida de lui accorder un vrai statut diplomatique.

Les informations dont disposait le pape nouvellement élu à propos d'Israël continuaient d'être distordues par les étroites relations de ses prêtres-diplomates avec certains Arabes. À leur retour de Rome, les *monsignori* s'empressaient de rejoindre le troisième étage du palais apostolique, qui abritait les locaux surpeuplés, mal éclairés et mal ventilés de la Section des affaires extraordinaires, chargée de l'application de la politique extérieure du Vatican. Les vingt « bureaux » de la Section brassaient presque autant de paperasse que les plus grands ministères des Affaires étrangères du monde – de quoi donner une idée significative des intérêts diplomatiques du Vatican, en perpétuelle expansion.

Le bureau du Moyen-Orient occupait un alignement de « placards à balais » donnant sur la magnifique cour Saint-Damase, aménagée au cœur du palais des papes. Un des premiers dossiers présentés par ce service au pontife polonais fut un plaidoyer extrêmement bien argumenté en faveur du statut international de Jérusalem : la ville serait sillonnée par des patrouilles des Nations unies, tandis que le Vatican se verrait confier la garde de tous les lieux saints chrétiens. La nouvelle de cette proposition parvint à Tel-Aviv au début de l'année 1979, photocopiée à partir d'un document communiqué par un *monsignor* à un riche chrétien libanais vivant à Rome, dans l'entourage duquel un *sayan* du Mossad évoluait. La perspective de l'internationalisation de Jérusalem suscita la colère du Premier ministre Menahem Begin, qui ordonna au chef du Mossad, Yitzhak Hofi, de redoubler d'efforts pour établir le dialogue avec le Vatican.

Les deux hommes savaient fort bien ce qui s'était passé la dernière fois que le Mossad avait tenté un tel rapprochement sous le gouvernement de l'illustre prédécesseur de Begin, Golda Meir.

Fin 1972, Golda Meir reçut enfin une réponse positive de Paul VI : le pape acceptait de la recevoir brièvement en audience privée. En décembre, lors du conseil hebdomadaire, elle s'expliqua ainsi face aux ministres qui s'interrogeaient sur l'utilité de cette rencontre : « Je suis fascinée par la structure marxiste de la papauté. D'abord, elle dispose d'un pouvoir financier quasiment inégalé. Ensuite, elle opère sans partis politiques ni syndicats. Son appareil tout entier a pour vocation le contrôle. La curie contrôle les évêques, les évêques contrôlent le clergé, le clergé contrôle les laïcs. Avec sa multitude de secrétariats, de commissions et de bureaux divers, c'est un système taillé sur mesure pour l'espionnage et le renseignement ! »

La date de l'audience papale fut fixée au matin du 15 janvier 1973. On informa Golda Meir qu'elle aurait droit à trente-cinq minutes avec le pontife et que l'entrevue s'achèverait par un échange de cadeaux. Aucun ordre du jour spécifique n'était fixé, mais Golda Meir espérait convaincre Jean-Paul II de visiter Israël, officiellement pour dire une messe devant la centaine de milliers de chrétiens arabes de la Terre sainte. Mais elle comptait surtout sur sa présence pour redorer le blason de son petit pays sur la scène internationale.

Pour des raisons de sécurité, l'événement ne devait pas être annoncé à l'avance. Après avoir assisté à une conférence de l'Internationale socialiste à Paris, Golda Meir s'envolerait pour Rome dans un vol spécial d'El Al. Ce n'était qu'une fois à bord de l'appareil que les journalistes qui la suivaient sauraient qu'elle se rendait au Vatican.

Zvi Zamir, le chef du Mossad, se rendit à Rome en éclaireur afin d'inspecter le dispositif de sécurité. La ville était un foyer plus qu'accueillant pour les groupes terroristes moyen-orientaux et européens.

Rome fournissait aussi un poste d'observation de choix au Mossad, dont le souci premier était alors de retrouver et d'abattre les responsables du massacre des Jeux Olympiques de Munich.

Zamir avait chargé Mark Hessner, un de ses meilleurs *katsas*, de surveiller la nombreuse communauté arabe de la ville. À Milan, une autre plaque tournante du terrorisme, le patron du Mossad avait dépêché le chevronné Shai Kauly. Puis Zamir prévint ses deux espions de l'arrivée prochaine de Golda Meir, et tous trois se rendirent au Vatican.

Le 10 janvier 1973, quand les Israéliens entrèrent dans l'État-cité à bord d'une voiture avec chauffeur, ils en savaient beaucoup plus long que leurs hôtes ne le soupçonnaient sur les relations du Saint-Siège avec un autre service de renseignement célèbre.

En 1945, l'Office of Strategic Services – ancêtre de la CIA – avait été accueilli « à bras ouverts » au Vatican, selon les propres termes de James « Jesus » Angleton, le chef de l'antenne romaine de l'OSS. Le pape Pie XII et sa curie demandèrent à ce dernier d'appuyer la croisade anticommuniste de l'Église en portant au pouvoir en Italie le Parti démocrate-chrétien. Angleton, catholique pratiquant, mobilisa des ressources considérables pour corrompre, menacer et faire chanter des électeurs. Pour ce faire, il bénéficia d'un accès illimité au réseau unique de collecte de renseignements du Vatican dans toute l'Italie : chaque curé, chaque prêtre reçut pour consigne de signaler les activités des communistes italiens dans sa paroisse. Sitôt que le Vatican avait évalué les informations, elles étaient transmises à Angleton, qui les faisait suivre à Washington.

Là, elles servaient à attiser la certitude déjà bien ancrée au Département d'État que l'Union soviétique représentait à terme un réel danger pour l'Occident. On intima à Angleton de faire tout son possible pour empêcher les anciens résistants du Parti communiste italien de prendre le pouvoir. Comme le pape, le chef de l'OSS était hanté par le spectre d'une menace communiste mondiale susceptible de scinder le globe en deux blocs idéologiques – l'un capitaliste et l'autre socialiste – incapables de coexister en paix. Staline, de son côté, ne disait finalement rien d'autre.

Le pape était convaincu que les communistes italiens étaient le fer de lance d'une campagne systématique de destruction de l'Église. Au fil des rencontres régulières de Pie XII et d'Angleton, l'ombre de l'épouvantail communiste ne cessa de grandir. Le pape pressa le maître espion de dire aux siens qu'il fallait tout mettre en œuvre pour endiguer le danger. Il eut tôt fait de devenir un partisan enthousiaste de la politique étrangère américaine qui devait déboucher sur la guerre froide.

En 1952, l'antenne romaine de ce qui se nommait désormais la CIA fut confiée à un autre catholique fervent, William Colby – appelé plus tard à diriger les activités de l'agence au Viêt-nam. Colby mit en place un puissant réseau d'informateurs au sein même de la secrétairerie d'État et de toutes les congrégations et instances du Vatican. Il espérait s'en servir pour aider la CIA à combattre l'espionnage et la subversion soviétiques à travers le monde. Des prêtres rapportaient régulièrement au Vatican ce qui se passait un peu partout. Dans des pays aussi profondément catholiques que les Philippines, où les communistes cherchaient à prendre le pouvoir, la CIA réussit à lancer de vigoureuses contre-attaques. Le pape considérait la violence comme nécessaire et estimait du devoir des États-Unis de s'acquitter de ces actions qu'il avait qualifiées un jour de « tristes, mais nécessaires », afin d'éviter au monde des décennies de souffrances.

En 1960, la CIA se distingua de nouveau après que le cardinal milanais Montini – qui devait devenir Paul VI trois ans plus tard – lui eut désigné des prêtres aux États-Unis jugés trop indulgents envers le communisme. La guerre froide était alors à son apogée, et la paranoïa battait son plein à Washington. Le FBI traqua sans répit les prêtres dénoncés, et bon nombre d'entre eux durent quitter le pays pour l'Amérique latine. La CIA disposait quant à elle d'une caisse noire substantielle destinée aux « projets » de rénovation des bâtiments des œuvres charitables, écoles et orphelinats contrôlés par le Vatican. Elle offrit aussi des vacances à des prêtres et à des religieuses connus pour leur pro-américanisme fervent. Des cardinaux et évêques italiens reçurent des caisses de champagne et de produits de luxe alors que leur pays subissait encore les pénuries alimentaires de la Seconde Guerre mondiale. Le Vatican considérait alors les chefs d'antenne successifs de la CIA à Rome comme des personnages plus importants que l'ambassadeur des États-Unis en Italie.

Quand Jean XXIII fut élu pape en 1958, il stupéfia la curie en déclarant que la croisade contre le communisme était un échec. Il demanda aux évêques italiens de redevenir « politiquement neutres ». Un vent de panique souffla à la CIA lorsque le nouveau pontife décréta qu'il ne serait dorénavant plus question de lui laisser libre accès aux dossiers du Vatican. Cet effroi s'accrut encore quand l'agence découvrit qu'il tentait de jeter les bases d'un embryon d'*ostpolitik* en nouant un dialogue prudent avec Nikita Khrouchtchev, le numéro un Soviétique. Ainsi que devait le dire le chef d'antenne de la CIA à Rome :

« Le Vatican n'est plus totalement engagé du côté américain. Le Saint-Siège nous est hostile, et il nous faut dorénavant considérer ses activités sous cet angle nouveau. »

Les analystes de la CIA à Washington pondirent alors des rapports exhaustifs, ornés d'intitulés aussi pompeux que *Les Relations entre le Vatican et le communisme*. À la fin du printemps 1963, l'antenne romaine signala que le Saint-Siège était sur le point d'établir de véritables relations diplomatiques avec l'URSS. Le directeur de la CIA, John McCone, s'envola pour l'Italie et arracha un entretien avec Jean XXIII en prétendant être venu sur l'insistance expresse du premier président catholique américain, John F. Kennedy. McCone expliqua au pontife que l'Église devait « interrompre sa dérive vers le communisme » : « Il est dangereux et inacceptable de frayer avec le Kremlin. Le communisme italien est un cheval de Troie, comme l'indiquent les récentes victoires de la gauche aux élections nationales. Dès qu'ils accèdent au pouvoir, les communistes s'empressent d'annuler la plupart des mesures politiques prises par les partis catholiques. »

Pendant dix interminables minutes, McCone s'exprima avec sa rugosité coutumière, sans être interrompu une seule fois. Puis le silence retomba sur la salle d'audience du palais apostolique. L'espace d'un moment, le pape se contenta de scruter la longue silhouette ascétique de son visiteur. Jean XXIII lui expliqua ensuite d'une voix très douce que son Église avait des devoirs prioritaires : mettre un terme à l'abjecte misère et à la négation des droits de l'homme, éradiquer taudis et bidonvilles, éliminer le racisme et l'oppression politique. Il était prêt à dialoguer avec quiconque était disposé à l'aider en ce sens – y compris les Soviétiques. Il n'y avait qu'une seule façon de vaincre le défi communiste : en lui opposant des arguments raisonnables.

McCone, incapable de se contenir plus longtemps – « Je n'étais pas venu pour débattre », devait-il dire ensuite –, rétorqua que, pendant que le pape s'engageait sur la voie de la détente avec Moscou, la CIA récoltait les preuves de persécutions sans relâche à l'encontre des prêtres du bloc soviétique, d'Asie et d'Amérique du Sud. Le pape Jean XXIII déclara que c'était une raison de plus pour améliorer ses relations avec les Russes. Vaincu, McCone rentra à Washington persuadé que le pontife était « plus entiché du communisme que n'importe lequel de ses prédécesseurs ».

La mort plus ou moins attendue de Jean XXIII – il souffrait d'une forme de cancer à évolution rapide – fut accueillie non sans soulagement par McCone et le président Kennedy. Quand Montini devint Paul VI à la fin de l'année 1963, Washington souffla pour de bon. Deux jours après son intronisation, le pape reçut Kennedy en audience privée. À l'extérieur, McCone arpentait les jardins du Vatican comme un propriétaire retrouvant sa maison après des années d'absence.

Le long pontificat de Paul VI fut terni, sur le plan personnel, par une santé déclinante et, à l'échelle internationale, par la guerre du Viêt-nam. Le pape devait peu à peu en venir à croire que l'escalade militaire décidée par le président Johnson en 1966 était une faute morale et que le Saint-Siège aurait dû se voir attribuer un rôle de médiation. Trois mois après son entrée au bureau Ovale, Nixon vint à Rome rencontrer le pape. Le Président annonça au pontife son intention d'accroître encore l'engagement américain au Viêt-nam. Une fois de plus, la CIA ne fut plus en odeur de sainteté au Vatican.

Zvi Zamir avait appris tout ce qui précède grâce à un *katsa* à Washington. Du coup, en ce matin du 10 janvier 1973, il avait des raisons d'espérer que le Mossad réussirait à prendre la place laissée vacante par la CIA au Vatican.

Le chef de la sécurité de l'État-cité attendait les trois Israéliens sur le seuil du palais apostolique : c'était un homme de haute taille, au visage pincé, portant un uniforme bleu nuit – la tenue traditionnelle des *vigili*. Pendant plusieurs heures, il leur offrit une visite guidée de son domaine, en s'attardant sur les divers endroits où un tueur arabe pouvait se poster pour attenter à la vie de Golda Meir. À l'insu de son hôte, Zvi Zamir tâcha également de repérer les lieux où le Mossad pourrait le plus facilement installer des micros et autres appareils d'interception électronique dès qu'il aurait noué des relations sérieuses avec le Saint-Siège. Zamir repartit à Tel-Aviv rassuré par les conditions de sécurité du Vatican. Plus important encore, il lui semblait avoir détecté un net radoucissement dans l'attitude du Saint-Siège envers Israël.

Avant même qu'il n'atterrisse à Tel-Aviv, les détails de la visite de Golda Meir furent communiqués à Septembre noir, très certainement par un prêtre pro-arabe membre de la secrétairerie d'État. Pour Ali Hassan Salameh, le chef du groupe terroriste et instigateur des atrocités commises aux JO de Munich en 1972, la visite de Golda Meir était une occasion immanquable – même si lui-même était traqué par le Mossad. Il décida de planifier une attaque au lance-missiles contre l'avion de Golda juste avant son atterrissage à l'aéroport Leonardo Da Vinci, espérant éliminer ainsi non seulement le Premier ministre, mais aussi les personnages clés du gouvernement israélien qui ne manqueraient pas de l'accompagner, ainsi qu'un certain nombre de responsables du Mossad. Le temps pour Israël de se remettre du choc, ses hommes et lui auraient déjà rejoint le refuge qu'il essayait d'obtenir des Russes.

Depuis 1968 et l'émergence d'une génération de terroristes nés après la Seconde Guerre mondiale et partis en guerre contre la société occidentale – sous des dénominations aussi diverses que les Brigades rouges en Italie, la Fraction Armée rouge en RFA, l'Armée de libération du peuple en Turquie, l'ETA en Espagne et l'OLP en Palestine –, le Kremlin jetait discrètement de l'huile sur le feu en aidant ces mouvements à combattre l'impérialisme, et Israël aussi.

Les terroristes arabes, notamment, avaient tapé dans l'œil du KGB en se montrant plus hardis et plus efficaces que les autres groupes

– d'autant qu'ils affrontaient un ennemi nettement plus redoutable, le Mossad, que le KGB haïssait et admirait tout à la fois depuis longtemps. Le KGB décida donc d'offrir à des activistes arabes triés sur le volet une formation complémentaire à l'université Patrice Lumumba de Moscou. Il ne s'agissait pas d'un campus ordinaire, mais d'une véritable école de terrorisme. Ils y recevaient non seulement un solide bagage d'endoctrinement politique, mais aussi des instructions très détaillées concernant le choix de leurs cibles et les plus modernes techniques d'élimination. C'est à l'université Patrice Lumumba que Salameh, par exemple, avait préparé le massacre de Munich. Après le carnage, les membres survivants du groupe avaient demandé à la Russie de leur donner refuge. Mais les Soviétiques traînaient les pieds : la tempête d'indignation soulevée par le carnage avait ôté au Kremlin l'envie d'être publiquement associé aux coupables. Les Russes s'étaient contentés de répondre à Salameh que sa demande d'asile était toujours à l'étude.

En revanche, Moscou n'avait rien fait pour aider ceux qui traquaient Septembre noir – et s'étaient bien gardés de révéler que l'organisation disposait encore d'un stock de missiles soviétiques quelque part en Yougoslavie. Or c'était justement ces fusées que Salameh comptait lancer contre l'avion de Golda Meir.

Le plan, comme tous ceux du Prince rouge, était à la fois audacieux et très simple. Les missiles seraient embarqués à bord d'un cargo à Dubrovnik et traverseraient l'Adriatique jusqu'à Bari, sur la côte orientale de l'Italie. De là, ils seraient acheminés par la route jusqu'à Rome qu'ils devaient atteindre juste avant l'arrivée de Golda Meir. Salameh n'avait pas oublié l'une des premières leçons de stratégie de ses professeurs du KGB : toujours détourner l'attention de l'ennemi au moment de l'attaque. Il convenait donc d'attirer le Mossad le plus loin possible de la capitale.

Le 28 décembre 1972, une unité de Septembre noir prit d'assaut l'ambassade israélienne à Bangkok. Le drapeau de l'OLP fut hissé au sommet du bâtiment, et six Israéliens furent pris en otages. Très vite, cinq cents policiers et militaires thaïlandais encerclèrent la mission. Les terroristes exigèrent la libération immédiate par Israël de trente-six prisonniers de l'OLP, faute de quoi les otages seraient exécutés.

À Tel-Aviv, un scénario familier se mit en place. Le cabinet ministériel se réunit en session d'urgence. On entendit comme d'habitude s'exprimer les partisans de la ligne dure et ceux de la capitulation. C'est Zvi Zamir qui prit l'initiative d'expliquer qu'atteindre Bangkok exigeait des moyens logistiques qui n'existaient tout simplement pas. En outre, l'ambassade israélienne était située en plein cœur d'une grouillante capitale. Le gouvernement thaïlandais n'accepterait jamais ne fût-ce que la possibilité d'une fusillade. Soudain, au terme de négociations étrangement brèves, les terroristes acceptèrent une proposition des Thaïlandais, qui se disaient prêts à leur laisser quitter le pays sans encombre en échange de la libération des otages. Quelques heures plus tard, la totalité du commando embarqua à bord d'un vol à destination du Caire, où il se perdit dans la nature.

À Tel-Aviv, le soulagement de Zamir ne tarda pas à se muer en méfiance. Les hommes de Septembre noir avaient de gros moyens financiers ; ils étaient motivés et extrêmement bien entraînés, sans compter qu'ils avaient amplement fait la preuve de leur intelligence stratégique. Ils savaient faire plier n'importe quel gouvernement. Pourquoi avaient-ils si vite cédé en Thaïlande ? L'ambassade de Bangkok était une cible idéale pour s'attirer une belle publicité à peu de frais et conquérir de nouveaux sympathisants. Rien n'était jamais laissé au hasard dans le choix des objectifs de Septembre noir : ses actions s'inscrivaient toujours dans le cadre d'une attaque concertée contre la démocratie. À l'ambassade de Bangkok, les terroristes avaient appliqué à la lettre les préceptes de leur gourou Che Guevara – attiser sans cesse le feu de la haine – en accablant les otages de tirades et d'insultes antisémites, mais ne pouvait-il pas s'agir d'une simple manœuvre de diversion ? Une autre opération contre Israël se préparait-elle ailleurs dans le monde ? Si oui, où et quand devait-elle avoir lieu ? Zamir soupesait encore ces questions lorsqu'il s'envola vers Paris avec Golda Meir. Là-bas, l'énigme le tarauda encore.

Aux premières heures du 14 janvier 1973, la situation se décanta brusquement. Un *sayan* employé au central téléphonique de Rome intercepta deux appels passés d'une cabine publique située à proximité d'un immeuble résidentiel où séjournaient souvent des terroristes de l'OLP. Le premier appel était destiné à Bari, et le second à Ostie, le port de Rome. Tous deux avaient été effectués en arabe, langue que comprenait le *sayan*. Leur auteur avait annoncé à ses interlocuteurs qu'il était temps « de livrer les bougies pour préparer l'anniversaire ».

Cette singulière terminologie acheva de convaincre Zamir qu'une attaque terroriste était imminente. Les « bougies » d'anniversaire devaient être des armes – disons, des missiles. Or quoi de mieux qu'un tir de missiles pour abattre l'avion du Premier ministre ?

Avertir Golda Meir était inutile. Elle ignorait la peur. Avertir le Vatican risquait d'entraîner l'annulation pure et simple de la visite : le Saint-Siège ne tiendrait pas à se retrouver impliqué dans une affaire d'attentat – surtout si cet attentat l'obligeait ensuite à condamner ses amis arabes.

Zamir téléphona aussitôt à Hessner et à Kauly, les deux *katsas* qui l'avaient accompagné au Vatican, et ordonna au second de le rejoindre à Rome. Ensuite, accompagné de la petite équipe d'agents qui avait escorté Golda Meir, le *memuneh* sauta dans le premier avion pour Rome.

Dès son arrivée, il exposa ses craintes au patron de la DIGOS. Plusieurs agents de l'unité antiterroriste italienne effectuèrent sans tarder une descente dans l'immeuble devant lequel avaient été passés les coups de téléphone à Bari et à Ostie. La fouille d'un des appartements permit de retrouver un manuel d'instruction en russe de tir au lance-missiles. Toute la nuit, des équipes de la DIGOS, accompagnée chacune par un *katsa* du Mossad, perquisitionnèrent les autres caches connues de l'OLP dans Rome. Mais aucun élément nouveau ne vint confirmer les soupçons de Zamir. À l'aube, alors que l'avion de Golda Meir devait arriver quelques heures plus tard, le chef du Mossad décida de limiter le champ de ses recherches à l'aéroport et à ses environs.

Peu après le lever du soleil, Hessner repéra une camionnette Fiat à l'arrêt dans un champ voisin de la piste d'atterrissage. Le *katsa* ordonna au chauffeur de descendre de sa cabine. Les portières de l'arrière s'ouvrirent à la volée, et une fusillade nourrie éclata. Hessner s'en tira indemne, mais les deux terroristes embusqués à l'arrière de la camionnette furent grièvement blessés par ses balles. Le *katsa* se lança ensuite à pied à la poursuite du chauffeur. Il le rattrapa à l'instant où le fugitif essayait d'intercepter une auto – au volant de laquelle se trouvait justement Kauly. Les agents du Mossad ligotèrent le terroriste malchanceux sur la banquette arrière du véhicule et s'élancèrent à fond de train vers le camion où Zamir avait installé son poste de commandement mobile.

Le chef du Mossad avait déjà reçu un message radio lui annonçant que la camionnette Fiat contenait six missiles prêts à être lancés. Mais il fallait absolument savoir s'il y en avait d'autres ailleurs. Le chauffeur de la camionnette fut roué de coups et finit par révéler aux agents israéliens la localisation d'une seconde batterie de missiles. Zamir soupçonnait l'homme d'avoir été membre de l'équipe logistique qui avait soutenu le commando de Septembre noir pour le massacre de Munich. Mais ce n'était pas le moment de sonder cette piste ; Zamir, Hessner et Kauly mirent sans tarder le cap au nord, emmenant avec eux le terroriste en capilotade.

Les Israéliens repérèrent bientôt une camionnette garée au bord de la route. Des têtes de missiles facilement reconnaissables émergeaient de son toit ouvrant. Au loin, on devinait la forme tout aussi caractéristique du 747 de Golda Meir, dont la bosse frontale scintillait sous le soleil oblique. Sans ralentir, Zamir se servit de son camion comme d'un bélier et heurta latéralement la camionnette, qui se coucha sur le flanc. Les deux terroristes postés à l'intérieur furent à demi assommés par le poids des missiles.

Le temps de jeter sur l'asphalte le chauffeur de la première camionnette, les Israéliens repartirent, non sans avoir prévenu par radio la DIGOS qu'il s'était produit « un accident susceptible de l'intéresser ». Zamir avait envisagé d'achever tous les terroristes sur place, mais il s'était dit que leur mort risquait de gêner Golda Meir juste avant son audience papale.

Lorsque celle-ci eut lieu, Golda eut l'impression nette que le poids du monde reposait tout entier sur les épaules du pontife, menaçant d'écraser sa frêle silhouette de blanc vêtue. À l'issue de l'entretien, quand elle eut formulé son invitation, Paul VI lui répondit qu'il se rendrait volontiers en Terre sainte et enchaîna en décrivant son pontificat comme un pèlerinage. Lorsque Golda évoqua la possibilité pour Israël d'établir des relations diplomatiques officielles avec le Saint-Siège, le pape émit un soupir et dit : « Le moment n'est pas encore venu. » Golda Meir offrit au pontife un très beau livre relié cuir sur la Terre sainte ; Paul VI répliqua en lui tendant un exemplaire dédicacé de *Humanae Vitae*, l'encyclique dans laquelle il avait exposé les grandes lignes de son pontificat.

À sa sortie du Vatican, Golda Meir confia à Zamir que l'horloge du Saint-Siège semblait obéir à un rythme différent de celui du reste du monde.

Les terroristes de Septembre noir furent conduits dans un hôpital et, une fois rétablis, autorisés à partir pour la Libye. Ce qui ne les empêcha nullement de mourir quelques mois plus tard, assassinés les uns après les autres par les *kidons* du Mossad.

La politique du talion cautionnée par Golda Meir ne plut guère à Paul VI, dont le pontificat s'enracinait dans le pouvoir du pardon. Elle ne fit par conséquent que renforcer les liens du Vatican avec l'OLP – une ligne que Jean-Paul II continua de suivre après son élection en 1978.

Jean-Paul II invita plusieurs fois Yasser Arafat et ses principaux adjoints à de longues audiences privées, au cours desquelles il ne manqua jamais de réaffirmer sa détermination à agir en faveur de la création d'une nation palestinienne. L'OLP, désormais basée en Tunisie, nomma un officier de liaison permanent à la secrétairerie d'État, tandis que le Saint-Siège chargeait de son côté le père Idi Ayad de le représenter auprès de l'organisation.

Avec sa soutane élimée dont les pans traînaient constamment dans la poussière du désert, son chapeau ecclésiastique enfoncé sur un visage très étroit, Ayad allait servir avec un égal dévouement le souverain pontife et l'OLP, au point de décorer sa chambre de portraits dédicacés de Jean-Paul II et de Yasser Arafat. En 1980, Ayad aida notamment

Arafat à rédiger un brouillon de lettre dont certains passages devaient ravir le pape : « Permettez-moi de rêver. Je vous vois marchant vers Jérusalem, entouré de réfugiés palestiniens agitant des rameaux d'olivier et les déposant à vos pieds. »

De même, Ayad suggéra qu'Arafat et le pontife échangent des politesses à l'occasion de leurs fêtes religieuses respectives : Arafat prit ainsi l'habitude d'envoyer à Jean-Paul II une carte pour Noël, tandis que le pape lui envoyait ses meilleurs vœux pour l'anniversaire du prophète Mahomet. L'infatigable émissaire servit aussi d'intermédiaire lors d'une réunion entre le ministre des Affaires étrangères de l'OLP et le cardinal Casaroli, secrétaire d'État du Saint-Siège. Par la suite, le bureau du Moyen-Orient fut étendu, et tous les nonces du pape – autrement dit les ambassadeurs du Saint-Siège – reçurent pour consigne de persuader les gouvernements auprès desquels ils étaient accrédités de défendre les aspirations nationalistes de l'OLP. Cette évolution consterna les autorités israéliennes, dont les seuls contacts officiels avec le Vatican se limitaient encore aux rares visites d'un représentant du gouvernement incapable d'obtenir plus que quelques minutes de l'attention du Saint-Père.

Ces relations glaciales avaient en partie leur source dans un curieux incident consécutif à la création de l'État hébreu, en 1948. Le secrétaire d'État du Vatican avait alors chargé un émissaire d'aller trouver le ministre de la Justice israélien, Haim Cohn, pour exiger la révision du procès du Christ – révision devant bien entendu déboucher sur l'inversion du verdict originel. Ensuite seulement, le Vatican reconnaîtrait officiellement Israël. L'importance des relations diplomatiques avec le Saint-Siège n'échappa pas à Cohn. Mais la requête lui parut relever d'un « incroyable caprice » : « Il s'agissait d'un procès absurde et, de toute façon, nous avions des problèmes plus urgents à régler – il nous fallait repousser les attaques de nos voisins arabes. Rectifier la biographie du Christ ne faisait décidément pas partie de ma liste de priorités. »

Son *monsignor* ayant été confronté à une brutale fin de non-recevoir, le Vatican avait tout simplement tourné le dos à Israël.

Depuis lors, les Israéliens n'avaient connu qu'une seule lueur d'espoir : quand le prédécesseur immédiat de Jean-Paul II, le fragile Albino

Luciano, avait laissé entendre au début de ses trente-trois jours de règne sur le Trône de Pierre qu'il était prêt à envisager l'établissement de relations diplomatiques avec Israël. Sa mort brutale due à une crise cardiaque, peut-être provoquée par les écrasantes responsabilités de son nouvel office, avait débouché sur l'élection de Karol Wojtyla. Durant les premières années du pontificat de Jean-Paul II, les portes du palais apostolique restèrent quasiment fermées aux Israéliens, alors même que la papauté s'impliquait de plus en plus dans la politique internationale, encouragée par le resserrement de ses liens avec la CIA.

En 1981, William Casey prit la tête de l'agence. Il fut parmi les premiers personnages à être reçus en audience privée par le pontife après son élection. Casey s'agenouilla devant le charismatique Polonais et baisa respectueusement son anneau. Dans chacun de ses mots et de ses gestes, le directeur de la CIA se comporta comme un humble suppliant, à l'opposé de l'attitude de ses arrogants prédécesseurs. Casey partageait cependant leur crainte du communisme – et le pape aussi.

Pendant plus d'une heure, ils abordèrent les sujets qui leur tenaient à cœur. Quelle *ostpolitik* adopter ? Comment réagirait le régime polonais – et le reste du bloc soviétique – au nécessaire changement de cap de l'Église ? Casey prit congé du pape fort d'une certitude : Jean-Paul II n'était pas homme à s'accommoder de compromis faciles. C'était même la raison première de son charisme. Ses convictions sans équivoque étaient la meilleure réponse à la fameuse question de Staline sur le nombre de divisions du pape. Dans l'esprit de Casey, Jean-Paul II allait prouver au monde que la foi pouvait être plus efficace que n'importe quelle force de frappe militaire.

Casey rentra à Washington faire son rapport au président Reagan, qui lui ordonna de retourner à Rome pour dire au pape que dorénavant un accord secret allait lui permettre d'être informé de tous les aspects de la politique américaine – intérieurs, économiques et militaires.

Il fut entendu que, chaque vendredi soir, le chef de poste de la CIA à Rome se rendrait au palais apostolique pour communiquer au pape les derniers renseignements secrets obtenus grâce à la surveillance par satellite et aux écoutes supervisées par les agents de la CIA. Aucun autre responsable politique mondial ne s'était jamais vu offrir l'accès à de telles informations. Au fil des mois, elles allaient permettre au plus politique des papes modernes d'imprimer sa griffe et son autorité non seulement sur l'Église, mais aussi sur le monde séculier. La diplomatie papale, noyau stratégique d'une bureaucratie vaticane fortement centralisée, se retrouva, plus qu'en cinq cents ans d'existence, profondément impliquée dans les événements internationaux. Ce nouveau rôle de dirigeant mondial faillit même coûter la vie au souverain pontife, le 13 mai 1981.

Deux ans plus tard, le 15 novembre 1983, par une froide soirée romaine, Jean-Paul II allait enfin connaître la réponse à la question qui n'avait cessé de le tourmenter depuis le drame : qui avait commandité son assassinat ? Les moindres détails de la tragédie restaient gravés au fer rouge dans sa mémoire, aussi indélébiles que les cicatrices laissées par les balles du tueur qui avait tenté de l'abattre.

Cent mille personnes environ se pressaient sur la place Saint-Pierre en cet après-midi du mercredi 13 mai 1981, entassées sous les deux arcs de cercle de la colonnade du Bernin – deux cent quatre-vingt-quatre colonnes doriques et quatre-vingt-huit pilastres supportant cent soixante-deux statues de saints. Une succession de barrières indiquait le chemin que devait suivre la papamobile jusqu'à la tribune où Jean-Paul II prononcerait son allocution hebdomadaire. Il y avait dans l'atmosphère un petit air de fête, et de nombreux spectateurs spéculaient joyeusement sur ce que le pontife était en train de faire dans ses appartements pendant qu'eux trépignaient impatience.

Nul ne saura jamais quelles pensées se bousculaient au même instant dans l'esprit du jeune Turc Mehmet Ali Agça. Il était arrivé sur les lieux en milieu d'après-midi et avait lentement progressé dans la foule pour se poster à proximité des barrières. Agça avait été membre des Loups gris, un groupe terroriste basé en Turquie, mais il avait quitté leurs rangs pour voyager à travers les camps d'entraînement des diverses organisations fondamentalistes du Proche-Orient. Son périple touchait à sa fin. Agça était sur la place Saint-Pierre non pour acclamer le pape, mais pour le tuer.

À 16 heures, Jean-Paul II enfila une soutane immaculée et fraîchement repassée. Sur les conseils de la CIA, elle avait été ingénieusement modifiée pour permettre à son illustre utilisateur de porter en dessous un gilet pare-balles. Lors de sa dernière visite au palais apostolique, William Casey avait prévenu Jean-Paul II : « Dans ce monde de fous, même le pape n'était pas à l'abri d'un attentat. Je lui ai dit que nous n'avions aucun indice précis en ce qui le concernait. Mais Jean-Paul II était un personnage controversé, et un fanatique pouvait essayer de le tuer à tout moment. »

Jean-Paul II refusait catégoriquement d'enfiler le gilet. Cette seule perspective, avait-il confié un jour à son secrétaire de langue anglaise, Mgr John Magee, allait à l'encontre de toute sa conception de la papauté.

Le pontife descendit dans la cour San Damaso, toujours à l'intérieur du palais apostolique, à 16 h 50. Le chef de la sécurité du Vatican, Camillo Cibin, avait évalué le trajet du pape en fonction de l'emploi du temps soigneusement minuté qui régissait ses journées de travail. Dans une poche de son costume gris taillé sur mesure, il cachait un puissant radio-téléphone cellulaire relié au quartier général de la police romaine. La protection rapprochée du pape était l'affaire des *vigili* vêtus de bleu. Peu nombreux, mais remarquablement entraînés, ils étaient censés suivre le pontife sur les talons des gardes suisses protocolaires.

La papamobile – ou *campagnola* – attendait dans la cour, avec sa banquette garnie de cuir blanc et son garde-fou permettant au pape de se tenir debout pendant son long trajet à travers la *piazza*. À 17 heures, le véhicule entouré des plus proches collaborateurs du pontife quitta la cour. Alors que la papamobile approchait de l'arche donnant sur la place, les *vigili* furent rejoints par les agents de la police de Rome, qui se placèrent juste devant et juste derrière l'engin. Quand la papamobile émergea sur la place Saint-Pierre, une ovation s'éleva de la foule. Jean-Paul salua et sourit avec chaleur et bonté ; sa jeunesse sur les planches lui permettait de déployer une vraie présence scénique.

À moins de quatre kilomètres à l'heure, sans cesser de saluer et de se retourner d'un côté puis de l'autre, le pontife droit comme un i entama sa progression vers l'obélisque dressé au centre de la place. À 17 h 15 précises, la *campagnola* entama un deuxième tour sous le regard scrutateur de Cibin, qui courait à présent derrière la papamobile. Les acclamations étaient de plus en plus ferventes. Obéissant à une soudaine impulsion, Jean-Paul II fit quelque chose qui avait le don de faire frémir son chef de la sécurité. Il se pencha vers la foule et prit une petite fille dans ses bras. Il la serra contre son cœur et lui donna un baiser avant de la rendre à sa mère en extase. Jean-Paul II était coutumier du fait, mais Cibin redoutait depuis toujours qu'un enfant ne lui échappe des mains à force de gigoter et ne se blesse en tombant par terre, ce qui aurait causé un incident plus que fâcheux. Mais Jean-Paul II se contentait chaque fois de balayer ses inquiétudes d'un revers de main.

À 17 h 17, il tendit le bras pour toucher le front d'une autre fillette, celle-là vêtue d'une aube de communiante. Puis il se redressa et promena autour de lui un regard circulaire, comme s'il se demandait qui il allait saluer ensuite. C'était sa façon personnelle d'humaniser la fonction pontificale, même au milieu de la plus vaste multitude.

À cet instant, les dangers déjà affrontés dans d'autres foules étaient loin de ses pensées. Au Pakistan, en 1981, une bombe avait explosé dans le stade municipal de Karachi peu avant son apparition parmi les fidèles. En janvier 1980, déjà, les services secrets français l'avaient averti d'un complot communiste contre sa personne. Ce n'était qu'une menace de plus parmi les dizaines d'autres reçues par le Vatican. Chacune d'elles avait fait l'objet d'une enquête approfondie. Mais comme devait le confier Magee :

« En réalité, nous ne pouvions guère que rester assis et attendre. À part enfermer le Saint-Père dans une cage à l'épreuve des balles avant chacune de ses apparitions publiques – et il ne fallait pas compter sur lui pour accepter –, il n'y avait pas grand-chose à faire… »

À 17 h 18, un premier coup de feu claqua sur la place Saint-Pierre.

Jean-Paul II resta d'abord très raide, les mains toujours crispées sur son garde-fou. Soudain, il se mit à tanguer. La première balle de Mehmet Ali Agça lui avait perforé l'estomac, provoquant de multiples lésions de l'intestin grêle, de la partie inférieure du côlon et du mésentère. D'instinct, Jean-Paul II porta une main à l'endroit où la balle avait pénétré pour tenter d'endiguer le flot de sang. Ses traits se crispèrent de douleur, et il parut sur le point de s'effondrer. Quelques secondes seulement s'étaient écoulées depuis le premier coup de feu.

La deuxième balle d'Agça le toucha à la main droite, qui retomba aussitôt, inerte, le long de son corps. Un jet de sang éclaboussa sa soutane. Une troisième balle de 9 mm atteignit son bras droit, un peu plus haut.

Le chauffeur de la *campagnola* se retourna sur son siège, la bouche ouverte, trop médusé pour dire un mot. Cibin lui hurla d'accélérer. Un collaborateur du pape fit écran de son corps pour protéger le Saint-Père. Le véhicule fit alors un bond en avant. La foule se mit à onduler, comme balayée par une bourrasque géante. Une même phrase résonna en cercles concentriques jusqu'aux confins de la mer humaine, répétée dans vingt langues différentes.

« On a tiré sur le pape! »

Cibin, ses agents de sécurité et les policiers de Rome avaient dégainé leurs armes. Criant des ordres et des contre-ordres, ils cherchaient désespérément le tireur. Agça s'était élancé dans la foule, à toutes jambes, serrant toujours son pistolet dans sa main droite. La foule s'ouvrait devant lui au fur et à mesure qu'elle apercevait son arme brandie. Soudain, il la jeta au loin. Presque au même instant, ses jambes se dérobèrent sous lui. Un officier de la police de Rome venait de le plaquer à terre. Les deux hommes furent aussitôt ensevelis sous une montagne d'agents qui formèrent une étrange mêlée de rugby. Plusieurs frappèrent Agça à coups de poing et de pied avant de le traîner vers un fourgon de la police.

Entre-temps, la papamobile avait mis le cap avec une désespérante lenteur sur l'ambulance la plus proche, stationnée près de la porte de Bronze. Mais cette ambulance ne disposait d'aucun appareil d'assistance respiratoire, et le pape dut être transféré dans une seconde ambulance, à quelque distance. De précieuses minutes venaient d'être dilapidées.

Dans un carrousel frénétique de gyrophares et de sirènes, l'ambulance fonça vers l'hôpital Gemelli de Rome, le plus proche du Vatican, effectuant le trajet en huit minutes – un record. Le pape ne manifesta aucun signe de désespoir ou de colère, et n'émit que des mots de prière :

« Sainte Marie, ô ma mère ! Sainte Marie, Mère de Dieu ! »

À l'hôpital, il fut transporté d'urgence au bloc opératoire du neuvième étage. Il n'y eut ni panique, ni mouvements ou paroles inutiles. Sans doute fut-ce là que le pontife blessé éprouva son premier embryon d'espoir.

Sa soutane ensanglantée, son manteau et ses sous-vêtements furent découpés et retirés d'une main ferme, en même temps qu'on le débarrassait de sa chaîne d'or massif au bout de laquelle pendait une croix rougie. On couvrit sa nudité de serviettes chirurgicales. Des mains gantées se tendirent vers les plateaux d'instruments indispensables au succès de cette course contre la montre – et pour la vie – à laquelle l'équipe chirurgicale n'était que trop rompue.

Considérant les six heures qu'il avait passées en salle d'opération, Jean-Paul II estima avoir été sauvé par l'intervention providentielle d'une des plus célèbres apparitions du monde catholique, la Vierge de Fatima, dont la fête coïncidait avec la date de l'attentat.

Au fil de sa convalescence, qui dura de longs mois, le pape se préoccupa de plus en plus de savoir qui avait commandité son assassinat. Il fit de son mieux pour s'informer personnellement des moindres indices récoltés par la police et des organisations aussi diverses que la CIA, le BND ouest-allemand et les services de sécurité turcs et autrichiens. Il lui fut cependant impossible de tout lire : les rapports, comptes rendus et autres évaluations totalisaient des millions de mots.

Aucun de ces documents ne répondit d'ailleurs pleinement à sa question : qui avait voulu le tuer ? Il n'en apprit guère plus quand Agça comparut devant la cour d'assises de Rome à la fin du mois de juillet 1981. Les audiences, menées au pas de charge pendant trois jours, n'apportèrent aucune lumière nouvelle sur les motivations du terroriste. Agça fut condamné à la prison à perpétuité ; en cas de bonne conduite, il pourrait être mis en liberté conditionnelle en 2009.

Deux ans après la condamnation d'Agça, Jean-Paul II reçut la promesse qu'il allait enfin connaître la vérité. L'assurance lui en avait été donnée par un prélat à qui il faisait davantage confiance qu'à quiconque. Son titre de *nunzio apostolico con incarichi speciali* ne permettait pas de deviner que l'archevêque Luigi Poggi était le numéro un de la politique secrète du Vatican et responsable, en particulier, de la collecte de renseignements concernant l'Europe communiste. Les gens du Saint-Siège, eux, l'appelaient plus simplement « l'espion du pape ».

Pendant de nombreux mois, Poggi avait tissé des liens ultrasecrets avec le Mossad. Tout récemment, ces liens ayant atteint un degré d'avancement suffisant, il avait informé le pape de ses démarches. Jean-Paul II l'avait encouragé à aller de l'avant. Depuis, Poggi avait revu son contact du Mossad à Vienne, Paris, Varsovie et Sofia. Tant le prêtre que le *katsa* tenaient à être sûrs de ce que l'autre partie avait à offrir – et de ce qu'elle attendait en retour.

Quelques jours auparavant, un nouveau conciliabule avait eu lieu à Vienne – une ville que Poggi et l'officier du Mossad semblaient tous deux apprécier pour leurs rencontres clandestines.

Au retour de ce voyage, quand Poggi réintégra le Vatican par une soirée glaciale de novembre 1983, il tenait enfin la réponse à la lancinante question du souverain pontife : qui avait donné à Agça l'ordre de l'abattre ?

XII

Bénis soient les espions

Une des entrées massives de la porte des Cloches était déjà close – prélude immuable à la fermeture de toutes les issues du Vatican dès qu'auraient résonné les douze coups de minuit – au moment où une limousine Fiat bleu marine s'avança lentement sur le pavé, capturant un bref instant dans le faisceau de ses phares les deux gardes suisses revêtus d'une cape pour se protéger du froid. Derrière eux se tenait un vigile. Un des deux gardes suisses s'avança, le bras levé en un signe qui tenait à la fois du salut et de l'injonction de faire halte. La limousine était attendue, et la silhouette qui se découpait derrière le volant était bel et bien celle d'un chauffeur du Vatican. Mais depuis la tentative d'assassinat contre le Saint-Père, on ne badinait plus avec la sécurité au Saint-Siège.

Le chauffeur avait passé une bonne heure à l'aéroport de Rome, attendant l'arrivée du vol de Vienne retardé par les intempéries. Le garde suisse s'effaça après avoir adressé un nouveau salut, empreint de plus de déférence, au passager enfoncé dans l'ombre de la banquette arrière ; celui-ci s'abstint de le lui rendre.

La limousine longea la basilique Saint-Pierre et fit crisser le gravier de la cour San Damaso avant de s'immobiliser devant l'entrée principale du palais apostolique. Le chauffeur mit pied à terre pour ouvrir la portière de son passager. L'archevêque Luigi Poggi sorti du véhicule, tout de noir vêtu, une écharpe autour du cou. Physiquement, il n'était pas sans évoquer Rafi Eitan : mêmes épaules et biceps vigoureux, même démarche chaloupée, mêmes yeux aussi froids qu'une nuit d'hiver.

Comme d'habitude, Poggi avait fait le voyage avec une petite valise de cuir pour ses effets personnels et une serviette munie d'un code à combinaison. Il disait parfois en guise de plaisanterie qu'il passait plus de temps à sommeiller sur des sièges d'avion qu'au fond de son propre lit, installé dans une suite spacieuse à l'arrière du palais apostolique.

Le dernier voyage de Poggi qui l'avait mené à l'ancien quartier juif de Vienne revêtait sans doute une plus grande importance que ses déplacements précédents. Dans une bâtisse étroite au toit très pentu, située à quelques pâtés de maisons du bureau de Simon Wiesenthal, le célèbre chasseur de nazis, l'archevêque avait écouté avec fascination le récit de son interlocuteur, un homme qu'il avait accepté une fois pour toutes de ne connaître que par son prénom : Eli.

Les activités de Luigi Poggi étaient tellement secrètes que l'Annuario Pontificio, le registre où étaient consignés les noms et fonctions de tous les employés du Vatican, n'y faisait aucune référence. Et pourtant, depuis plus de vingt ans, l'archevêque tissait et entretenait des contacts ultrasecrets qui s'étendaient jusqu'au Kremlin, à Washington et dans les principales allées européennes du pouvoir. Il avait été parmi les premiers à savoir que le dirigeant soviétique Youri Andropov se mourait d'une hépatite chronique. C'était aussi lui qui avait été le premier officiel convié à la mission russe de Genève, une somptueuse demeure du XIXe siècle où la vodka coulait à flots et où le meilleur caviar, que l'archevêque appréciait tant, était servi à la louche, pour s'entendre annoncer que Moscou était prêt à retirer ses missiles balistiques pointés sur l'Europe pour peu que Washington abaisse un peu la barre de ses exigences lors des prochains pourparlers de désarmement. La nouvelle avait ensuite été transmise par le pape au chef d'antenne de la CIA lors de la réunion du vendredi soir. Depuis deux décennies, Poggi fournissait ainsi aux pontifes successifs des détails qui leur permettaient de mieux évaluer les renseignements issus de leurs autres agents. L'archevêque disposait de cette faculté rare – même chez les diplomates – de juger avec objectivité et promptitude de la valeur des informations fournies par une bonne douzaine de sources – et dans presque autant de langues.

Lors de ses précédents contacts avec Eli, Poggi s'était exprimé de la voix douce qui le caractérisait, ses yeux bruns toujours attentifs, ses lèvres pincées avant de poser sa prochaine question, et une retenue qui ne se démentait jamais.

Mais en cette froide nuit d'hiver, épuisé qu'il était sans doute par son voyage, on pouvait bien lui pardonner la légère entorse à la courtoisie qu'il venait de commettre. Entrant dans le palais apostolique après avoir dépassé une haie de *vigili* et de gardes suisses raidis par son passage, Poggi emprunta l'ascenseur menant aux appartements du pape.

Le majordome pontifical l'introduisit dans le bureau privé de Jean-Paul II, dont la bibliothèque reflétait fidèlement l'évolution des centres d'intérêt. À côté d'éditions reliées de cuir des auteurs classiques polonais et des grands théologiens et philosophes, on pouvait apercevoir des numéros de l'*International Defence Review* et des ouvrages aux titres aussi évocateurs que *The Problems of Military Readiness* et *Military Balance and Surprise Attack*. Ainsi, en 1983, le pontife semblait habité par l'inébranlable conviction que le principal ennemi du monde était le communisme soviétique.

Jean-Paul II ne perdait jamais une occasion de rappeler à son entourage qu'avant l'avènement du prochain millénaire un événement « décisif » ébranlerait le monde. Soumis aux questions de ses proches, il refusait d'entrer dans le détail, se contentant de dodeliner de sa grosse tête et de dire que chacun devait prier pour que l'Église cesse de céder du terrain au communisme et au matérialisme qui menaçaient des pays comme les États-Unis, l'Allemagne et la Hollande. Selon lui, si sa vie avait été épargnée sur la place Saint-Pierre, c'était pour qu'il dirige la contre-attaque.

Poggi savait que ce moment tragique de sa vie, plus qu'aucun autre, avait affecté Jean-Paul II sur le plan mental et physique. Il n'avait pas échappé à l'archevêque que, hors de ses apparitions publiques, Jean-Paul II s'était en quelque sorte retiré en lui-même. Les balles d'Agça n'avaient pas seulement endommagé ses organes internes : elles avaient aussi laissé des traces psychologiques qui avaient fait du pape un être moins expansif, parfois distant.

Une fois qu'il se fut assis et qu'il eut posé les deux mains sur ses genoux – sa position favorite quand il avait une grave nouvelle à annoncer –, l'archevêque entreprit de conter au pape une histoire dont l'origine se situait quelques semaines après la tentative d'assassinat dont il avait été l'objet.

Quand la nouvelle de l'attentat de la place Saint-Pierre du 13 mai 1981 était parvenue à Tel-Aviv, le directeur général du Mossad, Yitzhak Hofi, se dit aussitôt que cet acte était l'œuvre d'un détraqué – et qu'aussi choquant fût-il, il n'aurait aucune conséquence directe sur les activités en cours du Mossad.

Les Arabes israéliens étaient de plus en plus radicaux et, dans le même temps, les extrémistes juifs – entraînés par les membres du parti Kach de Meir Kahane – recouraient de manière croissante à la violence. Un complot avait été déjoué juste à temps pour empêcher la destruction du plus sacré des monuments musulmans de Jérusalem, le Dôme du Rocher. S'il avait réussi, cet attentat aurait eu des effets cauchemardesques. La guerre du Liban traînait désespérément en longueur en dépit de l'incessante navette diplomatique des Américains entre Damas, Beyrouth et Jérusalem. Le Premier ministre Begin quant à lui était partisan d'un grand déballage « final » avec l'OLP. L'élimination physique de Yasser Arafat figurait encore à l'ordre du jour du Mossad ; le mois où le pape fut atteint par les balles de Mehmet Ali Agça, deux tentatives d'assassinat à l'encontre du chef de l'OLP échouèrent.

Tous les services de renseignement occidentaux semblaient s'être mis à enquêter sur l'attentat contre le pontife, ce qui influa encore un peu plus sur la décision de Hofi de laisser le Mossad à l'écart de tout cela. De toute façon, il pensait être informé tôt ou tard par l'un ou l'autre des services en question.

Il attendait toujours la clé de l'énigme quand il fut remplacé par Nahum Admoni en septembre 1982. D'origine polonaise, Admoni éprouvait bien davantage qu'une curiosité de façade pour l'Église catholique. Durant ses années de missions secrètes à l'étranger (aux États-Unis et en France), il avait constaté l'influence de l'Église. Rome avait contribué à faire élire un catholique, John Kennedy, à la Maison-Blanche et, en France aussi, l'Église jouait un rôle important sur le plan politique.

Dès son entrée en fonction, Admoni demanda à voir le dossier du Mossad concernant la tentative d'assassinat du pape. Il contenait essentiellement des coupures de presse et le rapport plutôt vague d'un *katsa* résident à Rome. Contrairement à leur habitude, les six services de sécurité qui avaient enquêté sur l'attentat – et même ceux qui avaient interrogé Agça dans sa cellule de haute sécurité de la prison romaine de Rebibbia – avaient omis de croiser leurs informations. Admoni décida donc de lancer sa propre enquête.

William Casey, qui était alors directeur de la CIA, devait déclarer plus tard que la raison la plus probable de cette décision était la suivante : « Le Mossad entrevoyait un moyen d'infiltrer le Vatican. Admoni a dû se dire qu'il découvrirait des informations susceptibles d'être ensuite négociées avec le Saint-Siège. »

Dans le sillage des vains efforts de Golda Meir pour établir des relations diplomatiques avec le Vatican, Zvi Zamir avait instauré une présence permanente du Mossad à Rome pour tenter de mettre un pied dans l'État-cité. Mais son espion résident, qui opérait à partir d'un immeuble proche de l'ambassade israélienne, n'avait jamais réussi à recruter des informateurs parmi les prêtres. L'essentiel de ses informations provenait de ragots saisis au vol dans les cafés et restaurants fréquentés par les fonctionnaires du Vatican. Il ne pouvait que regarder avec envie le chef de la CIA romaine se rendre en voiture au palais chaque vendredi soir pour son conciliabule hebdomadaire avec le pape, une tradition reprise dès que Jean-Paul II s'était senti suffisamment remis de son opération.

Pendant sa convalescence, le gouvernement du Vatican avait été confié au cardinal Casaroli, secrétaire d'État. D'après les informations du *katsa*, Casaroli avait exprimé des sentiments plus que tranchés sur l'attentat : la CIA aurait dû savoir ce qui se tramait. L'espion avait consciencieusement transmis le renseignement à Tel-Aviv.

Au sein des services secrets américains, l'idée prévalait que Mehmet Ali Agça avait été le bras armé d'un complot ourdi par le KGB. Selon un rapport estampillé « top secret » et intitulé « L'attentat contre le pape : la thèse de la piste soviétique », les agents de Moscou craignaient que le pontife n'attise le feu du nationalisme polonais au point de leur faire perdre le contrôle de la situation.

Déjà, en 1981, sous la houlette de Lech Walesa, le syndicat Solidarnosc avait fait la démonstration de son poids politique. Depuis, les autorités étaient soumises à des pressions croissantes de la part de Moscou pour le réduire au silence.

Le pape était intervenu auprès de Walesa pour qu'il ne fasse rien qui puisse précipiter une intervention militaire soviétique. Il avait aussi demandé au vieux cardinal polonais Stefan Wyszynski de rassurer les dirigeants communistes du pays en leur disant que le pontife ne permettrait jamais à Solidarnosc de dépasser les bornes. Quand le syndicat annonça une grève générale, le cardinal se prostra devant Walesa dans son bureau, s'accrocha à la jambe de pantalon du syndicaliste et lui dit qu'il resterait ainsi jusqu'à sa mort. Walesa annula le mot d'ordre de grève.

À Tel-Aviv, les analystes du Mossad conclurent que le pape saisissait parfaitement la nécessité d'apaiser les Soviétiques sur la question polonaise de façon à éviter de perdre le terrain considérable déjà conquis par Solidarnosc. Il semblait donc assez improbable que Moscou ait voulu faire assassiner Jean-Paul II. Restait la possibilité que les Soviétiques aient chargé un de leurs satellites de la sale besogne. Dans le passé, les services secrets bulgares s'étaient plus d'une fois acquittés de ce genre de mission pour le compte du KGB quand celui-ci jugeait indispensable de rester dans l'ombre. Mais là encore, les Israéliens estimaient peu probable que le KGB ait pu déléguer une mission aussi lourde à un autre service. Quant aux Bulgares, jamais ils n'auraient lancé une telle opération de leur propre initiative.

Nahum Admoni s'intéressa alors aux rapports de la CIA avec la papauté. Outre les visites régulières de Casey au Saint-Siège, un rôle important était dévolu au cardinal John Krol, de Philadelphie, qui faisait très souvent la navette entre la Maison-Blanche et le palais apostolique. Selon Mgr John Magee : « Krol était dans les petits papiers du Saint-Père. Ils avaient les mêmes origines, connaissaient les mêmes histoires et chansons polonaises, et échangeaient des plaisanteries en dialecte slave à table. Nous autres, nous restions assis là à sourire bêtement, sans comprendre un mot de ce qu'ils racontaient. »

Krol accompagnait Casey lors de sa première audience avec Jean-Paul II après l'attentat. Plus tard, le cardinal devait présenter au pape Vernon Walters, l'adjoint de Casey. Le représentant de la CIA et le souverain pontife abordèrent un large éventail de sujets, du terrorisme moyen-oriental aux affaires internes de l'Église en passant par la santé des maîtres du Kremlin. Pour Richard Allen – catholique et premier conseiller national à la sécurité de Ronald Reagan :

« Les relations entre la CIA et le pape symbolisaient une des plus formidables étroites alliances de tous les temps. Reagan était profondément convaincu que le pape et lui allaient changer la face du monde. »

En tout cas, Reagan et Jean-Paul II avaient défini un certain nombre d'objectifs communs, entre autres la lutte contre l'avortement. Les États-Unis gelaient des millions de dollars d'aide aux pays qui avaient osé adopter un programme de planning familial. Le pape, sous la forme d'un « silence intentionnel », soutenait la stratégie militaire américaine – même quand il s'agissait de fournir à l'OTAN une nouvelle génération de missiles de croisière. La CIA plaçait régulièrement sur table d'écoute les téléphones des prêtres d'Amérique centrale partisans de la théologie de la libération et opposés aux forces nicaraguayennes et salvadoriennes soutenues par les Américains ; le résumé de ces transcriptions téléphoniques entre autres était communiqué au pape par le chef de la CIA lors de l'entretien hebdomadaire. Reagan avait aussi personnellement autorisé le colonel Oliver North, alors au Conseil national de sécurité, à verser des sommes substantielles et régulières aux prêtres que le Vatican jugeait « loyaux » en Amérique centrale et en Amérique du Sud, ainsi qu'en Afrique et en Asie. L'argent servait à entretenir leur train de vie souvent somptueux et à encourager leur opposition au contrôle des naissances et au divorce.

L'une des tâches du secrétaire personnel du pape, Mgr Emery Kabongo, était justement de tenir à jour la liste des prêtres dits loyaux. Une autre consistait à trier les documents fournis par la CIA et à prendre des notes durant les réunions secrètes du pontife.

Kabongo rencontra pour la première fois les espions de Washington le 30 novembre 1981, peu de temps après que Jean-Paul II se fut remis au travail. Il rejoignit le pape dans ses appartements pour la première prière du jour – il était 5 h 15 à l'horloge du couloir qui menait à la chapelle privée –, et les deux hommes se rendirent ensuite dans le bureau lambrissé du pontife pour y recevoir le vice-directeur de la CIA, Vernon Walters. Ainsi que devait le raconter Kabongo :

« J'ai pris ma place habituelle dans un coin de la pièce, avec mon carnet de notes sur les genoux. Il n'y avait pas d'interprète. Le général Walters a demandé dans quelle langue il devait s'exprimer. Le Saint-Père a répondu qu'il préférerait que l'entretien se déroule en italien. Walters a commencé par lui transmettre les sincères salutations du président Reagan. Le pape lui a retourné le compliment. Ensuite, ils sont entrés dans le vif du sujet. Walters a sorti des photos satellites de sa serviette, et Sa Sainteté s'est émerveillée de leur netteté. Walters a disserté pendant plus d'une heure sur la vision qu'avait la CIA des intentions soviétiques. Sa Sainteté l'a remercié. À la fin de l'entretien, Walters a sorti plusieurs rosaires et a demandé au pape de les bénir, en expliquant qu'il les destinait à des parents et amis. Le Saint-Père a accédé à sa demande. »

Intrigué par la facilité avec laquelle le pape semblait passer des affaires spirituelles aux affaires temporelles, Admoni usa de son amitié pour le secrétaire d'État américain Alexander Haig, qu'il avait rencontré à l'époque où lui-même opérait à l'ambassade israélienne de Washington, pour obtenir une copie du psycho-profil de Jean-Paul II établi par la CIA.

Il en ressortait que le pape était un homme à la ferveur religieuse si intense qu'il lui arrivait de pleurer en priant. On le retrouvait même parfois étendu sur le dallage de marbre de sa chapelle privée, la face contre terre et les bras en croix, immobile comme un mort. Il pouvait passer plusieurs heures dans cette position. Cependant, ses colères étaient volcaniques et redoutables, il pouvait hurler et perdre son sang-froid. Doté d'un sens géopolitique impressionnant, il lui arrivait de se montrer aussi inflexible que n'importe quel dictateur. Jean-Paul II ne craignait pas non plus d'affronter la curie ou son inamovible secrétaire d'État, Agostino Casaroli. Le rapport américain concluait que Jean-Paul II était « profondément politisé du fait de ses origines polonaises et prenait du plaisir à jouer un rôle sur la scène mondiale ».

Pour Nahum Admoni, une chose était claire : les liens étroits de la CIA et du Saint-Siège avaient largement contribué à ancrer dans l'esprit de Jean-Paul II la thèse américaine selon laquelle l'attentat de la place Saint-Pierre avait été ourdi par le Kremlin.

Mais était-ce bien le cas ? Et comment réagirait-il si quelqu'un lui prouvait que cette thèse était fausse ? Une telle révélation saperait-elle sa confiance en la seule CIA ? Ou Jean-Paul II serait-il tenté de se méfier à l'avenir de tous les services secrets ? Le Mossad ne tenait-il pas là une occasion unique de passer de l'autre côté de la porte de Bronze, d'obtenir au moins une audience privée et de modifier enfin l'attitude du Vatican à l'égard d'Israël ?

Six mois plus tard, Admoni devait obtenir une réponse tout à fait intéressante à sa question portant sur l'identité des commanditaires de l'attentat : le complot avait été organisé à Téhéran avec l'approbation de l'ayatollah Khomeiny. Le meurtre du pape devait être l'acte inaugural du *djihad* – la guerre sainte – contre l'Occident et ses valeurs décadentes, symbolisées et défendues par la puissante Église catholique.

Selon un des rapports reçus à cette époque par Admoni : « Khomeiny est l'exemple classique du fanatisme religieux. Il s'est projeté lui-même dans le rôle du divin guide de son peuple. Pour alimenter ce mythe, il aura besoin d'entreprendre des actions toujours plus dangereuses contre Israël, l'Occident et le monde dans son ensemble. »

Ayant pris en compte la possibilité de l'échec d'Agça, ses manipulateurs iraniens avaient fait le nécessaire pour qu'il puisse être perçu comme un fanatique isolé en laissant filtrer certains détails de son passé. Mehmet Ali Agça était né à Yesiltepe, un village perdu de l'est de la Turquie, et il avait grandi dans un creuset du fondamentalisme islamique. À l'âge de dix-neuf ans, il avait rallié les Loups gris, organisation terroriste pro-iranienne responsable d'une bonne part de la violence dans un pays qui tentait désespérément de s'accrocher à la démocratie. En février 1979, Agça avait assassiné le directeur d'un journal d'Istanbul connu pour ses opinions pro-occidentales. Arrêté, il s'était évadé de prison avec l'aide des Loups gris. Le lendemain, le journal avait reçu une lettre signée de lui et concernant la visite du pape en Turquie, qui devait commencer trois jours plus tard. Agça écrivait notamment :

« Les impérialistes occidentaux, craignant que la Turquie et ses sœurs, les nations islamiques, ne deviennent de vraies puissances politiques, militaires et économiques au Moyen-Orient, nous envoient en ce moment crucial le Commandeur des Croisades, Jean-Paul II, travesti en guide religieux. Si cette visite n'est pas annulée, je n'hésiterai pas à tuer le Commandeur Pape. »

Admoni acquit très vite la certitude que le texte avait été rédigé à Téhéran : tant par son style que par son contenu, il dépassait de très loin les modestes compétences littéraires d'Agça, presque analphabète. L'analyse des discours de Khomeiny par un ordinateur du Mossad révéla par ailleurs qu'il avait déjà employé les expressions « Commandeur des Croisades » et « Commandeur Pape » pour désigner Jean-Paul II.

Au bout du compte, la visite du pape en Turquie se déroula sans incident. Le nom et la photographie d'Agça furent transmis à un certain nombre de services – mais pas au Mossad. Otto Kormek, l'officier des services de sécurité autrichiens chargé d'enquêter sur l'attentat de la place Saint-Pierre, estimait qu'il n'était « pas nécessaire d'informer les Israéliens, leur pays étant bien le dernier endroit au monde où Agça désirerait se rendre ».

L'enquête du Mossad montra aussi qu'après son évasion Agça était passé en Iran, où il avait été endoctriné plusieurs mois durant dans divers camps d'entraînement. Grâce aux sources dont il disposait dans ces camps, le Mossad réussit sans peine à se faire une idée générale de la vie d'Agça lors de ces séjours.

Agça se levait avant l'aube ; ses petits yeux injectés de sang et profondément enfoncés dans leurs orbites étaient déjà mobiles et attentifs quand ceux des autres recrues s'ouvraient à peine. Les premiers rayons du soleil illuminaient les affiches de propagande placardées sur les murs du cantonnement : portraits de l'ayatollah Khomeiny et slogans révolutionnaires visant à frapper les imaginations et à alimenter les fantasmes. Les chants religieux continuellement déversés par des haut-parleurs renforçaient encore cet effet.

En caleçon et maillot de corps, Agça ne payait pas de mine : ses mains et ses pieds étaient disproportionnés par rapport à sa poitrine creuse, à ses omoplates saillantes et à ses membres décharnés. Comme toutes les autres recrues, il commençait chaque matin par dérouler son tapis de prière et se prosterner à trois reprises, jusqu'à toucher le sol du front, en invoquant le nom d'Allah, Maître du Monde, Omniscient et Tout-Miséricordieux, Suprême Souverain du Jugement dernier. Ensuite, il entreprenait de réciter le long chapelet de ses objets de haine, que ses instructeurs l'avaient encouragé à coucher noir sur blanc. Cette liste hétéroclite regroupait notamment tous les impérialistes, l'OTAN, et les pays arabes qui avaient refusé de couper le robinet pétrolier à l'Occident. Agça demandait tout particulièrement à Allah d'anéantir les États-Unis et leur peuple.

Venaient ensuite ses ennemis religieux. Agça les haïssait plus que tout, et sa haine le consumait comme un cancer, lui rongeant l'âme. Toutes les autres religions représentaient en soi une menace pour celle qu'il avait embrassée. Mais ses instructeurs lui avaient appris à concentrer ses flots de haine sur une image unique et aisément identifiable : celle d'un homme vêtu d'une soutane blanche, vivant dans un immense palais au-delà des montagnes. Il y régnait, disait-on, comme un calife d'autrefois, promulguant des décrets auxquels des millions d'hommes n'avaient d'autre choix que celui de se soumettre aveuglément. Cet homme portait partout la mauvaise parole, comme tous ses prédécesseurs l'avaient fait avant lui depuis dix-neuf siècles. Entouré de pompe et de gloire, il avait osé s'arroger plus de titres encore que le divin Allah : Patriarche d'Occident, Vicaire du Christ, Évêque de Rome, Père des Pères, Souverain de l'État de la Cité du Vatican, Pontife Suprême, Sa Sainteté le Pape Jean-Paul II.

Ali Agça se vit promettre que, le temps venu, on lui donnerait sa chance d'assassiner le pape. Ses instructeurs lui répétaient sans cesse que ce n'était nullement une coïncidence si Jean-Paul II avait pris ses fonctions presque en même temps que le vénérable Khomeiny. « L'infidèle de Rome », ainsi qu'Agça avait appris à désigner le pontife, avait pour mission de contrecarrer la sainte révolution que l'ayatollah avait proclamée au nom du Coran.

Cette accusation n'était pas sans fondement. À chacun de ses discours, Jean-Paul II parlait un peu plus durement de l'Islam et de la menace fondamentaliste. Lors d'une visite à l'usine Olivetti d'Ivrea, en Italie, le pape avait stupéfié les employés en insérant dans son laïus le passage improvisé suivant :

« Le Coran enseigne l'attaque à ses fidèles, nous enseignons aux nôtres la paix. Bien sûr, la nature humaine est capable de déformer n'importe quelle parole religieuse. Mais si certains de nos fidèles se laissent égarer par leurs vices et leurs mauvaises pratiques, le christianisme aspire à la paix et à l'amour. L'Islam est une religion agressive. À force d'enseigner l'agression à toute une communauté, on finit par flatter les penchants négatifs de chacun de ses membres. Et l'on sait très bien à quoi cela mène : ces gens-là finiront par s'en prendre à nous. »

En janvier 1981, Agça se rendit en Libye. Dans un premier temps, le Mossad eut quelque peine à comprendre cette partie de son périple, jusqu'à ce qu'un de ses informateurs à Tripoli ait découvert qu'un agent renégat de la CIA, Frank Terpil, se trouvait dans le même pays au même moment. Terpil avait été inculpé à Washington pour avoir vendu des armes à la Libye et fomenté l'assassinat au Caire d'un opposant de Kadhafi. Il avait aussi recruté d'anciens pilotes militaires américains pour le compte de l'aviation libyenne et d'anciens paras des Bérets verts pour servir d'instructeurs dans les camps de terroristes de Kadhafi. Lui-même avait appris aux terroristes libyens comment déjouer la vigilance des services de sécurité occidentaux, avant de se rendre à Beyrouth, où il avait disparu corps et biens. Les Israéliens supposaient qu'il avait été assassiné par ceux-là mêmes qui avaient fait appel à lui.

Le Mossad découvrit que la rencontre d'Agça avec Terpil avait été organisée par ceux qui, depuis Téhéran, manipulaient le jeune Turc, de façon que le KGB l'apprenne à son tour quelque temps après l'attentat de la place Saint-Pierre, ce qui permit aux Russes d'affirmer que le crime avait été orchestré par la CIA. Comme le Mossad, le KGB disposait d'un puissant département de guerre psychologique. Les accusations portées contre la CIA furent aussitôt reprises dans des centaines de journaux et de bulletins télévisés. Pour ajouter encore un peu plus à la confusion générale, les mollahs de Téhéran s'arrangèrent pour qu'Agça, après avoir quitté la Libye en février 1981, se rende à Sofia afin d'y rencontrer des hommes prétendant appartenir aux services secrets bulgares : rien n'a jamais corroboré leurs dires. Exaspérée par les efforts que le KGB déployait pour ternir son image, la CIA riposta en affirmant que les Bulgares avaient téléguidé Agça sur ordre du Kremlin.

Pour le Mossad, la situation se prêtait au vieil adage « Diviser pour mieux régner ». Non seulement il allait être en mesure de discréditer la CIA auprès du Vatican, mais surtout, en faisant triompher sa propre version du complot iranien, il allait éveiller l'intérêt du pape. Le reste coulerait de source : ses agents se verraient offrir un accès au formidable réseau d'informateurs du secrétaire d'État, ce qui permettrait aux *katsas* de collaborer avec les prêtres et religieuses – et si besoin était de les manipuler. Et à la première occasion, toutes sortes de micros et autres gadgets électroniques seraient placés dans tous les lieux propices du Vatican, repérés quelques années plus tôt par Zvi Zamir.

L'odyssée de Mehmet Ali Agça ayant été entièrement reconstituée à Tel-Aviv, Nahum Admoni s'attacha à résoudre l'ultime question. Une fois de plus, une recherche informatique permit à ses analystes de trouver la réponse. Un des « espions survivants » si chers à Rafi Eitan, un catholique de Munich, avait décrit dans un de ses rapports le rôle très particulier joué par Luigi Poggi au Vatican. Le chef du Mossad contacta Eli et lui demanda d'établir le contact avec Mgr Poggi.

Cette requête devait finalement permettre à l'archevêque, deux ans après l'attentat, d'être reçu dans le bureau particulier de Jean-Paul II malgré l'heure tardive et de lui répéter mot pour mot tout ce que lui avait appris Eli.

Un mois plus tard, le 23 décembre 1983 à 4 h 30 du matin – trois heures avant l'extinction des guirlandes lumineuses de l'arbre de Noël dressé sur la place Saint-Pierre –, le pape fut réveillé par son valet de chambre.

Sa chambre était étonnamment exiguë, et toujours tapissée du lin pastel choisi par son prédécesseur. Le parquet impeccablement ciré était en partie dissimulé sous un tapis tissé par des religieuses polonaises. Un crucifix ornait un des murs, au-dessus du lit dans lequel quatre prédécesseurs de Jean-Paul II avaient attendu la mort. Sur un autre, on voyait un superbe portrait de Notre-Dame. Le crucifix et la Vierge venaient l'un et l'autre de Pologne. Jour après jour, le valet de chambre du pape et les rares personnes qui avaient l'occasion de le surprendre à pareille heure – en général quelque dignitaire du gouvernement porteur d'une nouvelle urgente – constataient avec soulagement que Jean-Paul II avait d'ores et déjà recouvré une bonne partie de sa vitalité d'antan.

Fidèle à son habitude, le pape inaugura sa journée en s'agenouillant sur son prie-dieu. Ensuite, il se rasa, prit une douche et revêtit la tenue préparée par son valet : une épaisse soutane de laine blanche renforcée d'un camail, une tunique cléricale et une calotte blanche, des bas blancs, des souliers de cuir brun. Jean-Paul II était prêt à aller rendre visite à Agça dans sa prison de Rebibbia.

La rencontre avait été organisée à la demande expresse du pontife et devait prendre la forme d'un « acte de pardon ». En réalité, Jean-Paul II voulait savoir si les informations du Mossad étaient vraies. Il fut conduit à la prison par le chauffeur qui était déjà au volant de la papamobile, place Saint-Pierre, lorsque Agça avait tiré. Escortée par la police romaine, la limousine traversa la ville en direction du nord-est, où se trouvait la prison. Dans un autre véhicule, un petit groupe de journalistes (dont l'auteur de ce livre) s'était entassé pour assister à la confrontation historique entre le pape et l'homme qui avait tenté de le tuer.

Deux heures plus tard, Jean-Paul II fut admis à l'intérieur du quartier de haute sécurité de Rebibbia. Il remonta seul le corridor jusqu'à la porte entrebâillée de la cellule T4, où Agça l'attendait debout. Les journalistes furent priés d'attendre dans le couloir avec les gardiens, prêts à bondir sur le prisonnier au moindre geste équivoque.

Quand le pape lui présenta sa main, Agça esquissa le geste de la serrer, hésita, puis se plia en deux pour baiser son anneau. Ensuite, il prit la main de son visiteur et la posa brièvement sur son front.

– *Lei è Mehmet Ali Agça* ? demanda doucement le pape, à qui l'on avait dit qu'Agça avait appris l'italien en prison. Vous êtes Mehmet Ali Agça ?

– *Si*.

Un étrange sourire accompagna la réponse du Turc, comme si Agça était gêné d'avouer qui il était.

– *Ah, lei abita qui ?* C'est ici que vous habitez ?

Jean-Paul II promena un regard circulaire sur la cellule, intrigué par l'endroit où son quasi-assassin risquait de passer le restant de ses jours.

– *Si*.

Jean-Paul II s'assit sur la chaise placée à côté de la porte. Agça s'affaissa sur son lit en se tordant nerveusement les mains.

– *Como si sente* ? demanda le pape d'un ton presque paternel. Comment vous sentez-vous ?

– *Bene, bene*, répondit Agça, soudain volubile, avant de libérer un flot de murmures que le pape fut le seul à entendre.

L'expression de Jean-Paul II devint songeuse. Sa grosse tête se rapprocha de celle d'Agça, cachant partiellement son vis-à-vis aux gardiens et aux journalistes. Le Turc lui chuchota quelque chose à l'oreille gauche. Le pape répondit par un hochement de tête presque imperceptible. Agça marqua une pause, le visage empreint d'incertitude. Jean-Paul II lui fit signe de continuer d'un bref mouvement de la main droite. Les deux hommes étaient si proches que leurs fronts se touchaient presque. Les lèvres d'Agça remuaient à peine. Sur le visage de Jean-Paul II, une expression chagrine apparut. Il ferma les yeux, comme si cela pouvait l'aider à mieux se concentrer.

Soudain, Agça s'interrompit à mi-phrase. Jean-Paul II ne rouvrit pas les yeux, mais ses lèvres se mirent à bouger ; seul Agça put entendre ses propos.

Ensuite, une fois de plus, Agça reprit la parole. Puis le pape fit un nouveau geste du tranchant de la main, et Agça se tut. Jean-Paul II se mit la main gauche sur le front, comme pour éviter de voir son interlocuteur.

Le pape pressa le haut du bras du jeune homme, comme pour le remercier de ce qu'il venait de dire. Leur dialogue avait duré vingt et une minutes ; Jean-Paul II se releva lentement. Il tendit une main, encourageant Agça à faire de même. Les deux hommes se regardèrent alors dans le blanc des yeux. Le pape mit un terme à cet apogée dramaturgique en glissant une main dans une des poches de sa soutane et en en ressortant une petite boîte blanche frappée du sceau pontifical. Il la tendit à Agça. Troublé, le jeune Turc retourna la boîte entre ses mains.

Le pape attendit, un doux sourire aux lèvres. Agça ouvrit la boîte. Elle contenait un rosaire d'argent et de perles.

– *Ti ringrazio*, dit Agça. Je te remercie.

– *Niente*, répondit le pape. De rien.

Sur ce, il se pencha en avant et glissa au Turc quelques mots que ce dernier fut le seul à entendre. Ensuite, sans rien ajouter, il quitta la cellule.

Un peu plus tard, un porte-parole du Vatican devait déclarer :

« Ali Agça ne connaît la vérité que jusqu'à un certain point. Au-delà, il ignore tout. Si conspiration il y a eu, elle a été l'œuvre de professionnels, et les professionnels ne laissent pas de trace. On ne saura jamais. »

Ce n'était pas la première fois que le Vatican se montrait avare d'explications. En réalité, Agça avait confirmé au pape ce que Luigi Poggi avait appris de la bouche d'Eli. Le complot était né à Téhéran. Cette découverte allait fortement influencer l'attitude ultérieure de Jean-Paul II face à l'Islam et à Israël. De plus en plus souvent, il déclarait à ses proches que le grand conflit à venir n'opposerait pas l'Est et l'Ouest – ou les États-Unis et la Russie – mais le fondamentalisme islamique et le christianisme. En public, il n'en continua pas moins de distinguer toujours soigneusement l'islam – la religion – du fondamentalisme islamique.

En Israël, les analystes du Mossad déduisirent de sa nouvelle attitude que les preuves présentées à Poggi avaient été acceptées. Et même si le Vatican n'effectua aucune démarche immédiate pour inviter le

Mossad à faire plus souvent profiter Jean-Paul II de ses lumières, le pape était d'ores et déjà convaincu de l'intérêt de la poursuite du dialogue entre Poggi et Eli. À Tel-Aviv, Admoni ordonna à Eli de rester en contact avec l'archevêque. Les deux hommes se revirent dans diverses villes d'Europe, parfois dans une ambassade israélienne, parfois dans une nonciature papale. Leurs discussions portaient sur un vaste éventail de thèmes, mais finissaient presque toujours par revenir sur deux sujets privilégiés : la situation au Proche-Orient et le désir du pape de visiter la Terre sainte – auquel il fallait bien rattacher les efforts continuels de Jean-Paul II pour trouver une patrie à l'OLP.

Poggi ne chercha jamais à le cacher : le pape éprouvait à la fois de la sympathie et une sorte de fascination pour Yasser Arafat. En revanche, Jean-Paul II était loin de partager les vues de gens comme Rafi Eitan, David Kimche et Uri Saguy, pour qui le président de l'OLP, selon les termes d'Eitan, était le « boucher de nos femmes et de nos enfants, quelqu'un que j'aurais volontiers tué de mes mains ».

Aux yeux du pontife, qui avait grandi dans le cadre héroïque de la résistance polonaise aux nazis, Arafat était un opprimé de haut vol, rendu encore plus charismatique par sa capacité permanente à échapper aux tentatives d'assassinat du Mossad. Poggi raconta un jour à Eli comment Arafat avait expliqué à Jean-Paul II qu'il avait fini par développer un sixième sens – « et même un début de septième » – pour l'avertir des dangers.

« Un homme de cette trempe mérite d'avoir la vie sauve », conclut Poggi.

Ce genre de confidences permit à Eli de se faire une idée plus claire de l'état d'esprit du pape. Mais Jean-Paul II ne se contentait pas de s'exprimer pour la forme quand il déclarait que les racines judaïques du christianisme ne seraient jamais oubliées et que l'antisémitisme, si vivace dans sa chère Pologne, devait être éradiqué.

En mai 1984, Poggi invita Eli au Vatican. Les deux hommes conversèrent plusieurs heures d'affilée dans le bureau de l'archevêque. À ce jour, rien n'a filtré de la teneur de l'entretien.

En Israël, un nouveau scandale venait d'ébranler le milieu du renseignement. Le 12 avril 1984, quatre terroristes de l'OLP avaient détourné un car transportant trente-cinq passagers à destination de la ville d'Ashkelon, dans le sud d'Israël. Selon la version officielle, des agents du Shin Beth avaient pris le car d'assaut et abattu deux terroristes ; les deux autres avaient succombé à leurs blessures sur le chemin de l'hôpital.

Or des reportages avaient montré les deux derniers terroristes sortant du car quasiment indemnes. On sut par la suite qu'ils avaient tous deux été battus à mort dans l'ambulance par des hommes du Shin Beth. Le Mossad, même s'il n'était pas directement impliqué dans le scandale, fut lui aussi éclaboussé par la condamnation internationale qui suivit l'incident.

Dans un tel contexte, ainsi que Poggi l'expliqua à Eli, il ne pouvait être question pour Jean-Paul II de nouer tout de suite des relations diplomatiques avec Israël. Eli s'empressa de répliquer que tant que ces relations n'existeraient pas il ne pourrait être question d'accueillir le pape en Terre sainte.

Malgré la gravité de l'incident, les deux hommes convinrent de poursuivre leur dialogue.

Le 13 avril 1986, Jean-Paul II fit quelque chose qu'aucun autre pontife n'avait jamais fait avant lui. Il franchit le seuil de la synagogue de Lungotevere dei Censi, où le grand rabbin de Rome lui donna l'accolade. Tous deux en tenue d'apparat, les guides religieux s'avancèrent côte à côte parmi les fidèles silencieux jusqu'à la *teba*, l'estrade servant aux lectures de la Torah.

Eli, tout au fond de l'assistance, avait joué un rôle crucial dans la préparation de ce moment historique. Cependant, il attendait encore d'obtenir le succès dont rêvait tout Israël – la reconnaissance diplomatique par le Vatican.

Cette reconnaissance ne devait finalement survenir qu'en décembre 1993, malgré les objections continuelles des partisans de la ligne dure de la secrétairerie d'État. À cette époque, Nahum Admoni ne dirigeait plus le Mossad. Son successeur, Shabtai Shavit, s'efforça néanmoins de poursuivre le délicat processus de rapprochement. Pour ce faire, il convenait de montrer au pape qu'Israël et l'OLP désiraient sincèrement parvenir à un accord et se rendaient compte que le fondamentalisme islamique représentait un danger pour tout le monde – un danger dont le pape Jean-Paul II portait définitivement les cicatrices dans sa chair.

Entre-temps, le Mossad s'était extraordinairement démené sur un continent dans lequel le Vatican plaçait de grands espoirs – l'Afrique, d'où le Saint-Siège comptait bien voir un jour sortir le premier pape noir de l'Église catholique. Or c'était aussi en Afrique que le Mossad était passé maître dans l'art de dresser les services de renseignement étrangers les uns contre les autres à seule fin de consolider ses propres positions.

XIII

African Connection

Situé à quelques pâtés de maisons du respectable hôtel Norfolk de Nairobi, l'Oasis Club était depuis longtemps un lieu de détente prisé des hommes d'affaires kenyans. Ils pouvaient boire toute la nuit dans ses salons à la lumière tamisée et à l'occasion entraîner une fille du bar vers une chambre retirée, non sans avoir au préalable jeté un coup d'œil sur son certificat médical pour s'assurer qu'elle ne souffrait d'aucune maladie vénérienne.

Depuis 1964, le club recevait aussi des clients d'un autre type : des Chinois en tenue de safari, des Russes aux visages taillés à la serpe, des personnages basanés visiblement originaires du bassin méditerranéen. Ces derniers n'étaient pas là exclusivement pour la fraîcheur de la bière ou pour « les filles les plus torrides d'Afrique » mises en avant par la direction. Ils travaillaient aussi pour des services secrets qui tentaient de prendre pied en Afrique centrale, ancienne chasse gardée du MI-6 britannique. Il s'agissait surtout d'agents du CSIS chinois, du KGB russe et du Mossad. Chaque service poursuivait des objectifs propres et cherchait à alimenter les rivalités entre les autres. À ce petit jeu, aucun ne pouvait battre le Mossad.

Au total, l'Institut disposait d'une douzaine de *katsas* éparpillés le long de la ligne de l'équateur, de Dar es Salaam sur l'océan Indien à Freetown sur l'Atlantique. Ces agents, titulaires d'un nombre impressionnant de faux passeports, étaient tous jeunes et physiquement affûtés ; en complément de leur formation habituelle, on leur avait inculqué des rudiments de médecine d'urgence afin qu'ils puissent survivre en pleine brousse si le besoin s'en faisait sentir.

L'aventure africaine du Mossad avait commencé peu après que Fidel Castro, arrivé au pouvoir à Cuba en 1959, eut décidé d'exporter sa révolution. Castro obtint son premier vrai succès quand un de ses émules africains, le « maréchal » John Okello, fut arraché à sa jungle par un recruteur cubain afin de suivre une formation accélérée de guérillero à La Havane ; ensuite, Okello reçut l'ordre de s'emparer de la petite île de Zanzibar, au large de la côte orientale africaine. Sa seule masse physique – il pesait cent cinquante kilos – suffit à impressionner la police de l'île, qui se soumit immédiatement. L'armée déguenillée d'Okello imposa sans peine son joug à une population dont les seules armes étaient les outils rudimentaires qui lui permettaient de récolter les épices, source historique et unique de la notoriété de Zanzibar. L'île se transforma ainsi en un avant-poste castriste pour la pénétration du continent africain. Le port de Dar es Salaam, en Tanzanie, hébergeait une importante colonie chinoise, dont les témoignages finirent par arriver aux oreilles du gouvernement de Pékin. Entrevoyant une occasion d'accroître son influence sur la région, le CSIS décida de s'y implanter lui aussi et de fournir aux révolutionnaires tout le soutien possible.

Entre-temps, Castro avait lancé une opération à grande échelle pour « cubaniser » le mouvement noir de libération. Il avait choisi comme plaque tournante le port marocain de Casablanca : des armes cubaines y furent acheminées par cargos entiers ; pour leur trajet de retour vers La Havane, les navires repartaient pleins d'apprentis guérilleros venus des quatre coins de l'Afrique centrale. Le CSIS ne tarda pas à participer à leur recrutement.

La perspective de voir bientôt revenir en Afrique des milliers de révolutionnaires surentraînés et surarmés qui opéreraient à quelques heures de trajet d'Israël inquiéta très vite les responsables politiques et les services secrets de l'État hébreu. Mais provoquer cette armée informelle avant qu'elle ne constitue une menace directe risquait de déboucher sur un conflit inutile, dont Israël ne voulait pas. Le pays avait déjà suffisamment à faire avec les terroristes arabes pour ne pas se laisser entraîner dans une guerre ouverte avec des révolutionnaires noirs. Meir Amit ordonna donc à ses *katsas* en Afrique de rester vigilants, mais de ne pas s'impliquer directement.

L'arrivée du KGB sur la scène africaine allait changer la donne. Les Russes débarquèrent en effet avec une offre impossible à refuser pour les terroristes en herbe : la possibilité de recevoir une formation en règle à l'université Patrice Lumumba de Moscou. Là, ils pourraient être initiés par les meilleurs instructeurs du KGB aux techniques de guérilla et à la façon de s'en servir sous prétexte de voler au secours des pauvres et des sans-grade. Pour mieux vendre cette idée, le KGB avait amené dans ses bagages quelques-uns des plus brillants élèves de l'université Patrice Lumumba : des terroristes arabes.

Meir Amit renforça son réseau d'agents africains en leur adjoignant des *kidons*, et définit de nouveaux objectifs : troubler par tous les moyens possibles les relations entre les Russes et leurs hôtes africains, ainsi qu'entre le KGB et le CSIS ; abattre les activistes arabes chaque fois que l'occasion se présenterait, et établir des liens avec les révolutionnaires africains en leur promettant qu'Israël les soutiendrait au-delà de la simple guérilla afin qu'ils puissent accéder à une vraie légitimité politique. L'État juif n'exigerait qu'une chose en retour : la garantie de ne pas être attaqué par ces mouvements.

L'Oasis Club était à présent au cœur de la bataille pour la conquête des révolutionnaires d'Afrique noire. D'interminables discussions s'y tenaient la nuit, on devisait sur l'inutilité du terrorisme discret et sur la nécessité de ne jamais perdre de vue les buts ultimes : la liberté et l'indépendance. Dans la chaleur du club, on ourdissait des complots, on préparait des accords, on désignait des cibles à exécuter ou à détruire. Certains de ces doux rêveurs tombaient dans une embuscade tendue au bord d'une piste craquelée, d'autres périssaient dans leur lit. Un jour, c'était un agent du KGB, le lendemain un informateur du CSIS. Chaque camp s'empressait alors de reprocher à l'autre un crime en réalité commis par le Mossad.

Meir Amit retransmit à ses agents tout ce qu'il avait appris du CSIS. Le service chinois pouvait se vanter d'une tradition d'espionnage vieille de plus de deux mille cinq cents ans, pendant lesquels il avait permis à l'empereur de surveiller ses sujets. Mais avec l'arrivée d'abord de Mao, puis de Deng Xiaoping, les services de renseignement chinois, comme le reste du pays, avaient emprunté une nouvelle voie. Le CSIS s'était mis en devoir d'étendre ses réseaux sur l'autre rive du Pacifique – aux États-Unis – ainsi qu'en Europe, au Proche-Orient, et enfin en Afrique.

Ces réseaux ne servaient pas qu'à l'espionnage : ils véhiculaient aussi le trafic de drogue et le blanchiment d'argent. La moitié de l'opium mondial provenait en effet des portes de la République populaire, dans le Triangle d'Or – Thaïlande, Laos et Birmanie –, et le CSIS travaillait main dans la main avec les Triades pour exporter clandestinement la drogue vers l'Occident. Étant donné sa position de plaque tournante du blanchiment mondial, Hong Kong servait au CSIS de couverture idéale pour recycler les profits liés au narco-trafic. Cet argent contribuait à financer toutes sortes d'opérations en Afrique. Depuis 1964, celles-ci relevaient de la responsabilité ultime du directeur général du CSIS, Qiao Shi. Cet homme à la haute silhouette voûtée, au goût marqué pour le cognac français et les cigares cubains, contrôlait plusieurs centaines d'espions et un budget qui n'avait d'équivalent qu'au KGB. Les camps de travail de Chine centrale grouillaient de prisonniers qui avaient osé défier Qiao. Son psycho-profil établi par le Mossad le décrivait comme un homme dont toute la carrière tenait à des manœuvres aussi habiles que discrètes.

Les activités du CSIS en Afrique étaient localement dirigées par le légendaire colonel Kao Ling, qui avait assis sa réputation au Népal et en Inde grâce à ses opérations de subversion. Basé à Zanzibar, Kao Ling menait grand train, entouré de juvéniles maîtresses africaines. Il se déplaçait en Afrique centrale comme un prédateur, disparaissant parfois pendant des semaines d'affilée. Ses passages à Nairobi étaient l'occasion de folles soirées à l'Oasis. Un capiteux parfum d'encens se répandait alors sur le club. On y servait les mets les plus délicats, directement importés de Chine. Les prostituées africaines étaient vêtues de *cheongsams* et les clients pouvaient admirer des feux d'artifice et applaudir des artistes de Hong Kong.

On y fêtait aussi les guérilleros, à leur retour de Cuba, avant qu'ils disparaissent dans la brousse. L'un d'eux, dit-on, avait l'odieuse habitude de boire un verre du sang des ennemis qu'il avait tués.

Parallèlement, Kao Ling étendait ses opérations non seulement à toute la largeur de l'Afrique, mais aussi vers le nord – en Éthiopie, au Yémen du Sud et en Égypte. Il versait de grosses sommes d'argent à ses hommes de main pour qu'ils lancent des attaques contre Israël. Le CSIS considérait en effet l'État hébreu comme une marionnette aux mains de Washington, et à ce titre comme une cible légitime pour ce que Kao Ling appelait « mes combattants de la liberté ».

Meir Amit décida un jour qu'il était temps pour le Mossad d'affronter le CSIS. Tout d'abord, il fit échouer un complot chinois visant à renverser le régime pro-occidental de Hastings Banda au Malawi. Ensuite, il informa les autorités kenyanes de l'importance véritable du réseau chinois qu'elles hébergeaient sur leur sol. Plus tard, le gouvernement de Nairobi témoignerait de sa gratitude envers le Mossad en permettant à l'aviation israélienne de survoler son territoire au moment du raid sur Entebbé. Les révélations d'Amit entraînèrent la fermeture de l'Oasis Club, et ses clients chinois se retrouvèrent embarqués sur des vols internationaux en dépit de leurs protestations. Ils pouvaient s'estimer heureux de leur sort : les quelques agents du CSIS restés en Afrique allaient être assassinés par les *kidons* du Mossad et jetés en pâture aux lions et aux léopards de la savane.

Plus les Chinois tentaient de réagir dans d'autres pays, plus le Mossad se montrait implacable. Les *kidons* traquaient les agents du CSIS où qu'ils fussent. Au Ghana, un espion chinois fut abattu au sortir d'une discothèque avec sa petite amie. Au Mali, un autre fut supprimé dans l'explosion de sa voiture ; à Zanzibar, île demeurée l'un des joyaux de la couronne du CSIS, un incendie ravagea l'immeuble où habitait le personnel du service chinois. Lors d'un voyage à Brazzaville, au Congo, Kao Ling lui-même échappa de peu à la mort, son instinct lui ayant soufflé de changer de voiture. Celle qu'il venait de quitter explosa quelques minutes plus tard, tuant sur le coup son chauffeur. En Zambie, un agent du CSIS fut ligoté contre un tronc d'arbre et livré aux lions.

Au moment où Kwame Nkrumah, le président pro-Chinois du Ghana, se trouvait en visite officielle à Pékin, le Mossad organisa un soulèvement qui déboucha à la fois sur la chute du gouvernement et sur le démantèlement du réseau local du CSIS.

Pendant trois ans, le Mossad livra une guerre d'usure sans répit contre les Chinois aux quatre coins de l'Afrique. Dans un camp comme dans l'autre, une seule règle prévalait : pas de quartier. Après avoir capturé un *katsa* au Congo, des agents du CSIS le jetèrent dans un bassin grouillant de crocodiles, filmèrent son agonie dans l'eau boueuse et envoyèrent les images au chef local du Mossad. Celui-ci riposta en lançant lui-même une roquette contre l'immeuble qui abritait le siège du CSIS. Trois Chinois furent tués.

Finalement, par l'entremise du président zaïrois Mobutu, le CSIS fit savoir au Mossad qu'il ne souhaitait plus se battre ; il proposait même aux Israéliens une alliance pour saper l'influence russe sur le continent. Cette approche rejoignait en tous points celle du Mossad face aux superpuissances.

Pendant que le CSIS et le service israélien s'étripaient mutuellement, le KGB avait en effet progressé au point de reprendre à son compte les visées révolutionnaires de Castro en Afrique. De plus, les chefs du KGB et du Politburo réunis au Kremlin étaient entre-temps convenus que la Russie financerait dorénavant l'économie cubaine, de façon à ce qu'une nation de sept millions d'âmes se retrouve entièrement tributaire de l'assistance russe. En échange, Castro accepta de promouvoir le socialisme soviétique – et non chinois – comme étant celui dont l'Afrique avait besoin. Il consentit également à recevoir cinq mille conseillers soviétiques chargés d'initier les agents de la DGI, sa police secrète, aux manières d'opérer « correctement » en Afrique.

Dès lors, le KGB travailla main dans la main avec les Cubains en Afrique noire. Six mois plus tard, tous les attentats terroristes du continent étaient pilotés par les Russes. Le KGB mobilisa les meilleurs éléments de ses camps d'entraînement au Proche-Orient pour accroître la lutte contre le régime raciste d'Afrique du Sud. Des terroristes aguerris venus d'Europe, d'Amérique latine et d'Asie ne tardèrent pas à transmettre leur savoir en Angola, au Mozambique et dans les autres pays voisins de l'Afrique du Sud.

Selon l'expression de Meir Amit, « ça commençait vraiment à chauffer sous l'équateur ». Il pressentait qu'un jour ou l'autre ces mercenaires de plus en plus expérimentés se retourneraient contre Israël, et c'est pourquoi il accepta avec empressement l'offre du CSIS – combattre ensemble un puissant ennemi commun, le KGB. Dans la foulée, les Chinois lui fournirent des informations sur les déplacements des activistes arabes entre l'Afrique et le reste du monde. Certains furent éliminés par les méthodes habituelles des Israéliens – voitures piégées et charges explosives miniatures dissimulées dans les chambres d'hôtel. À Khartoum, le Mossad plaça notamment une bombe dans la chasse d'eau des toilettes chez un mercenaire souffrant d'une forme de dysenterie particulièrement virulente. Tout le bas de son corps fut réduit en charpie à la seconde même où il l'actionnait.

Le Mossad remplit sa part du contrat en indiquant par exemple au CSIS que le KGB s'apprêtait à proposer une aide financière massive à l'un des pays les plus pauvres de la planète, la Somalie. Pékin doubla aussitôt l'offre de Moscou. Puis le Mossad aida la Chine au Soudan, où les Soviétiques avaient établi une tête de pont en s'alliant au gouvernement militaire du président Nimeri. Comme le dictateur renâclait à dépendre complètement des Russes, le KGB décida d'organiser un coup d'État pour s'en débarrasser. Le Mossad avertit le CSIS, qui transmit à Nimeri. Celui-ci expulsa sur-le-champ les diplomates russes et suspendit tous les programmes d'aide soviétiques.

Ayant réussi à jeter l'un contre l'autre les deux grands bastions du communisme mondial tout en parvenant parallèlement, selon l'expression de Meir Amit, à se « frayer un sentier dans la jungle africaine », le Mossad s'intéressa au seul service de renseignement africain susceptible d'être considéré comme un allié objectif : le Bureau of State Security (BOSS), redoutable bras armé de l'appareil de répression d'Afrique du Sud. En matière de chantage, de sabotage, de falsification, de kidnapping, d'interrogatoire musclé, de guerre psychologique et d'assassinat, le BOSS valait bien le Mossad. Et tout comme le Mossad, il avait carte blanche pour régler le compte de ses opposants. Les deux services ne tardèrent pas à s'accorder comme cul et chemise.

Opérant souvent en tandem, ils sillonnèrent l'Afrique, réunis par une « entente » secrète entre le Premier ministre d'Israël Golda Meir et le régime de Pretoria.

Le premier résultat concret de cette entente fut l'exportation d'une certaine quantité de minerai d'uranium vers Dimona. Les colis – déclarés comme des machines agricoles – furent transportés à bord de vols commerciaux d'El Al de Johannesburg à Tel-Aviv. Des scientifiques sud-africains s'étaient préalablement rendus à Dimona ; ils étaient les seuls étrangers à connaître les véritables objectifs de la centrale. De même, quand l'Afrique du Sud testa son premier engin nucléaire sur un îlot perdu de l'océan Indien, des scientifiques israéliens se trouvaient également sur place pour contrôler l'explosion. En 1972, Ezer Weizman, haut responsable du ministère de la Défense israélien à l'époque, rencontra le Premier ministre sud-africain à Pretoria afin de ratifier une nouvelle « entente ». Si l'un des deux pays était agressé et sollicitait une aide militaire, l'autre lui viendrait automatiquement en aide. Israël fournit ensuite des quantités substantielles d'armes américaines à l'armée sud-africaine, et reçut en échange la permission de tester les premières bombes atomiques sorties de Dimona sur l'îlot de l'océan Indien.

À l'époque, le Mossad entretenait déjà d'étroites relations avec le BOSS. Même s'ils ne parvinrent jamais tout à fait à faire oublier aux agents du Bureau leurs méthodes sanguinaires en matière d'interrogatoire, les instructeurs du Mossad les initièrent à toute une panoplie d'autres techniques ayant amplement fait leurs preuves au Liban et ailleurs : privation de sommeil, aveuglement provisoire par bandage des yeux, obligation de rester debout face à un mur pendant une très longue période, compression des parties génitales, ainsi qu'un riche assortiment de tortures mentales allant de la menace à la fausse exécution. Des *katsas* du Mossad accompagnèrent les unités du BOSS dans divers pays d'Afrique noire pour leurs missions de sabotage. Des *kidons* apprirent aux Sud-Africains à tuer sans laisser de traces. Quand le Mossad offrit de localiser les dirigeants de l'ANC – le Congrès national africain – exilés en Grande-Bretagne et en Europe continentale afin que le BOSS puisse les éliminer, le Bureau accueillit l'idée avec enthousiasme. Le gouvernement de Pretoria devait finalement mettre son veto à cette proposition, craignant qu'une telle initiative ne lui fasse perdre le peu de soutien dont il bénéficiait encore de la part des conservateurs de Londres.

Le Mossad comme le BOSS étaient mus par le sentiment obsessionnel que l'Afrique glissait inexorablement vers une révolution de gauche qui menaçait à terme de submerger Israël et l'Afrique du Sud. Pour l'éviter, tous les coups étaient permis. Les deux services ne faisaient pas de quartier ; ils partageaient l'idée qu'eux seuls étaient capables d'affronter leur ennemi. Aussi devinrent-ils peu à peu les deux services secrets les plus redoutés d'Afrique.

Leur alliance n'était pas vue d'un bon œil à Washington. La CIA craignait qu'elle ne finisse par compromettre ses efforts pour garder le contrôle du continent noir. La décolonisation massive de l'Afrique, au début des années 1960, avait en effet ravivé l'intérêt de l'agence pour ce continent – et celle-ci y avait puissamment développé ses activités clandestines. Une division africaine avait été créée ; en 1963, des antennes de la CIA furent ouvertes dans tous les pays d'Afrique.

Bill Buckley, qui devait ultérieurement être kidnappé et abattu par des terroristes du Hezbollah à Beyrouth, avait été l'un des premiers agents de la CIA en Afrique. Peu avant sa capture, il déclara :

« C'était vraiment une époque de folie. Chacun cherchait à se faire sa place au soleil africain. Comme nous étions arrivés un peu en retard à la fête, le Mossad nous regardait comme des resquilleurs. »

À Washington, le Département d'État déployait des efforts discrets mais soutenus pour réduire l'influence israélienne en Afrique. Il laissa notamment filtrer des détails indiscrets sur la façon dont plusieurs centaines de Juifs d'Afrique du Sud s'étaient envolés vers le nord du continent pour prêter main-forte à Israël pendant l'opération de Suez en 1956. Vingt pays d'Afrique noire interrompirent alors leurs relations diplomatiques avec Jérusalem. Parmi eux, le Nigeria. Cette rupture aurait pu être un coup très dur pour Israël : le Nigeria lui fournissait soixante pour cent de son pétrole en échange d'armes originellement vendues par les États-Unis à Israël. Mais en dépit de la rupture officielle des relations diplomatiques, le Premier ministre Yitzhak Shamir accepta de continuer à armer clandestinement le Nigeria en échange du maintien des exportations de brut. Selon Buckley, c'était « un bel exemple de *realpolitik* ». On aurait pu en trouver un autre dans la façon dont le Mossad s'appliqua plus tard à assister le BOSS, son partenaire de longue date : dans le sillage de l'invasion du Liban par Tsahal en 1982, le service secret israélien avait mis la main sur une quantité considérable de documents révélant l'existence de liens étroits entre l'OLP et l'ANC – la bête noire du BOSS. Le matériel fut diligemment transmis au Bureau, ce qui permit aux barbouzes sud-africains d'arrêter et de torturer des centaines de membres de l'ANC.

Les années 1980 représentèrent une époque bénie pour le grand safari africain du Mossad. Tout en dressant les Chinois contre les Russes, les Israéliens réussirent à compliquer la vie à la CIA, au MI-6 et à d'autres services secrets européens opérant sur le continent. Chaque fois que quelqu'un menaçait la position du Mossad, celui-ci dévoilait ses activités occultes. Un agent du MI-6 fut ainsi démasqué au Kenya. Au Zaïre, un réseau français fut démantelé. En Tanzanie, une opération d'espionnage ouest-allemande fut annulée en hâte après avoir été dénoncée par le Mossad grâce à l'indiscrétion d'un journaliste local.

Quand le redoutable terroriste Abou Nidal – l'instigateur entre autres de l'assassinat de l'ambassadeur d'Israël en Grande-Bretagne, Shlomo Argov, le 3 juin 1982 – tenta de trouver refuge au Soudan, le Mossad promit au régime en place qu'Israël lui verserait un million de dollars en échange de sa capture, mort ou vif. Réflexion faite, Nidal préféra aller se cacher en Irak.

Dans une dizaine de pays, le Mossad sut jouer très habilement des rivalités politiques internes pour parvenir à ses fins. Ainsi que devait le déclarer plus tard Yaakov Cohen, qui avait opéré dans plusieurs d'entre eux :

« Nous offrions à tel parti une capacité de renseignement suffisante pour garder une longueur d'avance sur son opposition. Dans des pays comme le Nigeria, la violence des tensions tribales avait débouché sur une guerre civile. Notre politique consistait à travailler avec tous ceux qui acceptaient de collaborer avec nous. Cela nous permettait de savoir absolument tout ce qui se passait dans le pays en question. Le plus imperceptible changement de cap susceptible d'affecter Israël était aussitôt détecté. »

Avant de débarquer en Afrique, Cohen s'était distingué lors de missions secrètes en Égypte et ailleurs. Pour lui éviter d'être repéré, le Mossad avait modifié son apparence physique en demandant à un chirurgien esthétique d'altérer son trait le plus distinctif – son nez. Quand il revint de l'hôpital, sa propre femme eut du mal à le reconnaître.

Le 1er janvier 1984, en lisant son rapport quotidien, Nahum Admoni apprit qu'un coup d'État venait d'avoir lieu au Nigeria : un soulèvement militaire mené par le général Muhammad Buhari s'était emparé du pouvoir. Le Premier ministre Yitzhak Shamir s'enquit des conséquences de cet incident sur l'approvisionnement en pétrole d'Israël. Personne ne les connaissait au juste. Tout au long de la journée, des efforts frénétiques furent vainement mis en œuvre pour établir le contact avec le nouveau régime.

Le lendemain de son arrivée au pouvoir, Buhari publia une liste d'anciens membres du gouvernement accusés de divers crimes. En tête de cette liste figurait Umaru Dikko, l'ancien ministre des Transports, accusé d'avoir volé des millions de dollars dans les caisses de l'État. Dikko avait réussi à quitter le pays et, malgré tous les efforts de la police, il n'avait pas été localisé.

Admoni crut entrevoir une ouverture. Muni d'un passeport canadien, il se rendit en personne à Lagos, la capitale nigériane. Buhari le reçut tard dans la soirée. Le général-président écouta le *memuneh* lui faire une offre qui bénéficiait déjà de la pleine approbation de Rabin. En échange d'une promesse de maintien de l'approvisionnement pétrolier, le Mossad s'engageait à retrouver Dikko et à le ramener au Nigeria. Buhari posa une première question : le Mossad pouvait-il aussi localiser l'endroit où Dikko avait caché l'argent détourné ? Admoni répondit que la somme avait certainement atterri sur un compte suisse numéroté, ce qui le rendait virtuellement impossible à retrouver – à moins que Dikko ne consente à révéler lui-même le numéro du compte en question. Buhari sourit pour la première fois depuis le début de l'entretien. Une fois que Dikko serait rentré au pays, il ne serait pas très difficile de l'amener à parler. Il posa ensuite une autre question : le Mossad était-il prêt à aider les services de sécurité du Nigeria et, une fois que Dikko aurait été retrouvé, à laisser ceux-ci assumer seuls tout le mérite de la capture ? Admoni y consentit. Le Mossad n'avait aucune gloire à gagner dans une opération qui semblait *a priori* relativement simple.

Jérusalem mobilisa les « espions survivants » de Rafi Eitan dans toute l'Europe, envoya des *katsas* en renfort un peu partout, de l'Espagne à la Suède, alerta les *sayanim* d'une bonne dizaine de pays : les médecins reçurent pour consigne d'ouvrir l'œil au cas où Dikko aurait besoin de soins ou consulterait un chirurgien esthétique ; le personnel des hôtels qu'il fréquentait naguère à Saint-Moritz et à Monaco fut invité à faire de même, ainsi que les employés d'agences de location de voitures, le personnel des compagnies aériennes et celui des sociétés de cartes de crédit. On pria des serveurs de mémoriser son signalement, des tailleurs d'enregistrer ses mensurations. Les bottiers de Rome et de Paris furent informés de sa pointure peu commune – 47 – et de son goût pour les souliers sur mesure. À Londres, Robert Maxwell fut prié d'actionner ses contacts parmi les diplomates africains en poste en Grande-Bretagne afin de récolter la moindre bribe d'information sur la cachette de l'ancien ministre. Comme tous les autres, le magnat n'obtint aucun résultat.

Admoni acquit cependant la conviction que Dikko était à Londres – refuge traditionnel des opposants nigérians au nouveau régime –, et il dépêcha sur place quelques-uns de ses meilleurs *katsas*, flanqués d'agents de la sécurité nigériane placés sous le commandement du major Muhammad Yusufu. Après avoir loué un appartement sur Cromwell Road, les *katsas* s'intéressèrent aux hôtels londoniens généralement fréquentés par les touristes africains.

Opérant de façon indépendante, les deux groupes d'agents entreprirent de sonder l'importante communauté nigériane de Londres. Les hommes de Yusufu se firent passer pour des réfugiés ayant fui le nouveau régime, les *katsas* pour des sympathisants de la cause noire opposés au régime raciste d'Afrique du Sud. Peu à peu, le champ de leurs recherches se rétrécit à l'ouest londonien, autour de Hyde Park, où beaucoup de riches Nigérians vivaient en exil. Ils passèrent au peigne fin les registres électoraux accessibles au public dans les mairies de quartier. En vain.

Un beau jour, sept mois après sa fuite, Dikko fut enfin repéré. Le 30 juin 1984, un *katsa* qui roulait en voiture sur Queensway, artère très fréquentée donnant sur Bayswater Road, remarqua un piéton qui lui parut correspondre à la description d'Umaru Dikko, quoique plus vieux et un peu amaigri.

Ayant réussi à se garer, le *katsa* suivit à pied Dikko jusqu'à une maison de Dorchester Terrace. Admoni fut aussitôt prévenu. Il ordonna la mise en place d'une surveillance permanente. Pendant les trois premiers jours de juillet 1984, deux agents épièrent continuellement les allées et venues de Dikko. Entre-temps, depuis leur ambassade, les Nigérians se préparaient à un kidnapping directement inspiré de celui d'Adolf Eichmann.

Une fois n'était pas coutume, un rôle opérationnel crucial fut attribué à quelqu'un qui n'était pas membre du Mossad : le Dr Levi-Arieh Shapiro, anesthésiste et chef de l'unité de soins intensifs de l'hôpital Hasharon de Tel-Aviv. Il avait été sollicité par le *katsa* Alexander Barak, qui en avait appelé à sa fibre patriotique. Shapiro accepta de venir à Londres pour y dépenser le millier de dollars remis par Barak afin d'acheter du matériel médical, notamment des produits anesthésiques et une sonde trachéale. On lui expliqua qu'il recevrait des instructions complémentaires à Londres. Shapiro refusa d'être payé pour ses services, affirmant qu'il serait fier de servir Israël. Un autre *katsa*, Felix Abithol, arriva à Londres le 2 juillet sur un vol en provenance d'Amsterdam et prit une chambre au Russell Square Hotel. Sa première instruction fut pour le chef de l'équipe nigériane, le major Yusufu, qui fut chargé de louer une camionnette. Yusufu délégua la tâche à l'un de ses hommes, lequel commit l'erreur d'opter pour un véhicule jaune canari.

Tard dans la soirée du 3 juillet, un avion cargo de la Nigerian Airways se posa sur l'aérodrome de Stansted, à quarante-cinq kilomètres au nord-est de Londres, en provenance de Lagos. Ses soutes étaient vides. Le pilote informa les autorités aéroportuaires qu'il était là pour prendre livraison de plusieurs caisses sous bordereau diplomatique en provenance de son ambassade. Les agents de la sécurité nigériane qui avaient fait le voyage avec lui s'identifièrent sans faire de mystère et déclarèrent qu'ils étaient là pour assurer la protection de la cargaison. Leur présence fut signalée à la branche spéciale de Scotland Yard. Au cours du mois précédent, des rumeurs insistantes avaient fait état d'intentions agressives du régime militaire de Lagos à l'encontre des exilés à Londres. Les agents nigérians reçurent l'ordre de ne pas quitter l'aéroport. À dire vrai, ils ne furent autorisés à descendre d'avion que pour prendre un café.

Vers le milieu de la matinée du lendemain, la camionnette canari émergea d'un garage de Notting Hill Gate loué par les Nigérians. Yusufu avait pris le volant. À l'arrière, le Dr Shapiro était accroupi entre deux caisses, à côté de Barak et d'Abithol. À midi, le capitaine du 707 fixa l'heure du décollage de Stansted pour Lagos à 3 heures de l'après-midi. Le manifeste de transport faisait état de deux caisses de « documents » destinés au ministère des Affaires extérieures à Lagos. Dans les deux cas, il invoquait l'immunité diplomatique.

Juste avant midi, la camionnette quitta le flot de la circulation pour se garer devant la maison de Dorchester Terrace. Peu après, Umaru Dikko sortit de chez lui : il s'apprêtait à retrouver un ami avec qui il devait déjeuner au restaurant. Sa secrétaire particulière, Elizabeth Hayes, jeta distraitement un coup d'œil par la fenêtre. Alors qu'elle allait laisser retomber son coin de rideau, une des portières de la camionnette jaune s'ouvrit en grand :

« Deux hommes au teint mat ont empoigné M. Dikko et l'ont forcé à monter dans la camionnette. C'est à peine s'il a eu le temps de pousser un cri. Ils se sont engouffrés à l'intérieur sur ses talons, et la camionnette a démarré en trombe. »

Le temps de reprendre ses esprits, la secrétaire composa le numéro des services d'urgence. Quelques minutes plus tard, la police arrivait sur les lieux, suivie de peu par le commandant William Hucklesby, de la branche antiterroriste de Scotland Yard. Hucklesby eut rapidement des soupçons. Tous les ports et aéroports du pays furent prévenus. Pour Hucklesby, la situation était délicate. Si Dikko avait été kidnappé par le nouveau régime du Nigeria, cela risquait de soulever des aspects politiques gênants. Le Foreign Office fut prévenu, ainsi que le 10, Downing Street. Hucklesby reçut carte blanche.

Peu avant 15 heures, la fourgonnette se présenta au terminal de fret de Stansted. Yusufu agita un passeport diplomatique nigérian sous le nez des agents de la police des frontières. Ceux-ci assistèrent sans rien dire au chargement des deux caisses à bord du 707. Charles Morrow, l'un des agents présents, devait raconter ceci par la suite :

« Une de ces deux caisses avait quelque chose de louche. Au même instant, j'ai entendu un bruit à l'intérieur. « Merde », me suis-je dit. Valise diplomatique ou pas, il faut que je jette un œil là-dedans. »

En dépit des furieuses protestations de Yusufu, les deux caisses furent déchargées et transportées dans un hangar tout proche. Dans la première, les policiers découvrirent Umaru Dikko, ligoté et endormi par un anesthésique. Le Dr Shapiro était assis à côté de lui, tenant une seringue à la main – prêt à en remettre une couche au cas où son prisonnier se réveillerait plus tôt que prévu. Une sonde trachéale avait été introduite dans sa gorge pour l'empêcher de s'étouffer dans ses propres vomissures. Barak et Abithol s'étaient cachés dans la seconde caisse.

Au cours de leur procès, les deux agents israéliens s'en tinrent stoïquement à leur version des faits : ils prétendaient avoir agi en tant que mercenaires pour le compte d'un groupe d'hommes d'affaires nigérians qui souhaitait faire juger Dikko. Un des avocats les plus éminents – et les plus chers – de Grande-Bretagne, maître George Carmen, fut engagé pour leur défense. Dans sa plaidoirie, il déclara à la cour :

« L'explication la plus plausible est peut-être que les services secrets israéliens n'ont jamais été très éloignés de cette opération. »

Le ministère public ne fournit aucune preuve susceptible d'impliquer directement le Mossad.

Barak fut condamné à quatorze ans d'emprisonnement, le Dr Shapiro et Abithol à dix ans chacun. Yusufu écopa de douze ans. Tous devaient être ultérieurement libérés pour bonne conduite et discrètement extradés vers Israël. Comme il l'avait déjà fait pour d'autres avant eux, le Mossad pris alors des mesures pour éviter que l'attention des médias ne se braque sur ses agents. Dans le même ordre d'idée, personne ne sembla se demander si le Dr Shapiro, qui avait violé le serment d'Hippocrate, continuait à pratiquer la médecine – et où.

Nahum Admoni reçut du MI-5 un avertissement : au prochain faux pas de ce genre, le Mossad serait traité comme un service adverse. Mais le *memuneh* avait l'esprit ailleurs : il planifiait déjà une autre opération visant à rappeler à la Grande-Bretagne de quel côté étaient ses vrais ennemis – histoire de raviver ses bonnes dispositions envers Israël.

XIV

La bombe et la soubrette

Par un matin sans nuage de février 1986, deux chasseurs de l'aviation israélienne interceptèrent un Learjet libyen qui se rendait de Tripoli à Damas. L'appareil – civil – volait dans l'espace aérien international, à quelque neuf mille mètres au-dessus de la Méditerranée, et s'apprêtait à entamer sa descente vers la Syrie. Il ramenait entre autres au bercail des délégués d'organisations palestiniennes qui venaient de participer à une conférence organisée par Muammar Kadhafi afin d'étudier de nouveaux moyens de réaliser son rêve obsessionnel : la disparition pure et simple de l'État juif.

Le spectacle des chasseurs israéliens prenant position de part et d'autre du Learjet déclencha un début de panique légitime chez les quatorze passagers. Quatre mois plus tôt, le mardi 1er octobre 1985, une escadrille de chasseurs-bombardiers F-15 israéliens avait détruit le quartier général de l'OLP au sud-est de Tunis au cours d'un incroyable raid aller-retour de cinq mille kilomètres, qu'avaient rendu possible un audacieux ravitaillement en vol et l'obtention préalable de renseignements ultraprécis.

Cette attaque était une riposte directe à l'assassinat par des tueurs de l'OLP de trois touristes israéliens massacrés quelques jours plus tôt alors qu'ils étaient en train de prendre le soleil sur le pont de leur yacht mouillé dans le port chypriote de Larnaca. Le carnage avait eu lieu le jour du Grand Pardon – ce qui, pour beaucoup d'Israéliens, avait ravivé le pénible souvenir du déclenchement de la guerre du Kippour.

Malgré quatre décennies de terrorisme ininterrompu, ces meurtres avaient suscité une vague d'horreur dans l'opinion juive : longuement retenus à bord, les trois touristes avaient même été contraints d'écrire leurs dernières volontés avant d'être exécutés ; la femme avait été la première à périr, d'une balle dans l'abdomen. Sous la menace, ses deux compagnons l'avaient jetée par-dessus bord. Ensuite, l'un après l'autre, ils avaient été assassinés à bout portant d'une balle dans la nuque.

Lors de la bataille des communiqués qui avait suivi – depuis longtemps part intégrante de la guerre que se livraient les Palestiniens et Israël –, l'OLP prétendit que les trois victimes étaient des agents du Mossad en mission. L'organisation de Yasser Arafat s'y prit si bien pour distiller cette contre-vérité que plusieurs journaux européens crurent reconnaître dans la femme un des agents israéliens capturés à Lillehammer en 1973. Or non seulement l'intéressée était encore bien vivante, mais elle avait cessé toute activité au Mossad.

Depuis, la presse arabe bruissait de rumeurs concernant l'imminence d'une action de représailles israélienne. La plupart de ces rumeurs avaient pour origine directe le LAP, le département de guerre psychologique du Mossad, toujours prompt à jouer avec les nerfs de millions d'Arabes.

Les passagers du Learjet, qui quelques heures plus tôt étaient encore en train de prôner l'anéantissement de l'État juif, virent les pilotes ennemis d'assez près les regarder dans le blanc des yeux. Le chasseur de tête bascula sur une aile, puis sur l'autre – un signe que tous les pilotes du monde savent interpréter comme signifiant « Suivez-moi ». Pour enfoncer le clou, un des Israéliens pointa son doigt ganté droit devant lui, puis vers le bas – une manière d'indiquer la Galilée. Les femmes présentes à bord du Learjet fondirent en larmes ; quelques hommes se mirent à prier. D'autres, résignés, attendirent stoïquement la suite. Tous étaient cruellement conscients de la gravité de la situation.

Un des chasseurs israéliens tira une rafale d'avertissement pour faire comprendre au capitaine du Learjet qu'il n'avait pas intérêt à appeler à la rescousse l'aviation syrienne, laquelle ne se trouvait somme toute qu'à quelques minutes de vol. La terreur des passagers grimpa de plusieurs degrés. Allaient-ils connaître le même sort que le dernier héros du monde arabe tombé au combat ?

Un mois à peine avant le raid de Tunis, une patrouille navale israélienne emmenant à son bord des agents du Mossad avait arraisonné un petit navire, l'*Opportunity*, pendant sa navette régulière entre Beyrouth et Larnaca. Dans une de ses cales était caché Fayçal Abou Sharah, un terroriste ayant du sang juif sur les mains. Capturé, il avait été transféré à bord de la vedette. Après une série d'impitoyables interrogatoires en Israël, il avait été condamné à une très longue peine d'emprisonnement. La rapidité et l'audace de l'intervention avaient encore renforcé l'image d'invincibilité des forces israéliennes dans l'opinion arabe.

De tels incidents n'étaient pas rares. En liaison étroite avec la marine israélienne, modeste mais remarquablement entraînée, le Mossad avait aussi intercepté plusieurs autres navires pour arrêter des passagers soupçonnés d'activités terroristes. La façade méditerranéenne d'Israël n'était pas la seule à réclamer une grande vigilance : le bout de côte sur la mer Rouge était également vulnérable. Ainsi, les informations que transmit un agent du Mossad posté au Yémen avaient permis de faire échouer un complot de l'OLP visant à faire entrer un bateau de pêche bourré d'explosifs dans le port d'Eilat ; on l'aurait ensuite fait sauter le long du quai bordé d'hôtels. Une vedette israélienne avait réussi à intercepter l'embarcation et à maîtriser les deux kamikazes avant qu'ils n'aient eu le temps de mettre leur plan macabre à exécution.

Pendant que le Learjet descendait vers le nord d'Israël, les passagers eurent aussi tout le temps de se rappeler ce qui s'était passé le 2 octobre 1985, après qu'un autre de leurs héros, Abou Abbas, eut pris le contrôle du paquebot italien *Achille Lauro*. Abbas avait tué un passager juif américain en fauteuil roulant, Leon Klinghoffer, en le précipitant par-dessus bord.

Ce crime odieux avait suscité un incident diplomatique mondial où s'étaient retrouvés impliqués Israël et les États-Unis, l'Égypte, l'Italie, la Syrie, Chypre, la Tunisie et l'OLP. Pendant plusieurs jours, la crise s'était étendue tout autour de la Méditerranée, ce qui avait permis aux pirates de se faire une belle publicité et de révéler à l'opinion mondiale la cacophonie d'intérêts particuliers qui, au Proche-Orient, avaient toujours régi l'attitude des divers gouvernements à l'égard du terrorisme. Le détournement du paquebot avait aussi soulevé une vague d'interrogations juridiques. Techniquement, le meurtre avait eu lieu en territoire italien, l'*Achille Lauro* étant enregistré à Gênes. Mais l'Italie, pays extrêmement vulnérable au terrorisme, souhaitait trouver une issue discrète à l'incident. Les États-Unis exigeaient de leur côté que justice soit rendue à leur compatriote assassiné. Finalement, les pirates, après avoir occupé la une de la presse mondiale, se rendirent aux autorités égyptiennes, qui les autorisèrent ensuite à quitter le pays – à la profonde indignation d'Israël.

Sans doute les passagers du Learjet se demandèrent-ils s'ils n'allaient pas se retrouver enfermés dans une prison israélienne à titre de représailles. Toujours encadré par deux chasseurs proches au point de le frôler, le Learjet se posa sur un terrain d'aviation militaire du nord de la Galilée. Une équipe d'enquêteurs de l'Aman l'attendait de pied ferme : le Mossad les avait prévenus que deux des terroristes les plus recherchés du monde se trouvaient à son bord : Abou Nidal et Ahmed Jibril. Mais, à leur place, les agents ne trouvèrent qu'une poignée d'Arabes terrifiés, dont pas un seul n'était fiché sur leurs ordinateurs. Le Learjet fut finalement autorisé à redécoller avec tous ses passagers.

Les Israéliens devaient ensuite soutenir mordicus que la perspective de capturer deux terroristes dangereux était l'unique raison de l'intervention. Mais au Mossad, l'idée était largement répandue qu'aucune occasion ne devait être perdue de semer la terreur chez les Arabes. Au moins les agents de l'Aman auraient-ils un motif de satisfaction : ils pouvaient être assurés qu'à leur arrivée en Syrie les passagers du Learjet se feraient largement l'écho de la toute-puissance aérienne de l'État hébreu.

Le patron de l'Aman, Ehud Barak, estima pour sa part que l'opération n'avait servi qu'à prouver une fois de plus, si besoin était, que le Mossad avait décidément la gâchette trop facile, et il se chargea de le faire clairement comprendre à Nahum Admoni.

Le chef du Mossad, qui n'était pas homme à encaisser sans réagir les critiques, décida de monter une opération destinée à mettre un terme non seulement aux railleries dont son service était l'objet sur les ondes arabes – après tout, il avait inutilement provoqué l'interception d'un appareil civil et désarmé –, mais aussi aux commentaires entendus çà et là dans les services secrets israéliens sur la façon dont cette opération avait tourné tout le métier en ridicule.

Ainsi fut lancée une mission qui, entre autres, devait gâcher la jeunesse d'une femme de chambre irlandaise et valoir à son amant arabe une des plus longues peines de prison jamais prononcées par un tribunal britannique, susciter l'embarras du chancelier allemand Helmut Kohl et du Premier ministre français Jacques Chirac, révéler une nouvelle fois la furie manipulatrice de Robert Maxwell, mettre la Syrie au ban des nations et obliger les radios arabes qui s'étaient gaussées du Mossad à changer brutalement de refrain.

Comme toutes les opérations secrètes, celle-là se caractérisa par des moments d'incroyable tension et d'autres de calme plat. Elle engendra son quota habituel de désillusions, de trahisons et de ruptures, mais, pour des gens comme Nahum Admoni, ces divers ingrédients faisaient partie intégrante du métier. Seule valait la réponse qu'ils pouvaient apporter à certaines questions – toujours les mêmes. Le plan pouvait-il fonctionner ? Le public croirait-il que les choses s'étaient vraiment passées de la sorte ? La vérité pourrait-elle rester enfouie à jamais ?

Pour cette mission, le Mossad fit appel aux compétences très différentes de deux hommes. L'un d'eux était un *katsa* opérant en Grande-Bretagne sous le pseudonyme de Tov Lévy. L'autre était un informateur palestinien – nom de code « Abou ». Ce dernier avait été retourné après avoir été surpris par le Mossad en train de puiser dans les fonds de l'OLP destinés à son village de la frontière israélo-jordanienne. En menaçant de dénoncer anonymement son crime au chef de ce village – l'équivalent pour le coupable d'une condamnation à mort –, le Mossad réussit à le persuader de partir pour Londres. Là, Abou reçut des faux papiers lui permettant de se faire passer pour un homme d'affaires, et suffisamment d'argent pour lui permettre de continuer à vivre comme le flambeur qu'il était. Tov Lévy fut désigné pour être son agent traitant.

En tous points, Abou correspondait à la définition de l'informateur classique telle qu'elle a pu être formulée par Uzi Mahnaimi, ancien agent secret israélien :

« Vous passez des heures – voire des jours – avec lui ; vous lui apprenez tout ce qu'il a besoin de savoir, vous suivez ses progrès pas à pas, vous l'aidez, vous l'assistez dans toutes ses démarches, vous regardez ses photos de famille, vous connaissez les prénoms et l'âge de ses enfants. Et pourtant, l'informateur n'est pas un être humain ; il ne faudra jamais le considérer comme tel. L'informateur n'est qu'une arme, le moyen d'atteindre une cible, un peu comme une Kalachnikov – point à la ligne. S'il faut l'envoyer à l'abattoir, n'y réfléchissez pas à deux fois. L'informateur n'est pas une personne. C'est un numéro. »

Abou remplissait cette fonction à la perfection. Il devint vite un habitué des cercles de jeu de Mayfair. Étant donné ses succès, on tolérait ses frasques sexuelles et ses beuveries. Dans le milieu des trafiquants d'armes et des riches partisans de l'OLP, il récoltait de précieuses informations, qui permirent plus d'une fois au Mossad de frapper durement ses ennemis. Quinze hommes de l'OLP furent ainsi tués quelques semaines après réception d'une information transmise par Abou.

Il retrouva plusieurs fois Tov Lévy au bar ou au restaurant de l'hôtel Hilton de Park Lane, où était employée Ann-Marie Murphy, une jeune Irlandaise de Dublin. Comme tant d'autres, elle avait traversé la mer d'Irlande dans l'espoir de trouver une vie meilleure à Londres. Hélas, elle n'avait rien déniché de mieux qu'une modeste place de femme de chambre. Le salaire était médiocre et les journées interminables. Ses rares heures de liberté, Ann-Marie les passait dans des pubs du quartier de Shepherds Bush, le refuge traditionnel des déracinés irlandais. Là, elle se joignait aux chants de son pays natal en tâchant de faire durer au maximum sa pinte de Guinness. Ensuite, elle regagnait seule sa petite chambre, prête à se lever le lendemain de bonne heure pour une nouvelle journée de ménage au Hilton. Elle avait l'impression de tourner en rond.

À l'approche de la Noël 1985, alors qu'elle était au bord des larmes à l'idée de passer les fêtes toute seule dans une ville si froide et si différente de sa chère vieille Dublin, Ann-Marie fit la connaissance d'un Arabe au teint sombre qui trouva grâce à ses yeux. Il s'appelait Nezar Hindaoui et était un cousin éloigné d'Abou. Hindaoui avait trente-cinq ans, mais il n'en déclara que trente-deux à la candide Ann-Marie, qui lui avait déjà dit que c'était son âge. Ainsi commença une longue série de mensonges.

Ils s'étaient rencontrés dans un bar où elle se rendait pour la première fois ; elle avait été surprise d'y apercevoir Hindaoui au milieu d'une brochette d'ouvriers aux visages rougeauds, dont les accents renvoyaient à tous les comtés d'Irlande. Et pourtant, Hindaoui avait paru en excellents termes avec la plupart des buveurs : il se joignait à leurs rires et payait sa tournée le moment venu.

Depuis plusieurs semaines, en effet, il fréquentait ce pub dans l'espoir d'établir le contact avec l'IRA. Abou l'avait prié de le faire sans lui expliquer pourquoi, comme à son habitude. Jusque-là, ses tentatives d'aborder la situation politique en Irlande avaient toutes été balayées d'un revers de main par ses compagnons de bar, plus enclins à vider des pintes à la chaîne qu'à parler idéologie. Quelles que fussent les intentions d'Abou, elles devaient rester à jamais un mystère pour Hindaoui, d'autant que l'arrivée d'Ann-Marie le détourna soudainement de sa mission.

Fascinée par ses manières élégantes et son charme naturel, Ann-Marie ne tarda pas à rire des anecdotes de Hindaoui sur la vie au Moyen-Orient. Pour une femme qui n'était jamais allée plus loin que Londres, ses histoires semblaient tout droit sorties des *Mille et Une Nuits*. Hindaoui la raccompagna chez elle ce soir-là, lui planta un baiser sur chaque joue et s'en fut. Ann-Marie se demanda si la sorte de vertige qui s'était emparé d'elle signifiait qu'elle était en train de tomber amoureuse. Le lendemain, Hindaoui l'emmena déjeuner dans un restaurant syrien et lui fit découvrir les saveurs délicates de la cuisine arabe. Un rien pompette après quelques verres d'un excellent vin du Liban, elle n'offrit qu'une résistance de pure forme quand il la raccompagna à son appartement. Cet après-midi-là, ils firent l'amour pour la première fois. Ann-Marie était vierge. Élevée dans la vieille tradition irlandaise et opposée à la contraception, elle ne prit aucune précaution particulière.

En février 1986, elle s'aperçut qu'elle était enceinte. Quand elle en avertit Hindaoui, il la rassura d'un sourire : il allait s'occuper de tout. Alarmée, Ann-Marie déclara qu'il n'était pas question pour elle d'avorter. Il rétorqua que l'idée ne l'avait pas effleuré. En réalité, il était terrifié à l'idée de devoir épouser une femme qu'il considérait comme socialement indigne de lui. Il redoutait également qu'elle ne porte plainte auprès des autorités. Peu au fait de l'indifférence de l'administration britannique face à ce genre de problème, il s'imagina que son permis de séjour serait révoqué, et qu'il serait expulsé. Hindaoui décida de se tourner vers la seule personne capable de l'aider : son cousin Abou.

Mais Abou avait d'autres chats à fouetter, ayant perdu des sommes considérables au jeu. Il déclara de but en blanc à Hindaoui qu'il ne pouvait pas lui avancer l'argent que son cousin avait promis d'offrir à Ann-Marie pour lui permettre de rentrer à Dublin, d'accoucher et de remettre son enfant à un organisme spécialisé dans l'adoption. D'après ce qu'elle lui avait dit, c'était chose courante en Irlande.

Le lendemain, Abou rencontra Tov Lévy. Pendant le dîner, le *katsa* expliqua à son informateur qu'il était temps d'inciter le gouvernement britannique à fermer l'ambassade syrienne à Londres et à expulser son personnel, suspecté depuis longtemps d'être mêlé à des activités terroristes. Lévy ajouta qu'il avait besoin d'un « appât ». Abou connaissait-il quelqu'un qui puisse jouer ce rôle ? Ce fut alors qu'Abou mentionna son cousin et son amie enceinte.

Les grandes lignes de la manipulation furent ébauchées tandis que les services secrets israéliens étaient secoués par les remous consécutifs à l'explosion du scandale de l'Irangate. La réputation d'intransigeance d'Israël vis-à-vis du terrorisme musulman venait d'en prendre un sérieux coup. Au Mossad, on reprochait amèrement à l'administration Reagan d'avoir laissé la situation se détériorer à ce point.

Les révélations successives étaient en train de faire perdre à Israël le soutien minimal de certains voisins comme l'Égypte et la Jordanie, qui avaient fini par se lasser de l'OLP et des poses théâtrales de Yasser Arafat. De plus en plus, le patron de l'OLP apparaissait comme l'otage politique de ses propres amis extrémistes. Bien que n'étant nullement communiste, il était presque contraint de manier une rhétorique marxiste, exigeant notamment « la liquidation politique, culturelle et militaire de l'entité sioniste ».

Ces vitupérations n'avaient pourtant guère renforcé sa position face aux diverses factions radicales de l'OLP. Pour elles, Arafat était l'homme qui avait accepté une humiliante évacuation de Beyrouth sous la protection de l'ONU et l'œil goguenard des Israéliens. Par navires entiers, quinze mille combattants palestiniens s'étaient embarqués vers Tunis. D'autres avaient abandonné Arafat, attirés par la promesse du soutien syrien, et leur radicalisation s'était poursuivie à Damas.

Cependant, pour le Mossad, Arafat restait l'obstacle numéro un à la paix. Son élimination était une priorité. D'ailleurs, au centre de tir du Mossad, toutes les cibles d'entraînement représentaient sa silhouette caractéristique. Aussi longtemps qu'il vivrait, il serait considéré comme le responsable de tous les actes de violence commis par les nombreux groupes palestiniens réfugiés en Syrie.

Sur ces entrefaites, deux incidents se produisirent qui, momentanément du moins, allaient détourner l'attention d'Arafat et provoquer la mise en œuvre du complot londonien dont Abou était appelé à devenir un élément clé.

La Syrie avait un problème grandissant avec les factions de l'OLP qu'elle avait prises sous son aile : elles avaient constamment soif d'action. Chef de file mondial du terrorisme d'État, le pays d'Hafez el-Assad était prêt à financer toute opération non susceptible de nuire encore un peu plus à une image déjà écornée. Mais la plupart des projets que soumettaient les groupes de l'OLP aux services de renseignement syriens étaient trop risqués pour être parrainés par leurs hôtes. L'un d'eux consistait par exemple à empoisonner le réseau d'eau potable d'Israël. Un autre visait à expédier une bombe humaine déguisée en Juif orthodoxe au pied du Mur des lamentations. Ces deux actions étaient vouées à susciter de terribles représailles de la part de l'État hébreu.

Vint ensuite un plan audacieux dont le renseignement syrien sentit qu'il pouvait non seulement réussir, mais aussi porter un coup significatif à la suprématie militaire d'Israël. Il fallut d'abord trouver un bateau. Après des semaines de recherches autour de la Méditerranée, un navire marchand panaméen, l'*Atavarius*, fut acheté et acheminé vers le port d'Alger.

Une semaine après sa mise à quai, un commando palestinien arriva de Damas à bord d'un avion militaire syrien. Il transportait dans ses bagages un véritable arsenal : mitrailleuses, roquettes antichar et caisses de Kalachnikov. Le soir même, profitant de l'obscurité, le commando et les armes furent embarqués à bord de l'*Atavarius*.

Au point du jour, le navire leva l'ancre après que son capitaine eut prévenu les autorités portuaires qu'il se rendait en Grèce pour une révision. Les Palestiniens s'étaient cachés dans l'entrepont. Cependant, leur arrivée n'était pas passée tout à fait inaperçue. Un *sayan* du Mossad travaillant à la capitainerie avait prévenu le *katsa* résident à Alger, qui avait immédiatement envoyé un message à Tel-Aviv.

L'arrivée de ce message déclencha une « alerte jaune » aussitôt étendue à la totalité du réseau du Mossad autour de la Méditerranée. Le souvenir était encore frais dans les mémoires de la tentative d'attentat contre Eilat, et il pouvait s'agir cette fois d'une attaque similaire contre Haïfa. Ce port très actif, principal lien commercial d'Israël avec le reste du monde, était une cible naturelle. Deux vedettes furent envoyées vers le large, prêtes à s'opposer à toute tentative de l'*Atavarius* visant à pénétrer dans le port.

En réalité, l'*Atavarius* avait pour destination une plage du littoral nord de Tel-Aviv. Selon un plan qui aurait pu sortir tout droit d'un film hollywoodien, le commando devait prendre place sur des canots pneumatiques et ramer jusqu'au rivage. Ensuite, il se débrouillerait pour se frayer un chemin par les armes jusqu'à Tel-Aviv et son objectif ultime, la Kirya – le QG aux allures de forteresse de Tsahal –, dont la tour était visible des quatre coins de la capitale. La réussite du plan se fondait sur une surprise totale et une détermination aussi farouche que celle des Israéliens.

L'attaque avait été prévue pour le jour anniversaire de l'indépendance d'Israël, alors que la Kirya, d'après les services de renseignement syriens, serait moins étroitement gardée que d'habitude. Les membres du commando n'espéraient pas réchapper vivants de l'aventure, mais ils avaient justement été choisis pour leur mentalité de kamikazes.

En attendant de passer à l'action, ils savouraient tranquillement la brève croisière qui, de Tunisie, les mena en Sicile, leur escale suivante. Personne à bord ne parut prêter attention au chalutier qui, à un moment donné, traversa en tanguant le sillage de l'*Atavarius.* Il était pourtant truffé d'équipements électroniques capables d'intercepter toutes les transmissions passées depuis le navire palestinien. Un bref appel en langue arabe annonça peu après que le navire était dans les temps. Un des deux marins *sayanim* du chalutier communiqua la nouvelle à Tel-Aviv. Pendant les vingt-quatre heures suivantes, l'*Atavarius* fut successivement frôlé par plusieurs autres navires affrétés par le Mossad tandis qu'il croisait au large de la Crète, puis de Chypre.

Un peu plus tard, un bateau de plaisance à moteur cœupa sa trajectoire. Lui aussi était équipé d'appareils de détection, ainsi que d'un puissant appareil photo à téléobjectif camouflé dans le flanc de la cabine de pilotage. Sur le pont, deux jeunes femmes se faisaient dorer au soleil. Cousines du *sayan* propriétaire du yacht, elles devaient servir à détourner l'attention des passagers palestiniens de l'*Atavarius.* Pendant que le yacht dépassait lentement le navire, plusieurs membres du commando se penchèrent par-dessus le bastingage en sifflant et en souriant aux filles. Dans la cabine de pilotage, le *sayan* chypriote photographia à plusieurs reprises les hommes en train de gesticuler. Sa mission terminée, il repartit vers Chypre, développa le film chez lui et expédia les tirages à Tel-Aviv. Les ordinateurs du Mossad identifièrent les visages de trois terroristes arabes connus. De jaune, l'alerte devint rouge.

Le Premier ministre Shimon Peres ordonna le passage à l'offensive. Un plan de raid aérien fut d'abord rejeté : une attaque de ce type risquait d'être mal interprétée par l'Égypte ; même si les relations diplomatiques entre Israël et son voisin avaient résisté à un certain nombre d'accrocs, les récentes activités de Tel-Aviv avaient déjà généré au Caire une tension et des soupçons considérables. Peres se résigna donc à lancer une attaque navale.

Six vedettes de la marine israélienne furent ravitaillées et armées de roquettes. Elles accueillirent à leur bord des hommes des forces spéciales et des agents du Mossad chargés d'interroger les terroristes qui seraient capturés vivants. Il faisait encore nuit lorsque les vedettes levèrent l'ancre vers Haïfa puis mirent le cap vers l'ouest et la haute mer, en file indienne pour réduire les risques de détection par le radar de l'*Atavarius*. Les Israéliens avaient prévu de passer à l'offensive quand le soleil se lèverait derrière eux.

Peu après 6 h 30, ils repérèrent l'*Atavarius*. Les vedettes se déployèrent et prirent le navire marchand en tenaille, lui décochant une pluie de balles et de roquettes. Sur le pont, les Palestiniens ripostèrent. Mais leur armement lourd était resté à fond de cale, et leurs fusils automatiques ne pouvaient pas grand-chose contre la puissance de feu des Israéliens. En quelques minutes, l'*Atavarius* fut la proie des flammes ; son équipage et ses passagers durent abandonner le navire. Certains furent abattus dans l'eau.

En tout, vingt marins et terroristes trouvèrent la mort. Leurs corps furent tous repêchés et les huit survivants faits prisonniers. Avant de rebrousser chemin vers Israël, les vedettes coulèrent l'*Atavarius* à l'aide de roquettes ultrapuissantes.

Les cadavres furent enterrés sans cérémonie dans le désert du Néguev, les prisonniers jugés en secret et condamnés à de longues peines d'emprisonnement. Interrogés, ils désignèrent tous la Syrie comme instigateur de l'opération. Plutôt que de lancer une attaque frontale contre son agresseur, le gouvernement israélien, sur le conseil du Mossad, garda le silence complet sur l'incident. Selon les psychologues du service, la disparition corps et biens du navire et de son équipage deviendrait vite l'objet d'intenses spéculations au sein des divers groupes de l'OLP basés en Syrie. Le Mossad avertit aussi le Premier ministre Shimon Peres qu'il pouvait d'ores et déjà s'attendre à une suite prévisible : dès que les terroristes se seraient remis de leur échec, ils auraient à cœur de se racheter aux yeux de leurs mécènes syriens.

Pendant ce temps, beaucoup de Palestiniens continuaient de fulminer contre Arafat et d'applaudir la guerre menée contre lui par son ancien allié, Abou Nidal. Depuis longtemps surnommé « grand maître de l'inattendu » terroriste, Nidal avait rompu avec Arafat à la suite d'un différend tactique.

Arafat commençait doucement à admettre qu'un mouvement n'ayant que le terrorisme à sa disposition était voué à l'échec : il lui fallait aussi un programme politique et une diplomatie dignes de ce nom. Arafat s'était efforcé de faire passer ce message dans ses récentes déclarations publiques, ce qui lui avait valu des encouragements de Washington. En Israël, les propos d'Arafat étaient toujours considérés *a priori* comme un tissu de mensonges. Pour Abou Nidal, partisan acharné du terrorisme brut, ils ne représentaient rien d'autre qu'une trahison pure et simple.

Depuis des mois, Nidal attendait son heure. Quand il apprit l'échec de l'opération *Atavarius* et la disparition du navire, il décida que le moment était venu de se rappeler au bon souvenir d'Israël. Avec la complicité totale de ses protecteurs syriens, Abou Nidal frappa avec une effroyable efficacité. En décembre 1985, ses tueurs ouvrirent simultanément le feu sur d'infortunés voyageurs des aéroports de Rome et de Vienne. En quelques secondes, dix-neuf passagers, dont cinq Américains, tombèrent au pied des comptoirs d'enregistrement d'El Al. Comment ces terroristes avaient-ils échappé à la vigilance de la police italienne pour atteindre leur cible ? Et que faisaient les agents de sécurité d'El Al ?

Pendant que d'autres recherchaient les réponses à ces graves questions, les stratèges du Mossad s'intéressèrent à d'autres aspects du problème. Bien que s'étant ralliée au concert unanime de condamnation des attentats, la Grande-Bretagne entretenait toujours des relations diplomatiques en bonne et due forme avec la Syrie – alors même que le Mossad avait fourni au MI-5 des preuves amplement suffisantes du rôle de Damas en matière de terrorisme d'État. Les Israéliens n'estimaient pas suffisant que le Premier ministre, Margaret Thatcher, ait dénoncé le terrorisme arabe devant le Parlement de son pays à contrecœur. Selon eux, des gestes s'imposaient de la part des Britanniques. Cependant, le MI-5 eut beau jeu de rappeler au Mossad qu'Israël avait plus d'une fois accepté de négocier avec ses pires ennemis. L'État juif n'avait-il pas pris la décision de libérer plus de mille détenus palestiniens (parmi lesquels un certain nombre de terroristes condamnés) quelques mois seulement avant les massacres de Rome et de Vienne, en échange de la libération de trois soldats israéliens détenus au Liban ?

Malgré tout, le Mossad était déterminé à frapper un grand coup pour contraindre la Grande-Bretagne à rompre ses liens diplomatiques avec Damas et à fermer l'ambassade syrienne à Londres – que les Israéliens considéraient depuis longtemps comme une plaque tournante du terrorisme arabe en Europe. Et pour ce faire, l'Institut décida de faire appel à Abou, le cousin de Nezar Hindaoui.

Après son dîner avec Tov Lévy, Abou alla trouver Hindaoui et s'excusa de l'indifférence qu'il avait récemment manifestée face à l'état d'Ann-Marie. Bien sûr, il allait aider le couple, mais pour cela, il avait d'abord besoin de certaines assurances. Allait-elle garder le bébé ? Insistait-elle toujours pour qu'il l'épouse ? Nezar était-il sûr de ses sentiments pour cette jeune femme ? Ils étaient issus d'horizons très différents, et la plupart des mariages mixtes se soldaient par un échec, c'était bien connu.

Hindaoui répondit que s'il avait jamais aimé Ann-Marie au début de leur liaison, tel n'était plus le cas. Désormais querelleuse, geignarde, elle passait son temps à lui demander ce qu'ils allaient devenir. Il n'avait aucune intention de l'épouser.

Abou remit 10 000 dollars à son cousin – largement de quoi lui permettre de se débarrasser d'Ann-Marie et de relancer sa vie de célibataire londonien. Cet argent provenait en réalité du Mossad. En échange, ajouta-t-il, Hindaoui allait devoir l'aider à défendre une cause en laquelle ils croyaient tous deux : la lutte clandestine contre Israël.

Le soir du 12 avril 1986, Hindaoui rendit visite à Ann-Marie dans sa pension du quartier de Kilburn. Il lui apporta des fleurs et une bouteille de champagne achetées avec l'argent d'Abou. Il lui déclara qu'il l'aimait et qu'il voulait garder leur enfant. La nouvelle tira des larmes de joie à la jeune femme.

Hindaoui expliqua ensuite qu'il y avait un dernier petit obstacle à franchir. Ann-Marie devait recevoir la bénédiction de ses futurs beaux-parents afin qu'ils puissent se marier. C'était une tradition arabe à laquelle aucun fils digne de ce nom n'avait le droit de se dérober. Il était donc nécessaire qu'elle se rende dans le village arabe d'Israël où vivaient les siens. Selon le tableau qu'il lui en dépeignit, leur vie quotidienne avait très peu changé depuis le passage du Christ sur terre. Ann-Marie était une fille naïve, élevée chez les nonnes, et la messe avait toujours représenté quelque chose d'important pour elle ; elle crut voir dans ces images d'Epinal l'ultime confirmation de ce qu'elle faisait le bon choix en épousant le père de son enfant. Nezar avait beau ne pas être chrétien, sa famille vivait dans le pays de Dieu. Cependant, tout n'était pas réglé. Elle ne pouvait pas quitter ainsi son travail. D'ailleurs, où trouverait-elle l'argent nécessaire au voyage ? Sans compter que pour une occasion aussi importante elle allait avoir besoin de vêtements neufs. Hindaoui apaisa ses inquiétudes en sortant de sa poche une liasse de billets de banque. Il y avait là plus qu'il ne lui en fallait pour s'offrir une nouvelle garde-robe, dit-il. Et d'une autre poche, il extirpa un billet d'El Al avec départ le 17 avril – soit cinq jours plus tard. Il l'avait acheté l'après-midi même.

Ann-Marie éclata de rire.

– Tu étais donc sûr que j'accepterais ?

– Aussi sûr que je le suis de mon amour pour toi.

Il lui promit de l'épouser dès son retour à Londres. Les jours suivants se passèrent dans un tourbillon de bonheur pour la femme de chambre. Elle démissionna et se rendit à l'ambassade d'Irlande afin d'obtenir un passeport. Elle acheta plusieurs robes de grossesse. Chaque soir, Hindaoui lui faisait l'amour. Chaque matin, tout en savourant avec lui un long petit déjeuner, elle planifiait leur avenir. Ils vivraient en Irlande, dans une petite maison au bord de la mer. Leur bébé serait baptisé Sean si c'était un garçon, Sinead si c'était une fille.

Le jour du départ d'Ann-Marie, Hindaoui lui dit qu'un « ami » travaillant au service d'entretien de l'aéroport l'avait supplié de confier à sa fiancée un « cadeau » à remettre à ses parents.

Selon Ari Ben Menashe, qui prétendit ultérieurement qu'il était fort bien informé des détails du complot :

« Pour lui éviter d'être ennuyée à l'enregistrement à cause de ce bagage à main supplémentaire, Hindaoui a ajouté qu'il s'était arrangé pour que son "ami" remette son paquet à Ann-Marie dans la salle d'embarquement d'El Al. »

La candeur d'Ann-Marie à propos de cet étrange « cadeau » s'explique aisément par la confiance aveugle qu'elle vouait à son amant. Le Mossad avait trouvé le pigeon idéal.

Dans le taxi qui les conduisait à l'aéroport, Hindaoui se montra très amoureux et plein d'attentions pour sa fiancée enceinte. Il lui rappela de ne surtout pas oublier ses exercices de respiration pendant le vol. Elle devrait aussi penser à boire beaucoup d'eau et à s'asseoir côté couloir pour éviter les crampes dont elle se plaignait de plus en plus fréquemment.

Ann-Marie le rabroua tendrement :

– Au nom du ciel ! À t'entendre, on croirait que je pars sur la Lune !

Elle s'attarda aussi longtemps que possible devant le portique d'embarquement, rechignant à quitter son amant, lui promettant de téléphoner dès son arrivée à Tel-Aviv et jurant qu'elle aimerait ses parents comme les siens. Hindaoui l'embrassa une dernière fois avant de la pousser doucement vers la queue qui progressait vers le comptoir de contrôle des passeports.

Après l'avoir suivie des yeux jusqu'à ce qu'elle ait disparu, Hindaoui continua à exécuter à la lettre les instructions d'Abou et prit un car de la Syrian Arab Airlines pour regagner Londres. Entre-temps, Ann-Marie avait franchi les divers contrôles de police. Elle se dirigea vers le périmètre de sécurité réservé au vol d'El Al. Des agents formés par le Shin Beth la questionnèrent tout en fouillant son bagage à main. On lui assigna un numéro de siège, et elle rejoignit les 355 autres passagers du vol dans la salle d'embarquement.

Toujours selon Ari Ben Menashe, un homme vêtu de la salopette bleue de l'équipe de nettoyage de l'aéroport lui confia alors le « cadeau » à remettre à ses futurs beaux-parents. Sur ce, il s'éclipsa aussi vite qu'il avait surgi. Ainsi que devait l'écrire l'ancien agent du Mossad :

« Quelques secondes plus tard, un agent de sécurité pria Ann-Marie de se soumettre à une nouvelle fouille. Le personnel d'El Al eut tôt fait de découvrir une certaine quantité d'explosifs dans le double fond de son deuxième bagage à main. »

En l'occurrence, plus d'un kilo et demi de Semtex. Ann-Marie raconta en sanglotant son histoire aux agents du MI-5 et de la branche spéciale de Scotland Yard. C'était celle d'une pauvre ingénue, non seulement malheureuse en amour, mais aussi impitoyablement sacrifiée par son amant. Dès qu'ils eurent compris qu'Ann-Marie avait été bernée et qu'elle n'était qu'une innocente victime, les agents britanniques s'appliquèrent à établir le lien entre Hindaoui et la Syrie.

Au moment où le car de la compagnie syrienne entrait dans Londres, Hindaoui demanda au chauffeur de faire un crochet par l'ambassade syrienne. Face aux protestations de celui-ci, il rétorqua qu'il avait « autorité » pour l'exiger. À l'ambassade, il demanda l'asile politique à un officier consulaire. Il lui raconta qu'il craignait que la police britannique ne cherche à l'arrêter parce qu'il venait de tenter de faire sauter un avion d'El Al au nom de la « cause ». L'officier stupéfait le confia à deux agents de la sécurité. Après l'avoir interrogé, ceux-ci le prièrent de rester caché dans un appartement destiné au personnel diplomatique. Peut-être redoutaient-ils une sorte de piège destiné à mettre la Syrie dans l'embarras. Dans ce cas, leurs craintes ne purent qu'être amplifiées par le départ soudain de Hindaoui, qui quitta l'appartement peu après, décidé à se mettre à la recherche d'Abou. Incapable de retrouver son cousin, il prit une chambre au London Visitor's Hotel de Notting Hill, où il fut arrêté.

La BBC annonça très vite la façon dont la police avait éventé la tentative d'attentat, avec un luxe de détails étrangement précis, mentionnant notamment que le Semtex de fabrication tchèque retrouvé dans le double fond du sac d'Ann-Marie était réglé pour exploser à trente-neuf mille pieds d'altitude.

Pour Ben Menashe, la conclusion fut satisfaisante :

« Margaret Thatcher ferma l'ambassade syrienne. Hindaoui fut condamné à quarante-cinq ans d'emprisonnement. Ann-Marie rentra en Irlande, où elle donna naissance à une fille. »

Sa mission accomplie, Abou repartit en Israël.

Robert Maxwell sonna l'hallali en lâchant sur Hindaoui les chiens du *Daily Mirror* après son procès : « Cette crapule n'a eu que ce qu'elle méritait », écrivit un éditorialiste. « Ambassadeurs de la mort », accusait un gros titre le jour de l'expulsion des diplomates syriens. « Les Syriens dehors ! » reprenait en écho un article. Ari Ben Menashe fut le premier à clamer que le Mossad avait orchestré « une manœuvre brillante, qui avait précipité d'un seul coup la Syrie dans l'enfer diplomatique ».

Mais derrière ce beau consensus, certaines questions troublantes restaient sans réponse. Ann-Marie Murphy s'était-elle vu remettre une véritable bombe ? L'homme en salopette bleue – le prétendu « ami » de Hindaoui – ne pouvait-il pas être lui-même un agent de la sécurité d'El Al ? Dans quelle mesure le MI-5 avait-il eu vent du complot au préalable ? Et dans ce cas, n'était-il pas scandaleux que le Mossad et les services secrets britanniques aient pris le risque de laisser quelqu'un introduire du Semtex dans une salle d'embarquement de Heathrow ? L'explosion d'une telle charge aurait sans doute détruit une partie considérable de l'aéroport le plus fréquenté du monde, et ce à une heure où des milliers de voyageurs se trouvaient à proximité. Si la manœuvre était jugée si « brillante », n'était-ce pas parce que le Mossad avait obtenu la mise au ban diplomatique de la Syrie sans le moindre risque pour Heathrow – en utilisant par exemple une inoffensive pâte à modeler ressemblant au Semtex ? À cette cascade de questions, le Premier ministre Shimon Peres devait se contenter d'apporter une réponse unique :

« Ceux qui ont vraiment besoin de savoir savent généralement ce qui s'est passé, et il vaut mieux que les autres continuent d'ignorer les faits. »

Depuis son incarcération à la prison de haute sécurité de Whitmoor, Hindaoui n'a jamais cessé d'affirmer qu'il a été victime d'une opération de manipulation typique du Mossad. Ses cheveux ont blanchi, sa silhouette s'est empâtée, et il se dit presque sûr de finir ses jours en prison. Il ne cite jamais Ann-Marie par son nom. Aujourd'hui encore, elle vit à Dublin et élève sa fille qui, elle en remercie le ciel, ne ressemble pas à son ancien amant. Elle ne parle jamais de Hindaoui.

Cette histoire devait encore s'enrichir d'un curieux postscriptum. Deux semaines après la condamnation de Hindaoui, Arnaud de Borchgrave, plume respectée du *Washington Times*, posa son magnétophone sur le bureau du Premier ministre français, Jacques Chirac. Borchgrave se trouvait en Europe pour couvrir une réunion des ministres des Affaires étrangères de la Communauté européenne à Londres, et l'interview de Chirac avait pour but de lui donner une vue d'ensemble de la position française. Elle s'était déroulée de façon tout à fait prévisible : Chirac lui avait clairement laissé entendre que la France et l'Allemagne s'étaient fait quelque peu forcer la main pour participer à cette démonstration de soutien au gouvernement britannique, lequel se révélait de plus en plus intransigeant en matière de politique économique commune. Borchgrave souleva alors un autre aspect des relations internationales de l'Hexagone : les négociations du gouvernement Chirac avec la Syrie pour mettre un terme à l'avalanche d'attentats qui venaient de secouer Paris. En outre, il voulait obtenir des détails sur les efforts de la France pour libérer les huit otages que le Hezbollah maintenait toujours prisonniers au Liban. Le Premier ministre marqua une brève pause et continua de regarder droit devant lui, comme s'il avait oublié la présence du magnétophone. Puis il déclara que le chancelier allemand Helmut Kohl et son ministre des Affaires étrangères Hans-Dietrich Genscher lui avaient tous deux confié que le gouvernement syrien n'avait rien à voir avec la tentative d'attentat contre El Al pour laquelle Hindaoui avait été condamné ; il ajouta que le complot avait été « organisé par le Mossad, le service d'espionnage israélien ».

La tempête diplomatique qui résulta de cette déclaration faillit anéantir l'avenir politique de Chirac. Le Premier ministre se trouva critiqué simultanément par son président, François Mitterrand, et par Helmut Kohl, qui sauta sur son téléphone pour exiger une rétractation immédiate. Chirac s'en tira comme font souvent les politiciens en disant que ses propos avaient été déformés. À Londres, Scotland Yard répéta que la justice avait tranché et qu'il n'y avait donc rien à ajouter. À Paris, le cabinet de Jacques Chirac précisa ensuite que le Premier ministre n'avait pas de souvenir précis de l'interview accordée au *Washington Times.*

Cependant, un nouveau scandale n'allait pas tarder à ternir un peu plus la réputation du Mossad.

XV

Un dessin de trop

Le processus d'éviction de Nahum Admoni commença par un après-midi du mois de juillet 1986, à la suite d'un épisode, apparemment anodin, survenu dans une de ces rues de Bonn nées de l'explosion immobilière consécutive à la Seconde Guerre mondiale. Quarante ans plus tard, cette rue avait l'aspect d'une artère cossue et respectable, bordée de jardinets bien entretenus. Les hauts portails de fer forgé étaient munis de systèmes d'alarme, et les rez-de-chaussée arboraient des fenêtres à meneaux aux vitres opaques.

Aucun habitant ne fut capable de dire qui avait laissé le sac en plastique dans la cabine téléphonique qui se dressait sur l'un des trottoirs. Une voiture de police, l'ayant repéré, s'arrêta pour y jeter un coup d'œil. Le sac contenait huit passeports britanniques, tous vierges et émis de fraîche date. Au bureau local du Bundeskriminal Amt (le BKA, équivalent ouest-allemand du FBI), on pensa aussitôt que ces passeports étaient destinés à l'un des groupes terroristes agissant en Europe depuis quelques années et qui s'étaient distingués par une série d'attentats et d'enlèvements ultraviolents.

Censées représenter des causes et des minorités venues des quatre coins du monde, ces organisations étaient déterminées à réorienter par la force les priorités de la politique étrangère mondiale. Elles avaient trouvé un soutien enthousiaste dans les mouvements étudiants qui fleurissaient un peu partout en Grande-Bretagne et sur le continent. Depuis 1968 et l'action spectaculaire de Leila Khaled, la jeune activiste palestinienne qui avait détourné un avion à destination de Londres avant d'être bien vite relâchée par les autorités britanniques par crainte d'attaques similaires, des étudiants naïfs n'avaient cessé de reprendre en chœur les beaux slogans d'agit-prop de l'OLP. Ces jeunes radicaux des classes moyennes s'étaient forgé des terroristes de l'OLP une vision romantique de « combattants de la liberté » qui prenaient la vie des bourgeois plutôt que de la drogue, et organisaient des prises d'otages plutôt que des meetings.

Le BKA supposa d'emblée que les huit passeports avaient été laissés là par un de ces sympathisants agissant pour le compte d'un groupe terroriste quelconque. La liste de ceux-ci était impressionnante : elle allait de l'IRA à la FAR (Fraction Armée rouge) allemande, en passant par le FINS (le Front islamique national soudanais), l'ELN colombien, le MDRA angolais, ou encore le LTTE, l'organisation des Tigres tamouls. Tous ces groupes et bien d'autres encore disposaient de cellules ou de contacts en République fédérale. L'une de ces cellules pouvait avoir eu l'intention d'utiliser ces passeports pour attaquer une base militaire britannique en Allemagne ou pour se rendre en Grande-Bretagne dans le but d'y préparer un attentat.

Malgré son ancien statut de première puissance impérialiste d'Europe, la Grande-Bretagne, dans un premier temps, n'avait guère eu à affronter en matière de terrorisme permanent que celui de l'IRA. Mais elle savait par ses services de renseignement que ce n'était qu'une question de temps avant que divers groupuscules étrangers, autorisés à manœuvrer contre leurs propres pays depuis Londres, n'entraînent la Grande-Bretagne dans leurs tortueuses machinations. Elle en avait d'ailleurs connu un avant-goût en 1980, quand un groupe d'opposants au régime de Téhéran avait pris le contrôle de l'ambassade iranienne. Après l'échec des négociations, le gouvernement Thatcher avait confié l'affaire au SAS, qui avait abattu les terroristes. Cette opération surmédiatisée avait provoqué un brusque déclin des activités terroristes proche-orientales menées depuis Londres. Paris était alors devenu un champ de bataille où s'affrontaient un certain nombre d'organisations, notamment l'OLP de Yasser Arafat et l'internationale terroriste d'Abou Nidal. Le Mossad avait lui aussi assassiné son lot d'ennemis dans les rues de la capitale française.

Le BKA estima que les huit passeports retrouvés dans la cabine téléphonique de Bonn laissaient présager un nouveau bain de sang. Le dossier fut confié au Bundes Nachrichten Dienst (BND), l'équivalent allemand de la CIA, qui informa l'agent de liaison du MI-6 attaché au QG du BND de Pullach, dans le sud de l'Allemagne. À Londres, les services britanniques parvinrent à la conclusion que ces passeports étaient des faux très bien imités. Ce simple constat suffit à éliminer de la liste des suspects l'IRA et la plupart des groupes terroristes européens : ils ne disposaient pas des moyens techniques et matériels pour fabriquer des copies d'une telle qualité. Les soupçons se portèrent alors sur le KGB, dont les faussaires comptaient parmi les plus habiles du monde. Mais les Soviétiques détenaient déjà des caisses entières de passeports vierges – et se servir d'une cabine téléphonique comme lieu de remise ne faisait certainement pas partie de leurs habitudes. Le BOSS sud-africain fut lui aussi rapidement disculpé : il avait pratiquement cessé d'opérer en Europe, et de faux passeports britanniques n'avaient rien d'indispensable dans les pays africains aux frontières plus que perméables où il concentrait à présent ses activités. Le MI-6 en vint donc vite à s'intéresser au seul autre service de renseignement capable de produire ces passeports et d'en faire un usage plausible : le Mossad.

Arieh Regev, attaché de l'ambassade israélienne à Londres et *katsa* résident, fut convoqué chez un haut responsable du MI-6 pour discuter de l'affaire. Regev déclara qu'il ne savait rien, mais qu'il allait en référer à Tel-Aviv. La réponse de Nahum Admoni ne tarda pas : ces passeports n'avaient rien à avoir avec le Mossad. Le *memuneh* suggéra aux enquêteurs de regarder du côté des Allemands de l'Est : le Mossad avait récemment appris que la Stasi, la police secrète de la RDA, ne rechignait pas à vendre des faux passeports – contre espèces sonnantes et trébuchantes – aux Juifs désireux d'émigrer en Israël. Or Admoni savait pertinemment que les passeports étaient l'œuvre des faussaires du Mossad – et qu'ils devaient être remis à des *katsas* opérant sous couverture en Europe afin de leur permettre d'aller et venir plus facilement en Grande-Bretagne.

En dépit d'une « entente » que Rafi Eitan avait contribué à sceller – et aux termes de laquelle le Mossad s'engageait à tenir le MI-5 informé de toutes ses opérations en Grande-Bretagne –, le service israélien avait clandestinement introduit un espion en Angleterre dans l'espoir d'atteindre un double objectif : éliminer le commandant de la Force 17 – l'unité d'élite des forces spéciales de l'OLP – et imposer un coup d'arrêt aux efforts déployés par Yasser Arafat pour établir des liens avec le gouvernement Thatcher.

À Londres, en effet, le nom d'Arafat n'était plus synonyme de terrorisme. La Dame de fer s'était peu à peu laissé convaincre que l'homme était capable de contribuer à l'instauration d'une paix juste et durable au Proche-Orient, qui reconnaîtrait à la fois le droit légitime à la terre du peuple palestinien et le droit à la sécurité d'Israël. Les dirigeants juifs étaient nettement plus sceptiques. Selon eux, l'OLP ne s'était hissé au stade où il était arrivé que grâce au terrorisme, et l'organisation continuerait par conséquent à brandir la menace de nouvelles actions violentes si toutes ses exigences n'étaient pas remplies. Mais, une fois de plus, Londres resta de marbre face aux protestations de Tel-Aviv. Le Mossad persistait à considérer la Grande-Bretagne comme un pays qui, malgré son intervention efficace dans la crise de l'ambassade iranienne, était un peu trop enclin à soutenir la cause palestinienne. Certains de ses membres s'inquiétaient aussi de la façon dont l'OLP avait peu à peu réussi à arrondir les angles avec la CIA.

Les premiers contacts entre les États-Unis et l'OLP ont été précisément datés par l'ancien secrétaire d'État Henry Kissinger. Celui-ci a en effet révélé dans un de ses livres de mémoires, *Years of Upheaval*, que six semaines après l'assassinat à Khartoum de l'ambassadeur américain au Soudan par des hommes de Septembre noir, une réunion secrète avait eu lieu le 3 novembre 1973 entre Vernon Walters, le vice-directeur de la CIA, et Yasser Arafat. Elle avait débouché sur un « pacte de non-agression » entre les États-Unis et l'OLP. Ainsi que l'écrivit Kissinger :

« Les attaques contre les Américains cessèrent abruptement – du moins celles qui provenaient du courant pro-Arafat de l'OLP. »

En apprenant l'existence de ce pacte, Yitzhak Hofi s'indigna : dans la longue histoire du cynisme politique, on aurait difficilement pu trouver exemple plus écœurant. Ayant décroché le téléphone rouge qui le reliait au patron de la CIA, Hofi tenta de faire casser l'accord par Walters. Le vice-directeur de la CIA répondit que ce n'était pas possible, et il prévint son vis-à-vis que Washington verrait comme un « acte inamical » la divulgation publique de cet accord. Il tenait à faire comprendre au LAP qu'il avait intérêt à s'abstenir de mettre ses amis journalistes au parfum.

La colère de Hofi se mua en rage quand il découvrit l'identité de celui qu'Arafat avait désigné pour assurer le suivi de l'accord CIA-OLP : ni plus ni moins qu'Ali Hassan Salameh, dit le Prince rouge, chef du groupe Septembre noir et planificateur du massacre à Munich des athlètes israéliens, puis de l'assassinat de l'ambassadeur américain à Khartoum. La vie d'Ali Hassan Salameh devait finalement s'achever en feu d'artifice, dans une formidable explosion concoctée par Rafi Eitan. Mais ce bouquet final était pour plus tard. En 1973, Salameh était un membre respecté de l'OLP, et Arafat n'hésita pas une seconde à le charger d'opérer en liaison avec la CIA. Ce qui choqua par-dessus tous les officiers du Mossad, ce fut que la CIA ait accepté de considérer le Prince rouge comme un interlocuteur digne de ce nom un an à peine après la tuerie de Munich et le meurtre de son ambassadeur à Khartoum.

Salameh ne tarda pas à devenir un habitué du siège de la CIA, à Langley. Généralement accompagné de Vernon Walters, le Prince rouge traversait à grands pas les dalles de marbre du majestueux hall d'entrée, passait devant la rangée de gardes et montait en ascenseur jusqu'au septième étage, où était installé le vaste bureau de Walters. Les deux hommes interrompaient leurs discussions pour rejoindre d'autres hauts responsables de la CIA dans une salle à manger privée, Walters ne manquant jamais de payer le repas du Prince rouge : personne ne déjeunait gratis à Langley.

La teneur des conversations de Salameh avec la CIA est à ce jour un secret bien gardé. Mais Bill Buckley, qui plus tard allait périr aux mains de terroristes à Beyrouth, où il était devenu chef d'antenne de l'Agence, devait déclarer à ce sujet :

« Salameh a joué un grand rôle pour rallier les cœurs et les cerveaux américains à la cause de l'OLP. Il était charismatique, persuasif, il savait quand il fallait parler et quand il valait mieux écouter. Sur le strict plan du renseignement, c'était un super-informateur. »

Salameh devait fournir un premier exemple de ses talents en la matière en avertissant la CIA d'un complot fomenté par l'Iran pour abattre l'avion de Kissinger la prochaine fois que celui-ci tenterait de se poser à Beyrouth. Ensuite, il servit d'intermédiaire à la préparation d'un accord au terme duquel l'OLP escorta 263 ressortissants occidentaux jusqu'à Beyrouth-Ouest afin de les mettre en sécurité au plus fort de la guerre civile. Peu après, le Prince rouge prévint la CIA d'une tentative d'assassinat imminente contre la personne de l'ambassadeur américain au Liban. Lors d'une nouvelle réunion, Salameh rédigea et signa une « garantie de non-assassinat » concernant tous les diplomates américains en poste au Liban. À Beyrouth, une boutade se mit à circuler dans la foulée : « Ça vaut le coup d'habiter dans le même immeuble que les diplomates américains : la sécurité de l'OLP est vraiment du tonnerre. »

Yitzhak Hofi, patron du Mossad, exigea que la CIA rompe tous ses liens avec le Prince rouge. Sa requête fut ignorée. Autour du QG de Langley, Salameh était de plus en plus considéré comme un « méchant devenu gentil ». Il continuait à fournir des renseignements opérationnels permettant à la CIA de se maintenir très au fait de tout ce qui se passait au Proche-Orient ; il était même devenu l'atout maître de l'Agence dans la région. Quand il fut assassiné, la CIA n'apprécia pas, et ses relations avec le Mossad s'en trouvèrent refroidies pendant un bon moment.

Un ambassadeur américain au Liban, Hermann Eilts, déclara même après la mort de Salameh :

« Je sais qu'en plus d'une occasion, et à l'écart de toute publicité, il nous a été extraordinairement utile, allant jusqu'à contribuer activement à la sécurité de citoyens et d'officiels américains. Je considère son assassinat comme une perte. »

Et voilà que, six ans plus tard, l'OLP semblait sur le point de réussir à taper dans l'œil du gouvernement de Margaret Thatcher – pendant que sa Force 17, sous les ordres de son nouveau patron, continuait de massacrer des Israéliens. Nahum Admoni se promit de réussir là où ses prédécesseurs avaient échoué : il allait mettre un terme aux bonnes relations de l'OLP avec la Grande-Bretagne et se débarrasser parallèlement du chef de la Force 17. Le succès de l'opération devait reposer en grande partie sur les épaules d'un jeune Arabe qui, enfant, avait souvent prié dans la mosquée de son village pour qu'Allah lui donne la force d'anéantir autant de Juifs que possible.

Le potentiel d'Ismaïl Sowan avait été repéré dix ans plus tôt. En 1977, alors qu'il n'était qu'un adolescent et qu'il vivait dans un petit village de Cisjordanie, un officier du renseignement militaire israélien l'avait interrogé dans le cadre des entretiens de routine organisés par Tsahal.

La famille Sowan s'était établie sur place dans les années 1930, à une époque où la haine du mandat britannique et des Juifs grondait dans tous les cœurs arabes. La violence était omniprésente ; les massacres appelaient les massacres. Le père d'Ismaïl, inscrit au Parti de la Palestine arabe, avait organisé des manifestations et attisé le nationalisme au sein de sa communauté. Dans un premier temps, sa furie s'était exercée contre les Britanniques. Mais lorsque ceux-ci s'étaient retirés du pays, en 1948, le nouvel État hébreu s'était naturellement imposé comme cible prioritaire. Les premiers mots qu'avait appris Ismaïl lui avaient permis de chanter sa haine des Juifs.

Tout au long de son enfance, le mot « injustice » avait tinté à ses oreilles. On lui en avait bourré le crâne à l'école et il revenait dans toutes les conversations autour de la table de la salle à manger familiale : il n'était jamais question que de la terrible injustice infligée à son peuple, à sa famille et à sa personne.

Mais, peu après son quinzième anniversaire, il fut témoin d'une attaque particulièrement atroce commise contre un autocar plein de pèlerins juifs en route vers Jérusalem. Des femmes et des enfants furent massacrés sous ses yeux par des Arabes. Cette nuit-là, Ismaïl se posa une question qui allait bouleverser à jamais sa vision du monde : et si les Juifs avaient eux aussi le droit de lutter pour leur terre ? Tout le reste en avait découlé : sa distanciation croissante par rapport à la violence de ses camarades, sa conviction que les Juifs et les Arabes *pouvaient* – et *devaient* – vivre ensemble. Peu à peu, la conviction mûrit en lui qu'il devait faire tout ce qui serait en son pouvoir pour y contribuer.

Deux ans plus tard, à dix-sept ans tout juste, il s'était ouvert à l'officier de Tsahal de ses sentiments profonds. L'officier avait commencé par l'écouter, puis l'avait questionné avec insistance. Comment pouvait-il tourner le dos à la croyance unanime de son peuple selon laquelle les Arabes avaient été spoliés de leur terre et devaient se battre jusqu'à leur dernier souffle pour la récupérer ? Ismaïl répondit de façon très détaillée aux questions de l'officier.

Celui-ci remarqua qu'à la différence de la plupart des autres adolescents arabes d'Israël, Sowan ne voyait pas d'un très mauvais œil les strictes mesures de sécurité imposées par l'armée. Ce jeune homme mince, au sourire engageant, semblait même comprendre les raisons pour lesquelles les Israéliens agissaient de la sorte. En fait, une seule chose semblait le préoccuper vraiment : le verrouillage de Tsahal l'empêchait de se rendre à Jérusalem-Est pour y suivre des études scientifiques.

Le dossier de Sowan, dûment étiqueté comme méritant un examen approfondi, fit lentement son chemin dans les méandres de la bureaucratie militaire avant d'atterrir sur le bureau d'un officier du Mossad. Celui-ci y jeta un coup d'œil et le transmit à son service de recrutement.

Ismaïl Sowan fut invité à Tel-Aviv, officiellement pour discuter de son avenir puisqu'il avait récemment postulé à l'université de Jérusalem. Sowan fut interrogé pendant un après-midi entier. Son interlocuteur commença par sonder ses connaissances scientifiques ; les réponses d'Ismaïl le satisfirent. Ensuite, l'histoire familiale des Sowan fut décortiquée, et les réponses d'Ismaïl, là encore, confirmèrent ce qu'il avait confié précédemment à l'officier du renseignement militaire. Pour finir, on lui fit une proposition. Le Mossad était disposé à financer ses études à condition qu'il suive une formation spécifique à l'école du service. Il était important que Sowan comprenne que ses jours seraient en danger s'il touchait un mot de cet arrangement à quiconque.

Le même avertissement était adressé à toutes les recrues arabes du Mossad. Mais pour un idéaliste comme Ismaïl Sowan, il s'agissait d'une chance inespérée de réconcilier les Juifs et les Arabes.

Il fut soumis à une batterie de nouveaux interrogatoires dans diverses planques du Mossad avant d'être envoyé au centre de formation, situé à la périphérie de Tel-Aviv. Il se révéla excellent dans un certain nombre de matières – l'informatique, par exemple – et fit preuve de qualités naturelles pour se débarrasser d'un suiveur. Comme il fallait s'y attendre, il obtint de bonnes notes dans toutes les matières ayant trait à l'Islam, et son commentaire sur le rôle de l'OLP dans le conflit du Proche-Orient fut jugé assez intéressant pour être montré au patron du Mossad, Yitzhak Hofi.

Suite à sa formation, Sowan devint *bodel*, c'est-à-dire courrier entre le QG et les ambassades d'Israël où des *katsas* opéraient sous couverture. Il commença ainsi à circuler autour de la Méditerranée, visitant fréquemment Athènes, Madrid et Rome, où on le chargeait de livrer des documents confidentiels sous bordereau diplomatique. De temps à autre, il poussait jusqu'à Paris, Bonn ou Londres. Il était payé 500 dollars par mois pour courir le monde, ce qui ne laissait pas d'être exaltant pour un garçon à peine sorti de l'adolescence.

Ce que Sowan ignorait, c'était que les documents qu'il transportait n'avaient aucune valeur. Il s'agissait d'une simple mise à l'épreuve – une de plus. À chaque nouveau voyage, Sowan était suivi comme son ombre par un agent israélien fraîchement émoulu du centre du Mossad, qui de son côté devait faire la preuve de ses talents en matière de surveillance. La personne à qui Ismaïl remettait ses enveloppes à l'occasion d'un rendez-vous fixé par avance dans un café ou un salon d'hôtel n'était pas un diplomate israélien, comme il le croyait, mais un autre agent du service.

Après avoir ainsi passé quelques semaines à meubler son temps libre en visitant le Panthéon, la chapelle Sixtine ou Oxford Street, il reçut l'ordre de se rendre à Beyrouth et d'infiltrer l'OLP.

S'engager fut chose facile. Il n'eut qu'à pousser la porte d'un bureau de recrutement de l'organisation à Beyrouth-Ouest. Le recruteur était intelligent et extrêmement bien informé sur le plan politique. Il passa beaucoup de temps à explorer la soif de violence d'Ismaïl et à voir s'il serait prêt à renoncer à tous ses repères antérieurs – famille et amis – pour devenir dépendant de l'OLP sur le plan affectif. On lui expliqua que, s'il s'engageait, sa vie serait transformée : l'organisation deviendrait son seul rempart face à un monde hostile. En échange, l'OLP serait en droit d'exiger de lui une loyauté et une obéissance sans faille.

Son instructeur du Mossad avait préparé Sowan à donner les réponses adéquates, et on l'envoya vite dans un camp en Libye. Là, son endoctrinement se poursuivit. On lui expliqua d'une dizaine de façons différentes qu'Israël avait pour objectif ultime la liquidation de l'OLP et devait donc être détruit en premier. Ses instructeurs affichaient une hostilité totale envers tout ce qui était extérieur à l'OLP. Sowan n'oublia pas les leçons apprises au Mossad : il avait passé de nombreuses heures à étudier la dynamique des groupes terroristes, leurs comportements et leurs tactiques favorites. En Libye, il eut droit à d'habiles discours destinés à le convaincre qu'un meurtre pouvait être un moyen d'échapper à l'oppression ; qu'une voiture piégée représentait un pas de plus vers la liberté de son peuple ; et qu'un kidnapping était somme toute une façon de rendre la justice. Ismaïl exploita au mieux les qualités développées par le Mossad. Il ingurgita le bourrage de crâne de l'OLP sans jamais se laisser ébranler dans son intime conviction. Il montra aussi une ténacité, des ressources et une endurance physique qui lui valurent d'être distingué par ses instructeurs palestiniens. À son départ du camp d'entraînement, on lui offrit une place au centre opérationnel de l'OLP. Degré par degré, il entreprit de gravir l'échelle hiérarchique.

Il en vint à rencontrer les chefs de l'organisation, y compris Yasser Arafat. Il visita les camps de l'OLP d'un bout à l'autre du Moyen-Orient. De retour à Beyrouth, il apprit à survivre sous les bombardements israéliens, en évitant au maximum de se réfugier en sous-sol à cause des risques d'effondrement. Il réussit également l'exploit de ne jamais manquer un rendez-vous avec son agent traitant du Mossad, qui se glissait régulièrement au Liban pour récolter une nouvelle moisson de renseignements.

Personne ne s'aperçut de son double jeu. Quand Ali Hassan Salameh fut tué, Ismaïl Sowan entonna avec tous les autres des chants de haine anti-israéliens. Chaque fois qu'un tireur embusqué de l'OLP abattait un soldat juif, il célébrait l'événement avec exubérance. Dans tous ses actes et dans toutes ses paroles, il apparaissait comme un militant extrêmement motivé.

En 1984, Arafat ayant été évacué du Liban et s'étant replié à Tunis, l'OLP envoya Sowan à Paris pour apprendre le français. Nahum Admoni, qui entre-temps avait remplacé Hofi à la tête du Mossad, vit dans cette mutation une occasion en or de placer une taupe au cœur du réseau naissant de l'OLP en Europe.

Les ghettos arabes des 18e et 20e arrondissements de Paris étaient devenus des refuges de choix pour les terroristes. Dans ces labyrinthes de ruelles où beaucoup de gens vivaient en marge de la légalité, les planques ne manquaient pas pour les tueurs et les poseurs de bombes. De là avaient été notamment lancées des attaques contre plusieurs établissements juifs de Paris – restaurants, magasins et synagogues. C'est aussi à Paris qu'avait été signé le premier communiqué appelant à l'union sacrée des organisations terroristes musulmanes contre les cibles israéliennes d'Europe.

Le Mossad avait riposté avec sa férocité habituelle. Des *kidons* s'infiltrèrent au cœur des quartiers arabes et assassinèrent des suspects dans leurs lits. L'un d'eux fut égorgé d'une oreille à l'autre, un second eut le cou tordu comme une volaille. Mais c'étaient là d'infimes victoires. Les terroristes gardaient la main, essentiellement parce qu'ils étaient très bien contrôlés par l'OLP. Une aussi belle occasion de placer l'un de ses hommes au cœur du QG parisien de l'organisation était donc plus qu'excitante aux yeux d'Admoni.

Quelques jours après son arrivée dans la capitale française, Sowan établit le contact avec son nouvel agent traitant, basé hors de l'ambassade d'Israël, située au 3, rue Rabelais. Il ne devait jamais le connaître autrement que par un nom de code, « Adam ». Tous deux convinrent de se retrouver régulièrement dans un café ou dans le métro. En général, Sowan arrivait avec un journal du jour, entre les pages duquel il avait glissé ses informations. Adam s'approchait avec le même journal, qui recelait les nouvelles instructions destinées au *bodel* et son salaire mensuel – passé à 1 000 dollars. Selon une technique maintes fois répétée au centre du Mossad, les deux hommes se bousculaient légèrement, se répandaient en excuses et reprenaient ensuite leur chemin chacun de leur côté après avoir discrètement échangé leurs journaux.

Par ce moyen tout simple, le Mossad s'employa à reprendre l'initiative dans une ville qui avait depuis longtemps la réputation d'être un sanctuaire pour les extrémistes politiques – dans la mesure où ils laissaient la France en paix. L'Institut avait été l'un des rares services secrets à rompre cet accord tacite par le passé en organisant une opération qui devait porter à l'orgueil français un coup si sévère qu'aujourd'hui encore, près de vingt ans plus tard, la France ne l'a toujours pas encaissé. Cette opération avait trouvé sa source à près de quatre mille kilomètres de là, à l'embouchure du canal de Suez, percé par un Français célèbre, Ferdinand de Lesseps.

En l'espace de quelques minutes de cauchemar, dans l'après-midi du 21 octobre 1967, Israël avait pris conscience de sa grande vulnérabilité face à un arsenal militaire moderne. Un des fleurons de sa flotte – un vieux destroyer britannique de la Seconde Guerre mondiale rebaptisé *Eilat* –, qui patrouillait au large des côtes égyptiennes, avait été atteint par trois missiles russes Styx tirés de Port-Saïd. 47 officiers et marins israéliens avaient péri, et 41 autres avaient été gravement blessés sur un total de 202 hommes d'équipage. L'*Eilat* avait coulé à pic. Ce n'était pas seulement le plus grand désastre naval jamais subi par Israël, c'était aussi la première fois dans la très longue histoire des batailles navales qu'un vaisseau de guerre était détruit par un tir de missiles de longue portée.

Une fois retombée l'onde de choc, le gouvernement de Lévi Eshkol lança un programme d'urgence pour doter sa marine d'un nouveau genre de bâtiments. En quelques semaines, les ingénieurs tracèrent les plans d'un type de vedette rapide à la fois extrêmement maniable et munie d'instruments de contre-mesure électronique capables de lui faire gagner les quelques précieuses secondes qui permettaient à un navire d'esquiver un missile. Sept de ces canonnières furent ensuite commandées aux Chantiers de construction mécanique de Normandie (CCM), établis dans le port de Cherbourg.

Pendant ce temps, les savants de Dimona se mirent au travail pour concevoir les missiles que ces vedettes seraient appelées à transporter, de même que le reste de l'équipement sophistiqué qui devrait être installé à leur bord dès leur arrivée en Israël.

Le chantier se poursuivit normalement à Cherbourg, jusqu'au jour où le général de Gaulle décréta un embargo total sur les ventes d'armes à l'État juif à la suite d'un raid de commandos israéliens sur l'aéroport de Beyrouth, le 26 décembre 1968. Treize appareils libanais furent détruits au sol à titre de représailles après l'attaque subie deux jours plus tôt par un Boeing 707 d'El Al à l'aéroport d'Athènes. Cet embargo signifiait notamment que la livraison des sept canonnières était annulée.

La décision française mettait un terme à une alliance de dix ans avec Israël. Celle-ci s'était soudée pendant la guerre d'Algérie, alimentée par une hostilité commune vis-à-vis de l'Égypte de Gamal Abdel Nasser. Le Mossad avait alors fourni aux Français un certain nombre de renseignements sur le FLN tandis que, de son côté, la France vendait à Israël des chasseurs Mirage et toutes sortes d'armements.

Mais après l'indépendance de l'Algérie, le général de Gaulle renoua rapidement les relations traditionnelles de la France avec certains pays arabes, et l'OLP reçut l'autorisation d'ouvrir un bureau à Paris. Le président français perçut le raid sur l'aéroport de Beyrouth comme un camouflet public : il avait tout récemment exigé que cessent sur-le-champ ce qu'il avait appelé les « actes de vengeance » d'Israël contre ses voisins arabes.

Le revirement de De Gaulle impliquait qu'Israël ne pourrait pas disposer de sitôt d'un nombre suffisant de Mirage pour devenir maître des cieux du Proche-Orient – et ne pourrait pas davantage espérer se défendre efficacement contre une attaque navale. De façon plus perverse encore, il survenait au moment précis où Israël payait le prix politique de son incroyable victoire de la guerre des Six Jours. En quelques jours, le conflit avait permis à l'État juif de prendre le contrôle de la

Cisjordanie, de Jérusalem-Est et de la bande de Gaza. Or, près d'un million d'Arabes vivaient sur ces territoires, et l'immense majorité d'entre eux éprouvaient une haine violente à l'égard de leurs conquérants.

Pour Meir Amit, Israël se retrouvait soudain face à un problème qui ne pouvait être négligé :

« Des milliers de *mehabelim* [le mot hébreu pour "terroristes"] évoluaient désormais à l'intérieur même de nos frontières, disposant du soutien général de la population arabe qui, au minimum, était toujours prête à leur offrir de l'aide et un refuge. Ma première tâche a donc consisté à repérer les nouvelles organisations palestiniennes et à les infiltrer. »

Golda Meir, qui succéda à Lévi Eshkol à la tête du gouvernement, chargea le Mossad d'échafauder un plan permettant de récupérer les vedettes en France dès qu'elles seraient prêtes. Toujours selon Amit :

« J'ai d'abord suggéré d'introduire dans le port de Cherbourg un nombre suffisant d'hommes en armes pour s'emparer des bateaux par la force et les ramener au pays. Mais Moshé Dayan, le ministre de la Défense, n'a pas voulu en entendre parler. Il m'a fait remarquer non sans raison que la réaction internationale serait virulente et que le monde entier nous accuserait de banditisme. Il fallait rester dans la légalité, ce qui impliquait de trouver un moyen de contourner la réglementation draconienne des Français en matière de sortie des eaux territoriales. Une fois qu'on serait en haute mer, ce serait une autre histoire… »

La « légalité » de l'opération qui allait être mise sur pied ne devait jamais exister que dans l'esprit de ses auteurs. En dépit de l'insistance de Moshé Dayan, qui tenait à ce que la lettre de la loi soit respectée, les Israéliens montèrent à Cherbourg un tour de passe-passe pur et simple.

En novembre 1969, Meir Amit s'attela à la préparation de la première phase de l'opération Arche de Noé. La plus grande compagnie de transport maritime d'Israël, la Maritime Fruit – qui distribuait des produits dans le monde entier –, sollicita un cabinet d'avocats londonien pour enregistrer une nouvelle société baptisée Starboat, en référence à l'étoile de David. Mila Brenner, un directeur de la Maritime

Fruit, fut désigné comme actionnaire principal. Les autres étaient tous mandatés par Meir Amit. La seconde étape de l'opération se déroula aussi facilement. Depuis des mois, l'amiral Mordechai Limon, l'officier de liaison de la marine israélienne à Cherbourg, tentait d'arracher une compensation aux CCM pour rupture de contrat ; mais chaque fois que les Français lui faisaient une offre, il trouvait une nouvelle objection à soulever. Le 10 novembre, il informa le chantier naval qu'Israël désirait une fois de plus négocier un accord.

À Tel-Aviv, entre-temps, Mila Brenner avait contacté un des plus prestigieux armateurs du monde, le Norvégien Ole Martin Siem, établi à Oslo. Celui-ci accepta d'entrer au conseil d'administration de Starboard le temps de racheter les vedettes.

Limon abattit sa carte suivante avec la rouerie d'un joueur de poker. Le 11 novembre, il rencontra des représentants du chantier naval. Il prit connaissance de leur dernière offre de compensation et se déclara déçu. Les représentants des CCM en restèrent pantois : ils savaient leur proposition généreuse. Pendant qu'ils s'interrogeaient sur la conduite à adopter, Limon partit en hâte vers Paris, où l'attendait Ole Siem. Après un conciliabule avec l'armateur, Limon téléphona aux représentants du chantier naval pour prévenir qu'il les recontacterait « sous quelques jours ». Dans l'heure suivante, Ole Siem fit son entrée dans le bureau du général Bonte, chargé des ventes d'armes du gouvernement français. Siem lui déclara qu'il avait entendu parler de « canonnières à vendre susceptibles d'être reconverties dans la prospection pétrolière ».

En une intervention parfaitement minutée, Limon téléphona à Bonte au même moment pour lui faire savoir qu'il était à Paris prêt à accepter une offre définitive de compensation. La somme qu'il proposait était celle que les représentants du chantier naval de Cherbourg venaient de lui soumettre. Bonte déclara à Limon qu'il était « en négociation » et qu'il le rappellerait. Le général se tourna alors vers Siem, lui révéla le montant de l'indemnisation que Limon avait réclamée, et ajouta qu'il était trop élevé pour que son gouvernement l'accepte. Siem s'empressa de surenchérir de cinq pour cent. Bonte rappela Limon pour dire que son offre lui convenait. Il était persuadé d'avoir fait une excellente affaire en débarrassant son pays d'un épineux problème. Israël allait recevoir sa compensation financière, et la France encaisserait au passage une plus-value de cinq pour cent.

Il ne lui restait que deux questions à poser à Ole Siem. Les bâtiments étaient-ils bien destinés à la Norvège ? Et l'armateur pouvait-il lui assurer qu'ils ne seraient pas réexportés après avoir rempli leur mission de prospection pétrolière ? Siem répondit par l'affirmative sur les deux points. Bonte consentit par ailleurs, afin d'éviter que la presse ne s'intéresse de trop près à la localisation exacte des gisements – un type d'information toujours sensible dans une industrie connue pour son culte du secret –, à ce que le départ des vedettes de Cherbourg s'effectue en toute discrétion. Dans cette optique, la date du départ fut fixée au soir de Noël 1969.

Il restait un mois à attendre – ce qui était beaucoup plus de temps qu'il n'en fallait pour qu'un grain de sable ne vienne faire échouer son plan, Meir Amit le savait bien. Cent vingt marins israéliens allaient devoir être amenés sur place pour manœuvrer les vedettes pendant leur longue traversée – près de cinq mille kilomètres – de Cherbourg à Haïfa. L'envoi simultané d'un tel contingent ne pouvait qu'attirer l'attention des services français. Une fois de plus, l'ingénieux patron du Mossad sortit une solution inattendue de sa manche.

Il décida que les marins seraient envoyés deux par deux dans diverses villes d'Europe, d'où ils convergeraient progressivement et discrètement sur Cherbourg. Les marins reçurent l'instruction de ne jamais rester dans le même hôtel plus d'une nuit d'affilée. Tous firent le voyage munis d'un passeport israélien, de manière à ce qu'en cas d'interception ils ne puissent pas être accusés de faux et d'usage de faux. Cependant, Meir Amit était conscient que les risques restaient importants :

« Il aurait suffi qu'un seul policier français un tantinet méfiant se demande pourquoi tant de Juifs venaient passer Noël à Cherbourg pour que l'opération capote irrémédiablement. »

Le 23 décembre, les marins étaient tous à Cherbourg. À Tel-Aviv, entre-temps, Meir Amit avait réglé les autres problèmes. La question des vivres – il fallait compter huit jours de mer – avait été résolue par l'officier de ravitaillement de l'opération, qui avait écumé toutes les épiceries de Cherbourg (en refusant poliment la dinde de Noël que les commerçants locaux essayaient chaque fois de lui fourguer). Deux cent cinquante mille litres de fuel furent clandestinement chargés à bord des vedettes et stockés à fond de cales. La météo constituait le dernier grand impondérable. Les bâtiments allaient devoir traverser le golfe de Gascogne au plus fort de l'hiver, dans des conditions très incertaines. Meir Amit se souvient : « À Tel-Aviv, on passait son temps à prier pour avoir une éclaircie. On avait spécialement dépêché un météorologue à Cherbourg pour éplucher les bulletins publiés en Angleterre, en France et en Espagne. »

Les heures s'égrenaient tout doucement – mais le soir de Noël arriva enfin. Les dernières prévisions faisaient état de pluies et de rafales venues du sud-ouest. L'ordre fut cependant donné de prendre la mer à 20 h 30. À 19 h 30, tous les équipages étaient déjà en place. Mais le mauvais temps empira. Un nouveau départ fut fixé à 22 h 30. Il fut lui aussi reporté. Tel-Aviv se mit à envoyer des messages de plus en plus pressants : « Prenez la mer quelles que soient les conditions », disaient-ils tous en substance.

À Cherbourg, l'officier responsable refusa de céder à cette pression toujours accrue : à ses yeux, la vie de ses marins passait avant le reste. Dans le silence de son poste de pilotage, il se contenta de garder les yeux fixés sur le météorologue qui étudiait toujours ses cartes. À minuit, celui-ci leva enfin la tête :

– Le vent va faiblir et tourner dans deux heures. On l'aura dans le dos. On peut lever l'ancre.

À 2 h 30 du matin, la nuit de Noël, les turbines se mirent à gronder, et les bateaux s'en furent majestueusement vers le large. Une semaine plus tard, le 1er janvier, les vedettes entraient triomphalement dans le port de Haïfa.

Meir Amit faisait partie de ceux qui les attendaient le long du quai. La nouvelle année n'aurait pas pu mieux commencer pour lui, même s'il se doutait que le général de Gaulle n'était pas près de pardonner son forfait à Israël.

Amit avait vu juste. Chaque fois que le Mossad s'aventurait à traquer des activistes du Moyen-Orient à Paris ou dans une autre ville française, ses *katsas* étaient aussi étroitement surveillés que des terroristes de la pire engeance. Plus grave, les officiers pro-arabes du SDECE n'hésitaient pas à renseigner l'OLP sur les mouvements du service israélien. Plus d'un terroriste lui fila ainsi entre les doigts.

Le plus célèbre d'entre eux fut certainement Ilich Ramirez Sanchez, surnommé « Carlos » ou « le Chacal ». À Paris, il était le tueur à gages patenté d'un groupe factieux de l'OLP basé en Syrie. Ses exploits avaient fait de lui une vedette de la presse clandestine d'inspiration marxiste qui fleurissait un peu partout en Europe. Les femmes étaient attirées par ses manières de playboy – d'autant qu'il paraissait capable d'échapper à volonté aux traquenards que lui tendait le Mossad. Un jour, il prenait le soleil sur la Côte d'Azur en compagnie d'une fille superbe, et, le lendemain, on le retrouvait à Londres au milieu d'un groupe de terroristes arabes qu'il aidait à monter un attentat contre une faction rivale, ou contre Israël. Ces gens-là n'étaient dérangés ni par la police, ni les services spéciaux britanniques tant qu'ils ne s'en prenaient pas aux sujets de Sa Majesté. Chaque fois que le Mossad se trouvait en position d'abattre Carlos, celui-ci disparaissait sur le continent ou s'envolait vers Damas, Bagdad, ou quelque autre bastion arabe d'où il ne tardait pas à organiser un nouvel attentat.

Suivre la trace de Carlos assez longtemps pour permettre au Mossad de l'abattre s'ajouta bientôt aux missions déjà assignées à Ismaïl Sowan au début de son séjour à Paris.

Son rôle dans la guerre secrète que le service israélien livrait en France était devenu considérable. Il avait permis aux *katsas* et *kidons* d'obtenir des succès spectaculaires : la destruction à l'explosif de l'officine d'où sortaient tous les faux papiers de l'OLP et d'un certain nombre de caches d'armes, l'interception et l'assassinat de plusieurs courriers, la confiscation d'explosifs venus d'Europe de l'Est, etc. De dix façons et plus, Sowan avait aidé le Mossad à rendre chaque coup grâce à la qualité de ses renseignements.

En janvier 1984, Sowan apprit d'Adam, son agent traitant, qu'il allait bientôt être transféré en Angleterre, où il devrait se faire passer pour un étudiant désireux de devenir ingénieur. Sa nouvelle mission secrète consisterait à infiltrer le siège de l'OLP à Londres et à rassembler autant d'informations que possible sur la Force 17. L'unité spéciale de l'OLP était à présent commandée par Abdul-Rahid Mustapha, qui avait fait de la Grande-Bretagne sa base opérationnelle. Mustapha figurait naturellement en bonne place sur la liste des hommes à abattre du Mossad.

Ismaïl Sowan annonça au directeur du bureau de l'OLP à Paris qu'il avait terminé ses études en France – un *sayan* français lui avait procuré un faux diplôme au cas où on lui en demanderait la preuve, ce qui ne fut d'ailleurs pas le cas – et qu'il souhaitait se rendre en Angleterre pour tenter d'obtenir un diplôme d'ingénieur. Il réussit même à glisser au cours de la conversation que cette qualification le rendrait « encore plus utile en matière de fabrication d'explosifs ».

La possibilité d'adjoindre un artificier de plus à son équipe de spécialistes était toujours bien accueillie à l'OLP, surtout en 1984. La direction de l'organisation souhaitait montrer aux Palestiniens de Cisjordanie et de la bande de Gaza qu'elle ne les avait pas oubliés. Des dizaines de milliers d'Arabes souffraient de plus en plus cruellement de l'occupation israélienne ; ils ne comprenaient pas pourquoi Arafat ne se démenait pas davantage pour venir à leur secours sur un plan strictement pratique : la rhétorique était une chose, l'action en était une autre.

Le Mossad savait qu'Arafat était soumis à des pressions croissantes pour soutenir les appels du pied que le président égyptien Hosni Moubarak adressait à Israël. En Syrie, le régime souvent imprévisible du président Assad avait pris ses distances vis-à-vis des factions palestiniennes ; des centaines de terroristes se retrouvèrent même en prison. Assad tenait à montrer aux Américains qu'il n'était pas le méchant fauteur de troubles que le monde entier s'imaginait.

Cela ne fit qu'accroître l'amertume des habitants des camps et des militants de base de l'OLP : ils se sentaient abandonnés par le monde arabe, perpétuellement déplacés d'un endroit à l'autre, livrés à eux-mêmes. On parlait de plus en plus de la trahison des chefs. Les Israéliens exploitaient naturellement cette situation en faisant courir dans les territoires occupés la rumeur que l'OLP contrôlait 5 milliards de dollars investis un peu partout dans le monde. Arafat eut droit à sa campagne de diffamation personnelle, lancée par les experts du LAP : une fausse rumeur l'accusa d'avoir dilapidé une partie non négligeable du trésor de guerre de l'organisation afin de satisfaire son goût marqué pour les jeunes éphèbes. Cette rumeur, semée dans les camps de réfugiés, n'eut pas vraiment l'effet escompté, mais Arafat ordonna tout de même à ses dix-sept bureaux de répandre le bruit qu'il était grand amateur de femmes – ce qui était exact.

Pour le directeur du bureau de l'OLP à Paris, l'idée que Sowan pourrait ultérieurement utiliser son diplôme dans le but de devenir poseur de bombes était une bonne nouvelle ; il consentit donc à payer le billet de train du *bodel* et sa première semaine de frais à Londres. Ismaïl se vit également remettre 500 livres par Adam et reçut pour consigne de chercher au plus tôt du travail pour financer lui-même ses études et éviter ainsi tout soupçon inutile.

Ismaïl arriva à Londres par une journée venteuse de février 1984, muni d'un passeport jordanien fourni par le Mossad. Il disposait d'un second passeport – canadien celui-là – caché dans le double fond de sa valise, à n'utiliser que pour fuir la Grande-Bretagne en cas d'urgence. Dans le même double fond, il avait glissé un rapport du Mossad sur Abdul-Rahid Mustapha et la Force 17.

La Force 17 avait été créée au départ pour assurer la sécurité personnelle de Yasser Arafat. Son nom venait du nombre de postes téléphoniques de l'ancien QG de l'OLP à Beyrouth. À la grande époque libanaise, la Force 17 consistait en une armée de guérilleros de plus d'un millier de combattants – dont le fameux groupe Septembre noir, auteur du massacre des athlètes israéliens à Munich en 1972. Peu avant que l'OLP ne soit forcée de quitter le Liban pour emménager à Tunis, le premier commandant de la Force 17, Ali Hassan Salameh, avait été assassiné dans un attentat à la voiture piégée organisé par Rafi Eitan. À Tunis, Arafat s'était retrouvé confronté à une dure réalité. Il était non seulement traqué par le Mossad, mais aussi de plus en plus ouvertement menacé par d'autres extrémistes arabes. Abou Nidal, qui s'était autodésigné seule voix légitime de la lutte armée, clamait à présent qu'il n'y aurait pas de victoire tant qu'Arafat n'aurait pas été physiquement éliminé. Arafat avait riposté en restructurant la Force 17 et en lui assignant un second objectif : lancer désormais des attaques soigneusement planifiées contre ses ennemis, à commencer par Israël. Mustapha fut nommé à sa tête. À Tunis, ses hommes furent longuement formés aux techniques de guérilla par des membres opérationnels des forces spéciales chinoises et russes. Et à partir de 1983, Mustapha prit l'habitude de se rendre en Grande-Bretagne pour y recruter ses troupes.

Londres grouillait en effet d'anciens agents du SAS et de vétérans de l'armée britannique ayant servi en Irlande du Nord et cherchant à monnayer leurs talents d'exterminateurs. Le salaire d'instructeur de l'OLP était bon, et l'antisémitisme était monnaie courante chez les mercenaires. Un certain nombre acceptèrent de se rendre en Tunisie pour opérer dans les camps d'entraînement de l'OLP. D'autres instructeurs furent enrôlés chez des anciens de la Légion étrangère française et, à un moment donné, comptèrent même dans leurs rangs un ancien officier de la CIA, Frank Terpil – qui devait par la suite croiser brièvement la route d'un certain Mehmet Ali Agça.

Pendant un an, Mustapha entra et sortit de Grande-Bretagne à la barbe du MI-5 et de Scotland Yard. Quand le Mossad les en informa, une seule mesure fut prise : un officier du MI-5 rappela au bureau londonien de l'OLP qu'il serait fermé – et son personnel expulsé – au moindre signe d'activité terroriste contre la Grande-Bretagne. En revanche, rien n'empêchait les Palestiniens de continuer à comploter contre Israël.

La guerre de la propagande battait toujours son plein ; Bassam Abou-Sharif, porte-parole en chef de l'OLP, fut invité à rencontrer l'écrivain Jeffrey Archer. Le représentant de l'OLP devait ensuite raconter qu'Archer lui avait patiemment expliqué « comment développer et gérer nos relations publiques, organiser notre action politique, entrer en contact avec les politiciens britanniques et mobiliser l'opinion publique ».

Inutile de dire qu'à la suite de cette rencontre le nom d'Archer fut enregistré par les ordinateurs du Mossad.

Aux yeux des Israéliens outrés, tout se passait comme si Mustapha bénéficiait de la protection des autorités britanniques ; à la limite, toute tentative de s'en prendre à lui en Grande-Bretagne risquait d'avoir des conséquences graves pour le Mossad.

La tâche d'Ismaïl Sowan était donc d'essayer d'attirer Mustapha hors du pays, de préférence au Proche-Orient, où des *kidons* du Mossad l'exécuteraient. À Paris, Sowan avait appris d'Adam qu'il devrait dorénavant suivre les instructions des agents résidents du Mossad à l'ambassade israélienne à Londres. Le premier était Arieh Regev. Le second, Jacob Barad, était officiellement censé veiller sur les intérêts commerciaux d'Israël. Le troisième *katsa* stationné à Londres – sans toutefois bénéficier d'une couverture diplomatique – s'appelait Bashar Samara ; il devait être le contact principal de Sowan. Samara demanda à un *sayan* agent immobilier de trouver un appartement à son protégé dans le quartier de Maida Vale.

Quelques jours après son arrivée à Londres, Sowan rencontra pour la première fois son nouvel agent traitant. Les deux hommes se retrouvèrent sous la statue d'Eros à Piccadilly Circus. Chacun d'eux avait sous le bras un exemplaire du *Daily Mirror*, quotidien récemment racheté par Robert Maxwell. Toujours grâce à la technique de l'échange de journaux qui avait si bien porté ses fruits à Paris, Sowan reçut les 600 livres de son premier mois de salaire ainsi qu'une série de conseils sur la façon de trouver un emploi au bureau londonien de l'OLP.

La plupart des membres de l'OLP étaient avides d'action – ils rêvaient de transporter des messages confidentiels vers les autres cellules de l'OLP en Europe et de faire la navette avec le QG de Tunis où, avec un peu de chance, ils pourraient apercevoir Yasser Arafat. Ces jeunes révolutionnaires ne voulaient pas entendre parler du travail bureaucratique de routine, du classement des dossiers, de la lecture de la presse ou du service du standard téléphonique. Aussi, quand Sowan se déclara intéressé par ce type de tâche, fut-il promptement engagé au bureau de Londres.

Il ne lui fallut que quelques jours pour rencontrer Mustapha. Tout en buvant à la chaîne des verres de thé à la menthe, les deux hommes eurent tôt fait de développer des relations amicales. Ils avaient tous deux connu la vie sous les bombes israéliennes à Beyrouth, sillonné les mêmes rues avec la même tension, longé les mêmes immeubles tellement ravagés qu'on aurait dit des squelettes minéraux. À cette époque, tous deux changeaient de lit chaque nuit et attendaient avec anxiété l'aube nouvelle, saluée par la prière nasillarde et lancinante des muezzins. L'un et l'autre avaient maintes fois été de faction au point de passage de l'OLP à Beyrouth, invitant les ambulances palestiniennes à circuler en priorité, arrêtant les autres véhicules pour les contrôler, courant se mettre à l'abri lorsque le mugissement des sirènes leur vrillait une fois de plus les tympans. Ils se remémorèrent en riant le vieux dicton de Beyrouth : « Si tu entends sauter la bombe, c'est que tu es encore en vie. » Ils avaient d'innombrables souvenirs communs : les râles des moribonds, les sanglots des femmes, les regards gorgés de haine et d'impuissance qui se braquaient vers le ciel…

Sowan et Mustapha passèrent ainsi une journée entière à évoquer leur passé. Pour finir, le chef de la Force 17 demanda à Ismaïl ce qu'il faisait à Londres. Celui-ci répondit qu'il était là pour parfaire son éducation de manière à mieux servir l'OLP. À son tour, il interrogea Mustapha sur ce qui l'avait amené en Angleterre.

Cette question apparemment anodine suscita un étonnant flot de révélations. Mustapha lui parla longuement des exploits de la Force 17 – de la façon dont il avait par exemple combattu les Israéliens à Chypre et en Espagne, de l'avion israélien qu'il était sur le point de détourner quand Arafat annula l'ordre de mission, etc.

Les deux hommes convinrent de se retrouver quelques jours plus tard au Speakers' Corner de Hyde Park, le lieu traditionnel de rencontre des tribuns improvisés de Londres. Ismaïl Sowan téléphona au numéro d'urgence qu'on lui avait remis. Bashar Samara lui fixa rendez-vous sur Regent Street. Tout en marchant au milieu de la foule d'employés qui avait envahi la rue pour la pause déjeuner, Sowan rapporta à son contact tout ce que Mustapha lui avait confié. Samara décida de se rendre lui aussi à Hyde Park le jour J pour photographier le Palestinien et le prendre en filature.

Mais Mustapha ne vint pas au rendez-vous. Sowan ne devait le revoir que plusieurs semaines plus tard. Entre-temps, lui-même avait été admis dans une école d'ingénieurs de la station balnéaire de Bath. Deux fois par semaine, il revenait à Londres pour assurer ses activités au siège de l'OLP. Un jour, enfin, il y retrouva Mustapha.

Les deux hommes bavardèrent autour d'innombrables tasses de thé à la menthe. De sa serviette, Mustapha sortit un livre illustré relatant l'histoire de la Force 17. Il se vanta de l'avoir fait distribuer aux Palestiniens à plus de cent mille exemplaires. En le feuilletant, Ismaïl s'arrêta sur une photo de Mustapha prise au Liban. Avec emphase, Mustapha la signa et offrit le livre à son nouvel ami. Une fois de plus, ils prirent rendez-vous et, une fois de plus, Mustapha ne vint pas.

Entre-temps, Sowan avait remis le livre dédicacé à Samara dans le hall de la gare de Bath, devenu leur point de rencontre habituel. Le *katsa* descendait de son train et repartait à Londres par le train suivant, après avoir recueilli tous les renseignements de son agent double et lui avoir remis ses 600 livres mensuelles.

Ce rituel se poursuivit pendant près d'un an. Sowan avait fait la connaissance d'une jeune Anglaise, Carmel Greensmith, qui avait consenti à l'épouser. Mais, la veille du mariage, Sowan n'avait toujours pas de témoin.

Lors d'un de ses passages au bureau de l'OLP, il croisa Mustapha, qui, comme d'habitude, ne lui dit pas d'où il venait. Il tenait à la main une liasse de coupures d'*Al-Qabas*, journal arabe édité à Londres. Chaque coupure montrait une caricature de Yasser Arafat. Le journal était financé par la famille régnante koweïtienne, ennemie de longue date de l'OLP.

Les caricatures étaient l'œuvre du dessinateur satirique le plus célèbre du monde arabe, Naji al-Ali. Établi à Londres, il semblait mener une croisade personnelle contre Arafat, qu'il représentait perpétuellement comme un dirigeant vénal, égoïste et politiquement inepte. Ses dessins avaient contribué à faire d'*Al-Qabas* la première voix de l'opposition arabe à Arafat.

Mustapha jeta les coupures sur la table et déclara qu'al-Ali méritait de mourir, histoire de donner une bonne leçon à ses mécènes koweïtiens.

Sowan se contenta d'esquisser un sourire vague. Le Mossad voyait en effet d'un très bon œil tout ce qui pouvait miner la position d'Arafat. Il aborda ensuite un problème plus immédiat et plus personnel : l'absence d'un témoin pour son mariage. Mustapha se porta aussitôt volontaire. Les deux hommes s'embrassèrent à l'arabe. Il n'est pas du tout impossible qu'Ismaïl Sowan ait souhaité échapper enfin aux griffes du Mossad à partir de ce moment précis.

À Tel-Aviv, Nahum Admoni commençait à se demander combien de temps il faudrait encore au MI-5 pour découvrir la vérité sur les huit faux passeports britanniques abandonnés dans une cabine téléphonique allemande en juillet 1986. Shimon Peres, qui ne portait pas le Mossad dans son cœur, posait des questions de plus en plus insistantes. Le Premier ministre disait que cet incident allait notamment ruiner les relations d'Israël avec le gouvernement Thatcher, qu'il valait mieux jouer cartes sur table et crever l'abcès, car « plus vite on avoue ses fautes, plus vite les choses s'arrangent ».

Admoni restait opposé à cette idée. Elle pouvait mener le MI-5 et Scotland Yard à ouvrir une enquête sur les activités du Mossad en Grande-Bretagne – enquête risquant de déboucher sur l'expulsion d'Ismaïl Sowan. Or celui-ci était une véritable mine d'informations. En outre, en avouant la vérité sur les passeports, le Mossad reconnaîtrait implicitement qu'il était capable de commettre de somptueuses bévues.

Ces passeports étaient destinés à l'ambassade israélienne à Bonn. Ils avaient été acheminés de Tel-Aviv en Allemagne par un *bodel* inexpérimenté qui ne connaissait pas la capitale allemande. Après avoir longtemps erré dans la ville sans oser demander son chemin de peur d'attirer l'attention, il avait fini par entrer dans la cabine en question pour prévenir l'ambassade qu'il était complètement perdu. Un officiel lui avait vertement reproché son retard. Paniqué ou simplement distrait, le messager avait oublié sur la tablette le sac contenant les huit passeports. Il ne s'était aperçu de son erreur qu'à l'approche de l'ambassade, mais n'avait pas réussi ensuite à revenir sur ses pas. Quand il avait enfin localisé la cabine avec l'aide du responsable de la sécurité de l'ambassade, le sac n'y était plus. Le *bodel* avait été muté dans le Néguev, mais le problème des passeports n'était pas réglé pour autant. Le Foreign Office, par le biais de son ambassadeur à Tel-Aviv, s'empressa de demander des comptes au gouvernement israélien.

Un de ces passeports aurait dû être remis à Sowan pour lui permettre de faire plus facilement la navette entre Londres et Tel-Aviv qu'avec son actuel passeport canadien. Pendant son séjour à Londres, il avait en effet rendu plusieurs visites à sa famille en Israël ; ces visites faisaient partie de sa couverture. Aux yeux des siens, il restait un activiste de l'OLP. Il jouait d'ailleurs son rôle de façon si convaincante que son frère aîné, Ibrahim, lui dit un jour que les Israéliens risquaient de l'arrêter. Sur le ton de la plaisanterie, il conseilla même à Ismaïl d'éviter ce désagrément en proposant ses services aux Israéliens. Ismaïl feignit d'être horrifié et repartit à Londres.

La situation prit ensuite un tour inattendu. La femme de Sowan incita son mari à accepter un poste de chercheur au collège universitaire d'Humberside, à Hull. À ses yeux, ce poste représentait un apport nécessaire d'argent frais en complément de son salaire du bureau de l'OLP (elle ignorait tout des relations de son mari avec le Mossad et des 600 livres en liquide qu'il percevait chaque mois). Ismaïl finit par voir dans ce déménagement à Hull une occasion unique d'échapper aux demandes de plus en plus pressantes de son agent traitant.

Comme plus d'un informateur du Mossad, Ismaïl Sowan commençait à avoir une conscience très nette des risques qu'il encourait. Après avoir tenu comme promis son rôle de témoin de mariage, Mustapha s'était encore rapproché du couple. Il passait régulièrement voir Ismaïl et sa femme, leur rapportait des petits cadeaux du Proche-Orient. Au dîner, il leur racontait la façon dont il avait réglé son compte à tel ou tel ennemi de l'OLP. Au fil des mois, il se vanta ainsi d'avoir assassiné plusieurs « traîtres à la cause ». Sowan l'écoutait dans un état proche de la transe, priant désespérément « pour que les battements de mon cœur ne fassent pas trop de bruit ». Parallèlement, il redoutait de plus en plus les rencontres avec Samara ; le *katsa* exigeait à présent de lui qu'il pénètre dans l'ordinateur de l'OLP et qu'il photocopie des documents sensibles ; il tenta aussi de le pousser à entraîner Mustapha en « vacances » à Chypre, où des *kidons* se feraient fort de le liquider. Sowan avait jusque-là toujours réussi à s'en tirer par de vagues excuses – il n'était jamais seul dans la salle de l'ordinateur, et la pression de ses études le forçait à repousser sans cesse ses vacances –, mais il croyait percevoir une menace de plus en plus palpable dans les instructions de Samara. En s'installant à Hull, il espérait prendre ses distances vis-à-vis de ses deux contacts et réussir à mener une vie d'universitaire quasiment normale. Mais le Mossad avait des projets très différents pour son informateur.

Le vendredi 13 mars 1987, une rumeur résonna dans les couloirs du QG du Mossad : Admoni allait recevoir une visite de marque. Et en effet, peu avant midi, l'officier de liaison du MI-6 en Israël fut conduit jusqu'au bureau du directeur général, au neuvième étage. L'entretien fut extrêmement lapidaire. Admoni s'entendit dire que le MI-6 savait que les faux passeports retrouvés en Allemagne étaient l'œuvre du Mossad. Un officier de la branche spéciale de Scotland Yard devait me relater cet épisode en juin 1997 :

« Le gars du Six est entré. Il a dit bonjour, il a refusé une tasse de thé ou de café, et il a lâché le morceau. Avec un petit coup de menton, il est ressorti. Il lui a fallu moins d'une minute pour délivrer son message. »

À Londres, le Foreign Office convoqua l'ambassadeur d'Israël et lui remit une énergique protestation en exigeant que de tels incidents ne se reproduisent plus. Seul réconfort pour Admoni, le nom d'Ismaïl Sowan ne fut pas mentionné.

En début de soirée, le 22 juillet 1987, Sowan alluma la télévision pour suivre le journal de la BBC dans son appartement de Hull. Il n'avait plus de nouvelles du Mossad depuis avril, quand Bashar Samara lui avait dit à la gare de Hull de garder un profil bas jusqu'à nouvel ordre – sauf si Mustapha rétablissait le contact.

Soudain, le visage de l'homme qui, selon le chef de la Force 17, méritait de mourir emplit l'écran de son téléviseur. Sowan reconnut sans peine Naji al-Ali, le caricaturiste, abattu alors qu'il quittait les bureaux londoniens du journal *Al-Qabas*. Le tueur avait tiré une seule balle avant de disparaître. Le projectile avait pénétré dans la joue du dessinateur avant de se loger dans son cerveau. Sowan se dit dans un premier temps que l'assassin ne devait être ni du Mossad, ni de la Force 17. Les deux organisations tuaient avec le même professionnalisme – en tirant plusieurs balles dans la tête et dans le buste de leurs cibles. Cet assassinat-là ressemblait au travail d'un amateur. Selon le bulletin télévisé, une chasse à l'homme de grande envergure avait été déclenchée, et les confrères du dessinateur accusaient déjà, sans les nommer, les « puissants ennemis » de Naji.

Sowan se remémora alors une de ses conversations avec Mustapha, et sentit grandir en lui la conviction que Yasser Arafat avait ordonné l'élimination du caricaturiste. Il se demanda soudain s'il était le seul à qui Mustapha avait confié son désir de supprimer Naji. Sowan décida qu'il valait mieux que sa femme et lui se réfugient à Tel-Aviv. Alors qu'ils faisaient leurs bagages, on frappa à leur porte. Ainsi que devait le raconter plus tard Sowan :

« C'était un homme qui portait deux valises. Il me dit que Mustapha avait besoin de les cacher de toute urgence. Quand j'ai dit que je voulais savoir ce qu'elles contenaient, il s'est contenté de sourire et m'a conseillé de ne pas m'inquiéter. “Celui qui ne pose pas de questions ne risque pas d'entendre des mensonges”, m'a-t-il répondu. Dès qu'il est reparti, je les ai ouvertes. Elles étaient bourrées d'armes et d'explosifs : il y avait là assez de Semtex pour faire sauter la Tour de Londres, des AK-47, des pistolets, des détonateurs… »

Ismaïl composa le numéro d'urgence du Mossad à Londres. Il n'était plus attribué. Il téléphona à l'ambassade d'Israël. On lui répondit qu'Arieh Regev et Jacob Barad n'étaient pas joignables. Il demanda alors à parler à Bashar Samara. À l'autre bout du fil, on le pria d'attendre. Une voix inconnue se fit enfin entendre. Quand Ismaïl se fut identifié, la voix déclara :

– C'est le moment de prendre des vacances au soleil.

Autrement dit, il devait partir pour Israël.

Dès son arrivée à Tel-Aviv, Sowan retrouva Jacob Barad et Bashar Samara à l'hôtel Sheraton. Il leur raconta ce qu'il avait fait après avoir découvert le contenu des deux valises. Barad et Samara lui ordonnèrent d'attendre qu'ils aient consulté leurs supérieurs. Plus tard dans la soirée, Samara revint seul ; il ordonna à Sowan de reprendre le prochain vol pour Londres. Le problème aurait été réglé d'ici à son arrivée.

Sans se méfier, Ismaïl Sowan embarqua sur un vol à destination de Londres le 4 août 1987. Il fut arrêté par des agents de la branche spéciale de Scotland Yard à Heathrow et accusé de l'assassinat de Naji al-Ali. Quand il protesta en affirmant qu'il travaillait pour le Mossad, on lui rit au nez. Sowan venait d'être mis au rebut à son tour – comme le caricaturiste, mort à l'hôpital après deux semaines d'agonie. Il avait été sacrifié par le Mossad pour qu'Israël puisse rentrer dans les faveurs du gouvernement Thatcher. La présence des armes dans son appartement allait d'emblée anéantir tous ses efforts pour prouver qu'il travaillait pour les Israéliens – même si, en réalité, elles lui avaient été livrées par un *sayan* du Mossad.

À Londres, Arieh Regev communiqua au MI-5 – qui fit suivre à Scotland Yard – une liste de « preuves accumulées » par le Mossad concernant les « liens » de Sowan avec le terrorisme palestinien. Le dossier détaillait notamment la façon dont le service avait suivi Sowan pendant des années à travers le Moyen-Orient, l'Europe continentale et la Grande-Bretagne. Jusque-là, il n'avait été trouvé contre lui aucune preuve tangible. Mais dès que la cache d'armes avait été découverte, le Mossad avait décidé, « au nom de la sécurité commune », de livrer le jeune homme aux autorités britanniques.

Le Mossad avait pourtant investi beaucoup de temps et d'argent pour former et financer Sowan tout au long de ses missions successives. Mais au bout du compte, cet investissement n'avait pas pesé lourd dans la balance : il était beaucoup plus important pour la centrale israélienne d'effacer ses traces en Grande-Bretagne. Sowan serait donc la victime expiatoire, livrée aux Britanniques pour faire la preuve de la bonne volonté des agents de l'État juif. Bien sûr, son arrestation était aussi une perte : Sowan avait fait du bon travail – même s'il n'avait pas donné tout ce qu'on attendait de lui. Mais l'affaire de la cache d'armes représentait une occasion trop belle pour être négligée. Elle pouvait réduire à néant les bonnes relations de l'OLP avec le gouvernement Thatcher et permettre à Israël de présenter Yasser Arafat comme un maître du double jeu. D'ailleurs, le Mossad trouverait toujours un autre Ismaïl Sowan à séduire par de belles et fausses promesses.

Pendant une semaine, la direction du Mossad savoura sa victoire, convaincue que toutes les protestations d'innocence de Sowan seraient forcément balayées d'un revers de main.

Mais c'était compter sans les efforts désespérés d'Ismaïl pour recouvrer la liberté. Il fournit aux enquêteurs de la branche spéciale une description détaillée de ses contacts et leur raconta tout ce qu'on lui avait appris au Mossad. Le doute germa peu à peu dans l'esprit des policiers. L'officier de liaison du MI-6 à Tel-Aviv fut rappelé à Londres et chargé d'interroger personnellement Sowan. Tout ce que l'informateur lui déclara sur le QG et les méthodes du Mossad correspondait rigoureusement à ce que lui-même en savait. Le véritable rôle du service secret israélien fut dévoilé.

Regev, Barad et Samara furent expulsés de Grande-Bretagne. L'ambassade israélienne à Londres publia à cette occasion un communiqué plein de morgue : « Nous regrettons que le gouvernement de Sa Majesté ait jugé utile de prendre ces mesures. Israël n'a pas agi à l'encontre des intérêts britanniques. La lutte contre le terrorisme a toujours constitué sa seule et unique motivation. »

Le fait d'avoir dit la vérité ne suffit pas à laver Ismaïl Sowan de tout soupçon. En juin 1988, on le condamna à onze ans de prison pour recel d'armes à feu pour le compte d'une organisation terroriste.

Cinq ans après l'expulsion des trois *katsas* – qui déboucha sur la fermeture provisoire de l'antenne du Mossad en Grande-Bretagne –, le service reprit discrètement position en Angleterre. En 1998, on comptait encore pas moins de cinq *katsas* à l'ambassade d'Israël de Kensington, chargés de surveiller les groupuscules iraniens sur le sol britannique en liaison avec le MI-5 et la branche spéciale de Scotland Yard.

Trois ans plus tôt, en décembre 1994, Ismaïl Sowan avait été libéré de la prison de Full Sutton ; après avoir récupéré son passeport jordanien, il avait été expulsé à bord d'un vol pour Amman. La dernière fois qu'il a été vu officiellement, il quittait l'aéroport d'Amman avec la valise remise par le Mossad bien des années auparavant, au moment de son départ pour Londres. Inutile de dire que le double fond en avait été retiré.

De retour en Jordanie, sans doute s'est-il trouvé aux premières loges pour assister à la sinistre accumulation de nuages qui assombrissait le ciel du golfe Persique. Avant que ne s'abatte ce nouvel ouragan, le chef du Mossad avait été relevé de ses fonctions. Les huit ans de règne de Nahum Admoni avaient en effet pris fin à la veille du Nouvel An juif. En s'asseyant dans le fauteuil laissé vacant par le précédent *memuneh*, Shabtai Shavit avait hérité des séquelles laissées par les échecs d'Admoni : l'affaire Pollard, l'Irangate et, par-dessus tout, le scandale des huit faux passeports retrouvés dans une cabine téléphonique allemande. Mais Shavit avait surtout le regard rivé sur l'horizon, par-delà les frontières du royaume hachémite, où se préparait quelque chose qui était bien plus qu'une simple tempête de sable. Car Saddam Hussein avait décidé que le moment était venu de défier le monde.

XVI

Des espions dans les sables

Le 2 décembre 1990, très loin au sud de Bagdad, une forme humaine en robe de nomade était tapie, immobile, au ras du talus d'un oued aride. L'aube pointait, le sable était glacial; au cours de la nuit, la température avait chuté nettement en dessous de zéro. La tête de l'homme était protégée par une *hupta* de laine, le couvre-chef traditionnel des membres de la tribu Sarami – la plus ancienne secte soufie de l'Islam –, qui menaient encore une vie nomade dans le désert irakien, et dont le fanatisme s'enracinait dans un code de l'honneur sans équivalent. Mais, malgré sa tenue, cet homme avait juré allégeance à Israël, à plusieurs milliers de kilomètres de là: c'était un *katsa*.

Sa robe poussiéreuse provenait d'un dépôt du Mossad où des tenues vestimentaires venues du monde entier étaient entreposées et régulièrement entretenues. La plupart avaient été fournies par des *sayanim*, remises aux ambassades israéliennes et envoyées à Tel-Aviv par la valise diplomatique. D'autres avaient été rapportées de pays arabes hostiles par des voyageurs pro-israéliens. Quelques-unes avaient été confectionnées par la costumière responsable du dépôt. Au fil des ans, son équipe de petites mains et elle s'étaient taillé une solide réputation dans le métier: par souci du détail, elles allaient jusqu'à exécuter toutes leurs retouches avec du fil acheté dans le pays d'origine de chaque vêtement.

Le nom de code de ce *katsa* – Shalom – provenait lui aussi du stock de pseudonymes conservés à la Division des opérations; c'était Rafi Eitan qui avait introduit l'idée de cette liste après l'opération Eichmann. Shalom Weiss avait été un des meilleurs faussaires du Mossad avant de rallier l'équipe qui avait capturé Adolf Eichmann. Il était mort en 1963, mais son nom lui avait survécu et avait été utilisé à plusieurs reprises par des *katsas*. Seuls quelques officiers de Tsahal, Shabtai Shavit et le chef de section de Shalom connaissaient la raison de la présence solitaire de l'agent dans le désert irakien.

En août 1990, Saddam Hussein avait envahi le Koweït en guise de préambule à ce qui allait devenir la guerre du Golfe. L'offensive irakienne avait aussi marqué un échec cuisant pour les services de renseignement occidentaux, puisque pas un ne l'avait annoncée. Le Mossad s'efforça de vérifier une rumeur qui circulait : Saddam, disait-on, avait entreposé des missiles à ogives chimiques dans plusieurs sites ultra secrets au sud de Bagdad, l'emplacement lui permettant de frapper non seulement le Koweït, mais aussi Israël.

Au sein du Mossad, certains doutaient encore que l'Irak possédât des engins capables de procéder au lancement de charges de cette nature. Gerald Bull avait été assassiné peu après les essais préliminaires de son supercanon, lequel, à en croire les satellites espions américains, avait été réduit en miettes. Et les conseillers de Shavit d'ajouter que, même si Saddam possédait les missiles adéquats, rien ne prouvait que ces missiles fussent équipés de charges chimiques ; le dictateur irakien s'était déjà adonné plus d'une fois à ce genre de bluff.

Shabtai Shavit, avec la prudence caractéristique de la plupart des patrons récemment nommés, en vint à se dire que donner l'alarme risquait de susciter une panique bien inutile. Shalom fut donc chargé de se rendre sur place pour découvrir la vérité. Le *katsa* avait déjà mené à bien plusieurs missions en Irak, et notamment à Bagdad, où il s'était fait passer pour un homme d'affaires jordanien. Le Mossad disposait dans la capitale irakienne de plusieurs *sayanim* capables de l'aider. Mais au cœur de l'immensité du désert, Shalom ne pouvait compter que sur lui-même – c'est-à-dire sur une panoplie de compétences que ses instructeurs avaient maintes fois eu l'occasion d'éprouver.

Shalom avait subi un entraînement de survie dans le désert du Néguev. Il y avait notamment appris à se fondre dans le décor, à repérer une cible dans une tempête de sable, à garder ses déguisements jour et nuit pour leur donner un aspect authentique. Il avait passé de longues journées sur le champ de tir, démontrant d'excellents réflexes et une grande aptitude au combat rapproché. Pendant des heures, un pharmacien lui avait montré comment se servir au mieux de sa trousse médicale d'urgence en cas de besoin. Il s'était aussi longuement entraîné à la mémorisation des cartes qui allaient lui permettre de s'orienter dans le paysage mouvant des dunes.

Pour ses instructeurs, il n'était qu'un numéro ; jamais il n'eut droit à un mot de critique ou de félicitations. Une partie importante de son travail quotidien visait à tester son endurance physique par le biais d'une longue marche forcée sous la fournaise de midi, avec un sac à dos lesté de pierres. Shalom était constamment chronométré, mais personne ne se donnait jamais la peine de lui dire s'il était ou non dans les temps. Une autre épreuve fréquente consistait à l'interrompre en plein exercice pour lui poser des questions aussi brutales que : « Une petite Bédouine vous repère dans le sable : êtes-vous prêt à la tuer pour préserver la suite de votre mission ? » Ou : « Vous allez être fait prisonnier. Que faites-vous ? Vous vous rendez ? Vous vous suicidez ? » Ou encore : « Vous rencontrez un soldat israélien blessé dans le cadre d'une mission qui n'est pas la vôtre : sachant qu'il va mourir si vous ne lui venez pas en aide, que faites-vous ? Vous vous arrêtez pour le secourir ? Ou vous le plantez là ? » L'objectif n'était pas tant de lui faire donner *la* bonne réponse que d'évaluer sa capacité à faire des choix lucides dans des conditions de stress intense. Combien de temps mettait-il à répondre ? Se montrait-il hésitant ou sûr de lui ?

Il apprit à se contenter d'une nourriture minimale pour survivre dans le désert : essentiellement des aliments lyophilisés mélangés à un peu d'eau saumâtre – comme celle qu'il avait de grandes chances de trouver dans les points d'eau sur sa route. Il eut droit à des séances particulières avec un psychiatre du Mossad qui lui apprit à maîtriser son émotion et à se détendre. Le médecin chercha également à s'assurer que Shalom était encore capable de penser par lui-même – et donc de mettre en œuvre le bon dosage d'ingéniosité et d'implacabilité pour réagir aux situations imprévisibles qu'il allait forcément rencontrer sur le terrain. Des tests d'aptitude mirent en évidence un grand équilibre émotionnel et une profonde confiance en soi. On vérifia par ailleurs qu'il n'était pas en train de devenir un « loup solitaire » – profil caractérisé par un dangereux excès d'individualisme, et qui avait nui à plus d'une carrière de *katsa*.

Un professeur de langues passait de longues heures à lui faire répéter des phrases de dialecte régional irakien. Shalom, qui parlait déjà couramment le farsi et l'arabe, ne fut pas long à assimiler ces variantes. Ensuite, chaque soir, il était conduit dans une région différente du Néguev pour y passer seul la nuit. Il creusait un trou dans le sable, se reposait un bref instant, puis se remettait en marche pour semer les instructeurs qui le traquaient sans relâche. Il aurait suffi qu'il soit découvert une seule fois pour que sa mission soit ajournée – ou confiée à un autre.

Shalom ne fut jamais repéré. C'est pourquoi, au soir du 25 novembre 1990, il eut le droit de prendre place à bord d'un hélicoptère CH-536 Sikorsky du centre de commandement régional de Tsahal.

L'équipage de l'hélicoptère avait lui aussi reçu une formation spécifique en vue de cette mission. Dans une autre base du Néguev, ses membres s'étaient intensivement entraînés au vol de nuit, à très basse altitude, au milieu d'une forêt d'obstacles aériens, tandis que des turbines aspergeaient l'appareil de sable pour simuler les conditions de vol dans les violents courants aériens du désert irakien. Le pilote avait pour consigne de rester le plus près possible du sol sans s'écraser. Un autre exercice consistait à décoller sous un feu nourri, tout en maintenant la stabilité de l'hélicoptère. Parallèlement, les hommes d'équipage avaient inlassablement étudié leur futur plan de vol.

En dehors d'eux, seul le général de division Danny Yatom connaissait le parcours qu'ils devraient suivre jusqu'à la frontière irakienne. Yatom était un ex-membre de l'unité d'élite Sayeret matkal – l'équivalent des Bérets verts américains – qui en 1972 avait réussi à reprendre le contrôle d'un avion de ligne belge détourné sur l'aéroport de Tel-Aviv. Un certain Benyamin Netanyahou faisait également partie du commando. Par la suite, son amitié avec le futur Premier ministre d'Israël allait d'ailleurs permettre à Yatom de devenir directeur général du Mossad – une nomination qui, à son tour, allait sonner le glas de l'amitié en question. Mais on n'en était pas encore là.

En ce matin de décembre, pendant que Shalom poursuivait sa surveillance, tapi au bord de son oued, il ignorait que le long et dangereux voyage qui l'avait mené jusqu'à cette contrée hostile avait été décidé dans une salle de réunion de la Kyria, le quartier général de Tsahal à Tel-Aviv.

Outre Yatom, étaient présents ce jour-là Amnon Shahak, le patron de l'Aman – le renseignement militaire –, et Shabtai Shavit – celui du Mossad. Les trois hommes étaient convenus d'étudier les dernières données recueillies par un informateur infiltré dans le réseau terroriste iranien en Europe. Cet agent – Shavit était le seul à savoir s'il s'agissait d'un homme ou d'une femme – était désigné par la lettre « I ». À la limite, Shahak et Yatom pouvaient se douter que « I » avait accès au bunker du troisième étage de l'ambassade iranienne à Bonn. Cette place forte regroupait six bureaux et une salle de communications. L'ensemble du complexe avait été conçu pour pouvoir résister à un bombardement, et il abritait en permanence vingt gardes révolutionnaires dont la mission était de coordonner les activités terroristes de l'Iran en Europe de l'Ouest. Ils avaient récemment tenté de faire passer une tonne de Semtex et des détonateurs électroniques du Liban en Espagne. La cargaison était destinée à accroître la capacité de nuisance d'un certain nombre de groupuscules pro-iraniens implantés en Europe. Suite à un tuyau du Mossad, les douanes espagnoles avaient arraisonné le navire au moment où il pénétrait dans leurs eaux.

À l'été 1990, l'Iran distribuait aussi, par le biais de son ambassade à Bonn, d'énormes sommes en liquide afin d'accroître le poids du fondamentalisme et du terrorisme en Europe. Les sommes en jeu étaient d'autant plus ahurissantes que l'Iran était économiquement à genoux au terme de ses huit années de guerre contre l'Irak, qui s'étaient achevées par un cessez-le-feu en 1988.

Mais en ce jour de novembre, dans cette salle de réunion de la Kyria, il n'était pas question de parler de la menace iranienne. « I » avait obtenu la copie d'un plan de bataille irakien dérobé par des espions iraniens au quartier général militaire de Bagdad ; ce plan expliquait notamment dans le détail que des missiles Scud pourraient être utilisés pour lancer des ogives chimiques et bactériologiques contre l'Iran, le Koweït… et Israël.

Une même question traversa naturellement l'esprit des trois hommes : cette information était-elle fiable ? « I » était un contact sérieux, il l'avait amplement prouvé jusque-là. Mais bien que précieuses, ses informations passées paraissaient bien pâles par rapport à celle qu'il venait de glaner. Ne pouvait-il pas s'agir d'une manœuvre des services iraniens pour pousser Israël à une frappe préventive contre l'Irak ? « I » avait-il été repéré par l'Iran ? Était-il manipulé ?

Tenter de répondre à cette question était en soi trop risqué. Il faudrait du temps – peut-être des semaines – pour qu'un *katsa* puisse établir le contact avec « I ». Il était toujours extrêmement délicat de faire remonter une taupe cachée en profondeur. Et si « I » n'avait pas été repéré jusque-là, sa sécurité risquait de s'en trouver menacée. Mais à l'opposé, se fier aveuglément au plan de bataille irakien sans s'assurer de son authenticité pouvait avoir des conséquences désastreuses. Une frappe préventive israélienne entraînerait forcément des représailles de Saddam Hussein – et risquait de tuer dans l'œuf l'alliance qui était péniblement en train de s'organiser à Washington pour bouter le dictateur hors du Koweït. Nombre de membres arabes seraient alors tentés de soutenir l'Irak contre Israël.

Il n'y avait qu'une seule solution pour découvrir la vérité, et c'était précisément pour cela que Shalom avait été envoyé en Irak. En rase-mottes, l'hélicoptère chargé de le transporter avait survolé une partie du territoire jordanien en pleine nuit. Avec son revêtement d'engin furtif et son moteur à silencieux, le Sikorsky était presque indétectable, même pour les radars jordaniens les plus perfectionnés. Il avait atteint sans encombre le point de largage, situé à la frontière irakienne.

Shalom avait ensuite été englouti par la nuit. En dépit de son entraînement intensif, rien ne l'avait vraiment préparé à ce terrible moment : il était à présent seul au monde. Pour survivre, il devait impérativement respecter son environnement. Aucun endroit sur terre n'était aussi imprévisible que le désert. Une tempête de sable pouvait à tout instant se lever, chambouler entièrement le paysage, l'ensevelir vivant.

La plus subtile modification de la couleur du ciel pouvait augurer d'un bouleversement climatique imminent. Il faudrait qu'il établisse lui-même ses prévisions météorologiques. Il lui faudrait désormais tout accomplir seul en laissant ses tympans s'accoutumer au silence – et en gardant toujours à l'esprit que le silence du désert ne ressemblait à aucun autre. Enfin et surtout, il veillerait à garder constamment en mémoire que sa première erreur risquait d'être aussi sa dernière.

Trois jours après avoir quitté l'hélicoptère, en cette aube glacée de décembre, Shalom avait donc rampé jusqu'au bord de cet oued. Sous sa *hupta*, il portait des lunettes spéciales qui teintaient l'obscurité du paysage d'un halo crépusculaire. Il n'avait qu'une seule arme avec lui : le couteau de chasse que n'importe quel autre Sarami se serait attendu à lui voir porter. Il avait appris à s'en servir pour tuer. Devait-il se donner la peine de l'utiliser en cas de combat contre un ennemi mieux équipé ? Il l'ignorait. Ne valait-il pas mieux le retourner contre lui-même, ou avaler la pilule de poison qu'il emportait partout ? Depuis la tragique capture et la pendaison d'Eli Cohen, tous les *katsas* opérant en Iran, en Irak, au Yémen et en Syrie avaient obtenu le droit de se donner la mort plutôt que de tomber aux mains de tortionnaires aux méthodes d'interrogatoire décidément trop barbares.

Dans leur camp installé à environ huit cents mètres de l'oued, les nomades venaient d'entonner leurs premières prières du jour. Quelques chiens aboyaient, mais Shalom savait qu'ils ne s'aventureraient pas hors du camp tant que le soleil n'aurait pas franchi la ligne d'horizon : son entraînement avait inclus une étude méticuleuse du comportement des animaux dans le désert.

D'après les informations dont il disposait, le convoi devait apparaître quelque part entre le camp nomade et les montagnes qui se dressaient au loin sur sa gauche. Un regard non exercé n'aurait certainement pas repéré le tracé de la piste. Mais pour Shalom, il était aussi visible qu'une route soigneusement balisée : il distinguait nettement les minuscules bourrelets de sable formés par les taupes du désert, qui aimaient particulièrement creuser leurs galeries entre les traces de pneus.

Le soleil était déjà haut quand le convoi apparut : un lanceur mobile de Scud et son véhicule de soutien logistique. Il s'immobilisa à quelque huit cents mètres de Shalom, qui commença à le photographier tout en déclenchant son chronomètre.

Il fallut quinze minutes à l'équipage irakien pour lancer son Scud. La fusée s'éleva en arc de cercle et disparut au-delà de l'horizon. Au bout de quelques minutes, le convoi était reparti à vive allure vers les montagnes. Son missile s'abattrait bientôt sur Tel-Aviv ou sur quelque autre ville israélienne – à moins qu'il ne s'agisse d'un simple tir d'essai. Shalom en avait assez vu. Il était temps pour lui d'entreprendre son long voyage de retour vers la Terre sainte.

Six semaines plus tard, le 12 janvier 1991, Shalom faisait partie de la délégation interservices du Mossad et de l'Aman qui prit place autour d'une table de conférence du JSOC – le Joint Special Operations Command – de la base aérienne américaine de Pope, en Géorgie. Le JSOC, responsable des opérations des Bérets verts et des SEAL, maintenait d'étroites relations de travail avec le Mossad.

Juste après que Shalom fut rentré d'Irak, Shavit informa le général Earl Stiner, chef des opérations du JSOC, que Saddam Hussein ne faisait pas que gesticuler dans le vide. Cet officier au tempérament de fonceur, au langage cru et aux manières peu raffinées était très apprécié des Israéliens. D'ailleurs, dès qu'il s'agissait de tenir un conseil de guerre, on oubliait son accent traînant du Tennessee pour être saisi par l'audace de ses décisions. En tant que patron des forces spéciales américaines, il connaissait l'importance d'un bon service de renseignement, et son expérience personnelle au Proche-Orient l'avait convaincu que le Mossad était ce qui se faisait de mieux en la matière.

Depuis l'incursion de Saddam Hussein au Koweït, Stiner communiquait régulièrement avec ses contacts israéliens. Il avait rencontré certains d'entre eux en 1983 : général de brigade fraîchement promu, il avait été envoyé secrètement par le Pentagone à Beyrouth pour faire bien comprendre aux chefs d'état-major de la force multinationale jusqu'à quel point les États-Unis seraient prêts à se laisser entraîner dans la guerre du Liban.

Plus tard, il avait collaboré avec le Mossad pendant le détournement de l'*Achille Lauro* ; à la tête d'un commando de la Force Delta, il avait pris position sur une base de l'aviation italienne en Sicile, où les pirates avaient fait escale dans un avion de ligne après avoir quitté l'Égypte. Mais les troupes italiennes s'étaient opposées à l'intervention de Stiner, qui voulait à tout prix capturer les pirates, et une fusillade avait failli éclater. Frustré, Stiner avait lancé son avion à la poursuite de celui des pirates et n'avait abandonné la chasse que lorsque les deux appareils étaient entrés dans l'espace aérien romain et que les contrôleurs de l'aéroport avaient menacé d'abattre le transporteur de la Force Delta pour « piraterie ». En 1989, Stiner prit le commandement terrestre de l'invasion de Panama, et il joua un rôle prépondérant dans la rapide capture de Manuel Noriega.

Seuls les chefs d'état-major interalliés, les généraux Colin Powell et Norman Schwarzkopf, connaissaient les liens de Stiner avec le Mossad. Pendant que Schwarzkopf se battait pour instaurer une ligne de défense le long de la frontière saoudienne afin de faire face à une éventuelle offensive irakienne venue du Koweït, les agents de Stiner travaillaient en liaison étroite avec le Mossad pour encourager les mouvements de résistance irakiens à renverser Saddam.

Quand le général de division Wayne Downing, grand patron du JSOC, avait organisé cette réunion dans la salle de conférence, chacun savait que le monde avait entamé un dialogue de sourds avec Bagdad. L'heure limite de l'ultimatum fixé par les Nations unies au 15 janvier 1991 à minuit se rapprochait inexorablement. Saddam continuait d'attendre avec impatience ce qu'il annonçait comme la « mère de toutes les batailles ».

Downing ouvrit la réunion en rappelant à son auditoire que Washington exigeait toujours qu'Israël reste en dehors du conflit. En échange, l'État hébreu se verrait offrir des compensations politiques et économiques à long terme.

Les Israéliens réagirent immédiatement en brandissant un jeu de photos que Shalom avait prises lors du lancement du Scud en plein désert. Et si Saddam avait réussi à adapter une ogive nucléaire sur ce type de missile ? Le Mossad savait que l'Irak disposait déjà de l'infrastructure technologique nécessaire à la production d'un engin atomique grossier. Il semblait également capable d'adapter des ogives chimiques ou biologiques sur ses Scud. Pouvait-on exiger des Israéliens qu'ils attendent les bras croisés ? Quelle solution la coalition proposait-elle pour neutraliser les Scud avant leur lancement ? Les Américains avaient-ils seulement une idée du nombre de missiles en possession de Saddam Hussein ?

Un spécialiste du renseignement du JSOC répondit que ses « meilleures estimations » faisaient état d'une cinquantaine d'unités.

– Nous pensons quant à nous que Saddam en a cinq fois plus, rétorqua Shabtai Shavit. Il se peut même qu'il en ait cinq cents.

Le silence médusé qui s'abattit sur la salle fut finalement rompu par une question de Downing. Shavit était-il en mesure d'indiquer l'emplacement de ces missiles ? Le chef du Mossad répondit seulement que les Scud étaient cachés dans le désert, à l'ouest et à l'est du pays. Les Américains ne purent qu'approuver Downing quand celui-ci fit remarquer :

– Ça nous laisse un paquet de désert à fouiller.

– Raison de plus, dit Shavit, sans se donner la peine de cacher son agacement. Plus tôt vous vous y mettrez, et mieux cela vaudra.

Downing promit de consacrer à cette affaire l'énergie qu'elle méritait, et la réunion prit fin après qu'il eut une fois de plus répété qu'Israël devait absolument rester à l'écart du conflit en préparation – mais qu'en revanche tous les renseignements collectés par le Mossad et l'Aman continueraient d'être les bienvenus. Entre-temps, les Israéliens pouvaient être certains que les États-Unis et leurs partenaires s'occuperaient des Scud de Saddam. Les représentants de l'État hébreu repartirent au pays avec le sentiment très net de s'être laissé prendre à un marché de dupes.

Peu après 3 h du matin, le 17 janvier 1991 – soit quelques heures à peine après le début de l'opération Tempête du désert –, sept Scud s'abattirent sur Tel-Aviv et Haïfa, détruisant 1 587 bâtiments et blessant quarante-sept civils.

Dans la matinée, le Premier ministre Yitzhak Shamir décrocha le téléphone rouge qui le reliait à Washington et demanda d'une voix sépulcrale au président George Bush combien d'Israéliens devraient trouver la mort avant que le gouvernement américain ne réagisse. Bush plaida de nouveau en faveur de la neutralité israélienne et Shamir l'avertit qu'Israël ne resterait pas longtemps sur la touche dans de telles conditions.

À dire vrai, Shamir avait déjà ordonné à son aviation de patrouiller au nord de l'espace aérien irakien. Bush lui promit immédiatement que si les Israéliens rappelaient leurs appareils, il enverrait « en quatrième vitesse » deux batteries de missiles antimissiles Patriot pour « renforcer la défense de vos villes » ; il promit aussi que les forces de la coalition « détruiraient les Scud restants d'ici à quelques jours ».

Mais des missiles continuaient de tomber sur Israël. Le 22 janvier, l'un d'eux atterrit à Ramat Gan, dans la banlieue de Tel-Aviv. Quatre-vingt-seize civils furent blessés, dont plusieurs grièvement ; trois personnes moururent des suites d'une crise cardiaque. Le bruit des explosions résonna jusqu'au QG du Mossad. À la Kyria, Amnon Shahak contacta sur une ligne directe le National Military Command Center installé au deuxième étage du Pentagone. Son appel fut encore plus bref que celui de Shamir. En substance, le message était le suivant :

« Bougez-vous, ou Israël s'en chargera ! »

Quelques heures plus tard, Downing et ses commandos s'envolaient vers l'Arabie Saoudite. Shalom les attendait à l'orée du petit village frontalier irakien d'Ar Ar, vêtu d'un treillis de l'armée britannique. Il n'expliqua à personne – et personne ne le lui demanda – comment il était arrivé là. Il annonça aux Américains une nouvelle de premier choix : il était désormais en mesure de leur confirmer la présence de quatre lance-missiles mobiles de Scud à moins de trente minutes de vol de l'endroit où ils se trouvaient.

– On y va ! s'écria Downing. Allons botter quelques culs ennemis !

Des hélicoptères Chinook transportèrent le commando dans le désert irakien, ainsi qu'une Land Rover spécialement adaptée pour opérer sur un terrain proche d'un paysage lunaire. Une heure plus tard, ils localisèrent les lanceurs de Scud. Par radio, le chef du commando appela à la rescousse une escadrille de chasseurs-bombardiers américains armés, entre autres engins mortifères, de bombes antipersonnel. Un hélicoptère Black Hawk tournoya au-dessus du site pour filmer la manœuvre.

Quelques heures plus tard, une copie de la bande atterrit sur le bureau de Shamir à Tel-Aviv. Le Premier ministre la visionna sans tarder.

Lorsque Bush le rappela, Shamir concéda qu'il en avait assez vu pour maintenir provisoirement son pays à l'écart du conflit. Ni l'un ni l'autre dirigeant ne fit allusion au rôle joué par le Mossad dans l'opération.

Jusqu'à la fin de la guerre du Golfe, les Scud devaient tuer ou blesser près de cinq cents personnes – dont cent vingt-huit Américains, atteints par l'explosion d'un missile en Arabie Saoudite ; par ailleurs, plus de quatre mille Israéliens se retrouvèrent sans abri.

Après le conflit, le Mossad et l'Aman furent soumis à un feu roulant de critiques lors des réunions secrètes organisées par la sous-commission des Affaires étrangères chargée du contrôle du renseignement de la Knesset. On reprocha explicitement aux deux services de n'avoir pas réussi à prévoir l'invasion du Koweït et à fournir des « signaux assez forts » de la menace irakienne. Selon certaines fuites, il y eut notamment plusieurs échanges d'injures entre Amnon Shahak (le chef de l'Aman), Shabtai Shavit et des membres de la sous-commission. Au terme d'une de ces joutes verbales, le chef du Mossad avait failli remettre sa démission. Cependant, tout n'était pas encore perdu pour Shavit, même si le cercle se refermait autour de lui.

Le LAP, généralement sollicité pour répandre de fausses rumeurs et noircir la réputation des ennemis d'Israël dans la presse mondiale, concentra pour une fois ses efforts sur les médias locaux. Des journalistes bienveillants furent appelés à la rescousse : on leur expliqua qu'il n'y avait pas eu à proprement parler pénurie d'informations, mais que l'opinion israélienne s'était sans doute habituée au fil des ans à être un peu trop gâtée à cet égard.

Le LAP eut aussi recours à des vérités éculées : aucun autre pays de taille et de population comparables à Israël n'était capable de recueillir et de traiter un tel volume de renseignements ; aucun service secret ne pouvait rivaliser avec le Mossad en matière d'observation permanente du climat et des intentions politiques des pays ennemis, ni se vanter d'avoir aussi bien réussi à déjouer leurs plans pendant près de cinquante ans. Ces lieux communs trouvèrent un écho favorable dans une presse trop heureuse de répercuter des informations « issues du sérail ».

Une moisson d'articles s'employa également à rappeler aux lecteurs que, malgré les coupes sombres qu'avait subies le budget de la Défense peu avant la guerre du Golfe, le Mossad avait continué à se battre avec une énergie farouche au Liban, en Jordanie, en Syrie et en Irak. Le public n'eut aucun mal à lire entre les lignes : si le Mossad avait pu se retrouver gêné aux entournures, c'était parce que les politiques avaient mal distribué le budget de la Défense. C'était un argument récurrent, qui faisait mouche à tous les coups, d'autant que la population était encore sous le choc des Scud irakiens. En imputant les souffrances nationales au manque de moyens financiers, le Mossad réussit à renvoyer les critiques vers la sphère politique. Afin de ne plus se trouver démuni en cas d'offensive irakienne, Israël, qui dépendait depuis toujours des satellites américains, décida d'accélérer son programme spatial. Le lancement d'un satellite militaire spécifiquement conçu pour surveiller l'Irak devint une priorité absolue. Un nouveau missile antimissile, le Hetz, fut massivement mis en production. Plusieurs batteries de Patriot furent parallèlement commandées aux États-Unis.

Face à ce soudain afflux de propagande favorable au Mossad, la sous-commission des Affaires étrangères fit le dos rond. Shavit émergea de la polémique en vainqueur bien décidé à renforcer la position de son service. Il dépêcha des *katsas* en Irak pour tenter de recenser tout ce qui, de l'arsenal chimique et bactériologique de Saddam Hussein, avait pu échapper aux bombardements alliés.

Ils découvrirent que Bagdad détenait encore des quantités considérables de virus Ebola, de bacille du charbon et de virus de la variole, de même que des agents chimiques capables non seulement d'anéantir tous les hommes, femmes et enfants d'Israël, mais aussi une proportion non négligeable de la population terrestre.

La question qui se posa alors à Shabtai, aux autres patrons de services secrets et aux dirigeants d'Israël fut la suivante : fallait-il ou non divulguer ce genre d'information ? L'annonce susciterait forcément un mouvement de panique en Israël, sans parler d'autres effets négatifs importants : L'industrie touristique du pays agonisait, quasiment asphyxiée par la guerre du Golfe, l'économie israélienne était au fond du puits, et les investissements étrangers ne reprenaient qu'avec une extrême lenteur. Clamer haut et fort qu'Israël restait à la portée d'armes aussi terrifiantes avait peu de chances d'attirer les visiteurs ou les capitaux.

En outre, la dissolution de la coalition militaire mise en place lors de la guerre du Golfe – et dont les membres arabes n'avaient jamais manifesté beaucoup d'empressement à affronter leurs propres frères – avait provoqué un regain de compassion pour la misère du peuple irakien. Les preuves de la destruction massive provoquée par les bombardements alliés et les terribles difficultés de la population civile avaient suscité une vive émotion au Proche-Orient – et attisé l'hostilité des Arabes envers Israël. Par ailleurs, si Tel-Aviv publiait des informations sur les stocks irakiens d'armes chimiques et bactériologiques, les pays pro-Arabes de l'Occident ne manqueraient pas d'y voir une tentative de pousser les États-Unis et la Grande-Bretagne à lancer de nouvelles attaques contre l'Irak.

Le débat fut aussi alimenté par les discussions secrètes qui étaient alors en cours pour mettre un terme aux hostilités entre l'OLP et Israël. En 1992, ces pourparlers se déplacèrent en Norvège, et ils allaient bon train, même s'il allait encore falloir attendre un an pour qu'un accord soit défini et publiquement scellé : cet événement historique se produisit en octobre 1993, quand Yasser Arafat échangea une poignée de mains avec Yitzhak Rabin sur la pelouse de la Maison-Blanche, sous le regard béat du président Clinton. Pour chacun des trois dirigeants, il s'agissait d'un authentique triomphe diplomatique personnel.

Cependant, personne au Mossad ne partageait vraiment l'espoir que le principe de « la terre pour la paix » – une patrie pour les Palestiniens en échange de l'arrêt total des combats – allait fonctionner. Le fondamentalisme islamique était en marche, et les voisins d'Israël – la

Jordanie, l'Égypte et la Syrie – étaient sans cesse harcelés par les forces extrémistes iraniennes. Pour les mollahs de Téhéran, Israël restait un État paria. Pour les gens du Mossad comme pour de nombreux Israéliens, la perspective d'une paix durable avec l'OLP était un rêve totalement irréaliste. Les sionistes ne tenaient guère à s'entendre avec les Arabes, dont ils considéraient la religion et la culture comme inférieures aux leurs, et avaient beaucoup de mal à accepter l'idée que l'accord d'Oslo garantirait désormais l'avenir de leurs pays et la cohabitation pacifique des deux peuples, sinon dans le bonheur perpétuel, du moins dans un certain respect réciproque.

Ces divers facteurs furent soigneusement soupesés par Shabtai Shavit au moment où il se demanda s'il fallait ou non divulguer l'existence de l'arsenal irakien. Au bout du compte, il décida de garder l'information secrète afin de ne pas troubler la vague d'optimisme qui, à l'étranger en tout cas, avait suivi la signature de l'accord. Si les choses tournaient mal, il serait toujours temps de la rendre publique. L'image d'un Saddam Hussein plus cruel que jamais, rêvant de voir un de ses agents introduire le bacille du charbon dans le métro new-yorkais ou le virus Ebola dans le système de climatisation d'un Boeing 747 rempli de passagers – soit, dans les deux cas, une bombe infectieuse à retardement capable de contaminer des milliers de personnes avant que la sinistre vérité ne soit divulguée –, était une arme idéale pour les experts en guerre psychologique du Mossad, susceptible d'être exploitée très efficacement dès que le moment serait venu de dresser l'opinion publique internationale contre l'Irak.

Dans deux autres affaires récentes, le Mossad n'avait pas davantage hésité à dissimuler certains éléments clés, ce qui avait causé un tort et un embarras considérables aux États-Unis.

Un soir de décembre 1988, le vol 103 Londres-New York de la Pan American Airways explosa en plein vol au-dessus de Lockerbie, en Ecosse. Il ne fallut pas longtemps au personnel du LAP, pendu à ses téléphones, pour mettre en branle ses nombreux contacts dans la presse et les inciter à publier l'information suivante : les enquêteurs disposaient d'ores et déjà de « preuves incontestables » que la Libye, par l'intermédiaire de son service secret – le Jamahirya –, était à l'origine de l'explosion. (L'auteur du présent livre devait lui-même recevoir un coup de téléphone du LAP quelques heures seulement après la catastrophe.) L'occident imposa promptement des sanctions au régime de Kadhafi. Les États-Unis et la Grande-Bretagne inculpèrent deux citoyens libyens pour l'attentat, mais Kadhafi refusa de livrer ses ressortissants à la justice américaine ou anglaise.

Sur ce, le LAP accusa la Syrie et l'Iran de complicité. Le dossier contre Damas n'était guère étayé que par le goût bien connu du président Assad pour le terrorisme d'État. En ce qui concernait l'Iran, l'accusation était plus précise : le vol 103 de la Pan Am avait été détruit à titre de représailles après que, le 3 juillet 1988, le navire américain *USS Vincennes* eut abattu par erreur un avion commercial iranien dans le golfe Persique, provoquant la mort de 290 passagers. Il s'agissait d'une tragique méprise, à l'issue de laquelle les États-Unis avaient présenté à l'Iran des excuses officielles.

Le LAP accusa ensuite le Front populaire de libération de la Palestine (FPLP) d'avoir trempé dans le complot. Aucun des journalistes qui s'empressèrent de publier cette nouvelle ne prit le temps de se demander pourquoi la Libye, accusée seule dans un premier temps, aurait tout à coup eu besoin de demander de l'aide à la Syrie, à l'Iran, ou à l'organisation terroriste de Georges Habache.

Selon une source des services secrets britanniques :

– Le LAP avait le vent en poupe. Lockerbie était pour lui l'occasion rêvée de rappeler au monde l'existence d'une internationale terroriste. Mais dans ce cas précis, les prétendus tuyaux du Mossad étaient inutiles. Nous savions bien que les Libyens étaient les seuls responsables.

Et pourtant… À la lumière de certains faits, il se peut que la tragédie du vol 103 ait eu une genèse un peu moins limpide que certains ne l'affirmaient à l'époque.

Cette tragédie s'était produite alors que George Bush venait d'être élu président ; son équipe de transition à la Maison-Blanche était encore en train de s'informer de la situation au Proche-Orient, de manière à ce que Bush puisse « démarrer au huitième de tour » dès qu'il prendrait possession du bureau Ovale.

Bush avait dirigé la CIA en 1976-1977, à une époque où le secrétaire d'État Henry Kissinger pesait largement sur la politique pro-israélienne de Washington. Même si Bush affichait publiquement la même amitié pour l'État juif que Ronald Reagan, ses années à la tête de la CIA l'avaient convaincu de ce que son prédécesseur s'était montré un peu « trop naïf avec Israël ». Bush n'avait pas besoin de se faire rappeler comment, en 1986, les États-Unis avaient été contraints de renoncer à une vente d'armes de près de 2 milliards de dollars avec la Jordanie par suite d'une intervention du lobby juif au Congrès. Bush déclara à son équipe de transition qu'en tant que président des États-Unis il ne tolérerait aucune atteinte au droit des « Américains de faire des affaires où et avec qui ils le souhaitaient ». Cette attitude allait jouer un rôle dans la destruction du vol 103.

L'appareil qui avait quitté Londres en cette nuit de décembre 1988 transportait à son bord huit membres des services secrets américains de retour d'une mission au Proche-Orient. Quatre d'entre eux étaient des agents de la CIA commandés par Matthew Gannon. Se trouvaient également dans l'avion le major Charles McKee, de l'armée des États-Unis, et sa petite équipe d'experts en prise d'otages. Ils s'étaient rendus au Proche-Orient pour étudier la possibilité d'une remise en liberté des otages occidentaux toujours retenus à Beyrouth. Bien que l'enquête sur l'explosion du Boeing ait été officiellement confiée à une équipe écossaise, des agents de la CIA se rendirent sur les lieux dès que la valise de McKee eut été retrouvée, fermée et miraculeusement intacte. Elle fut brièvement retirée du théâtre des opérations par un homme qui s'était présenté comme un officier de la CIA, mais qui ne devait jamais être formellement identifié. Plus tard, elle fut restituée aux enquêteurs écossais… vide.

Personne ne se demanda ce qu'étaient devenus les effets personnels de McKee, et encore moins pourquoi il aurait voyagé avec une valise vide. Personne ne soupçonna l'agent de la CIA d'en avoir retiré des pièces à conviction susceptibles d'expliquer pourquoi le vol 103 avait explosé. Quant aux bagages de Gannon, ils ne furent jamais retrouvés – et on émit l'hypothèse que la bombe avait pu être placée dans sa valise, sans préciser toutefois comment et pourquoi.

Le magazine d'investigation télévisé *Frontline*, sur la chaîne PBS, affirma plus tard avoir résolu l'énigme de Lockerbie. Le vol 103 avait entamé son périple à Francfort, où il avait embarqué un certain nombre de passagers en provenance du Proche-Orient et à destination des États-Unis. Parmi eux, Gannon et son équipe de la CIA, qui avaient d'abord rallié Francfort sur Air Malta. Rien ne distinguait leurs bagages des milliers de valises transitant chaque jour entre les mains des manutentionnaires de l'aéroport de Francfort. Quelque part sur un quai d'embarquement, un employé se serait vu remettre la valise contenant la bombe. On lui aurait donné l'ordre de l'échanger contre une valise identique arrivée en correspondance pour être ensuite embarquée à bord du vol 103. C'était une théorie plausible – parmi d'autres.

Logiquement désireux de prouver que la destruction du vol 103 était le résultat d'un acte terroriste dont ils ne pouvaient être tenus pour responsables, les assureurs de la compagnie firent appel aux services d'une agence de détectives privés de New York, l'Interfor. L'agence avait été fondée en 1979 par un Israélien, Yuval Aviv, installé aux États-Unis l'année précédente. Aviv prétendait être un ancien officier du Mossad – affirmation toujours démentie par le service. Quoi qu'il en soit, il avait convaincu les assureurs qu'il disposait des relations nécessaires pour découvrir la vérité.

Quand ses clients reçurent son rapport, ils furent incapables de dissimuler leur stupeur. Aviv concluait que l'attaque avait été planifiée et exécutée « par un groupe véreux de la CIA basé en Allemagne et chargé de protéger un réseau de trafic de drogue entre le Proche-Orient et les États-Unis, via Francfort ». L'explication donnée était la suivante : « Si la CIA n'a rien fait pour démanteler ce réseau, c'est parce que les trafiquants l'aidaient par ailleurs à acheminer des armes vers l'Iran dans le cadre de l'accord armes contre otages. La méthode utilisée pour passer la drogue était simple. Quelqu'un enregistrait une valise sur un vol, et un complice employé au chargement des bagages l'échangeait contre une valise identique contenant la drogue. Le jour de la tragédie, un terroriste syrien qui avait découvert la combine a échangé la valise pleine de drogue contre une autre, qui contenait la bombe. Son objectif était de tuer les agents secrets américains dont la Syrie avait appris qu'ils seraient à bord du vol 103. »

Le rapport d'Aviv affirmait que McKee connaissait l'existence du « groupe véreux de la CIA » – qui opérait sous le nom de code COREA – et que ses membres avaient également des liens étroits avec un de ces mystérieux personnages que l'on croise souvent à la lisière du monde des services secrets. Monzer al-Kassar s'était forgé une solide réputation de marchand de canons en Europe : il avait notamment fourni au colonel Oliver North des armes à envoyer aux Contras nicaraguayens en 1985-1986. Al-Kassar entretenait aussi des liens avec l'organisation d'Abou Nidal, sans parler de ses relations de famille également douteuses : Ali Issa Duba, le chef du renseignement syrien, n'était autre que son beau-frère ; quant à sa femme, elle appartenait à la famille du président syrien Assad. Selon le rapport d'Aviv, al-Kassar avait trouvé dans les agents du COREA un partenaire zélé pour son réseau de trafic de drogue. Celui-ci avait fonctionné à plein pendant plusieurs mois avant la destruction du vol 103. Le rapport ajoutait plus loin que McKee avait découvert le pot aux roses en enquêtant au Proche-Orient sur les moyens de libérer les otages de Beyrouth. Aviv précisait que « McKee projetait de rapporter dans son pays la preuve des liens entre les agents véreux et Al-Kassar ».

En 1994, Joel Bainerman, auteur d'une étude sur les services secrets israéliens et dont divers articles ont été publiés dans le *Wall Street Journal*, le *Christian Science Monitor* et le *Financial Times* britannique, écrivit :

« Vingt-quatre heures avant le départ, le Mossad a informé le BKA allemand de l'existence d'un plan visant à placer une bombe à bord du vol 103. Le BKA a transmis l'information au COREA, un groupe de la CIA, qui était basé à Francfort et qui a fait savoir qu'il s'occupait de tout. »

L'avocat de la Pan Am, Gregory Buhler, assigna à comparaître le FBI, la CIA, la FAA, la DEA, le NSC et la NSA pour révéler ce qu'ils savaient mais, ainsi qu'il le déclara plus tard, « le gouvernement a rejeté ma demande en bloc en se retranchant derrière la sécurité nationale ».

Ni les réalisateurs de l'émission *Frontline*, ni Yuval Aviv, ni Joel Bainerman n'ont cependant réussi à fournir des réponses convaincantes à un certain nombre de questions troublantes. Si les activités du groupe COREA ont bénéficié d'une protection, jusqu'où cette protection remontait-elle dans la hiérarchie de la CIA ? Qui a donné son feu vert à ces activités illicites et (ou) ordonné la destruction de documents embarrassants contenus dans la valise de McKee ? Pourquoi le BKA allemand a-t-il transmis ses informations au COREA ? S'agissait-il d'un pur hasard ou est-ce parce que quelqu'un avait finalement décidé que les activités du COREA mettaient d'autres personnes en danger au sein de la CIA ? Et quelles sont au juste les raisons de « sécurité nationale » qui ont valu à l'avocat de la Pan Am le rejet en bloc de ses assignations à comparaître ?

Au fil des ans, ces questions ont intéressé plus d'un service de renseignement, mais les réponses sont restées à bonne distance du public. Un autre mystère devait demeurer sans solution : pourquoi le Mossad a-t-il envoyé un *katsa* à Lockerbie dans les heures qui ont suivi l'explosion du vol 103 ?

À ce jour, le service israélien a jugé bon de garder pour lui ce qu'il sait de la destruction de l'appareil. Certaines sources, qui préfèrent ne pas être citées pour des raisons de sécurité, n'hésitent pas à affirmer que le Mossad se tait pour garder en réserve une monnaie d'échange au cas où Washington accroîtrait sa pression pour l'empêcher de mener ses activités aux États-Unis.

Une chose est sûre : il existe une seconde affaire, qui pourrait se révéler tout aussi embarrassante pour le milieu de l'espionnage américain. Elle concerne l'étrange fin d'Amiram Nir – ce personnage au goût marqué pour les films de James Bond qui, quelque temps plus tôt, avait pris la place de David Kimche en tant que maillon israélien de l'Irangate.

En un sens, Amiram Nir était taillé sur mesure pour devenir le conseiller à la lutte antiterroriste du Premier ministre Shimon Peres. Manipulateur, fouineur, âpre au gain et impitoyable, Nir déployait en outre un charme tapageur, une démesure, une ironie, une imagination et une capacité à violer les règles qui lui permettaient de louvoyer sans cesse entre les faits et la fiction : c'était un ancien journaliste.

Sa seule expérience du renseignement lui venait de son travail à la télévision israélienne, puis à la rédaction du plus grand journal du pays, *Yediot Aharonot* – propriété de la dynastie Moses, d'où était issue sa femme. Cet empire éditorial représentait tout ce que Robert Maxwell ne fut jamais : un modèle de respectabilité et de puissance financière. Le beau mariage de Nir avait non seulement fait de lui l'époux d'une des plus riches héritières d'Israël, il lui avait aussi ouvert les portes des plus hauts échelons de la hiérarchie politique nationale.

Cependant, sa nomination au poste ultrasensible de conseiller à la lutte antiterroriste – faisant de lui, du jour au lendemain, un des personnages clés du renseignement israélien – en étonna plus d'un.

Nir n'avait que trente-quatre ans, et pour tout bagage opérationnel en matière d'espionnage un court stage effectué dans l'armée. Même chez ses amis, l'opinion prévalait que sa belle gueule taillée à la serpe ne suffirait pas à lui permettre de s'acquitter de ses nouvelles responsabilités.

Le chef du Mossad, Nahum Admoni, fut le premier à réagir à sa nomination : il modifia illico les statuts du Comité des chefs de service pour l'exclure de ses délibérations. Sans se laisser démonter, Nir passa ses premières semaines à lire à toute vitesse les dossiers qui lui tombaient sous la main. Il en vint vite à s'intéresser à l'opération de vente d'armes à l'Iran, qui fonctionnait toujours. Croyant avoir trouvé là une belle occasion de faire ses preuves, il persuada Peres de lui laisser reprendre le rôle récemment délaissé par David Kimche. Fort des conseils de l'incontournable Ari Ben Menashe, Nir ne tarda pas à frayer à son tour avec Oliver North.

Bientôt, les deux hommes s'entendirent comme larrons en foire et se mirent à brasser de grosses affaires autour du globe. À l'occasion d'un de leurs voyages, ils échafaudèrent un plan destiné à conduire l'opération armes contre otages à une issue triomphale : ils allaient se rendre tous les deux à Téhéran, rencontrer les dirigeants iraniens et négocier la libération des derniers captifs.

Le 25 mai 1986, en se faisant passer pour des techniciens de la compagnie aérienne nationale irlandaise, Nir et North décollèrent de Tel-Aviv pour Téhéran dans un appareil israélien repeint aux couleurs d'Aer Lingus. L'avion emportait dans ses soutes quatre-vingt-dix-sept missiles radioguidés TOW et une palette de pièces de rechange pour missiles Hawk. Nir disposait d'un faux passeport américain fourni par North.

Toujours très imbu de son rôle de prédicateur, North avait réussi à persuader le président Reagan de dédicacer une Bible à l'intention de l'ayatollah Rafsanjani. Il avait aussi prévu pour l'occasion un immense gâteau au chocolat et une paire de revolvers Colt qu'il offrit à ses hôtes. L'ensemble était censé être une subtile référence à l'ère des Pères pèlerins qui avaient disputé pied à pied les terrains de l'île de Manhattan aux indigènes.

Quand le Mossad eut vent de l'opération, l'appareil se trouvait déjà dans l'espace aérien iranien. Nahum Admoni réagit en laissant exploser ce qu'un témoin devait décrire comme « une rage incandescente ».

Fort heureusement, les Iraniens se contentèrent de mettre les deux visiteurs à la porte et d'exploiter leur grotesque initiative pour lancer une attaque de propagande massive contre les États-Unis. Reagan était furieux. À Tel-Aviv, Admoni fustigea Nir en le traitant de « cow-boy ». Cependant, Nir réussit à garder sa place au sein du gouvernement pendant dix mois supplémentaires, jusqu'à ce que les attaques isolées dont il était l'objet se soient transformées en véritable tir de barrage. Pendant ces dix mois, les dossiers Hindaoui, Vanunu et Sowan défilèrent sur son bureau, mais le Mossad ignora superbement toutes ses suggestions.

Isolé à Tel-Aviv comme à Washington, Amiram Nir finit par rendre son tablier en mars 1987. Son mariage prenait l'eau, et son cercle d'amis s'était réduit comme une peau de chagrin. Ari Ben Menashe fut l'un des rares à garder le contact avec lui. Au début de l'année 1988, Nir quitta Israël pour s'installer à Londres.

Il se mit en ménage avec une jolie Canadienne âgée de vingt-cinq ans et aux cheveux de jais, Adriana Stanton, qui affirmait être une secrétaire de Toronto et que Nir avait rencontrée lors d'un de ses voyages. Plusieurs agents du Mossad virent en elle un appât contrôlé par la CIA. À Londres, Nir ne tarda pas à devenir le représentant européen d'une grosse société agro-alimentaire mexicaine, la Nucal de Mexico ; basée à Uruapan, elle contrôlait un tiers des exportations d'avocats du pays.

Mais ce n'était pas pour parler d'avocats qu'Ari Ben Menashe frappa à la porte de Nir par une soirée pluvieuse de novembre 1988. Il voulait savoir ce que l'ancien journaliste avait l'intention de révéler lors du procès d'Oliver North, qui devait s'ouvrir bientôt – et dont il serait certainement un témoin majeur. Nir lui répondit sans ambages que son témoignage serait très embarrassant, non seulement pour l'administration Reagan, mais aussi pour Israël : il avait l'intention de montrer à quel point il avait été facile aux instigateurs de l'Irangate de contourner les règlements et contrôles internationaux pour organiser un certain nombre d'opérations illégales impliquant plusieurs autres pays, dont l'Afrique du Sud et le Chili. Il ajouta qu'il projetait d'écrire un livre dont il s'attendait à ce qu'il fasse énormément de bruit. Ari Ben Menashe prit rendez-vous avec Nir après son prochain voyage au Mexique. Avant de partir, il lui enjoignit encore de « faire attention à cette femme ». Ben Menashe refusa de révéler la raison de cet avertissement, se contentant de glisser un peu plus tard, avec son goût typique pour les formulations énigmatiques :

« Je la connaissais. Nir ne le savait peut-être pas, mais "Adriana Stanton" n'était pas son vrai nom… »

Le 27 novembre 1988, Nir et Stanton se rendirent ensemble à Madrid, tous deux sous une fausse identité. Lui se fit appeler Patrick Weber (nom qu'il avait déjà endossé lors de son désastreux voyage à Téhéran) ; quant à Stanton, elle figurait sur la liste des passagers d'Iberia sous le nom d'Esther Arriya. Pourquoi avaient-ils pris ces pseudonymes tout en conservant leurs vraies nationalités – israélienne et canadienne ? Cela resta un mystère. On pourrait en citer un autre : pourquoi avoir fait escale à Madrid au lieu de prendre un vol direct pour Mexico ? Nir voulait-il impressionner sa maîtresse sur son aptitude à se jouer des lois et des gens ? Ou la visite d'Ari Ben Menashe avait-elle suscité chez lui une peur diffuse ?

Le couple atterrit à Mexico le 28 novembre. Un homme qui ne devait jamais être identifié vint les chercher à l'aéroport. Tous trois partirent pour Uruapan, où ils arrivèrent dans l'après-midi. Nir loua un Cessna T 210 à la petite compagnie locale Aerotaxis.

De nouveau, il se comporta avec une singulière incohérence : il loua l'appareil au nom de Patrick Weber, en utilisant une carte de crédit à ce même nom, et se mit d'accord avec un pilote pour que celui-ci les transporte à l'usine de la Nucal deux jours plus tard. Mais à son hôtel, Nir s'inscrivit sous son vrai nom. Quant à l'homme qui les avait accompagnés depuis Mexico, il se volatilisa aussi mystérieusement qu'il était apparu.

Le 30 novembre, Nir et Stanton se présentèrent à l'aéroport d'Uruapan en compagnie d'un autre homme, qui fut inscrit sur la liste des passagers sous le nom de Pedro Espinoza Huntado. Pour qui travaillait-il ? Une énigme de plus, qui devait être bientôt suivie d'un autre : pourquoi Nir et Stanton s'inscrivirent-ils sous leurs vrais noms sur cette liste, alors qu'ils avaient loué le Cessna sous une fausse identité ? Si le pilote se posa des questions, il s'abstint de tout commentaire.

Quand l'avion décolla, les conditions de vol étaient bonnes. À son bord se trouvaient le pilote, son copilote et les trois passagers. Mais au bout de cent cinquante kilomètres, le Cessna fut victime d'une panne de moteur et s'écrasa quelques instants plus tard. Nir et le pilote furent tués. Stanton fut grièvement blessée, le copilote et Huntado plus légèrement. Lorsque le premier secouriste, Pedro Cruchet, arriva sur les lieux, Huntado s'était déjà volatilisé – un personnage de plus qui ne devait jamais reparaître. Cruchet fut incapable d'expliquer pourquoi il se trouvait si près du site de l'accident. Il affirma travailler pour la Nucal, mais l'usine se trouvait à une distance considérable. Prié par la police de prouver son identité, il prétendit avoir perdu ses papiers pendant une corrida. Il se trouva finalement que Cruchet était un Argentin séjournant illégalement au Mexique. Mais le temps que ce constat soit établi, lui aussi avait disparu. Sur les lieux de l'accident, Cruchet avait identifié le corps de Nir, puis accompagné Stanton à l'hôpital. Il se trouvait encore avec elle quand un journaliste local avait téléphoné en quête de détails supplémentaires.

Ainsi que Joel Bainerman devait ensuite l'écrire :

« Une jeune femme lui indiqua que Cruchet était présent. Quand elle alla le chercher, une autre femme parut à la porte de la chambre et déclara au journaliste que Cruchet n'était pas là, et qu'elle n'en avait jamais entendu parler. Elle affirma ensuite que la présence de Stanton à bord du Cessna était une pure coïncidence et qu'elle n'avait aucun rapport avec "l'Israélien". Elle refusa de décliner son identité, sinon en se présentant comme une touriste argentine en vacances au Mexique. »

La déposition de Stanton ne fit qu'épaissir l'énigme. Selon le récit fourni par le journaliste israélien Ran Edelist en 1997 : « Elle déclara que, bien que blessée et en état de choc, elle aurait vu Amiram Nir lui faire signe et lui dire d'une voix normale : "Tout va bien se passer. Les secours sont en route." Dans les jours suivants, on lui a affirmé à deux reprises que Nir était vivant. »

La dépouille d'Amiram Nir fut rapatriée en Israël pour y être inhumée. Plus de mille personnes assistèrent aux funérailles ; dans son éloge funèbre, le ministre de la Défense Yitzhak Rabin devait faire allusion à « une mission secrète, dont l'objet n'a pas été dévoilé à ce jour, et aux secrets qu'il gardait enfermés au fond de son cœur ».

Amiram Nir avait-il été assassiné pour l'empêcher de révéler ces secrets en question ? Était-ce bien sa dépouille qui gisait dans le cercueil ? Pouvait-il avoir été tué *avant* l'accident ? Et si oui, par qui ? À Tel-Aviv comme à Washington, une chape de silence recouvre aujourd'hui encore ces questions.

Deux jours après la catastrophe, Ari Ben Menashe sortait d'un bureau du poste du centre-ville de Santiago, au Chili, accompagné par les deux gardes du corps qu'il jugeait dorénavant indispensables à sa sécurité personnelle, quand tout à coup :

« La vitrine devant laquelle je passais a volé en éclats. Ensuite, un projectile a percuté la mallette métallique que je portais à la main. Mes gardes du corps et moi-même avons compris qu'on nous tirait dessus, et nous nous sommes aussitôt jetés à terre. »

Stanton eut peu après à son tour la désagréable impression que sa vie était menacée. Des membres des services secrets devaient par la suite confier à Edelist qu'elle « vivait en recluse et avait subi une opération de chirurgie esthétique pour modifier son apparence ».

Au Mossad, on était chaque jour un peu plus persuadé que la CIA avait liquidé Amiram Nir. Selon Ari Ben Menashe :

« Les services israéliens ont toujours pensé qu'il s'agissait d'une opération de la CIA rondement menée. La mort de Nir était en effet la garantie que Reagan et Bush ne seraient pas inquiétés pendant le procès d'Oliver North. »

Un argument supplémentaire en faveur de cette théorie a été avancé par un commandant de l'US Navy qui avait accompagné Nir à Téhéran dans sa malencontreuse tentative de libération des otages de Beyrouth. À l'en croire, Nir aurait rencontré George Bush, alors vice-président des États-Unis, le 29 juillet 1986 à l'hôtel King David de Jérusalem, pour discuter de la poursuite des ventes d'armes américaines à l'Iran via Israël. Selon Joel Bainerman :

« Nir avait secrètement enregistré la conversation. Il était donc en mesure de prouver l'implication directe de Bush dans l'accord armes contre otages. McKee et Gannon, morts tous les deux dans le vol 103 de la Pan Am au-dessus de Lockerbie, assistaient également à cette réunion. »

Bainerman évoqua aussi une visite du commandant de la Navy au QG de la CIA à Langley, où il rencontra Oliver North quelques mois avant le procès du colonel. Toujours d'après Bainerman, le commandant demanda à North ce qui était arrivé à Nir. « North répondit qu'il avait été éliminé parce qu'il menaçait de divulguer l'enregistrement de la réunion de Jérusalem. »

Les journalistes qui ont tenté d'interroger North sur ce point précis ont été renvoyés dans leurs buts. Les conseillers de Bush ont toujours maintenu une attitude similaire : l'ancien président des États-Unis ayant déjà dit tout ce qu'il avait à dire sur l'Irangate, il n'a plus rien à ajouter là-dessus.

À la fin du mois de juillet 1991, un curieux cambriolage eut lieu au domicile de Judy, la veuve de Nir. Les cassettes et documents de son défunt mari furent les seuls biens dérobés. La police déclara ensuite que l'opération avait été menée de façon « hautement professionnelle ». Judy Nir devait préciser qu'elle était certaine que les documents volés contenaient « des informations préjudiciables à certaines personnes », mais elle refusa d'en dire plus. Ces documents n'ont jamais été retrouvés. Quant à savoir qui les a volés, cette question demeure elle aussi sans réponse.

Pendant les quatre années suivantes, Shabtai Shavit continua de diriger le Mossad en faisant de son mieux pour fuir les gros titres et l'attention des faiseurs de mythes.

Loin des regards du public, cependant, la course au pouvoir au sein des services secrets israéliens battait toujours son plein. En outre, les politiciens qui siégeaient encore à la sous-commission de contrôle du Renseignement n'avaient pas oublié la façon dont Shavit avait retourné l'opinion contre eux après la guerre du Golfe. Les dirigeants ayant la mémoire aussi longue en Israël que partout ailleurs, la campagne d'insinuations contre Shavit s'était poursuivie dans l'ombre : on murmurait que sa vision était trop étroite ; que l'ancien canal de communication directe entre le Mossad et la CIA était quasiment fossilisé ; qu'il ne savait pas déléguer ; et qu'il était trop éloigné de sa base, dont le moral était au plus bas.

Shabtai Shavit choisit d'ignorer tous ces signaux d'alarme. Mais un beau jour du printemps 1996, il fut convoqué dans le bureau du Premier ministre Benyamin Netanyahou et apprit qu'il était limogé. Shavit ne discuta pas ; il connaissait suffisamment les méthodes de Netanyahou pour savoir que cela ne servirait à rien. Il se contenta de poser une question :

– Qui me remplace ?

– Danny Yatom, répondit Netanyahou.

L'heure du Prussien avait sonné.

XVII

Bavuregate

Jeudi 16 janvier 1998. L'aube était en train de se lever sur une banlieue cossue proche de la clôture électrifiée qui marquait la frontière entre Israël et la Jordanie. Une voiture officielle émergea du portail d'une maison peinte en blanc. Par un de ces curieux raccourcis de l'Histoire fréquents en Terre sainte, cette maison était construite sur le site même où Gédéon – l'un des grands Juges bibliques – avait confié à ses espions une mission qui devait permettre aux enfants d'Israël de vaincre des forces infiniment supérieures. Quelques milliers d'années plus tard, au même endroit, Danny Yatom était sur le point de mettre la dernière touche à une opération qui, en cas de succès, pouvait encore sauver sa carrière de maître espion.

Depuis le fiasco d'Amman en juillet 1997, quand une équipe de *kidons* avait lamentablement échoué à assassiner le dirigeant du Hamas Khalid Meshal, sept mois s'étaient écoulés avec, pour Yatom l'impression aussi désagréable que constante de vivre, ainsi qu'il l'avait confié à des amis, « avec la tête sur le billot en attendant la chute de la hache ».

Son bourreau désigné n'était autre que le Premier ministre Benyamin Netanyahou. L'amitié naguère étroite qui unissait les deux hommes avait tourné au vinaigre – au point qu'il ne se passait plus un jour sans que des rumeurs assassines en provenance du cabinet du Premier ministre n'atteignent le chef du Mossad. Toutes laissaient entendre que le limogeage de Yatom n'était plus qu'une question de temps. Soumis à un tel tir de barrage, d'autres auraient sans doute jeté l'éponge. Mais pas Danny Yatom. Fier et autoritaire, il était prêt à se battre jusqu'au bout pour défendre son honneur. N'avait-il pas commandé une foule d'opérations réussies, mais dont personne n'avait entendu parler hors du Mossad ?

« Ils font exprès de ne parler que de mes échecs », expliquait-il, amer, à ses amis.

De même que sa famille, ces derniers avaient vu se détériorer son humeur au fil des mois. Ses insomnies, ses bouffées de colère aussi violentes qu'inattendues, cette manie de faire les cent pas, ses interminables silences – tous ces signes trahissaient un homme sous tension extrême.

En poste depuis deux ans, il continuait cependant de faire face à des pressions qu'aucun autre directeur général du Mossad n'avait eu à subir si longtemps. Du coup, le moral de ses collaborateurs n'en finissait plus de baisser, et il ne pouvait plus guère compter sur leur loyauté. Le cercle des médias se refermait inexorablement sur lui, ayant flairé l'animal blessé, mais les journalistes gardaient néanmoins leurs distances, préférant attendre le jour où le seul homme en qui Yatom avait eu confiance se déciderait enfin à abattre sa hache. Mais jusque-là, Benyamin Netanyahou n'avait pas bronché.

En ce froid matin de février, Yatom savait que le temps lui était compté. Voilà pourquoi il était impératif que l'opération qu'il préparait depuis plusieurs semaines soit un succès total. Elle prouverait au Premier ministre que son *memuneh* n'avait rien perdu de ses qualités. Bien sûr, rien de tout cela ne se lisait sur les traits de Yatom ; en dépit de tout ce qu'il avait pu endurer, il contenait soigneusement ses émotions. Assis dans un coin de la banquette arrière de sa Peugeot, Yatom avait quelque chose de profondément intimidant malgré sa tenue décontractée – blouson d'aviateur de cuir noir, chemise à col ouvert et pantalon gris. Il s'habillait toujours ainsi pour aller travailler ; l'élégance vestimentaire ne l'avait jamais intéressé.

Sa calvitie naissante, ses lunettes cerclées d'acier et ses lèvres étroites correspondaient parfaitement à son surnom : « Le Prussien. » Il savait qu'il inspirait encore souvent un sentiment proche de la peur. Près de lui, les journaux du matin étaient étalés : pour une fois, ils ne contenaient aucune spéculation sur son avenir.

La Peugeot descendit rapidement des collines pour rejoindre Tel-Aviv, illuminée çà et là par les rayons du soleil ; matin et soir, son chauffeur lustrait le véhicule jusqu'à lui donner le pouvoir réfléchissant d'un miroir. Il était équipé de vitres pare-balles, d'une carrosserie blindée et d'un châssis capable de résister aux mines. En Israël, une seule autre voiture officielle bénéficiait d'un niveau de protection similaire : celle du Premier ministre.

Benyamin Netanyahou avait proposé à Danny Yatom le fauteuil de directeur général du Mossad quelques minutes seulement après le départ de Shabtai Shavit. Pendant ses premiers mois en fonction, Yatom bénéficiait d'un rendez-vous hebdomadaire avec Netanyahou, en soirée, au cours duquel ils buvaient des bières fraîches, grignotaient des olives et refaisaient le monde, en évoquant notamment l'époque où Yatom était le supérieur de « Bibi » dans les commandos. Leurs routes s'étaient séparées : Netanyahou avait ensuite été nommé ambassadeur d'Israël aux Nations unies et, pendant la guerre du Golfe, il s'était autoproclamé expert en terrorisme international sur CNN, n'hésitant pas à prendre l'antenne en arborant un masque à gaz au cas où un Scud à ogive chimique s'écraserait à proximité. De son côté, Yatom – la quintessence du militaire de carrière – avait été ravi de se voir confier le plus haut poste de l'espionnage israélien, après avoir rempli les fonctions de conseiller militaire auprès de Yitzhak Rabin.

Yatom et Netanyahou parurent inséparables jusqu'à ce que deux épisodes embarrassants et consécutifs ne creusent soudain entre eux un abîme béant. D'abord, il y avait eu la bavure d'Amman, opération personnellement commanditée par Netanyahou. Face à l'échec et aux critiques essuyées par le Mossad de la part des médias mondiaux, le Premier ministre s'était défaussé en faisant porter le chapeau à Yatom. Celui-ci avait encaissé les coups sans broncher ; en privé, néanmoins, il avait plusieurs fois reproché à Netanyahou d'avoir « le courage des opinions des autres ».

Un second incident – par certains aspects encore plus grave – devait survenir dans la foulée. En octobre 1997, on apprit que depuis vingt ans un officier supérieur du Mossad, Yehuda Gil, inventait de toutes pièces des rapports ultrasecrets censés lui avoir été communiqués par une « taupe » imaginaire de Damas. Gil avait ainsi prélevé des sommes substantielles dans la caisse noire du Mossad, soi-disant pour rétribuer son informateur – alors qu'il empochait lui-même l'argent. La supercherie fut finalement repérée par un analyste du Mossad, qui avait eu des soupçons en étudiant le dernier rapport de la « taupe », selon lequel la Syrie s'apprêtait à attaquer Israël. Interrogé par Yatom, Gil était passé aux aveux.

Netanyahou avait sauté au plafond. Lors d'une réunion plus qu'orageuse dans le bureau du Premier ministre, Yatom avait été rudement questionné sur ses méthodes de direction. Netanyahou balaya d'un revers de main l'argument selon lequel Gil avait aussi réussi à abuser les quatre précédents directeurs. Yatom aurait dû savoir, glapit-il. C'était une bavure de plus, une bavure intolérable. Personne, dans l'entourage du Premier ministre, ne se rappelait l'avoir déjà entendu passer pareil savon à qui que ce fût. Les fuites dans la presse ne firent que compliquer encore la situation de Yatom.

Comme les choses étaient différentes lorsqu'il avait pris ses fonctions et que son nom s'était étalé en gros caractères dans la presse mondiale ! Les journalistes le présentaient alors comme un patron ultracompétent. Plus d'un s'était demandé si Yatom allait réussir à reprendre le flambeau des grands maîtres espions du passé – Amit, Hofi et Admoni –, ravivant une flamme que Shabtai Shavit avait laissée décliner.

La réponse ne fut pas longue à venir. En dépit des accords d'Oslo qui venaient d'attribuer à l'OLP un territoire autonome, composé de la bande de Gaza et de la Cisjordanie, Yatom augmenta le nombre d'agents arabes chargés d'espionner Yasser Arafat. Il ordonna aux programmeurs du Mossad de développer de nouveaux logiciels pour pirater les ordinateurs de l'OLP et de mettre au point des virus informatiques capables de détruire, si besoin était, le système de communications palestinien. Il demanda à des spécialistes de la recherche et du développement de réfléchir à de nouvelles techniques d'*infowar* – de guerre de l'information – pour accroître l'effet de la contre-propagande du Mossad dans les organes de radiodiffusion ennemis. Il voulait que son service entre de plain-pied dans un monde nouveau, dont les armes les plus redoutables seraient des claviers d'ordinateurs capables d'empêcher l'ennemi de mobiliser ses forces militaires.

Yatom revint aussi sur un des vieux terrains de chasse privilégiés du Mossad, l'Afrique : en mai 1997, le service fournit d'importants renseignements aux forces rebelles de Laurent-Désiré Kabila pour aider celui-ci à renverser le président zaïrois Mobutu, qui dominait depuis si longtemps l'Afrique centrale. Le Mossad resserra aussi ses liens avec les services de sécurité du président Nelson Mandela en les aidant à localiser des extrémistes blancs – dont certains avec qui le service israélien avait autrefois collaboré. Yatom accrut par ailleurs le budget et les moyens opérationnels de son unité spéciale en charge de l'espionnage scientifique aux États-Unis.

À cinquante et un ans, rien ne semblait pouvoir arrêter Danny Yatom ; patient et implacable, il avait autant de *hutzpah* – de culot – qu'un combattant des rues. Sa superbe atteignit son apogée au moment de la découverte par le FBI de l'existence de « Méga » – l'informateur du Mossad infiltré au plus haut échelon de l'administration Clinton. Il expliqua tranquillement aux autres membres du Comité des chefs de service – notamment chargé de limiter les dégâts en cas d'échec d'une opération d'espionnage – ce qu'il convenait de faire afin que le puissant lobby juif américain s'oppose aux exigences des organisations arabes. Celles-ci tenaient en effet à ce que « Méga » soit recherché aussi énergiquement par le FBI que n'importe quel espion. Dès lors, les Juifs invités à dîner à la Maison-Blanche – stars de Hollywood, avocats ou journalistes – ne perdirent pas une occasion de rappeler au président les dommages qu'une chasse à l'homme inconsidérée risquait de causer, surtout si un membre de son entourage immédiat venait à être arrêté. Clinton, dont le mandat était déjà miné par les scandales, risquait ainsi de précipiter sa propre perte. Six mois plus tard, le 4 juillet 1997, jour de la fête nationale américaine, Yatom apprit avec satisfaction que le FBI venait de rayer discrètement l'identification de « Méga » de sa liste de priorités.

Mais le fiasco d'Amman survint deux mois plus tard, rapidement suivi par le scandale de la taupe imaginaire. Danny Yatom fut donc contraint de se mettre en quête d'une mission capable de redorer son blason. Et, en ce matin de janvier 1998, il mettait la dernière touche à son plan de sauvetage.

La planification de l'opération avait commencé un mois auparavant. Un informateur arabe du Sud-Liban avait prévenu son agent traitant du Mossad qu'Abdullah Zein venait de faire un bref passage à Beyrouth afin d'y rencontrer des dirigeants du Hezbollah. Zein était ensuite parti vers le sud pour revoir ses parents dans la petite ville de Ruman. Sa visite avait donné lieu à une petite fête : Zein n'était pas rentré au pays depuis un an. Il avait montré aux siens des photos de sa jeune épouse italienne et de leur appartement en Europe.

L'homme du Mossad s'était soigneusement retenu de brusquer son contact : les Arabes avaient leur façon à eux de délivrer les informations – sous la forme d'un récit circonstancié, enrichi par une profusion de menus détails. Il laissa donc son informateur lui raconter comment Zein avait quitté la maison de ses parents le lendemain, les bras chargés de confiseries arabes et de cadeaux pour sa femme, et comment le Hezbollah l'avait ensuite escorté jusqu'à l'aéroport de Beyrouth, où il avait pris son avion de retour vers la Suisse.

L'agent du Mossad s'enquit alors de la destination finale du vol en question. Berne, lui répondit-on. Zein avait-il élu domicile dans la capitale suisse ? Son informateur le supposait, mais il lui était impossible de l'affirmer avec certitude.

En tout cas, c'était la première information concrète qu'obtenait le Mossad sur Zein depuis que celui-ci avait quitté le Liban pour réorganiser la collecte de fonds du Hezbollah parmi les riches Chiites établis en Europe. Leur argent, ajouté à celui de Téhéran, transitait par l'ambassade d'Iran à Bonn avant d'être redistribué pour financer la guerre d'usure menée par le Hezbollah contre Israël. L'année précédente, Zein avait été signalé à Paris, Madrid et Berlin. Mais chaque fois que Yatom avait envoyé quelqu'un sur place pour confirmer sa présence, l'oiseau – un homme mince de trente-deux ans, au goût prononcé pour les beaux costumes italiens et les souliers sur mesure – s'était envolé.

Yatom dépêcha à Berne un *katsa* de Bruxelles – où le Mossad avait récemment transféré son centre de contrôle opérationnel pour l'Europe. L'espion passa en vain deux journées à rechercher Zein dans la capitale helvétique, puis décida d'étendre son champ d'investigation en partant vers le sud. Il arriva ainsi à Liebefeld, une paisible cité-dortoir. Le même *katsa* était déjà passé par là cinq ans plus tôt, alors qu'il cherchait à quitter discrètement la Suisse après avoir participé au commando qui avait détruit des cuves métalliques dans les locaux d'une entreprise de bio-industrie proche de Zurich. Ces cuves destinées à la culture de virus dangereux avaient été commandées par l'Iran. Suite à ce plasticage, l'entreprise suisse avait annulé tous ses contrats avec Téhéran.

À Liebefeld, le *katsa* prouva une fois de plus, si besoin était, qu'il faut parfois un bon jeu de jambes pour faire un bon espion. Il arpenta longuement les rues à pied, scrutant les visages des passants pour repérer d'éventuelles racines proche-orientales. Il éplucha l'annuaire à la recherche d'un Zein. Il téléphona à l'agence immobilière Leosiva pour savoir si elle avait loué ou vendu un appartement à quelqu'un de ce nom. Il appela les hôpitaux et cliniques pour voir si un patient nommé Zein n'y avait pas été récemment soigné. Chaque fois, il se présentait comme un parent en quête d'informations. Toujours bredouille au terme d'une longue journée de recherches, le *katsa* décida de sillonner une dernière fois la ville, en voiture.

Il roulait depuis quelque temps dans les rues quand il croisa une Volvo conduite par un homme basané, tout emmitouflé contre le froid. Le *katsa* ne l'entrevit qu'une fraction de seconde, mais il eut sur-le-champ la conviction qu'il s'agissait de Zein. Le temps pour lui de faire demi-tour au carrefour suivant, la Volvo avait disparu. Le lendemain soir, le *katsa* revint sur les lieux et se posta dans le bon sens, prêt à prendre sa cible en filature. Peu après, la Volvo le dépassa. L'Israélien démarra aussitôt. Moins de deux kilomètres plus loin, la Volvo se gara devant un immeuble résidentiel. Son chauffeur en sortit et entra dans le bâtiment, situé au 27, Wabersackerstrasse. Les derniers doutes du *katsa* s'envolèrent : il avait bien retrouvé Abdullah Zein.

Il entra à sa suite dans l'immeuble. Par-delà la porte vitrée, le mur d'un hall étroit était tapissé de boîtes aux lettres. L'une d'elles identifiait Zein comme l'occupant d'un appartement du troisième étage. Au fond du hall, une porte donnait sur l'escalier de la cave. Le *katsa* la poussa, descendit au sous-sol. Il repéra le boîtier de raccordement téléphonique de l'immeuble. Quelques instants plus tard, il se réinstallait au volant de sa voiture de location.

Le lendemain, il loua un appartement meublé à moins de huit cents mètres de la Wabersackerstrasse. Il expliqua à l'agent immobilier que des amis allaient bientôt l'y rejoindre pour des vacances à la neige.

Danny Yatom suivait toujours l'affaire de près. Il envoya un spécialiste des communications à Liebefeld pour examiner le boîtier de raccordement téléphonique de l'immeuble. Le technicien s'en revint à Tel-Aviv avec une série de photos de l'intérieur du boîtier. Les clichés furent minutieusement étudiés au département Recherche et développement, ce qui permit d'adapter précisément le système d'interception en fonction des caractéristiques techniques de l'appareil. Ce système se composait d'un micro ultrasophistiqué permettant d'enregistrer tous les appels entrants et sortants de l'appartement de Zein, relié à un enregistreur miniaturisé, capable de stocker des heures de conversation. Ce magnétophone pouvait être consulté à distance grâce à un signal électronique émis à partir de la planque du Mossad, d'où les enregistrements seraient ensuite transcrits et envoyés par fax protégé à Tel-Aviv.

Dans la première semaine de février 1998, les derniers détails techniques du plan furent mis en place. Yatom passa alors à l'aspect crucial de l'opération : le choix d'une équipe d'agents. La mission se divisait en deux phases distinctes. La première consistait à recueillir des preuves que Zein jouait toujours un rôle important dans les activités du Hezbollah ; et la seconde, à le tuer.

À la mi-février, tout était fin prêt.

Peu avant 6 h 30, en ce lundi 16 février, la Peugeot de Yatom pénétra dans le parking en sous-sol du QG du Mossad à Tel-Aviv. Le *memuneh* prit l'ascenseur jusqu'à une salle de réunion du quatrième étage. Quatre agents – deux hommes et deux femmes – l'y attendaient, de part et d'autre d'une table de conférence. Âgés d'un peu moins de trente ans, ils avaient le teint hâlé et affichaient une forme physique superbe. Ils venaient de passer quelques jours à faire du ski dans la montagne, au nord d'Israël.

La veille au soir, ayant été précisément informés de la nature de leur mission, ils avaient endossé leurs nouvelles identités. Les hommes devaient se faire passer pour des agents de change ayant décidé de prendre quelques jours de congé en Suisse avec leurs petites amies, mais pas tout à fait capables de tourner complètement le dos à leur travail – d'où l'ordinateur portable que l'un d'eux emporterait partout. Cet ordinateur était équipé pour récupérer à distance les informations de l'enregistreur branché dans le boîtier de raccordement de l'immeuble cible. Un des couples était censé surveiller les communications de Zein vingt-quatre heures sur vingt-quatre. L'autre devrait trouver le moyen de l'abattre. Les agents devaient se rendre en Suisse désarmés pour éviter les problèmes : le *katsa* de Bruxelles leur fournirait des armes sur place.

L'appareil d'écoute et l'enregistreur étaient posés sur la table. Yatom y jeta un coup d'œil et déclara que ces gadgets étaient nettement plus sophistiqués que ceux qu'il avait connus dans le passé. Son laïus final fut bref. Il pria chacun de divulguer son pseudonyme. Les hommes avaient choisi « Solly Goldberg » et « Matti Finklestein » ; les femmes seraient « Leah Cohen » et « Rachel Jacobson ». Devant embarquer à bord d'un vol direct d'El Al pour la Suisse, ils avaient opté pour des passeports israéliens. Ils pourraient ensuite changer d'identité en Suisse, où des faux papiers seraient tenus à leur disposition.

Les quatre jeunes gens, selon l'expression d'un membre des services secrets israéliens, avaient « mérité leurs galons ». Mais force était d'admettre qu'après la débâcle jordanienne le nombre d'agents susceptibles de mener à bien une mission de ce genre avait diminué. L'équipe d'Amman était la meilleure possible – formée de membres ayant tous l'expérience des missions internationales. Le quatuor choisi pour l'opération Zein n'avait travaillé qu'au Caire – un terrain devenu assez sûr pour le Mossad –, mais aucun d'eux n'avait jamais effectué de mission secrète en Suisse.

C'est peut-être pourquoi, selon le *Sunday Times* de Londres, Yatom mit un point final à la réunion en rappelant à ses agents que les habitants de Suisse alémanique avaient « une fâcheuse tendance à appeler la police au moindre événement incongru ».

Le *memuneh* leur serra la main et leur souhaita bonne chance – la bénédiction type pour toutes les équipes sur le départ. Le groupe récupéra ses billets d'avion et passa les vingt-quatre heures suivantes en ville, dans une planque du service.

Le mardi 20 février au matin, les deux couples prirent place à bord du vol El Al 347 pour Zurich après s'être présentés à l'aéroport Ben Gourion deux heures avant le décollage, selon les consignes habituelles de la compagnie. Ils s'étaient mêlés à la file de passagers – essentiellement des Suisses et des Israéliens – et avaient franchi l'un après l'autre les divers contrôles de sécurité. À 9 h du matin, confortablement carrés dans leurs fauteuils en classe affaires, les quatre agents sirotaient du champagne en parlant de leurs vacances à venir. Leurs skis étaient dans la soute à bagages.

Le *katsa* de l'antenne bruxelloise les attendait au volant d'un minibus à Kloten, l'aéroport de Zurich. Pour jouer son rôle de guide touristique, il avait choisi comme pseudonyme « Ephraim Rubenstein ».

En fin d'après-midi, les agents arrivèrent à la planque de Liebefeld. Après que les femmes eurent préparé le dîner, ils s'assirent tous pour regarder la télévision. En début de soirée, deux voitures de location arrivèrent de Zurich, conduites par des *sayanim* qui repartirent aussitôt avec le minibus : leur tâche était terminée. Vers une heure du matin, le samedi 20 février, l'équipe quitta la planque – un couple par voiture, plus Rubenstein au volant de la première. Il conduisit les agents jusqu'à la Wabersackerstrasse. Les véhicules se garèrent quasiment devant l'immeuble de Zein. Aucune lumière n'était visible derrière les fenêtres de l'appartement du troisième étage. Solly Goldberg, Rachel Jacobson et Ephraim Rubenstein se dirigèrent à grands pas vers la porte vitrée de l'immeuble. Rubenstein portait un grand rouleau de plastique transparent, Goldberg son ordinateur portable, Jacobson un sac contenant le matériel d'écoute. Pendant ce temps, Leah Cohen et Matti Finklestein commencèrent à jouer leur rôle assigné d'amoureux dans la pénombre d'une auto.

De l'autre côté de la rue, une vieille dame insomniaque – et que la police suisse persisterait ensuite à désigner sous le nom de « Mme X » – n'arrivait pas, pour changer, à trouver le sommeil. Postée à la fenêtre de sa chambre, elle assista à un curieux spectacle. Un homme – Rubenstein – était en train de recouvrir d'une bâche de plastique la porte vitrée du hall de l'immeuble d'en face pour empêcher quiconque de voir ce qui s'y passait. Derrière la bâche, elle aperçut néanmoins deux autres silhouettes. Le long du trottoir, à l'intérieur d'une voiture en stationnement, un couple était enlacé. Comme l'avait dit Danny Yatom, il s'agissait d'un spectacle incongru. Mme X décrocha son téléphone et appela la police.

Juste après 2 h du matin, une BMW de la police suisse déboucha dans la rue et surprit Cohen et Finklestein en plein bécotage. On leur ordonna de rester dans la voiture. Pendant ce temps, des renforts arrivèrent, et le trio fut débusqué dans le hall de l'immeuble. Goldberg et Jacobson répondirent qu'ils cherchaient l'adresse d'amis dont ils ne trouvaient plus l'immeuble ; Rubenstein prétendit qu'il était en train de retirer la bâche, et non de la poser.

La situation prit ensuite un tour burlesque. Goldberg et Jacobson demandèrent la permission de retourner à leur voiture pour vérifier l'adresse de leurs amis. Aucun policier ne songea à leur emboîter le pas : il faut dire qu'au même moment Rubenstein s'était écroulé au sol, apparemment victime d'une attaque cardiaque. Les policiers s'agglutinèrent un moment autour de lui, après quoi l'un d'eux appela des secours. Personne ne leva le petit doigt pour retenir les deux autos qui démarraient en trombe et quittaient la Wabersackerstrasse dans la nuit glacée. Un peu plus loin, elles firent halte, l'un des couples rejoignant l'autre, abandonnant ainsi l'un des véhicules. Les quatre agents du Mossad réussirent à franchir la frontière française avant l'aube.

Pendant ce temps, Rubenstein avait été conduit à l'hôpital. Les médecins déclarèrent qu'il n'avait souffert d'aucun malaise. Il fut placé en garde à vue.

À 4 h 30 du matin – heure de Tel-Aviv – L'officier de garde du QG réveilla Yatom et l'avertit du dénouement de l'opération. Sans se donner la peine d'appeler son chauffeur, Yatom prit lui-même le volant de sa Peugeot pour rejoindre le siège du Mossad.

Yatom suivit la procédure d'urgence fixée après le fiasco d'Amman pour faire face aux futurs désastres du même genre. En premier lieu, il appela le permanent de nuit du ministère des Affaires étrangères. Le fonctionnaire téléphona au cabinet du Premier ministre, qui informa Benyamin Netanyahou. Celui-ci contacta immédiatement l'ambassadeur israélien auprès de la Communauté européenne à Bruxelles, Efraim Halevy. Ce diplomate né en Angleterre avait passé près de trente ans au Mossad, où il avait longtemps été chargé des liaisons avec les services secrets des pays avec lesquels Israël entretenait des relations diplomatiques. Il avait aussi joué un rôle important pour rétablir une entente avec la Jordanie après la bavure du Mossad.

« Arrangez-moi cette affaire et vous aurez un ami pour la vie », lui aurait dit Netanyahou.

L'ambassadeur consulta son agenda avant de se décider à appeler en premier Jacob Kellerberger, haut fonctionnaire du ministère suisse des Affaires étrangères. Halevy usa de ses talents de diplomate : un « regrettable incident » impliquant le Mossad venait de se produire.

– Regrettable jusqu'à quel point ? demanda Kellerberger.

– Regrettable à l'extrême, répondit Halevy.

Le ton était donné, et un arrangement se profilait à l'horizon. Du moins Halevy eut-il certaines raisons de le croire jusqu'à ce que Kellerberger décroche son téléphone pour appeler le procureur fédéral suisse, Carla del Ponte.

Avec sa lèvre inférieure dessinant une moue permanente et ses lunettes cerclées d'acier qui n'étaient pas sans rappeler celles du patron du Mossad, Carla del Ponte était au sein du système judiciaire suisse un personnage aussi imposant que Yatom l'avait été naguère dans les services secrets israéliens. Sa première question donna une indication très claire de la ligne qu'elle comptait suivre : comment se faisait-il que la police de Liebefeld n'ait pas arrêté sur-le-champ tous les agents du Mossad ? Kellerberger n'en savait rien. La question suivante de Carla del Ponte réveilla un spectre qu'il ne connaissait que trop : les agents du Mossad pensaient-ils avoir repéré un nouvel avatar de la « connexion iranienne » ? Depuis la guerre du Golfe, en effet, Israël répétait inlassablement que plusieurs entreprises suisses vendaient à l'Iran des technologies nécessaires à la production de missiles balistiques. À moins que cette opération ne soit liée à l'autre grande préoccupation actuelle d'Israël, promptement baptisée par la presse internationale « le scandale de l'or juif » ? Ce scandale mettait en cause les banques suisses qui avaient conservé les sommes énormes déposées dans leurs coffres avant la Seconde Guerre mondiale par des Juifs allemands qui avaient ensuite péri aux mains des nazis.

Tout au long du week-end du 21 au 22 février, Carla del Ponte continua de poser des questions tandis qu'Efraim Halevy s'efforçait d'étouffer l'affaire.

Mais c'était compter sans les forces qui s'étaient liguées contre Danny Yatom en Israël. Au Mossad, dès que la nouvelle de l'incident se répandit, le moral des troupes tomba encore plus bas. Cette fois, Yatom ne pourrait reprocher son échec à Netanyahou. Le Premier ministre n'avait même pas été informé de l'opération. Une rumeur venue de son cabinet fut bientôt reprise dans la presse israélienne, selon laquelle Yatom allait être mis à la porte. Pendant trois jours de plus, Efraim Halevy continua de plaider sa cause auprès de Kellerberger. Carla del Ponte ne voulut rien entendre. Le mercredi 25 février, elle dénonça l'action du Mossad dans une conférence de presse :

« Venant d'une nation amie, ce qui vient de se produire est inacceptable et déconcertant. »

Quelques heures plus tard, Danny Yatom démissionnait. Sa carrière venait de s'écrouler et la réputation du Mossad était en miettes. Lors de ses derniers instants à la tête du service, Yatom surprit ses collaborateurs rassemblés dans la cantine du QG. La froideur caractéristique du Prussien céda brièvement la place à une touche de sentimentalité : il regrettait de les abandonner dans un pareil moment, mais il avait toujours essayé de les diriger du mieux possible. Ils devaient tâcher de garder en mémoire que le Mossad passait avant toute chose. Yatom conclut en souhaitant bonne chance à son futur successeur : il en aurait besoin. Il ne se permit pas d'exprimer de reproche plus explicite à l'adresse du Premier ministre, lequel persistait à croire qu'il pouvait piloter le Mossad de son bureau. Yatom quitta la cantine silencieuse. Les applaudissements ne se firent entendre que lorsqu'il se fut éloigné, et ils se turent presque aussitôt.

Une semaine plus tard, Efraim Halevy acceptait de prendre les rênes du Mossad après que Benyamin Netanyahou eut publiquement reconnu – fait inédit pour un Premier ministre israélien – que l'image du Mossad avait été « ternie par l'échec de certaines missions ».

Bien entendu, en politicien consommé, Netanyahou se garda de faire allusion au rôle que lui-même avait joué dans ce déclin.

En 1999, Yatom s'est trouvé une confortable niche dans la prospère industrie de l'armement israélienne. Il a été engagé comme représentant par un des plus gros fabricants d'armes du pays ; cette entreprise fournit non seulement un ample catalogue d'armes pour le marché intérieur, mais elle contrôle aussi un réseau d'exportation florissant à destination de certaines nations du Tiers-Monde. Yatom fait régulièrement sa tournée dans des pays d'Afrique et d'Amérique du Sud. De temps en temps, on l'aperçoit à Washington.

Efraim Halevy est donc devenu le neuvième directeur général du Mossad le jeudi 5 mars 1998. Rompant avec la tradition, il n'a pas convoqué les membres de son état-major pour leur exposer ses vues sur le fonctionnement du service. Car en même temps qu'il désignait Halevy, Netanyahou avait aussi annoncé, à la surprise générale, que le nouveau directeur adjoint du service, Amiram Levine, lui succéderait au poste de *memuneh* le 3 mars 2000. Pour la première fois dans l'histoire du Mossad, un directeur se voyait fixer un mandat limité dans le temps ; et son adjoint assurer de succéder à son supérieur.

Cela dit, il convient de préciser que si Levine, à l'instar de Meir Amit, n'a pas d'expérience directe du renseignement, il s'est souvent distingué dans son rôle d'officier de Tsahal au nord du pays et au Sud-Liban.

En attendant, la première mission d'Halevy consiste à atténuer les formidables tensions et rancœurs qui ont si gravement porté atteinte à l'image du Mossad, en Israël et au-delà de ses frontières. À l'occasion des traditionnels coups de téléphone de félicitations que lui ont adressés les dirigeants de la CIA et du MI-6, le nouveau chef du Mossad s'est d'ailleurs entendu dire qu'on préférait attendre qu'il règle la crise interne de son service avant de s'engager sans retenue sur la voie d'une politique de collaboration totale. La façon dont Halevy réussira à tenir tête aux tenants de la ligne dure du gouvernement israélien – et notamment à son bouillant Premier ministre – risque sur ce plan d'être un critère déterminant.

Le distingué Halevy, qui à un an de la retraite est de loin le plus vieux *memuneh* nommé à la tête du Mossad, sera-t-il capable de maintenir Netanyahou à distance respectable ? Car en dépit de ses indéniables talents diplomatiques – il a joué un rôle prépondérant dans les négociations qui ont débouché sur le traité de paix signé en 1994 avec la Jordanie –, il n'est plus présent sur la ligne de front depuis longtemps. Or c'est justement pendant son absence du Mossad qu'un certain nombre d'officiers supérieurs ont paru échapper à toute autorité pour ne plus se soucier que de leur propre carrière. La plupart de ces cadres sont dans la force de l'âge, et donc encore en place. Halevy saura-t-il faire preuve de fermeté ? Aura-t-il la pugnacité indispensable pour remonter le moral de ses troupes ? La tournée des cocktails diplomatiques de Bruxelles n'est sans doute pas la meilleure préparation à la tâche délicate qui consiste à ramener dans le droit chemin les agents du Mossad, actuellement à la limite de la démission. D'autant qu'Efraim Halevy n'a pas d'expérience personnelle des missions de terrain. Il a toujours évolué dans la bureaucratie du Mossad. D'ailleurs, que pourra-t-il accomplir en deux ans ? N'est-il pas surtout là pour accomplir les quatre volontés de Benyamin Netanyahou, voire de sa femme Sara ? Car on spécule encore dans le milieu de l'espionnage sur le rôle qu'a joué l'épouse du Premier ministre dans l'éviction de Danny Yatom, un personnage qu'elle n'a jamais porté dans son cœur.

Halevy trouva un moyen de l'amadouer : il offrit à Sara un microprocesseur conçu par les chercheurs du Mossad. Il pouvait être implanté sous sa peau et permettre de la secourir dans l'hypothèse – assez improbable – où elle serait enlevée par des terroristes. Alimenté par l'énergie naturelle du corps, ce bip était relié à un des tout nouveaux satellites israéliens, et permettait aux agents secrets de retrouver aisément son porteur où qu'il soit. Personne ne sait au juste si Sara s'est fait implanter ce gadget. Hélas, très vite, Halevy fut confronté à des nécessités plus pressantes que ce type d'offensive de charme. Pour sa première opération majeure, à laquelle il souscrivit avec enthousiasme – il s'agissait d'une tentative d'établir une base d'espionnage à Chypre – il essuya un échec cuisant. Les deux agents du Mossad envoyés sur place en se faisant passer pour des professeurs en vacances furent très vite démasqués par les services de sécurité chypriotes, performants malgré une structure réduite. Au cours d'une descente dans l'appartement loué par les agents du Mossad, les agents chypriotes découvrirent qu'il était truffé d'appareils électroniques dernier cri, capables d'espionner les systèmes de surveillance mis en place par Chypre pour renforcer ses défenses face à la Turquie voisine.

Halevy envoya son adjoint à Chypre pour négocier la libération des deux hommes. Sans doute regretta-t-il amèrement de ne pas avoir fait le voyage lui-même. Le président israélien, Ezer Weizman, était un un ami personnel du président chypriote, Biafcos Clerides. (Dans leur jeunesse, les deux hommes avaient servi dans la Royal Air Force.) Weizman envoya son chef d'état-major à Chypre pour « se couvrir la tête de cendres », et fustigea ensuite Halevy avec une virulence que Netanyahou lui-même aurait sans doute hésité à déployer contre Yatom.

Un nouvel embarras public suivit de peu : alors qu'Efraim Halevy avait donné son feu vert à un plan visant à assassiner Saddam Hussein à l'occasion d'une visite de celui-ci à sa maîtresse, l'opération fut soudain annulée à la suite d'une fuite dans la presse israélienne. Netanyahou apprit ce qui s'était passé quand le journaliste en question appela son cabinet en quête d'un commentaire. Une fois de plus, l'infortuné Halevy se fit remonter les bretelles sans la moindre tendresse.

Pendant plusieurs semaines, l'inconstant Premier ministre évita tout contact non indispensable avec le directeur du Mossad, et cette disgrâce dura jusqu'à fin novembre 1998. À ce moment-là, le Premier ministre turc, Bulent Ecevit, téléphona à Netanyahou pour lui demander si le Mossad accepterait de l'aider à capturer Abdullah Ocalan, le chef de la rébellion kurde, depuis longtemps considéré comme un terroriste par un certain nombre de pays. La Turquie le tenait pour responsable de plus de trente mille morts sur son territoire. Depuis plus de vingt ans, le parti des travailleurs kurdes, le PKK, menait une incessante guérilla afin d'obtenir une forme d'autonomie pour les douze millions de Kurdes de Turquie, assortie d'un droit à l'éducation et à l'émission de programmes dans leur langue.

Ocalan avait jusque-là filé entre les doigts des agents de sécurité turcs avec une facilité dérisoire. Ce leader inspirait à son peuple une ferveur messianique. La plupart des Kurdes, hommes, femmes et enfants, semblaient prêts à mourir pour lui. Aux yeux de nombreux compatriotes, c'était un héros de légende : ses hauts faits étaient inlassablement racontés chaque fois que des Kurdes se rencontraient. Il émanait de ses discours une formidable énergie brute, ainsi qu'un inflexible accent de provocation chaque fois qu'il lançait un défi à la Turquie.

En ce mois de novembre, après une étape à Moscou, Ocalan reparut à Rome. Le gouvernement italien refusa de l'extrader vers la Turquie – mais rejeta aussi sa demande d'asile politique. Ocalan avait été arrêté à la demande des Allemands pour avoir voyagé avec un faux passeport. Il fut relâché après que Bonn eut retiré sa demande d'extradition – sans doute pour éviter l'embrasement de l'importante communauté kurde vivant en Allemagne. Ce fut dans ces circonstances que le Premier ministre turc Bulent Ecevit téléphona à Netanyahou.

Entretenir de bonnes relations de travail avec la Turquie est une condition importante de la survie stratégique et diplomatique d'Israël. Netanyahou accéda donc à sa requête et ordonna à Halevy de retrouver Ocalan. Ce serait une opération « noire » – ce qui signifiait que le rôle du Mossad n'apparaîtrait jamais sur la place publique. Si elle réussissait, tout le mérite en reviendrait aux services secrets turcs.

Au Mossad, le plan en question reçut le nom de code « Vigilant ». Cette dénomination illustrait le désir d'Efraim Halevy d'en faire aussi peu que possible afin de ne pas perturber une autre opération en cours en Irak. Des *katsas* du Mossad y travaillaient main dans la main avec les rebelles kurdes pour déstabiliser le régime de Saddam.

Six agents furent envoyés à Rome. Parmi eux, une *bat leveyha* – une femme – et deux techniciens des *yahalomin*, l'unité spéciale chargée des communications du service.

Installée dans une planque voisine du Panthéon, l'équipe mit sous surveillance l'appartement d'Ocalan, situé près du Vatican. La *bat leveyha* fut chargée de tenter d'établir le contact. Elle suivit les directives bien établies qui avaient jadis permis à une autre femme du Mossad d'attirer Mordechai Vanunu dans cette même cité. Mais cette fois, le plan devait tourner court : Ocalan décida brusquement de quitter l'Italie.

L'équipe du Mossad sillonna le pourtour méditerranéen pour le retrouver : Espagne, Portugal, Tunisie, Maroc, Syrie. Ocalan était passé dans tous ces pays – pour en repartir aussitôt après s'être vu refuser l'asile. Le 2 février 1999, le leader kurde fut refoulé alors qu'il tentait d'entrer aux Pays-Bas. Un agent de sécurité de Schipol, l'aéroport d'Amsterdam, informa le patron de l'antenne locale du Mossad qu'Ocalan venait de s'embarquer sur un vol de KLM à destination de Nairobi. Les limiers israéliens partirent à leur tour pour la capitale kenyane, où ils arrivèrent le jeudi 5 février au matin.

Le Kenya et Israël avaient tissé au fil des ans une étroite « entente » en matière de renseignement. Au gré de ses « safaris » en Afrique centrale, le Mossad dévoilait aux Kenyans les activités des divers réseaux d'espions étrangers. En échange, le Kenya accordait aux Israéliens un « statut spécial », leur permettant notamment de disposer d'une planque permanente à Nairobi et leur fournissant un accès privilégié à ses services secrets.

L'équipe du Mossad eut tôt fait de localiser Ocalan dans l'enceinte de l'ambassade grecque à Nairobi. De temps à autre, des Kurdes – probablement ses gardes du corps – entraient dans le complexe ou en sortaient. Chaque soir, le chef des agents du Mossad envoyait un rapport à Tel-Aviv. La consigne qu'il recevait en retour était toujours la même : ouvrez l'œil – mais ne faites rien. Un jour, elle changea radicalement : « Tous les moyens disponibles » devaient être utilisés pour retirer Abdullah Ocalan de l'ambassade et le rapatrier en Turquie.

Cet ordre provenait d'Efraim Halevy.

La chance sourit aux agents le jour où un des Kurdes sortit de l'ambassade pour se rendre en voiture dans un bar voisin du vénérable hôtel

Norfolk. Appliquant ce qui était une manœuvre tactique classique du Mossad, un des agents « l'accosta ». Avec son teint basané et son accent kurde impeccable, il se fit passer pour un Kurde travaillant à Nairobi. Il réussit ainsi à apprendre qu'Ocalan commençait à s'impatienter. Sa dernière demande d'asile politique, en Afrique du Sud, était toujours sans réponse. Plusieurs autres pays africains semblaient répugner tout autant à lui offrir un visa d'entrée.

L'équipe d'espions du Mossad exploita ensuite son matériel électronique pour écouter les communications de l'ambassade. Il s'avéra vite que la Grèce allait à son tour refuser l'asile à Ocalan.

L'agent du Mossad qui avait établi le contact avec le Kurde poussa son pion suivant.

Il lui téléphona à l'ambassade et sollicita un « rendez-vous urgent ». Les deux hommes se retrouvèrent dans le même bar. L'agent expliqua au Kurde que la vie d'Ocalan serait menacée s'il prolongeait son séjour à l'ambassade. Sa seule chance était de rejoindre ses compatriotes kurdes, non en Turquie, mais dans le nord de l'Irak. Dans l'immensité des montagnes, Ocalan serait en sécurité et pourrait regrouper ses forces. Ce plan était une idée qu'Ocalan lui-même avait commencé à envisager – et l'équipe de surveillance du Mossad en avait naturellement eu vent. L'agent convainquit sans trop de mal le Kurde de retourner à l'ambassade et d'essayer de persuader Ocalan à venir discuter avec lui de cette proposition.

Le piège était en place – simple, mais mortellement efficace. Il ne restait plus qu'à attendre pour voir combien de temps Ocalan mettrait avant de mordre à l'hameçon.

Grâce à l'interception des messages adressés par le ministère grec des Affaires étrangères à l'ambassade de Nairobi, les agents israéliens savaient qu'il ne faudrait plus que quelques jours avant que les hôtes d'Ocalan, de plus en plus récalcitrants, ne se décident à lui montrer la porte. Dans un message confidentiel à son ambassadeur, le Premier ministre grec Costas Simitis déclara notamment que la présence d'Ocalan à l'ambassade menaçait de déclencher « une confrontation politique et peut-être militaire » en Grèce.

Le lendemain matin, un jet privé Falcon 900 se posa sur l'aéroport Wilson de Nairobi. Le pilote déclara qu'il venait chercher une délégation d'hommes d'affaires en partance pour un congrès à Athènes.

Ce qui se passa ensuite est aujourd'hui encore l'objet d'une intense polémique. L'avocat allemand d'Ocalan devait affirmer que « trompé par une présentation erronée de la situation par les autorités kenyanes », Ocalan avait été « tout simplement traîné hors de l'ambassade ». Le gouvernement kenyan et l'ambassade grecque à Nairobi ont tous deux énergiquement réfuté cette accusation. Les Grecs soutiennent que le leader kurde a quitté les lieux contre l'avis de ses hôtes.

Une chose est sûre, quand le Falcon 900 redécolla de Nairobi, Ocalan était à bord. Dès que l'appareil eut quitté l'espace aérien kenyan, les questions se mirent à fuser : l'équipe du Mossad avait-elle employé une de ses méthodes favorites en injectant à Ocalan une drogue incapacitante au moment où il sortait de l'ambassade ? l'avait-on kidnappé en pleine rue – comme d'autres Israéliens l'avaient fait avec Adolf Eichmann à Buenos Aires tant d'années plus tôt ? le Kenya avait-il pudiquement détourné le regard en présence d'une opération qui enfreignait tous les principes du droit international ?

Quelques heures après l'incarcération d'Ocalan dans une geôle turque, un Premier ministre turc exultant se présenta à la télévision pour annoncer le « triomphe de nos services de renseignement... une brillante opération de surveillance conduite à Nairobi sur une durée de douze jours. » Il ne fit aucune allusion au Mossad. Il s'en tint scrupuleusement à la règle.

Pour Efraim Halevy, le succès de l'opération fut contrebalancé par la perte d'un réseau d'espions en Irak, lequel dépendait étroitement du soutien kurde. Il ne fut pas le premier patron du Mossad à se demander si l'empressement du Premier ministre Benyamin Netanyahou à conférer au Mossad un rôle de « tueur à gages » ne risquait pas d'avoir des répercussions à long terme sur son activité essentielle : la collecte de renseignements.

Par ailleurs, ce succès fut indéniablement éclipsé par un autre fiasco, dont Halevy n'avait fait qu'hériter.

Le 5 octobre 1992, un avion-cargo d'El Al s'était écrasé sur un quartier résidentiel d'Amsterdam voisin de l'aéroport de Schipol, tuant quarante-trois personnes et en blessant des dizaines d'autres. Depuis la catastrophe, des centaines d'habitants du secteur étaient tombés malades. Malgré une intense campagne de désinformation pour dissimuler le fait que l'appareil transportait des produits chimiques mortels – dont des composants nécessaires à la fabrication du sarin, un gaz neurotoxique redoutable – la vérité finit par éclater au grand jour, ce qui attira une attention tout à fait malvenue sur les activités d'un centre de recherches secrètes de la banlieue de Tel-Aviv où des scientifiques avaient, entre autres, conçu diverses armes chimiques et biologiques pour les *kidons* du Mossad.

À vingt kilomètres du centre de Tel-Aviv se dresse l'Institut de recherche biologique. Ce complexe opère à la croisée des multiples niveaux du système de défense israélien. Dans ses laboratoires et ateliers sont fabriquées toutes sortes de substances chimiques et bactériologiques. Les chimistes de l'Institut – dont certains travaillaient auparavant pour le KGB soviétique ou la Stasi est-allemande – ont notamment inventé le poison utiliser pour tenter d'éliminer Khalid Meshal, le chef du Hamas.

Les actuels programmes de recherche de l'Institut de recherche biologique incluent le développement d'une variété d'agents pathogènes à vocation, selon un rapport secret de la CIA adressé à William Cohen, secrétaire américain à la Défense, « ethno-spécifique ». Ce rapport affirmait en effet que les savants israéliens « tentent d'exploiter les derniers progrès de la médecine pour identifier les gènes distinctifs de certaines ethnies arabes et créer ensuite une bactérie ou un virus génétiquement modifié. »

Le rapport conclut que, « malgré le stade précoce des recherches, l'intention est claire : exploiter la capacité des virus et des bactéries à modifier l'ADN à l'intérieur des cellules vivantes de l'organisme-hôte. » Les recherches de l'Institut reprennent des travaux conduits par les scientifiques sud-africains du temps de l'apartheid afin de créer une « arme de pigmentation, capable de prendre pour cible uniquement les Noirs ».

Les recherches ont été abandonnées à l'arrivée au pouvoir de Nelson Mandela, mais au moins deux des scientifiques ayant travaillé sur ce programme en Afrique du Sud ont ensuite rallié Israël.

L'idée que l'État hébreu pouvait cautionner ce type de recherches a aussitôt déclenché un certain nombre de sonnettes d'alarme – et pas seulement à cause du troublant parallèle qui les lie aux expériences génétiques jadis menées par les nazis. Dedi Zucker, membre de la Knesset, le parlement israélien, a été cité disant : « Nous n'avons pas le droit de créer de telles armes. »

Or, ce n'était rien moins que la matière première destinée à la fabrication de ce type de produits que le jet d'El Al recélait dans ses soutes en cette triste nuit d'octobre 1992, au cœur d'une cargaison de cent quatorze tonnes qui incluait aussi des missiles Sidewinder et divers composants électroniques. Les douze barils de DMMP, un composant du sarin, ne constituaient certainement pas l'élément le moins dangereux du lot. Les produits chimiques en question avaient été achetés à la firme Solkatronic, une entreprise du New Jersey. Sa direction n'a cessé d'affirmer depuis que les Israéliens lui avaient expliqué que ces produits seraient « utilisés pour tester des masques à gaz ». Aucun test de ce type n'est mené à l'Institut de recherche biologique.

Fondé en 1952 entre les murs d'un modeste bunker, l'Institut de recherche biologique s'étend aujourd'hui sur cinq hectares. Les arbres fruitiers environnants ont depuis longtemps cédé la place à un haut mur de béton hérissé de capteurs. Des vigiles en armes quadrillent le périmètre. Depuis longtemps, on y travaille loin des regards indiscrets. L'adresse exacte de l'établissement, situé dans la banlieue de Nes Ziona, a été rayée de l'annuaire de Tel-Aviv. Sa localisation n'apparaît sur aucun plan du quartier. Aucun avion n'est autorisé à survoler la zone.

Seul le réacteur de Dimona, dans le désert du Néguev, est entouré d'un mystère plus épais. Dans l'annuaire confidentiel des Forces de défense israéliennes, l'Institut de recherche biologique est simplement décrit comme un « prestataire de services au ministère de la Défense ». Comme à Dimona, la plupart des laboratoires de recherche et de développement de cet Institut sont profondément enterrés. C'est là que les biochimistes et autres généticiens se penchent sur leurs fioles mortifères : toxines capables d'empoisonner mortellement les aliments et agents plus dangereux encore de l'encéphalomyélite équine vénézuélienne ou de l'anthrax.

Dans d'autres salles, uniquement accessibles par un système de sas pressurisés, les savants travaillent sur une effrayante panoplie de gaz neurotoxiques : asphyxiants, agents sanguins, gaz vésicants. Parmi les premiers, on pourrait citer le tabun, virtuellement inodore et invisible quand il est disséminé par un aérosol ou sous forme de vapeur, quant au soman, le dernier des gaz neurotoxiques découverts par les nazis, il est lui aussi invisible sous sa forme vaporeuse, mais il dégage une odeur légèrement fruitée. L'arsenal des gaz vésicants inclut le chlore, le phosgène et le diphosgène – qui sent la pelouse fraîchement tondue. Les agents sanguins sont le plus souvent à base de cyanure. Les vésicants s'inspirent de ceux qui furent originellement employés pendant la Première Guerre mondiale.

Parfaitement anonyme vu de l'extérieur, avec de rares fenêtres percées dans le béton brun-gris, l'Institut est, vu de l'intérieur, un chef-d'œuvre de sécurité. Les mots de passe et l'identification visuelle contrôlent l'accès à chaque secteur. Des gardes patrouillent dans les corridors. Les portes coulissantes blindées ne peuvent être commandées qu'à l'aide d'une carte magnétique dont le code change chaque jour.

Tous les employés sont soumis chaque mois à une batterie de tests médicaux. Tous sont également soumis à une intense surveillance. Leurs proches sont également l'objet de ce genre d'attentions.

À l'intérieur de l'Institut de recherche biologique, un département spécial est chargé de concevoir des produits toxiques mortels qui permettront ensuite au Mossad d'exécuter les sentences de mort discrètement prononcées par l'État hébreu à l'encontre des ennemis d'Israël. Au fil des ans, six employés au moins du complexe sont morts dans des circonstances suspectes, mais les causes de leur décès sont restées secrètes – au nom de la stricte censure militaire israélienne.

Le premier coin de cet épais rideau de sécurité a été soulevé par un ancien agent du Mossad, Victor Ostrovsky. Celui-ci a affirmé que « nous savions tous qu'un prisonnier amené à l'Institut n'avait aucune chance d'en ressortir vivant. Les agents infiltrés de l'OLP étaient employés comme cobayes. Ils permettaient aux scientifiques de s'assurer que les armes qu'ils développaient étaient efficaces et pouvaient être encore perfectionnées. »

À ce jour, Israël n'a publié aucun démenti de ces allégations.

*

Le lancement de l'offensive de l'OTAN contre la Serbie au printemps 1999 a fourni au Mossad d'Efraim Halevy une belle occasion d'alimenter en renseignements les dix-neuf pays de l'alliance. Le Mossad dispose depuis longtemps de nombreux contacts dans la région – conséquence d'une inquiétude d'une autre nature, celle de voir apparaître dans les Balkans une enclave musulmane capable de fournir une porte de sortie européenne aux terroristes ennemis d'Israël. Halevy en a profité pour visiter le quartier-général de l'OTAN à Bruxelles et y rencontrer ses homologues. Il s'est aussi rendu à Washington pour discuter avec les patrons de la CIA. De retour au pays, il s'est remis à travailler d'arrache-pied, souvent sans prendre le temps de souffler entre une semaine et la suivante. Sur ce plan, il n'est pas sans rappeler Meir Amit à ses plus anciens collaborateurs.

Au printemps 1999, un vieux « mouton noir » du Mossad, Victor Ostrovsky, a également refait surface pour agacer une fois de plus les responsables du service. Selon une fuite soigneusement orchestrée par l'équipe chargée d'enquêter sur les deux Libyens finalement inculpés de l'attentat de Lockerbie, Ostrovsky aurait l'intention de témoigner en leur faveur. Dans la mesure où l'ancien *katsa* a quitté le Mossad bien avant la tragédie de Lockerbie, on voit mal en quoi il pourrait contribuer à l'éclaircissement de ce dossier. Néanmoins, la seule perspective de voir Ostrovsky se présenter à la barre des témoins du tribunal spécial de La Haye aurait eu pour effet, si l'on en croit une source autorisée du Mossad, de mettre Halevy dans tous ses états. Celui-ci était persuadé jusque-là qu'une « entente » avait été passée entre Ostrovsky et ses anciens collègues pour qu'il se garde dorénavant de prendre la moindre initiative susceptible d'embarrasser le service – en échange de la promesse d'une vie paisible et sans souci. Halevy aurait même envisagé un temps d'intenter contre lui une action judiciaire afin de le contraindre au silence ; mais en fin de compte, ses conseillers lui ont expliqué que ce n'était pas possible.

De toute façon, quand Ostrovsky se présentera – s'il se présente – devant la cour de La Haye, il y a de fortes chances pour que l'actuel directeur du Mossad soit déjà à la retraite.

Dans l'ambiance de foire d'empoigne qui caractérise aujourd'hui les services secrets israéliens, la réussite de Halevy avant son départ serait une formidable preuve d'endurance physique et mentale. L'Aman et le Shin Beth ont tous deux sauté sur l'occasion offerte par la crise du Mossad pour tenter de renforcer leurs positions respectives. Cependant, personne n'est allé jusqu'à suggérer qu'ils se substituent au Mossad, lequel demeure l'œil et l'oreille d'Israël dans le monde. Car s'il était privé de son savoir-faire unique, l'État juif risquerait d'être anéanti par ses ennemis au cours du prochain siècle : on sait que l'Iran, l'Irak et la Syrie développent aujourd'hui des technologies qui méritent d'être surveillées de très près.

Les fondateurs du Mossad avaient défini ainsi la vocation du service : faire ce qui doit l'être, mais en secret. À l'occasion d'un tête-à-tête avec un de ses collaborateurs, Halevy a confié son désir de voir les services secrets israéliens reformer comme autrefois une famille unie.

Seul le temps nous dira s'il s'agit d'un rêve accessible ou si – comme le redoutent de nombreux observateurs – chaque jour qui passe éloigne le Mossad de sa dernière humiliation et le rapproche un peu plus de la suivante.

XVIII

Nouveaux départs

Le 11 septembre 2002, au QG du Mossad, au centre de Tel-Aviv, tous les agents disponibles – c'est-à-dire ceux qui n'étaient pas à l'étranger – circulaient dans les couloirs impersonnels de l'Institut. À l'extérieur, c'était un de ces jours d'été indien : ciel bleu dégagé et température d'environ 25 °C. Il faisait à peu près le même temps un an plus tôt, jour pour jour, sur la côte nord-est des États-Unis, lorsque les kamikazes d'Al-Qaïda s'étaient écrasés sur les tours jumelles de New York et sur le Pentagone. Cet attentat sans précédent avait changé pour toujours le regard que portaient sur le terrorisme le Mossad et tous les services secrets du monde – une industrie mondiale qui, en 2002, représentait 100 milliards de dollars et employait un million de personnes. En tout, le personnel du Mossad s'élevait maintenant à 1 500 personnes, soit 300 de plus que dix ans auparavant.

Le premier anniversaire de ce que l'on appelait désormais le 11 septembre n'était pourtant pas la principale préoccupation de ceux qui, au QG du Mossad, se dirigeaient vers la cantine du personnel. Un mélange d'espoir, d'impatience et de crainte d'être déçu créait chez certains un vague pressentiment qui, pour une partie d'entre eux, s'accompagnait d'un frisson d'exaltation.

La question qui hantait les esprits était simple : le nouveau directeur du Mossad, qu'ils s'apprêtaient à rencontrer à la cantine, allait-il continuer à diriger le service comme l'avait fait Efraim Halevy ? S'il en était ainsi, le moral chuterait inévitablement encore plus bas et il y aurait de nouvelles démissions.

Le Premier ministre Ariel Sharon avait enfin destitué Halevy de ses fonctions de *memuneh* – « premier parmi les égaux » en hébreu.

Durant les quatre ans pendant lesquels il avait été directeur général, la tension dont il avait hérité – due aux rivalités entre les services, aux coups en douce qui avaient monté les agents de terrain contre les analystes et transformé les planificateurs en comploteurs – n'avait fait qu'augmenter. Le Mossad, qui autrefois, s'enorgueillissait de son unité, était de plus en plus divisé.

Le nouveau directeur saurait-il colmater les fissures ? Pouvait-il réussir là où Halevy avait remarquablement échoué : faire entrer le Mossad dans le nouveau millénaire et en refaire une force avec laquelle il faut compter ? Tous ceux qui marchaient vers la cantine, en ce jour de septembre, s'accordaient sur le fait que l'homme de barre devait être meilleur qu'Halevy.

Pendant les quatre ans de son mandat, Halevy avait terriblement changé physiquement. Sa peau avait pris une teinte grisâtre et ses yeux étaient souvent cernés de rouge, résultat d'un sommeil troublé par les appels téléphoniques de l'agent de nuit du Mossad. Autour de sa bouche, les rides s'étaient creusées. Les pas alertes qui, en leur temps, annonçaient son arrivée dans les couloirs du Mossad avaient disparu et sa démarche avait maintenant quelque chose de rigide. Sur le plan vestimentaire, il n'avait plus l'allure qu'on lui avait connue ; il avait perdu du poids ; ses vestes pendaient mollement sur lui. Si sa façon de parler était restée celle d'un homme cultivé, elle n'en avait pas moins perdu de son mordant ; ses questions étaient moins incisives. Halevy avait maintenant l'air d'un homme proche de la retraite : il avait soixante-six ans ; il était le plus vieux directeur général qu'ait jamais connu le Mossad.

À plusieurs points de vue, le Mossad avait fini par ressembler à Halevy. Ses interventions sur la scène internationale s'étaient limitées aux opérations dans le chaudron moyen-oriental. Les officiers supérieurs accompagnaient Halevy lors de ses visites à la CIA à Langley, au MI-6 dans ses nouveaux quartiers de Vauxhall Cross à Londres, et à Pullach en Bavière, où se trouve le BND allemand. Les visites aux autres chefs de services secrets étaient moins fréquentes. Et de toute façon, ces contacts donnaient peu de résultats.

Le monde du XXIe siècle était devenu beaucoup plus dangereux et instable qu'il ne l'avait jamais été. Le Mossad avait contribué à évaluer les avancées technologiques des terroristes mais il ne jouait pas un rôle primordial dans l'identification des nouveaux rôles des services secrets de la planète dans les domaines de la drogue et de l'espionnage économique. La participation du Mossad s'était limitée à prôner la nécessité du retour de l'espion traditionnel pour compléter l'utilisation des satellites et du matériel dernier cri. Cette idée recevait souvent un accueil assez froid.

Puis, le 11 septembre 2001, le monde et tous les services secrets de la planète subirent le choc d'être confrontés à une nouvelle réalité après l'attentat le plus meurtrier de tous les temps. Pourtant, aussi inattendus qu'ils aient pu être, les événements qui eurent lieu ce jour-là étaient depuis longtemps en préparation ; l'attaque n'était que le point culminant d'un plan sophistiqué et terrifiant, organisé de mains de maître par Oussama Ben Laden et son groupe de combattants du *djihad*, Al-Qaïda.

Parmi les millions de mots parus dans les journaux et la myriade d'ouvrages consacrés au sujet, une question restait jusqu'alors sans réponse : *Que savait le Mossad avant les événements qui conduisirent à la destruction des tours jumelles et à l'effondrement partiel du Pentagone ?*

Un an après ces attentats, seuls les quelques officiers supérieurs qui travaillaient à l'étage « Opérations » du QG du Mossad étaient en mesure d'y répondre – et encore, pas tous.

Depuis que les kamikazes de Ben Laden avaient partiellement détruit le World Trade Center en 1993, le Mossad avait placé l'homme en tête de liste des terroristes les plus recherchés. Un rapport dévoilait que ses agents infiltrés au Yémen, en Arabie Saoudite et en Afghanistan avaient tous entendu des « murmures » selon lesquels « quelque chose d'énorme » était en préparation. Un autre faisait état d'une « forte rumeur selon laquelle Ben Laden préparerait une attaque de type Hiroshima ». Un autre encore révélait qu'on utilisait un simulateur de vol dans un camp d'Al-Qaïda, près de Kaboul. Vint ensuite la nouvelle encore plus alarmante que Ben Laden avait essayé d'acquérir des armes chimiques et nucléaires.

Tandis que les analystes du Mossad essayaient, tel que le formula l'un d'entre eux, de « relier les points entre eux », les rapports étaient transmis à la CIA par les éternels circuits officieux. On demanda au Pentagone d'évaluer la menace d'une attaque aérienne. L'un de ses analystes, Marvin Cetron, écrivit : « En descendant le long du Potomac, il suffirait de tourner à gauche au Washington Monument pour rayer la Maison Blanche de la carte. »

Trois bonnes années avant les attentats de septembre 2001, une commission dirigée par le vice-président Al Gore avait produit un rapport qui demandait une augmentation rapide du budget pour la sécurité des aéroports. D'autres rapports suivirent, basés, eux aussi, sur les informations fournies par le Mossad. Tous furent ignorés, tout d'abord par le gouvernement Clinton, puis par celui de son successeur, George W. Bush. Lorsque Marvin Cetron protesta, il s'entendit dire par un représentant officiel du Pentagone : « Écoutez, on ne peut pas gérer une crise tant qu'elle n'existe pas. » À Washington, on avait l'impression qu'une fois de plus, le Mossad criait au loup, qu'il avait tout intérêt à présenter l'intégrisme musulman comme une menace car il craignait ses terroristes et cherchait à persuader les États-Unis que ceux-ci couraient les mêmes dangers.

En prenant ses fonctions, Efraim Halevy lut consciencieusement les dossiers consacrés aux menaces terroristes et lorsqu'il constata la réaction des Américains aux avertissements du Mossad, il décida, selon les mots d'un de ses proches collaborateurs, qu'il était « inutile de chercher à pousser une porte verrouillée ».

À Washington, les catastrophes dues à des informations ignorées avaient, et ce n'était pas la première fois, conduit à une rupture entre le FBI et la CIA. Les agences pouvaient toutes deux prouver concrètement qu'Al-Qaïda représentait bel et bien une menace croissante : on avait empêché juste à temps un homme de l'organisation de diriger un avion détourné sur la tour Eiffel. À Langley, on avait recueilli des informations crédibles selon lesquelles Ben Laden projetait une attaque aérienne contre le sommet économique qui se déroulait en Italie au début de l'année 2001. Mais, en plus des batailles territoriales que se livraient le FBI et la CIA, une ambiance de paralysie et de déni continuait de régner dans le monde des services secrets américains.

Il aura fallu attendre les événements du 11 septembre pour que cela cesse.

Suite à cela, les officiers supérieurs des deux agences furent réprimandés pour leur manque de coordination et de coopération. On dépeignit alors les renseignements américains comme des bureaucraties récalcitrantes, trop soucieuses des enjeux politiques pour prendre des risques. La CIA, en particulier, n'avait ni réalisé l'importance de la montée de l'islamisme, ni le rôle crucial d'Oussama Ben Laden et de son organisation. Dans les camps d'entraînement d'Al-Qaïda, des milliers de terroristes avaient acquis les compétences nécessaires pour laisser leur empreinte sur le monde. En 1998, ils commencèrent par détruire les ambassades américaines de Nairobi, au Kenya, et de Dar es-Salaam, en Tanzanie, ce qui coûta la vie à 213 personnes. Ensuite, le 12 octobre 2000, ils attaquèrent le USS Cole, un contre-torpilleur américain, dans le port d'Aden. Ces deux actions constituaient un prélude public aux attentats du 11 septembre.

Après le 11 septembre, parmi les centaines de questions qui faisaient l'objet d'intenses séances de réflexion collective à Washington, les principales étaient : pourquoi la CIA n'avait-t-elle pas plus d'espions sur le terrain en Afrique et au Moyen-Orient ? pourquoi dépendait-elle trop de la surveillance électronique ? et pourquoi n'avait-elle pas tenu compte de ce que Paul Bremer, le chef des services antiterroristes de Reagan, avait appelé « les renseignements du troisième pays » ?

Tout le monde comprenait parfaitement qu'il parlait du Mossad.

Après cela, Halevy fut bombardé d'appels de George Tenet, le directeur de la CIA, qui était alors vivement critiqué. Il voulait connaître l'étendue des informations dont disposait le Mossad avant l'attentat contre les tours jumelles et le Pentagone.

Toujours prudent et diplomate, Halevy fit remarquer à Tenet qu'au cours des semaines qui avaient précédé le 11 septembre, le Mossad avait bel et bien averti les Américains qu'ils étaient sur le point d'être victimes d'un attentat. Halevy cita ensuite des « conversations crédibles » que les agents du Mossad avaient surprises en Afghanistan, au Pakistan et au Yémen. Mais sous la pression croissante du Congrès et de la Maison Blanche, Tenet, furieux, insista : « *Que savait le Mossad ?* »

Bien plus tard, un agent du Mossad se souvenait que « la *hotline* avec Langley » était en surchauffe. Il arrivait que Tenet appelle jusqu'à douze fois par jour. Ensuite, les échanges de signaux sur la ligne protégée à grande vitesse se multiplièrent. On n'avait jamais rien connu de tel. À Washington, on était choqué qu'un barbu opérant depuis une grotte, quelque part au Moyen-Orient, ait réussi à « faire plus de mal au prestige américain que Pearl Harbor ».

Lors d'une conversation téléphonique tendue avec Tenet, qui, à l'insu d'Halevy, allait entraîner sa perte, ce dernier rétorqua : « Où était donc *votre* surveillance électronique ? »

La NSA, l'agence de sécurité nationale américaine, est le plus secret et le plus puissant de tous les services de renseignement du monde. Depuis Fort George G. Meade, dans le Maryland, elle espionne des conversations dans le monde entier grâce à son appareillage électronique très sophistiqué. Ses superordinateurs ronronnent vingt-quatre heures sur vingt-quatre, dans l'espoir de repérer ou d'intercepter des conversations entre terroristes. Suspects, noms, mots clés, numéros de téléphone et adresses électroniques sont tous avalés par les satellites de la NSA – qu'ils tournent en rond où soient positionnés géographiquement autour de la Terre – puis téléchargés dans les ordinateurs. Les informations sont alors codées sous forme de « listes de surveillance », puis introduites dans le système qui permet d'envoyer les listes sur des lignes protégées à tous les organismes de renseignement américains.

En théorie, quiconque avait besoin d'être informé aurait dû savoir qui représentait un réel danger pour les États-Unis à ce moment précis. Mais il en fut autrement.

Peu de gens savent à combien revient le fonctionnement de la NSA mais il est de notoriété publique que ce coût s'élève à plusieurs milliards de dollars par an. Énormes et puissants, ses analyseurs de données font partie du système de surveillance Echelon, qui avale et regroupe dix milliards de bribes d'informations par jour.

Le seul point faible de ce système est qu'il a toujours des difficultés linguistiques : il ne sait pas reconnaître les dialectes et patois des quelque dix-huit langues du Moyen-Orient, ni les parlers encore plus nombreux de l'Inde et du Pakistan. Une partie des éléments obtenus doit donc être soigneusement analysée à l'ancienne – par des linguistes formés pour comprendre ce qui se dit et, de façon toute aussi importante, ce qui ne se dit pas. Au final, les listes dépendent de l'exactitude du procédé.

Efraim Halevy connaissait bien le point faible du système américain : une liste n'avait de valeur que si un analyste parvenait à l'associer à un nom. Et, comme il l'avait dit à Tenet au téléphone, c'était là où les Américains avaient échoué.

Tenet était furibond. Il croyait dur comme fer aux miracles de la surveillance électronique. Pour lui, il n'existait rien de mieux que cet instrument d'espionnage ultrapuissant. C'était grâce à des sentinelles dans l'espace et des satellites-espions de haute technologie, étrangement baptisés Argus, Magnum ou Keyhole, que Washington – et, dans une large mesure, Tenet lui-même, en tant qu'autorité suprême du milieu des renseignements – pouvait garder un œil sur le monde entier. Lors de ses visites personnelles en Israël, il avait montré à Halevy, dans la noirceur glacée de l'espace, comment un satellite pointé sur le QG de Yasser Arafat, sur la rive Ouest, avait enregistré ses conversations. L'histoire veut que Halevy se soit contenté de sourire poliment et de demander ce qu'avait pu dire Arafat pour justifier le coût d'une telle surveillance ? Tenet avait haussé les épaules.

Halevy avait étudié la photo satellite un peu plus longtemps et relevé la date. Ensuite, il demanda à l'un de ses analystes d'aller chercher un rapport du même jour. Il s'agissait du compte-rendu détaillé, rédigé par un *katsa* du Mossad, de ce qu'avait dit Arafat au moment où le satellite passait au-dessus de sa tête. Halevy murmura que c'était à cela que servait l'espionnage humain. Un espion sur le terrain pouvait juger une conversation dans son contexte et avoir accès aux petits détails qui se perdent même avec la plus sophistiquée des surveillances électroniques.

Lors de sa rencontre suivante avec George W. Bush, le chef de la CIA se plaignit que « le vieux de Tel-Aviv avait perdu les pédales. » Bush en parla alors avec Condoleezza Rice, sa plus proche conseillère. Elle lui dit qu'elle en parlerait à Dick Clarke, qui avait été le « tsar » de l'antiterrorisme sous Clinton. Peu de gens à Washington avaient travaillé aussi longtemps que lui dans ce domaine.

Né d'un père ouvrier dans une usine de chocolat de Boston, Clarke était un survivant de l'*establishment* politico-militaire américain. Durant plusieurs mandats présidentiels, à partir de celui de Reagan, il avait su se montrer une source de conseils intarissable. Il se considérait comme un défenseur des valeurs américaines.

Bien qu'il ait des ennemis, on l'écoutait. En privé, les gens se moquaient peut-être de ses efforts pour paraître le plus remarquable des fonctionnaires de la Maison Blanche – il serait même allé jusqu'à se teindre les cheveux en gris sous le mandat de Clinton – mais, il n'en était pas moins l'homme le plus qualifié pour parler de tous les chefs de renseignement occidentaux, chinois ou arabes. Il déclara à Rice que Halevy avait « dépassé sa date limite de vente ». Elle transmit le message à Bush. Il appela Sharon. Ce n'était plus qu'une question de temps : le Premier ministre israélien allait trouver très vite une raison d'envoyer Halevy à la retraite.

Les hommes et les femmes qui avançaient dans les couloirs du Mossad savaient cela, au moins en partie. Certains de leurs collègues avaient déjà quitté le Mossad, soit en donnant leur démission, soit parce qu'ils pensaient que l'organisation n'offrait plus véritablement d'avenir. Selon eux, il ne suffisait plus de créer des situations visant à tirer des conclusions factuelles à partir de simples hypothèses, de passer leurs journées à pratiquer l'art des conjectures ou à calculer des probabilités. D'autres étaient restés dans l'espoir qu'un jour les choses changeraient – Efraim Halevy était notamment responsable d'une opération qui allait lui valoir de laisser un triste souvenir dans ces couloirs, un fiasco qu'on espérait ne jamais connaître de nouveau.

Le 9 mai 2001, deux jeunes gens approchèrent en voiture du poste de garde de Volk Field, dans le Wisconsin, l'une des bases aériennes que l'ANG, la garde aérienne nationale, conserve sur le territoire américain. Volk Field a également un autre intérêt : dans son périmètre se trouve un petit musée de l'aéronautique. Chaque année, du printemps à septembre, un flot régulier de visiteurs vient y contempler les avions exposés.

Le garde demanda aux deux hommes de montrer leurs pièces d'identité et fut surpris de les voir sortir des passeports israéliens. Il ne se souvenait pas avoir déjà eu des visiteurs venus de si loin. Ils se présentèrent comme des « étudiants en art » de « l'université de Jérusalem ».

Ainsi qu'il le faisait pour chaque visiteur, le garde prit note de leurs noms – Gal Kantor et Tsvi Watermann – puis les orienta vers le musée. Dix minutes plus tard, une patrouille de la police militaire les surprenait en train de photographier des avions de combat rangés au sol. Les hommes furent arrêtés mais plaidèrent qu'ils ne savaient pas qu'ils commettaient un délit. Le responsable de la sécurité de la base les laissa repartir avec un avertissement. Son rapport de l'incident fut transmis au commandement militaire du Wisconsin d'où il fut réexpédié vers le Pentagone.

Il fut ensuite envoyé au FBI. En ce jour de mai, le bureau avait déjà reçu vingt-sept rapports concernant des « étudiants en art » israéliens. Les rapports provenaient de villes aussi distantes les unes des autres que Los Angeles et Miami, Denver et Dallas ou Seattle et la Nouvelle-Orléans.

Les détails étaient d'une singulière régularité. Deux « étudiants en art » avaient été pris à Saint-Louis alors qu'ils « croquaient l'intérieur d'un bâtiment de la *Drug Enforcement Agency* ». Dans un immeuble fédéral de Dallas, deux autres étudiants s'étaient fait arrêter pour le même motif. Dans plusieurs villes, d'autres « étudiants en art » s'étaient présentés chez des agents fédéraux de haut rang – des hommes qui habitaient ce que le milieu des renseignements américain appelle des « adresses noires », c'est-à-dire, non répertoriées. Dans d'autres villes – dont Phoenix et San Diego – on avait trouvé les « étudiants » en possession de photos d'agents fédéraux et de leurs voitures banalisées. Tous les rapports stipulaient que les étudiants avaient déclaré venir de l'« université de Jérusalem » ou de l'« académie des arts de Belazei » dans la même ville.

Le FBI avait demandé au Département d'État de l'ambassade des États-Unis en Israël de faire une vérification. Ils rapportèrent que l'« université de Jérusalem » n'existait pas. Ce qu'on pouvait trouver de plus proche était l'Université hébraïque mais les « étudiants » ne figuraient pas sur ses registres. L'académie de Belazei était authentique. Mais les dates de naissance, les numéros de passeport et les éventuels matricules militaires des deux hommes ne figuraient ni sur les listes d'inscription actuelles ni sur celles des dix dernières années. Pendant qu'à Washington on s'était affairé à obtenir ces informations, les agents du FBI avaient réussi à trouver la trace des téléphones portables de ces mystérieux « étudiants. » Ils avaient été achetés à Washington par un diplomate israélien qui était rentré au pays depuis.

Ces nouvelles causèrent la consternation au QG du FBI. Robert Mueller, alors directeur du Bureau, demanda à rencontrer George Tenet. Ce qu'ils cherchaient à déterminer en premier lieu, c'était s'ils se trouvaient à nouveau face à une opération d'espionnage du Mossad. Mais une agence qui avait bâti sa réputation sur une organisation et une discrétion sans rivales aurait-elle pu monter une opération qui, au moins en surface, semblait d'un tel amateurisme ?

Tenet appela Halevy qui lui affirma qu'il n'avait pas d'opération en cours.

Il mentait. Cette opération était bien le fruit de son imagination. Vexé que les États-Unis aient refusé – bien avant le 11 septembre – de prendre en compte les avertissements du Mossad qui leur signalaient qu'Al-Qaïda devenait une menace de plus en plus sérieuse pour eux, Halevy avait décidé de tester la vigilance de leur défense. Des étudiants de dernière année du centre d'entraînement du Mossad, dans la banlieue de Tel-Aviv, avaient été sélectionnés pour partir en Amérique. Ce n'était pas la première fois que le Mossad utilisait ses étudiants pour de telles missions ; cela leur apportait une précieuse expérience de terrain et ce qu'ils apprenaient pouvait toujours s'avérer utile pour l'Institut.

Halevy avait choisi de ne s'entourer que de très peu d'agents pour diriger cette opération. Encore une fois, il n'y avait rien d'exceptionnel à ce qu'un directeur général agisse de la sorte. Mais ce qui était inhabituel, c'est que la préparation en amont et les couvertures ne pouvaient que mener au désastre. Tout comme à Lillehammer et dans les rues d'Amman – les deux fiascos qui avaient coûté leur place aux prédécesseurs d'Halevy – il y avait une sorte d'insouciance dans ce qu'on avait demandé de faire à ces deux étudiants qui stupéfiait le FBI. Le Mossad n'avait tout de même pas pu déraper au point d'organiser une chose pareille ?

Quand le FBI commença son enquête, ce qui devait arriver arriva : il y eut une fuite. Les reporters eurent tôt fait de mettre la main sur l'affaire. Au départ, une grande partie de leurs articles étaient totalement à côté de la plaque. On y décrivait des « étudiants en art venant du Moyen-Orient » et « parlant arabe ». On affirmait également qu'ils appartenaient à un groupe terroriste anonyme.

C'est là que la chaîne Fox News entra dans l'arène. Elle confia l'affaire à un journaliste chevronné, Carl Cameron. Il fut le premier à suspecter que l'opération pouvait être l'œuvre du Mossad.

Cela provoqua une réaction immédiate du vaste et puissant lobby juif de Washington, dont les tentacules s'étendent sur toute l'Amérique. L'AIPAC, le Comité pour les affaires publiques américano-israéliennes, est l'un des principaux lobbies politiques, capable d'intervenir au Congrès, dans le milieu des renseignements et à la Maison Blanche. Le JINSA, l'Institut juif pour les affaires de sécurité nationale, a lui aussi des contacts du même acabit. L'ADL, la Ligue antidiffamation et le CAMERA, le Comité pour l'exactitude des articles sur le Moyen-Orient en Amérique, sont des observateurs véhéments de ce que les médias publient au sujet des affaires israéliennes.

Dès que Cameron annonça sur l'antenne de Fox qu'il avait découvert « une possible opération d'espionnage des Israéliens contre les agents d'Al-Qaïda aux États-Unis », le lobby juif rassembla tous ses moyens pour lui tirer dessus à boulets rouges.

Mais alors même qu'ils tiraient leur première salve, Cameron affirma dans un second article que « de nombreux Israéliens avaient échoué au test du détecteur de mensonge lorsqu'on les avait questionnés sur leur éventuelle surveillance des activités américaines ».

À Paris, *Le Monde*, rapporta qu'un « vaste réseau d'espionnage israélien avait été démantelé aux États-Unis, la plus grande opération de ce type depuis 1985, lorsque Jonathan Pollard avait été pris en train de vendre des informations top secrètes au Mossad ».

Le lobby juif se remit à l'œuvre avec une férocité redoublée.

Comme on pouvait s'y attendre, face à de telles assertions, l'ambassade israélienne répéta ce qu'elle avait déjà dit auparavant : « Nous n'avons reçu de plainte d'aucune structure officielle américaine, pas plus que des services de renseignement. Cette histoire est absurde. Israël n'espionne pas les États-Unis. »

Le lobby israélien s'en prit à Cameron, suite à ses propos. Les représentants du JINSA, de l'ADL et du CAMERA arguèrent que le reportage de Fox « ne citait que des sources anonymes et n'apportait aucune preuve directe ». Alex Safian, le directeur associé du CAMERA déclara qu'il était en « conversation » avec des représentants de Fox au sujet du reportage de Cameron. Il argumenta ainsi : « Je pense que les chroniques de Fox ont toujours été justes envers Israël. Je suis convaincu que Cameron a un problème personnel avec Israël. Il a grandi au Moyen-Orient. Cela n'y est peut-être pas étranger. Il est possible que sa sympathie aille au côté arabe. Il est permis de s'interroger. » En fait, il sous-entendait que Carl Cameron était un extrémiste religieux ; Safian fit plus tard la même allégation au sujet de l'ensemble de la rédaction du journal *Le Monde*.

« J'en reste sans voix », réagit Cameron lorsqu'il apprit ce qu'avait dit Safian. « J'ai vécu et grandi en Iran pendant plusieurs années parce que mon père y travaillait comme archéologue. Cela fait-il de moi un anti-israélien ? » C'était la première fois que Cameron, correspondant en chef à Washington de Fox News, se voyait reprocher la « partialité » de l'un de ces reportages.

Michael Lind, l'un des plus importants membres de la New America Foundation – un laboratoire d'idées – et ancien rédacteur en chef du journal *National Interest*, déclara : « Dès qu'il s'agit d'officiers spécialisés dans les affaires étrangères, de l'application de la loi ou des questions militaires, on dirait qu'il est impossible de toucher à Israël sans souffrir de diffamations directes ou indirectes, telles que d'être catalogué pro-arabe. »

Tandis que les attaques contre Cameron et *Le Monde* battaient leur plein, les « étudiants en art » furent discrètement rapatriés en Israël pour ce que les services d'immigration et de naturalisation américains appellent une « violation ordinaire des conditions de visa ».

Aucun grand média ne demanda pourquoi la CIA était impliquée, en la personne de son chef du contre-espionnage. Ni pourquoi le FBI avait établi que les « étudiants » avaient visité pas moins de trente-six sites du département de la Défense.

Enfin, alors que les « étudiants » volaient sur El Al en direction de Tel-Aviv, toute trace du reportage de Cameron disparut du site Internet de Fox News. À sa place, se trouvait une note spécifiant : « Cette affaire est classée. » Un porte-parole de la CIA déclara : « Nous avons tourné la page sur cette enquête. »

Peu de temps après, le mandat d'Halevy au Mossad prenait fin.

En prenant sa retraite, Efraim Halevy allait également laisser un autre souvenir : sa décision de réétudier les décès de la princesse Diana et de Dodi al-Fayed. Après avoir lu le dossier du Mossad sur l'accident, il avait demandé à Maurice, l'agent qui avait participé au recrutement de Henri Paul – le chauffeur de la voiture dans laquelle les deux jeunes amoureux avaient trouvé la mort – de préparer un nouveau compte-rendu de la dernière journée du couple.

Maurice, qui occupait désormais des fonctions administratives au QG, rédigea donc un rapport détaillé de la dernière journée de la vie de Diana et Dodi.

Ceux qui ont lu ce document affirment qu'il apportait de nouvelles précisions par rapport au dossier original du Mossad. On pouvait notamment y lire que Mohammed al-Fayed, le père de Dodi, était perpétuellement obsédé par la grossesse de Diana et que le couple avait été surveillé par la CIA, le MI-6 et les services secrets français dès son atterrissage à Paris. On y trouve également plusieurs transcriptions de conversations téléphoniques, dont une dans laquelle le garde du corps de Diana, transfuge de Scotland Yard, lui recommande de « faire attention ». L'emploi du temps du soir du 30 août 1997, que le couple passa à Paris, y est minutieusement détaillé. Vient ensuite un récit, tout aussi rigoureux, de la façon dont, dès les premières heures du dimanche matin, le couple tenta de se rendre rapidement depuis le *Ritz* jusqu'à l'appartement de Dodi, situé à seulement quelques minutes de voiture. Après cela, le rapport de Maurice se concentre sur la Uno blanche. Elle était garée près du *Ritz*. Plusieurs photographes affirmèrent, par la suite, qu'elle appartenait au paparazzo James Anderson dont la spécialité était de prendre des photos de Diana. Il avait ainsi gagné une fortune. Mais Maurice établit qu'Anderson n'était pas présent cette nuit-là.

Maurice décrivit la Uno blanche poursuivant frénétiquement la Mercedes conduite par Henri Paul et transportant Diana et Dodi à l'arrière. Il se jouait une véritable course-poursuite entre les deux véhicules sous le pont de l'Alma, où le couple a péri.

Plus tard un véhicule du même modèle, mais qui venait d'être repeint en bleu, fut trouvé dans un garage parisien. Lorsqu'on gratta la peinture, on découvrit que la couche inférieure était blanche. La police ne prolongea pas ses recherches dans cette voie. Suspectait-elle déjà qu'il ne s'agissait pas du véhicule qu'ils recherchaient ? Dans ce cas, pourquoi ne se sont-ils pas rendus à la casse de la banlieue de Paris où une autre Fiat Uno blanche avait été réduite en un cube de métal non identifiable, juste quelques heures après l'accident fatal ?

Maurice notait dans son rapport : « Moins de quatre heures après l'accident, James Anderson s'envolait soudain pour la Corse. Il n'avait aucune raison professionnelle pour cela. Aucune célébrité ne se trouvait en Corse à ce moment-là. En mai 2000, une voiture brûlée fut trouvée dans un bois près de Nantes. Le chauffeur était toujours à l'intérieur. Les tests ADN démontrèrent qu'il s'agissait du corps de James Anderson. »

Et c'est là un mystère dont on ne connaîtra probablement jamais l'explication. Anderson était-il allé en Corse pour y chercher une somme substantielle en échange du prêt de sa Uno blanche ? Mais prêtée à qui ? Il est certain que le Mossad n'avait aucun intérêt à poursuivre Diana ou Dodi. Se pourrait-il qu'il s'agisse de l'œuvre d'autres services secrets ? Anderson avait la réputation de connaître du monde dans le milieu des renseignements, aussi bien en France qu'en Grande-Bretagne. En admettant que ce soit vrai, ce serait faire un raccourci inacceptable – que fit, d'ailleurs, Mohammed al-Fayed – que d'en déduire que la voiture d'Anderson avait été « empruntée et utilisée pour forcer Henri Paul à perdre le contrôle de la Mercedes ».

Mais les questions ne s'arrêtent pas là. Pourquoi l'enquête de police sur la mort d'Anderson a-t-elle été menée avec tant de négligence ? Pourquoi la police n'a essayé ni de déterminer les raisons de son voyage en Corse ni d'éplucher scrupuleusement ses comptes bancaires ? Comme tous les gens riches, Anderson avait plusieurs comptes dans divers pays d'Europe. Mais on ne vérifia jamais s'il avait déposé une grosse somme d'argent sur l'un d'entre eux à son retour de Corse.

Ce qui est encore plus intriguant, c'est la possibilité que ce soit la mort d'Anderson qui ait préoccupé Halevy. Quelqu'un avait-il, autrefois, essayé de le recruter au Mossad ? Bien qu'il n'y ait peut-être rien à ce sujet dans les dossiers du Mossad, il se peut néanmoins qu'un *katsa* en mission ait rencontré le photographe et tenté de faire appel à ses services.

Halevy garda pour lui ce qu'il pensait de tout cela. Il se peut même que son incapacité à partager certains secrets ait contribué à sa chute. Il était arrivé discrètement au Mossad. Il le quitta de la même façon.

En ce onzième jour de septembre 2002, les employés du Mossad attendaient que son successeur entre dans la cantine pour s'adresser à eux. Personne ne savait à quoi s'attendre. Ainsi que s'en souvient l'un des hommes, la tension était aussi palpable que s'il s'agissait de « quelque chose de vivant ».

Meir Dagan attendait dans le couloir que la cantine soit parfaitement silencieuse. Des années auparavant, alors qu'il était commandant dans l'armée et donnait ses ordres aux troupes, il avait appris l'importance d'une entrée réussie. Aujourd'hui, étant le dixième *memumeh* à prendre la direction du Mossad, il était tout aussi déterminé à imposer son autorité dès le départ. Depuis qu'il avait été nommé, il avait étudié tous les dossiers du personnel. Sa mémoire était prodigieuse et, une fois qu'il avait vu un visage, il ne l'oubliait jamais.

À cinquante-sept ans, son propre visage portait la marque de toutes les guerres récentes auxquelles Israël avait participé. Il avait lui-même écrasé la première Intifada à Gaza en 1991. Il avait conduit ses hommes au front pendant la guerre de Kippour. Au Liban, il s'était distingué au combat. Partout, il avait suivi le même régime, qui consistait, après être sorti de son léger sommeil de vétéran, en une douche froide et un petit déjeuner quotidien constitué de yaourt nature, de tartines de miel et d'un café noir bien fort.

Rompu au combat, ce héros des récentes guerres s'était forgé, dans les capitales arabes, une solide réputation d'homme à craindre, d'homme qui n'hésite pas à s'aventurer dans une de ces allées sans nom, sans rien de plus qu'un pistolet en poche. Deux fois, il avait été blessé pendant l'action ; certains jours, lorsque ses douleurs au genou devenaient trop vives, il s'aidait d'une canne pour marcher. Il n'aimait pas ça ; il avait une antipathie naturelle pour tous les signes de faiblesse, chez lui comme chez les autres.

Durant son temps libre, il étudiait l'histoire militaire et les leçons que l'on pouvait tirer des batailles gagnées ou perdues en matière de renseignement.

Peu de gens savaient qu'il était également un peintre paysagiste accompli (il avait déjà repéré le coin de son bureau où il allait installer son chevalet et peindre ses aquarelles). Comme tous les autres aspects de sa personnalité, ce fait restait strictement de l'ordre du privé. Ayant peu d'amis mais une vie familiale heureuse, il n'était venu au Mossad que dans un unique but : faire en sorte que ce service de renseignement redeviennent ce qu'il avait été.

C'était dans ce but également que le Premier ministre Ariel Sharon lui avait demandé de quitter son poste de commandement dans l'armée. Les deux hommes étaient amis depuis l'époque où ils avaient combattu ensemble contre l'OLP au Liban. Au milieu du bourbier politique, Dagan avait fait forte impression en montrant sa capacité à remonter le moral des troupes. Ce point, avait affirmé Sharon, était justement la priorité en ce qui concernait le Mossad. Il avait choisi Dagan parce qu'il était, en bien des points, de la même trempe que le meilleur directeur que le Mossad ait jamais eu, Meir Amit.

Considérant qu'il s'était suffisamment fait attendre, Dagan entra dans la salle. Se dirigeant vers le centre de la pièce, en passant rapidement devant le personnel, il utilisa une chaise en guise d'escabeau pour monter sur une table. Il resta un long moment à observer les visages de ceux qui avaient les yeux rivés sur lui. Enfin, il commença à parler :

« Au Liban, j'ai été témoin des conséquences d'une querelle familiale. On avait fendu le crâne d'un patriarche et sa cervelle était répandue sur le sol. Sa femme et ses enfants se trouvaient à ses côtés. Tous morts. Avant que je puisse intervenir, l'un des fils du patriarche ramassa une poignée de son cerveau et l'avala. C'est ainsi que se déroule une querelle familiale dans ces contrées. Mangez une cervelle. Avalez son pouvoir. »

Il se tut un instant pour laisser à ses paroles le temps de produire le maximum d'effet.

« Je ne veux pas qu'on vous mange la cervelle. C'est à vous de manger celle des autres. » Dagan insista sur ce point, en frappant son poing dans son autre main.

Ses mots ne pouvaient que captiver son auditoire, même si une partie de celui-ci en frémissait. Certains de ceux qui se trouvaient à la cantine avaient déjà tué des ennemis d'Israël qui ne pouvaient pas être jugés parce qu'ils bénéficiaient d'une trop grande protection dans les pays arabes voisins.

Derrière les paroles de Dagan, on comprenait clairement qu'à partir de cet instant, il cautionnerait toutes les opérations contre ceux qui s'aviseraient de « manger leurs cervelles ». Pour sa part, il protégerait le Mossad par tous les moyens – légaux ou non. En pratique, cela signifiait qu'il autoriserait ses agents à utiliser des neurotoxiques, des balles dum-dum et d'autres techniques d'assassinat que la mafia, l'ex-KGB ou les services secrets chinois n'utilisaient que rarement. Implicitement, il leur rappelait qu'il n'hésiterait pas à les exposer au risque d'être torturé ou tué par l'ennemi. Rien d'étonnant, donc, à ce qu'il ait bénéficié de l'attention de tous.

Certains d'entre eux, frais émoulus de l'école d'entraînement, se souvenaient peut-être des paroles prononcées des années plus tôt par Meir Amit, et que l'on apprenait pendant les cours consacrés à l'assassinat : « Le Mossad est comme le bourreau officiel ou le médecin chargé d'administrer les injections fatales aux condamnés à mort. C'est l'État d'Israël qui endosse la responsabilité de vos actes. Lorsque vous tuez, vous n'enfreignez pas la loi. Vous exécutez la sentence prononcée par le Premier ministre en place. »

Dagan prit une nouvelle fois la parole : « Je suis ici pour vous dire que le bon vieux temps est de retour. Nous sommes sur les *starting-blocks*. »

Ensuite, il leur parla de lui. Comment il était né dans un train entre la Russie et la Pologne. Il leur expliqua également qu'il parlait plusieurs langues et qu'il avait pour principe de ne pas attendre qu'un fait soit confirmé pour agir. Enfin, il conclut par un dernier coup de poing dans sa paume.

Son intervention avait été un morceau de bravoure. Lorsqu'il sauta de la table pour sortir de la cantine, des applaudissements l'accompagnèrent jusqu'à la porte.

Il ne fallut pas longtemps à Meir Dagan pour montrer ce qu'il entendait par manger la cervelle de l'ennemi. En octobre 2002, à Mombassa, en Afrique de l'Est, un 4X4 bourré d'explosifs s'était jeté dans le hall de réception du *Paradis Hotel*, qui appartenait à des Israéliens. Quinze personnes furent tuées et quatre-vingt gravement blessées. Pratiquement au même moment, deux tirs de bazooka avaient failli faire tomber un avion de ligne israélien qui ramenait à Tel-Aviv des touristes en provenance du Kenya. Les deux cent soixante-quinze personnes à bord avaient échappé de peu à une mort similaire à celle des passagers du drame de Lockerbie.

Meir Dagan pensa immédiatement que ces attentats étaient l'œuvre d'Al-Qaïda et que les missiles provenaient de l'arsenal irakien. Ceci fut confirmé par ses taupes à Bagdad, ainsi que par la CIA et le MI-6.

En quelques heures, Dagan rassembla une équipe pour partir à Mombassa. Tous avaient les connaissances linguistiques nécessaires. Une fois sur l'île, ils pourraient passer pour des Arabes ou pour des négociants asiatiques. Ses hommes n'étaient pas seulement habillés pour ces rôles mais avaient également le physique adapté. Leur première tâche consistait à trouver puis à éliminer les commanditaires de l'attaque au cours de laquelle les trois kamikazes avaient projeté en riant leur véhicule dans le hall de l'hôtel.

L'équipe transportait un véritable petit laboratoire de poisons, prisonniers de fioles étanches, jusqu'au moment où il serait temps de frapper. Ils avaient des couteaux – des longs et des courts, des cordes de piano pour la strangulation, des explosifs pas plus gros que des pastilles pour la gorge mais assez puissants pour décapiter quelqu'un. Ils emportaient également avec eux tout un arsenal d'armes à feu : des pistolets à barillet court et, des carabines de tireur d'élite capables de tuer à mille cinq cents mètres. Enfin, chaque agent portait plusieurs passeports de manière à pouvoir passer les frontières sous différents noms.

Et c'est ainsi qu'ils partirent vers le sud en direction de Mombasa dans leur avion privé. Les agents du Mossad de Lagos, au Nigeria – pays d'où provient la plupart du carburant israélien – devaient prêter main forte à l'équipe de Tel-Aviv. D'autres *katsas*, venus d'Afrique du Sud, de Rome, de Malte et de Chypre se ruèrent à travers l'Afrique vers la chaleur torride de Mombassa.

Les hommes de Dagan furent polis avec les agents de la CIA, du MI-6 et des autres services secrets européens et approuvèrent tout lorsqu'il s'agit de dire que les atrocités qui avaient eu lieu étaient du ressort de la justice kenyane. Mais pour l'équipe, les morts et les blessés étaient israéliens. C'était donc leur boulot.

À Tel-Aviv, Dagan attendait. Il savait que ses agents s'étaient fondus dans la population multiethnique de la région.

À ce jour, personne ne peut dire avec certitude quel fut le succès de l'équipe du Mossad. Mais des sources diverses, au sein de plusieurs autres services de renseignement, affirment qu'elle a éliminé plusieurs terroristes suspects et jeté leurs cadavres dans des marécages infestés de crocodiles. Si tel est le cas, on reconnaît bien là les méthodes du Mossad. Ses manières de faire sont différentes de celle des autres.

Et tandis que ses agents menaient leur traque impitoyable contre Al-Qaïda, Meir Dagan se lançait dans la lutte contre un ennemi tout aussi dangereux : les kamikazes qui continuaient de terroriser Israël au cours des dernières semaines de 2002.

Le premier kamikaze avait frappé Israël par une chaude journée de printemps en avril 1993. D'autres ne tardèrent pas à suivre, tuant des centaines de personnes et en blessant des milliers. Des hommes, des femmes et des enfants périrent dans des bus, des galeries marchandes, des cafés ou sur le chemin de l'école. Chaque mort servait le même objectif : anéantir tout espoir de rétablir la paix dans la région. La plupart des kamikazes venaient d'un groupe nommé la Brigade des martyrs d'Al-Aqsa. Les Israéliens les craignaient encore plus que le Hezbollah et le Hamas.

Quand un poseur de bombes était contacté par le Comité des martyrs du Djihad, cela signifiait que quelqu'un avait recommandé son recrutement. Jusqu'alors, toutes les ressources combinées du milieu des renseignements israélien n'avaient pas suffi à localiser ses membres. Tout ce qu'on savait, c'est qu'ils se communiquaient leurs décisions importantes par des notes manuscrites.

Bien avant de contacter le candidat, on menait une enquête minutieuse sur son milieu familial. La situation religieuse de chaque kamikaze était toujours un point critique pour sa sélection éventuelle. On demandait à l'imam, l'autorité religieuse de la mosquée que fréquentait le candidat, si le futur martyr connaissait bien le Coran et s'il assistait régulièrement aux prières du vendredi. Il fallait encore remplir d'autres conditions préalables avant d'être considéré comme apte au martyr. On n'acceptait pas un kamikaze s'il était le seul de sa famille à recevoir un salaire et, lorsque deux frères se portaient volontaires, on n'en acceptait qu'un.

Ces exigences de base satisfaites, on invitait le martyr à rencontrer le Comité. Ces réunions se tenaient souvent dans des lieux publics tels que des cafés bondés, afin de diminuer les risques de surveillance électronique.

La première rencontre était principalement consacrée aux connaissances religieuses du candidat. Ensuite, on l'interrogeait sur son engagement politique. Si ses réponses étaient conformes aux attentes, on l'inscrivait sur une liste de kamikazes. Nul n'en connaissait la longueur. Mais on pensait qu'elle comptait des centaines de noms.

Meir Dagan avait trouvé toutes ces précisions dans les dossiers du Mossad. Mais il voulait en savoir plus. Par conséquent, dès qu'il avait un peu de temps libre, il en profitait pour se plonger plus profondément dans le monde des kamikazes et des hommes qui les formaient.

La préparation du martyr avait lieu dans une mosquée, généralement dans une arrière-salle, à l'écart des regards indiscrets. Un membre du Comité des martyrs du *djihad* assistait l'imam. Ils passaient jusqu'à huit heures par jour avec un candidat, ce temps étant réparti entre des moments de prière silencieuse et la lecture à haute voix du Coran.

À ce stade, il était crucial de rassurer la future bombe humaine en lui répétant souvent que le jour du Jugement, il – ou elle, lorsqu'une femme était admise – aurait le droit de choisir soixante-dix membres de sa famille qui, à leur tour, seraient autorisés à entrer ; et que chaque kamikaze masculin aurait à sa disposition soixante-douze *houris*, les vierges célestes qui, selon la croyance musulmane, vivent au paradis.

Ces promesses étaient entrecoupées par des interventions visant à s'assurer que la foi du poseur de bombe en son martyr ne vacille jamais. L'imam et son assistant répétaient sans cesse la même chose : « Tu meurs pour satisfaire Allah. Tu as été choisi par Allah parce qu'il t'a vu dans tout ce qui est bon. »

Le premier signe indiquant qu'un kamikaze devrait bientôt aller à la mort était l'arrivée de deux conseillers qui remplaçaient l'assistant. Ces hommes plus âgés, totalement imprégnés du dogme extrémiste islamique, avaient pour tâche de veiller à ce que la volonté de mourir du kamikaze ne faiblisse pas. Ils insistaient sur la gloire qui l'attendait au paradis, enfin en présence d'Allah, et autorisé à rencontrer le prophète Mahomet.

Quand la date de sa mission approchait, on transférait le kamikaze dans une pièce spécialement conçue à cet effet. Les murs étaient couverts de versets du Coran. Entre les versets, figuraient des oiseaux verts sur fond de ciel violet, pour rappeler que ce sont eux qui transportent les âmes des martyrs vers Allah. L'endoctrinement devenait de plus en plus ciblé. On expliquait au kamikaze que le paradis était tout près. Le moment venu, il n'aurait plus qu'à appuyer sur le bouton du détonateur pour y entrer.

Pendant des heures, les conseillers et la bombe humaine continuaient de prier et de jeûner ensemble. Entre-temps, on s'occupait des aspects pratiques de son départ au paradis. Toutes les dettes terrestres du kamikaze étaient réglées par le Comité. On lui expliquait que les membres de sa famille allaient être honorés par leur communauté.

On vérifiait constamment que le kamikaze ne montre pas de signes de peur. Une fois rassurés, les conseillers lui conféraient le titre de *al shahid al hayy*, le martyr vivant.

Lors des étapes finales, le kamikaze plaçait un exemplaire du Coran sous ses vêtements. Puis il passait sa combinaison par-dessus. Un fil relié au détonateur était fixé dans la paume de sa main droite par de la bande adhésive.

Les conseillers escortaient le kamikaze près de la zone visée. Ils lui disaient adieu avec la même promesse qu'à toutes les autres bombes humaines : « Allah est avec toi. Allah te fera réussir pour pouvoir t'accueillir au paradis. »

Plus tard, en pressant le bouton, le kamikaze criait « *Allah akbar.* » Allah est grand. Louanges à Allah.

Il est pratiquement certain que tels furent les derniers mots que prononça Wafa'a Ali Idris.

Meir Dagan étudia consciencieusement le cas de cette jeune femme qui avait décidé de mourir. Elle était sûre d'avoir sa place au panthéon des martyrs de l'Islam. Elle fut la première femme à se lancer contre des Israéliens, totalement pris au dépourvu. Elle accomplit ce geste par un beau matin du printemps 2002 – un de ces matins qui rappellent aux Israéliens pourquoi ils ont baptisé cette région tourmentée la Terre promise.

En ce dimanche matin, Wafa'a allait bientôt fêter son trente-deuxième anniversaire. Le cadeau dont elle était le plus fière était une photo encadrée et dédicacée de Yasser Arafat, reçue de la main même du chef de l'OLP. Elle était membre du *Fatah* depuis l'époque où, adolescente, elle jetait des pierres sur les soldats israéliens, sur la rive Ouest.

À dix-huit ans, elle avait épousé un cousin éloigné qui travaillait comme forgeron. Dix ans plus tard, sa mère força le couple à divorcer parce qu'il n'avait pas réussi à avoir d'enfant.

Après son divorce, Wafa'a s'engagea au Croissant-Rouge et travailla comme auxiliaire médicale pour cet équivalent musulman de la Croix-Rouge.

« Elle était au cœur de la bataille. Elle aidait les blessés et transportait souvent des patients très gravement atteints ou des enfants mourants, déclara plus tard sa mère avec fierté. Après une longue journée en première ligne, ma fille venait pleurer dans mes bras en repensant à toutes les horreurs dont elle avait été témoin. »

Wafa'a commença alors à changer d'amis. Dans les gargotes des petites rues, elle sirotait son café en compagnie de membres du Hamas, un groupe fondé en 1987 pendant la première Intifada, à laquelle elle avait participé. Elle se mit également à fréquenter le Hezbollah, une faction tout aussi extrême. Ils lui bourrèrent encore davantage le crâne d'idées fanatiques.

Le Shin Beth israélien – la force de sécurité intérieure du pays – découvrit par la suite qu'elle avait également des rapports avec le *djihad* islamique palestinien. Ce fut un pas de plus vers le monde du militantisme impitoyable qui imprégnait désormais toute son existence. Pendant le ramadan de 2001, elle fit la rencontre d'un recruteur de la Brigade des martyrs d'Al-Aqsa.

Selon sa mère, « Wafa'a avait enfin trouvé ce qu'elle cherchait. Une chance de prouver qu'elle était une véritable enfant de Palestine. »

Et, ce dimanche matin, cinq mois après que la Brigade l'ait acceptée, elle était prête à mourir pour elle.

La nuit précédente, alors que les rues de Ramallah grouillaient de jeunes qui se rendaient en discothèque, une femme âgée vint porter un paquet à la maison où vivait Wafa'a avec sa mère qui était veuve. Le paquet contenait des sous-vêtements neufs et une combinaison customisée. Cette dernière était conçue pour dissimuler trois kilos d'un puissant explosif, des clous spécialement aiguisés et des fragments de lames de rasoir. La combinaison était étudiée pour que Wafa'a puisse la porter sous ses vêtements de ville. Elle comportait plusieurs poches suffisamment profondes pour y loger les bâtons d'explosifs. Ils étaient répartis autour de son buste. D'autres poches, au niveau de la taille, contenaient les clous et les morceaux de lames de rasoir. Une pochette séparée couvrait son entrejambe. Plus tard, le docteur Ariel Merari, un éminent expert en méthodologie des kamikazes de l'université de Tel-Aviv, émit l'hypothèse que cette pochette avait dû être créée « parce que les forces de sécurité israéliennes ne fouillent jamais cette partie du corps des femmes arabes ».

Wafa'a n'avait jamais rencontré le concepteur de la combinaison. On disait qu'il venait de Jeni, une ville arabe qui fut ensuite détruite par les forces israéliennes. Le Mossad l'appelait « le couturier de la mort ». Les services secrets finirent par établir qu'il s'agissait d'un artisan extrêmement compétent qui utilisait un triple point pour confectionner les combinaisons. Ces dernières étaient faites d'une étoffe vendue dans les magasins arabes pour la fabrication des maillots de corps. Le fil de coton provenait de la même source. Les techniciens du Mossad pensaient que le couturier utilisait probablement une vielle machine à coudre manuelle Singer. On découvrit plus tard que la combinaison de Wafa'a, tout comme celle des hommes kamikazes, était conçue de sorte que la répartition des explosifs soit bien équilibrée, afin que l'explosion couvre la plus grande surface possible.

Il est également possible que Wafa'a ait été conseillée sur le choix des vêtements qu'elle devrait porter par-dessus. « Nous savons que certains kamikazes masculins portaient des perruques et des tenues élégantes. Cela leur facilitait l'accès aux cafés et aux restaurants chic, qu'il leur arrivait de viser », expliquait le docteur Merari. La mère de Wafa'a se souvint plus tard que, de bonne heure ce dimanche matin-là, sa fille avait étendu sa combinaison et ses sous-vêtements neufs sur son lit. Ensuite, elle avait choisi celui de ses jeans dont la taille était la plus basse et un chemisier très ample pour mieux camoufler sa combinaison.

Son conseiller spirituel – un membre masculin des Martyrs – l'avait rejointe. Ensemble, ils avaient prié. Il avait ensuite récité des passages du Coran. Puis, il lui avait tendu un exemplaire du Coran qu'elle avait glissé dans la poche arrière de son jean.

Pour préparer un candidat à la mort, on lui demandait de réduire au minimum les contacts avec sa famille. Le but était de limiter l'hésitation du kamikaze à rompre ses liens terrestres. On lui rappelait constamment la nouvelle vie qui l'attendait. Ce n'est que lorsqu'il était sur le point de devenir un martyr qu'un candidat avait le droit de passer un peu de temps avec ses proches. Ceci servait, partiellement, à vérifier si la détermination du kamikaze risquait ou non de faiblir.

Wafa'a, par exemple, passa ses deux derniers jours avec sa mère. Elle ne lui expliqua ce qui allait se passer qu'après avoir pris livraison de ses sous-vêtements et de sa combinaison. « Nous avons prié ensemble pour la Palestine. Pour que ma fille fasse un bon voyage vers un monde meilleur », raconta plus tard Wasfiya Ali Idris.

Wasfiya est, elle-même, une femme qui voit la vie à travers le prisme de l'extrémisme islamique. Elle ne lit que le Coran et son héros est Yasser Arafat. Que sa fille sacrifie sa vie pour contribuer à la création d'une patrie palestinienne, elle en rêvait.

D'une certaine façon, Wafa'a Ali Idris n'avait pas tout à fait le profil d'une *shahid*, une martyre. Jusqu'à son enrôlement chez les Martyrs, elle n'avait jamais fait preuve d'une très grande religiosité. « Au bout d'un certain temps passé avec les Martyrs, elle est devenue une fervente adepte de ce que je lui avais enseigné quand elle était enfant. Il ne se passait pas un jour sans qu'elle étudie le Coran », déclarait Wasfiya.

Sa haine d'Israël était également devenue une force vivante et vibrante qui l'aidait à tenir le coup quand elle travaillait en tant qu'auxiliaire médicale. Durant l'année précédant sa mort, elle fut blessée trois fois par des soldats israéliens pendant qu'elle soignait des blessés arabes dans les rues de Ramallah. Sa mère se souvenait : « À cette époque, la colère de ma fille grandissait. Elle ne faisait qu'essayer de sauver des vies. Mais les soldats s'en fichaient. Alors, un jour, elle m'a dit : "Mère, je me suis engagée chez les Martyrs. C'est la seule manière de servir mon peuple. Tous ceux qui sont morts doivent être vengés!" Je comprenais ce qu'elle ressentait. »

Pour comprendre ce que représente le martyr pour ces gens, il est inutile d'aller plus loin que la mosquée de Ramallah où l'un des imams me dit un jour: « Tout d'abord, vous devez comprendre tout ce que l'esprit peut signifier. Il nous élève, alors que le pouvoir des choses matérielles nous tire en arrière. Mais lorsque vous êtes totalement et véritablement motivé pour devenir un martyr, l'influence du matériel s'évanouit. Vous ne pouvez commencer à comprendre cela que si vous êtes un authentique croyant. Pour tous les non-croyants, il est impossible de comprendre. Mais ceux qui ont choisi de mourir savent qu'ils sont aux portes de l'éternité. Ils ne doutent pas du monde merveilleux qui les attend. Chacun d'entre eux est conscient de la légitimité de ce qu'il est sur le point d'accomplir. Ils ont tous prêté serment sur le Coran d'aller au bout de leur noble action. C'est le serment du *djihad.* Nous l'appelons *bayt al ridwan*, en référence au jardin du Paradis qui est réservé aux vrais prophètes. »

À Ramallah, les kamikazes sont des héros. Des affiches y présentent « le martyr du mois. » On les célèbre en chants comme en vers. Chaque vendredi, sur la rive Ouest et à Gaza, on pense à eux lors des prières.

Selon le cheikh Ahmed Yassin, chef spirituel du Hamas: « L'amour du martyr est quelque chose de profondément ancré dans les cœurs. Mais ce genre de récompense n'est pas, en soi, le but du martyr. L'unique objectif du véritable croyant est de satisfaire Allah. Cela peut se faire aussi simplement que rapidement en mourant pour sa cause. Et n'oubliez jamais que c'est Allah, lui-même, qui choisit les martyrs. »

En mars 2004, le cheikh a été tué par un hélicoptère de combat israélien en sortant de la mosquée de Gaza. Un refrain coutumier avait ponctué son sermon: il était indispensable que plus de jeunes gens se sacrifient.

Il n'y a jamais pénurie de volontaires pour suivre les traces de Wafa'a Ali Idris.

Un peu après midi, ce dimanche de mars 2002, elle s'est faite exploser dans une rue très fréquentée de Jérusalem. Elle a tué un homme de quatre-vingt-un ans et blessé plus de cent personnes – hommes, femmes et enfants. L'explosion lui a arraché la tête, un bras, et lui a laissé un trou béant dans l'abdomen. Une heure plus tard, les radios de Ramallah parlaient d'une « vraie héroïne de notre peuple. »

Au nom de l'extrémisme religieux, Wafa'a avait été manipulée par ce même monde obscur et dangereux du fanatisme islamique qui a fini par aboutir aux attentats du World Trade Center et du Pentagone ou à d'autres attaques kamikazes au Moyen-Orient, au Pakistan et aux Philippines. Depuis que Wafa'a est morte, plusieurs autres jeunes femmes ont connu le même destin. À elles toutes, elles ont tué ou blessé plus de deux cent cinquante Israéliens. Leurs actions sont qualifiées de « sacrées ». Et si l'Islam interdit le suicide, les chantres du martyr sont pourtant très versés dans le sombre art de sa propagande.

Pour ceux qui ont permis que leur enfant se sacrifie, les compensations financières sont intéressantes. Chaque famille reçoit une pension à vie. La somme peut varier mais elle représente généralement le double de ce que gagnaient les parents avant la mort de leur fils ou de leur fille.

L'argent vient d'Iran. De Damascus à Athènes, il est blanchi par les banques centrales. Il est ensuite transféré sur un compte au Caire par voie électronique. Puis, il est porté à Gaza pour y être distribué par le Comité du *djihad*.

Meir Dagan s'est fait une priorité de trouver la destination finale de l'argent dans l'espoir que cela pourrait mener le Mossad jusqu'à ceux qui préparent les kamikazes. Mais la tâche était décourageante. Les Martyrs fonctionnent sous forme de petites cellules. Dans le monde fermé des camps de réfugiés, il est difficile de recruter des informateurs pour les renseignements israéliens. Ceux qui se font prendre sont exécutés. Pour eux, la mort a de fortes chances d'être abominablement lente et précédée de tortures innommables. Pour leur famille, avoir élevé un traître envers l'extrémisme islamique est synonyme d'opprobre général.

En revanche, pour les kamikazes, il n'y avait que la gloire. Dans un monde où on en manque souvent. Pour eux, la mort a probablement trop souvent été un soulagement.

Après la mort de Wafa'a, un prospectus montrant sa photo a circulé partout sur la rive Ouest. On pouvait y lire : « Nous n'avons ni tanks ni roquettes. Mais nous avons quelque chose de mieux – nos bombes humaines islamiques. À défaut d'un arsenal nucléaire, nous sommes fiers de notre arsenal de croyants. »

La seule certitude que l'on puisse avoir est que d'autres jeunes hommes et femmes se feront exploser – avec tant d'autres – pour l'éternité. Meir Dagan savait que lorsque Israël n'avait pas subi d'attentat kamikaze depuis quelque temps, cela signifiait que le prochain n'allait pas tarder.

Telle était l'effrayante réalité de la vie et de la mort en Terre sainte.

XIX

Après Saddam

En janvier 2003, cinq mois après être sorti de la cantine du Mossad sous un tonnerre d'applaudissements, Meir Dagan était devenu un héros pour son personnel et un homme redouté de ses ennemis. Même les plus amers d'entre eux étaient forcés de reconnaître que le Mossad était redevenu le plus efficace et le plus impitoyable service d'espionnage du Moyen-Orient, et d'ailleurs. Dagan en savait plus sur les services de sécurité arabes que les dirigeants des pays concernés. En fait, il avait placé de nouveaux agents dans les bureaux privés des plus hauts officiels gouvernementaux en Syrie, en Égypte, au Liban et aux Émirats arabes unis. Sous son œil attentif, le Mossad avait infiltré, avec une vigueur retrouvée, tous les secteurs de la vie politique arabe, le milieu des affaires et tous les niveaux de la société musulmane.

Au cours des quatre mois précédents, depuis son investiture, il avait étudié les vices et les fautes qui avaient causé la baisse de moral du Mossad. Il avait rectifié le tir en s'assurant que ceux qui en étaient responsables soient rayés des rangs de l'Institut. Les remplaçants venaient de l'armée ; certains étaient recrutés au Shin Beth et dans les autres services de renseignement israéliens. Dagan leur expliqua clairement que s'il les avait engagés, c'était pour qu'ils se conforment à ses propres règles – pas au règlement. De leur côté, ils avaient bien fait comprendre qu'ils le serviraient parce qu'ils étaient convaincus qu'il était l'homme de la situation.

Dagan travaillait dix-huit heures par jour dans son bureau, parfois plus. Il lui arrivait même de dormir sur le canapé. La vie était dure. Il allait et venait comme un voleur dans la nuit. Il se rendit à Mombassa, et en toutes sortes d'endroits, à la poursuite d'Oussama Ben Laden et d'Al-Qaïda. D'autres chefs de services secrets seraient restés dans leur bureau. Mais ce n'était pas son style. Il avait toujours dirigé depuis le front.

Il avait élaboré un plan pour réduire la menace des kamikazes. Israël devait relâcher son emprise sur Yasser Arafat et lever le blocus sur la rive Ouest et la bande de Gaza – après une solide garantie des autorités palestiniennes qu'elles s'occuperaient des poseurs de bombes. Le projet arriva au cabinet de Sharon qui ne voulut pas en entendre parler tant qu'Arafat serait là.

Dagan avait attendu le moment opportun. Il était tout à fait conscient que les relations entre Sharon et Arafat reposaient sur leur haine respective : on ne parviendrait à aucune solution tant que l'on ne se serait pas débarrassé d'Arafat. Avec toute la perspicacité que lui conférait sa connaissance du monde des services secrets, Dagan pensait que l'initiative pourrait très bien venir de l'intérieur même de la Palestine. Depuis qu'il était arrivé dans ce bureau, l'une de ses tâches avait consisté à instaurer le mécontentement chez les plus sensibles des groupements palestiniens, en répandant l'idée qu'Arafat était l'unique et dernier obstacle sur le chemin de la paix. Sous toutes ses formes, la propagande était une arme que Dagan avait souvent utilisée lorsqu'il était commandant dans l'armée.

Le service des armes psychologiques du Mossad, le LAP, avait créé à Gaza, la ville où les kamikazes étaient formés, une « Académie du terrorisme » qui devint légendaire. On en parla beaucoup dans les médias. De nombreuses autres affaires suivirent cette opération de propagande, et leurs résultats figuraient souvent dans le bulletin quotidien des renseignements que Sharon lisait au réveil. Ce résumé, dicté par Dagan, donnait le ton des pensées de Sharon pour la journée à venir.

Les deux hommes étaient encore proches et partageaient toujours le même idéal pour Israël : s'assurer, tel que le formula Sharon, que « ce petit lopin de terre qui était aride et inhospitalier jusqu'à ce que nous, les Juifs, en ayons fait le centre du pouvoir de la région, ne nous soit jamais enlevé. »

Peu de temps après que Dagan ait été nommé, le Premier ministre l'invita à dîner et lui montra, dans une vitrine, une pointe de flèche peinte en noir. Elle symbolisait le nom de code – *Hetz Shabor* – que Sharon avait choisi pour son assaut contre l'armée égyptienne, à Gaza, pendant la guerre des Six Jours. Cela avait marqué le début de la carrière du chef militaire le plus impitoyable depuis Moshe Dayan. Ensuite, il y avait eu les massacres des deux camps de réfugiés palestiniens au Liban dans lesquels on estime que jusqu'à mille hommes, femmes et enfants furent exterminés le 17 septembre 1982 sans que les troupes de Sharon n'interviennent. Sa carrière semblait alors compromise. Mais il entra dans l'arène politique, fut plus malin que Benyamin Netanyahou – ce qui n'était pas une mince affaire – et réussit à prendre la tête du parti du Likoud. Ce fut un ascenseur vers le poste de Premier ministre qu'il occupait désormais.

Pendant ce repas, Sharon expliqua à Dagan qu'il l'avait choisi pour diriger le Mossad parce qu'ils étaient tous deux des dirigeants téméraires et intraitables. Mais il existait pourtant une différence entre eux : Sharon était joueur, toujours prêt à prendre des risques, comme la fois où il s'était rendu au mont du Temple à Jérusalem, ce qui avait déclenché la seconde Intifada et permis aux kamikazes de gagner en puissance. Dagan, lui, n'était pas joueur. Chacun de ces actes était calculé.

Quelques semaines après son entrée en fonction, Dagan avait pris un vol d'El Al, à destination de Londres, pour y rencontrer les deux chefs des services secrets britanniques, Richard Billing Dearlove, patron du MI-6 et Eliza Manningham-Buller, du MI-5.

Il avait étudié leurs profils aussi scrupuleusement qu'il le faisait pour ses adversaires. Bien que ces deux patrons soient loin d'être des ennemis, il les trouvait néanmoins préoccupants. Cela faisait plusieurs années que la Grande-Bretagne était devenue un véritable vivier pour le terrorisme islamiste. Richard Reid, l'homme qui avait tenté de faire sauter un avion américain à l'aide d'explosifs cachés dans ses chaussures, et Zacharias Moussaoui, identifié comme le vingtième pirate des attentats du 11 septembre, avaient tous deux été recrutés pour leurs missions dans des mosquées londoniennes.

La capitale britannique était devenue le QG des prédicateurs islamistes qui, grâce à un réseau d'organisations, se consacraient ardemment à semer la haine ; la haine d'Israël, la haine de l'Amérique, la haine de l'Occident – la haine de toutes les démocraties qui avaient pour valeurs la tolérance et la liberté, les idéaux mêmes qui permettaient aux extrémistes d'opérer en Grande-Bretagne.

Malgré les protestations, la Grande-Bretagne avait continué de donner asile à des intégristes recherchés pour terrorisme dans d'autres pays. Les gouvernements français, algérien, égyptien, jordanien, saoudien et américain lui avaient vivement reproché son refus de les extrader. Mais les Britanniques avaient obtenu gain de cause en rétorquant que les soustraire à leur protection équivaudrait à les soumettre à la « persécution politique ».

Les prédicateurs islamistes qui avaient entraîné ces hommes dans le terrorisme avaient engagé de grands avocats pour lutter contre les extraditions. Ces démarches légales bloquaient les enquêtes depuis des années. Khalid al-Fawaz, recherché aux États-Unis pour son rôle dans l'explosion de l'ambassade américaine de Nairobi, parvint à utiliser la justice anglaise pour rester dans le pays. Les 60 000 dollars que coûta sa défense provenaient de l'argent public.

Vêtu d'un costume à rayures sur mesure, d'une chemise blanche cousue main et d'une cravate de club, Dearlove était assis dans son bureau donnant sur la Tamise pendant que Meir Dagan lui expliquait pourquoi il fallait mettre fin à la présence de terroristes en Grande-Bretagne.

Le chef du Mossad savait exactement quel ton employer pour atteindre ce grand ponte du renseignement qui dirigeait plus de deux mille personnes – dont cent soixante-quinze étaient des agents de terrain, des espions. Le salaire de Dearlove était de 150 000 livres par an, bien plus élevé que celui de Dagan. Le chef du MI-6 bénéficiait également d'avantages en nature tout à fait enviables : un véhicule avec chauffeur armé et une carte de membre dans plusieurs des clubs les plus huppés de Londres.

Dagan n'était pas le moins du monde jaloux de tout cela. Il savait que Dearlove l'avait mérité.

Diplômé de Cambridge, Dearlove s'était engagé au MI-6 en 1964. Quatre ans plus tard, il travaillait sous couverture à Nairobi. Depuis la capitale kenyane, il se rendait souvent en Afrique du Sud pour établir des connexions avec le BOSS, qui était alors le service de renseignement du pays. En 1973, il fut nommé directeur adjoint de l'antenne du MI-6 de Prague. Pendant qu'il occupait ce poste, il dirigea une opération d'infiltration du pacte de Varsovie. Ses conseils permirent à plusieurs agents supérieurs du Pacte de passer à l'Ouest.

Après une mission à Paris, il fut posté à Genève, sous la couverture de diplomate attaché aux Nations unies. C'est là qu'il prit ses premiers contacts avec des agents de renseignement arabes travaillant pour l'Irak, la Syrie ou l'Iran.

Un an plus tard, il arriva à Washington en tant qu'agent de liaison entre le MI-6 et la communauté du renseignement américaine. Au printemps 1992, il était de retour à Londres, chargé de superviser le déménagement du MI-6 depuis son QG croulant de Century House, dans la banlieue décrépite de Lambeth, vers la nouvelle structure ultramoderne de Vauxhall Cross qui avait coûté 236 millions de livres. Il paraît qu'au jour de l'ouverture, Dearlove avait personnellement vérifié chaque pièce, testé les menus de la cantine et dormi dans les lits du dortoir souterrain que le personnel utilisait en période de crise.

Il se rendait fréquemment à Washington. Là, il avait étonné son homologue de la CIA, George Tenet, en exprimant clairement qu'il ne considérait plus la traque d'Oussama comme la plus importante priorité du MI-6. D'ailleurs, on put l'entendre affirmer, en privé, que « la capture de Ben Laden mort ou vif signifiait surtout que Bush voulait faire les gros titres. »

Dearlove était monté dans l'estime de Dagan, lorsqu'il lui avait avoué qu'il ne partageait pas vraiment l'enthousiasme absolu des Américains pour la Sigint – ou *signal intelligence*, c'est-à-dire l'espionnage par satellites. Il pensait que des espions sur le terrain étaient plus utiles et plus fiables parce qu'ils rapportaient « ce qu'ils voyaient de près et non depuis l'espace ». Dans un monde de messages électroniques codés et d'imagerie satellite ultrasophistiquée, Dagan trouvait dans ce jugement quelque chose de réconfortant. Il reflétait, d'ailleurs, son propre point de vue.

Dagan était plus impatient encore de rencontrer Eliza Manningham-Buller. La directrice du MI-5 était seulement la seconde femme à diriger ce service. Avec son double menton et son rire sonore, qui semblait sourdre des tréfonds de sa large cage thoracique, elle était un personnage hors du commun.

À cinquante-trois ans, soit quatre de moins que Dagan, son salaire était largement plus élevé que ce qu'il ne pourrait jamais espérer. En fait, elle gagnait plus que son plus haut supérieur hiérarchique, le Premier ministre Tony Blair.

Sa parfaite élocution et sa voix cristalline trahissaient sa bonne lignée. Elle était la fille d'un ancien grand chancelier d'Angleterre ; l'une de ses deux sœurs était mariée à un ancien responsable adjoint des finances de la reine.

Elle avait étudié à Oxford où on la connaissait sous le sobriquet de *Bullying Manner* (manières de brute), à cause de son goût prononcé pour l'intimidation. En 1968, pour le spectacle de *Cendrillon* de la Compagnie théâtrale universitaire, le nom de « l'honorable » Eliza Manningham-Buller figurait au programme dans le rôle de la reine des Fées. Avec son diadème fleuri et après avoir épilé ses sourcils broussailleux, elle apparut sur scène dans un nuage de fumée. Elle virevolta sur elle-même et au plus grand étonnement de Cendrillon – et du public – elle éructa : « Nous nous doutions que vous alliez être surprise. Mais n'ayez crainte. Je suis votre marraine, ma chère. »

Ce soir-là, un recruteur du MI-5 – professeur à Oxford – suggéra à Eliza d'abandonner sa carrière théâtrale pour rejoindre le MI-5. Elle l'écouta attentivement avant de consulter son père. Celui-ci déclara que l'espionnage n'était pas une carrière pour une lady.

Eliza entra presque aussitôt au MI-5 où elle commença par transcrire les conversations des écoutes téléphoniques, particulièrement celles des diplomates du bloc soviétique installés à Londres. Mais elle eut tôt fait de prouver qu'elle pouvait également interpréter ce qui n'était exprimé qu'à demi-mot. Elle devint donc agent de contre-espionnage – une chasseuse d'espions.

« Manières de brute » devint « manières formidables ». Elle grimpa rapidement les échelons hiérarchiques du MI-5.

Plus grande que la plupart de ses collègues, elle dégageait une forte autorité lorsque, par-dessous son nez d'impératrice romaine, elle toisait quiconque la contrariait. Son reproche fait, elle repartait à grands pas dans les couloirs mornes du MI-5 « comme un homme de guerre, toutes voiles dehors », ainsi que le formula l'un de ses collègues. Elle travailla à Washington et un peu partout. Elle dirigea l'équipe du MI-5 chargée de l'enquête sur l'attentat de Lockerbie et fut le fer de lance de la guerre souterraine du MI-5 contre l'IRA.

En 1997, elle devint l'adjointe du directeur général du service. Trois ans plus tard, elle dirigeait le MI-5.

À ses deux hôtes, Dagan transmit le même message intransigeant : Londres était devenu un paradis pour les terroristes, une ville qui leur permettait de vivre dans une démocratie tout en leur donnant les moyens de détruire ce que représente ce mot. Israël étant leur cible de prédilection, il fallait que cela cesse. Dagan expliqua cela aussi civilement que fermement.

Il ajouta qu'il comprenait la difficulté que cela représentait pour la Grande-Bretagne. Le pays abritait plus d'1,8 millions de musulmans dont la grande majorité étaient des citoyens pacifiques et respectueux des lois. Il savait que la Grande-Bretagne avait d'importantes relations commerciales avec les nations arabes. Mais il savait aussi que les extrémistes islamistes avaient eu les moyens d'opérer dans le cercle fermé de la communauté musulmane de Grande-Bretagne. Il était prêt à mettre le Mossad à la disposition du MI-5 et du MI-6. Pour que cela fonctionne, il faudrait augmenter le nombre de ses agents autorisés à travailler en Grande-Bretagne. Depuis 1987, ce nombre avait été réduit, après que le gouvernement Thatcher se soit plaint des méthodes du Mossad.

Dearlove et Manningham-Buller acceptèrent aussitôt. Dans les jours qui suivirent, les agents du Mossad arrivèrent à Londres. Ils apportèrent avec eux une liste des musulmans radicaux suspectés de préparer des attaques sur des cibles israéliennes. L'équipe du Mossad annonça clairement qu'elle opérerait en toute indépendance. Et que les agents géreraient toute menace contre Israël avec leur poigne habituelle. S'ils assassinaient, ils feraient peut-être passer cela pour un accident – mais il se pouvait également qu'ils ne fassent aucun effort pour dissimuler leurs actes afin que cela serve d'avertissement aux autres.

À cette époque, en janvier 2003, Meir Dagan savait que c'était également un assassinat que souhaitaient George W. Bush et ses assistants. On cherchait la meilleure façon de supprimer Saddam Hussein.

Comme les roulements de tambour d'une guerre imminente contre l'Irak résonnaient de plus en plus fort à Washington, le président George W. Bush fit savoir à ses plus proches conseillers qu'il se préparait à lever l'interdiction qui empêchait la CIA d'assassiner Saddam Hussein. Les mesures qui interdisaient à la CIA de tuer un chef d'État remontaient au tristement célèbre fiasco de la tentative de meurtre du leader cubain Fidel Castro dans les années 1970. Le décret ne fut jamais officiellement annulé, mais aux premiers jours du nouvel an, dans le froid hivernal de la capitale américaine, les néoconservateurs qui entouraient le président – des hommes et des femmes qui, pour la plupart, avaient été des conseillers de Bush senior durant sa présidence – portaient des toasts à l'éventualité d'une mort prochaine de Saddam Hussein.

Donald Rumsfeld, le secrétaire de la Défense, déclara que les États-Unis avaient légalement le droit d'assassiner quiconque « avait participé de près ou de loin à la préparation » des attentats du 11 septembre. Toujours selon Rumsfeld, Saddam avait un autre « élément contre lui » à savoir qu'il stockait des armes de destruction massive. Colin Powell, le secrétaire d'État, ainsi que George Tenet, le directeur de la CIA, et ses analystes rappelèrent avec insistance que rien ne prouvait de façon certaine que Saddam était lié aux attentats de septembre ou détenait des armes de destruction massive, mais Rumsfeld leur répliqua que ce n'était pas du tout ce que lui affirmaient ses sources.

Le *katsa* du Mossad qui résidait à l'ambassade israélienne de Washington avait découvert que la source principale de Rumsfeld était Ahmed Chalabi, qui participa à la création du Congrès national irakien, le prétendu « gouvernement intérimaire », qui remplaça Saddam.

Le très élégant Chalabi avait été un informateur du Mossad en Irak après la prise de pouvoir de Saddam en 1979. Il s'était installé en Jordanie, pays frontalier, où il avait créé la Petra Bank. Pendant quelque temps, l'établissement avait servi au Mossad pour financer ses opérations secrètes au Moyen-Orient. Mais en 1979, la banque s'effondra, devant des centaines de millions de dollars à ses dépositaires.

Le Mossad avait réussi à retirer ses modestes dépôts avant la faillite. Peu après, Mohammed Saïd Nabulsi, le directeur de la banque centrale de Jordanie, accusa Chalabi d'avoir transféré 70 millions de dollars sur son propre compte en Suisse.

Chalabi était arrivé à Washington au moment où George W. Bush venait d'être élu président. Jusqu'à la première guerre du Golfe, consécutive à l'invasion du Koweït par Saddam, Chalabi semblait n'être rien d'autre qu'un lobbyiste moyen-oriental de plus à chercher à promouvoir ses intérêts, dans une ville où ils sont légions. Mais la guerre changea toute la donne. Fort de son Congrès national irakien, au nom imposant, Chalabi n'eut aucun mal à se faire accepter dans l'entourage néoconservateur de Bush. On y trouvait Dick Cheney, le futur vice-président et Paul Wolfowitz, le futur adjoint au secrétaire de la Défense. Grâce à eux, il fut présenté à Donald Rumsfeld. Les deux hommes partageaient la conviction que Saddam ne représentait pas seulement une menace pour la paix au Moyen-Orient mais, probablement, pour le monde entier.

Aussi incroyable que cela puisse paraître, Chalabi commença à avoir accès à des rapports secrets sur Saddam, élaborés par la CIA ou la NSA, et fournis par le Pentagone. Au début, il se contenta de signaler que certains des renseignements ne concordaient pas avec ce que sa petite organisation apprenait sur l'Irak depuis l'intérieur. Progressivement, ses remarques, souvent directement adressées à Rumsfeld, devinrent de plus en plus critiques. Chalabi trouvait que la CIA, en particulier, était loin de la réalité parce qu'elle n'avait pas d'agents de terrain en Irak.

À la fin de l'été 2002, quelques jours avant le premier anniversaire de l'attaque des tours jumelles et du Pentagone, Rumsfeld ordonna la formation d'une unité spéciale secrète au Pentagone pour « réexaminer » les informations fournies par Chalabi et « réévaluer » les liens entre Saddam, Al-Qaïda et le développement des armes de destruction massive en Irak.

Ahmed Chalabi, un banquier discrédité, accusé d'avoir pillé ses propres coffres-forts, était devenu l'une des principales sources de Rumsfeld. Tenet, le chef de la CIA, un homme qui gardait jalousement son territoire, était furieux – au point de menacer, en août 2002, de donner sa démission. Cheney avait bien arrondi les angles et Tenet avait fini par rester. Mais, lors d'échanges officieux, il avait parlé à Richard Dearlove, le directeur du MI-6, des interventions perpétuelles de Chalabi au plus haut niveau de l'administration Bush.

Lorsqu'il prit la direction du Mossad, Dagan trouva aussitôt très étrange que Chalabi puisse être une source de Rumsfeld. D'après le dossier qu'il avait sur le banquier, il était clair qu'il n'avait jamais fourni que de petits renseignements lorsqu'il espionnait en Irak pour l'Institut. Alors, plus de dix ans après avoir quitté Bagdad, il était fort improbable qu'il ait de véritables contacts au sein du régime de Saddam.

Ce n'était pas la première fois que les analystes du Mossad se posaient des questions sur la façon dont l'administration Bush gérait les affaires importantes.

Les déplacements personnels de Dagan à Washington, une obligation pour tout nouveau directeur, permettaient de remplir les blancs des rapports du *katsa* de l'ambassade israélienne de la capitale. En rencontrant des membres de l'administration – tels que Lewis Libby, le chef du personnel de Cheney, et Elliot Abrams, chargé de la politique du Moyen-Orient au Conseil national de sécurité – Dagan avait fait la connaissance de partisans de ce qu'ils appelaient, eux-mêmes, la « démocratie musclée ». Ils pimentaient leurs conversations de mots arabes comme *djihad* ou d'expressions comme *Allah akbar wallilahi'l-hamd.* Ils en connaissaient les significations : « guerre sainte » et « Allah est grand pour qui le loue ». Ils expliquèrent à Dagan que ce qui les sidérait, c'était qu'ils ne pouvaient pas comprendre comment Dieu pouvait endosser la responsabilité de massacres aussi terribles que celui du 11 septembre.

Les conversations religieuses mettaient Dagan mal à l'aise ; pour lui, sa foi, comme une grande part de sa vie, relevait du domaine privé. Il éluda la question avec tact. Néanmoins, il avoua plus tard à ses collègues de Tel-Aviv qu'il était impressionné par l'omniprésence de la religion dans l'administration Bush.

Lorsque le président Bush revint à la Maison Blanche quatre jours après les attentats du 11 septembre, il reçut quelqu'un dont la visite lui fit grand plaisir. L'évangéliste Bill Graham, un ami de longue date de la famille Bush, s'assit auprès d'un président légitimement bouleversé et lui parla longuement du mal du terrorisme ainsi que de son éradication par la « juste colère » dont parle la Bible.

Un passage des écritures, en particulier, toucha une corde sensible chez le président : « Ainsi parle le Seigneur, l'Éternel : parce que les Philistins se sont livrés à la vengeance, parce qu'ils se sont vengés dédaigneusement et du fond de l'âme. Alors, ainsi parle le Seigneur, l'Éternel : Voici, j'étends ma main sur les Philistins. Et ils sauront que je *suis* l'Éternel, quand j'exercerai sur eux ma vengeance. »

Ces mots du prophète Ézéchiel devinrent un leitmotiv pour George W. Bush, un cri de ralliement autour de tout ce qu'il allait dire ou faire au cours des mois à venir pendant sa « guerre contre le terrorisme » : la justification de son attaque de l'Afghanistan et de la guerre qu'il allait déclarer à l'Irak. Le dictateur irakien était *son* Philistin.

Ézéchiel, cet homme de fer de la Bible, avait communiqué à Bush une force similaire à la sienne.

À la fin de leur entretien, Graham offrit à Bush une Bible de poche. L'évangéliste avait pris le temps de l'annoter, en surlignant au marqueur fluorescent les passages susceptibles d'augmenter le sentiment qu'une « juste colère » était légitime.

Bush, à l'instar de Bill Clinton et de plusieurs autres anciens présidents, n'était jamais à court d'exemplaires de la Bible. Il avait été élevé dans ce qu'il appelle « un pays qui craint Dieu » – cette grande étendue des états du sud que l'on appelle « Bible Belt ». Dans le ranch texan des Bush, comme dans son ancien bureau de gouverneur, on pouvait trouver, sur une table, une Bible et un drapeau américain roulé. Avec la Bible de Billy Graham, le président n'eut jamais le moindre doute sur le fait que Dieu était de son côté lorsqu'il déclara sa guerre mondiale contre le terrorisme.

Cette conviction expliquait, pour beaucoup, son attitude. On put, d'ailleurs, commencer à s'en apercevoir lorsqu'il déclara vouloir Ben Laden « mort ou vif ». Il confirma, ensuite, cet état d'esprit en évoquant un « axe du mal » – Iran, Irak et Corée du Nord. L'expression avait une très forte connotation biblique.

Durant toute l'année 2002, lors de ses discours adressés au Congrès ou à ses chefs militaires, lors de ses traditionnelles interventions hebdomadaires à la radio et lors de ses rencontres avec les chefs d'État du monde entier, Bush cita plusieurs fois des passages extraits du cadeau relié de cuir de Graham pour entériner l'idée que la guerre contre le terrorisme bénéficiait de l'approbation absolue de Dieu. La guerre sainte – le *djihad* des intégristes islamiques – prenait alors un nouveau sens.

L'insistance du président Bush pour lancer une attaque préventive contre l'Irak était, elle aussi, très liée au credo religieux des néoconservateurs qui constituaient son entourage.

Soucieux de cette montée de ferveur religieuse, le Mossad s'intéressa à l'évolution du projet américain d'assassiner Saddam Hussein – un geste qui permettrait peut-être d'éviter une vraie guerre contre l'Irak.

Aux premiers jours de février 2003, suite à une conversation téléphonique entre Ariel Sharon et le président Bush, le Premier ministre israélien fit savoir à Dagan qu'il avait proposé que le Mossad participe activement à l'assassinat de Saddam. Bush avait accepté.

À Tel-Aviv, l'organisation de l'opération se déroula selon une procédure ayant déjà fait ses preuves. Tout d'abord, on étudia les tentatives manquées de tuer Saddam afin d'identifier les raisons de leur échec. Au cours des dix dernières années, le dirigeant irakien avait subi quinze attaques différentes. Elles étaient soit commanditées par le Mossad, soit par le MI-6. Elles avaient échoué faute d'un plan adapté, parce que les tueurs irakiens que l'on avait engagés s'étaient fait prendre par l'excellent dispositif de sécurité de Saddam, ou, tout simplement, parce qu'il s'était avéré impossible d'approcher suffisamment la cible.

Le Mossad lui-même avait déjà fait une première tentative en novembre 1992. Ses agents en Irak avaient découvert que Saddam projetait de rendre visite à l'une de ses nombreuses maîtresses, qui vivait près de Tikrit. Les agents avaient appris qu'il pensait arriver chez elle au crépuscule. Le jour suivant, il devait visiter une base militaire dans les environs avant de reprendre un vol pour Bagdad. Durant la quinzaine de minutes que représentait le trajet séparant la maison de sa maîtresse de la base aérienne, Saddam aurait été probablement vulnérable.

Préparé sous la houlette du général Amiram Lévine en personne, alors directeur adjoint du Mossad, le plan d'assassinat de Saddam fut approuvé par Benyamin Netanyahou, le Premier ministre. L'équipe chargée du meurtre – nom de code *Skah Atad* – s'entraîna pendant des semaines dans le désert du Néguev.

Les détails de l'opération sont autant de preuves du sérieux de l'organisation. L'équipe de *kidons* du Mossad serait soutenue par quarante membres triés sur le volet de l'unité 262 des forces spéciales – gravée à jamais dans la mémoire israélienne comme celle qui, en 1976, à l'aéroport d'Entebbe, en Ouganda, tira les otages des mains des pirates de l'air qui avaient détourné leur avion.

Les tueurs voleraient au-dessous du seuil de détection des radars dans leurs deux Hercules C-130. Au sol, ils se sépareraient en deux groupes. Les *kidons* se posteraient à environ deux cents mètres de la villa de la maîtresse de Saddam, le long de la route que ce dernier devait emprunter pour se rendre à la base aérienne. Le groupe principal attendrait à un peu moins de dix kilomètres, équipés d'un missile spécial du Mossad guidé par vidéo, dont le nom de code était *Midras*, « bruit de pas » en hébreu.

L'équipe des *kidons* devait alors filmer Saddam tout en tirant sur sa voiture. Au même instant, l'un d'entre eux devait donner le signal pour que l'équipe du missile fasse feu en fonction des coordonnées précises indiquées par les caméras – et, donc, détruire le véhicule.

Mais Ariel Sharon, alors ministre des Affaires étrangères et Yitzhak Mordechai, ministre de la Défense, ordonnèrent d'annuler l'opération, jugeant que les risques d'échec étaient trop élevés.

Là, presque dix ans plus tard, avec le soutien de Washington, on hésitait beaucoup moins à tenter de tuer Saddam.

Chaque matin, alors que la grisaille rampante s'estompait pour laisser place à un nouveau jour – le moment que la mère de Saddam lui avait appris à nommer la « première heure » – un camion descendait de l'un des palais où l'autoproclamé président à vie venait de passer une nuit de plus en toute sécurité.

Le camion contenait des homards vivants et des crevettes fraîches ainsi que des moitiés de carcasses d'agneau et de bœuf dont on avait ôté le gras. Il y avait également diverses variétés de yaourts et de fromages, et l'un des mets favoris de Saddam Hussein, des olives de Syrie, cueillies sur les hauteurs du Golan. Il aimait en cracher les noyaux « comme il allait, un jour, cracher les Israéliens loin de leur terre », déclara-t-il un jour à son ancien chef du renseignement, le général Wafic Samarai.

Plus tard, après être tombé en disgrâce, le chef des espions sauva sa vie en s'enfuyant et dut marcher pendant quarante heures pour atteindre la frontière turque au nord de l'Irak. Samarai a eu de la chance. La plupart de ceux qui contrarièrent Saddam Hussein furent tués selon des méthodes bien pires que celles des salles de torture d'antan. Ce que Samarai apporta au projet d'assassinat de Saddam fut introduit dans les ordinateurs du Mossad.

Alors que Saddam, âgé de soixante-cinq ans, dormait encore, peut-être dans les bras d'une des jeunes filles que sa Garde républicaine sélectionnait pour satisfaire son insatiable appétit sexuel, on déchargeait le camion.

Dans chacun de ses palais, se trouvaient des scientifiques attachés au programme nucléaire national. Ils travaillaient dans une zone fermée dans les soubassements. On ne pouvait y accéder que grâce à des cartes magnétiques dont les codes changeaient tous les jours. Dans chaque sous-sol, il y avait une suite dans laquelle on avait placé une puissante machine à rayons X semblable à celles des hôpitaux. Les scientifiques y faisaient passer tous les aliments. Ils vérifiaient qu'ils n'avaient été ni empoisonnés, ni soumis à d'autres radiations.

Lorsque l'on ne détectait rien de suspect, la nourriture subissait d'autres contrôles. Les cuisiniers prélevaient de petites portions : un morceau de homard ou de poisson, une fine tranche de viande, une petite bouchée de fromage, une cuillerée de yaourt. On préparait ensuite les aliments à cuisiner. Puis chaque plat était soigneusement présenté pour les goûteurs. Ces derniers étaient choisis parmi les innombrables prisonniers qui remplissaient les geôles irakiennes.

Surveillé par des membres d'Al-Himaya, la garde rapprochée de Saddam, chaque prisonnier avalait et montrait sa bouche ouverte aux gardes. On observait ensuite les goûteurs pendant une heure pour s'assurer qu'ils n'aient pas été empoisonnés. Après cela, on les emmenait au labo pour une prise de sang. On faisait des tests pour vérifier qu'on ne trouvait aucune trace de radiations dans ce qu'ils venaient d'ingérer. Pour finir, on emmenait les prisonniers dans une cour où ils étaient fusillés – généralement d'une unique balle derrière la tête.

Les coups de feu informaient Saddam qu'il pouvait consommer sans danger son petit déjeuner et ses autres repas de la journée.

Ce rituel, qui donne le frisson, n'était qu'un seul de ceux qui gouvernaient sa vie.

Qui qu'elle soit, la femme qui passait la nuit dans son lit était ensuite congédiée. Ce qu'il advenait d'elle après cela relève de l'hypothèse, comme pour toutes celles qui ont été obligées de partager sa couche. Saddam se rendait seul à sa piscine privée. Il lui fallait absolument faire quelques longueurs pour renforcer sa moelle épinière. Il s'était fait opérer d'une hernie discale. Il nageait nu et seuls ses gardes du corps pouvaient le voir. Il n'avait aucun secret pour eux au sujet de ses infirmités physiques. Il boitait mais en public il prenait toujours une pause après quelques pas. Pour un homme d'apparence si musclée en uniforme, il avait une bonne couche de gras au niveau de la ceinture.

La natation terminée, son début de journée comportait un autre rituel essentiel. Son barbier, qui voyageait presque partout avec lui, arrivait pour lui tailler la moustache et faire des retouches de noir dans ses cheveux. Les produits qu'il utilisait pour cela venaient de Paris, chaque bouteille était testée pour vérifier qu'elle ne contenait aucun composant mortel. Sa chevelure teinte uniformément afin de dissimuler toute trace de gris, ses ongles étaient ensuite limés, manucurés et couverts d'un vernis incolore.

Après cela, c'est son habilleur personnel qui prenait le relais. L'uniforme de Saddam était taillé sur mesure, coupé pour mettre sa musculature en valeur. Il tenait ses biceps et ses puissantes cuisses du temps où, adolescent, il participait à des courses de chameau. Ses vestes étaient taillées de manière à cacher le ventre qu'il n'avait pas réussi à perdre malgré plusieurs périodes de régime strict.

Ces futilités esthétiques étaient celles d'un homme qui trouvait irritant que sa femme quadragénaire, Sajida, ait une silhouette de matrone et entretienne mal la coloration au henné de ses cheveux.

Lorsqu'il en avait terminé avec ces impératifs physiques, Saddam était prêt pour une nouvelle journée. Nul ne pourrait contester son endurance au travail. Les réunions de douze ou quatorze heures étaient monnaie courante. Après chaque séance, il faisait une courte sieste dans une salle contiguë à son bureau. Une demi-heure plus tard, il était en mesure de reprendre la direction d'une table de conférence et se lancer dans une nouvelle série de discussions.

Toutes les réunions commençaient de la même façon. Saddam étudiait un résumé des rapports qu'on lui avait préparés. Il lui arrivait parfois de demander un rapport complet pour l'examiner de plus près. Personne autour de la table ne savait lequel il choisirait d'aborder. Si le résumé ne concordait pas avec le rapport complet, il interrogeait en détail les rédacteurs respectifs de chacun des deux documents. Ensuite, il se montrait hargneux et inquisiteur. C'était un tyran né.

Ses plus proches assistants savaient qu'ils devaient se débrouiller pour que, où qu'il se trouve, il ne soit pas trop loin d'une fontaine, d'une cascade artificielle ou d'un ruisseau. Dans un pays désertique comme l'Irak, l'eau est un symbole de richesse. Dans le monde de Saddam – ses connaissances personnelles, les coutumes et la culture dans lesquelles il a été élevé – l'eau est une condition indispensable. Dans tous ses bureaux personnels – nul ne sait combien il en avait à Bagdad et ailleurs – on pouvait toujours entendre un son de cascade provenant d'un disque d'ambiance.

L'obsession de Saddam pour la violence envers les humains est le plus terrifiant des aspects de ce personnage aux multiples facettes. Il était obnubilé par le processus de la douleur infligée et passait d'innombrables heures à regarder les vidéos de ceux qu'il avait torturés et exécutés. Variant ses méthodes d'assassinat, il lui arrivait d'enterrer ses victimes vivantes ou d'utiliser une technique apprise des talibans : on enfonçait un long clou dans l'oreille de la victime jusqu'à ce qu'il atteigne le cerveau. On rapporte qu'il y avait dans ses salles de torture des sortes de sarcophages de métal et de bois, dans lesquelles se trouvaient enfermés les cadavres de certaines de ses victimes. Ces sarcophages contenaient des pointes qui devaient pénétrer le corps de la victime. La strangulation ou l'enterrement vivant dans le désert étaient des sorts qu'il réservait à ceux pour qui il considérait que la pendaison serait trop rapide.

Les fils de Saddam héritèrent de l'obsession de leur père pour la torture alors qu'ils étaient encore préadolescents. Toutes les semaines, on amenait Uday et Qusay assister à des séances de torture et des exécutions dans les prisons de Bagdad.

Cependant, malgré la carapace de mal dont il était enveloppé, on avait déjà vu Saddam pleurer ouvertement après avoir fait condamner à mort un ami, un membre de sa famille ou même ses deux gendres. En 1979, pendant la purge du parti Baath qui lui valut de remporter le pouvoir, il se tenait à la barre et pleurait, sans chercher à cacher ses larmes, alors qu'il condamnait les membres du parti. Pendant que chaque homme était conduit à la mort, la salle de conférence résonnait de ses sanglots amplifiés par les micros du podium. Macabre comédie.

Tous ces traits de personnalité, et bien d'autres, avaient été étudiés par le Mossad avant de préparer un nouveau plan d'assassinat de Saddam Hussein.

Une fois de plus l'opération tournait autour de l'insatiable appétit sexuel de Saddam. Un *katsa* du Mossad à Bagdad avait appris qu'une nouvelle maîtresse – l'épouse d'un général que Saddam avait récemment exécuté pour avoir désobéi à un ordre – avait été installée dans une villa sur les rives de l'Euphrate. Saddam avait pris l'habitude de se baigner dans la rivière avec ses gardes du corps avant de lui rendre visite.

Le projet s'inspirait d'un plan que la CIA avait déjà utilisé pour tenter d'éliminer Fidel Castro. Pour cette mission, des coquillages avaient été bourrés d'explosif et déposés au fond de l'eau au large de Cuba. Le site était celui où Castro aimait pratiquer la plongée. Cette opération échoua parce que la CIA avait négligé de tenir compte des forts courants qui emportèrent les coquillages hors de la zone.

On n'aurait pas ce problème avec la rivière. Les explosifs étaient conçus pour se déclencher lorsque Saddam et ses gardes créeraient un remous.

Quelques jours avant que le plan soit mis à exécution, le *katsa* informa Tel-Aviv par un bref message codé que la maîtresse s'était suicidée.

Deux jours plus tard, la seconde guerre du Golfe éclata. Depuis le désert de l'ouest irakien, Bagdad et Basra, les agents du Mossad fournirent d'importants renseignements qui permirent aux avions britanniques et américains de lancer des raids aériens dévastateurs. Des milliers d'Irakiens furent tués ou blessés.

Durant les jours précédant les hostilités, Dagan avait subi des pressions qui lui étaient désormais familières. Tenet avait commencé à l'appeler plusieurs fois par jour pour savoir si le Mossad était en mesure de confirmer que l'Irak possédait bien des armes de destruction massive.

Dagan avait répondu comme il l'avait fait précédemment : « Pas encore mais nous continuons de chercher ». En fait, ces recherches étaient devenues la priorité de ses *katsas* infiltrés en Irak. Ils avaient travaillé indépendamment des inspecteurs des Nations unies, qui, de leur côté, n'obtenaient pas plus de résultats – à la plus grande déception, à peine cachée, du président Bush et du Premier ministre Tony Blair. Le Conseil de l'ONU était devenu le forum de leurs frustrations. Les deux chefs d'État étaient maintenant tenus par le fait d'avoir déclaré devoir partir en guerre pour protéger le monde des armes de destruction massive.

Mais à Tel-Aviv, les analystes du Mossad expliquèrent à Dagan que, quoi que fassent la CIA et le JIC britannique, il n'existait toujours aucune preuve formelle que Saddam détenait des armes de destruction massive. Néanmoins, Ariel Sharon, tenu lui aussi par les affirmations de Washington, mobilisa la population civile israélienne : des masques à gaz furent distribués à grande échelle ; un message d'alerte annonçant une attaque chimique ou biologique imminente fut diffusé plusieurs fois à la radio. Ces précautions furent largement rapportées par les médias américains et britanniques, ce qui généra une atmosphère propice à croire que les armes de destruction massive étaient sur le point de frapper. La propagande nourrissait la peur, et la peur faisait redoubler la propagande.

On parla alors d'une attaque aux armes de destruction massive contre Israël ; ou contre Chypre, où la Grande-Bretagne disposait de forces non négligeables ; ou bien dans le golfe Persique, où s'était rassemblée la marine américaine ; ou encore au Koweït, point de départ de l'assaut sur l'Irak. La peur s'amplifiait à chaque nouvelle rumeur.

Mais rien ne se produisit. Pas une roquette, contenant ne serait-ce qu'une seule particule de poison chimique, ne fut lancée. Jamais, dans l'histoire de la guerre, on ne connut telle déception.

Vingt jours après le début de la guerre, les combats étaient terminés. Mais une autre guerre, encore plus meurtrière, venait de commencer. En Irak, un puissant mélange de haine religieuse, de questions pétrolières et de cupidité avait commencé à s'enflammer. Dans le sud du pays, les Chiites des marais commencèrent à faire connaître leur volonté d'être une voix de poids dans la planification de l'avenir de l'Irak. Ils avaient beaucoup souffert. Leurs exigences, lancées du haut des minarets de leurs mosquées, furent renforcées par celles des mollahs de Téhéran. Ils voyagèrent vers la ville sainte irakienne de Nadjaf. C'est là qu'eut lieu la première d'une longue série d'hostilités. Et plus de sang fut versé.

Au nord de l'Irak, les Kurdes se préparaient à saisir l'occasion de prendre leur indépendance. Cela les mena plus près que jamais d'un conflit avec la Turquie qui considérait qu'une nation kurde autonome serait inacceptable. Au centre du pays, les autres tribus voulaient également que leurs vues soient prises en compte pour la reconstruction de l'Irak. Le parti Baath de Saddam, qui avait autrefois été tout-puissant, ne pouvait être ignoré. Tout comme il avait été impossible d'éradiquer totalement le parti nazi de la bureaucratie dans l'Allemagne de l'après-guerre, il en allait de même pour le parti Baath. Le parti était solidement installé dans la structure même de ce qu'avait été l'Irak, de ce que le pays était encore et de ce qu'il pouvait devenir. Il dirigeait la police, l'administration et les services publics. Renvoyer et arrêter chaque membre du parti était tout bonnement impossible ; ils représentaient le seul espoir de voir l'Irak redémarrer.

Il était inévitable que l'Irak sombre dans le chaos, ce qui, à partir de mai 2003, devint encore plus effrayant que le règne de terreur de Saddam.

Pendant ce temps, la traque du tyran s'était transformée en une chasse à l'homme, dirigée, cette fois encore, par le Mossad. Ses analystes avaient imaginé un scénario qui tenait compte du sens théâtral de Saddam.

Ils suggérèrent que Saddam avait pu se débarrasser de la coûteuse coloration noire de ses cheveux, se raser la moustache et se déguiser en paysan. Le plus probable était qu'il soit sorti de Bagdad en passant par les grands espaces sinistres et vides du désert de l'est irakien, l'ancienne voie de contrebande avec l'Afghanistan, qui avait tout d'abord été empruntée par les marchands de soie et les vendeurs de drogue.

En ces premiers jours d'après-guerre, cette route était devenue la préférée des Irakiens qui craignaient pour leur vie après le renversement du régime.

Saddam était-il vraiment parmi eux ? Nul ne le savait. Mais on était de plus en plus convaincu qu'il se dirigeait vers les montagnes du nord du pays. On émettait des hypothèses – que rien ne venait jamais étayer – selon lesquelles il disparaîtrait ensuite chez l'un des deux puissants amis sur qui il avait déjà pu compter par le passé, la Russie et la Chine. Bien que les deux pays aient officiellement annoncé qu'ils ne lui donneraient pas asile, le soutien de Pékin et de Moscou à Saddam ne datait pas d'hier. Avoir Saddam entre leurs mains aujourd'hui leur garantirait qu'il ne révélerait jamais les accords secrets qu'il avait passés avec eux.

Pour découvrir sa planque, les agents du Mossad bénéficiaient de l'aide des satellites espions américains. Leurs multicaméras produisaient des milliers d'images en gros plan et recueillaient chaque minute de nouvelles conversations de réfugiés. Mais le vieux problème de l'analyse et de l'interprétation des informations subsistait. La communauté du renseignement américain manquait cruellement de traducteurs. Cependant, la traque se poursuivait.

En mai 2003, Meir Dagan détacha plusieurs de ses *katsas,* alors à la poursuite de Saddam, vers une menace plus importante pour Israël. Malgré la vigilance du Shin Beth, deux kamikazes nés en Grande-Bretagne avaient commis un attentat dans un night-club de Tel-Aviv ; il y eut trois morts et cinquante blessés. L'explosif qu'ils avaient utilisé avait déjoué les plus stricts contrôles de sécurité des aéroports et des compagnies aériennes. Il était plus meurtrier que le Semtex et pouvait passer les frontières sans être détecté. Cette arme faisait pencher la balance en faveur des quatre-vingts groupes terroristes recensés par le Mossad.

Après une semaine d'enquête intensive, les chimistes du Centre israélien de recherches sur l'armement, situé dans la banlieue de Tel-Aviv, avaient fini par en savoir plus sur ses capacités meurtrières et son pays d'origine. La révélation fut un choc pour la communauté mondiale du renseignement. Les experts israéliens avaient conclu que l'explosif avait été fabriqué dans le centre de recherche sur les armes ZDF, l'un des plus gros industriels de la défense en Chine.

Le premier indice qui permit de penser que la Chine travaillait sur un nouveau type d'explosif fit surface en mars 2001, lorsqu'un transfuge de haut rang, le colonel Xu Junping de l'Armée de libération du peuple, et l'un des meilleurs stratèges militaires du pays, était passé aux États-Unis, où il avait été interrogé personnellement par le directeur George Tenet. Le rapport verbal de ce dernier était d'une telle importance que le président Bush avait autorisé Condoleezza Rice à y assister.

Xu expliqua en détail les méthodes de fabrication d'explosifs des laboratoires ZDF, qui se trouvaient à une soixantaine de kilomètres à l'ouest de Pékin. Il révéla également comment la Chine avait secrètement aidé des États voyous tels que l'Irak, l'Iran ou la Corée du Nord. La plus inquiétante des nouvelles qu'il annonça était que la Chine communiquait avec des groupes terroristes par l'intermédiaire de ses puissants services de renseignement, le MID (Département de renseignements militaires) et le STD (Département des sciences et de la technologie). Employant environ cinq mille agents de terrain et analystes de défense, les deux agences travaillent à l'échelle mondiale. Elles utilisent la surveillance par satellite et disposent d'un matériel très avancé. Xu informa la CIA qu'une partie du travail de ces deux services consistait à rester en contact avec les groupes terroristes non seulement au Moyen-Orient mais également aux Philippines, au Cambodge et au Sri Lanka. Mais ce qui surprit le plus la CIA, ce fut lorsque Xu révéla que les services secrets chinois avaient des connexions avec le FARC en Colombie, l'ETA en Espagne et le Sentier lumineux au Pérou.

Là, deux ans après les révélations de Xu, les services secrets se préparaient à être confrontés à cette arme de premier choix dont disposaient maintenant les terroristes.

Le Mossad établit que les deux kamikazes britanniques avaient fait entrer l'explosif par la Jordanie. Il arrivait du Pakistan, pays dont les services secrets sont depuis longtemps en liens étroits avec ceux de la Chine.

Les agents du Mossad savaient que pendant les mois qui avaient précédé les attentats contre les tours jumelles et le Pentagone, c'était en partant du Pakistan qu'Oussama Ben Laden s'était rendu trois fois à Pékin. Chaque fois, il était accompagné de l'ambassadeur chinois et du chef du PIS, les puissants services secrets pakistanais.

Il y était allé pour mettre en place un contrat de défense d'un milliard de dollars avec les talibans.

À Tel-Aviv, une source haut placée au Mossad, me confia : « Nous pensons aujourd'hui que durant ces visites on lui fit la démonstration du progrès que représentaient ces nouveaux explosifs ». Il ajouta qu'il y avait « une forte possibilité » qu'on ait fourni à Al-Qaïda une grande quantité d'explosifs – dont une infime portion avait alors été remise aux deux kamikazes britanniques. Voilà qui donnait au terrorisme une nouvelle dimension.

Dagan garda constamment cette conclusion à l'esprit tandis qu'il continuait de faire entrer le Mossad dans le nouveau millénaire.

Ariel Sharon, Tony Blair et George W. Bush s'irritaient des échecs successifs des opérations visant à retrouver Saddam ou découvrir s'il était mort. En public, ils affirmaient que cela n'avait pas vraiment d'importance et que Saddam ne représentait plus une menace. Mais il n'y avait pas grand monde pour croire que Bush, en particulier, voudrait considérer la guerre comme terminée avant de pouvoir annoncer que le changement de régime en Irak dont il s'enorgueillissait tant s'accompagnait de la mort de Saddam.

Mais bientôt, ce ne fut plus la disparition d'un tyran qui hanta George W. Bush et Tony Blair. Ce fut leur incapacité à trouver des armes de destruction massive. Bush avait ordonné à des centaines de scientifiques et d'agents de la CIA de les dénicher. Ils cherchèrent sans répit. À Londres, Tony Blair répétait sans cesse que ces armes existaient et qu'on lui avait dit qu'il restait encore huit cents sites à visiter dans les déserts irakiens.

Cependant, de plus en plus, la réalité semblait être tout autre. Robin Cook, l'ancien ministre des Affaires étrangères britanniques, qui avait donné sa démission en raison de la guerre, et Claire Short, une ancienne ministre du cabinet du gouvernement Blair, déclarèrent tous deux que Blair avait menti au Parlement et au peuple de Grande-Bretagne en affirmant que des armes de destruction massive existaient.

En juin 2003, Blair se battait pour sa crédibilité et son avenir politique. À Washington, le Congrès annonça que le sujet ferait l'objet d'une audience publique. Personne ne croyait sérieusement que la vérité finirait par éclater. Mais pour le moment, le scandale risquait d'enfler jusqu'à devenir un nouveau Watergate. D'ailleurs, les médias rappelaient que le père de Bush avait gagné la première guerre du Golfe mais, également, perdu la présidence peu après, au profit de Bill Clinton.

À Tel-Aviv, Meir Dagan maintenait le Mossad à l'écart des crises de plus en plus sérieuses de Londres et de Washington. Lorsque la CIA et le MI-6 l'appelèrent pour lui demander de leur apporter toute l'aide qu'il pourrait, il s'en tint à répéter que le Mossad continuerait de chercher. Ni plus ni moins.

En décembre 2003, la traque de Saddam finit enfin par aboutir. Ironie du sort, il fut capturé à cause des exigences de la seule femme en qui il avait encore confiance : Samira Shahbander, la deuxième de ses quatre épouses.

Le 11 décembre, elle appela Saddam depuis un cyber café de Baalbek, près de Beyrouth ; elle et Ali, le seul fils survivant de Saddam, vivaient au Liban sous de faux noms depuis qu'ils avaient quitté Bagdad quelques mois avant le début de la guerre.

Samira, dont les boucles blondes étaient dues, elles aussi, au fabricant de produits capillaires français qui fournissait à Saddam ses colorations, était la femme mariée qu'il avait prise pour maîtresse avant de l'épouser. Leur mariage fut cimenté par la naissance d'Ali. La venue de cet enfant accrut la haine de ses deux fils aînés, Uday et Qusay, envers Samira. Mais en décembre, ils furent tous deux tués lors d'un affrontement avec les forces spéciales américaines.

Plus tôt, en mars 2003, alors que les forces de coalition resserraient leur étau sur Bagdad, Saddam organisa la fuite de Samira et d'Ali vers le Liban. Samira emporta avec elle 5 millions de dollars en espèces, plus une malle de lingots d'or de la Banque centrale d'Irak.

Elle dit à ses amis qu'elle allait en France avant de se rendre à Moscou, affirmant que Vladimir Poutine, le président russe, avait promis à Saddam de donner asile à son épouse. Au lieu de cela, elle se réfugia dans la planque qu'on avait prévue pour elle, une villa dans la banlieue de Beyrouth.

C'est là que le Mossad la repéra en novembre 2003. Meir Dagan envoya une équipe de spécialistes de la surveillance, de son unité de *yaholomin,* pour suivre ses moindres mouvements.

Ils découvrirent que le gouvernement libanais avait procuré de faux passeports à Samira et son fils. Samira avait reçu le nom de Hadija. Mais

Ali, qui avait les mêmes yeux enfoncés que son père, avait insisté pour garder Hussein comme nom de famille.

Le Mossad remarqua que Samira avait transféré la plupart de son argent sur un compte du Crédit Suisse à Genève. Dans le passé, cette banque avait déjà abrité une partie de la fortune personnelle de Saddam.

Au début du mois de décembre 2003, Samira convertit ses lingots en dollars américains auprès d'un changeur de Beyrouth. Ensuite, elle commença à appeler Saddam.

Grâce au soutien d'appareils de surveillance de l'aviation israélienne, les *yaholomin* découvrirent que les appels provenaient de Syrie, pays frontalier de l'Irak. « Les conversations étaient affectueuses. Il apparaissait clairement qu'ils étaient encore intimes », déclara une source haut placée au Mossad après la capture de Saddam. Que l'un des plus abominables tyrans du monde – un homme qui a personnellement envoyé des milliers de personnes, dont des femmes et des enfants, à d'atroces tortures – puisse parler d'amour, fascinait et dégoûtait à la fois l'équipe du Mossad.

Mais, outre ces marques de tendresse, les espions entendirent également, dans leur matériel électronique, que Samira voulait plus d'argent.

Maintes et maintes fois, au cours d'autres appels, au mois de décembre – tous passés depuis un numéro différent, les *yaholomin* notant qu'ils provenaient parfois de la zone sablonneuse et désertique de Wadi al-Myrah, proche de la frontière entre la Syrie et l'Irak –, Samira continua de demander de l'argent.

Fille d'une riche famille aristocrate de Bagdad, Samira n'avait jamais perdu son goût pour la grande vie. Durant leur mariage, Saddam l'avait couverte de cadeaux, dont deux palais.

Les Israéliens savaient que de l'autre côté, en Irak, les forces spéciales américaines passaient leur temps à monter et descendre le long de la frontière pour trouver Saddam. D'autres agents israéliens, du côté syrien, avaient intercepté des conversations radio entre les unités américaines – du corps expéditionnaire 121 des opérations spéciales – confirmant qu'ils étaient également à la recherche de Saddam. Leurs troupes comprenaient des membres de la Delta Force, des U.S. Rangers, du SAS et du Special Boat Service britanniques, ainsi que du SAS australien. Un proche de Meir Dagan m'expliqua que « pour des raisons politiques, [le Mossad] n'avait pas été officiellement convié à la fête. »

L'Institut – et ce n'était pas la première fois – décida de ne pas communiquer les informations qu'il glanait en surveillant Samira.

Le jeudi 11 décembre 2003, les *yaholomin* interceptèrent une conversation entre Samira et l'homme qui était désormais formellement identifié comme étant Saddam. Il lui dit qu'il souhaitait la voir près de la frontière syrienne. Connaissant le moment et le lieu de la rencontre, les Israéliens décidèrent sans attendre d'alerter Washington. Alors que Samira s'apprêtait à se rendre à son rendez-vous, elle reçut un second appel. La rencontre était annulée. L'appel ne provenait pas de Saddam.

On sut plus tard, qu'à ce moment précis, il se trouvait au fond de son trou de deux mètres cinquante de profondeur aux alentours de Tikrit, la ville de sa naissance. Samira et Ali apprirent sa capture à la radio. La femme fondit en larmes. Nul ne sait comment Ali réagit.

À Tel-Aviv, les analystes du Mossad – comme ceux de tous les grands services secrets – étaient littéralement absorbés par les images qui montraient un aspect de Saddam que personne au monde n'avait jamais vu auparavant. Et, profession oblige, ils se mirent à s'interroger. Qui étaient les deux hommes non identifiés portant des fusils AK-47 qui montaient la garde auprès du trou ? Étaient-ils là pour protéger Saddam – ou, au contraire, pour le tuer s'il tentait de s'échapper ? Pourquoi Saddam n'utilisait-il pas son pistolet pour se suicider – et devenir le martyr qu'il n'avait eu de cesse de se vanter de devenir un jour ? Était-ce la lâcheté qui l'en empêchait – où espérait-il faire un marché ? Révélerait-il la vérité, non seulement à propos des armes de destruction massive mais également au sujet de son commerce avec la Russie et la Chine, dont le soutien secret l'avait encouragé à tenir tête encore et toujours aux États-Unis ?

Sa cachette n'avait qu'une entrée. Elle était bloquée. Il n'aurait pas pu s'échapper de son trou. Était-ce en réalité une prison ? Sa présence ici faisait-elle partie du marché ? Que comptait-il faire des 750 000 dollars, en coupures de cent, que l'on avait trouvés sur lui ? Étaient-ils destinés à Samira ? Pourquoi n'avait-il aucun matériel de communication ? On ne trouva même pas sur lui de téléphone portable. Tout cela indiquait-il que les rares partisans encore à ses côtés, le voyant perdu d'avance, l'avaient dénoncé en échange de leur propre liberté ? Cela pourrait expliquer pourquoi il fut si bavard et coopératif lorsque ceux qui l'avaient pris le sortirent de son trou, mettant ainsi un terme si spectaculaire aux trente-cinq années de son règne de terreur.

Ces questions constitueraient une partie des interrogatoires que Saddam Hussein allait subir.

Plusieurs heures après être sorti de son trou, Saddam fut examiné par les psychiatres, les psychologues, les spécialistes du comportement et les psychanalystes des services secrets américains et britanniques. On les appelle « les spécialistes ». Ils étudièrent les images de l'examen médical de Saddam. Ce n'était pas uniquement pour prélever un échantillon d'ADN que l'on examina sa bouche mais également pour voir s'il n'avait pas une pilule de poison cachée dans une molaire. On ne trouva rien.

Les spécialistes en conclurent que Saddam ne risquait pas de se suicider. Néanmoins, on l'habilla d'une combinaison orange constituée d'une seule pièce. Les boutons étaient faits d'une fibre qui se dissoudrait s'il essayait de les avaler. La toile du vêtement était trop résistante pour qu'il puisse la déchirer et en faire un ersatz de nœud coulant dans l'intention de se pendre. Ses pieds furent revêtus d'un tissu souple et indéchirable.

Sa cellule était constamment surveillée par des caméras et des gardes. Chacun de ses mouvements était noté et utilisé pour évaluer sa capacité à subir les interrogatoires qui l'attendaient. Dans le jargon ésotérique des spécialistes, Saddam n'avait pas encore « laissé la perte de ses limites personnelles avoir un effet sur son *ego* collectif. »

Saddam n'était plus l'homme que l'on voyait sur les images de sa capture : là, il était accablé par le désespoir, paraissant soudain plus vieux que ses soixante-six ans, de la hantise plein les yeux. Les spécialistes en conclurent qu'il se sentait bête de s'être fait prendre. Cela expliquerait sa « verve compulsive » lors de son arrestation. Elle aurait servi à cacher la peur presque paralysante qu'il avait de sortir de son trou. « Il s'attendait peut-être à être fusillé sur-le-champ », confièrent les spécialistes aux enquêteurs.

Par la suite, il était passé par un changement psychologique prononcé. Son arrogance revenait. Le regard terne et la moue affaissée qu'il tenait de son long séjour dans son trou avaient disparu. Il avait quelque chose de fanfaron. Tout ceci avait aidé les enquêteurs à prévoir comment ils s'y prendraient pour le briser. La salle d'interrogatoire était résistante aux balles et gardé par les forces spéciales d'élite des États-Unis. Des médecins, équipés de l'infrastructure adéquate, y étaient en service permanent.

Dans l'espoir de lui tirer une réaction, on lui emmena Tariq Aziz, l'ancien vice-Premier ministre irakien. Aziz était détenu au camp de prisonniers situé à côté de l'aéroport de Bagdad. Par hélicoptère, on le transporta face à Saddam pour qu'il le presse de parler. Au lieu de cela, Saddam explosa et qualifia Aziz de traître.

Quand les interrogatoires commencèrent, Saddam n'avait plus aucun lien avec l'extérieur. Il n'avait plus la moindre notion de l'heure ou de la date. Dans le monde où il se trouvait, le jour et la nuit n'existaient pas. Les rythmes normaux d'éveil, de sommeil et d'alimentation étaient volontairement perturbés. Il n'allait pas subir de torture physique. Mais il commença à recevoir ce que l'on appelle un « traitement coercitif absolu ». Les enquêteurs ne sous-estimaient pas le défi.

« Saddam représente un challenge unique en son genre. Moralement, spirituellement et intellectuellement, cet homme s'est toujours senti supérieur au monde occidental. Le traitement coercitif comportait des séances de quatre heures passées assis avec une cagoule sur la tête pour accroître son sentiment d'isolement. Chaque fois, les questions étaient conçues pour attiser sa rage d'avoir été trahi. Pour quelqu'un comme Saddam, la trahison était quelque chose de très difficile à avaler. Le confronter à Tariq Aziz faisait partie de ce processus. Les enquêteurs avaient dit à Saddam qu'Aziz visait la place de numéro un. Saddam pouvait en faire de même en disant ce qu'il savait – ce qui était un bon marché », m'expliqua Michael Koubi, un enquêteur ayant passé quatre ans au Mossad.

Il ajouta : « Rien ne peut plus ébranler Saddam que de découvrir que des faits auxquels il a cru pendant des années ne sont plus vrais aujourd'hui. Cela portera atteinte à l'opinion qu'il a de lui-même et il hésitera plus à mentir, de crainte d'être piégé. Une partie de l'interrogatoire sera consacrée à la manière dont Saddam répond dans sa propre langue. En arabe, certains mots peuvent avoir plusieurs sens très différents. S'il choisit d'employer un terme incorrect, les enquêteurs lui montreront qu'ils en connaissent la signification exacte ».

Après chaque interrogatoire – qui pouvait durer des heures, pendant lesquelles les questions fusaient continuellement – les spécialistes évaluaient Saddam Hussein. Ils cherchaient à voir comment il répondait à certaines questions. Mentait-il ? Dissimulait-il quelque chose ? Les clignements de paupières enregistrés par les caméras indiquaient-ils des frayeurs soudaines ? Ou bien n'était-ce qu'un signe d'arrogance ou d'indifférence ?

Aujourd'hui, Koubi vit à Ashkelon, près de la bande de Gaza. Il savait exactement ce que faisaient les enquêteurs.

« La première chose que faisaient les enquêteurs était d'établir leur supériorité sur Saddam. Pour lui faire perdre la conviction qu'il pouvait tout contrôler. À chaque étape, ils cherchaient ses points faibles tels que sa perte de pouvoir ou son indifférence vis-à-vis du sort de sa famille. Les enquêteurs lui mentaient. Ils l'obligeaient à les regarder dans les yeux pendant qu'ils lui mettaient la pression avec leurs questions. Quand il essayait de regarder ailleurs, comme on pouvait s'y attendre, ils continuaient de le regarder fixement sans prononcer un mot. Saddam n'était pas habitué à cela. Un tel traitement ne pouvait que le déstabiliser », expliqua Koubi.

De temps en temps, les enquêteurs posaient des questions auxquelles ils savaient que Saddam était dans l'incapacité de répondre. Que s'était-il passé à Londres et à Washington durant les jours précédant la guerre du Golfe ? Où se trouvait-il à telle ou telle date ? Quand il ne pouvait pas répondre, on l'accusait de cacher quelque chose.

« Au bout d'un moment, on glissait une question à laquelle il était en mesure de répondre. Si les enquêteurs avaient bien fait leur boulot, il était trop content de pouvoir leur donner une réponse. Ensuite, les questions menaient vers d'autres questions dont ils voulaient vraiment connaître la réponse. »

« Une autre façon de le briser était de lui donner des motivations simples. On lui promettait que s'il répondait à une série de questions, on le laisserait dormir sans l'interrompre. Et peut-être même pourrait-on modifier son régime alimentaire minutieusement contrôlé. Mais on ne tenait jamais complètement ces promesses. On lui en faisait de nouvelles que l'on s'engageait à respecter s'il coopérait », termina Koubi.

En janvier 2004, il reçut la visite d'une équipe de médecins de la Croix-Rouge internationale. Ils déclarèrent qu'il était traité correctement. Ces jeux psychologiques acharnés durèrent jusqu'à ce que les enquêteurs et les spécialistes estiment qu'il n'y avait plus rien à tirer de Saddam Hussein. Ensuite, on l'abandonna à son destin. Il savait désormais qu'il n'avait rien à espérer.

Pendant ce temps, le Mossad se joignit aux autres services secrets pour essayer de mettre la main sur la fortune de Saddam qui restait introuvable. En janvier 2004, l'équipe financière de Meir Dagan, dont certains membres avaient travaillé à Wall Street ou dans la City, à Londres, avant de faire partie du service, découvrit que la banque de la reine d'Angleterre, Coutts of London, faisait partie des dix-huit banques où Saddam Hussein avait caché sa fortune de 40 milliards de dollars.

Il avait volé la plupart de cet argent à la Banque centrale d'Irak, l'avait transféré dans diverses banques du Moyen-Orient et l'avait déposé sous de faux noms dans des banques londoniennes. Plus tard, cet argent avait été de nouveau viré sur des comptes suisses, allemands, japonais ou bulgares.

Selon Christopher Story, conseiller financier du Premier ministre Margaret Thatcher, à l'époque où Saddam mettait son argent en lieu sûr, « on considérait d'emblée que tout transfert provenant d'une banque londonienne devait être légal. » Dans son costume à rayures de Savile

Row et ses chaussures sur mesure, Story, l'archétype du gentleman anglais, fait figure d'autorité en ce qui concerne la duplicité financière du chef d'État irakien et a eu, en son temps, des relations privilégiées avec toutes les grandes banques du monde. Cet homme à l'élocution hachée édite un journal de finance bancaire intitulé *International Currency Review*. Cette publication compte la Banque mondiale, la US Federal Reserve Bank et la Banque d'Angleterre parmi ses abonnés.

Story avait réuni des documents démontrant comment Robert Maxwell, le magnat déchu, ancien propriétaire du groupe auquel appartenait le journal londonien le *Daily Mirror*, avait su faire en sorte que des milliards de dollars soient blanchis dans les banques bulgares avant d'arriver à la Banque de New York. Cette dernière appartenait alors à Edmond Safra, également connu sous le sobriquet de « financier de la mafia ». Il mourut mystérieusement dans l'incendie d'un appartement de luxe à Monaco en 1999 et Maxwell fut tué par des agents du Mossad parce qu'il menaçait de révéler certains secrets des services de renseignement israéliens.

Selon Story, « si Saddam lâchait les noms de tous ceux qui l'ont aidé, cela générerait une panique pire que celle du crash de Wall Street. Certains occupent toujours de très hauts postes aujourd'hui. Il est impossible qu'ils n'aient pas su ce qui se passait avec Saddam. À la veille de la guerre, il sortait encore des sommes colossales. »

Inédit à ce jour, le récit de la façon dont Saddam Hussein commença à amasser l'une des plus grosses fortunes personnelles de la planète débute à Londres, au moment du décollage d'un jet privé à destination de Bagdad, en 1982. Durant les cinq heures de vol, son seul passager, le financier Tiny Rowland, mangeait du beluga à la petite cuillère en sirotant un grand cru de champagne Krug. Tel était son régime de routine lorsqu'il partait en voyage d'affaires dans son Learjet. Ces mets délicats lui avaient été envoyés de Bagdad par Saddam Hussein.

En ce jour d'été 1982, ce déplacement n'avait rien d'ordinaire, même pour un financier de soixante-huit ans, dont on connaissait l'intimidante réputation de prédateur de la City à Wall Street, et sur tous les marchés boursiers européens. Assis dans son fauteuil de cuir tanné, fait main, à bord de son jet personnalisé, les pieds posés sur une moquette valant 500 dollars le mètre carré, Roland W. Rowland – le nom qui figurait, gravé en lettres dorées, sur sa carte de visite – avait fait un sacré bout de chemin depuis sa naissance, en 1917, dans un camp de prisonniers britannique, en Inde.

Il était le fils d'un négociant allemand nommé Fritz Fuhrop. Sa mère était la fille d'un pilier de l'Empire britannique en Inde, qui avait suivi son mari en prison. Après leur libération, à la fin de la Première Guerre mondiale, la nourrice de Rowland le surnomma *Tiny*, ce qui signifie « minuscule ». Bien qu'il ait atteint la taille d'un mètre quatre-vingts, le surnom resta. C'était dorénavant son seul lien avec son passé – comme lorsqu'il creusait des latrines pour l'armée britannique durant la Seconde Guerre mondiale, ou qu'il était porteur de bagages à la gare de Paddington, à Londres.

Cet humble départ avait nourri sa détermination à joindre les rangs des riches et des puissants. Il vendit des voitures d'occasion et des réfrigérateurs dans le Londres d'après-guerre. Lorsqu'il atteignit l'âge de trente ans, il était devenu millionnaire. Il se lança alors dans le commerce de l'or avec l'Afrique du Sud. Sa fortune grandit. On loua ses services pour redresser la London and Rhodesia Mining and Land Corporation – alias Lonrho. Rowland en fit la plus puissante des compagnies commerciales de toute l'Afrique, unique en son genre. Ses réussites commerciales dans les domaines du cuivre, de l'étain et autres métaux en firent le chouchou des actionnaires londoniens.

Ces derniers ne se doutaient guère de la façon dont il avait remercié lord Duncan Sandys, le gendre de Winston Churchill. Grâce à un compte secret aux îles Caïman, Rowland avait versé à l'aristocrate 500 000 dollars en rétribution de son aide lors de l'acquisition de la plus grande mine d'or du Ghana. Lorsque Duncan Sandy se trouva mêlé à un scandale sexuel, le prude Rowland l'ignora totalement – refusant d'envoyer « le moindre bouquet de fleurs » pour ses funérailles en 1987. Personne, quelles que soient sa richesse et ses relations, n'avait le droit d'impliquer Tiny Rowland. Il était incroyablement attaché à son image d'Anglais type. Ce n'est que dans l'intimité de son cercle d'amis droitistes, qu'il laissait transparaître son antisémitisme ou se plaignait de la manière dont la Grande-Bretagne était gouvernée.

Déjà multimillionnaire, Tiny Rowland laissa apparaître sa haine du socialisme pendant la crise durant laquelle la Rhodésie (aujourd'hui, le Zimbabwe) était déterminée à faire face au gouvernement Wilson pour obtenir son indépendance. Des sanctions furent prononcées contre ce pays qu'Harold Wilson appelait « cet état paria ». On s'aperçut plus tard que Rowland ne les avait pas respectées. Mais Madame Thatcher arriva au pouvoir et on ne donna pas suite à l'affaire.

Tiny chercha de nouveaux domaines à conquérir. Il acheta *The Observer*, un journal du dimanche londonien, et tenta de l'utiliser pour promouvoir ses intérêts commerciaux en Afrique. Il engagea ensuite le célèbre vendeur d'armes saoudien, Adnan Khashoggi, pour négocier la vente de la chaîne d'hôtels Metropole au colonel Kadhafi pour la somme de 150 millions de dollars.

Avant cela, le talent de Rowland à utiliser les gens pour servir ses propres intérêts avait conduit le Premier ministre de l'époque, Ted Heath, à le qualifier sévèrement de « visage inacceptable du capitalisme ». Tiny Rowland ignora cette remarque avec le même dédain que celui qu'il affichait pour envoyer promener les financiers qui venaient lui proposer des affaires. Il préférait travailler seul et ne partager ses profits avec personne – à l'exception de ses chats siamois. Chaque jour, il les nourrissait du même grand caviar que celui qu'il était en train de déguster, en ce jour de juin 1982, dans son Learjet à destination de l'Irak. Ils étaient restés roulés à ses pieds pendant que, depuis son bureau, il préparait son plus gros coup : dissimuler la fortune de Saddam.

Lorsque Saddam prit le pouvoir, sa sympathie pour l'Occident fut bien accueillie à Londres et à Washington. Ces deux gouvernements, à l'instar de la France et de l'Allemagne, pensèrent qu'il fallait soutenir l'Irak face à la menace iranienne. Bagdad devint alors un immense bazar. Il était courant de verser d'énormes pots de vin pour s'assurer des contrats. Ils étaient absorbés par les comptes en banque de Saddam. Il en recevait de plus en plus, sa part personnelle sur les contrats de constructions d'autoroutes, d'hôpitaux ou d'écoles. Si certains s'en doutaient, tout le monde s'en fichait.

Saddam et Rowland se connaissaient depuis l'ahurissant vol des 3 millions de dollars que représentait la fortune personnelle du Shah d'Iran. En 1979, alors que les ayatollahs s'apprêtaient à prendre le pouvoir en Iran, les assistants en qui le Shah avait le plus confiance organisèrent des réunions secrètes avec le directeur de la Banque centrale d'Irak. Rowland avait servi d'intermédiaire et, suivant ses conseils, le Shah avait accepté de transférer sa fortune à Bagdad, à la Banque centrale d'Irak, hors de portée des ayatollahs. Rowland reçut 15 % pour ses « frais d'administration ».

Dans un second temps, qui posa les fondations de la fortune de Saddam, le tyran irakien, au pouvoir depuis à peine un an, transféra l'argent depuis la Banque centrale irakienne vers ses propres comptes numérotés au Crédit Suisse et à la banque des îles Caïman. Rowland s'occupa de tout, empochant à l'occasion de nouveaux frais d'administration. Déchu et moribond, le Shah se retrouva à Washington. Il demanda au gouvernement de l'aider à recouvrer sa fortune volée. Sa demande tomba dans l'oreille d'un sourd. Au Moyen-Orient, les données avaient déjà changé. Washington soutenait ouvertement l'Irak contre l'Iran.

Le Mossad découvrit cela, et bien plus, en cherchant la fortune de Saddam durant l'hiver 2004.

À Londres, à Washington et à Tel-Aviv, j'ai parlé à des agents des renseignements qui m'ont révélé l'étendue du réseau secret tissé par Rowland.

Un document du Mossad montre comment Rowland utilisa sa banque londonienne pour permettre au marchand d'armes irakien, Ibsan Barbouti, de consigner 500 millions de dollars appartenant à Saddam. Depuis Londres, Barbouti aida la Libye à acheter une usine d'armes chimiques. Lorsqu'il mourut subitement – selon toute probabilité, victime d'un tueur de Saddam – l'argent fut transféré de la banque londonienne vers la Banque centrale de Libye.

Un autre dossier explique avec force détails comment Uday, le fils de Saddam, se rendit à Genève en 1998 pour « résoudre quelques problèmes financiers » avec les banques suisses appartenant au réseau de blanchiment élaboré par Rowland.

À la veille de la seconde guerre du Golfe, accompagné par le ministre des Finances Hikmat Misban al-Azzawi (aujourd'hui détenu aux États-Unis), Qusay, l'autre fils de Saddam, se rendit à la Banque centrale d'Irak avec une lettre manuscrite de son père qui l'autorisait à retirer un milliard de dollars du coffre. L'argent fut chargé sur un convoi de camions. Les photos satellites montrent la caravane se dirigeant vers la frontière syrienne. Plus tard, les troupes américaines trouvèrent 656 millions de billets d'un dollar entassés dans 164 caisses d'aluminium dans l'un des palais de Saddam, plus de 100 millions d'euros à l'intérieur d'un véhicule blindé.

Au printemps 2004, la chasse aux milliards de Saddam était devenue la plus importante qu'on n'ait jamais connue depuis qu'on avait cherché l'or des nazis après la Seconde Guerre mondiale. Le Mossad, avec le soutien du MI-6 et de la CIA, déploya une foule d'agents et d'experts financiers pour tenter de découvrir l'immense fortune que le plan de maître de Rowland avait permis à Saddam de cacher à travers le monde.

Un document du Mossad, signé de la main de Meir Dagan, nomme plus de soixante-dix banques impliquées dans les opérations de blanchiment qui, par voie électronique, transitaient à toute vitesse depuis l'Irak vers Londres, de l'Europe vers Gibraltar, puis vers l'Afrique du Sud, traversant ensuite l'Atlantique pour arriver à Hong-Kong et passer par le Japon avant de remonter en Russie et redescendre vers les Balkans. Mais tous ceux qui essayaient de suivre ces pistes – espions, banquiers et courtiers – purent constater que les systèmes de sécurité de Rowland résistaient à l'épreuve du temps.

« Il utilisait des prête-noms et des façades, des gens du milieu de la banque internationale. On avait également recours aux banques d'Europe de l'Est qui, après avoir travaillé avec le KGB, avaient l'habitude de ne pas poser de questions », me confirma l'une de mes sources au Mossad.

Dans un mémo destiné à son QG, et rédigé peu de temps avant sa mort, durant l'attaque du World Trade Center en septembre 2001, John

P. O'Neill, un agent du FBI basé à New York, écrivait que l'argent de Saddam « était certainement blanchi par le biais d'organisations criminelles internationales gérées par les cartels de la drogue sud-américains et la mafia russe ». Ce mémo présentait Edmond Safra, le banquier milliardaire, qui possédait alors la National Republic Bank of New York, comme le propriétaire d'un « circuit de blanchiment de fonds ».

Les enquêteurs découvrirent que certaines personnes susceptibles d'avoir contribué à faire circuler l'argent par cette voie étaient mortes dans de mystérieuses conditions. L'une d'entre elles était Janos Pasztor, un analyste de Wall Street. Il avait travaillé pour Rowland. Il est mort le 15 octobre 2000 d'un cancer qui n'avait jamais été diagnostiqué auparavant. La semaine précédente, son médecin traitant lui avait délivré un certificat de bonne santé.

La fortune de Saddam passait également par le circuit de la BCCI (Bank of Credit and Commerce International). Basée à Londres, cette banque, aujourd'hui dissoute, procurait des fonds à des groupes terroristes que Saddam avait déjà soutenus. Elle fut fermée après que les inspecteurs de la *City of London* aient découvert ses activités.

Le MI-5 possède un énorme dossier sur l'un des intermédiaires qu'employait Rowland. Il s'appelait Cyrus Hashemi. Ostensiblement, Hashemi, un playboy millionnaire arabe qui n'hésitait pas à brûler 150 000 dollars en tournant une carte au casino de Mayfair et offrait des montres Rollex aux portiers qui garaient sa Ferrari, permettait que l'on envoie de l'argent à Saddam depuis son compte à la BCCI, dans le cadre des manipulations de blanchiment. Le dossier du MI-5 sur Hashemi stipule également qu'il essayait d'obtenir une meilleure rétribution pour ses services. Le 16 juillet 1986, il s'écroula subitement dans son domicile du quartier de Belgravia et fut transporté d'urgence dans une clinique appartenant à la BCCI. Deux jours plus tard, il était mort.

Le Serious Crimes Squad de Scotland Yard mena une enquête. Il fit appel au docteur Ian West, médecin légiste qui déclara alors : « Le décès d'Hashemi est l'un des plus étranges qu'il m'ait été donné d'étudier. » West envoya des échantillons cellulaires à Porton Down, l'établissement britannique spécialisé dans les armes chimiques et biologiques, afin que les scientifiques puissent déterminer s'il avait ou non été empoisonné. Personne, à ce jour, ne connaît le résultat.

Il est possible que les milliards de Saddam restent introuvables pendant longtemps.

En avril 2004, l'avocat français Jacques Vergès annonçait qu'il avait été engagé par la famille de Saddam comme avocat principal pour son procès. Vergès était célèbre depuis qu'il avait défendu l'ancien officier SS Klaus Barbie, qui fut condamné pour crimes contre l'humanité en 1987. Depuis, l'avocat a défendu le fameux terroriste Carlos le Chacal – qui purge actuellement une peine d'emprisonnement à perpétuité à Paris – et continue à conseiller Slobodan Milosevic, dont le procès à la Cour internationale de justice de La Haye entre maintenant dans sa quatrième année et risque de se prolonger.

Vergès a déclaré s'attendre à ce que le procès de Saddam dure encore plus longtemps. « Je le présenterai comme un héros vaincu. » Il projette d'appeler le président George W. Bush et son père, l'ancien président des États-Unis à la barre, en tant que témoins, ainsi que le Premier ministre Tony Blair et plusieurs autres chefs d'état. « Il faudra probablement un an pour expliquer pourquoi ils doivent comparaître, » a déclaré Vergès, âgé de soixante-dix-huit ans lorsqu'il a accepté le dossier. L'un des points clés de sa défense consistera à démontrer que « des gens importants ont aidé Saddam à cacher son argent. Ils occupent toujours de hauts postes. Mais ce ne sera plus le cas lorsque j'en aurai fini avec eux. »

Seul le temps nous dira si c'est ainsi que l'on retrouvera la fortune de Saddam. Ce qui est nettement plus certain, c'est que d'ici là, le Mossad aura d'autres tyrans à traquer.

XX

Le banquier de Dieu, la balance et Oussama Ben Laden

Le 22 avril 2004, par une belle journée de printemps, Meir Dagan regardait la télévision en direct dans son bureau situé au dernier étage du QG du Mossad.

Sur l'écran apparaissait Mordechai Vanunu, l'ancien technicien nucléaire qui avait dénoncé l'existence d'un arsenal atomique israélien, sortant enfin du quartier haute sécurité de la prison d'Ashkelon au sud d'Israël. Il venait de tirer une peine de dix-huit ans. Shabtai Shavit, l'un des prédécesseurs de Dagan, avait déclaré publiquement que s'il en avait la possibilité, il ferait assassiner Vanunu. Sur l'écran, des manifestants, opposés à la libération de Vanunu, demandaient la même chose : « Tuez-le ! Tuez-le ! » Vanunu répondait en levant ses poings au-dessus de sa tête comme le font les boxeurs en signe de victoire. Les cris de « Traître ! Traître ! » se mêlaient aux encouragements de ses partisans, venus des quatre coins du monde pour l'accueillir.

On n'avait jamais assisté à une telle scène et elle était de celles que Dagan avait du mal à saisir. Comment un homme qui avait trahi son pays pouvait-il être traité en héros par qui que ce soit ? Dagan expliquait que si Vanunu avait fait cela pour l'argent, il pourrait presque comprendre et même accepter que le scientifique, qui fut un juif convaincu, se convertisse au christianisme. Ce que le chef du Mossad ne parvenait pas à assimiler, c'était la motivation qui avait pu pousser Vanunu à dévoiler l'existence du premier système de défense israélien – les deux cents armes nucléaires qui l'élevaient désormais au rang de quatrième puissance nucléaire mondiale.

Dagan avait pris part à l'histoire d'Israël depuis sa création, il était de ceux qui avaient lutté pour que le pays trouve sa place parmi les autres nations. Il avait la conviction que jamais aucun autre peuple ne s'était autant battu, n'avait fait preuve d'une telle persévérance, pour éclairer les autres sur les impératifs moraux et spirituels qui gouvernent l'humanité. Durant les longues nuits qu'il passait seul, dans son bureau, à lire ce que ses agents lui faisaient parvenir des quatre coins de la planète, son plus grand article de foi – et l'inépuisable puits duquel il tirait sa force – était la certitude que l'État d'Israël comptait plus que tout au monde.

C'est pourquoi la haute trahison de Vanunu l'avait préoccupé. Pendant son emprisonnement, Vanunu avait rédigé quatre-vingt-sept boîtes de rapports détaillés sur la production des armes nucléaires à Dimona, dans le désert du Néguev. Elles furent évidemment confisquées la veille de sa libération. Mais, pour Dagan, ces écrits « prouvaient que ses connaissances étaient encore énormes, beaucoup trop complètes pour le laisser quitter Israël. »

Cela avait été, entre autres, l'une des conditions de sa libération ; en outre, il ne devrait avoir aucun contact avec des étrangers, sa connexion Internet et son téléphone seraient sous surveillance, et il lui serait interdit d'approcher une frontière ou une mission diplomatique étrangère à moins de cinq cents mètres. Une équipe de surveillance serait également près de lui jour et nuit.

Vanunu avait accepté toutes ces contraintes avec un haussement d'épaules. Ce geste, il l'avait répété à maintes reprises lorsque Dagan avait essayé pour la dernière fois de comprendre ce qu'il avait en tête. La nuit qui précéda sa libération, sous l'œil d'une caméra, deux enquêteurs du Mossad lui avaient posé des questions sur les raisons de sa trahison envers Israël. Il les envoya promener d'un haussement d'épaules et se lança dans une critique virulente du Mossad et de l'irrégularité de son arrestation. Il ajouta ensuite que « le mauvais traitement [qu'il] avait subi en détention avait été organisé et approuvé par le Mossad. »

Aujourd'hui, sur l'écran de télé, Vanunu tenait les mêmes propos sous les cris d'approbation de ses partisans. Dagan trouvait que « pour un homme [qu'ils] avaient brutalisé, il avait l'air en très bonne forme. »

Alors que l'on amenait Vanunu prier à l'église anglicane Saint-George, à Jérusalem, Meir Dagan passa à d'autres sujets. Vanunu était libre. Mais il resterait à jamais sous l'emprise du Mossad.

Comme des millions de personnes, « Cindy », l'agent du Mossad qui avait joué le rôle principal dans la capture de Vanunu en 1986, vit sa libération aux informations télévisées. Elle savait que pour de nombreux Israéliens, elle était encore une héroïne, celle qui avait su user de ses charmes pour le prendre au piège. Pour d'autres, elle était restée une Mata Hari, une séductrice calculatrice qui avait détruit la vie d'un idéaliste, motivé par une grande cause : la paix dans le monde.

Mais Cindy (le nom de code sous lequel elle opérait pour le Mossad) ne trouvait pas grand-chose à dire publiquement après avoir vu Vanunu sortir de prison. « C'est du passé. J'ai fait mon travail. Un point c'est tout », me confia-t-elle. Pendant que Vanunu venait de passer toutes ces longues années en prison à revivre ce qu'il avait fait et en conclure à chaque fois qu'il avait « fait ce qu'il fallait faire », Cindy, avait, sans aucun doute, également essayé de tourner la page sur ce qu'elle-même avait fait.

Aujourd'hui, elle habite une luxueuse maison, près d'un terrain de golf à vingt-cinq minutes d'Orlando. Elle est belle pour son âge et ses talents de coiffeuse lui ont permis de conserver la couleur de ses cheveux malgré les effets du soleil de Floride. Très bronzée, elle préfère les vêtements amples qui dissimulent les rondeurs de l'âge mûr. Ses deux filles sont maintenant des adolescentes, inscrites dans une école privée, et qui ne parlent jamais du passé de leur mère – ou, du moins, jamais en public. Mais les amis que fréquente Cindy au club de golf où elle aime prendre son déjeuner affirment qu'elle a réellement peur que Vanunu, ou l'un de ses partisans, ne vienne lui faire du mal.

Vanunu a déclaré qu'il ne trouverait aucun intérêt à agir de la sorte. « Pour moi, il s'agit seulement d'une personne que j'ai connue à un moment donné. J'étais jeune et je me sentais seul. Elle était là. J'ai eu confiance en elle. » Ainsi résumait-il l'erreur fatale qui permit à Cindy de l'attirer à Rome avec des promesses sexuelles. Au lieu de cela, il était tombé entre les mains du Mossad.

En 2004, Cindy – qui figure sur les registres locaux d'Orlando sous le nom de Cheryl Hanin Bentov – est devenue agent immobilier et travaille avec son mari et sa mère, Riki Hanin, qui vit dans les environs. Ils sont tous trois des membres actifs de la communauté juive. Le journal israélien *Yediot Aharonnot* affirme qu'elle « a quitté Israël pour fuir les médias et les gens qui s'immisçaient dans sa vie et l'ennuyaient beaucoup. Elle redoutait énormément les journalistes qui venaient lui poser des questions chez elle. Ils lui donnaient envie de partir en courant. Cheryl ne souhaite plus qu'une chose : mener une existence normale et tranquille. Elle essaie d'enterrer le passé mais reste très nerveuse. Même les proches qui ont fait des révélations sur elle ont été bannis de la famille. Elle oscille entre discrétion et paranoïa. »

Si ceci est vrai, le prix à payer pour avoir été la séductrice la plus redoutable du Mossad est fort élevé.

Sur le bureau de Meir Dagan se trouvait un rapport provenant du consulat de New York signalant qu'il n'y avait pas à s'inquiéter en ce qui concernait le documentaire de CBS sur la mort de Diana dont on faisait une énorme publicité. On n'y parlait pas du véritable rôle du Mossad et il y avait peu de chances que cela change avant un bon bout de temps. La documentation (qui m'avait permis d'aborder une partie de cette affaire dans le présent ouvrage) était désormais sous scellés dans les archives du Mossad, à l'intérieur d'une boîte portant un message d'avertissement : « Ne pas ouvrir sans autorisation écrite du directeur général. »

Dagan était bien plus préoccupé par un autre rapport qui venait de l'ambassade de Washington et lui apprenait qu'une fois encore, l'administration Bush se préparait, comme les précédentes, à empêcher la libération d'un traître aussi dangereux pour les États-Unis que Vanunu l'avait été pour Israël. Il s'agissait de Jonathan Pollard, qui purgeait une peine à perpétuité à la prison haute sécurité de Bulmer, en Caroline du Nord, après avoir été jugé coupable d'être le plus grand traître de toute l'histoire des États-Unis. Contrairement à Vanunu, Pollard avait été condamné à mourir en prison.

Dagan savait que la sévérité de cette sentence s'expliquait par la déposition sous serment de quarante-six pages que Caspar Weinberger, alors secrétaire de la Défense, avait rédigée pour le procès de Pollard en 1987. Elle était si secrète qu'elle n'avait jamais été rendue publique. Chaque fois qu'on avait essayé, les tentatives avaient été bloquées par les avocats fédéraux dans plusieurs cours de Washington. En avril 2004, la déposition était toujours répertoriée dans les « informations classées sensibles et top secrètes ». Cette classification permet de protéger les renseignements les plus confidentiels des services secrets.

Dagan était convaincu que la déposition comportait des informations capitales sur la façon dont le logiciel *Promis* – élaboré par la société spécialisée Inslaw computer à Washington, et volé, plus tard, par le Mossad – avait été adapté pour le rendre compatible avec l'intelligence artificielle des sous-marins nucléaires américains. Le résultat, appelé OTH, ou *over the horizon accuracy* (précision au-delà de l'horizon), donnait aux sous-marins le pouvoir d'atteindre des cibles aussi éloignées qu'au beau milieu de ce qui était encore l'Union soviétique ou de la Chine. Le logiciel *Promis* pouvait analyser les coordonnées des dispositifs de défense situés autour de l'objectif et avait les capacités physiques et mathématiques nécessaires pour faire mouche du premier coup à très grande distance.

Dagan redoutait que la déposition révèle comment, grâce aux renseignements volés par Pollard, Israël avait développé sa propre OTH pour les trois sous-marins nucléaires de fabrication allemande que le pays avait acquis. Il craignait également que le document n'apporte des précisions sur les postes d'écoute anglo-américains à Chypre et au Moyen-Orient déjà compromis par Pollard, et ne révèle comment ce dernier avait fait échouer des opérations de la CIA et du MI-6 en Union soviétique et dans l'ancienne Allemagne de l'Est.

Alors que l'affaire avait entraîné des changements considérables dans les services secrets américains, on considérait que les informations de la déposition de Weinberger étaient encore tellement ultrasensibles que leur publication révélerait trop de renseignements précieux aux services secrets étrangers – dont le Mossad.

Pollard était si important pour Israël que Dagan avait envoyé un avocat du Mossad pour l'assister lors de sa première apparition publique depuis sa condamnation. L'affaire fut entendue au tribunal d'instance de Washington, en septembre 2003. Pollard paraissait plus vieux que ses quarante-sept ans, sa peau était pâle, ses yeux erraient parfois d'un bout à l'autre de la salle d'audience pleine à craquer. Il portait des lunettes cerclées de fer, une kipa brodée et une surchemise verte de la prison. Sa barbe brune grisonnante et ses cheveux mi-longs lui donnaient l'air d'un prophète de l'Ancien Testament. Une quarantaine de proches et de sympathisants s'étaient entassés dans la petite salle d'audience. Parmi eux se trouvaient plusieurs rabbins dont Mordechaï Eliahou, l'ancien grand rabbin d'Israël. Sa femme, Esther, et son père étaient là aussi. Pollard écoutait attentivement le débat légal. Assis au fond de la pièce, l'avocat du Mossad, un homme mince et d'âge moyen, prenait des notes en hébreu.

La défense de Pollard consistait essentiellement à revendiquer le droit de faire appel, du fait que, lorsque l'accusation avait demandé au juge Aubrey Robinson la réclusion à perpétuité, sans possibilité de libération sur parole, Richard Hibney, son avocat de l'époque, ne l'avait pas fait, alors qu'il avait « poussé Pollard à plaider coupable en lui assurant que l'état américain ne demanderait pas la perpétuité ». Un autre argument était que l'on avait pas permis aux défenseurs de Pollard d'accéder à la déposition de Weinberger sous prétexte qu'ils n'avaient pas « l'autorisation de sécurité obligatoire ». Les nouveaux avocats de Pollard annoncèrent à la cour qu'ils demandaient également « une grâce ou une commutation de peine » de la part de l'administration Bush. Cette partie de la plaidoirie était basée sur le fait « qu'en tant que citoyen américain, Pollard avait droit à un procès en bonne et due forme ».

Au fil des ans, les avocats de Pollard avaient rencontré les Premiers ministres israéliens Benyamin Netanyahou, Ehud Barak et Ariel Sharon. Ils avaient également rencontrés les chefs du Mossad Nahum Admoni, Shabtai Shavit, Danny Yatom, Efraim Halevy et, plus récemment, Meir Dagan. Des campagnes soigneusement orchestrées avaient été organisées en Israël pour bombarder l'ambassade américaine de demandes de libération de Pollard. Les meilleurs avocats juifs avaient voyagé d'Israël jusqu'aux États-Unis pour y rencontrer des homologues tout aussi renommés afin de préparer ensemble une stratégie juridique. Aucun accusé n'avait jamais bénéficié d'un aussi redoutable système de défense. Inlassablement, le puissant lobby juif de Washington s'était battu chaque fois qu'il en avait eu l'opportunité.

La CPMJO (Conférence des présidents des principales organisations juives), un consortium de soixante-cinq groupes, continuait d'affirmer en 2004 que les actes de Pollard, quelle qu'en soit la nature, ne pouvaient pas être qualifiés de trahison « car Israël était alors un proche allié et le restait aujourd'hui ». Les plus grandes organisations religieuses juives exerçaient, elles aussi, constamment leur pression. Parmi elles, ce fut la puissante Reform Union of American Congregations qui se fit le plus entendre. Alan M. Dershowitz, le professeur de droit de l'université de Harvard, qui défendait Pollard, argumenta que rien dans la condamnation de Pollard ne permettait d'affirmer qu'il avait compromis l'aptitude de la nation à recueillir des informations ou trahi des renseignements d'ampleur internationale.

Mais Pollard avait encore un adversaire de taille: George Tenet, le directeur de la CIA. En 1998, celui-ci avait déclaré qu'il démissionnerait si Pollard était relâché. Il n'avait toujours pas changé d'avis en 2004. Ted Gunderson, un des meilleurs agents du FBI à l'époque de l'arrestation de l'accusé déclara: « Pollard a volé tous les renseignements dignes d'intérêts que nous possédions. Nous sommes encore en train d'essayer de nous remettre de ce qu'il a fait. Nous avons dû retirer des douzaines d'agents en place dans l'ex-Union soviétique, au Moyen-Orient, en Afrique du Sud et dans des pays amis tels que la Grande-Bretagne, la France ou l'Allemagne. Le grand public n'a aucune idée de l'étendue des conséquences de ses actes. »

Durant son incarcération, Pollard divorça de sa première épouse, Anne (qui avait écopé de cinq ans d'emprisonnement pour complicité), et devint juif orthodoxe. En 1994, il épousa en prison, une institutrice de Toronto nommée Elaine Zeitz. Esther Pollard, ainsi qu'elle se fit appeler par la suite, devint le fer de lance de la campagne pour la libération de son mari. En avril 2004, elle répétait un thème familier : « Le sort de Jonathan concerne tous les Juifs et tous les citoyens soucieux de la loi. Les problèmes soulevés par cette affaire vont beaucoup plus loin que Jonathan et moi. Nous sommes en train d'écrire une page de l'histoire juive. »

On a pu découvrir combien cette page d'histoire se complétait. Ari Ben-Menashe, un ancien conseiller spécialisé dans les renseignements auprès du gouvernement israélien, aujourd'hui citoyen canadien dirigeant un cabinet de conseil politique à Montréal, est fortement opposé à la libération de Pollard. « La question qui reste en suspens, c'est si Pollard a communiqué à la Chine les informations volées », déclarait Ben-Menashe. « Une grande partie de ce que Pollard a découvert est toujours dans sa tête. Un homme de sa trempe ne perd pas les pédales simplement parce qu'il est emprisonné. »

Mais en avril 2004, Meir Dagan apprit que Larry Thompson, l'assistant du procureur général américain, avait émis l'idée que la libération de Pollard devait être envisagée en tenant compte du contexte général au Moyen-Orient. Cet argument fut bien entendu par les partisans de Pollard. Récemment, cent douze des cent vingt membres de la Knesset, le parlement israélien, ont signé une pétition pour demander sa libération pour « raisons humanitaires ». En libérant de dangereux prisonniers palestiniens mais en gardant Pollard en détention, Washington fonctionne à deux vitesses.

Afin qu'il devienne plus difficile de résister à la pression du gouvernement de Tel-Aviv, Pollard a obtenu la citoyenneté israélienne en 1996. Deux ans plus tard, un accord de paix négocié entre Israël et l'OLP faillit tomber à l'eau lorsque le Premier ministre israélien, Benyamin Netanyahou, essaya d'y associer la libération de Pollard. Le président Clinton resta ferme, et Israël dut faire marche arrière.

L'un des plus gros obstacles que rencontre chaque nouvelle tentative de faire libérer Pollard est probablement une déposition de Bill Hamilton, président de Inslaw – la société créatrice du logiciel *Promis*. « Il faudrait également informer le juge Hogan qu'en 1984, l'antenne du FBI au Nouveau-Mexique a mené une enquête de contre-espionnage sur Robert Maxwell, qui a vendu *Promis* dans cet État, où sont basés les deux plus grands QG des agences de renseignement spécialisées dans l'armement nucléaire, Sandia et Los Alamos. Bien que la copie du rapport d'investigation du FBI, que le *Freedom of Information Act* a permis à Inslaw d'obtenir, ait été très épurée par le gouvernement pour des raisons de sécurité nationale, le texte, qui reste lisible révèle que c'est après une plainte de deux employés du Laboratoire national Sandia que le FBI avait décidé d'enquêter. »

Selon Gunderson, les propos d'Hamilton constituent « le témoignage irréfutable qui replace les agissements de Pollard dans leur véritable contexte ». Il dévoile également les activités récentes de Rafi Eitan.

En avril 2004, le légendaire maître espion israélien fit plusieurs voyages secrets aux États-Unis. Les agents du FBI qui surveillaient ce supérieur de Jonathan Pollard durent pourtant renoncer à l'interroger parce qu'il se déplaçait avec un passeport diplomatique israélien. Le but de ses visites était de superviser la mobilisation de milliers de *sayanim* – un mot dérivé du verbe « aider » en hébreu – dont un grand nombre avait été entraînés au combat armé durant leur service militaire. Certains d'entre eux avaient travaillé pour les services secrets américains. Beaucoup d'autres servaient actuellement dans la police. Eitan leur avait expliqué comment rajeunir leurs méthodes de défense des banques, synagogues, écoles religieuses et autres institutions juives.

« Bien qu'on n'eut pu douter de leur allégeance au pays qui les avait vu naître, on leur connaissait une fidélité encore plus grande : leur loyauté mystique envers Israël et la nécessité de le protéger contre ses ennemis », affirmait Meir Amit, ancien chef du Mossad. Il créa une force secrète composée de *sayanim*. Chaque futur membre de « l'armée invisible » d'Israël devait voir sa candidature approuvée par des agents de renseignement professionnels du Mossad, les *katsas*, avant d'être recruté pour protéger les nombreux intérêts d'Israël aux États-Unis. Mais le département de la sécurité intérieure et le FBI perçurent cela comme un manque de confiance en leur aptitude à défendre ces mêmes intérêts.

En rentrant de voyage, Eitan se rendait régulièrement chez son ami de longue date, le Premier ministre israélien Ariel Sharon, en tant que « conseiller en sécurité et lutte contre le terrorisme ». Début 2004, Eitan visita la région de Los Alamos, haut lieu des techniques de pointe nucléaires en Amérique. En 1985, il avait réussi à vendre aux laboratoires

Sandia une copie de la version israélienne du logiciel *Promis*. Si cet outil fit bien bénéficier les sous-marins américains des plus récentes ressources informatiques, le logiciel n'en comportait pas moins une « porte dérobée » qui permettait à Israël d'espionner les travaux de Sandia. Les explications détaillées que Pollard donna sur cette affaire sont rapportées dans la déposition, toujours inaccessible, de Caspar Weinberger.

En avril 2004, les *sayanim* furent mobilisés au grand complet. Eitan ne fit pas secret de leur rôle. Pour citer Meir Amit : « Les *sayanim* remplissent diverses fonctions. Un *sayan* qui tient une agence de location de véhicules prévient son responsable si une personne suspecte en loue un. Un *sayan* qui travaille dans l'immobilier en fait de même si certaines personnes cherchent un logement. Les *sayanim* recueillent également des informations techniques et toute sorte de renseignements non secrets : une rumeur circulant dans un cocktail, une chronique radiophonique, un paragraphe remarqué dans un journal, une histoire entendue à la table voisine lors d'un dîner. »

C'est un *sayan* de Phoenix, dans l'Arizona, qui découvrit au printemps 2004 que l'une des plus célèbres figures de l'Église catholique, l'archevêque Paul Marcinkus, s'était engagé à ne jamais divulguer ce qu'il savait sur le rôle du Mossad dans la disparition de 200 millions de dollars. La somme était destinée au mouvement polonais Solidarnosc, via la Banque du Vatican que Marcinkus présidait.

Au début des années 1980, Marcinkus fut impliqué dans d'énormes scandales financiers et une époustouflante liste d'autres délits, dont sa « participation à de la contrebande d'armes et à des trafics d'or volé, de fausse monnaie et de matières radioactives », selon le réquisitoire du ministère public de Rome en 1989. Le dossier des charges retenues contre lui était toujours ouvert en avril 2004. Marcinkus ne fut jamais ni interrogé ni arrêté. Le pape Jean-Paul II l'autorisa à rester au Vatican, où il bénéficiait de l'immunité absolue qui fut accordée au Saint-Siège en 1929 par Benito Mussolini.

Une nuit – dont la date fait partie des nombreux secrets du Vatican – Marcinkus fut discrètement évacué du Vatican dans un véhicule muni de plaques diplomatiques. Le jour suivant, il arriva à Chicago. De là, il fut conduit à Sun City, une ville satellite de Phoenix. Victor Ostrovsky, un autre personnage haut en couleurs, vivait dans les environs. L'ancien officier du Mossad était devenu une balance. À l'instar d'Ari Ben-Menashe, Ostrovsky avait révélé de nombreux secrets du Mossad au cours d'interviews. En 2004, les deux hommes vivaient encore confortablement. Mais Marcinkus, âgé de quatre-vingts ans, vivait, lui, ses dernières années dans une modeste maison de parpaings couverte de peinture blanche près d'un club de golf des environs de Sun City. Contrairement aux deux officiers du Mossad, il garda le silence lorsqu'on apprit qu'il avait été le banquier de Dieu et le confident de plusieurs papes – Paul VI, Jean-Paul Ier, et Jean-Paul II. Le pape polonais, souverain pontif du monde catholique, était le seul, à part Marcinkus, à pouvoir répondre à la question : « Quel fut le rôle du Mossad dans la disparition des 200 millions de dollars ? »

On peut dire que le mystère commença pour de bon avec l'arrivée d'une nouvelle limousine au Vatican.

Minuit approchait lorsque la limousine bleu foncé, munie de plaques diplomatiques, s'arrêta devant les grilles de fer forgé de l'Arche des cloches, l'entrée du palais apostolique du Vatican. Il s'agissait du prélude à une série d'événements qui continuent aujourd'hui de projeter une ombre noire sur le pontificat de Jean-Paul II. Maintenant qu'il est décédé, les réponses aux questions permettant de dresser le bilan final de son long règne sont profondément troublantes pour quiconque s'intéresse à l'Église et ce qui fut fait en son nom.

Le pape s'est-il éloigné de sa morale personnelle pour aider Solidarnosc à cause de son immuable engagement passionné envers la Pologne ? Était-il vraiment une victime innocente, inconsciente de ce qui allait survenir après l'arrivée de cette limousine au Vatican ?

Selon David Yallop, l'enquêteur financier anglais, l'éternelle bête noire du milieu des secrets budgétaires du Vatican, Jean-Paul II a laissé son pontificat « devenir un paradis pour les magouilleurs et les bandits internationaux de la finance. Le pape a également donné sa bénédiction à l'envoi, secret et illégal, d'énormes sommes d'argent, en dollars à Solidarnosc. »

Christopher Story, l'éditeur du journal *International Currency Review*, spécialisé dans le domaine bancaire, a décrit cette affaire comme « l'un des plus mystérieux trous noirs de la finance moderne ».

Il est certain qu'en cette nuit d'avril 1983, lorsque les gardes suisses, dans leurs costumes renaissance, couverts d'une cape pour les protéger du froid, firent un pas en avant pour saluer le passager de la Fiat, ce fut le signal de départ d'un enchaînement d'événements ahurissants. Ils débutèrent à une époque que Jean-Paul II considérait comme « un moment très sombre de l'histoire du monde. » Deux ans plus tôt, le KGB – par le truchement de sa succursale, les services secrets bulgares – avait essayé de l'assassiner sur la place Saint-Pierre. Afin d'écarter le plus possible les soupçons, Moscou avait laissé un fanatique musulman, Mehmet Ali Agça, tenter le coup. Lors de ses derniers jours, le pape sentait encore la douleur des éclats demeurés dans sa chair. Mais sa méfiance envers le communisme avait mené à la création de Solidarnosc en Pologne. À Washington, Ronald Reagan, alors président, avait dit de sa naissance qu'elle était « une inspiration pour le monde libre », et ajouté : « Nous la soutiendrons. »

La façon dont il s'y prit est restée secrète. Mais on sait comment la CIA et la Banque du Vatican mirent en place un fonds secret de 200 millions pour Solidarnosc. En 1983, la CIA disposait d'une caisse noire pour financer ses opérations strictement confidentielles dans le monde entier.

Richard Brenneke, un homme aux manières douces, s'exprimant avec la prudence d'un comptable, était le plus haut responsable en charge des fonds secrets que la CIA réservait à ce type d'opérations. Il passait seize heures par jour à jongler avec les fonds cachés qui se trouvaient dans des banques helvétiques, telles que le Crédit Suisse à Genève, et les dirigeait vers les canaux de transfert complexes du milieu bancaire. Avec le plein accord de William Casey, qui dirigeait la CIA, Brenneke avait commencé à utiliser la Banque du Vatican pour blanchir de l'argent. Casey avait présenté Brenneke à l'évêque Paul Marcinkus. Depuis, il lui avait plusieurs fois rendu visite dans son bureau, sis dans une tour du XVIIe siècle, dans l'enceinte du Vatican. « Quand la journée était bonne, on parvenait à blanchir 400 millions de dollars », se souvenait Brenneke. Une part substantielle de cet argent provenait d'opérations ultrasecrètes de la CIA.

Selon David Yallop, « tout comme les autres services secrets, la CIA avait des contacts officieux avec la mafia. À l'instar du Vatican, elle redoutait que l'Italie ne tombe aux mains des communistes. La CIA voyait la mafia comme un rempart contre cette éventualité. Par conséquent, elle estimait qu'il fallait tolérer ses activités en Italie pour éviter que, dans les isoloirs, ce pays membre de l'OTAN ne passe sous la coupe de Moscou. »

En 1983, la CIA avait tellement élargi ses connexions avec le crime international qu'elle alla jusqu'à armer l'Iran et les Contras nicaraguayens. Brenneke m'expliqua : « L'argent des armes vendues aux Iraniens était utilisé pour acheter de la drogue en Amérique du Sud. La cocaïne était transportée par bateau jusqu'aux États-Unis pour y être vendue à la mafia. L'argent était ensuite utilisé pour acheter des armes aux Contras. Cela devint tellement incontrôlable que je l'ai signalé à Don Gregg, le conseiller en sécurité nationale du président Reagan. On m'a dit de laisser tomber. » Selon ses propres dires, à ce stade, Brenneke avait déjà blanchi 10 milliards de dollars. Une part considérable de l'argent venait de la famille Gotti, de la mafia new-yorkaise. Les Gotti, à l'instar des familles criminelles Gambino et Columbo, étaient de fervents catholiques. Des messages interceptés par le FBI prouvent que les patrons se montraient très généreux envers l'Église. Un autre chef de la mafia, Salvatore Luciano dit « Lucky Luciano », clamait haut et fort qu'il visiterait le Vatican avant sa mort.

« En 1983, il était devenu routinier pour la mafia d'utiliser la Banque du Vatican pour faire entrer et sortir de l'argent d'Italie. L'argent provenait de la drogue, de la prostitution et d'une multitude d'autres délits officiellement condamnés par l'Église », constatait Yallop.

Les 200 millions de dollars destinés à Solidarnosc provenaient-ils de la mafia ? Comme bien d'autres, cette question n'a commencé à être posée que vingt et un ans après le passage de la limousine Fiat sous l'Arche des cloches.

Le passager solitaire de cette nuit d'avril 1983 était l'archevêque Luigi Poggi. Il était le conciliateur diplomatique du pape, un nonce extraordinaire et un opérateur aguerri dans le monde très secret de la politique pontificale. Parmi les numéros de ligne directe qu'il avait dans sa mallette se trouvaient ceux de Casey, le directeur de la CIA – lui-même un fervent catholique –, celui de Lech Walesa de Solidarnosc et ceux des ministres des affaires étrangères d'une demi-douzaine de pays européens. Le dernier en date sur sa liste était celui de Nahum Admoni, alors directeur général du Mossad. L'archevêque et le chef des services secrets s'étaient rencontrés à Paris lors du tour d'Europe que Poggi venait d'achever. L'archevêque savait que, vu les origines polonaises d'Admoni – ses parents, des immigrants de la classe moyenne, avaient quitté Gdansk pour s'installer en Israël –, la curiosité du chef des renseignements ne serait pas uniquement passagère.

À Varsovie, Poggi s'était entretenu, comme d'habitude, avec le cardinal Josef Glemp dans son palais. Ils avaient conversé dans une salle dont les murs étaient doublés de plomb pour échapper à la surveillance des services de renseignement polonais. Même s'ils n'avaient parlé qu'en latin. Une idée de ce qui a suivi nous est fournie par Admoni qui vit aujourd'hui aux États-Unis. « J'ai compris rapidement que le Vatican aiderait Solidarnosc. J'ai deviné qu'il passerait par le bureau de Solidarnosc à Bruxelles, une sorte d'ambassade officieuse. Jerzy Milewski, un juif polonais doué pour frapper aux portes, était le principal collecteur de fonds. »

Boris Solomatin, le *rezident* (chef d'antenne) du KGB à Rome attesta les faits. « Nous savions tout de l'alliance secrète entre la CIA et le Vatican pour soutenir Solidarnosc. » En revanche, contrairement à ce qu'il affirmait, il est moins certain que le KGB ait eu « un espion haut placé au Vatican ». Mais on ne pourrait pas jurer de l'inverse non plus. Suite à l'attentat contre le pape en mai 1981, son nonce en Irlande, feu l'archevêque Gaetano Alibrandi, me confirma que « les Soviétiques semblaient connaître des informations confidentielles sur la situation du Saint-Siège en matière d'affaires étrangères. »

En ce soir d'avril 1983, malgré l'heure tardive, Stanislaw Dzwisz, alors premier secrétaire du pape, et Marcinkus attendaient les ordres. Marcinkus avait récemment été promu gouverneur de la ville du Vatican par le pape Jean-Paul II. Désormais, il était également chargé de la sécurité du pape lors de ses déplacements à l'étranger.

L'ancien secrétaire anglophone du pape, Monseigneur John Magee, aujourd'hui évêque de Clones, en Irlande, fit de Poggi un portrait exceptionnel : « Il était imprégné d'une confiance justifiée en ses capacités, en sa mission dans la vie et en sa relation avec Dieu. »

Dans le bureau de Dzwisz, au secrétariat pontifical du palais apostolique, Poggi signala que l'ambassadeur américain, qui quittait ses fonctions en Pologne, avait révélé que l'administration Reagan allait organiser le transfert de 200 millions de dollars pour aider Solidarnosc. C'est à la fin de sa vingt-troisième visite à Varsovie en deux ans qu'il annonça cette nouvelle. Chaque fois il était resté chez le cardinal Josef Glemp, primat de toute la Pologne, profitant de la pièce aux murs plombés et de la conversation en latin. Cela ne fit aucune différence. Cela faisait déjà deux mois que le Mossad avait réussi un coup énorme.

Nahum Admoni, le maître espion qui avait dîné avec Poggi à Paris et parlé avec lui d'affaires ecclésiastiques, avait tout organisé. Ensuite, Rafi Eitan, le directeur d'opérations du Mossad, avait embobiné le département de la justice des États-Unis et le concepteur de la plus belle pièce de l'arsenal électronique américain, un logiciel dont il tenait absolument à repartir avec une copie. Il s'agissait de *Promis*.

Des années plus tard, Bill Hamiton, le président d'Inslaw, évoquait en ces mots la désinvolture avec laquelle Rafi Eitan lui avait volé *Promis* : « Rafi m'a roulé dans la farine. Et il en a eu beaucoup d'autres. » Aujourd'hui septuagénaire, Eitan l'admet volontiers : « Ce fut un sacré coup. Oui, un sacré coup. »

Les Israéliens déconstruisirent *Promis* et y ajoutèrent une porte dérobée. Lors d'une visite à Bruxelles, Eitan persuada le docteur Jerzy Milewski, le courageux juif polonais chargé de réunir des fonds pour Solidarnosc, d'accepter ce logiciel modifié comme « un cadeau d'Israël. » Et c'est ainsi que le Mossad devint le premier service de renseignement à pénétrer au cœur de Solidarnosc.

Né et élevé à Cicero – la banlieue de Chicago ou naquit également Al Capone –, Paul Marcinkus avait acquis des manières de gangster, ce qui était flagrant lorsqu'il terrorisait un caissier du Vatican ou menaçait un évêque. Marcinkus se réjouissait aussi de figurer sur ce qu'il appela un jour « la liste des dix cibles prioritaires de Moscou », avant d'ajouter : « Après le pape, je suis l'homme qu'ils aimeraient le plus descendre. » Mais pour un banquier du Vatican, il avait tout de même de drôles de clients : le casino de Monte Carlo, la société d'armes à feu Beretta et une compagnie canadienne qui fabriquait des pilules contraceptives. Dès le jour où il reprit la présidence de la banque, Marcinkus augmenta ses investissements au-delà de toute espérance. En 1983, le soir où il écoutait parler Poggi, l'ensemble des dépôts à la banque représentait des dizaines de millions de dollars. Un jour, devant Monseigneur John Magee, il se vanta que l'affaire était « vraiment juteuse ».

L'arrivée de la CIA comme client fut fort bien accueillie par Marcinkus, qui invita alors Casey et Brenneke à dîner à la villa Sritch, où le banquier disposait d'un appartement F4. Pendant qu'ils étaient servis par de jeunes et beaux romains – que le banquier avait l'habitude d'appeler ses « gardes du corps » –, le grand évêque baraqué apprit comment le Vatican allait canaliser les 200 millions de dollars de Solidarnosc. Plus tard, pendant une partie de golf à l'Aquastina – le club le plus huppé de Rome, qui avait fait cadeau à Marcinkus de son adhésion –, les derniers détails furent mis au point.

L'argent quitterait l'Amérique depuis plusieurs banques, dont la Bank of America et la Citybank. Brenneke avait créé des codes spéciaux pour ces transactions. Ils étaient régulièrement changés. Les sommes ne resteraient jamais sur un compte pendant plus de soixante-dix heures. L'argent destiné à Solidarnosc arriverait à la Banque du Vatican depuis la Banque du Panama, la Standard Bank of South Africa et Coutts, le banquier de la reine à Londres. L'argent serait ensuite redirigé vers la Banque Lambert à Bruxelles. Le système était ce que Brenneke appelait une « POS » – une procédure d'opération standard. Pour sa conception, on avait pris en compte ce que Casey appelait « un petit problème délicat ».

Solidarnosc craignait que Jaruzelski prenne des mesures très sévères contre le mouvement – voire, qu'il arrête ses dirigeants – s'il venait à apprendre que celui-ci recevait de l'argent de Washington. Mais le secret allait mener plus tard à une confrontation tout ce qu'il y a de plus publique entre les principaux conseillers du président Reagan, le professeur Richard Pipes et Zbigniew Brzezinski, le conseiller en sécurité nationale de Jimmy Carter.

La rumeur courut que Pipes avait affirmé savoir parfaitement que de grosses sommes d'argent avaient été envoyées à Solidarnosc depuis plusieurs comptes opérés par la CIA. Dans plusieurs rapports, Pipes reprochait à Brzezinski que l'argent ne soit jamais arrivé jusqu'au mouvement polonais – où était-il passé ? Brzezinski ne répondit pas à la question à l'époque et ne l'a toujours pas fait à ce jour.

Au mieux, une petite partie de l'argent – dont Solidarnosc avait besoin d'urgence pour verser un salaire hebdomadaire symbolique à ses membres pendant qu'ils étaient en grève – arriva jusqu'au QG bruxellois de Solidarnosc. Elizabeth Wasiutynski, dont les parents avaient servi dans le NSZ, une faction de la résistance polonaise, devint la directrice de Solidarnosc à Bruxelles. Elle insista pour que l'argent arrive depuis l'AFL-CIO, les organisations syndicales internationales et le NED (National Endowment for Democracy). D'autres sommes arrivèrent plus tard via une organisation américaine nommée le Stanton Group. Elles étaient présentées comme un don du contribuable américain.

« Nous n'avons par reçu plus de 200 000 dollars par an. Je ne suis au courant d'aucune grosse somme, ni même petite d'ailleurs, qui aurait été versée à Solidarnosc par la CIA. D'ailleurs, on ne trouve nulle part la moindre répercussion d'une telle activité depuis l'indépendance de la Pologne en 1989. Je pense que la CIA s'attribue le mérite de quelque chose qu'elle n'a pas fait, déclara-t-elle. Si la CIA avait participé, nous disposerions plus ou moins d'un terrain fertile à Washington. »

Certaines sources à la Banque Lambert, à Bruxelles, affirment catégoriquement ne trouver aucune trace du versement dans leurs coffres d'une somme aussi importante en provenance du Vatican. Alors où est donc passé l'argent ? C'est là qu'apparaît pour la première fois l'un des plus gros requins de la finance – Robert Maxwell.

Le logiciel *Promis* modifié par Israël avait été vendu par Maxwell au général Wojciech Jaruzelski, le dirigeant communiste de la Pologne. Il était censé être utilisé – et il le fut – contre Solidarnosc et les partisans de l'opposition démocratique qui menaçait alors le régime polonais. Mais, en 1985, tandis que Maxwell vendait le logiciel dans le monde entier – alors que le transfert d'argent vers Solidarnosc avait déjà commencé – il fourgua *Promis* aux services de contre-espionnage belges, la Sûreté de l'État. Pour le Mossad, une porte dérobée s'ouvrit alors sur les opérations des services secrets belges – dont celles de Semion Yukovich Mogilevich.

À l'époque, Mogilevich, qui opérait toujours depuis sa base hongroise de Budapest, était en passe de devenir un spécialiste de la grande délinquance financière et se préparait à mettre les pieds dans le milieu de la finance post-communiste. En 1985, il avait des bureaux à Genève, au Nigeria et aux îles Caïman. Il détenait un passeport israélien que Maxwell lui avait procuré. Ce fut également lui qui lui présenta un banquier suisse qui faisait du courtage d'investissement à Genève et travaillait régulièrement avec la Banque du Vatican et la Banque Lambert.

De son côté, Marcinkus était déjà empêtré jusqu'au cou dans les énormes escroqueries financières où la banque était impliquée, ce qui avait conduit le pape Jean-Paul II à accepter de rembourser l'argent détourné. Dans l'un des documents les plus remarquables qui ait jamais été édités publiquement par une banque, le Vatican promit que « les banques internationales allaient récupérer environ les deux tiers des 600 millions de dollars qu'elles avaient prêté à sa banque. Sur cette somme, 250 millions seraient versés avant le 30 juin 1984. Ce paiement serait effectué par le Vatican sur la base de sa non-culpabilité mais en toute reconnaissance de son implication morale. »

À ce moment-là, Marcinkus était littéralement prisonnier du Vatican car il n'osait pas sortir de ses murs de crainte d'être arrêté. Un nombre croissant de chefs d'accusation l'attendait à la cour. Mais il continuait de se rendre tous les jours à son bureau pour « superviser » – le terme employé par le Vatican – les affaires quotidiennes de la banque.

C'est quelque part dans cet embrouillamini – la CIA, le blanchiment d'argent de Marcinkus, les services secrets polonais, le Mossad et Maxwell – que se trouvait la réponse à la question posée publiquement par le respectable Richard Pipes. Où étaient passés les 200 millions de Solidarnosc ? La réponse se trouva être d'une simplicité déconcertante. Grâce à *Promis*, le Mossad avait intercepté cet argent pour financer ses propres opérations.

Dans le passé, l'Institut avait déjà utilisé sa version modifiée du logiciel pour accéder à des comptes étrangers sur lesquels des millionnaires israéliens pensaient avoir discrètement placé leur fortune, hors de leur pays démuni. Le Mossad avait non seulement saisi l'argent mais il avait également convoqué les malheureux millionnaires à une réunion. On leur expliqua qu'ils allaient recevoir une amende pour avoir outrepassé les réglementations financières très strictes de l'État d'Israël. Un refus serait synonyme de procès et d'emprisonnement. « Ils ont tous payé », me confia un Rafi Eitan qui ne cachait pas sa satisfaction.

En mars 2004, William Hamilton, président de Inslaw, m'expliqua qu'avec *Promis*, il était « relativement facile pour le Mossad de voler cet argent ».

Une copie du logiciel était également arrivée dans les mains d'Oussama Ben Laden. Elle avait été volée par Richard Hanseen, un grand spécialiste en informatique qui fut longtemps l'un des principaux espions du bureau. Il est actuellement en réclusion à perpétuité pour espionnage. D'après ce que l'on sait, le KGB le vendit à Ben Laden pour la somme de 2 millions de dollars.

Au printemps 2004, le Mossad continuait sa traque de Ben Laden. Grâce à ses agents et ses analystes, Meir Dagan avait réussi, en cours de route, à établir un excellent profil psychologique du terroriste, d'une qualité probablement très supérieure à celui dont disposaient les autres services secrets. Il en allait de même pour la façon dont l'homme le plus recherché du monde dirigeait Al-Qaïda.

S'il s'était agi d'une multinationale, Ben Laden en aurait été le PDG. L'organisation a un conseil d'administration constitué du cercle fermé de terroristes qui l'accompagnent depuis le début. Comme dans toutes les grandes sociétés, il y a plusieurs services : un pour les finances, un pour la planification et un troisième pour le recrutement. Il y en a même un qui s'occupe de la fabrication et de la diffusion des enregistrements audio et vidéo. La seule raison d'être d'Al-Qaïda est la guerre sainte à l'échelle mondiale.

De mémoire d'homme, aucune autre organisation n'a jamais changé le monde aussi radicalement que l'a fait Al-Qaïda lorsque, le 11 septembre 2001, les tours jumelles du World Trade Center s'écroulèrent d'un côté pendant que, de l'autre, le Pentagone prenait feu. Des milliers d'hommes, de femmes et d'enfants périrent dans le plus meurtrier des attentats jamais perpétrés sur le sol américain. Jamais dans leur histoire, les États-Unis n'avaient été la cible d'une attaque d'une telle ampleur sur leurs propres terres. Le bombardement surprise de Pearl Harbor par les Japonais était l'unique précédent – mais l'assaut avait eu lieu à des kilomètres, sur une base militaire située sur une île du Pacifique.

Selon le professeur Gilles Kepel, du respectable Institut d'études politiques de Paris :

« Le carnage du 11 septembre visait délibérément des civils et frappa les principaux symboles de l'hégémonie américaine : pouvoir commercial et financier, suprématie militaire et puissance politique. Ce fut un séisme aux conséquences incalculables. Il exposa la fragilité de l'empire américain, fit exploser le mythe de son invincibilité et remit en question toutes les certitudes et les croyances qui avaient assuré le triomphe de la civilisation américaine au XXe siècle. Nombreux furent ceux qui redoutaient, à juste titre, qu'il ne s'agisse que de la première d'une longue série d'atrocités. »

Depuis, le monde a assisté, abasourdi, aux attentats de Bali et d'Istanbul, puis au massacre de Madrid. Les résultats en sont la douleur des victimes et de leurs familles dont nous sommes constamment témoin, des chutes des marchés boursiers, des risques de faillite pour de nombreuses compagnies aériennes et un bouleversement général de l'économie mondiale.

Telles sont les vérités indéniables qu'impose un fanatique ignorant presque tout de la culture, de la pensée ou du fonctionnement de la société occidentale. Il croit en la Parole, et, comme nous le prouve l'histoire, ceux qui adhèrent aveuglément aux textes – Hitler et Staline en sont deux exemples – ont rarement beaucoup d'imagination, ou bien elle est incroyablement distordue.

Ben Laden est esclave de ses interprétations littérales : les extrapolations intellectuelles normales dont dépend une grande partie de la pensée européenne sont bien au-delà de ses capacités. Dans l'un de ses discours décousus, par exemple, il lui est arrivé de déclarer qu'il était certain que « quelques attentats suffiraient pour que les Américains se séparent des États-Unis ».

Ainsi que l'explique le docteur Ariel Merari, directeur d'études sur le terrorisme au Jaffee Center de Tel-Aviv :

« La façon dont il a fait d'Al-Qaïda une marque déposée du terrorisme est incontestablement répugnante. Il s'est assuré que ni sa mort, ni une réfutation de la violence de sa part – ce qui ne risque pas d'arriver – n'arrêterait le terrorisme islamiste. Au lieu de cela, il continuera de déverser son poison sur notre monde. »

Récemment, Ben Laden a recommencé à revendiquer que les Arabes devraient récupérer l'Andalousie, dont la civilisation fit jadis le plus grand orgueil de l'Islam. Dans tout le monde musulman, il a commencé à raviver le souvenir de cet âge d'or, où en 1200, par exemple, la ville espagnole de Cordou comptait neuf cents bains publics, et soixante-dix bibliothèques dont les étagères portaient les meilleurs écrits du monde musulman. On y trouvait les meilleurs médecins, les restaurants les plus raffinés, et, paraît-il, les plus belles femmes. Le massacre à la bombe de Madrid a plus à voir avec ce fantasme qu'avec la présence, puis le retrait, des troupes espagnoles en Irak. C'est pourquoi, en mars 2004, les terroristes d'Al-Qaïda – après avoir été localisés par la sécurité espagnole dans un immeuble de la banlieue madrilène – se sont tout de même fait sauter en dépit de l'élection de Jose Zapatero au poste de Premier ministre.

Le plus proche parallèle que l'on puisse faire dans l'histoire de l'utilisation de la violence pour récupérer d'anciens territoires, est le rêve aryen des nazis qui voulaient reprendre les zones d'Europe ayant des racines germaniques. Selon la remarquable éditorialiste Janet Daley, « la mythologie allemande romantique et wagnérienne d'une expulsion des terres natales qui aurait conduit à une mission sacrée de renaissance teutonique a une résonance étrangement similaire aux récentes revendications des islamistes lorsqu'ils parlent de musulmans déplacés, et d'injustice. »

Tandis que Ben Laden était assis dans sa grotte dans les montagnes de Tora Bora sur la frontière séparant l'Afghanistan du Pakistan, il était motivé par le rêve de créer un immense califat qui s'étendrait de l'Asie au sud de l'Espagne, et même au-delà.

Selon le docteur Merari, « c'est en cela que cet homme est véritablement dangereux. Pour atteindre son but, il est prêt à tuer et massacrer dans des proportions telles que même les Mongols, fédérés par Gengis khan, les croisés, les nazis et les pogromistes russes n'en croiraient pas leurs yeux. »

Aujourd'hui, la CIA estime que plus de 100 millions de dollars ont été dépensés au cours de ces deux dernières années en recherches par satellite et en matériel électronique de pointe pour tenter de capturer Ben Laden.

Contrairement à Saddam Hussein, Ben Laden s'est juré de « mourir en martyr » plutôt que de se laisser prendre. Son corps est ceinturé de grenades, ce qui le place à un simple arrachage de goupille de l'éternité. La nuit, il dort sur un tapis cerné d'explosifs.

Les exécutants d'Al-Qaïda – les kamikazes qui meurent en mission – le font en sachant que le service des pensions de l'organisation prendra soin de leurs familles. Nul ne sait où et quand l'organisation tient ses réunions. Elle n'a aucun bureau. Elle calcule son « chiffre d'affaires » en comptant combien elle a fait de morts et détruit de bâtiments. Son « actif » – constitué des explosifs et de l'argent indispensables à son fonctionnement – est invisible même pour la plus indiscrète des caméras satellites.

La fortune personnelle de Ben Laden – estimée à 20 millions de livres sterling, sa part sur la société de construction familiale – a été bloquée en 2001. Mais il a su faire en sorte qu'Al-Qaïda dispose de tout l'argent dont elle a besoin grâce aux dons de princes d'Arabie Saoudite, de cheikhs du pétrole et de riches musulmans asiatiques.

Selon un analyste du Département d'État à Washington : « Ben Laden rassemble des groupes terroristes qui ont peu de choses en commun, si ce n'est leur haine de l'Occident. »

En 2003, sentant peut-être les mailles du filet se resserrer sur lui, Ben Laden nomma « vingt chefs régionaux » pour organiser les opérations d'Al-Qaïda. Il a été plusieurs fois rapporté que les financements leur arrivent par les valises diplomatiques d'États voyous tels que l'Iran ou, jusqu'à récemment, la Libye. En Grande-Bretagne, le MI-5 a passé des mois à essayer de trouver l'argent destiné à Al-Qaïda.

« Jusqu'à présent tous nos soupçons ont été confirmés mais nous n'avons aucune preuve tangible », m'a confié une source au MI-5.

Ben Laden se soucie peu de vivre ou mourir. Pour ses millions de partisans dans le monde musulman, il est un héros du peuple : le multimillionnaire saoudien qui nourrit les pauvres, fait danser leurs enfants devant lui et connaît mieux les versets du Coran que n'importe quel prédicateur islamique. Pour eux tous, il est un prophète vivant, venu pour nettoyer le monde de ce qu'il appelle « la décadence occidentale ». Avec ses pommettes hautes, son visage émacié et sa djellaba à broderies dorées, il est l'archétype du guerrier pour les hommes des tribus qui le cachent aujourd'hui. Sa barbe poivre et sel et son regard pénétrant en font l'image la plus reconnaissable de la terre. Mais son sourire est réservé à ses partisans, qui le voient comme un défenseur surpuissant, dont la vie personnelle est d'une austérité pratiquement inégalable. C'est également un homme qui ne craint pas de prendre personnellement part à la violence, puisqu'en Afghanistan, pendant la guerre, on l'a vu écraser des prisonniers russes aux commandes d'un tank pris à l'ennemi.

Ironie du sort, à cette époque, il était armé par la CIA, qui lui avait fourni tout un arsenal de Stingers. Lorsqu'il eut fini de contribuer à repousser l'occupant soviétique, il s'est retourné contre l'Amérique et « ses valeurs de hamburger et Coca-Cola ». Il se glorifie d'en être l'ennemi le plus recherché. Où qu'il se rende, il est toujours accompagné de ses gardes du corps : une cinquantaine de silhouettes barbues et taciturnes. Chacun d'entre eux a été trié sur le volet. Ils sont tous prêts à mourir pour lui. On ne sait que très peu de choses de sa vie privée : ses quatre épouses restent dans leur domicile de Jeddah et portent le tchador.

Lorsqu'il se lève, il se brosse les dents à la mode arabe, c'est-à-dire à l'aide d'un *miswak*, un bâtonnet de bois d'araq. Ensuite il prie pour avoir la force de terrasser ses ennemis. Comme un cancer, ces derniers le rongent de l'intérieur, lui dévorent l'esprit, et il arrive même qu'il en pleure. Ensuite, de véritables larmes coulent le long de ses joues, les pleurs d'un fanatique implacable dont la haine est d'une effroyable ferveur. Certes, ses ennemis sont beaucoup plus nombreux que lui, mais il continue à se montrer plus rusé que leurs énormes ressources électroniques et humaines – parce que les forces déployées contre lui n'arrivent pas à s'entendre sur la stratégie à adopter pour le capturer.

À Tel-Aviv, un analyste de haut niveau du Mossad m'a dit : « Le problème réside partiellement dans le fait que les Américains persistent à penser que la solution est d'envoyer toujours plus de satellites et d'avoir recours à des tonnes de matériel de surveillance électronique. Nous leur avons déjà dit que la meilleure solution était les renseignements humains. »

Rafi Eitan, qui fut le cerveau de la capture d'Adolf Eichman, expliqua clairement pourquoi il était si difficile de prendre Ben Laden : « Il faut être patient. Les satellites ne peuvent nous informer que sur ce qui se passe *maintenant* – et pas sur ce qui pourrait se produire à l'avenir. On ne peut savoir cela qu'en envoyant des hommes sur le terrain. Le Mossad doit ses plus grandes réussites à l'*humint* – le renseignement humain. »

Sachant depuis longtemps que les États-Unis disposent de moyens électroniques pour écouter les conversations, Ben Laden écrit ses ordres, très lisiblement, et les distribue à ses hommes de confiance. Ces derniers se rendent ensuite dans les pays frontaliers, d'où ils transmettent les directives de leur chef à un réseau mondial d'environ 2 500 terroristes. C'est ainsi qu'a été ordonnée la tuerie de Madrid.

En 2003, sur un site Internet islamiste, Ben Laden déclarait : « Nous ne voyons rien de criminel à essayer de nous procurer des armes nucléaires, chimiques ou biologiques. Notre Terre sainte est occupée par les Israéliens et les forces américaines. Nous avons le droit de défendre et libérer notre Terre sainte. »

Washington a doublé le montant de la récompense pour la capture de Ben Laden, qui s'élève donc aujourd'hui à 50 millions de dollars. Meir Amit, l'ancien directeur général du Mossad, a rappelé que cette tactique ne fonctionne pas souvent : « Un individu entièrement dévoué à un leader terroriste envisage rarement de le balancer pour de l'argent. Partiellement par crainte que la trahison soit découverte. Partiellement parce que le chef a soigneusement sélectionné ses hommes. Aucune promesse de récompense ne saurait les faire dénoncer Ben Laden. »

Cependant, à Tel-Aviv, un ancien *katsa* du Mossad, m'a expliqué que le fort attachement que porte Ben Laden à sa famille – ses quatre épouses, sept enfants et quarante petits enfants – était peut-être son talon d'Achille. « Nous savons où ils vivent et ce qu'ils font. Si l'une de ses femmes et certains de ses enfants étaient kidnappés, cela l'obséderait sûrement. Au minimum, on pourrait les utiliser comme otages pour l'empêcher de commettre de nouvelles horreurs. Et s'il continuait malgré tout, il faudrait qu'il s'attende à ce qu'on applique la loi du Talion. En d'autres termes, sa famille serait exécutée. »

Mais nul ne sait si Oussama Ben Laden ne balaierait pas cette menace d'un revers de la main avec la même indifférence que celle dont il fait preuve à l'égard de toute autre vie humaine.

Durant l'été 2004, le monde fut choqué par les images et les descriptions des abus que les gardes militaires faisaient subir aux prisonniers irakiens dans la prison d'Abou Ghraïb à Bagdad. L'une des images les plus difficiles à supporter montrait un prisonnier irakien nu et tenu en laisse par une femme soldat. Beaucoup conclurent qu'aussi affreuses soient-elles, ces images résultaient d'un sale mélange d'ennui, de sadisme et de la conception distordue qu'avaient les geôliers de la rigolade. Le Pentagone mit tout en œuvre pour que l'affaire s'arrête là. Mais il affirma que l'on prendrait les mesures nécessaires ; les coupables furent sévèrement punis.

Le commandant de la prison, la générale Janis Karpinski fut relevée de ses fonctions. Un rapport accablant, qui mit un terme définitif à sa carrière militaire, l'accusait de ne pas avoir été à la hauteur de ses responsabilités de commandement pendant ses fonctions de gouverneur de la prison.

Le 4 juillet, Karpinski contre-attaqua. Elle annonça publiquement que des agents du Mossad participaient aux interrogatoires d'Abou Ghraïb. Parlant couramment arabe, ils avaient libre accès à tous les prisonniers les plus importants.

Les conséquences politiques de la déposition de Karpinski dépassèrent de loin les murs de la prison. Les médias arabes l'utilisèrent pour enflammer un peu plus l'opinion musulmane. On entendit dire que des agents du Mossad étaient chargés d'interroger les détenus palestiniens en Irak. Israël nia formellement cette information. Or, il était impossible de prouver la véracité de ces accusations. Et on ne le pourrait peut-être jamais.

Mais bientôt, au mois de juillet, ce fut un autre événement majeur qui focalisa l'attention du monde entier. Saddam Hussein était présenté à la cour de Bagdad pour y répondre de crimes de guerre, dont l'accusation de génocide. On était bien loin de l'homme qu'on avait vu émerger de son trou creusé dans le sol. Sa vieille arrogance était de retour. Il refusa de reconnaître la cour. Il traita le juge du ministère public avec indifférence et parfois même avec mépris. On frissonnait au souvenir de ce que Saddam avait été : un despote, un tyran, ayant tenu entre ses mains le destin de son peuple. Il faudrait patienter encore un an, au moins, avant que son procès ne commence réellement. En attendant, en dehors des jours où il serait amené devant le tribunal, Saddam allait vivre chaque jour la même routine.

Chaque matin, à quatre heures et demie – l'heure que des millions d'Irakien terrorisés par Saddam Hussein appelaient « la véritable aurore » –, l'homme se réveille. Au loin, il entend l'appel à la prière des muezzins. Mais Saddam n'est pratiquant qu'en discours. Jamais il ne se prosterne vers La Mecque – bien qu'une flèche sur le mur de sa chambre en indique la direction. Une pièce contiguë lui sert de salon.

Le sol en est couvert d'un tapis provenant de son palais. C'est l'unique signe visible de son passé.

Pendant un moment, il cligne des yeux à la manière d'une chouette en regardant les lampes brillantes du plafond grillagé de la chambre. Au-dessus de la porte, hors d'atteinte, se trouve une caméra de sécurité qui filme en grand-angle les quatre mètres cinquante sur quatre mètres cinquante de la pièce. Il y a une chaise qu'il a recouverte de sa djellaba. Tout près, dans une salle de contrôle, un banc de moniteurs et d'ordinateurs enregistre ses moindres mouvements. Parfois, il demande en criant qu'on éteigne les lumières. On ne les éteint jamais.

Saddam est traité avec la même poigne que n'importe quel condamné à mort américain. S'il est officiellement sous l'autorité légale du nouveau gouvernement intérimaire irakien, en réalité, il est toujours prisonnier des États-Unis. Mais il a déjà remporté une bataille sur le front de la pilosité. Ses geôliers voulaient lui raser la barbe.

Selon Alice Baya, spécialiste de la vie du tyran, « Saddam est parvenu à les convaincre qu'il portait la barbe en signe de deuil pour ses deux fils. La tradition veut qu'on ne la rase pas pendant au moins un an. Yasser Arafat, un vieil ami de Saddam, porte une courte barbe en signe de deuil pour le peuple de Palestine. »

Cependant, chacun de ses gestes est observé, sauf lorsqu'il rencontre son équipe de défense avant de paraître devant la cour. Il sera surveillé jusqu'au jour de la sentence. Mais il se peut qu'il faille attendre au moins deux ans, peut-être plus. D'ailleurs, Saddam projette également de retarder l'affaire en faisant appeler des présidents et des premiers ministres à la barre des témoins. Les noms de George Bush, Tony Blair et Vladimir Poutine figurent sur la liste qu'il a remise au ministère public irakien.

En juillet 2004, six cents avocats avaient déjà offert de le défendre. C'était, pour eux, une occasion en or de montrer leurs talents. Vingt furent sélectionnés par sa famille. Aucun n'a été autorisé à lui rendre visite en captivité – et encore moins à entrer dans ses quartiers monacaux.

Son lit de fer est fixé au sol par des boulons. La literie est la même que dans toutes les prisons militaires américaines, loin des draps de soie, achetés chez Harrod's à Londres, dans lesquels il a dormi pendant des années. À l'époque, ses oreillers étaient garnis des meilleures plumes des plus rares oiseaux, tués par ses gardes dans les marécages du sud de l'Irak.

Les quartiers de Saddam sont installés dans une réserve. Il fut un temps où son cortège de serviteurs disposait de cuves entières d'huiles parfumées pour embaumer son bain. D'autres cuves servaient aux masseuses qui pétrissaient son corps. Désormais, ses articles de toilette se limitent à un savon par semaine, une éponge et un tube de dentifrice. Mais, en ce qui concerne son hygiène buccale, il est revenu aux jours de son enfance. Il se brosse les dents à la mode arabe avec un bâtonnet de *miswak*, un bois dur.

À l'intérieur d'une alcôve de sa salle de bain, se trouvent une cabine de douche et une cuvette de toilettes boulonnée au-dessus d'un trou similaire à ceux où, naguère, ses serviteurs s'accroupissaient. Un lavabo de métal et deux serviettes complètent cet équipement. Comme dans n'importe quel hôtel bas de gamme, les serviettes sont changées une fois par semaine. Le papier hygiénique est celui que l'on trouve communément sur le marché irakien.

Lorsque son petit déjeuner arrive – son régime de base est composé de yaourt, de toasts et de thé léger servi sur le même plateau ordinaire que celui sur lequel ses gardes prennent leurs repas –, ses gardiens le traitent avec respect. Ils l'appellent « président Saddam », seul titre auquel il répond. Pendant qu'il mange à l'aide de couverts en plastiques du style de ceux des compagnies aériennes, ils se tiennent devant la porte. Ils ne portent pas d'armes – une précaution, pour éviter le risque que Saddam s'en empare. Un officier supérieur des services de renseignement britanniques, qui se trouve aux premières loges pour parler des conditions de détention de Saddam, m'a raconté : « Les psychiatres ont établi que Saddam n'a aucune tendance suicidaire. Mais il peut être extrêmement irascible et injurieux. De même qu'il peut se montrer très belliqueux si ses exigences ne sont pas satisfaites. »

Entre autres requêtes, il a demandé des ouvrages de droit international. Ce qui porte de plus en plus à croire qu'à l'instar de Slobodan Milosevitch, il envisage de se défendre lui-même.

Selon l'agent britannique, « il est obnubilé par l'idée qu'il peut causer d'énormes torts au président Bush et à Tony Blair. Lorsqu'il parle d'eux, ses yeux s'humectent. Il les hait à un point effarant. »

Chaque jour se déroule selon la même procédure. Saddam prend son déjeuner à midi – de la cuisine arabe préparée par un Irakien spécialement recruté à cet effet par la Coalition.

Quelqu'un goûte tous ses plats avant qu'ils lui soient servis. L'eau qu'il boit vient de bouteilles fermées hermétiquement – provenant du stock que les États-Unis envoient à leurs troupes.

Deux fois par jour, après le déjeuner et en fin d'après-midi, on conduit Saddam dans une cour pour qu'il y fasse de l'exercice. Il porte généralement un tee-shirt et un short de l'armée – très différents des tenues de sport sur mesure qu'il se faisait confectionner dans le meilleur coton égyptien. Celles-ci ont été achetées par caisses entières dans un magasin new-yorkais. Dans un coin de la cour, se trouve un robinet d'eau. La première chose qu'il fait est d'aller l'ouvrir. Les clapotis lui ont toujours rappelé que dans un pays naturellement asséché, il parvenait toujours à avoir le contrôle de l'eau. On trouvait dans ses palais de magnifiques cascades artificielles et on entendait toujours couler l'eau dans son bureau. Quand le temps imparti pour sa gymnastique est écoulé, on ferme le robinet.

Quand le ciel devient couleur d'ébène, Saddam se prépare pour la nuit. Son dîner est composé de fruits – les dattes et les olives sont indispensables – et d'une soupe, au poulet et au riz, par exemple. Sa barbe hirsute poivre et sel est taillée chaque mois, soulignant ainsi, son regard perçant et pénétrant. Après le souper, il retourne à ses livres juridiques, essayant d'élaborer une défense pour des agissements que le reste du monde trouve indéfendables. Mais, il aura au moins la chance de plaider sa cause – contrairement à ceux qu'il a assassinés.

Comme ses prédécesseurs, Meir Dagan avait fini par accepter que les opérations des services secrets ne réussissent qu'occasionnellement et que les meilleurs résultats de l'agence soient toujours ignorés du grand public. En plus de cela, il y avait la corvée quotidienne qui consistait à aller porter de mauvaises nouvelles aux supérieurs politiques du Mossad.

Le volume des rapports des services secrets était tellement phénoménal que les politiciens avaient de moins en moins le temps de digérer leur contenu. Dagan persistait à ne laisser qu'une poignée de personnes avoir accès à toutes les informations – généralement, des membres éminents du cabinet de Sharon. Le Mossad n'était pas le seul à agir de la sorte, la CIA, la BND allemande, et même les deux services que Dagan admiraient le plus, le MI-5 et le MI-6, faisaient très attention à ce qui franchissait leurs portes. Trop souvent, les médias et leur curiosité avaient fait en sorte qu'aucune opération importante et aucun fait de taille ne restent complètement secrets très longtemps.

Dagan continuait de résister à l'habitude qu'avaient les autres agences d'employer trop de spécialistes, appelés pour faire fonctionner les satellites et autres outils technologiques de renseignement. Il croyait encore que la technologie seule ne pouvait pas démêler les plans secrets. Il tenait à montrer qu'en cette première décennie du XXIe siècle, au Mossad, le nombre de bons espions était inversement proportionnel à la quantité de matériel.

Pour lui, les espions de l'Institut avaient plus d'importance que n'importe quel appareil technologique. Il savourait l'idée que le Mossad soit encore une organisation mystérieuse, où un petit nombre d'individus extraordinaires, armés d'un énorme courage, parvenaient à des résultats extraordinaires. Comme les hommes et les femmes qui étaient sous ses ordres, il trouvait cela rassurant et réconfortant à l'heure où il fallait s'adapter à un monde qui vivait une métamorphose aussi rapide qu'alarmante.

Durant la dernière semaine d'octobre 2004, Yasser Arafat, le leader palestinien qui avait publiquement pris parti pour Saddam Hussein et s'était ainsi attiré les foudres d'Israël, s'assit pour dîner, cloîtré dans sa propriété de la rive ouest de Ramallah. Cela faisait trois ans qu'il était confiné, par ordre du Premier ministre israélien, Ariel Sharon, dans ces bâtiments marqués par les tirs. On avait décidé de l'isoler dans l'espoir qu'il fasse cesser les attentats kamikazes et la terreur qu'ils faisaient régner dans tout Israël. Sharon avait le sentiment que les promesses d'Arafat de mettre fin aux morts et aux mutilations n'étaient que de belles paroles.

Même cerné par les chars israéliens, et ses moindres paroles étant écoutées par les experts en surveillance du Mossad, Arafat pouvait encore avoir beaucoup d'influence sur la paix au Moyen-Orient. Des chefs d'États internationaux, tel que Jacques Chirac, continuaient à lui téléphoner. Parmi les millions de radicaux du monde arabe, le nombre de ses partisans restait constant. Sharon avait une nouvelle fois déclaré publiquement que tant qu'Arafat serait au pouvoir, une paix durable serait impossible.

Sa vie n'était qu'un témoignage de son total échec à devenir président d'un État palestinien. Il avait vu un fort taux de chômage démoraliser son peuple parce qu'il s'était avéré incapable de faire des compromis, particulièrement en ce qui concernait le « droit au retour » des réfugiés palestiniens, une concession qui aurait sonné le glas de l'État israélien. Son intransigeance n'avait d'égale que sa manière autocratique de gouverner, confirmée par de plus en plus d'hypocrisie et de corruption.

Devenu physiquement plus mince et frêle qu'au moment de son entrée triomphale sur la scène mondiale, lorsque, trente ans plus tôt, il s'était présenté aux Nations unies comme le leader du peuple palestinien, Yasser Arafat était maintenant dans sa soixante-dix-septième année. Et, pour les Israéliens, il n'était toujours rien de plus qu'un parrain du terrorisme obsédé par l'idée d'anéantir leur État. Pour les administrations américaines précédentes, il fut un prix Nobel de la paix et le seul Palestinien avec qui il était possible de commercer. Pour la Maison blanche de Bush, il était un paria.

Mais il comprit que bientôt, avec le retour de George W. Bush pour un nouveau mandat de quatre ans, Israël risquait, cette fois, de se décider à le supprimer. Cela faisait vingt ans qu'il répétait à Ashraf al-Kurdi, son médecin : « Ils vont faire quelque chose. »

« *Ils*, c'était le Mossad ; et *quelque chose*, c'était le tuer », m'expliqua le docteur al-Kurdi.

Le 26 octobre, Arafat s'assit pour le dîner. Il commença par une soupe à base de crème, une recette qu'il affirmait tenir de sa mère. Ensuite, on servit un filet de Saint-Pierre, pêché dans le lac de Tibériade, un poisson devant son nom à la prise qu'aurait faite l'apôtre Pierre avant d'être converti par Jésus. Toutes les arêtes avaient été soigneusement ôtées avant le service. Ensuite il mangea du poulet rôti, du houmous, du pain, des tomates et une salade verte. Les plats étaient disposés sur la longue table de la salle de travail d'Arafat. Il y avait également une boisson sans alcool. Arafat tenait à ce qu'elle soit préparée à base de potions et d'herbes homéopathiques.

Selon al-Kurdi, s'exprimant sur la chaîne al-Jazira, « il les choisissait lui-même en secret. L'odeur de cette boisson était pestilentielle. Les gens se sentaient mal rien qu'en la respirant. Mais Arafat l'avalait comme si c'était du champagne. »

Le breuvage était fait à base d'ingrédients homéopathiques que l'on ne trouvait pas dans les souks de Ramallah. Mais on pouvait se les procurer dans les luxueuses boutiques de médecines douces de Tel-Aviv. Quelques heures plus tard, Arafat se plaignit de violentes douleurs à l'estomac. Le docteur al-Kurdi diagnostiqua une grippe intestinale. Cependant, lorsqu'il constata que les médicaments prescrits étaient sans effet, il pensa à un problème de sang, « peut-être une des nombreuses formes de la leucémie ». Mais, là encore, les symptômes ne confirmaient pas cette thèse. Quelques heures plus tard, d'autres experts médicaux étaient en route vers Ramallah. Hosni Mubarak, le président égyptien, envoya son équipe médicale personnelle, dont un cancérologue. Le roi Abdullah de Jordanie lui envoya, lui aussi, le meilleur docteur d'Amman. Les deux équipes préconisèrent qu'Arafat, de plus en plus souffrant, et dont les symptômes ne conduisaient à aucun diagnostic absolu, soit envoyé en Europe. On contacta le président Jacques Chirac. Ce dernier s'engagea à ce que les spécialistes les plus renommés se rendent disponibles pour soigner Arafat à l'hôpital militaire de Percy, à côté de Paris.

Le 29 octobre, toujours conscient, Arafat fut héliporté hors de sa propriété fermée de Ramallah. Mais, à ce moment-là, le monde arabe s'interrogeait déjà. Les chimistes du Mossad avaient-ils déjà obtenu un échantillon de la concoction homéopathique d'Arafat ? Meir Dagan avait-il fait ce que ses prédécesseurs s'étaient toujours retenus de faire –

à cause de la crainte justifiée d'une escalade des attentats kamikazes – et lancé une audacieuse opération pour assassiner Yasser Arafat ?

Alors que l'avion d'Arafat était encore en train de voler vers Paris, les pronostics du docteur al-Kurdi vinrent renforcer les rumeurs qui circulaient dans les souks. Il déclara qu'il y avait « de fortes chances qu'il s'agisse d'un empoisonnement ». Les autres médecins arabes qui avaient vu Arafat firent également d'obscures allusions au fait qu'ils n'excluaient pas cette éventualité. À Paris, la femme d'Arafat, Suha, fit redoubler le mystère en annonçant qu'elle seule révélerait les détails concernant l'état de santé de son époux – mais pas avant d'avoir reçu « des garanties concernant [sa] situation personnelle » par rapport aux 2 milliards de dollars du fonds pour l'Autorité palestinienne dont, après enquête, le FMI avait déclaré la disparition en 2003. Plus tard, un marché fut conclu et l'Autorité palestinienne s'engagea à lui verser 2 millions de dollars par an jusqu'à la fin de ses jours « en reconnaissance de son importance pour le mouvement palestinien et pour la vie de son époux ». En fait, elle n'avait pas vu Arafat depuis quatre ans avant de quitter sa luxueuse chambre de l'hôtel *Bristol* pour se rendre à son chevet à l'hôpital de Percy. Arafat lui a également légué une somptueuse villa rue du Faubourg-Saint-Honoré.

Pendant qu'on concluait ce marché, le mystère sur l'état de santé d'Arafat s'épaississait. On entendit, sans distinction, qu'il souffrait d'un problème de foie, d'un problème de reins, qu'il était cliniquement mort, qu'il était semi-conscient ou inconscient. Ses médecins français refusaient de donner les résultats des scanners, des biopsies ou des analyses de sang, qui en auraient trop dit sur l'état de ses organes vitaux. Les informations qui transpirèrent de l'hôpital vinrent des aides palestiniens d'Arafat. Mis à part son médecin personnel, ils n'étaient pas qualifiés pour cela et aucun d'entre eux n'avait accès au patient de longue date de Kurdi. Le 4 novembre, les aides d'Arafat annoncèrent qu'il était maintenu en vie artificiellement. Puis, le porte-parole de l'hôpital annonça tout à coup que les « tests de recherche de substances » n'avaient révélé aucune trace de poison. Il refusa de spécifier la nature des substances recherchées.

Dans le monde arabe, les spéculations allaient bon train et la colère grondait. Quelque part, au milieu des sous-entendus et des demies vérités, certains faits inexplicables flottaient en surface. Le Mossad avait déjà utilisé un agent chimique mortel pour éliminer Maxwell, le magnat de la presse, lorsqu'il avait menacé de dévoiler certaines des activités de l'Institut dans ses journaux, à moins qu'on l'aide à écoper ses graves problèmes financiers. Le docteur Ian West, le médecin légiste du Home office qui fit l'autopsie de Maxwell, nota dans son rapport (dont je possède une copie) : « On ne peut pas écarter l'hypothèse qu'un meurtre soit à l'origine du décès. »

Le Mossad avait utilisé des drogues pour essayer d'assassiner le chef du Hamas dans les rues d'Amman, en Jordanie (voir le chapitre « Les vengeurs »). Depuis le début du millénaire, on attribuait aux agents du Mossad l'empoisonnement d'une douzaine de terroristes, utilisant chaque fois des drogues mortelles, dont quelques-unes sont indécelables. Certaines étaient conçues pour agir lentement. D'autres faisaient effet rapidement de sorte qu'il était trop tard à l'arrivée des médecins – et que le produit n'était plus détectable dans le corps de la victime. Toutes ces armes avaient été créées à L'Institut de recherches biologiques d'Israël (voir le chapitre « Bavuregate »).

Alors que l'état de santé d'Arafat continuait de se détériorer, ses aides prétendaient qu'il avait eu une hémorragie cérébrale. Était-ce la vérité ? Le porte-parole de l'hôpital ne répondit pas à cette question.

Yasser Arafat mourut à l'aube du jeudi 12 novembre. Le porte-parole de l'hôpital déclara aux reporters que l'on ne donnerait aucun détail sur les causes du décès. Il n'y aurait pas d'autopsie. Et c'est ainsi, dans une atmosphère de secret, que mourut la bête noire du Mossad. On le ramena chez lui et il fut enterré à Ramallah le jour suivant dans un cercueil de béton fabriqué à la hâte quelques jours plus tôt. Selon le docteur al-Kurdi, ce cercueil inhabituel avait deux raisons d'être. D'une part, le corps d'Arafat serait suffisamment bien conservé pour pratiquer une autopsie et, d'autre part, on pourrait, un jour, l'enterrer dans l'une des mosquées les plus sacrées du monde musulman – celle de Jérusalem.

On dit que Meir Dagan sourit en apprenant cela. Il avait quelque chose de plus important en tête. La veille, plusieurs heures après la mort d'Arafat, on avait arrêté Mordechai Vanunu à l'église Saint-George de Jérusalem. Il était une nouvelle fois accusé d'avoir révélé des informations classées sur Israël. Trois mois plus tôt, Vanunu avait annoncé qu'il allait abandonner sa citoyenneté israélienne pour devenir palestinien. Il avait ajouté que son plus grand souhait était d'être reçu par Yasser Arafat. La naïveté de cette balance n'avait en rien été altérée par son long séjour en prison, ni par les quelques mois qu'il venait de passer en liberté. Il est certain que si les deux hommes avaient vraiment pu se rencontrer, Arafat n'aurait pas manqué d'exploiter l'occasion. C'était un maître de la manipulation. Finalement, il mourut comme il avait vécu : quelque part entre confusion, intrigue et farce. S'il a été empoisonné, personne n'en aura jamais la confirmation. Si ce n'est pas le cas, son legs à l'histoire entretiendra l'idée qu'il l'a été.

Pendant des années, Arafat avait opéré selon la théorie politique du chaos ; tant que les Palestiniens restaient un problème infectieux pour Israël, il attisait le feu, non seulement chez ses partisans mais également dans tout le monde musulman. Lors de son fameux discours à l'assemblée générale des Nations unies qui avait marqué son arrivée en tant qu'icône révolutionnaire, le plaçant ainsi aux côtés de Che Guevara et Fidel Castro, Arafat avait proclamé : « Je suis venu en portant une branche d'olivier et l'arme d'un défenseur de la liberté. Ne laissez pas la branche d'olivier tomber de ma main. Je répète, ne laissez pas la branche d'olivier tomber de ma main. »

Le jour du décès du leader palestinien, lors d'une réunion consacrée aux retombées de l'événement, Meir Dagan déclara à ses plus proches collaborateurs que ce qui était tragique au sujet de cette mort était qu'elle ne soit pas survenue plus tôt parce qu'Arafat n'avait jamais réussi à lâcher son arme.

XXI

Un bilan provisoire

Un récit consacré à des services secrets reflète forcément le subconscient d'une nation, l'histoire de la patrie qu'ils servent. La connaissance est la première ligne de défense de tout pays. Nulle part cette vérité n'est mieux confirmée que dans la relation qui unit l'État Israël au Mossad.

Cet ouvrage est une mise à jour de celui que j'aie publié en 1999. À l'époque, Meir Amit, ancien directeur du Mossad, eut la générosité de dire que ce livre décrivait l'Institut « tel qu'il était – et tel qu'il est ». Si d'autres critiques l'ont loué en des termes similaires, la vérité est qu'aucun livre sur les services secrets ne saurait prétendre révéler l'histoire complète de leurs activités. Le lecteur sera juge de la mesure dans laquelle j'ai pu m'approcher de la vérité ; aucun écrivain non-israélien, en admettant qu'il ait pu avoir accès à de telles informations, n'a jamais été autorisé à écrire sur ce qu'il savait. On comprendra que le Mossad garde jalousement ses secrets et choisisse soigneusement ceux avec qui il partage certains d'entre eux. J'en ai appris bien plus que je n'aurais jamais osé l'espérer pendant les deux ans et demi que j'ai passés à travailler *avec*, et non *pour*, le Mossad, à enquêter, écrire, raconter et produire le seul film jamais réalisé sur le sujet. Intitulé *The Spying Machine*, le film a été diffusé en Grande-Bretagne sur Channel 4 et dans plusieurs autres pays. Lui aussi a reçu un excellent accueil.

Les agents de terrain, les analystes, les directeurs divisionnaires et les chefs du Mossad ont tous apporté leurs points de vue sur le fonctionnement du Mossad, son processus décisionnel et ses relations avec les autres services de renseignement. Presque chaque fois que j'ai écouté ou enregistré leurs témoignages, j'ai été surpris : par l'honnêteté des personnes interviewées, leur capacité à se rappeler les moindres détails et la bonne volonté dont elles ont fait preuve pour me montrer des rapports ou documents, dont de nombreuses pièces inédites. Ils m'ont permis d'écrire des histoires bien documentées sur le Mossad pour divers journaux et magazines renommés.

Certains de ces articles n'étaient guère flatteurs pour le Mossad. Mais pas une fois, je n'ai eu de réclamations. Rafi Eitan, ancien directeur des opérations du service – et une source majeure pour ce livre – m'a même dit après avoir lu l'un d'entre eux : « Au moins, vous ne voyez pas tout en rose. »

Depuis la publication de l'édition originale, j'ai continué à recevoir de nouvelles informations sur le Mossad. Certaines m'arrivaient sous la forme de fuites. J'ai appris, depuis longtemps, que le Mossad, comme tous les services secrets, aime bien faire connaître son point de vue sur les événements. Pendant tout le temps durant lequel j'ai eu affaire avec ses employés, il n'est jamais arrivé qu'une fuite soit à l'origine d'une fausse piste. Néanmoins, la règle d'or du travail d'investigation que j'effectue est d'autant plus valable ici : tout vérifier et revérifier. Je n'ai pas souvenir qu'une seule de mes sources m'ait jamais menti.

Depuis la rédaction de cet ouvrage, le Mossad, à l'instar de tous les autres services de renseignement, a été confronté à de nouveaux défis. La guerre froide étant terminée, la confrontation des superpuissances a disparu, et le nouvel ordre mondial a changé le rôle des espions. Comme la CIA, le MI-6 et tous les grands services secrets, le Mossad a dû lutter contre le trafic de drogue et le terrorisme à une échelle inimaginable jusqu'alors – sans oublier l'espionnage économique. En même temps, le Mossad tenait à conserver sa position, celle d'un service qui insiste sur le rôle primordial des espions humains, en complément des satellites et autre matériel dernier cri, pour faire face à la menace instaurée par Oussama Ben Laden.

La diversité des menaces envers Israël, et le reste du monde, a conduit le Mossad à agir de façon plus meurtrière. Les innombrables informations qui ont alimenté cette édition reflètent l'implacabilité, souvent imperturbable, de ses méthodes. Le Mossad est le seul service de renseignement à disposer encore officiellement d'une unité d'assassinat : son escadron de *kidons* continue de tuer.

« Nous combattons le mal par le mal », a rappelé Meir Dagan, le dernier en date des chefs du Mossad à son personnel. Mais alors que, par le passé, l'organisation refusait de parler des exécutions, aujourd'hui, elle laisse tous les détails émerger, en espérant que ces informations décourageront ses ennemis. Il n'existe aucune preuve tangible que ce principe fonctionne.

Tandis que, de nos jours, la plupart des gens ont une bonne idée, même limitée, du fonctionnement de l'espionnage et comprennent des termes tels que « agent double », « *safe house* » et « gadget », ils n'ont ni conscience de son ampleur, ni de son coût pour l'économie. C'est partiellement pour apporter un point de vue informé sur la façon dont le Mossad utilise, et exploite, toujours, le vieux dicton qui affirme que « les renseignements sont le pouvoir » que j'ai souhaité faire une mise à jour de cet ouvrage. La dissolution du pacte de Varsovie, la guerre d'Irak de 2003 et l'émergence d'Al-Qaïda, nouveau parrain du terrorisme, n'ont fait qu'augmenter l'indispensabilité des services secrets.

L'espionnage a toujours agi sur l'imaginaire et la curiosité du public. C'est cet appétit que j'ai cherché à satisfaire.

La grande vérité du moment est que, pour que la guerre mondiale contre le terrorisme du président Bush – lancée avec tant d'optimisme après les attentats du 11 septembre 2001 contre les tours jumelles et le Pentagone – tous les services secrets devraient observer attentivement la façon de travailler du Mossad. Certes, l'Institut peut être impitoyable envers ses ennemis. D'ailleurs, lorsqu'une mission échoue, il traite souvent ses propres membres avec une dureté qu'aucune autre agence – à l'exception des services secrets chinois – n'irait même envisager. Mais le Mossad s'enorgueillit, à juste titre, d'être considéré comme l'un des meilleurs, sinon le meilleur. Cet ouvrage n'est pas un hommage au Mossad, mais j'espère qu'ainsi comme l'observa Meir Dagan peu après son investiture, ce livre continuera de « dire les choses comme elles étaient – et comme elles le sont encore. »

Notes sur les sources

Je me suis entretenu avec des membres suffisamment haut placés des services secrets israéliens pour que ce livre fasse autorité sur le sujet. Comme pour tous mes précédents ouvrages, j'ai abordé ce thème les mains vides, et j'ai traité les informations fournies par les gens du Mossad comme un auteur s'intéressant à un service de renseignement doit toujours le faire : en les vérifiant et en les revérifiant.

J'ai enregistré quelque quatre-vingts heures d'entretiens, en particulier avec des personnes directement ou indirectement liées au Mossad. Par ailleurs, j'ai pu recueillir les témoignages de plusieurs cibles que le Mossad a essayé d'éliminer. Parmi elles, Leila Khaled, devenue célèbre au début de la vague de détournements aériens lancée par l'OLP dans les années 1970, et Abou Abbas, l'organisateur du piratage du paquebot *Achille Lauro*, au cours duquel un passager juif américain, infirme, trouva la mort après avoir été précipité par-dessus bord. Je les ai rencontrés tous deux en mai 1996 à Gaza, quand ils ont reçu l'autorisation de se rendre en Israël dans le cadre du rapprochement avec l'OLP. Je me suis également entretenu avec Yasser Arafat, qui a longtemps figuré en tête de la liste noire du Mossad.

J'ai été initié à l'art d'enquêter sur les services secrets en 1960, à l'occasion de ma collaboration avec Chapman Pincher, qui était alors le plus grand spécialiste britannique en la matière. Nous étions tous deux employés à Londres par le *Daily Express*. Certains de nos articles – en particulier sur les affaires Burgess et Maclean, si lourdes de conséquences pour le renseignement britannique – ont contribué à modifier la façon de rendre compte de ce genre de questions qui prévalait jusque-là. Je me suis efforcé de maintenir la même objectivité dans tous mes livres ultérieurs, comme *Le Voyage des damnés* ou *Dans les couloirs du Vatican.*

Je me suis intéressé de près aux batailles de l'ombre menées contre l'Iran, l'Irak, la Syrie et l'Afghanistan, des régions où le Mossad demeure très actif. J'ai beaucoup écrit sur les relations du service avec le Vatican. Mes contacts au Saint-Siège m'ont d'ailleurs permis de réunir de nouveaux témoignages en vue du présent livre.

En 1989, je me trouvais en Chine à l'apogée du soulèvement étudiant. Là encore, j'ai assisté aux nébuleuses machinations des services de renseignement, et j'ai distinctement reconnu la patte du Mossad, qui craignait que les exportations d'armes chinoises à destination de l'Iran et de l'Irak ne finissent par mettre en péril la sécurité d'Israël. Ensuite, j'ai enquêté sur le rôle du service israélien après l'effondrement du communisme et pendant la guerre du Golfe.

En août 1994, Zvi Spielmann m'a téléphoné. Spielmann est une figure de légende en Israël, il s'est distingué par sa bravoure au combat lors de la guerre d'Indépendance. Depuis, il a créé une société de production cinématographique, l'United Film Studios, à l'origine d'un grand nombre de films, dont certains en association avec Hollywood. Spielmann m'a demandé si j'étais prêt à écrire et à présenter un documentaire sur le Mossad, m'assurant que j'aurai les coudées franches.

Je me suis alors aperçu qu'hormis les ouvrages de Victor Ostrosvky et d'Ari Ben Menashe, très peu d'informations concrètes circulaient sur le Mossad. Cette pénurie offrait un contraste frappant avec la notoriété de la CIA – une organisation à laquelle ont été consacrés au bas mot 200 livres. De son côté, l'Intelligence Service britannique a donné naissance à une petite cinquantaine de titres, et des chiffres équivalents ont été dédiés au KGB et aux services secrets allemands ou français. En me penchant sur leur contenu, j'ai relevé un certain nombre de brèches béantes dans l'histoire générale des guerres secrètes livrées par tous ces services. Il m'est alors apparu clairement qu'une recherche approfondie sur le Mossad pourrait en colmater une partie non négligeable.

Lors de mes voyages en Israël, entre autres pour le compte de Channel 4, la chaîne de télévision britannique, mes interviews se sont déroulées comme la plupart des entretiens délicats. Dans un premier temps, le cadre temporel des récits de mes interlocuteurs est resté circonscrit à une époque mal définie, située quelque part entre l'histoire récente et les souvenirs à demi effacés. Mais progressivement, tandis que nous apprenions à mieux nous connaître et que leurs anecdotes se rapprochaient du présent, mes sources sont devenues plus explicites, plus à même de se rappeler le détail des événements, et de me dire avec précision qui avait dit ou fait quoi, quand, et où.

Il m'est apparu clairement que même ceux qui avaient participé à la fondation du Mossad conservaient des souvenirs très nets d'une période qui faisait définitivement partie de l'histoire de leur vie – une histoire qui n'avait encore jamais été contée de leur point de vue. Plus intéressant encore, tous reliaient ces épisodes lointains aux événements les plus récents. Par exemple, après avoir décrit le rôle du Mossad dans la chute du Shah d'Iran, tel interlocuteur expliquait qu'il y voyait aussi la source de l'actuel fléau fondamentaliste. Et lorsqu'il évoquait les anciens rapports du Mossad avec l'Afrique du Sud, tel autre n'avait aucun mal à les rapporter à la situation actuelle de ce pays. Plus d'une fois, mes sources m'ont permis de comprendre à quel point le passé d'Israël faisait encore partie intégrante de son présent, et à quel point le Mossad constituait un pont au-dessus de l'abîme censé séparer l'autrefois du maintenant.

Elles m'ont aussi montré que certaines légendes qui collent à la peau du Mossad sont bien pâles par rapport à la réalité des faits. Je revois encore Rafi Eitan me confier en riant :

« Presque tout ce qui a été écrit sur le rapt d'Eichmann est de la pure foutaise. Je suis bien placé pour vous le dire : c'est moi qui l'ai enlevé. »

En un sens, Eitan et les autres ont fait passer des pans entiers de la mythologie moderne dans le domaine de la réalité. Ils attendaient de moi que j'en fasse autant.

À force d'écouter Eitan, ses exploits ont fini par me paraître presque aussi inépuisables que son énergie. Ce visionnaire qui a livré une formidable guerre secrète ne demande plus qu'à vivre assez longtemps pour voir le jour où Israël connaîtra enfin la paix.

J'ai vite compris que mes interlocuteurs se rangeaient dans des camps distincts et manifestement inconciliables, les partisans d'Isser Harel et ceux de Meir Amit. Les uns ont pour les autres un mépris que le passage des ans n'a, semble-t-il, rien fait pour atténuer. Ce clivage m'a posé un problème supplémentaire : remettre constamment en perspective les informations qu'ils me fournissaient.

Autre difficulté : certains de mes interlocuteurs courent aujourd'hui contre la montre. Meir Amit, par exemple, a atteint le crépuscule de sa vie. C'est tout à son honneur d'avoir si volontiers accepté de subir de longs entretiens et mes rafales de questions. Il m'a accordé sa dernière interview peu après son retour du Viêt-nam, où il s'était rendu pour apprendre, de la bouche des Viêt-congs, comment ils s'y étaient pris pour mystifier si souvent les services de renseignement américains.

Uri Saguy m'a accordé un des entretiens les plus enrichissants. Assis dans le bureau de Zvi Spielmann, il m'a parlé ouvertement – et avec une naïveté touchante – de thèmes aussi divers que le besoin pour Israël d'arriver à un accord avec la Syrie et le mal qu'il a eu à « tenir la bride » au Mossad du temps où lui-même était le chef suprême des services secrets israéliens.

David Kimche, quant à lui, a rarement baissé sa garde, exigeant notamment de lire toutes mes questions avant notre rencontre. Néanmoins, ses explications ont éclairé d'un jour neuf les aspects cruciaux de son attitude face aux gens et aux événements. Je garderai de lui le souvenir d'un homme capable de saper avec une élégance rare la crédibilité de tous ceux qui ne correspondaient pas à sa propre échelle de valeurs, tout en nourrissant nonchalamment son chien.

Yaakov Cohen m'a ouvert sa maison – ainsi que son cœur et son âme. Pendant les longues heures que nous avons passées à dialoguer dans le kibboutz où il habite désormais, il a eu l'occasion de revivre une bonne partie de ce qu'il avait pu dire et ressentir à l'époque. À titre d'exemple, lui seul a été capable de me décrire la peur et le remords qui l'ont assailli la première fois qu'il a tué un homme – une réaction en parfait contraste avec l'indifférence de Rafi Eitan face au meurtre.

Yoel Ben Porat s'est méfié de moi comme de la peste, s'en tenant strictement aux faits et refusant d'envisager la moindre conjecture. Son témoignage m'a toutefois permis de combler des brèches historiques importantes. Quant à Reuven Merhav, il m'a prodigué une mine d'informations sur la position du Mossad sous un angle politique.

De tous les journalistes israéliens avec qui je me suis entretenu, deux méritent sans doute une mention particulière. D'abord Alex Doron, qui a accepté de critiquer les services secrets de son pays d'une façon à la fois candide et rafraîchissante. Son soutien m'a été précieux. Et aussi Ran Edelist, engagé par Channel 4 pour collaborer au documentaire télévisé que je devais présenter, et qui a plus d'une fois fait les cent pas dans un bureau de la société de production de Zvi Spielmann en nous répétant qu'il ne serait pas « approprié » de donner « tous les détails » de certains dossiers. Pour être franc, Ran m'a quelquefois paru plus soucieux de ce qui ne devait pas apparaître dans le documentaire que de ce qui devait y figurer. Lors d'interviews que nous conduisions ensemble, il lui est souvent arrivé d'interrompre notre source pour l'inciter à « rester prudente ». Dieu merci, rares sont nos interlocuteurs qui ont suivi ses conseils ! De mon côté, j'ai généralement eu affaire à des agents secrets capables de montrer une grande franchise dès qu'ils avaient la certitude de n'être pas nommément cités.

Les espions m'ont invité chez eux. J'ai rencontré leurs proches, appris deux ou trois choses de leur vie privée – un excellent moyen de rappeler qu'ils n'évoluent pas que dans leur dimension marginale. Je ne suis pas près d'oublier la façon dont s'est achevée mon interview avec un ancien *katsa* qui venait de me décrire un meurtre commis par lui. Tout à coup, il a jeté un regard circulaire sur le confortable salon où nous nous trouvions, avec vue sur un paysage biblique, et a exhalé un profond soupir avant de lâcher : « Ce monde n'est pas le nôtre. »

Ses mots sont restés gravés dans ma mémoire. Je crois qu'il a voulu me faire comprendre qu'au-delà des rythmes et apparences ordinaires de son existence actuelle, les ombres et la menace auxquelles l'avait acclimaté son ancien métier le tenaillaient encore. J'ai perçu le même type de sentiment chez plusieurs de mes autres interlocuteurs.

De quoi calmer les imaginations en rappelant au monde que le milieu du renseignement est trop souvent entraperçu « dans un miroir et de manière obscure », comme saint Paul devinait les cieux.

Sources

Personnes directement interviewées

Meir Amit
Haim Cohen
Nadia Cohen
Yaakov Cohen
William Casey
William Colby
Rafael Eitan
Zvi Friedman
Isser Harel
Emery Kabongo
Edward Kimbel
David Kimche
Otto Kormak
Henry McConnachie
Ariel Merari
Reuven Merhav
Danny Nagier
Yoel Ben Porat
Uri Saguy
Simon Wiesenthal

Journaux et magazines

Daily Express, Londres
Daily Mail, Londres
Daily Telegraph, Londres
Sunday Times, Londres
New York Times
Los Angeles Times
Jerusalem Post

Organismes

Archives du Palmach, Israël
Bureau des archives publiques, Londres
Archives nationales, Washington
Bibliothèque publique de New York
Bibliothèque de l'Association de la presse, Londres
Bibliothèque du Trinity College, Dublin
Archives secrètes, État de la Cité du Vatican
Archives de Glilot, Israël.

Les directeurs généraux du Mossad

1951-1952	Reuven Shiloah
1952-1963	Isser Harel
1963-1968	Meir Amit
1968-1974	Zvi Zamir
1974-1982	Yitzhak Hofi
1982-1990	Nahum Admoni
1990-1996	Shabtai Shavit
1996-1998	Danny Yatom
1998	Efraim Halevy

Glossaire

Agent dormant ....Agent à ne solliciter qu'en cas de nécessité absolue

AFR ....*Automatic Fingerprint Recognition,* reconnaissance automatique des empreintes digitales

AL ....Unité spéciale israélienne opérant clandestinement aux États-Unis

Aman ....Service israélien de renseignements militaires

ANC ....Congrès national africain

APM ....Avtahat Peylut Medinit, division de sécurité intérieure du Mossad

Approche froide ....Approche visant à recruter un informateur étranger

AWAC.............................*Airborne Warning And Control (System),* avion américain de surveillance électronique

Babbler ....Brouilleur d'écoutes

Base.................................Antenne permanente dans un pays étranger

Bat leveyha ....Agent auxiliaire de sexe féminin

Bioleverge ....Euphémisme pour « chantage »

Blow-back ....Fausses informations répandues dans la presse

BND ....Bundes Nachrichten Dienst, service de renseignement de la RFA

Bodel ....Messager, courrier

Boîte à musique............Émetteur radio

Bug ....Micro ou appareil d'enregistrement clandestin

Butin .... Renseignements recueillis lors d'une mission
CAT .... *Computer-Aided Tomography*, tomographie assistée par ordinateur
CIA .... Central Intelligence Agency
Cible .... Mission de renseignements
CIO .... Central Imagery Office, bureau central de l'imagerie
Comint .... Communications Intelligence, renseignement par les communicateurs
Couverture légère .... Couverture diplomatique d'un *katsa*
Cultiver .... Établir des liens avec une source d'information
Daylight .... « Lumière du jour », forme d'alerte maximale
Dardasim .... Agents opérant en Chine
DEA .... Drug Enforcement Administration, police antidrogue américaine
DCI .... Directeur de la CIA
DIA .... Defence Intelligence Agency, agence de renseignement de la Défense
DO .... Directeur des opérations
ECM .... Contre-mesure électronique
EDP .... *Electronic Data Processing*, traitement de données électroniques
Elint .... *Electronic Intelligence*, renseignement par l'électronique
Exfiltrer .... Retirer un agent d'un pays hostile
Falach .... Agent opérant au Liban
FACES .... *Facial Analysis Comparison and Elimination System*, logiciel d'identification par analyse comparative des caractéristiques faciales
FAR .... Fraction Armée rouge (Allemagne)
FPLP .... Front populaire de libération de la Palestine
Fumiger .... Inspecter un lieu pour repérer d'éventuels systèmes d'écoute

Go-Away......................Signal convenu pour annuler un rendez-vous

Griller..........................Sacrifier délibérément quelqu'un pour préserver un espion jugé plus précieux

Honey Trap.................« Trappe à miel », usage d'un appât sexuel à des fins d'espionnage

Humint ....*Human Intelligence*, renseignement par l'humain, espionnage

IA ....Intelligence artificielle

IDA............................*Intelligence Database*, banque de données secrètes

IED ....*Improvised Explosive Device*, engin explosif improvisé

IFF ....*Identification, Friend or Foe*, identification : ami ou ennemi

II..................................Identification d'image

Institut ....Désignation officielle du Mossad, ou « Institut de renseignement et d'opérations spéciales », après avoir été « Institut de coordination »

IR ....Infrarouge

JIC ....Joint Intelligence Center, centre de renseignement interservices

Jumper ....« Sauteur », agent travaillant à l'étranger pour une mission brève

Katsa ....Agent d'opération du Mossad

Kidon ....Tueur du Mossad

Lakam.........................Bureau pour les relations scientifiques du ministère israélien de la Défense

LAP ....*Lohamma Psichologit*, département de guerre psychologique du Mossad

Lavage........................Recyclage d'un vrai passeport par le vol ou l'achat

Légende ....Fausse biographie attribuée à un *katsa*

Mabuah ....Informateur non-juif

Mehabelim ....Terroristes

Melukha .... Département de recrutement

Memuneh .... Titre donné au directeur général du Mossad

Mesure active .... Opération visant à influencer ou à affecter la politique d'un pays tiers

Miketel .... Micro permettant d'intercepter ou enregistrer les coups de téléphone

Mishlashim .... Boîte aux lettres où un agent peut laisser ou recevoir des informations

Monde meilleur .... Euphémisme pour assassinat. Dans le même ordre d'idées, « envoyer quelqu'un en vacances » signifie le blesser ; de la gravité de la blessure dépend la durée des vacances

Moulin .... Salle de réunion ou d'interrogatoire

Naka .... Code utilisé au Mossad pour la rédaction des rapports secrets

Nativ .... Agent opérant en ex-Union soviétique

Nettoyage à sec .... Ensemble de techniques permettant d'échapper à une surveillance

Neviot .... Spécialiste de la surveillance

NIC .... National Intelligence Center, centre national du renseignement

NSA .... National Security Agency, agence pour la sécurité nationale

NSTL .... National Security Threat List, liste des menaces à la sécurité nationale

OLP .... Organisation de libération de la Palestine

OAN .... Organisation Abou Nidal

Oter .... Arabe recruté pour opérer avec d'autres Arabes

OUA .... Organisation de l'unité africaine

Photint .... *Photographic Intelligence*, renseignement par la photographie

Planque .... Maison ou appartement utilisé pour des réunions secrètes ou comme base d'opérations

PROD .... Technique permettant d'extraire les photos d'un disque optique

Radint ....*Radar Intelligence*, renseignement par le radar

Rec-sig..........................Signe de reconnaissance permettant à un agent d'établir le contact avec son informateur dans un lieu public

Rencard ....Lieu de rendez-vous choisi par un agent traitant pour rencontrer son contact

Rougeole ....Assassinat maquillé en mort naturelle

Safanim ....Espions ayant l'OLP pour cible

Sayanim ....Juifs volontaires pour aider le Mossad

Shicklut ....Département de surveillance

Shin Beth ....Sherout Bitakhon, service de sécurité intérieure (l'équivalent israélien du FBI)

Slick ....Cache à documents

Teud ....Faux document

Telint ....*Telemetry Intelligence*, renseignement par la télémétrie

Tsahal..........................Armée israélienne

Walk-in ....Espion volontaire

Yahalomin ....Membres de l'unité spéciale du Mossad chargée de la communication avec les *katsas*

ISRAËL

TSAHAL....................Coordonne tous les renseignements pour l'état-major général des Forces de défense israéliennes (IDF). De temps à autre, Tsahal confie au Mossad des missions spécifiques.

AMAN.......................*Agaf ha-Modi'in*, le service de renseignement de Tsahal, a une responsabilité spécifique en matière de collecte de renseignements militaires, géographiques et économiques. À l'aube du troisième millénaire, les activités des voisins arabes d'Israël restent son principal souci.

AFI .... Service de renseignement de l'aviation, spécialisé dans l'interception de signaux et dans la reconnaissance aérienne. D'ici l'an 2001, cette dernière tâche sera largement accomplie par les satellites – à charge pour l'AFI de fournir à titre d'appoint des renseignements aériens conventionnels.

BP .... Police frontalière de type paramilitaire opérant dans les territoires occupés par Israël. Rôle limité en matière de collecte de renseignements.

NI .... Unité de renseignement des forces navales israéliennes. Sa mission inclut la surveillance des côtes du pays et l'évaluation des ressources navales étrangères.

GSS .... Aussi connu sous le nom de Shin Beth, ou SHABEK. Responsable de la sécurité intérieure d'Israël et de la protection des représentations israéliennes à l'étranger : ambassades, consulats et organisations importantes.

RPPC .... Le Centre de recherche et de planification politique oriente le Premier ministre et ses conseillers politiques sur la stratégie à long terme.

ÉTATS-UNIS D'AMÉRIQUE

CIA .... La *Central Intelligence Agency* mène toutes sortes d'opérations clandestines et analyse des renseignements pour le président en exercice. Un ordre exécutif lui a interdit d'employer l'assassinat comme *modus operandi*.

DIA .... La *Defence Intelligence Agency* coordonne tous les renseignements militaires pour les états-majors interarmés.

INR .... Le *Bureau of Intelligence and Research*, petit service de renseignement et de recherches du Département d'État (effectifs approximatifs en 1999 : 500 membres) n'a de comptes à rendre qu'au secrétaire d'État en exercice.

NIO .... *National Imagery Office*, basé au Pentagone. Contrôle tous les renseignements américains recueillis par satellite. Constamment « sollicité » par la CIA et la DIA.

NRO .... *National Reconnaissance Office*, également basé au Pentagone. Opère en étroite coordination avec le NIO ; ses responsabilités spécifiques sont la construction et le déploiement des satellites.

NSA .... *La National Security Agency* a son siège dans le Maryland, à Fort Meade. Au fil des ans, son image d'« espion des cieux » a paré l'Agence pour la sécurité nationale d'une aura qui n'est éclipsée que par celle de la CIA. Spécialisée dans l'interception des signaux et la cryptographie. Collabore étroitement avec le NIO en matière de collecte de renseignements par satellites.

ROYAUME-UNI

GCHQ .... Le *Government Communications Headquarters* est le quartier général des communications du gouvernement. Ses 7 000 employés sont « l'œil invisible » de la Grande-Bretagne dans l'espace électronique. Il contrôle et décrypte les communications par radio, télex, fax et e-mail à l'entrée et à la sortie du pays. Régulièrement « sollicité » par les deux principaux services secrets britanniques.

MI-6 .... *Military Intelligence 6*, aussi connu sous le nom de Secret Intelligence Service (SIS). Malgré des effectifs inférieurs à 2000 agents (en 1999), il conduit et analyse des opérations clandestines, ainsi que la collecte des renseignements, à l'échelle mondiale.

MI-5 .... 2 000 membres environ (en 1999). Principal service de contre-espionnage britannique. Spécialisé dans la surveillance de tous les subversifs désignés à l'intérieur des frontières du pays, il surveille aussi un grand nombre d'ambassades et de diplomates étrangers, dont ceux d'Israël.

RUSSIE

GRU ....Le *Glavnoye Razvedyvatelnoye Upravlenie* alimente le Kremlin en renseignements militaires. Composé des meilleurs éléments des services secrets de l'ex-Union soviétique. Équipé pour la surveillance satellitaire.

FSK ....Le *Federal'naya Sluzhba Kontr-razvedky* (Service fédéral de contre-espionnage), fort de 142 000 agents en 1999, est l'héritier du KGB. Chargé du contrôle des frontières, du contre-espionnage, de la surveillance de tous les diplomates étrangers – ainsi que de nombreux journalistes et hommes d'affaires. Contrôle aussi un puissant département de police disposant d'unités dans toutes les grandes villes russes.

SVR ....Le *Sluzhba Vneshnie Razvedaki* mène des opérations de collecte de renseignements multiniveaux à l'échelle mondiale. Ses unités de spécialistes rassemblent des renseignements politiques, industriels et commerciaux. Organise également des opérations clandestines, y compris des assassinats.

CHINE

ILD ....Le département de liaison internationale (ou « Association chinoise pour les contacts internationaux amicaux »), sous des dehors anodins, est en réalité impliqué dans un vaste éventail d'activités clandestines. Les États-Unis sont sa cible numéro un.

MID ....Le Département de renseignement militaire dépend de l'état-major général de l'armée. Sa mission comprend : l'évaluation permanente des ressources militaires étrangères (et particulièrement américaines) et la reconnaissance satellitaire. Des agents sont attachés à toutes les ambassades et à tous les consulats de la République populaire de Chine.

Goanbu ....Fondé en 1983, le ministère de la Sécurité de l'État coiffe tout le contre-espionnage à l'intérieur des frontières de la Chine. De sinistre réputation.

STD ....Lié au ministère de la Défense, le vaste département de la science et de la technologie a deux fonctions prinicipales : rassembler tous les signaux venus de la marine chinoise et des représentations à l'étranger, et espionner des firmes, notamment américaines, opérant à la frontière de la technologie militaire et civile.

Xinhua ....L'Agence de presse Chine nouvelle (NCNA) est officiellement spécialisée dans la divulgation des informations chinoises. Elle fournit depuis longtemps une couverture aux autres services secrets chinois engagés dans des opérations clandestines.

FRANCE

DAS..............................Délégation aux affaires stratégiques. Ce service minuscule (effectifs inférieurs à 50 en 1999) est chargé de l'évaluation de la planification à long terme des autres pays en matière de défense.

DPSD ....La Direction de la production et de la sécurité de la défense est responsable de la collecte des renseignements militaires à l'étranger.

DRM..........................La Direction du renseignement militaire est à la pointe du programme français de renseignement par satellites. Divisée en cinq sous-directions, elle dépend directement du Premier ministre.

DST ....La Direction de la surveillance du territoire est le plus vaste et le plus puissant des services de renseignement français. Plusieurs milliers d'employés. Elle opère tant sur le plan intérieur qu'à l'étranger. L'éventail de ses missions, très étendu, couvre autant la surveillance de toutes les ambassades étrangères à Paris qu'un certain nombre d'opérations secrètes. Dépend directement du ministre de l'Intérieur.

DGSE..........................Direction générale de la sécurité extérieure. Sa mission consiste à rassembler des renseignements industriels et économiques, à infiltrer des organisations terroristes et à mener des opérations d'espionnage « à l'ancienne ».

SGDN ....Le Secrétariat général de la Défense nationale fournit une vue d'ensemble des activités de renseignement militaire des pays susceptibles d'intéresser la France.

JAPON

NAICHO...................Rattaché à l'Office de recherche du Cabinet, ce service dispose d'un gros budget pour analyser les politiques de défense de toutes les grandes nations susceptibles d'intéresser le Japon.

MITI..........................Le ministère de l'Industrie et du Commerce international est aussi chargé de la collecte d'informations commerciales et économiques au plan mondial.

PSIA ....L'Agence d'investigation pour la sécurité publique se concentre sur le contre-terrorisme et le contre-espionnage. Opère en priorité sur le plan intérieur, mais a développé ces dernières années une approche de plus en plus gobale.

Remerciements

EN ISRAËL

Meir Amit, Yaakov Cohen, Alex Doron, Ran Edelist, Rafael Eitan, Isser Harel, David Kimche, Ariel Merari, Reuven Merhav, Danny Nagier, Yoel Ben Porat, Uri Saguy, Zvi Spielmann, Barry Chamish et ceux qui, encore en activité, ne peuvent être cités.

AILLEURS

Mohammed al-Fayed, Sean Carberry, Sebastian Cody, Carolyn Dempsey, Art Dworken, Heather Florence, Per-Erik Hawthorne, Diana Johnson, Amanda Harris, Emery Kabongo, Otto Kormek, Zahir Kzeibati, Martin Lettmayer, John Magee, Madeleine Morel, Samir Saddoui, Susannah Tarbush, Michael Tauck, Richard Tomlinson, Russel Warren-Howe, Stuart Winter, Catherine Whittaker, qui ont tous joué un rôle, chacun à sa façon.

ENFIN ET SURTOUT

William Buckley, William Casey, Joachim Kraner, pour m'avoir inspiré, à eux trois, l'idée de ce livre ; Edith – évidemment – et Tom Burke. Tout auteur a besoin de s'appuyer sur un éditeur calme, clairvoyant, patient, incisif et s'intéressant passionnément à son travail. Tom a été tout cela à la fois. Je n'aurais pas pu lui en demander davantage – et il ne m'a jamais donné moins. Je lui dois beaucoup.

Table des matières

LES ESPIONS DU VATICAN

ESPIONNAGE ET INTRIGUES DE NAPOLÉON À LA SHOAH

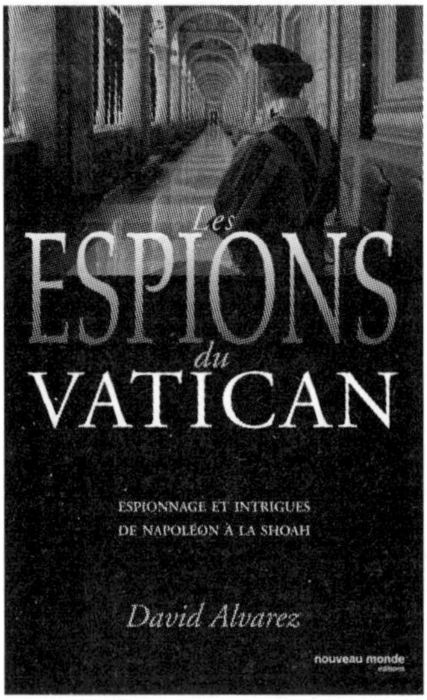

La papauté suscite beaucoup de fantasmes quant à sa secrète influence dans l'histoire occidentale. De nombreux romans lui attribuent un rôle occulte et déterminant dans des affaires politiques. Pour la première fois, un ouvrage rigoureux basé sur des archives permet de rétablir la vérité des faits.

Peuplée de têtes couronnées et de chefs d'État, mais aussi de diplomates espions, de prêtres déchus et autres mercenaires, cette fresque dévoile les ressorts peu connus de l'histoire diplomatique du XIXe et du XXe siècle.

Passant en revue dix pontificats, de Pie VII (farouche adversaire de Napoléon), jusqu'à Pie XII, accusé après la Seconde Guerre mondiale de complaisance envers le nazisme, l'auteur brosse la première histoire de l'espionnage au service du Vatican. L'on apprend que, pendant la Première Guerre mondiale, l'assistant personnel du pape Benoît XV était un espion allemand, et que pendant la Seconde Guerre mondiale, les nazis ne reculèrent devant rien pour faire pression sur Pie XII et pour infiltrer le Vatican de faux prêtres allemands.

De son côté, le Saint-Siège a parfois succombé à la tentation d'opérations clandestines, tantôt contre des catholiques jugés trop libéraux, tantôt contre le régime communiste d'URSS.

Enfin, l'ouvrage fait la lumière sur ce qu'a su le Vatican de la Shoah, quand et par quels moyens. Un sujet très sensible depuis la volonté marquée par Benoît XVI de rapprocher les religions juive et catholique.

***David Alvarez** est professeur de sciences politiques au Saint-Mary College de Californie. Il a publié plusieurs ouvrages consacrés à l'histoire de l'espionnage pendant la Seconde Guerre mondiale. Il est le seul historien vivant à avoir eu accès aux archives les plus confidentielles du Vatican sur la Shoah.*